懂庄子 任逍遥

内篇

有书
编著

by You Shu

新世界出版社
NEW WORLD PRESS

图书在版编目（CIP）数据

懂庄子 任逍遥 / 有书编著. -- 北京 : 新世界出版社, 2023.10

ISBN 978-7-5104-7659-4

Ⅰ. ①懂… Ⅱ. ①有… Ⅲ. ①道家②《庄子》—通俗读物 Ⅳ. ①B223.5-49

中国国家版本馆CIP数据核字（2023）第053965号

懂庄子　任逍遥

编　　著：有　书
责任编辑：范禄荣
装帧设计：人马设计 · 储平
责任校对：宣　慧　张杰楠
责任印制：王宝根
出版发行：新世界出版社
网　　址：http://www.nwp.com.cn
社　　址：北京西城区百万庄大街 24 号（100037）
发 行 部：（010）6899 5968　（010）6899 0635（传真）
总 编 室：（010）6899 5424　（010）6832 6679（传真）
版 权 部：+8610 6899 6306（电话）　nwpcd@sina.com（电邮）
印　　刷：天津中印联印务有限公司
经　　销：新华书店
开　　本：880mm × 1230mm　1/32　尺　　寸：145mm × 210mm
字　　数：608 千字　　印　　张：26.75
版　　次：2023 年 10 月第 1 版　2023 年 10 月第 1 次印刷
书　　号：ISBN 978-7-5104-7659-4
定　　价：115.00 元（全三册）

序　言

摆脱物欲的束缚，是人格成长的开始

说到庄子，说到寓言故事，可能大家都想到“庄周梦蝶”。

话说有一天，庄子做了一个梦，梦到自己变成了一只蝴蝶，开心地在空中飞来飞去、翩翩起舞。忽然之间，梦醒了，庄子警觉，自己哪是什么蝴蝶呀，分明还是四肢僵硬的庄周嘛！转念一想，会不会蝴蝶也在做梦，梦到自己变成了庄周呢？

庄周梦蝶，还是蝶梦庄周？没人能给出标准答案。就连现代最伟大的物理学家之一霍金也说：“这个问题，至少要等我们深刻地了解了意识和宇宙，才可以知道。”

但是，没有答案，并不妨碍人们喜欢这个小故事。它充满哲理，又特别浪漫；既能引发人对世间万物的思考，又能给人美的感受，为数不清的文学家、艺术家提供了创作灵感。比如，李商隐在他的代表作《锦瑟》中就有这么一句，“庄生晓梦迷蝴蝶，望帝春心托杜鹃”；又比如，著名科幻电影《盗梦空间》的创作也受到过这个故事的启发。

其实，在《庄子》这部著作中，还有很多类似的寓言故事。里面有我们熟悉的“庖丁解牛”“邯郸学步”“东施效颦”，也有一些我们听过但并不熟悉的故事，比如“鼓盆而歌”“相濡以沫，不如相忘于江湖”，等等。甚至“寓言”这两个字，都是来自《庄子》。

《庄子》不仅是寓言的命名者，还是先秦诸子作品里面中国寓言的集大成之作。司马迁在《史记》中说，“故其著述十余万言，大抵率寓言也”，就是说《庄子》这十万多字。

本书以讲解寓言为主线，品读《庄子》全书。一方面，庄子本人就是讲故事的高手，从故事着手讲解这部古汉语作品，不必担心看不懂，也不必担心枯燥无趣；另一方面，本书不只是讲解故事，根本目的还是让你领略《庄子》的魅力。

作为传统文化的源头性著作之一，《庄子》成书于先秦时期，起初由五十二篇文章组成，共十万多字；后来经过西晋玄学家郭象的整理修订，流传至今的有三十三篇。这三十三篇文章又分为三个部分——内篇、外篇和杂篇。

第一部分内篇只有七篇文章，分别是《逍遥游》《齐物论》《养生主》《人间世》《德充符》《大宗师》《应帝王》。这七篇被学界公认是真正出自庄子本人的作品。它们构成了一个完整的理论体系，从终极理想到实现路径，步步为营、层层剥开，是全书最精华的部分。

第二部分外篇和第三部分杂篇，分别由十五篇、十一篇文章组成，质量参差不齐。其中，《天运》《秋水》等篇章的价值不亚于内七篇。但也有不少文章被怀疑并非庄子手笔。比如苏轼就认为《让王》《说剑》“浅陋不入于道”，《盗跖（zhí）》《渔父（fǔ）》诋毁孔子，都是别人假托庄子之名胡乱加上去的。苏轼的这个观点也被后世很多学者认同。

本书对内七篇中的每一篇都设置了一个单元，除了对每篇文章进行逐段精读，每个单元还设置了“介绍”和“总结”。“介绍”用来说明每一篇的主旨大意和行文逻辑，让大家对文章有一个整体性的初步印象；“总结”则会在解读的基础上做一些延展和回顾，帮助大家更深入地理解庄子的思想。

对于外篇和杂篇，我们仍然会有一个整体性的介绍。但因为这两部分的内在逻辑性不是很强，所以我们将以寓言故事为线索，以点带面地介绍每一篇文章。

最终目的还是那句话：让你领略《庄子》这本书的魅力。

你可能会问了，《庄子》究竟有哪些魅力呢？至少有三个：

第一，《庄子》是教人超越庸俗琐事的人生哲学。日常生活中有很多让人看不透、想不通、放不下的事，没有学过《庄子》的人，可能要经历很多纠结痛苦，才能暂时不被小事所困。

但是学过《庄子》的人，就会懂得“凡外重者内拙”的道理，可以区分什么是身外之物、什么是内心真正想要追求的东西，从而不被不重要的东西拖累；学过《庄子》的人，会懂得“小知不及大知”的道理，知道通过拓宽眼界、给思维升级的方式，来摆脱眼下的虚荣、攀比和执念；学过《庄子》的人，会懂得摆脱物欲的牵绊是人格成长的开始……凡此种种，精读过《庄子》之后，你的格局与境界都会与众不同。

第二,《庄子》的魅力还在于它的文学之美。鲁迅称赞庄子，说其文采“汪洋辟阖，仪态万方，晚周诸子之作，莫能先也”。

《庄子》的第一个故事讲的是“北冥有鱼，其名为鲲……化而为鸟，其名为鹏”。一开篇就是一幅极辽阔、极宏大的画卷。这个故事里还有一句,“野马也，尘埃也，生物之以息相吹也”。如果不了解它的意思，就会觉得什么野马、尘埃，东一句西一句，不知所云。但如果告诉你,“野马”指的是浮游的水汽、太阳的光影，类似于海市蜃楼的景象，是不是就有了古典神韵的意境美呢?这些斑驳的水汽呀、悬浮的尘埃呀，都是依赖着自然界的气息吹拂而存在的。

可见，庄子既可以在大到无边的地方展开想象，也可以在细微到不可见的地方发现自然之美，我们又怎么能无视这么优美的文字呢?

第三，庄子的文章看似天马行空，其实“形散而神不散”。明代道士陆西星曾这样评价《逍遥游》，说此篇“意中生意，言外立言。纩(kuàng)中线引，草里眠蛇。云破月映，藕断丝连”。意思是，庄子的文章就像用石灰撒线一样断断续续，又像草丛中的蛇一样若隐若现，还跟云中之月、断藕之丝一样具有某种隐喻的联系。

简单点说，就是庄子在《逍遥游》的前半部分埋下了很多伏笔，读到后面的时候必须与前文联系起来，才能明白其真正的意思。比方说，开篇第一段，好像是在称赞大鹏南飞之雄伟场面，实际上已经把它必须依赖大风才能起飞的弱点藏在字里行间了。读到后面，我们会发现真正的逍遥是无己、无功、无名，这才明白大鹏虽大过虫子、小鸟，但也不能算作逍遥自在。

所以读《庄子》，重在读文本。在精读《庄子》原典的过程中，如能注意文章的主旨和结构，思考庄子如何把一个个故事串联起来，以及串珠成线的文章最想突出哪个核心观点，一定是难得的思维训练。

为了让读者更好地学习到《庄子》的精髓，我们会把每个故事的寓意讲解得实用而接地气。当遇到思辨性特别强的故事，本书不会只告诉你应该怎样理解，还会分析庄子的写作方法和写作思路，让你试着给出自己的理解。因为答案并不是永远都有，就像“庄周梦蝶，还是蝶梦庄周”这样的问题，连霍金都回答不了，但是寻找答案的工具，每个人都可以拥有。

有三种人适合读《庄子》。

第一种是处于人生低谷、感到生命被困住的人。这种人读《庄子》，能跟着庄子一起转换视角，从更高的维度反观眼前的障碍，有很多难事便不再难，人生境界也会提高一个层次。苏轼就是这样的人，他天赋异禀，但是仕途非常不顺，最后他在贬官的地方读懂《庄子》，写下了名句“人生如梦，一尊还酹（lèi）江月”。

第二种是有一定生活阅历的人。这种人读《庄子》，能够回想起过往种种，发现庄子的话总是能够一语点醒梦中人，有很多之前看不懂、看不透的困惑，都能够得到解答。原文化部部长、中国作家协会原副主席王蒙说，自己年轻的时候不敢读《庄子》，上了年纪之后反而发现了《庄子》的乐趣。

第三种适合读《庄子》的人是聪明人。笨人是读不了《庄子》的，也不能读，对他们有害。比如，庄子说“无为”，愚笨的人就真的认为应该什么也不做，天天躺在家里；庄子说顺其自然，懒惰的人就认为应该不去努力，听天由命，这不是起了反作用吗？聪明的人适合读《庄子》，是因为他们知道，“无为”不是不去做，而是不刻意、不强求，不以自己为中心；他们也知道顺其自然就是掌握规律、顺应规律，这样才能做到举重若轻，用很少的力气做大事情。

如果你曾经感受过生命的失意与困顿，如果你已经有了一定的阅历但还没有活得通透，如果你是一个有智慧的人，那么你一定要读一下《庄子》。所以，希望我们可以与庄子同行，让他带领我们超越琐碎日常，找到真正的逍遥自在。

目　录

《养生主》

《人间世》

《应帝王》

《庄子·外篇》

《骈拇》

《马蹄》

《胠箧》

《刻意》《缮性》

《达生》

《田子方》

《知北游》

《在宥》

《天地》

《天道》

《天运》

《秋水》

《至乐》

《山木》

《庄子·杂篇》

《列御寇》

《徐无鬼》

《外物》

《庚桑楚》

《则阳》

《寓言》

《让王》

《庄子·内篇》

《逍遥游》

《逍遥游》介绍：理想的人生境界是怎样的?

《逍遥游》作为整部《庄子》的开宗明义之作，一上来就讨论了一个很大的话题：何为理想人生?或者说，生而为人，应该追求怎样的人生境界?

有的人追求名，有的人追求利，有的人希望自己的功绩能被后世记住。但在庄子看来，这些评价标准太依赖于外在了。你越是追求这些东西，越是蝇营狗苟地活着，就越会被这些东西牵着鼻子走。被束缚住的人生怎么能算得上好呢?

还有的人觉得，人生在世，开心就好，“宁负天下人，不教天下人负我”。但是仔细想想，人不是孤立生活在世界上的，如果你只看到自己那“一亩三分地”，就很容易把别人和自我对立起来。那么，外界的一切都会成为你的牵绊，你也没有办法感受到高层次的精神愉悦。

所以，这些都不是理想的人生。那么，在庄子心目中，理想的人生境界应该是怎样的呢？其实，这一篇文章的题目——“逍遥游”，就是答案。

所谓“逍遥游”，就是指“无所待而游于无穷”。说白了，就是摆脱功名利禄、权势地位的束缚，让精神世界获得真正的自由，不依赖于外物、不依赖于自身形体而存在。如此一来，才能逍遥自在地畅游于宇宙之间，独与天地精神往来。

“人生境界”这四个字，是中国传统文化中一个非常重要且特殊的概念。著名哲学家冯友兰先生，按照从低到高的顺序，把人生境界划分为四个等级，分别是自然境界、功利境界、道德境界和天地境界。

处在自然境界的人，如同婴儿或者动物一般，渴了要喝水，饿了要吃东西，得不到满足的时候会失望、会哭泣。——世界在他们眼中不过是获取生存必需品的地方。当自然境界中的人认识到生存资料有限、必须争抢的时候，他们就可能为了个人利益而行事，这个时候他们就来到了功利境界，世界在他们眼中是优胜劣汰的角斗场。某一个瞬间，他们突然良心发现，在个人利益与社会整体利益之间选择了后者，于是便进入了道德境界。古今中外的英雄、贤者莫不如此，世界之于他们是一种责任。

当一个人的视野超越了凡人目力之所及，上升到万事万物、上升到宇宙整体，那么他就到达了最高的人生境界，也就是天地境界。能达到这一境界的人很少，庄子就在这一层，而他的人生境界又集中体现在《逍遥游》这一篇里。

《逍遥游》大致分为三大部分五个小节。第一部分，庄子通过直接讲、引用古书和引用古人对话的方式，把“大鹏南飞，虫鸟笑之”的故事讲了三遍，每一遍都有新的补充，最后落脚到“小大之辩”这个观点。我们分五节来精读。

第一节讲“大鹏南飞”的故事。大鹏最初是北海的一条鱼，后来变成了鸟，要飞往南海。飞的过程非常困难，因为小风根本承载不了鹏的大翅膀，所以它就只能等到洋流来袭的时候起飞。在这一节，庄子讲了一个“水之积也不厚，则其负大舟也无力”的道理，意思是大鹏起飞需要非常深厚的积累。这个道理很浅显，但是辩证地来看，积累也是一种依赖，大鹏看上去可以自由翱翔在空中，其实也是有所待、不逍遥的。

第二节讲“蜩（tiáo）与学鸠笑大鹏”的故事。大鹏要到南海，必须先飞上九万里的高空。这时候，一些小虫子、小鸟就出来嘲笑它，不明白它为什么要那么费力。对此，庄子又讲了一个“小知不及大知，小年不及大年”的道理，说寿命和见识都有大小之分，小的理解不了大的。所以，与其小得理直气壮、理所应当，不如追求超越、向大视野大格局看齐。

《逍遥游》的第二部分，在“小大之辩”这个逻辑基础上，真正进入主题——有大小之分、高低之辨的几种人生境界。

第三节分析“逍遥的最高境界是什么”。庄子认为，人生境界有高下之分，但是他并没有划分出层次，而是给了一个层层递进的，人外有人、天外有天的体系。在这个体系中，世俗生活里的出类拔萃之人，只能算得上小虫、小鸟；宋荣子、列御寇比他们要强；这两个人已经很厉害了，但是还不够，“至人无己，神人无功，圣人无名”——这才是真逍遥。接下来，庄子开始用寓言故事阐述这三种人的境界。

第四节讲第一个寓言——“尧让天下于许由”。这一段也是“越俎代庖”这个成语的出处。尧就是“尧舜禹”的尧，一位德才兼备的部落领袖。他遇到了一个比自己还有能耐的人——许由，于是就想把天下让给他，结果却被许由拒绝了。庄子讲这个故事是想说“圣人无名”的道理。因为在他看来，“名”是“实”的附属品，不能为了名而越俎代庖。

第五节讲“藐姑射山神人”的故事。庄子借楚国狂人接舆之口，讲了姑射山上一位外表动人、功绩卓著的神人的事迹；又通过肩吾和连叔两人对山中神人的评价，解释了什么叫作“神人无功”；并讽刺了世人见识短浅，无法接受超过其眼界、见识的言论。

《逍遥游》的最后一个部分，由庄子和惠施的两次辩论组成，会在第六节进行讲解。惠施是战国时期名家学派的代表人物，专门研究逻辑辩论，与庄子相爱相杀。他在《庄子》中多次出场，但几乎每次都是以失败告终。这一次，他俩就“大葫芦有用没用”和“不成才的歪脖树该不该唾弃”又吵了起来。最后，当然是庄子获胜。他得出了这样的结论：凡有用，必然被人用；只有无用，才能得保全、得逍遥。虽然他没有给“至人无己”的“至人”举一个实例，但也从侧面说明了“无己”“无用”“无待逍遥”的道理。

同时，需要注意以下两点。

第一点，要注意理解故事之间的关联。庄子的寓言有很多虚构的成分，但不是随意编造的，也不是随随便便就放在了一起，每一个故事都有特定的逻辑功用在里面。正如序言中讲过的，陆西星评《逍遥游》“草里眠蛇”“藕断丝连”充满了各种隐喻和伏笔，后续讲解的时候会把重点和其中的暗线强调出来，并特别注意“大与小之间的区别”和“有依赖和无待逍遥之间的区别”这两条逻辑线索。如果能从这两个角度去看待《逍遥游》里的寓言故事，那么我们一定会有自己的发现。

第二点，要注意感受《逍遥游》的文采。这篇文章从第一句“北冥有鱼”开始就有了一种宏大浩渺的视野。随之而来的鲲鹏之变化、列子御风而行以及姑射山神人等故事，不但都展现出了天马行空的想象力，而且字里行间洋溢着浪漫主义精神，成为后世不少文学家、艺术家的灵感源泉。阮籍、嵇康、李白、苏轼、曹雪芹、闻一多、郭沫若等，全都深受此篇的影响。

本节末尾附《逍遥游》原文，一来方便我们对《逍遥游》全文有个整体了解，二来可以好好感受一下庄子的文采。

逍遥游

北冥有鱼，其名为鲲。鲲之大，不知其几千里也。化而为鸟，其名为鹏。鹏之背，不知其几千里也。怒而飞，其翼若垂天之云。是鸟也，海运则将徙于南冥。南冥者，天池也。

《齐谐》者，志怪者也。《谐》之言曰：“鹏之徙于南冥也，水击三千里，抟（tuán）扶摇而上者九万里，去以六月息者也。”野马也，尘埃也，生物之以息相吹也。天之苍苍，其正色邪？其远而无所至极邪？其视下也，亦若是则已矣。

且夫水之积也不厚，则其负大舟也无力。覆杯水于坳（ào）堂之上，则芥为之舟。置杯焉则胶，水浅而舟大也。风之积也不厚，则其负大翼也无力。故九万里则风斯在下矣，而后乃今培风；背负青天而莫之夭阏（è）者，而后乃今将图南。

蜩与学鸠笑之曰：“我决起而飞，抢榆枋而止，时则不至，而控于地而已矣，奚以之九万里而南为？”适莽苍者，三餐而反，腹犹果然；适百里者，宿舂粮；适千里者，三月聚粮。之二虫又何知！

小知不及大知，小年不及大年 。奚以知其然也？朝菌不知晦朔，蟪蛄（huìgū）不知春秋，此小年也。楚之南有冥灵者，以五百岁为春，五百岁为秋；上古有大椿者，以八千岁为春，八千岁为秋，此大年也。而彭祖乃今以久特闻，众人匹之，不亦悲乎！

汤之问棘也是已。穷发之北，有冥海者，天池也。有鱼焉，其广数千里，未有知其修者，其名为鲲。有鸟焉，其名为鹏，背若泰山，翼若垂天之云，抟扶摇羊角而上者九万里，绝云气，负青天，然后图南，且适南冥也。

斥鴳笑之曰：“彼且奚适也？我腾跃而上，不过数仞而下，翱翔蓬蒿之间，此亦飞之至也，而彼且奚适也？”此小大之辩也。

故夫知效一官，行比一乡，德合一君，而征一国者，其自视也，亦若此矣。而宋荣子犹然笑之。且举世誉之而不加劝，举世非之而不加沮，定乎内外之分，辩乎荣辱之境，斯已矣。彼其于世，未数数然也。虽然，犹有未树也。

夫列子御风而行，泠（líng）然善也，旬有五日而后返。彼于致福者，未数数然也。此虽免乎行，犹有所待者也。若夫乘天地之正，而御六气之辩，以游无穷者，彼且恶乎待哉！故曰：至人无己，神人无功，圣人无名。

尧让天下于许由，曰："日月出矣，而爝（jué）火不息，其于光也，不亦难乎！时雨降矣，而犹浸灌，其于泽也，不亦劳乎！夫子立而天下治，而我犹尸之，吾自视缺然。请致天下。"许由曰："子治天下，天下既已治也，而我犹代子，吾将为名乎？名者，实之宾也，吾将为宾乎？鹪鹩（jiāoliáo）巢于深林，不过一枝；偃鼠饮河，不过满腹。归休乎君，予无所用天下为！庖人虽不治庖，尸祝不越樽俎而代之矣。"

肩吾问于连叔曰："吾闻言于接舆，大而无当，往而不返。吾惊怖其言犹河汉而无极也，大有径庭，不近人情焉。"连叔曰："其言谓何哉？"曰："藐姑射之山，有神人居焉。肌肤若冰雪，绰约若处子；不食五谷，吸风饮露；乘云气，御飞龙，而游乎四海之外；其神凝，使物不疵疠而年谷熟。吾是以狂而不信也。"连叔曰："然，瞽（gǔ）者无以与乎文章之观，聋者无以与乎钟鼓之声。岂唯形骸有聋盲哉？夫知亦有之。是其言也，犹时女也。之人也，之德也，将磅礴万物以为一，世蕲（qí）乎乱，孰弊弊焉以天下为事！之人也，物莫之伤，大浸稽天而不溺，大旱金石流、土山焦而不热。是其尘垢秕糠，将犹陶铸尧舜者也，孰肯以物为事！"

宋人资章甫而适诸越，越人断发文身，无所用之。尧治天下之民，平海内之政。往见四子藐姑射之山，汾水之阳，窅（yǎo）然丧其天下焉。

惠子谓庄子曰：“魏王贻我大瓠（hù）之种，我树之成而实五石。以盛水浆，其坚不能自举也。剖之以为瓢，则瓠落无所容。非不呺然大也，吾为其无用而掊之。”庄子曰：“夫子固拙于用大矣。宋人有善为不龟手之药者，世世以洴澼絖（píng pì kuàng）为事。客闻之，请买其方百金。聚族而谋曰：‘我世世为洴澼絖，不过数金。今一朝而鬻（yù）技百金，请与之。’客得之，以说吴王。越有难，吴王使之将。冬，与越人水战，大败越人，裂地而封之。能不龟手，一也，或以封，或不免于洴澼絖，则所用之异也。今子有五石之瓠，何不虑以为大樽而浮于江湖，而忧其瓠落无所容？则夫子犹有蓬之心也夫！”

惠子曰：“吾有大树，人谓之樗（chū）。其大本臃肿而不中绳墨，其小枝卷曲而不中规矩。立之涂，匠者不顾。今子之言，大而无用，众所同去也。”庄子曰：“子独不见狸狌（shēng）乎？卑身而伏，以候敖者；东西跳梁，不辟高下；中于机辟，死于罔罟（gǔ）。今夫斄（lí）牛，其大若垂天之云。此能为大矣，而不能执鼠。今子有大树，患其无用，何不树之于无何有之乡，广莫之野，彷徨乎无为其侧，逍遥乎寝卧其下。不夭斤斧，物无害者，无所可用，安所困苦哉！”

以大鹏比喻壮志，竟然不是庄子的本意？

《庄子·逍遥游》中“大鹏南飞”的故事，几乎每个版本的高中语文教材都有涉及。

相传，在遥远的北海有一条鱼，名字叫鲲。鲲的个头特别大，大到什么程度呢？据说有几千里长，相当于比航空母舰还大，简直不可思议。

突然有一天，大鲲摇身一变，化成了一只大鸟。这只鸟的名字叫鹏，跟大鲲一样，大到没边儿，光是它的背，就有几千里长。它要是突然兴奋起来，努力往天上飞，翅膀竟能遮天蔽日，就跟云朵一样。

这只大鹏有一个想法，它要往南海飞，于是就一直等待洋流来袭的机会，借海水翻腾激荡之势，冲上九霄而后迁徙过去。南海，是一个天然形成的大池。大鹏为什么一定要到这里去呢？按照清代著名学者郭庆藩的说法，大鹏南飞是为了休息，因为这只鸟太大了，一般的地儿容不下它，只能飞到南边的天池才能休息。原来，大鹏不仅起飞需要凭借海风、需要自己努一把力，就连休息也不是哪儿都可以的。

一本齐国人记录奇闻逸事的笔记也写到了“大鹏南飞”的故事。笔记里写着：“鹏之徙于南冥也，水击三千里，抟扶摇而上者九万里，去以六月息者也。”意思是，大鹏往南海迁徙，拍打水面激起的浪花有三千里之高；它乘着环绕的旋风起飞，一下子就能冲到九万里的高空；当然了，从北冥到南海，不是一下子就能飞过去的，大鹏飞了整整六个月才到达。

“野马也，尘埃也，生物之以息相吹也。天之苍苍，其正色邪？其远而无所至极邪？其视下也，亦若是则已矣。”南飞的大鹏，从九万里高空往下看，蒸腾的水汽与太阳的光影混在一起，像野马一样在空中奔腾，跟浮在空中的尘埃一起依赖着自然界中万千生物互相吹拂的气息而存在。天色看上去是青黑色的，这究竟是不是它真正的颜色呢，还是因为离我们无限高远、没有边际，导致我们看不清真正的颜色呢？站在地上的庄子不禁思索：大鹏低头朝下看，也不过就是如此吧！

庄子那个时代，想要登上九万里的高空俯视地球，完全是不可能的，但是对现代人来说，这一点就不难做到了。日本曾经用卫星拍摄过九万里高空俯视地球的画面，显示地球真实的颜色不是我们在广告片中看到的天蓝翠绿相间，真的就是青黑色！

庄子的聪明之处不在于猜对了地球的颜色，而在于他用一个巧妙的视角转换，表达出了更高明的意思，也就是：人类从地面仰望天空，就和大鹏从高空俯视地面一样，人无法辨别天色，鹏也无法衡量地之远近。万物在世间都有所局限，人们对世界的认识也会随视角的变化而完全不同，谁都不能做到完全客观、超脱天地之外。

紧接着这个故事，庄子发出了一番议论，他说：

水如果积聚得不深厚，就没有力量负载起大船。如果倒一杯水在堂前的洼地上，然后放入一根小草，那么这根小草可以像船一样浮起来；但如果放上一只杯子，那么杯子就只能像搁浅的船一样，在水中一动也不能动，这是因为水太浅了。

同样的道理，风的强度如果不大，那么就无法承载巨大的翅膀。大鹏既然能飞上九万里的高空，就说明它身下积聚起来的风足够大。只有凭借这样的风，大鹏才能飞行起来。背靠着青天，什么都阻碍不了它。只有当外部条件都达到了，它才可以做飞往南海的打算。

这一段话讲的道理在日常生活中也很常见。大事往往不是一蹴而就的，准备和积累非常重要：国家发展，要有五年、十年的规划；企业上市，要达到一定的财务标准；对一个人来说，要想步入婚姻，先要跟另一半培养感情基础；想要从事某个行业的工作，要有相关的知识储备，有时甚至要有实实在在的工作经验。只有促成改变的要素积累得足够多，才有可能实现质的飞跃，才能像大鹏一样一飞冲天。

我们辩证地来看“厚积而薄发”这个道理，就会发现，积累也是一种依赖。大鹏看上去可以自由地翱翔于天地之间，好像比困在北海的大鲲要自由许多，但实际上，如果不能趁着飓风冲上云霄，它也是没有办法得其所愿去南海的。

虽然在庄子眼中，大鹏还不能摆脱风的束缚，不能真正做到逍遥自在，但是它昂扬向上的姿态、奋起展翅的精神，还是具备足够的感染力的。

魏晋南北朝时期，才高八斗但壮志难酬的文学家曹植，在《玄畅赋》中写道：“志鹏举以补天，蹶青云而奋羽。”这不仅写出了大鹏一飞冲天、胸藏凌云之志的气魄，还流露出自己仰视青天、望尘莫及的苦闷。“竹林七贤”之一、魏晋玄学大家嵇康发出过“方将观大鹏于南溟，又何忧于人间之委曲”的感叹，把向往远方无穷之境与深陷眼前纠结之中的矛盾心理娓娓道来。

到了唐代，以大鹏意象为主旨的诗歌明显增多。“初唐四杰”王勃、杨炯、卢照邻和骆宾王，都在自己的文赋、书信中化用了鲲鹏的寓言。当然，最终让大鹏成为大志向、大胸怀代名词的是李白。他在《上李邕（yōng）》的开篇写道：“大鹏一日同风起，扶摇直上九万里。假令风歇时下来，犹能簸却沧溟水。”意思是，大鹏总有一天会乘风而起，凭借风力飞上九霄云外；如果风停了，大鹏落下来，也能扬起江海里的水，形成滔天的浪。李白通过大鹏来传达自己“为君一击，鹏抟九天”的志向，同时也表达了就算不被看好也不会灰心的志气。

在李白心中，大鹏就是自己人格的化身。为此他还专门写过一篇《大鹏赋》：“激三千以崛起，向九万而迅征。背嶪（yè）太山之崔嵬，翼举长云之纵横。左回右旋，倏（shū）阴忽明。历汗漫以夭矫，羾阊（gòng chàng）阖之峥嵘。”这首赋把大鹏的外形和怒起飞天的特征刻画得比庄子还要夸张、唯美。所以，后世不少评论者认为，大鹏的文学意境诞生于庄子，完成在李白。

庄子撰写的鲲鹏寓言，原本是为了给“无待逍遥”的至高境界做铺垫，但在李白笔下，却展现出了气势恢宏的盛唐精神。也正是从李白开始，大鹏昂扬向上的斗志与崇高伟岸的地位才得到人们认可。

到了现代，大鹏之志的影响力依然强劲。1965 年，毛泽东创作了《念奴娇·鸟儿问答》，其中有这么几句：“鲲鹏展翅，九万里，翻动扶摇羊角。背负青天朝下看，都是人间城郭。炮火连天，弹痕遍地，吓倒蓬间雀。怎么得了，哎呀我要飞跃。”他把祖国比作大鹏，把祖国的大好前程比作大鹏展翅南飞，意境恢宏，气象开阔，同时又不失幽默，使大鹏形象放射出时代的光芒。自此，鲲鹏形象的文学地位也达到了顶峰。

蜩与学鸠笑大鹏，小境界也傲慢

话说，在一个寸草不生的地方，有一片天然形成的、广袤无边的大水池，池里有一条几千里长的大鱼，叫鲲。有一只脊背如青山、翅膀似云朵的大鸟，叫鹏。大鹏乘着旋风直冲九霄，然后背负青天，一直往南飞。

这一幕恰好被草丛里的小麻雀看在了眼里，于是它讥笑道："大鹏这是要到哪里去？你看我，每天蹦蹦跳跳，蹦几丈高就落下来了。在蓬蒿丛里飞来飞去，那短短的距离，差不多就是我飞行的极限了。"

其实，不止小麻雀这样想，蝉和小斑鸠也很不理解大鹏，私下里这样嘀咕："我们两个扑腾翅膀起飞，要是碰到了榆树和枋树呢，就停下来。飞得过去就飞，飞不过去就算了，没关系呀！安全着陆不也挺好的吗？何必飞到九万里的高空，再向南海飞去呢？"

庄子听完了他们的话，很不以为然，说这就好比人赶路：如果到郊外去，只要带上三顿的口粮就行了，回来的时候，肚子还可以饱饱的；但是如果要到百里以外的地方去，就得准备好过夜的粮食；如果要到千里之外的地方，更不用说，非得提前三个月就预备粮食才行。大鹏奔着南海飞去，两只小虫子怎么能理解得了呢？

故事到这儿就讲完了。我们常说"燕雀安知鸿鹄之志"，这一组对比的灵感就是打《庄子》这儿来的。

对此，不同的人有不同的解读。西晋玄学家郭象不仅整理修订了《庄子》，还把自己对这本书的注释和理解写成了经典著作《庄子注》。

在讲到"蜩与学鸠笑大鹏"这个故事的时候，他认为：大有大的活法，小有小的乐趣。蜩与学鸠说得没错，只要万物都能顺应天性而生活，无论是大鹏还是小鸟、飞虫，都能在自己的境界层面安身立命，都能活得逍遥自在；相反，一味追求大志向、追求诗和远方，改变了自己本来的样子，那就不逍遥了。试想，小麻雀、小斑鸠生来就飞不了多高，若还硬要从北海飞到南海，这又是何苦呢？

这个解释听上去好像有那么点道理，但如果真的这样理解，就太肤浅了。按照庄子自己的说法，“小知不及大知，小年不及大年”，大与小之间肯定是有高下优劣之分的。“大知”“小知”的“知”在这里是个通假字，写作“知道”的“知”，但是字音和意思都同“智慧”的“智”。这句话的意思是，小头脑理解不了大智慧，就像短寿的理解不了长寿的一样。

你看那朝生暮死的昆虫，连一天都活不了，所以在它们的世界里，就没有昼夜交替的概念；蟋蟀的寿命稍微长一点，但也就能活几个月，它们没办法经历一年四时、二十四节气，不知道什么叫“春江水暖鸭先知”，也不能理解什么是“露从今夜白”。这些都是小年、小知、小境界。

什么是大年呢？楚国南方有一只叫冥灵的神龟，把五百年当作一个春季，五百年当作一个秋季，它的一年相当于人间的两千年；上古时代有一棵叫大椿的树，把八千年当作一个春季，八千年当作一个秋季，它活一年，相当于人间过去了三万二千年。它们这么长的生命周期，得见证多少朝代的更替、多少物种的出现与灭亡，甚至大陆的漂移、冰河的消融都可能经历过，更别说天黑天亮、四季轮回了。这便是大年、大知、大境界。

在冥灵和大椿面前，传说中的彭祖也就活了八百岁而已。但是世间众人崇拜彭祖，羡慕得不得了。这样看来，岂不是太可悲了吗？言外之意，普通人没见过真正的长寿，那冥灵、大椿的寿命怕是想都不敢想。

寿命的长短会在一定程度上影响眼界高低、智慧多寡。小聪明小智慧可能能应付得了一些具体的问题，但是与掌握底层规律的大智慧相比，还是差得远呢！

对于普通人来说，当你的眼界只在榆树枋树、蓬蒿杂草之间，那么跟小虫子、小鸟有什么区别呢？满眼都是障碍，满眼都是限制，生活细细碎碎，即便感受到了自由，也不过是委曲求全罢了。

但如果你的眼界能像大鹏一样开阔，那么你就能“背负青天”，没有什么能够阻挡你；如果你可以像冥灵和大椿一样，站在无限的时间长河中看问题，那么你的人生意义会丰富、人生规划也能做到从长计议，你或许能达到天地一般宽阔的境界。

苏轼在《赤壁赋》中写过这样的句子：“客亦知夫水与月乎？逝者如斯，而未尝往也；盈虚者如彼，而卒莫消长也。盖将自其变者而观之，则天地曾不能以一瞬；自其不变者而观之，则物与我皆无尽也，而又何羡乎！”

大意是，时间流逝就像东流之水，流走了吗？好像流走了，但是江河仍然在眼前，其实并没有真正逝去。月亮阴晴圆缺，是真的多过一块、少过一块吗？不是的，月球始终就是那么大。可见，从事物易变的一面来看，天地间万事万物时刻都在变动，连一眨眼的工夫都不停止；而从事物不变的一面来看，万物同我们都是永恒的，又有什么可羡慕的呢？

这就是苏轼的天地境界。

可惜的是，很多人只是小鸟、小虫，还不自知。那是因为他们从来都没有放大过自己的境界，生活层次已经限制了他们的眼界，限制了他们的想象。

再回头看郭象的解释，只在自己的眼界格局中生活，不需要寻求超越，就可以自得其乐吗？其实是很难的。如果我们只盯着眼前的同类，只顾着去比较，在当下的生活琐碎中消耗精神，那么嫉妒心、攀比心、疲惫感、焦虑感都会随之而来。

只有找到了更高维度的思考方式，才能举重若轻地解决问题。因为你在二维平面上看到的东西，跟你在三维空间里看到的东西是不一样的。比方说，在草稿纸上画一个很大很大的正方形，它好像占了很大的面积，但是如果从立体空间去看，它不过是一张纸片上的一层而已。

我们看待几何图形是这样，看待生活中的困难、阻碍或者倒霉事也是这样。如果你执着于在平面上看待问题，那么只要问题不能够按照你的方式解决，困扰就永远不会消失；而如果你把事情放到自己的整个人生中思考，或者把自己放到宇宙天地之间，那么这些暂时的阻碍都会变得很渺小，就像你自己也很渺小一样。

逍遥的最高境界究竟是什么？

庄子先说："故夫知效一官，行比一乡，德合一君，而征一国者，其自视也，亦若此矣。"有些人他们才能出众，可以胜任一官半职；品行高洁，可以使乡里乡亲都与他亲近、信服他；德行修为也不错，符合一国之君的心意，进而能够获得整个国家的信任。我们通常觉得，能做到这样已经是成功人士，非常不错了，但是在庄子看来，他们自鸣得意甚至有些傲慢的样子，跟那些飞虫、雀鸟也没什么区别。

因为世俗意义上的成功者，往往都是在特定的范围内成功。比如，一个企业的核心领导者在企业中有话语权，但放到整个商业世界也许不过是万千管理者之一；又比如，有的人在本省或者本地有很好的名声，但是在外省或者外国，就很少有人认识他。当你站在更高的维度上去看，他们就跟我们前面讲的小年、小知、小境界一样，对自己眼界格局内的事可以处理得得心应手，但是对于更大范围内的规律或者现象就很难看透，或者很难处理好。

这一切让一个叫宋荣子的人看到了，怕是要忍不住要付之一笑了。宋荣子是谁？有一种说法，他是战国中期宋国的一个思想家；也有学者认为，他是道家前期代表人物、反对战争的宋钘（xíng）。这个宋荣子很厉害，“举世誉之而不加劝，举世非之而不加沮”，即便全社会都夸他、赞他，他也不会更加努力；即便全社会都骂他、诽谤他，他也一点都不沮丧。范仲淹说“不以物喜，不以己悲”，大概就是宋荣子这个样子。

达到这个境界的人，谁都没办法对他进行道德绑架。正所谓“定乎内外之分，辩乎荣辱之境，斯已矣”。因为他能够区分外界与自我：知道自己再好、再优秀，也不一定能够得到外人的认可；就算外界赋予自己名利、嘉奖，也不能证明自己内在有了切实的提升。他们不让外在的成败、得失、荣辱或者毁誉影响到自己的内心，也就不会被外界的声音打扰。

庄子说，“彼其于世，未数数然也”。这句话一语双关。一种解释是说，像宋荣子这样的人，全世界也找不出几个，因为很少有人能达到这个境界。换句话说，庄子从“稀有”这个角度侧面肯定了宋荣子。还有一种解释是说，这种人对于世间的一切没有拼命地去追求，不屑于此。这是再次强调“宋荣子能够区分自身与外物”的特质，也是溢美之词。做人做到这个样子，了不起！

不过尽管如此，宋荣子“犹有未树”，也就是说，还有没树立起来的东西。是什么呢？庄子没有具体解释，马上就把话锋转向另一个人，列子。

庄子这样评价他：“夫列子御风而行，泠然善也，旬有五日而后返。彼于致福者，未数数然也。此虽免乎行，犹有所待者也。”

列子，就是列御寇，道家学派的代表人物，老子学生的学生。这个人在后面的讲解中还会经常出现，《庄子·杂篇》中还有专门的一篇文章，就叫《列御寇》。

庄子说，列子乘风而行，飘飘然轻妙极了，飘了十五天才回来。列子对于人世间的福分、运气看得很淡，对于一切皆无所谓，不去积极追求。一般人求神拜佛也飞不起来，真的达不到这个境界！但是列子可以，而且他不用许愿、不用求神拜佛也能做到。这看上去已经很厉害了，但还是美中不足。因为列子飘然前行，需要依赖风。只要有所依赖，就不算真逍遥。

至此，庄子已经列举了不逍遥的三种境界：世俗意义上的成功人士、“不以物喜，不以己悲”的宋荣子，以及御风而行的列御寇。那么逍遥的境界，究竟是怎样的？

庄子说：“若夫乘天地之正，而御六气之辩，以游无穷者，彼且恶乎待哉！故曰：至人无己，神人无功，圣人无名。”如果能顺从万物的本性，把握六气的变化，遨游于无穷的天地境界，哪里还有什么依赖呢？所以才说，真正的逍遥是“至人无己，神人无功，圣人无名”。

这一段言简意赅，说得很抽象。所谓“乘天地之正”，就是顺应万事万物的本性，或者说找到世界运行的密码本；“而御六气之辩”，指的是驾驭阴、阳、风、雨、晦、明等六种世界运行状态，好比懂得密码之间如何排列组合。有了密码本，又知道了解码的方法，还不够，还要游于无穷，也就是在天地境界中去求超越，如此一来，还有什么依赖呢？

这样说还是太笼统，对于逍遥究竟是怎样的状态，庄子给出了三个具体的参考标准——至人、神人、圣人。

至人、神人、圣人，都是庄子眼中达到逍遥境界的得道高人，但是从境界上来看，至人最高，神人次之，圣人最后。在庄子看来，生而为人，万物皆可忘，但唯独忘却不了自身。不能做到“乘天地之正，而御六气之辩”的根本原因，也在于太把自己当回事，总是以自己作为万物的衡量标准，由此产生好恶、偏见、短视，对外物形成了干扰，也让自己受到外物的阻碍与牵绊。只有取消了物与我的限制，破除了以自我为中心的冲动，超越、忘却了自我，才算得上世间一等的逍遥，即所谓“至人无己”。

在“至人无己”之下的是“神人无功”“圣人无名”。其实，功和名本质是一回事，都是身外之物。一个人想要真正获得精神自由，就必须有自己的使命，在精神世界中找到主宰力量。否则，今天为了名声而抛弃良知底线，明天为了功绩而低三下四，每一天都是在为外物而活，岂非本末倒置？

西方哲学中有一个叫作“异化”的概念，说的是这样一种生存状态：原本人们从事生产劳动是为了获取生活所需，但是当社会发展到一定阶段，人们劳动生产出来的东西，反而成了奴役自己精神的一股强大力量。比方说，橱窗里琳琅满目的商品，原本是为了让人们的生活更多姿多彩才被设计出来的，但是它们也激发了人们无止境的消费欲望，不知道让多少“月光族”背上了高额的贷款；考试、评优、绩效机制，原本也是为了激励人进步而被创造出来的，结果反而成为学生和员工精神压力的来源。

功名，不也一样吗？行好事有福报，是再正常不过的事情。但是放到现实社会之中，人们就可能为了名声、为了利禄而不择手段，这样不就与初衷完全相悖了吗？更何况，如果人们被功名牵着鼻子走，就相当于把精神世界的主导权交了出去，又怎么能够逍遥自在地漫游于天地之间呢？

按照庄子的说法，达到逍遥境界至少要超越名声、地位的束缚，能做到这一点，就可以称作“圣人”；再进一步，要忘记或者说舍弃功绩、事业，如老子所说的“功成身退”，做到这一点，便可以称“神人”；最后，天地间第一流的人，要连自己都化解掉，打破物与我的边界，按照世界运行的规律行事，而不是执着于狭隘的“我见”，这便是“至人”了。

接下来，庄子又讲了三个寓言，分别涉及尧、肩吾和惠子，说明了“至人无己，神人无功，圣人无名”这三重境界的具体表现。每一个故事都有巧思，还不乏流传至今的成语典故。第一个寓言是“尧让天下于许由”。

尧把天下让给许由，许由竟然去洗耳朵?

相传，中华民族的上古时代是“公天下”的时代，谁比较贤德就让谁来当首领。所以，当首领的人退休之前，得找到一个德才兼备的继承人，把帝位让给他，才算功德圆满。这种选拔天子的制度叫作禅让制，与夏朝建立之后长子继承王位的世袭制有很大不同。第一个把天子之位禅让出去的，就是尧。

尧帝在执政期间，带领族人测定四时，为百姓颁授农耕时令，还主持治理洪水，让天下人安居乐业。后来尧帝年纪大了，需要有人来接班，于是就找到了当时一位非常清高的隐士——许由。

尧请人出山得有套说辞，所以他一上来先说：“日月都出来了，还点着火把不熄灭，火把的光在日月面前其实不是微不足道吗？及时雨普降天下，还要挑水来灌溉禾苗，这不是白费力气吗？”

绕了个圈子，他真正想说的是：“许由先生要是成为天子，一定会把天下治理得很好，可是我还占着这个位子，实在是惭愧，所以请允许我把天下交给你吧！”

这两个比喻很有意思。“萤烛之火，岂敢与日月争辉”，浇水灌溉在及时雨面前也是白费力气，这些都是在放低自己、恭维别人，但是两者有一点点区别，日月之光是夸人了不起、名声光耀千古，而及时雨是夸人有功德、来得恰到好处。总之就是说，你许由方方面面都比我尧更适合当天子，你可不要拒绝呀！

按理说这是天大的好事啊，老大把位子让给你了，你还有什么理由不接受呢？一般人肯定是满口答应，但许由是清高的隐士，根本就没把名声和权力放在眼里。

所以，许由说："你把天下治理得已经很好了，我若再来代替你，我不就成了贪图名利的小人了吗？名是实的附属品，我并无意于这区区的附属品。"清华大学教授陈怡在评注这一段的时候，分享了一个关于"名与实"的人生公式，人生价值好比一个分数：分数的分子实，也就是人实实在在做出来的功绩；而分数的分母是这个人收获的名声、名利。对于这个分数来说，你的功绩越大，分子就越大，但如果名超过了实，你得到的名越大，人生价值反而越低，这是所谓名与实之于个人的关系。

如果说，尧是先用两个比喻引出观点，那么许由就是开宗明义，先讲道理再打比方。

紧接着，许由又说："小鸟在森林里筑巢，不过占用一根树枝就够了；田鼠喝大河里的水，喝饱肚子就行。你赶紧回去吧，给我天下做什么用呢？"言外之意，我对目前的生活很满足，没有太多的欲望需要你那个虚位来满足，你还是打消念头，回去吧！两个自谦的比喻，又把尧怼回去了。

按说这一来一回四个比喻也算是礼尚往来，可以送客了，但是许由还没说完，最后来了一句："庖人虽不治庖，尸祝不越樽俎而代之矣！"庖人就是厨师，尸祝就是掌管祭祀的人。这句话的意思是，即使厨师不尽职，掌管祭典的人也绝不能越位，不能代替他去烹调，这也是成语"越俎代庖"的由来。许由的意思是，帝王和隐士是两个行当，就像祭司和厨子，我做我的事儿，你干你的活儿，咱井水不犯河水。你干得好不好和我没关系，即便我能干好，我也不会替你去干，因为不合规矩。如果大家都不合规矩，越俎代庖，那天下不就乱套了吗？

郭象的《庄子注》在这个地方作批语道："庖人尸祝，各安其所司；鸟兽万物，各足于所受；帝尧许由，各静其所遇，此乃天下之至实也。"意思就是，天地万物只要谨守自己的本分就好，各司其职，各安其命，这是天地亘古不变的真理。

我们现在有很多父母喜欢越俎代庖，过多地插手子女的生活。对成长中的孩子来说，父母这样做很容易让他们养成依赖性，自己对什么事都拿不定主意；对于已经成家立业的人来说，父母的好心反而容易添乱，造成更大的家庭矛盾。这都是逾越了应有的职责界限而包办、代替导致的后果。按照许由的观点，这些都是万万要不得的。

这个故事讲完，庄子的意思也就明确了：要想达到逍遥的境界，就要像许由这样，知道自己需要的是什么；对于身外之物，不做过多的追求，也就不会被这些东西束缚；不为名利所累，才能真正做到"圣人无名"。

其实，许由的故事，庄子没有讲全。晋朝皇甫谧在《高士传》中有更详细的记载。大致就是尧帝请许由代他治理天下，许由不接受。不干也就罢了，许由还认为，尧帝和大臣的那些话污染了他的耳朵，于是就跑出山洞，来到颍水边清洗自己的耳朵。

许由这边正洗着呢，就碰见巢父牵着牛犊来河边饮水。巢父也是一位隐士，因为住在树上，所以叫巢父。巢父问他："为啥洗自己的耳朵呀？"许由便将尧要自己当天子的苦诉说了一番。原想着他这样说能得到巢父的同情，最好还能宽慰他几句。哪料巢父听了，不仅没有同情他，还不屑地说：“假如你一直住在高山深谷，谁能看见你呢？尧肯定也找不到你。你到处游荡，换取名声，现在却来洗耳朵，别故作清高了！”

在这个故事里，巢父的境界其实比许由还要高，所以后世同时提及两个人的时候都说“巢许”，巢父在前，许由在后。“巢许”二字也变成了诗词文章中常见的一个典故，代指那些不为名利所动、不向权力富贵低头的高洁之士。宋代大词人陆游，还用“正是花中巢许辈，人间富贵不关渠”的句子赞美过傲雪盛开的梅花。

知道了后续，那我们再返回去看“尧让天下于许由”的故事。对于许由来说，有人把“名”送上门来，他都不要，固然是不在意这些；对于尧帝来说呢，自己已经做出了一番功绩，称“圣人”也是当之无愧，然而这些都是过去时了，保留这个名分不是最重要的，最重要的是把“名”禅让出去，这样理解，是不是也能够反映“圣人无名”的意思呢？

当然，无论尧帝和许由谁是圣人，谁超越了“名”，他们也只是摆脱了世俗的束缚，想要达到逍遥的最高境界还有一段距离，比如在下一节要讲的故事中，尧帝见到四位神人之后就完全蒙了，这又是为什么呢？

肩吾不信姑射山上有神女，竟被批“脑残”

话说，有一个叫肩吾的人，从楚国狂客接舆那里听说了一件不可思议的事情。于是，他就找到了朋友连叔，议论此事。

肩吾和连叔都是历史上不存在的人，是庄子为了阐明自己的思想虚构出来的，在后面的文章中还会提到他们。而这个接舆却是历史上真实存在过的，不少古籍中都有关于他的记载。他姓陆，名通，字接舆，是楚国的狂士，也是一位贤者。

别人听说接舆很有才能，于是想请他做官，但他不以为意，于是装疯卖傻，还把头发剪得乱七八糟，以此拒绝做官。《论语》里面记载了这样一件事，孔子游历楚国时碰到了接舆，接舆便对着孔子的车辇唱道："凤兮凤兮，何德之衰？往者不可谏，来者犹可追。已而已而，今之从政者殆而！"翻译成我们今天的话，就是："凤凰呀，凤凰呀！你的德行为什么衰败了呢？过去的是无法挽回了，未来的还是可以补救的。算了吧，算了吧！现在当政的那些人危险极了！"

孔子一听这话，立即下了车，想和他谈谈。接舆却连忙避开了，孔子最终也没能见到他，这就是"接舆歌凤"典故的由来。后世文人常用这个意象来比喻为人潇洒狂放，比如李白就有"我本楚狂人，凤歌笑孔丘"的诗句。

在《逍遥游》中，庄子对接舆的评价也不低，专门设置了肩吾和连叔的对话，来表现这个狂客眼中的神仙世界。肩吾问连叔说："我听接舆说话，夸大空洞，只顾自己侃侃而谈，甚至还会出现前后矛盾的情况。他的言论呀，就像那银河一样，无边无际，简直荒唐到了不合常理的地步。"肩吾把接舆一顿批评，就好像接舆不是装疯，是真疯一样。

连叔听了这个评价，很好奇地问："哦，是吗？他说的是什么呀，让你这么激动？"肩吾就把接舆的话复述了一遍，说："接舆说了，遥远的姑射山上住着一位神人，皮肤洁白如冰雪一般，身姿绰约就像处子一般，她不吃五谷，吸清风、饮露水而活。她乘着云气，驾着飞龙，遨游于四海之外。她神情凝聚专一，能使万物不受灾害，人间五谷丰登。”

肩吾转述了神人的长相和外在功绩之后，接着说：“听完接舆这么说，我心想，他的话一定是虚妄夸大的，哪能相信呢？”其实，不光肩吾觉得虚夸，稍微有科学素养的人听了这一番言论都觉得难以置信。肤白貌美还有可能，吸风饮露还能腾云驾雾，这根本不符合能量守恒定律呀！神情专一没问题，但是专注起来能使风调雨顺、五谷丰登，这一点都不科学！那么，连叔也是这样想的吗？

连叔说：“是这样的，瞎子吧，没法看到美丽的花纹；聋子呢，也听不到钟鼓的乐声。这些都是有缺陷的人。不过话又说回来，难道只有身体才会有眼瞎、耳聋的缺陷吗？人在智力方面，难道就是完美的吗？我这说的不是别人，就是你。”原来连叔不仅没有认同肩吾的观点，反而觉得他心智有缺陷，理解不了接舆的境界。

连叔说：“姑射山的神人，她能够对万物一视同仁，世人都期望她来治理天下，但她哪里愿意劳形伤神地管理这些俗事呢？”“世蕲乎乱，孰弊弊焉以天下为事！”这里用了一个倒装句，“弊弊焉”意指统御天下的工作又脏又累，实在不是什么好活儿。

紧接着连叔又说：“这样的神人，没有什么事物能伤害她，哪怕洪水滔天也不会淹死她，哪怕天气大旱使金石熔化、使土山枯焦也不能使其感到炽热。她随意丢弃的尘垢糟粕都能铸造成尧舜的功业，这样一个得道神人又怎么肯为外物所累，把料理天下作为自己的事业呢？”连叔没有像肩吾一样，只去介绍神人的外在，而是直接把神人的内心想法说了出来。他知道，神人明明是世间万物的保护者却不肯出山管理人间事物，这是不把身外之物放在心上、不受俗世功名束缚的表现。

这两种观点的对比，正好能说明人的眼界见识有高下之分。像肩吾这样的人，只能看到表象，只能在自己的认知水平上理解别人的话，一旦超出了自己的理解范围，就武断地给出评价；而像连叔这样的人，能够看到现象背后的本质，获得更完整全面、更接近真相的信息，所以很多看似不可思议的事情，在他们看来，反而不值得大惊小怪。这一方面回应了《逍遥游》前文所讲的“小知不及大知”，另一方面也说明，“有我”、以自我为中心看问题是境界不够、精神有残缺的表现。

我们的生活中也不乏这样的对比。就拿买股票来说，那些看到整体经济发展趋势、了解股票投资规律的人，往往能有相对准确的判断，获得不俗的投资回报率；而那些听说白酒股大涨就跟风买入的人，或者偶然听说新能源有潜力就押上全部身家的人，想不做资本的“韭菜”都难！

为了使自己的观点更容易被接受，庄子接下来又讲了一个宋国人到越国卖帽子的故事：“宋人资章甫而适诸越，越人断发文身，无所用之。”

章甫是商代的一种礼帽，最开始只有贵族才有资格戴，是身份地位的象征。后来殷商灭亡，商人的后代在今天河南商丘一带建立了宋国，所以宋国保留了很多前朝的习俗和礼乐制度。佩戴章甫帽，作为一种文化，自然也跟着传承了下来。

话说，有一个宋国人到越国去贩卖章甫，但是到了越国才发现，这里的人不像中原地区一样留长发，而是把头发剪短，还在身上文上各种图案。原来，越国地处今天江浙沪一带，百姓依水而生，需要夸张的文身来吓唬水中咬人的蛟虫。另外，此地气候炎热且文明尚未开化，当地人不需要考虑“身体发肤受之父母”的规矩，索性把头发剪短图一凉快。

宋国人从自己的文明出发，猜测越国人也同样需要戴礼帽，岂不是自讨无趣?

宋人卖帽子的寓言讲完，庄子又重新提起了尧帝。他说：“尧治天下之民，平海内之政。往见四子藐姑射之山，汾水之阳，窅然丧其天下焉。”尧把天下治理得安定太平，然后就出去旅了个游，来到姑射山、汾水阳面，拜见了四位有道之士。见过之后，顾自反思，方知自己如此渺小，把天下治理好又算得了什么呢？是啊，无论你有多大的功业，在神人面前都是不值一提的。相反，你还会被他所征服，从而忘记自己的功业。

通过这两个故事，庄子重点在阐发“神人无功”的主旨。清代桐城派学者刘大櫆（kuí），在《评点庄子》中赏析这一段故事时就评价道：“此所谓神人无功者又加大矣。”

惠子得了大葫芦，竟然会觉得无用?

前面说过，惠子名叫惠施，曾担任魏国的相国，是先秦诸子当中名家的代表人物。所谓名家，是一个以思维形式、思维规律和名实关系为研究对象的哲学派别，非常善于论辩。惠子晚年的时候在官场上不太得意，索性过起了隐居的生活。他和庄子既是老乡，也是很好的朋友。老了老了，都赋闲在家，所以经常一起出去玩儿，顺便辩论一番。

某天，惠子闲着没事干，又和庄子进行了一场亲切友好的交谈。他跟庄子说："魏王送给我一个葫芦的种子，我把它种植成熟，结出了一个超大的果实。那么问题就出现了，这葫芦不够坚固，用它盛水吧，还没等手抬起来就破了；想把它剖开来，做个舀水的瓢，又太大了，舀不起比较浅的水来。这葫芦挺大个儿的，但实在没什么用处，所以我干脆就把它砸碎了。"

惠子好好的，为啥要讲这么一个故事呢？其实啊，这个故事是暗藏机锋的。按照郭象《庄子注》中的评述，惠子讲葫芦大而无用，其实是在讽刺庄子。在惠子看来，庄子的学说虽然言辞恢宏、意义丰富，但"不切机务"，只会卖弄嘴皮子，没啥实际作用，就和那大葫芦一样，表面光鲜亮丽，实际啥也干不了。不得不说，惠子这一招儿可真是够猛的，直插庄子的心窝。

庄子听完惠施的话之后，马上反唇相讥，说道："你这个人哪，不善于使用巨大的东西啊！"换言之，不是大葫芦无用，而是人不会用。紧接着，庄子又讲了一个故事反击惠子，他说："以漂洗丝絮为业的人，双手经常接触漂洗用的水，所以很容易龟裂。特别是冬天，很多从业者都没法开工。但宋国有一家人，世世代代以此为营生，即便寒冬腊月也能开工赚钱，手还保护得好好的。原来，他们家里有一个祖传的护手秘方。

“有个商人听说了，就拿着一百金来收买他的方子。宋国那一家人召开家族会议讨论此事，说咱家世世代代辛苦干活，收入也不过数金，现在如果把这个药方卖出去，自己也没什么损失，还能一下子获得比以前多几十倍的巨款，不是很划算吗？于是他们就把这个药方给卖了。

“商人买到药方之后，扭头就去了吴国，游说吴王，说自己有能力带兵打仗。此时正是冬天，越国起兵入侵，吴王觉得上门的这个人还不错，就给了他一支军队，让他跟越国人打。

“吴越两国交界的地方在今天的太湖、长江入海口附近，水系发达，两军水上作战。冬天，士兵手脚时常生冻疮，影响发挥。现在有了让手不冻裂的药，吴国水军立马占据上风，最终战胜越国。吴王听闻捷报，非常高兴，就给这个商人加官晋爵，还赏了封地。”

故事讲完了，惠子问：“这又能说明什么呢？”

庄子说：“能够使手不冻裂的药方是一样的，但有人因此得到封赏，有人只是用它来漂洗丝絮，这是因为使用的方法不同。现在你有这么大一个葫芦，为什么不系着它，把它当作浮船用来过河呢？你嫌它太大，嫌它没法装东西，可见你不开窍、思路阻塞呀！”

庄子的原话是：“夫子犹有蓬之心也夫！”这句话不仅骂了惠子，还骂了古今中外不能使物尽其用、人尽其才的那些蠢人，说他们是心思乱作一团，简直是大草包一个。后世的文学家经常骂人“蓬心”，典故就打这儿来，没一个脏字，但确是实实在在的贬低。

单看这个寓言故事，道理很浅显：同样的东西，用在不同的地方，效果大不一样。像冻疮膏这样的小东西，换一个情景，就能帮人打胜仗，发挥大作用。也就是说，当你觉得某个东西无用的时候，很有可能是没有找到恰当的使用方式。

辩论的上半场到这里就结束了，惠子也没有再反驳，庄子取得了最终的胜利。——这一点在先秦诸子的作品当中非常常见。无论是《孟子》《墨子》还是《庄子》，只要涉及辩论，那一定是作者自己赢。

不过，惠子似乎有些不服气，换了一个例子，继续说到："我有一棵大树，人们把它叫作樗。樗就是臭椿，是一种劣质的大树。它的树干疙疙瘩瘩、盘根错节，木匠拿它没办法，因为这东西臃肿不直，不合绳墨，它的小枝杈弯弯曲曲的，也不合规矩。这种东西生长在路旁，农民不喜欢它，木匠也不屑一顾。现在啊，你庄子的话夸大而不实用，就跟歪脖子臭椿一样，大家都不愿意听！"

庄子听了之后，一点没生气，反而平静地说："你难道没有见到过野猫和黄鼠狼吗？它们低下身子伏在地上，伺机猎取小耗子。为了捕猎，他们东西跳梁、不避高低，一不小心就会触碰到机关，死于罗网之中。再看那牦牛，庞大的身子像天边的云一样。这么大个儿，却捉不到老鼠，你能说它没用吗？"

庄子继续道："现在你有一棵大树，还发愁它没用。既如此，为什么不把它种在虚静的土地上、广袤的旷野里呢？你可以随心所欲地悠游于树旁，怡然自得地卧睡在树下，不是很好吗？"原文说"何不树之于无何有之乡，广莫之野"。"无"就是忘记、超越或者说不在意、不在乎，"无何有之乡"就是空无所有或者说超越万物的地方。

"广莫之野"就是无边无量、万物不来叨扰的地方。

把大树种在那儿又怎样呢？庄子说："不夭斤斧，物无害者，无所可用，安所困苦哉！"意思是，那大树既不会遭到刀斧的砍伐，也没人来伤害它，因为它没什么用处，哪里还会有什么困苦呢？

的确，这臭椿不香，所以牲畜、虫蚁不来吃它；疙疙瘩瘩，所以木匠不来砍伐。对于外物或外人来说，这东西一点用都没有；但对它自己来说，反而因为无用得以活命，这不就是最大的"用"吗？别人看来的缺点毛病，反而对自己最有价值呀！

庄子讲这个故事，难道是要让我们学习臭椿"一无是处"吗？有这样想法的人，简直"犹有蓬之心"，愚钝了！"无用"不是没有用，而是超越功利主义的用途，不以世俗的绳墨规矩去衡量人的价值。不用考了多少分、拥有多少才艺来评价一个学生是否优秀；也不用赚了多少钱、做官做到什么级别来判断一个人是否逍遥自在。这些东西都是外在的束缚，是别人的目光。如果你拿这些东西来评价自己，那么总有比你更优秀的人。你一直得不到满足，一直汲汲以求，那么幸福也就离你越来越远。这种心理状态对健康、对长寿都没有什么好处！

我们生活中有很多能人、聪明人，一辈子忙来忙去，像那野猫、黄鼠狼东西跳梁、不避高低，但是到头来，一个没注意就掉进陷阱，最后竹篮打水一场空。与之相比，反而是那些不急功近利的人最容易活得潇洒、过得自在。哲学家周国平说："吟无用之诗，醉无用之酒，读无用之书，钟无用之情，终于成一无用之人，却因此活得有滋有味。"这也不难理解，因为"有用"意味着人要把自己的才能、精力和时间投入到社会规定的标准之中。好比让大树按照木匠的墨绳去生长，让小动物按照老虎狮子的口味来存活，可以，但是没必要。而“无用”就是让生活在自己的掌控之中。因为有了一个爱好而拿出热情和动力，因为有了一个念想才开始奔赴，这种状态才是不受奴役的、真正的自主和自由。

刘大槐在《评点庄子》中说：“此所谓至人无已者，大而不可知也。”所以真正的逍遥是忘却一切的逍遥，是完全脱离外物控制的逍遥。这才是庄子想要阐发的“逍遥游”本旨，也是我们每一个人都要用心去追求的最高的人生境界！

《逍遥游》总结：无所依赖才能逍遥自在

“逍遥游”这三个字意思是，“无所待而游于无穷”，也就是说无视物我之别，忘记自己、忘记功业、忘记名利，与自然化而为一，不受任何约束，自由自在地遨游。这一层意思也很自然地渗入了内篇的其他文章，以及外篇和杂篇的部分文章。例如《大宗师》里有“彷徨乎尘垢之外，逍遥乎无为之业”的论述，《让王》中有“逍遥于天地之间，而心意自得”的感叹。可以说，逍遥自由的哲学理念贯穿于《庄子》全书，展现了庄子无为自是、浪漫洒脱的精神特质。“逍遥游”既是庄子的终极理想，也反映了他整体的人生境界。

在《逍遥游》中，庄子没有直接向读者传达自己的理念，而是通过层层设喻，步步取象，才明确了这一最终指归。

具体来说，他笔下的鲲鹏并不能真正地自由翱翔。虽然翼如垂天之云，振翅而飞，激荡千里海潮，搏击狂飙，高翔万里云霄，但是在飞往天池时，却必须要借助海潮的运动。之所以能飞上九万里高空，背负青天，无物可挡，乃是因为“风斯在下”，托起了它的“大翼”。

为说明这一现象，庄子用了一个形象的比喻：“覆杯水于坳堂之上，则芥为之舟。置杯焉则胶，水浅而舟大也。”浮物能否飘起，完全取决于浮力的大小。坳堂之水矣只能浮起草芥，不可浮起水杯。同样，如果“风之积也不厚”，就无力托起大翼，鲲鹏会重蹈“置杯则胶”的悲剧，最多不过像小麻雀、小斑鸠那样“腾跃而上，不过数仞而下”，不能直冲九霄。

这个故事表面上说的是“成大事必须有深厚的积累”，但辩证地来看，鲲鹏必须依赖于外部条件才能扶摇直上，就是“有所待”。“有所待”则不“逍遥”，即便大如鲲鹏也逃不出这个规律。

从大鹏与小鸟的故事中，庄子又引出了另外一层逻辑，即“小大之辩”。庄子说“小知不及大知，小年不及大年”，人的智慧和见闻有大小之分，就像寿命有长短之分一样。“朝菌不知晦朔，蟪蛄不知春秋”，这是短寿者的小见识；冥灵“以五百岁为春，五百岁为秋”，大椿“以八千岁为春，八千岁为秋”，这是长寿者见证沧海桑田的大智慧。

人的境界也是如此。“知效一官，行比一乡，德合一君，而征一国者”，在世俗眼光中，都是有所成就的人。他们的成就往往只限于特定的范围——行业领头羊限于本行业，地区领袖模范限于地区——这都是小知。一旦时代变化了，行业江河日下，或者名誉受到侮辱毁谤，自身无法变白，他们自身的前途命运就岌岌可危了。

小知想要寻求出路，就必须走向大知，转换到一个更高维度的视角，用更长远的眼光去看待外物。“举世誉之而不加劝，举世非之而不加沮”的宋荣子，“御风而行，泠然善也，旬有五日而后返”的列子，就是大知的代表。他们能区分自我与外在，不为外在事物而烦恼，不用担心别人投来的目光，顾自遨游于天地之间，好不快活。

可即便如此，他们还是“犹有未树”“犹有所待”，达不到至高无上的逍遥境界。庄子说：“若夫乘天地之正，而御六气之辩，以游无穷者，彼且恶乎待哉！”唯有超越现实、顺乎自然，才能摆脱外物的控制，真正做到自在逍遥。凡天地之间，能够达到这一境界的人，也只有“无己”的至人、“无功”的神人、“无名”的圣人。

所谓“圣人无名”，尧让天下于许由，许由再三拒绝，这是不把治理天下的功名放在心上；所谓“神人无功”，姑射山神人能使五谷丰登不受虫害，但不肯出山为天下事操劳、被天下人感念，这是深藏功与名，傲然自立；所谓“至人无己”，庄子能分辨有用与无用、大用与小用，明白不成材的臭椿反而乐得长寿，这是不拿外在的规矩绳墨衡量自己的内在价值，超越外物与自我的对立。几个故事前后照应，犹如天马行空一般，将汪洋恣肆的文风倾洒给读者，使读者在感受唯美曼妙的浪漫主义气息时，也收获了发人深省的哲学思考。

真正的思想应该是能够点亮无上光明的思想，是能够薪火相传的思想，而非由所谓的至圣先知赋予世界一个不可更改的正确答案。正如尼采在《悲剧的诞生》中所写的那样：“一个人意识到他一度瞥见的真理，他就处处只看见存在的荒谬可怕。”

先知们和普通人一样，也常常处在犹豫彷徨的阶段，不知该如何应对接下来的岁月。生活会给我们带来无尽的困顿，但有时我们会在困顿之外见到生命的奇迹，会偶遇一片春和景明。庄子的《逍遥游》就是告诉人们，人与世界两两相忘，是“闲放不拘，怡适自得”的开始。

他用海天云气之间的鹏飞鱼跃，照亮了我们曾被世事蒙蔽的纯净天性，告诉我们，人是可以突破所有阻隔的，也是可以放下心底的所有困苦忧伤的。只要从宇宙的高度来把握人的存在，使人的精神从现实中升华，从故步自封、自我局限的狭隘心境中摆脱出来，就一定可以获得“即此羡闲逸，怅然吟式微”的人生境界。

《逍遥游》这篇文章，对中国文化的影响很深远。往小了说，其中的很多词汇已经变成了生活中常用的成语，比如“扶摇直上”，寓意人前途光明无可限量；“越俎代庖”，比喻逾越职权、包办代替；再比如“大而无当”“不近人情”“大相径庭”这些词汇，虽然已经看不出庄子寓言的影子，但也都成了言简意赅、通俗易懂的生活用语。

不仅在生活中使用，很多人也从《逍遥游》中获得了起名的灵感。比如，岳飞，字鹏举，“鹏举”二字就引用了大鹏高飞的意象。再比如，宋朝有个神仙叫陈抟老祖，是著名的道家学者和养生家，他名字里的这个“抟”字就取了“抟扶摇而上者九万里”的第一个字。陈抟的号叫“图南”，也是从《庄子》里来的。古往今来，多少叫鹏的、叫图南的、叫培风的，都要感谢庄子赐名呢！

往大了说，《庄子》是中国古典浪漫主义文学的源头之一。《逍遥游》作为开卷之作，集中地展现了庄子汪洋恣肆的文采和开阔高远的世界观，它意识流一般的写作风格，深刻影响了嵇康、陶渊明、李白、苏轼、闻一多等后世文豪的艺术创作。

不仅是在文学、艺术上有广泛影响力，《逍遥游》还体现了朴素的演化论观点。著名物理学家、诺贝尔奖获得者李政道曾说过："庄子的《逍遥游》上说：'北冥有鱼，其名为鲲。鲲之大，不知其几千里也。化而为鸟，其名为鹏。鹏之背，不知其几千里也。'简洁地代表了庄子时代的进化论。当时的几千里，对我们现在来说就是近于无限大。庄子的鹏可以代表了整个宇宙；鹏之飞象征了整个宇宙的开始，也代表 Big Bang（大爆炸）。"

《齐物论》

齐物论

南郭子綦（qí）隐几而坐，仰天而嘘，荅（tà）焉似丧其耦。颜成子游立侍乎前，曰："何居乎？形固可使如槁（gǎo）木，而心固可使如死灰乎？今之隐几者，非昔之隐几者也？"子綦曰："偃，不亦善乎，而问之也！今者吾丧我，汝知之乎？女闻人籁而未闻地籁，女闻地籁而不闻天籁夫！"

子游曰："敢问其方。"子綦曰："夫大块噫（ài）气，其名为风。是唯无作，作则万窍怒呺（háo）。而独不闻之翏（liù）翏乎？山林之畏佳（cuī），大木百围之窍穴，似鼻，似口，似耳，似枅（ jī ），似圈，似臼，似洼者，似污者。激者、謞（xiào）者、叱者、吸者、叫者、譹（háo）者、宎（yāo）者，咬者，前者唱于而随者唱喁（yú），泠风则小和，飘风则大和，厉风济则众窍为虚。而独不见之调调、之刁刁乎？"

子游曰："地籁则众窍是已，人籁则比竹是已，敢问天籁。"子綦曰："夫吹万不同，而使其自己也。咸其自取，怒者其谁邪？"

大知闲闲，小知间间。大言炎炎，小言詹詹。其寐也魂交，其觉也形开。与接为构，日以心斗。缦者、窖者、密者。小恐惴惴，大恐缦缦。其发若机栝（guā），其司是非之谓也；其留如诅盟，其守胜之谓也；其杀如秋冬，以言其日消也；其溺之所为之，不可使复之也；其厌也如缄，以言其老洫（xù）也；近死之心，莫使复阳也。喜怒哀乐，虑叹变慹（zhé），姚佚启态；乐出虚，蒸成菌。日夜相代乎前，而莫知其所萌。已乎，已乎！旦暮得此，其所由以生乎！

非彼无我，非我无所取。是亦近矣，而不知其所为使。若有真宰，而特不得其眹（zhèn）。可行已信，而不见其形，有情而无形。百骸、九窍、六藏，赅而存焉，吾谁与为亲？汝皆说之乎？其有私焉？如是皆有为臣妾乎？其臣妾不足以相治乎？其递相为君臣乎？其有真君存焉？如求得其情与不得，无益损乎其真。一受其成形，不亡以待尽。与物相刃相靡，其行尽如驰，而莫之能止，不亦悲乎？终身役役而不见其成功，苶（nié）然疲役而不知其所归，可不哀邪？人谓之不死，奚益？其形化，其心与之然，可不谓大哀乎？人之生也，固若是芒乎？其我独芒，而人亦有不芒者乎？

夫随其成心而师之，谁独且无师乎？奚必知代而心自取者有之？愚者与有焉！未成乎心而有是非，是今日适越而昔至也。是以无有为有。无有为有，虽有神禹且不能知，吾独且奈何哉！

夫言非吹也，言者有言。其所言者特未定也。果有言邪，其未尝有言邪？其以为异于鷇（kòu）音，亦有辩乎？其无辩乎？道恶乎隐而有真伪？言恶乎隐而有是非？道恶乎往而不存？言恶乎存而不可？道隐于小成，言隐于荣华。故有儒墨之是非，以是其所非而非其所是。欲是其所非而非其所是，则莫若以明。

物无非彼，物无非是。自彼则不见，自知则知之。故曰：彼出于是，是亦因彼。彼是方生之说也。虽然，方生方死，方死方生；方可方不可，方不可方可；因是因非，因非因是。是以圣人不由而照之于天，亦因是也。是亦彼也，彼亦是也。彼亦一是非，此亦一是非，果且有彼是乎哉？果且无彼是乎哉？彼是莫得其偶，谓之道枢。枢始得其环中，以应无穷。是亦一无穷，非亦一无穷也。故曰：莫若以明。

以指喻指之非指，不若以非指喻指之非指也；以马喻马之非马，不若以非马喻马之非马也。天地一指也，万物一马也。

可乎可，不可乎不可。道行之而成，物谓之而然。恶乎然？然于然。恶乎可？可于可。恶乎不可？不可于不可。恶乎不然？不然于不然。物固有所然，物固有所可。无物不然，无物不可。故为是举莛（tíng）与楹，厉与西施，恢诡谲怪，道通为一。

其分也，成也；其成也，毁也。凡物无成与毁，复通为一。唯达者知通为一，为是不用，而寓诸庸。庸也者，用也；用也者，通也；通也者，得也。适得而几已。因是已。已而不知其然，谓之道。劳神明为一，而不知其同也，谓之“朝三”。何谓“朝三”？狙公赋芧（xù），曰：“朝三而暮四。”众狙皆怒。曰：“然则朝四而暮三。”众狙皆悦。名实未亏而喜怒为用，亦因是也。是以圣人和之以是非，而休乎天钧，是之谓两行。

古之人，其知有所至矣。恶乎至？有以为未始有物者，至矣，尽矣，不可以加矣！其次以为有物矣，而未始有封也。其次以为有封焉，而未始有是非也。是非之彰也，道之所以亏也。道之所以亏，爱之所以成。果且有成与亏乎哉？果且无成与亏乎哉？有成与亏，故昭氏之鼓琴也；无成与亏，故昭氏之不鼓琴也。昭文之鼓琴也，师旷之枝策也，惠子之据梧也，三子之知几乎，皆其盛者也，故载之末年。唯其好之也，以异于彼，其好之也，欲以明之。彼非所明而明之，故以坚白之昧终。而其子又以文之纶终，终身无成。若是而可谓成乎？虽我亦成也。若是而不可谓成乎？物与我无成也。是故滑疑之耀，圣人之所图也。为是不用而寓诸庸，此之谓“以明”。

今且有言于此，不知其与是类乎？其与是不类乎？类与不类，相与为类，则与彼无以异矣。虽然，请尝言之？有始也者，有未始有始也者，有未始有夫未始有始也者？有有也者，有无也者，有未始有无也者，有未始有夫未始有无也者。俄而有无矣，而未知有无之果孰有孰无也。今我则已有谓矣，而未知吾所谓之其果有谓乎，其果无谓乎？

夫天下莫大于秋豪之末，而太山为小；莫寿乎殇子，而彭祖为夭。天地与我并生，而万物与我为一。既已为一矣，且得有言乎？既已谓之一矣，且得无言乎？一与言为二,二与一为三。自此以往，巧历不能得，而况其凡乎！故自无适有，以至于三，而况自有适有乎！无适焉，因是已。

夫道未始有封，言未始有常，为是而有畛（zhěn）也。请言其畛：有左有右，有伦有义，有分有辩，有竟有争，此之谓八德。六合之外，圣人存而不论；六合之内，圣人论而不议；春秋经世先王之志，圣人议而不辩。

故分也者，有不分也；辩也者，有不辩也。曰："何也？""圣人怀之，众人辩之以相示也。故曰：辩也者，有不见也。"夫大道不称，大辩不言，大仁不仁，大廉不嗛（xián），大勇不忮（zhì）。道昭而不道，言辩而不及，仁常而不成，廉清而不信，勇忮而不成。五者圆而几向方矣！故知止其所不知，至矣。孰知不言之辩，不道之道？若有能知，此之谓天府。注焉而不满，酌焉而不竭，而不知其所由来，此之谓葆光。

故昔者尧问于舜曰："我欲伐宗、脍胥敖，南面而不释然。其故何也？"舜曰："夫三子者，犹存乎蓬艾之间。若不释然，何哉？昔者十日并出，万物皆照，而况德之进乎日者乎？"

啮缺问乎王倪曰："子知物之所同是乎？"曰："吾恶乎知之！""子知子之所不知邪？"曰："吾恶乎知之！""然则物无知邪？"曰："吾恶乎知之！虽然，尝试言之：庸讵（jù）知吾所谓知之非不知邪？庸讵知吾所谓不知之非知邪？且吾尝试问乎女：民湿寝则腰疾偏死，鳅（qiū）然乎哉？木处则惴栗恂（xún）惧，猿猴然乎哉？三者孰知正处？民食刍豢，麋鹿食荐，蝍（jí）蛆甘带，鸱（chī）鸦耆鼠，四者孰知正味？猿猵（biān）狙以为雌，麋与鹿交，鳅与鱼游。毛嫱、丽姬，人之所美也；鱼见之深入，鸟见之高飞，麋鹿见之决骤，四者孰知天下之正色哉？自我观之，仁义之端，是非之途，樊然淆乱，吾恶能知其辩！"啮缺曰："子不利害，则至人固不知利害乎？"王倪曰："至人神矣！大泽焚而不能热，河汉沍（hù）而不能寒，疾雷破山、风振海而不能惊。若然者，乘云气，骑日月，而游乎四海之外，死生无变于己，而况利害之端乎！”

瞿鹊子问乎长梧子曰：“吾闻诸夫子：圣人不从事于务，不就利，不违害，不喜求，不缘道，无谓有谓，有谓无谓，而游乎尘垢之外。夫子以为孟浪之言，而我以为妙道之行也。吾子以为奚若？”

长梧子曰：“是黄帝之所听荧也，而丘也何足以知之！且女亦大早计，见卵而求时夜，见弹而求鸮（xiāo）炙。予尝为女妄言之，女以妄听之。奚旁日月，挟宇宙，为其吻合，置其滑涽（hūn），以隶相尊？众人役役，圣人愚芚（chūn），参万岁而一成纯。万物尽然，而以是相蕴。予恶乎知说生之非惑邪！予恶乎知恶死之非弱丧而不知归者邪！

“丽之姬，艾封人之子也。晋国之始得之也，涕泣沾襟。及其至于王所，与王同筐床，食刍豢，而后悔其泣也。予恶乎知夫死者不悔其始之蕲生乎？梦饮酒者，旦而哭泣；梦哭泣者，旦而田猎。方其梦也，不知其梦也。梦之中又占其梦焉，觉而后知其梦也。且有大觉而后知此其大梦也，而愚者自以为觉，窃窃然知之。‘君乎！牧乎！’固哉！丘也与女皆梦也，予谓女梦亦梦也。是其言也，其名为吊诡。万世之后而一遇大圣知其解者，是旦暮遇之也。

“既使我与若辩矣，若胜我，我不若胜，若果是也？我果非也邪？我胜若，若不吾胜，我果是也？而果非也邪？其或是也？其或非也邪？其俱是也？其俱非也邪？我与若不能相知也，则人固受其黮（dàn）暗，吾谁使正之？使同乎若者正之，既与若同矣，恶能正之？使同乎我者正之，既同乎我矣，恶能正之？使异乎我与若者正之，既异乎我与若矣，恶能正之？使同乎我与若者正之，既同乎我与若矣，恶能正之？然则我与若与人俱不能相知也，而待彼也邪？”

“何谓和之以天倪？”曰：“是不是，然不然。是若果是也，则是之异乎不是也，亦无辩。然若果然也，则然之异乎不然也，亦无辩。化声之相待，若其不相待。和之以天倪，因之以曼衍，所以穷年也。忘年忘义，振于无竟，故寓诸无竟。”

罔两问景曰：“曩（nǎng）子行，今子止；曩子坐，今子起。何其无特操与？”景曰：“吾有待而然者邪？吾所待又有待而然者邪？吾待蛇蚹（fù）蜩翼邪？恶识所以然？恶识所以不然？”

昔者庄周梦为胡蝶，栩栩然胡蝶也。自喻适志与！不知周也。俄然觉，则蘧（qú）蘧然周也。不知周之梦为胡蝶与？胡蝶之梦为周与？周与胡蝶则必有分矣。此之谓物化。

《齐物论》介绍：生而为人，要如何看待世间万物？

前面已经讲完了《庄子》的开卷之作——《逍遥游》，知道了庄子理想中的人生境界是“无所待而游于无穷”。那么，生而为人，究竟应该如何看待周遭的人、事、物，才能达到“无所待”的境界呢？这一点，《逍遥游》中并没有展开讲，庄子把答案放在了《齐物论》当中。

《齐物论》全文三千七百多字，不仅篇幅长，而且内容“汪洋博大、堂皇迷离”，被认为是先秦诸子作品中最难读透的文章之一。清末国学大师章太炎只为这一篇文章做注解，就洋洋洒洒写了五百万字，可见其解释角度之广、观点内涵之深。

接下来《齐物论》的讲解会遇到逻辑线很绕的段落，会遇到含义很丰富的寓言故事，也会遇到很多普通人从未思考过的哲学问题。不过，只要你能跟上庄子的思路，弄明白《齐物论》所要传达的意思，就一定会从这种全新的世界观中得到收获。

照例先简单介绍一下《齐物论》的主题以及整篇文章的写作思路。

所谓“齐物论”，单从字面来理解，一般有两种解释：一种是“齐物、论”，也就是阐述万物平等，贫富、贵贱、荣辱，甚至生死都是平齐无差的；一种是“齐、物论”，也就是把各家各派对于天下万物所作的评论统统消除，以求得一个安静祥和的物论世界。两种解释各执一词，我们不妨分别看看其背后的原因。

主张“齐物、论”的一派，主要是从文章的内容上去说。这一派认为，若从“道”的观点来看，世间一切都是一个整体，所有对立的矛盾双方，诸如生死、贵贱、荣辱、成败、小大、长寿与短寿、是与不是、可与不可，都是没有差别的。而人们之所以不能看到万物平等，是因为主观因素过多，特别是自我意识太过强烈，以自我为中心。想要无待逍遥、游于无穷，就必须打破成见、超越“有我”、平齐万物。阐述这样观点的文章，自然应该叫《齐物、论》。

主张“齐、物论”的另一派不这么认为，他们主要看到了《庄子》成书的历史背景。战国时代，诸子百家勃兴，各家各派都爱对自然世界以及人类社会的客观现象发表评论，提出各不相同的观点见解。为了彰显自己的不同，他们时而标新立异、另辟他说，时而相互非难、彼此攻击。时间长了，各种言论学说就如雨后春笋一般迅速蔓延。天下争论不休，百姓和统治者也不知道该相信谁。针对这种乱象，庄子给予了严厉的批判。他把各家各派根据自身需要所编造的是非偏见看作是毒害天下生灵的毒药，强调通过“吾丧我”，也就是用物我两忘、不言不辩的方式做到超然是非之外，消除分歧，回归大道。

但需要指出的是，庄子明确地肯定天下万物和人们认识之间的相对性，这无疑含有一些辩证法的因素。但他由此完全否定事物间的一切差别和人们认识真理的可能性，这就使自己陷入了相对主义。所以荀子批评庄子“蔽于天而不知人”，也就是说庄子太过于强调自然对人的决定作用，而忘记了人本身的主观能动性和改造自然的能力。这种批评也是很有道理的。

无论怎么说，庄子这种去除世间分歧与对立的思想，还是有值得我们继承的地方。人们很多时候就是因为太过于自我，太相信自己对于事物的判断，才失陷在主观唯心的泥坑里，不是吗？

说完了《齐物论》的主题，再看看庄子在这篇文章中如何一步一步地阐述自己的观点。

《齐物论》第一部分，首先以“丧我”发端，也就是遗忘自我，以此来暗示世间物论纷纭不齐皆是由“我”之偏见所致。所以若要齐同万物，则必须先忘掉“我”。紧接着“丧我”又发出“三籁”之问，即“人籁”“地籁”“天籁”各自是什么。然后由“地籁”引申出下文种种的人情世态，由种种“不齐”的人情逐渐推导出“是非”二字。于是再深一层，进一步追究产生是非的根源，那就是“成心”，也就是人的主观意识。

这一部分我们分成两节来讲，第一节主要讲南郭子綦与颜成子游两个人的对话，阐述人籁、地籁与天籁的区别；第二节分析庄子的哲学思辨，探讨人是如何因为“成心”而自寻烦恼的。

《齐物论》的第二部分讲的是学派之间的是非争辩、诸子之间的辩论攻击，都是因为固执于自己的判断标准而产生的，都是因为“成心”在作祟。百家争执不休，进而导致大“道”被淹没于言语之中，而有所亏，进而得出了全文的中心论点，那就是“天地与我并生，而万物与我为一”。

这一部分包含在第三到第五节。第三节主要论述解决是非争议的认识方法——“以明”；第四节从“狙公赋芧”的故事讲到“坚白石”的经典辩题，是最烧脑的一节，还讲了“朝三暮四”这个成语的出处；第五节，我们结合前面全部内容来说说《齐物论》的中心论点——天地与我同生，即万物与我并没有差别，这就是道家的著名理论——“天人合一”。

《齐物论》的第三个部分举了三个寓言故事来说明中心观点。“尧问于舜”的故事用来说明以自我为中心和开放心灵之间的区别；“啮(niè)缺问王倪”的故事说明万物没有一刀切的标准，人们应该抛弃以自我标准度量外物的毛病，这两个故事将放到第六节来讲；第七节讲“瞿鹊子问乎长梧子”的寓言故事，来阐述庄子“齐生死”的观点。

最后，《齐物论》的第四个部分，又有两则寓言：“罔两问景”主要用来说明“无待”的观点；“庄周梦蝶”照应开头“丧我”之意，阐述“物化”的观点。此部分为第八节。

纵观《齐物论》全文，庄子无非在阐释一个理论，就是“齐一”。对于先秦诸子各家的争论，庄子展现出了无尽的鄙夷与强烈的批判。他认为这些争论不休的学者就像是争夺“朝三暮四”或者“朝四暮三”的猴子一样可笑，因为“名”和“实”的本质并没有因为争论而改变。

鲁迅说：“世界上本没有路，走的人多了，也便成了路。”由此联系到《齐物论》，你就能明白，物与物之间其实本没有差别，人与自然之间也没有矛盾，都是人的价值判断和主观意念造成了物与物之间的分殊。

就好比黄金和石头本没有差别，在自然界中，它们都是一样的。就是因为人主观地认为黄金贵重，石头廉价，才造成了黄金和石头的不同。最终人人都去争夺黄金，以致发生争斗。是非异同都是我们一点一滴找出来的，也正是我们造成了万物的不同，认同的人多了，也就成了习惯，成了所谓的标准。但天地万物的本质并不因此而有丝毫的增损，只会造成人类社会的争论与战斗频发。所以在庄子看来，纠结于是非异同是有百害而无一利的。

在庄子心中，古人的智慧达到了最完美的境界，能体悟大道是因为他们那时候还没有物论、是非的出现。而后人有了是非、彼此的观念，才造成了大道的日益亏损，以至消失。所谓“道昭而不道”，就是这个意思。

庄子怀着纯然之心想使“万物齐一”，就是为了恢复古人的“大道”。张爱玲说“因为懂得，所以慈悲”，而庄子则是“情到深处人孤独”。因为看得透彻，所以各家各派的争吵不休与是是非非，在庄子眼中，简直如同孩童一般幼稚。他写下一段“辩无胜”的说辞，遗世独立而超然其外，放眼于更大、更广阔的宇宙人生。

人生如梦，醒与醉、生与死皆是梦。多少欢乐，多少悲凉，总归于虚无的泡影。庄子正是因为看透了这一点，才写下了自己变成蝴蝶的故事。那翩翩的蝴蝶，穿越千年而来，带着人间不灭的光辉，在诗意的庄周笔下，渐渐幻化出了人形。蝴蝶便是庄子奉行“齐一”的观念，梦醒后想要寻求自由与逍遥所寄托的最佳客体。“飘飘乎羽化而登仙”，它不仅承载了庄周闲然自适的梦，也承载了每一个热爱生命、追求理想的中国人的梦。

遗忘小我，与宇宙合一，才能听见“天籁”

《齐物论》是《庄子》内篇中哲学性、思辨性最强的一篇。《齐物论》与《逍遥游》一样，没有开门见山直接说主题，而是先从几个故事说起，抛出讨论所要用到的思考方法，再慢慢拨开迷雾，引出主题。先看《齐物论》的第一个小故事。

原文：

南郭子綦隐几而坐，仰天而嘘，荅焉似丧其耦。

颜成子游立侍乎前，曰：“何居乎？形固可使如槁木，而心固可使如死灰乎？今之隐几者，非昔之隐几者也？”

子綦曰：“偃，不亦善乎，而问之也！今者吾丧我，汝知之乎？女闻人籁而未闻地籁，女闻地籁而未闻天籁夫！”

这个故事主要是两个人的对话。主人公叫南郭子綦，是楚昭王的弟弟，字子綦，居住在城南，故取号南郭。男二号是他的学生颜成子游，复姓颜成，字子游，单名偃。

话说有一天，"南郭子綦隐几而坐，仰天而嘘，荅焉似丧其耦"，他靠着小茶几静坐，仰着头慢慢吐气，状态就好像是忘记了自己的身体一样。

他的学生颜成子游在旁边侍奉，被老师的样子吓了一跳，于是开口发问："形固可使如槁木，而心固可使如死灰乎？今之隐几者，非昔之隐几者也？"子游说："老师呀，您这是怎么了呀？形体可以休眠，如枯槁朽木一般，难道心灵也可以像死灰一样毫无生机吗？我看您今天凭案而坐的神情，和往常可完全不一样啊！"

我们现在常用"形如槁木""心如死灰"来形容人意志消沉、对未来丧失希望，这两个成语就出自《齐物论》。但是在这里，南郭子綦只是表面上像丢了魂一样，实际上，他不仅没有暗淡消沉，反而通过忘却自我达到了逍遥、游于无穷的境界。我们可以把他当作一个得道之人，或者是庄子笔下比较推崇的一类人。

他回答学生子游的疑问，说："偃啊，你这个问题问得好。但是你知道吗？我此时此刻这个样子叫作'吾丧我'。"

在古文中，"丧"指的是忘却、遗忘；"吾"和"我"都是表示自己，但是两个字的用法有所区别。"吾"是一个自称，往往都用于陈述自己如何如何，比如我们非常熟悉的"吾日三省吾身"（《论语》）、"吾将上下而求索"（《楚辞》）。但是"我"在古文中，常常与一个意思对立的词同时出现，比如"物我两忘"里面"外物"和

“自我”是对立的，“敌我双方”里面“敌方”和“我方”也是对立的。换句话说，“我”通常代表一个界限或者区分，可以是具体有形的界线，比如象棋里的楚河汉界，或者羽毛球、乒乓球里的拦网；当然也可以是无形的界限，比如离婚时要划分夫妻共同财产，你的归你，我的归我。

合起来理解，“吾丧我”就是忘却自己的身心，消除自己与周围的界限，与天地合为一体。与《逍遥游》中的“圣人无己”一样，“丧我”抛弃的是固执己见的小知、小我，成就的是“乘天地之正，而御六气之辩”的大知、大我。

原文：

子游曰：“敢问其方。”

子綦曰：“夫大块噫气，其名为风。是唯无作，作则万窍怒呺。而独不闻之翏翏乎？山林之畏隹，大木百围之窍穴，似鼻，似口，似耳，似枅，似圈，似臼，似洼者，似污者。激者、謞者、叱者、吸者、叫者、譹者、宎者，咬者，前者唱于而随者唱喁，泠风则小和，飘风则大和，厉风济则众窍为虚。而独不见之调调、之刁刁乎？”

子綦看弟子似懂非懂，索性打了个比方，说道：“你听过人籁，却没有听过地籁；听过地籁，却没有听过天籁呀！”

子游说：“请问老师，这天籁、地籁、人籁分别作何解释呢？请老师给我指点个方向吧！”子綦回答：“夫大块噫气，其名为风。是唯无作，作则万窍怒呺。”意思是“大地发出来的气叫作风。风啊，不刮则已，一旦刮起来，自然界就会有千万个孔穴一齐发出怒吼”。

“而独不闻之翏翏乎？山林之畏隹，大木百围之窍穴，似鼻，似口，似耳，似枅，似圈，似臼，似洼者，似污者。”你听过长风呼啸的声音吗？那崇山峻岭之中有各种各样的风洞，那好几个人都抱不过来的大树也有大大小小的孔穴。这些孔洞，有的像人的鼻孔一样双孔并列，有的像人的嘴巴一样扁扁平平，有的像耳朵一样弯曲贯通；有的像方孔，有的像杯圈，有的像杵臼，有的像深水池子，有的像浅平洼地。风吹过这些孔洞，就会发出千奇百怪的声音。

有哪些声音呢？“激者、謞者、叱者、吸者、叫者、譹者、宎者，咬者，前者唱于而随者唱喁，泠风则小和，飘风则大和，厉风济则众窍为虚。而独不见之调调、之刁刁乎？”有的声音像激流之水，有的像射出去的箭，有的像人呵斥咒骂，有的像生物呼吸，有的像尖叫，有的像号哭，有的像欢声笑语，有的像唉声叹气。前头的风呜呜地唱，后面的风呼呼地和。如果吹来的是轻风，紧随其后的声音也轻，如果吹来的是大风，随后的声音也大。猛风过后，所有的孔穴都安静无声了，只有草木还在摇摇晃晃……

按照郭象在《庄子注》中的解释，“调调”指的是树枝大幅度摇动的样子，而“刁刁”则是树枝微微抖动的样子。虽然晃动程度不一样，但本质上都是因为风吹而动，没什么好坏、高低之差。南郭子綦说了这么长一串话，就想表达一个意思：风从孔穴中穿过就会发出声音。孔穴的形状不同，风的大小不同，发出的声音也大不一样。

原文：

子游曰：“地籁则众窍是已，人籁则比竹是已，敢问天籁。”

子綦曰：“夫天籁者，吹万不同，而使其自已也。咸其自取，怒者其谁邪？”

这跟天籁、地籁、人籁有什么关系呢？子游还是很聪明的。他听了老师的话，好像明白了一些，说：“地籁则众窍是已，人籁则比竹是已，敢问天籁。”地籁是风吹动自然界孔穴所发出的声音，人籁是人吹丝竹管弦所发出的声音。这俩我都知道了，那么天籁是什么？

子綦首先默认了子游的解读，然后说：“夫天籁者，吹万不同，而使其自已也。咸其自取，怒者其谁邪？”意思是说，所谓天籁乃是“风吹不同孔窍发出不同声音”这一规律呀。风吹孔洞的声响千差万别，都是出于孔洞的自然属性，哪里有什么其他东西鼓动它们发声呢？

“籁”这个字指的是排箫，一种古乐器，跟小号、萨克斯这些管乐器原理一样，都是往带有气孔的管子里吹气，依靠空气振动而发声。

所以人籁很自然地就是人吹奏管乐器所发出的声音，也可以泛指人发出来的声音。人唱歌也好，奏乐也好，平常哭了、笑了或者说话，都是带有目的的。发出声音的人带有目的，听到这个声音的人就会产生喜怒哀乐的情绪，思想上的烦恼也就层出不穷。

比如小孩子哭闹是为了引起妈妈的注意，但是对父母来说，孩子一哭就会让他们紧张；我们在工作中与别人沟通，肯定为了要完成好一项工作，但是沟通的双方还要注意语气态度，别因为事伤了人情；我们看演出、刷微博总该轻松一些了，但碰到尴尬的失误或者一些让人气愤的新闻，我们还是会感受到人籁的刻意，以及随刻意而来的压力。

地籁就不太一样，地籁是风吹过大自然孔窍所发出的声音，就像南郭子綦着力描述的那些情况一样。如果我们把地球视为一个完整的生命，那么人类生活在地球的上面，跟有些细菌寄生在我们的表皮上也没什么不同。人和其他生命需要呼吸，地球也不例外。“夫大块噫气，其名为风”，风就是地球的呼吸。

只不过风吹过山洞、树洞以及自然界的其他缝隙发出来的声音，只是不同而已，没有好坏之分，无须评价也无须解读，更不用担心有歧义，这样一来就不会给人带来多余的情绪和压力。这就是为什么很多人失眠或者心情静不下来，需要听白噪音——里面发自自然界的声音能给人带来镇定、舒缓的作用。练瑜伽、冥想的时候，放一些风吹树叶、雨打花瓣的音乐，是如此，僧侣参禅打坐选择寂静的深山老林，也是如此。

那什么是天籁呢？我们可以理解为声音发出的原理，或者听声音的方法。风速、风向不同，穿过的孔窍材质、形状各异，最后发出来的声音也是千变万化。这些声音都是按照风和孔的自然属性发出来的，是自然而然、不得不发的声音。当听声音的人理解了这一点，再听到不好听的声音、听到细细碎碎的人籁，也不会产生压力和焦虑。

比如急刹车的声音很刺耳，但是如果你知道这个声音是危险的讯号，那你就不会咒骂那个踩刹车的人，说不定还要感谢他；再比如打雷往往意味着即将下雨，这是自然规律的体现，你了解了这一点就可能避过一场雨。而一旦到达了“吾丧我”的境界，修炼到把自我与天地合一，那么这些声音就无所谓天籁、地籁、人籁了。南郭子綦说

“今者吾丧我”，就是这个意思。

人生的烦恼，都源于自己想得太多

上一节中，南郭子綦列举了自然界中各种声音的样态，也就是所谓的地籁。这一节，我们把视角转回人类社会，庄子把人籁也分成了若干不同的类别。

原文：

大知闲闲，小知间间。大言炎炎，小言詹詹。其寐也魂交，其觉也形开。与接为构，日以心斗。缦者、窖者、密者。小恐惴惴，大恐缦缦。

其发若机栝，其司是非之谓也；其留如诅盟，其守胜之谓也；其杀如秋冬，以言其日消也；其溺之所为之，不可使复之也；其厌也如缄，以言其老洫也；近死之心，莫使复阳也。

喜怒哀乐，虑叹变慹，姚佚启态；乐出虚，蒸成菌。日夜相代乎前，而莫知其所萌。已乎，已乎！旦暮得此，其所由以生乎！

庄子说：“大知闲闲，小知间间。大言炎炎，小言詹詹。其寐也魂交，其觉也形开。与接为构，日以心斗。”意思是大智慧通达广博，小智慧精细分明；讲大道理的话疏淡通透，讲小道理的话喋喋不休；人们休息的时候心思纷扰，醒来的时候心神不宁，与外界事物纠缠不清，接人待物钩心斗角。

大家应该都有过类似的经验，大道理听起来很空洞，但是放之四海皆准，借助智慧的嘴巴说出来，能够让人如沐春风，生命变得豁达通透。但是小智慧、小道理往往有一定的限制条件，在某种条件下成立，在另一种条件下就不成立。正是因为有这些限制条件，所以人们往往各执己见，在一些琐碎的事情上争吵辩论。结果可想而知：该休息的时候睡不着，因为吵架没有发挥好；醒过来了，就感觉自己深陷口舌纷争之中，很焦躁。每天在人际关系中奔走，结果迎合了这一群人，又有另一个圈子需要融入，自然感到身心疲惫。

还有比这更严重的——“缦者、窖者、密者”。

缦者，说的是有些人内心藏奸而变得行动迟缓。通俗来说，是指那些扮猪吃老虎的人和装聋作哑的聪明人，通过示弱让别人放弃戒备，或者因为心中有筹谋而谨慎行事。

窖者，指的是下圈套、设陷阱的人，言语中暗藏机锋的人。不仅仅是做局陷害别人，很多人言语中也常带试探，比如刻意给对方一些压力，对方一激动就慌慌张张，最后被牵制；又或者给出一些刻意引导，让对方说出一些不该说、不理智的话，然后抓住别人的把柄……

最后，密者，就是指心思缜密、措辞严谨，能让心机滴水不漏的人。这种人最可怕，他做的所有事都藏在心里、不外显，让人抓不住把柄，甚至还认为他是好人。

这三种人城府很深，但其实也很难过。“小恐惴惴，大恐缦缦。”对他们来说，内心的恐惧小则提心吊胆，大则失魂落魄。难道不是吗？心中装满阴谋诡计就不得安生，害怕得不偿失，害怕被人发现，害怕“机关算尽太聪明，反误了卿卿性命”。

“其发若机栝，其司是非之谓也；其留如诅盟，其守胜之谓也；

其杀如秋冬，以言其日消也；其溺之所为之，不可使复之也；其厌也如缄，以言其老洫也；近死之心，莫使复阳也。”意思是他们发动攻击的时候，反应迅速、语速极快，好像射出利箭一样，专门针对别人的是非下手；他们按兵不动的时候，好像诅咒发誓一样，静静等待时机，只求一发必中，非胜不可；这些人经常箭在弦上，保持进攻姿态，于是精神衰退，好像季节步入秋冬一般，一天天消沉下去；他们沉溺在所作所为当中，以至于无法恢复自然本性；他们头脑闭塞不通，就如同被绳子捆住一般；——像这种接近死亡的心灵，是无法恢复生机的。

我们现代人也会用“近死之心，莫使复阳”来形容一个人没有了生命力，一心奔着死亡而去的状态。这是很悲哀的，如果是因为自己的前尘过往而消耗掉自己的生命气息，就更加悲哀了。

紧接着，庄子又列举了十二种情绪状态——“喜怒哀乐，虑叹变慹，姚佚启态；乐出虚，蒸成菌。日夜相代乎前，而莫知其所萌”。意思是：管乐器因为内在虚空，才能产生动听的音乐；大地将水汽蒸发，所以菌类才能层出不穷。但是生而为人，或高兴，或愤怒，或悲哀，或快乐，或忧虑，或哀叹，或反复，或恐惧，或浮躁，或放纵，或狂放，或假模假样。这些心态每日每夜交替出现，而人却不知道这些情绪究竟是从哪里来的。“已乎，已乎！旦暮得此，其所由以生乎！”哎，算了吧，算了吧，一朝一夕又岂能明白这些情绪出现的源头呢？

这一段非常长，简单来说，庄子首先指出，大智之人在于博大精深、融会贯通，小智之人对事物的判断非常缜密精巧但是难免琐碎，这是在说大智与小智的不同。成玄英对此解释说："智慧宽大之人，都是率性恬淡，无是无非的。反而是有点小聪明的人，性格乖张，有取有舍。有取有舍，就产生了隔阂与分别；无是无非，反而孕育了闲暇与宽裕。"言外之意，世间那么多的纷纷扰扰，都是这帮自以为聪明的人搅和出来的。

紧接着，庄子又详细描述了小智之人所表现出的言语不同、心态不同、恐惧不同、动止不同、性情不同，等等，并加以批判。总而言之，就是一句话：天下就是被这帮善于挑拨离间、搬弄是非的人给搞坏了。他们如此对待别人，自己心里也受到反噬，惴惴不安、心神不定，自然无法达到圣人的境界，也就听不到天籁之声了。

原文：

非彼无我，非我无所取。是亦近矣，而不知其所为使。若有真宰，而特不得其眹。可行已信，而不见其形，有情而无形。

百骸、九窍、六藏，赅而存焉，吾谁与为亲？汝皆说之乎？其有私焉？如是皆有为臣妾乎？其臣妾不足以相治乎？其递相为君臣乎？其有真君存焉？如求得其情与不得，无益损乎其真。

那应该怎么办呢？怎么才能够摆脱小智，重获内心的生机呢？庄子说"非彼无我，非我无所取"，没有上述种种的心态情绪，也就没有我自己；没有我，凡此种种心态情绪也就无从显现。

我们结合上一节讲的"吾丧我"就能理解，"我"指的是有自我意识、与外物对立的小我。"非彼无我"，意思是没有"彼"作为对立面，"我"也就不存在。就好比没有凹，就没有凸；没有内，就没有外；不知道何为大，就无法说一个东西是小的。如果把自己与天地万物割裂开来，单独地去看“小我”，自然就会产生种种情绪：别人对你好，你就欢喜；别人让你吃了亏，你就生气；事情办得不顺心，就哀怨；顺心遂意，就快乐；你会为了“彼”，而焦虑、恐惧、浮躁、放纵……这都是因为你把自己隔绝开来了呀！

有一种生活观念叫“宁负天下人，不教天下人负我”，十足的利己主义！拥有这样的价值观，就一定能占尽便宜、享尽利益吗？不是的，一旦你把自己与天下人对立起来，你的情绪、心态就完全不受自己掌控了。即便能得到一时的快乐，快乐也不会长久的。

那么，我与各种情绪、心态的关系要怎么解释呢？庄子又说：“是亦近矣，而不知其所为使。若有真宰，而特不得其眹。可行已信，而不见其形，有情而无形。”这种相互依存的关系似乎浅显，但谁也不知道究竟是什么东西在主导呀！仿佛有所谓的“真宰”，或者我们就管主宰一切的这个东西叫作“真宰”吧。即便有这样一个东西，它的迹象也无处可寻呀。“真宰”的真实性与可行性，已经被得道之人验证过了，但又太过于虚静无为，因而一般人看不见它的客体——它的存在是没有踪迹的呀！

庄子口中的“真宰”，其实就是大道。万物都是由道衍生出来的，所以一切都由道主宰着。但是因为人有着各自的性情，所以对于是非对错有太多的看法，于是开始对身边的一切抱有偏见。

庄子为此还举了例子：“百骸、九窍、六藏，赅而存焉，吾谁与为亲？汝皆说之乎？其有私焉？如是皆有为臣妾乎？其臣妾不足以相治乎？其递相为君臣乎？其有真君存焉？如求得其情与不得，无益损乎其真。”百骸、九窍、六藏，都完整地存在于我的内心之中。我与哪部分最亲近呢？是跟心最亲，还是跟肝最亲呢？是同样喜欢它们呢，还是只对其中的某一部分偏爱呢？如果一视同仁，那么要把它们当成伺候自己的奴婢吗？既然都是奴婢，那么谁来统治谁呢？是让他们轮着做君臣呢，还是有一个真正的主宰存在呢？不管我们是否能寻到“真君”的真实情况，这对于“真君”的本来面目都是无损无益的。

人对于自己的五脏六腑，有独特的偏爱吗？答案当然是否定的。在庄子看来，世间一切事物都是平等的，就和人的脏器一样，没有高低贵贱，每一个都很重要，少一个都活不成。而所谓的高低贵贱，不过是人为划定出来的。

原文：

一受其成形，不亡以待尽。与物相刃相靡，其行尽如驰，而莫之能止，不亦悲乎？终身役役而不见其成功，苶然疲役而不知其所归，可不哀邪？人谓之不死，奚益？其形化，其心与之然，可不谓大哀乎？人之生也，固若是芒乎？其我独芒，而人亦有不芒者乎？

夫随其成心而师之，谁独且无师乎？奚必知代而心自取者有之？愚者与有焉！未成乎心而有是非，是今日适越而昔至也。是以无有为有。无有为有，虽有神禹且不能知，吾独且奈何哉！

庄子接着说：“世人一旦受制于形体，不知道保住‘真君’，虽然一时不死，却不过是坐等着死期的到来罢了。与外物相顶撞、相摩擦，一天天地走向死亡，却不可挽回。这不是很可悲吗？一辈子奔波忙碌却看不见成功，疲惫困顿而不知归宿，这不是很悲哀吗？这样的人就算不死，又有什么益处呢？他的形体逐渐衰败枯萎，他的精神也随之消失不见，这不是最大的悲哀吗？人生在世，本来就如此糊涂吗？还是仅我糊涂，别人不糊涂呢？”

这一段的意思是说，世人不知道体悟大道的真妙，反而在忙忙碌碌地寻求世俗之物与功业之成，这样的人活着和死了有什么区别吗？正如“哀莫大于心死，而人死亦次之”，庄子表面上在说难道只有我糊涂，而别人不糊涂，实际上在说“举世皆浊我独清，众人皆醉我独醒”。真正领悟大道的人，只有我一个。那为什么世间众生都犯糊涂呢？

庄子给出了答案：“世人如果都以自己的成见作为判别是非的标准，那么谁没有一个标准呢？懂得事物更替变化之理的聪明人，才有这样的是非标准吗？愚蠢的人，也是有标准的呀！如果说在成见产生前，即有一个是非标准存在，这就跟‘今天出发去越国，而昨天就抵达了’一样荒谬。这种说法是把不可能有的事看成是实际存在的事，即便是神明的大禹也不能明白，我又有什么办法呢？”

晚清名臣郭嵩焘对此有精确的解释，他说：“心以为是，则取所谓是者而是之，心以为非，则取所谓非者而非之。”意思是，自己心中认为对的，就会赞同和自己观点一样的人；如果自己认为不对，就会批评和自己意见不同的人。

在这一段里，庄子想说的是，产生种种问题最要命的一点，就是“成心”，也就是个人的主观意志。以自己的“心”作为标准，衡量世间万物，就会产生许多的是非因果。如果没有“成心”，哪来那么多是非呢？

世间没有所谓的标准，连大道也没有给出这样的标准。所以不会有一个统一的标准，去衡量其他标准到底对不对。如果有人说“我说句公道话，不带任何偏见”，实际上他已经有了自己的主观判断，已经有一个默认的标准了。

这里有点绕，庄子的脑子太灵活了，我们捋一下“今天出发去越国，而昨天就抵达了”的逻辑。这句话很荒谬呀，得先“出发”才能“到达”，怎么能把两者的顺序颠倒过来，说“昨天到达，今天出发”呢？ 所以这句话的荒谬之处在于因果倒置、前后颠倒。同理可知，标准是成见产生的原因。心中有一个是非对错的判断标准，才能拿着这个标准尺去衡量事物。拿着自己心中的尺子去量别人，才会产生成心、偏见。如果说表现出了成见，但是没有一个衡量标准，这也是犯了因果倒置的逻辑错误。

到这里，算是点出了全篇的中心，那就是是非判断因人心而起，这就导致了人们对世间万物的评价出现了高低贵贱的差别。而面对这样的状况，庄子也无可奈何，所以吐槽道：“就是大禹来了，也改变不了这种状况。”

郭象的《庄子注》在这一句下面批注道：“理无是非，而惑者以为有，此以无有为有也。惑心已成，虽圣人不能解，故付之自若而不强知也。”意思是，万物的机理本无是非对错，但有些愚蠢的人认为有是非对错，把没有的事情说得有鼻子有眼。这种愚昧的心一旦形成，就连圣人也解救不了。算了吧，就任他们自生自灭吧。由此，足可见庄子对于这个世界的失望与惋惜。

放下是非之心，才能获得逍遥的人生

上一节中，庄子解释了这样一个道理：人籁叽叽喳喳、争吵不休，都是因为人把自己的成见作为是非对错的判断标准。人陷在小知、小言中无法自拔，从而无法做到广博通达，无法得道、得逍遥。

其实，不止普通人如此，诸子百家中的圣人先知、意见领袖也是如此。不仅如此，他们的言语给大道、大知带来的危害比普通人更大。这是为什么呢？我们一点一点来解释。

原文：

夫言非吹也。言者有言，其所言者特未定也。果有言邪，其未尝有言邪？其以为异于鷇音，亦有辩乎？其无辩乎？

道恶乎隐而有真伪？言恶乎隐而有是非？道恶乎往而不存？言恶乎存而不可？道隐于小成，言隐于荣华。故有儒墨之是非，以是其所非而非其所是。欲是其所非而非其所是，则莫若以明。

庄子说：人们说话、讲道理往往带有“成心”，与无心而吹的地籁是不同的。说话的人成心不同，立场和视角也就不同，衡量是非对错的标准当然也不会永恒不变。这些人的话有道理还是一点道理都没有呢？他们说话的声音与小鸟破壳时的鸣叫声有差别还是一点差别都没有呢？在庄子看来，那些叽叽喳喳、叫嚣是非的人，他们自以为发表了高论，但实际上，他们的言论和刚出生的小鸟叫声一样，没什么区别。

庄子接着说：大道到底是被什么遮蔽了才让人不辨真伪呢？至言

又是被什么遮蔽了才让人不分是非？大道是因为什么而无法显现？真正的道理又是因为什么而不被认可呢？下文给出了答案，“道隐于小成，言隐于荣华”，大道是被小聪明的自以为是所隐藏的，承载大道的言语，是被荣华富贵所隐藏的。

什么叫“道隐于小成”呢？人世间有太多“半瓶子醋”了，他们以为自己很聪明，以为自己有所成就，于是过于自负，什么大话都敢说。就是这些人胡说八道，遮蔽了大道理呀。庄子说他们是“小成”，而不是“无成”。无成的人说了些什么，别人不会在意，说错了，影响也不大。最怕小成之人，自己没理解大道，还容易误导别人。

那什么叫“言隐于荣华”呢？我们的语言，最开始的时候往往很平实，传达道理也很清晰；后来辞藻越来越华丽，逻辑越来越复杂，说一句话要起承转合做好铺垫，真理就被藏起来，找不到了。

如果说前面那些话都是对空气批评，那么接下来，庄子要开始骂人了：“故有儒墨之是非，以是其所非而非其所是。欲是其所非而非其所是，则莫若以明。”儒家与墨家以互相否定对方的观点为要务：你说对，我偏要说不对；你说错的，我反而要辩个三分道理出来。儒家主张“仁”，墨家就主张“义”；儒家主张社会层级与秩序，墨家就倡导“兼爱”“非攻”。

这两种主张谁对谁错呢？其实都有道理。只不过为了反对而反对，到头来各执一词，都走向极端，就都不对了。如果真是这样，除了会把天下搞得乌烟瘴气，还能得到什么呢？所以庄子说“莫若以明”——还不如静下心来，用心灵感受万物呢！

怎么理解这个“莫若以明”呢？接下来，庄子用一长串论述做了解释。这一段没有什么生僻字，读起来也如行云流水一般，但是想要理解它辩证的含义，必须得穿过厚厚的逻辑迷雾才行。

原文：

物无非彼，物无非是。自彼则不见，自知则知之。故曰：彼出于是，是亦因彼。

彼是方生之说也。虽然，方生方死，方死方生；方可方不可，方不可方可；因是因非，因非因是。是以圣人不由而照之于天，亦因是也。

是亦彼也，彼亦是也。彼亦一是非，此亦一是非，果且有彼是乎哉？果且无彼是乎哉？彼是莫得其偶，谓之道枢。枢始得其环中，以应无穷。

是亦一无穷，非亦一无穷也。故曰：莫若以明。

庄子在这段话里面，提到了两个概念——“彼”和“此”，彼就是指对方，此就是指自己。这段话什么意思呢？“物无非彼，物无非是”，同一个事物可以是“彼”，也可以是“此”，关键在于你站在什么样的立场去看。

“自彼则不见”，从“我”的视角观察一个东西，则一切东西都是“彼”。这个好理解，比如对小孩子来说，妈妈围着我一个人忙前忙后，我渴了就有水送到嘴边，我饿了就有吃的让我吃，所有玩具都是为我服务的。

“自知则知之”，把我和这个东西视为一个整体，然后观察自己这个整体，那么一切东西都是“此”。就好比你作为一个编外人员看待一个团队，那么这个团队就是“彼”；一旦你加入这个团队，你再看，就是观察自己所在的团队，就是“此”。

你观察别人，永远都是隔岸观火，得到的信息少而且混乱；但如果你站在自己的立场上观察整体，然后再从整体的立场上反观自己，这样很多毛病、不足就很容易显现出来。

所谓的“彼此”，也不过就是惠施所说的“方生方死”之论罢了。后面这几句完全是逻辑的辩论，相当于西方哲学中的辩证法——“方生方死，方死方生；方可方不可，方不可方可；因是因非，因非因是。”一个生命刚刚诞生出来，同时也意味着走向死亡；一个生命刚刚走向死亡，同时也就意味着另一个生命诞生了。当某一事物被认为是正确的时候，它的错误也就开始了；当被认为是错误的时候，它的正确也就包含在错误里面了。

在庄子眼中，一切对立的概念都是可以相互转化的，一切相同的概念也是存在着内部差异的。所以，生与死、是与非、善与恶、美与丑等一切概念，都是相对而言的。如果消灭其中一方，另一方也就不复存在。

先举一个简单的例子，好比昼夜：白昼的结束，是黑夜的开始；同样，长夜结束，天空破晓，也就是白昼的开始。——这就是说对立的概念是可以相互转化的。当然，你不能既在白天也在夜里，因为黑夜、白昼是对立的。但是每一个白天，都会向傍晚和深夜走去，每一个黑夜的尽头也都有黎明和白昼，因为它们又是统一的。

你可能会说，南北极有极昼、极夜的现象，黑夜、白昼不就不交替了吗？且不说四季有轮回，极昼之后，慢慢昼夜等长，再然后开始极夜。如果真的有个地方永远处在黑暗之中，那么这个地方的人必然不知道白昼的存在。不知道白昼，又怎么能认定自己生活在无边的黑夜中呢？总之，黑夜、白昼是对立统一的，可以互相转化，但是不能只消灭其中一方。

生死也是这样的：婴儿一来到世上，就要开始计算寿命了。所谓寿命就是一步一步走向衰老和死亡的记录，所以说“方生方死”。同样，当一个人的心脏和大脑停止工作，放在宗教里就是要开始下辈子的重生，放在科学世界里就是濒死状态的结束和死亡状态的开始，所以说“方死方生”。“可”与“不可”、“是”与“非”也是这样对立统一的一对。

“是以圣人不由而照之于天，亦因是也。”因此圣人不走分辨是非的道路，一切让自然天道来运作万物，一切只是因循是非的自然发展。

“是亦彼也，彼亦是也。彼亦一是非，此亦一是非，果且有彼是乎哉？果且无彼是乎哉？”从对立双方相互转化的观点来看，此就是彼，彼就是此；从事物双方构成的对立面观点来看，彼有彼的是非，此有此的是非。如果把是非都合并于大道之中，不就没有是非了吗？

问题是对立统一的事物发展的动力来源，是非始终存在，不会消失。庄子也给出了应付是非的方法：“彼是莫得其偶，谓之道枢。枢始得其环中，以应无穷。”超出是非对立之上，这就叫作掌握了道的枢要；掌握了道的枢要，就好像进入了环的中心，从而可以应付无穷的是非。

“是亦一无穷，非亦一无穷也。故曰：莫若以明。”如果按照是非的标准来辩论是非，那么这样的是非论辩是永远没有穷尽的，所以说不如用空明若镜的心灵来观照万物。

所以庄子提倡要以大道观之，超脱于是非之上。这样就避免了陷入相对主义的死局，也就避免了造成人世间不必要的纷争与动荡，这算真正掌握了道的枢纽。就好比圆环中心的空缺，那个地方就是道。你握住那个地方，就握住了整个圆环，也就真正掌握了大道。

遇到“白马非马”的诡辩，要如何聪明应对？

上一节讲到在庄子眼中，一切对立的概念都是可以相互转化的，“物无非彼，物无非是。……方生方死，方死方生”。大道就在对立双方组成的圆环当中，只有用空明若镜的心灵来观照万物，才能跳出是非、彼此的循环奴役。

这一节讲“白马非马”的故事，以及遇到类似诡辩之人应该如何应对。

原文：

以指喻指之非指，不若以非指喻指之非指也；以马喻马之非马，不若以非马喻马之非马也。天地一指也，万物一马也。

如果直接翻译就是，用“拇指”去说明拇指不是手指，不如用“非拇指”来说明拇指不是手指；用“白马”去说明白马非马，不如用“非白马”去说明白马非马。从大道的角度看，天地万物与一根手指、一匹白马没有本质的区别。

这一段其实涉及战国思想家公孙龙的两个经典哲学命题——“拇指非指”和“白马非马”。两个命题在这里的作用差不多，“白马非马”大家更耳熟能详一些。

话说有一日，公孙龙骑马通过一个关口，被守卫拦下来，守卫说：“人可以进，但是马不行。”公孙龙说：“我们怎么判断一个东西是马呢？马有四个蹄子和一个长脸，这是从马的外形上去定义马。但是这个说法没有规定马的颜色，外形跟颜色不是同一个定义角度，所以白色的马就不是马。”

守卫又说：“你有白马，不能说没有马。既然不能这么说，那么白马不就是马了吗？”公孙龙反驳道：“如果说要一匹马，那么黄马、黑马可以满足要求，但如果说要白马，那么黄马、黑马就不符合要求了。两种要求不一样，这不就说明白马不是马吗？”

守卫说：“照你这么说，马有了颜色就不是马了。难道世界上有无色的马吗？如果没有，哪能说所有有颜色的马都不是马呢？”公孙龙说：“如果马没有颜色，就只有马的外形，那么就不存在白马，这不正好说明白马非马吗？”

听到这儿，你是不是已经晕了？“白马非马”明明很荒谬，但公孙龙说的似乎也没毛病。为什么呢？原因很简单，因为中国话中的“是”有两个意思，一个意思是“等于”，A 等于 B，B 等于 C，那么 A 等于 B 等于 C。另一个意思是“属于”，白色的马属于马这个物种，黄色的马、黑色的马也属于，这是我们的常识。而公孙龙的逻辑是，“白色的马”不等同于“马”，这个说法是没错的，两者是从属关系，确实不相等。

公孙龙用形式逻辑把人绕晕，很容易就能让对手哑口无言。你要是也遇到这么一个人，按照他的逻辑去跟他辩论，现场一定是辩不赢的。因为从纯概念的层面上说，他是没有错的，只不过不符合客观实际而已。

春秋战国时期的思想家非常注重“名词概念”与“实际存在”的关系。庄子在《逍遥游》里提到过“名者，实之宾也”的观点。孔子则主张，名实不相符的时候需要“正名”，即定下一套礼乐制度，就按照制度执行。墨子与之相反，他主张“非以其名也，以其取也”，也就是说，客观存在比概念更重要。

公孙龙是通过举例子，参与到这个哲学话题中来的。在“白马非马”这个例子中，他抓住了“马”与“白马”这两个名词概念之间的差异，才得出了一个违背常识的结论。你要是像故事里的守卫一样，也用这些抽象概念去反驳他，那就是在反驳一个逻辑自洽的结论，结果只能自讨没趣。

庄子提醒我们：遇到这样的人，最好的解决办法就是避开具体概念的陷阱，直接点出逻辑本身的错误。别去讨论什么“马的定义”“白马符不符合”“颜色规定还是外形规定”之类的具体问题，而要看到这些叽叽喳喳的讨论都停留在概念层面，根本经不起客观事实的检验。

这是诡辩学家们的通病。为了抽象知识上的方便，人为地细分了种种定义方式，今天是白马、黑马，明天也可以是大马、小马、长尾巴的马、瘸了一条腿的马、张三的马、李四的马。从大道的角度看，天地万物与一根手指、一匹白马又有什么区别呢？千万不要把抽象知识与客观实际割裂开来，在名实关系这滩浑水中越搅越浑呀！

其实，避开具体概念的陷阱，直接点出逻辑本身的错误，这个方法能够解决生活中的很多争吵。很多家长，一辅导孩子写作业就容易火冒三丈，因为孩子总犯同样的错误，改正很多次之后还是再犯。如果陷在具体题目上，那么每个错题都要分析一遍，但是如果去了解清楚孩子认知上的障碍，打通思路阻塞的地方，那么同类的问题不就迎刃而解了吗？

把此类认识论用到生活中，也是庄子的意思。“名者，实之宾也”，名词概念、学术探讨都是客观实际的附庸，取之于生活，用之于生活。如果只是为了纯粹的学术辩论，而刻意把概念的内涵、外延搞得很复杂，不仅无助于人们认识世界、增长智慧，反而割裂了知识，让人们越来越不能看清楚客观世界的真实样子。

这就是为什么庄子在前面说，要“枢始得其环中”——不要陷入具体的纷争，要死死站在单一的立场上面。想要活得明白、想得通透，就要站在得道的枢纽上、站在综合视角上，寻找阻塞思维认知的根源。解决掉认知的问题，具体困扰可能就解决一大半了。

紧接着，庄子做了进一步论述。

原文：

可乎可，不可乎不可。道行之而成，物谓之而然。恶乎然？然于然。恶乎可？可于可。恶乎不可？不可于不可。恶乎不然？不然于不然。物固有所然，物固有所可。无物不然，无物不可。故为是举莛与楹，厉与西施，恢诡谲怪，道通为一。

这一段仍然是在讨论知识的实用性。某个事行不行、对不对、可以不可以，只要存在就有存在的原因。道路是人们走出来的，事物的名称是人们叫出来的。是有是的原因，不是有不是的原因；可有可的原因，不可有不可的原因。为何是这样？因为有它是这样的道理。为何不是这样？因为有它不是这样的道理。为何可以？因为有它可以的道理。为何不可？因为有它不可的道理。一切事物本来都有它是的地方，一切事物本来都有它可的地方。天下没有什么事物是不对的，也没有什么事物是不可的。小草的根茎也好，房屋的栋梁也罢，丑陋的妇人也好，美貌的西施也罢，一切正常或稀奇古怪的东西，从大道的观点来看，都是一样的，并没有什么区别。

在庄子眼中，所有的区别都是人为制造出来的。高低贵贱也是人为划定的，最终成为某种固定思维。所以才会有人追求美女，厌弃丑女，喜住宫殿，厌恶草房。最终，你争我抢，造成天下动荡不安。

庄子在这几段话中反复申明的一个道理就是，要用大道观察万物，用大道体悟万物。这样你才能摆脱世间的纷扰繁杂，明白是非善恶不过是相对而言的东西，从而真正获得澄澈的心境与逍遥的人生。

朝三暮四，最早是骗猴子的把戏

上一节讲到，生活中的很多争吵，都可以用“避开具体概念陷阱，直接点出认知错误”的方法解决。想要发现认知错误，须得领悟大道。那么，该如何排除各家各派的杂音，领悟天地间真正的大道呢？

原文：

其分也，成也；其成也，毁也。凡物无成与毁，复通为一。唯达者知通为一，为是不用，而寓诸庸。

庸也者，用也；用也者，通也；通也者，得也。适得而几已。因是已。已而不知其然，谓之道。

“其分也，成也；其成也，毁也。”一个事物分散，必定会生成新的事物；一个事物的生成，也必定毁灭了原有的状态。这跟前面说的“方生方死”是一个道理。比如，你把一段木头劈开，做成家具。对于木头而言，它被劈开了，也就毁灭了；但是对于家具来说，劈开木材的一刹那，反而是它诞生的起点。所谓“在木则为分，在器则为成”，全依你从哪个角度去看。

所以万物既没有诞生，也没有死亡，都是来回转换的。只有通晓大道的人，才能看清这个道理。

“凡物无成与毁，复通为一。”一切事物无论生成与毁灭都会复归于浑然一体。前面说过“枢始得其环中”，在庄子看来，道的运行是无始无终的螺旋式圆环，这里说的浑然一体指的就是这个圆环。

真正懂得大道的人，知道万物相通，归本为一，所以不固执己见，只是把自己的思想融入芸芸众生的看法中。所以说，“唯达者知通为一，为是不用而寓诸庸”。活得通透的人，从不与众生争论高低，他们心胸开阔、包容性强，不会耍小聪明，不会把万物的生成与毁灭拆分开来，也不会用错综复杂的偏见去做判断，而是把思维寄托在平常日用的道理之上。儒家的“中庸之道”也是这个意思，在这一点上，儒家和道家是相通的。

“庸也者，用也；用也者，通也；通也者，得也。”平常日用的就是世间通行的，世间通行的就是把握住关键的，世间通行的就是把握住大道的。这一段是说，平平常常就是好日子，用平常心去看待生活才能获得幸福。不过分追求更好的东西，也不做趋炎附势、蝇营狗苟之人。取道中庸，这样身心、内外、得失都能够得到平衡，得到平衡不就是好日子吗？

所以庄子接着说“适得而几矣。因是已。已而不知其然，谓之道。劳神明为一而不知其同也”。顺其自然，而不知其所以然，这就叫作“道”了。人们费尽心思去追求万物一致，却不知道它们本来就是相同的。

接下来，庄子讲了一个故事。

原文：

劳神明为一，而不知其同也，谓之“朝三”。何谓“朝三”？狙公赋芧，曰：“朝三而暮四。”众狙皆怒。曰：“然则朝四而暮三。”众狙皆悦。名实未亏，而喜怒为用，亦因是也。是以圣人和之以是非，而休乎天钧，是之谓两行。

古之人，其知有所至矣。恶乎至？有以为未始有物者，至矣，尽矣，不可以加矣！其次以为有物矣，而未始有封也。其次以为有封焉，而未始有是非也。是非之彰也，道之所以亏也。道之所以亏，爱之所以成。果且有成与亏乎哉？果且无成与亏乎哉？

话说有一个养猴子的老汉，用橡子喂猴子。有一天，他给猴子分橡子的时候说：“我早上给你们三升，晚上给你们四升，怎么样？”猴子们听了之后很生气，不干！老汉又说：“那就早上给四升，晚上给三升吧！”说完，猴子们都高兴了起来。老汉笑了笑，美滋滋地准备橡子去了。

明白人一听就知道，“朝三暮四”与“朝四暮三”没什么区别，但是猴子的情绪态度却完全不一样。养猴老汉的做法不过是利用了猴子的主观心理罢了。这就是庄子所说的“名实未亏而喜怒为用，亦因是也”。庄子通过“朝三暮四”的典故想说明，世间众生就和猴子一样，他们所认为的是非真理就好比猴子们所期盼的橡子，到底是早上四升还是晚上四升，其实并没有差别，但是这些猴子偏偏认为早上四升才是对的，晚上四升就是错的，这就是所谓的是非标准。事情的本质没有区别，但是不同的人从不同的视角去看待事情，就会产生喜怒哀乐等各种情绪，这跟东西跳梁的猴子有什么不同呢？

圣人不执着于是非对错的争辩，而是顺应自然均衡之道来做事，庄子管这叫“两行”。无需多余的争辩，反正最后的结果都是一样的，就干脆应了它们的请求，“早上四升晚上三升”好了。这样一来，“猴子安静了”，天下太平了。

所谓“两行”，就是把一切对于真理的陈述落到无穷的相对系统里去。这个相对系统中，每一个理论都有它成立的理由，两个或多个理论并行不悖，持有这个理论的人能够容纳别人的立场与见解，不因自己的观点而否定别人。西方文化界常说，“我不同意你的观点，但是我誓死捍卫你说话的权利”。庄子做得更彻底，“我与你的观点不同，我们的观点各有各的道理，所以我也愿意接纳你的观点”。

接下来，庄子又说：“古之人，其知有所至矣。”古代的悟道者，他们的智慧已经达到了最高的境界。“恶乎至？有以为未始有物者，至矣，尽矣，不可以加矣！其次以为有物矣，而未始有封也。其次以为有封焉，而未始有是非也。”怎么样才能达到最高的境界呢？他们认为宇宙开始时，不曾有任何东西存在，这种认识极其深刻透彻；次一等的人，虽然认识到已经有物质的存在，但仍不曾去分辨彼此和人我的界限，万物都是一样的；再次一等的人，虽然认识到彼此和人我的界限，但不曾去分辨是非。“是非之彰也，道之所以亏也。道之所以亏，爱之所以成。果且有成与亏乎哉？果且无成与亏乎哉？”是非的观念出现了，大道也就因此而亏损了；大道亏损了，偏好也就形成了。那么，果真有所谓的亏损与形成吗？还是并没有呢？

庄子开始举例子了。

原文：

有成与亏，故昭氏之鼓琴也；无成与亏，故昭氏之不鼓琴也。昭文之鼓琴也，师旷之枝策也，惠子之据梧也，三子之知几乎，皆其盛者也，故载之末年。唯其好之也，以异于彼，其好之也，欲以明之。彼非所明而明之，故以坚白之昧终。而其子又以文之纶终，终身无成。若是而可谓成乎？虽我亦成也。若是而不可谓成乎？物与我无成也。是故滑疑之耀，圣人之所图也。为是不用而寓诸庸，此之谓“以明”。

春秋时期的郑国，有一个非常有名的乐师，叫作昭文。他弹琴的技艺出神入化，已经进入了得道的境界。有一回，他正弹着琴，突然觉悟到：每次弹一个音，那么其他几个音就被舍弃掉了。只有不弹琴的时候，才是五音俱全的。进一步说，弹琴这件事把声音变成了一个音节一个音节的，这是对音乐的割裂，背弃了“复通为一”的大道。大道就是如此，你别动它，它就完好无损。一有是非纷争，大道就亏损了。如果是这样，弹琴还不如不弹，也就是所谓的“有成与亏，故昭氏之鼓琴也；无成与亏，故昭氏之不鼓琴也”。

无独有偶，晋平公手下的掌乐太师师旷，是一位拥有绝对音准的盲人。他擅长打击乐，经常手持一根拐杖随意敲打。因为辨别音准的能力极强，所以随便敲打敲打就知道哪些音出错了。我们熟悉的惠子，擅长辩论，没事就倚着一棵梧桐树，等待别人经过，随时准备开辩。像这样的人，他们的智慧也好，技巧也罢，在各自领域都能算得上出类拔萃。不仅当时名盛一时，而且名载史册、万古流芳。但他们有一个共同的缺陷，是什么呢？“唯其好之也，以异于彼，其好之也，欲以明之。”昭文、师旷、惠子三个人都是在各自领域内独当一面的大家，但是他们所会的这些东西并不是大家所熟知的。如果事事都从自己擅长的领域出发，拿着自己的本领出来炫耀，强求别人明白自己擅长的领域，甚至想要证明自己是对的而别人都是错的，这样就不可理喻了！跟公孙龙强行跟人家辩论“颜色和触感是完全不相干的属性，所以永远找不到一块既白且坚的石头”，有什么不同呢？

后来，昭文教他儿子弹琴。他的儿子继承了弹琴的技术，对各种乐理、指法牢记于心，但却没有领悟他老爸领悟的大道，于是最终也没能达到昭文的水平。

庄子说，如果像昭文、师旷、惠子都算是有成就的话，那么像我这样也算是有成就的人；如果他们都不算是有成就的话，那么像我也就没什么成就可言了。

庄子最后总结道，“是故滑疑之耀，圣人之所图也。为是不用而寓诸庸，此之谓‘以明’”。所以，拿花里胡哨的技巧向世人炫耀，是圣人所不齿、要摒弃的行为。圣人不需要去分辨是非，只要采取顺其自然的做法就可以了。——这就是用空明若镜的心灵来观照万物。

把握智慧的“度”，就是掌握人生的法宝

春秋战国时期，各家各派为了宣扬自己的观点而争执不休。面对这样的状况，庄子认为，任何学说都包含着人的主观偏见，过分地用名词概念、逻辑推理来表达这些偏见，看似是非分明，实际上已经偏离了大道。想要解决这个问题，就要用“以明”的方式来观照万物之整体。

这一节，我们来看看庄子对于大道如何做进一步解释，以及他认为如何做才能恢复往日的大道。

原文：

今且有言于此，不知其与是类乎？其与是不类乎？类与不类，相与为类，则与彼无以异矣。虽然，请尝言之。有始也者，有未始有始也者，有未始有夫未始有始也者。有有也者，有无也者，有未始有无也者，有未始有夫未始有无也者。俄而有无矣，而未知有无之果孰有孰无也。今我则已有谓矣，而未知吾所谓之其果有谓乎，其果无谓乎？

在这段话中，庄子首先表明，我有点话想说，也就是自己要发表观点了。但庄子最讨厌别人发表“物论”，自己如果提出看法，岂不是和其他人没什么区别了吗？这不是搬起石头砸自己的脚吗？庄子显然注意到了这一点，于是他先自我检讨，说即便我会和他们一样发表个人见解，我也还是得说两句。正如王夫之所说，庄子这是“防人摘己而先自破之”，我先自我反省，省得你们以此来攻击我。他发表什么看法了呢？他说宇宙形成的时候，宇宙没形成的时候，以及宇宙没形成之前更往前的时候，万物产生出形体的时候，万物从无中产生出来的时候以及万物没产生之前的至虚状态的时候……其实庄子要说明的核心就　点，是非之别的出现在天地万物产生之后，也就是说在没有天地万物的至虚时代，是没有是非观念的。后来世界忽然进入了“有”与“无”的阶段，但没人知道这个“有”是不是真有，也没人知道这个“无”是不是真无。就好像我到底是说了话呢，还是没说话呢？都没人知道，也就暗指是非没有定论。

接下来，庄子说：

原文：

夫天下莫大于秋毫之末，而太山为小；莫寿乎殇子，而彭祖为夭。天地与我并生，而万物与我为一。既已为一矣，且得有言乎？既已谓之一矣，且得无言乎？一与言为二，二与一为三。自此以往，巧历不能得，而况其凡乎！故自无适有，以至于三，而况自有适有乎！

无适焉，因是已。

如果说天下没有比秋天鸟兽新生的羽毛更大的东西，那么从这个角度来说，泰山就是小的。如果说没人比夭亡的幼童更长寿的人，那么活了八百岁的彭祖也是短寿的。天地与我同时存在，万物与我浑然一体。既然都浑然一体了，那还有什么说的呢？既然说出了“合为一体”的话，还能说没有说话吗？万物一体加上我说的话便是两个，两个加上一个便是三个。这样往下推，善于计算的人也不能计其数，更何况是凡夫俗子呢？所以我现在为了说明大道的情形，已经从无言到有言，从而达到“三”的地步，何况诸子百家的言论是从有言到有言呢？我不必再往下说了，就因循自然吧。

庄子在这里指出了事物的相对性问题，那就是秋毫也可以是很大的，泰山也可以是很小的，全看你以什么为参照物。民国学者叶国庆在《庄子研究》中就指出，所谓的长短夭寿都是人为划定出来的。如果以朝菌看蟪蛄，那么蟪蛄不能算短寿，因为它们活得都不长。但是如果你要以大椿为标准看蟪蛄，那么蟪蛄当然算是短寿的。如果以朝菌看朝菌，以大椿看大椿，那压根儿就没有什么夭寿一说了，所以一切贵贱高低都是人为设定的参照标准。所以最后庄子得出一个结论——“天地与我并生，而万物与我为一”，我跟世间万物都是一样的，没有是非夭寿的区别，没必要比来比去。万物是一，我们再多说一句话就是二，再多说一句话就是三，越叠加越多。庄子为了说明大道这种很重要的东西，尚且从无言（指的是大道，因为大道是无言的）到有言（解释大道的话），再加上万物原本的一已经叠加到了三，可想而知诸子百家那些没用的言论叠加起来得多大了。庄子说到这里不再说了，因为在他看来，他已经用“三”阐明大道了，目的已经达到了，就不再多说别的了，否则就真的和诸子百家一样吵吵嚷嚷了。所以民国学者蒋锡昌指出：“庄子发表意见只是为了阐明大道，并说明自己作《齐物论》是迫不得已的，跟想通过辩论战胜别人的诸子百家是不一样的。”

原文：

夫道未始有封，言未始有常，为是而有畛也。请言其畛：有左有右，有伦有义，有分有辩，有竞有争，此之谓八德。六合之外，圣人存而不论；六合之内，圣人论而不议；春秋经世先王之志，圣人议而不辩。故分也者，有不分也；辩也者，有不辩也。曰，何也？圣人怀之，众人辩之以相示也。故曰：辩也者，有不见也。

大道未尝有彼与此的分界，至言未尝有是与非的定说，只是为了争得一个“是”才划出了许多界限。这些界限，有左右等级、尊卑之序，有亲疏之理、贵贱之仪，有剖析万物、分别彼此，有角逐胜负、争辩是非，这就是儒墨等派所争执的八种界限。人世以外的事，圣人搁置不加评论，人世以内的事，圣人也只是泛泛而论，不细致评说。一切古史都是先王治理天下的记载，圣人对这些记载只是略加议论而不加非难。所以天下事理能分别的，其中必定有不能分别的存在；能辩论的，其中必定有不能辩论的存在。这是为什么呢？圣人以不辩为怀，而众人却以喋喋不休的争辩来夸耀于世。辩论之所以发生，是因为没有见到道的广大。

这一段中，庄子指出，大道和至言，最初没有彼此是非的划分，都是因为人心的自私，才生出所谓的“对错”。儒墨两家互相非难，都在说自己对、对方错，以至于争辩不休。反而是圣人，不对任何事物加以是非评判，所以人家能得“道”，而其他人连“道”的影子也没见着。

原文：

夫大道不称，大辩不言，大仁不仁，大廉不嗛，大勇不忮。道昭而不道，言辩而不及，仁常而不成，廉清而不信，勇忮而不成。五者圆而几向方矣！故知止其所不知，至矣。孰知不言之辩，不道之道？若有能知，此之谓天府。注焉而不满，酌焉而不竭，而不知其所由来，此之谓葆光。

大道是不可名状的，大辩是不用言说的，大仁不是有意为仁的，大廉是不露锋芒的，大勇也是不逞匹夫之勇的。道一旦被说明就不是真的大道了，言语过于精审就不能达到真理，仁者有了偏爱就不能惠及天下，过分表示廉洁就不够真实，逞匹夫之勇就不能成为勇士。不道、不及、不成、不信、不成这五个方面，都是不露棱角、相对圆润的，所以它们组合起来就是一个圆通混成的东西，像球体一样可以自由移动。而一旦产生昭、辩、常、清、忮这些超过自然限度之外的状态，就会把圆润的球体改造成四四方方的东西，变得棱角分明，无法再自由地滚动了。所以，一个人知道的东西止于性分之内就可以了，不可有太多超越自己本性之外的智慧。这个“度”很重要，须知聪明反被聪明误，想想王熙凤，她就是被自己的聪明害死的。最后，庄子说明，若想恢复大道，那就要做到韬光养晦，藏光不露。

这一大段，庄子是在说明，道是不能被解释的，因为一旦解释出来，就不是真正的道了，这与老子“道可道，非常道”是一个意思。所以要做到不偏不倚，不多不少，使自己保持在一个相对稳定的状态中。因为大道和至言都是不可名状的，只能用心去体会。只要把大道藏于心中，那么这个人就会生发出无尽的力量，助他应对人生的一切苦难与波折！

沉鱼落雁不是美？美的标准千差万别

前面几节讲了庄子在《齐物论》中的主要观点，点明了“天地与我并生，而万物与我为一”的核心认识论，也讲到了超越是非彼此、以道观万物的方法论。在复杂的观点论述之后，庄子终于开始讲故事了。

第一个故事讲的是尧和舜的对话。

原文：

故昔者尧问于舜曰：“我欲伐宗、脍、胥敖，南面而不释然。其故何也？”舜曰：“夫三子者，犹存乎蓬艾之间。若不释然，何哉？昔者十日并出，万物皆照，而况德之进乎日者乎？”

话说从前，尧问舜：“我近来天天盘算着要去讨伐宗、脍、胥敖这三个小国，每当临朝听政的时候，就感到内心不安、放心不下，这是为什么呢？”

舜说：“那三个小国的国君，生活在边远偏僻的小地方，如同生活在田鼠麻雀之辈出没的蓬蒿、艾草当中。而您坐拥天下，哪里需要介意他们的存在呢？相传，曾经有十个太阳同时挂在天上，万物都被它们照耀。更何况，道德的光芒比太阳光还要更胜一筹呢？”

宗、脍、胥敖这三个都是庄子虚构出来的小国，尧要去攻打他们。为什么呢？成玄英在《庄子注疏》中推测，应该是这三个小国欠了尧的赋税，所以尧一气之下就想要给他们点颜色瞧瞧。但是他心里不知道是怎么了，就不舒服，就不得劲儿。

为什么会不舒服呢？前面讲过，儒墨两家的争论“有左有右，有伦有义，有分有辩，有竞有争”。按照晚清学者郭嵩焘的解释，尧犯了同样的错误，以“是非”之观来审视三国，被无妄的“物论”所困惑，所以心里才不舒服。只不过他自己没有意识到，于是想找舜来问问。

舜的意思是说，这三个小国吧，虽然有不义的举动，但也不必和他们辩论是非对错，更不必大动干戈。你在天下百姓的心中，如同十日同天，普照万物。而太阳不会只照耀好人而躲着坏人，你就应该拥有太阳一样的心胸，去包容一切啊。

庄子通过这个小故事，再次阐发“天地与我并生，而万物与我为一”的宗旨：天地万物和我都是一样的，没有必要强分高下，更不能去侵犯他物，以此来达到“万物齐一”的目的。

接下来，庄子又开始讲啮缺与王倪的对话。

原文：

啮缺问乎王倪曰：“子知物之所同是乎？”

曰："吾恶乎知之！"

"子知子之所不知邪？"

曰："吾恶乎知之！"

"然则物无知邪？"

曰："吾恶乎知之！虽然，尝试言之：庸讵知吾所谓知之非不知邪？庸讵知吾所谓不知之非知邪？且吾尝试问乎女：民湿寝则腰疾偏死，鳅然乎哉？木处则惴栗恂惧，猿猴然乎哉？三者孰知正处？民食刍豢，麋鹿食荐，蝍蛆甘带，鸱鸦耆鼠，四者孰知正味？猿，猵狙以为雌，麋与鹿交，鳅与鱼游。毛嫱、丽姬，人之所美也；鱼见之深入，鸟见之高飞，麋鹿见之决骤，四者孰知天下之正色哉？自我观之，仁义之端，是非之途，樊然淆乱，吾恶能知其辩！"

啮缺是隐士许由的师傅，这一天，他来问自己的老师王倪。

啮缺问："师傅，天下万物有没有一个公认的、统一的是非判断标准呢？"王倪说："我怎么会知道呢？"这是个"两头堵"的问题，你说有标准，那么接下来肯定要说明这个标准是什么。如果说没标准，就等于是发表了一个明确的个人判断标准——"世间没有统一的标准"，这不是用实际行动打自己的脸吗？所以王倪很聪明，避开两难的尴尬境地，直接说不知道。

没想到，啮缺还要继续追问："您知道您自己是不知道的吗？"王倪说："我怎么会知道我为何不知道呢？"

啮缺说："您说自己什么都不知道，意思是说，天下一切的事理都无法被了解吗？"王倪说："我虽然不知道，但也可以试着说一说。你怎么能知道我所谓的'知'就一定不是他人所谓的'不知'呢？

又怎么能知道我所谓的‘不知’就一定不是他人所谓的‘知’呢？”知道与不知道，本来就是没有定论的。一个人认为人所共知的事情，对另一个人来说可能听都没听过。那到底谁掌握真理？

这里很绕，不过好在王倪接下来举了例子。

他说：“我且问你一句，人们睡在潮湿的地方，腰部就会患病甚至半身不遂，但是泥鳅住在潮湿的地方，它会患病吗？人住在树上就会惊恐不安、战战兢兢，但是猿猴会惊恐吗？人、泥鳅、猿猴这三者，究竟谁更清楚何为良好生活环境呢？人吃家畜的肉，麋鹿吃野草，蜈蚣认为蛇的大脑最美味，而猫头鹰和乌鸦却喜欢吃老鼠。这些生物，究竟谁对美味最有发言权呢？

“猵狙喜欢雌猴，麋见到鹿就想与它交配，泥鳅就喜欢跟鱼待在一起。人们认为毛嫱和丽姬长相美丽，但是鱼见到她们就潜入水底，鸟儿见到她们就飞上天空，麋鹿见到她们撒腿就跑。这些生物，究竟谁才晓得天下真正的美色呢？依我来看，仁义道德的标准错综复杂，是非区直的判断变化多端，我怎么能准确判断哪个是对的，哪个是不对的呢？”

这一段，庄子借啮缺之口，重申了“万物齐一”的道理，就是不要有那么多的判断标准，万物都是一样的，只不过各有各的喜好，不能就说谁对谁错。

人在潮湿的环境里很难受，但是泥鳅离了水就活不了太久；猴子在树上来去自如，要是强制它们到人类社会生活，恐怕它们也不大乐意。人和猴儿还有泥鳅，对生活环境的偏好大相径庭，哪里有统一的标准呢？

同样的道理，人、鹿、蜈蚣、猫头鹰吃的东西不一样，到底谁的食物最可口呢？先不说人与其他生物，就是人群中不同的个体，口味都千差万别。难道世界上有一家让所有人都满意的餐厅吗？

我们现在常用“沉鱼落雁”“闭月羞花”来形容女子长相姣好。一般的好看还不够，非得到了传说中四大美人那种级别，才配得上这样的形容词。但是庄子在写出“沉鱼落雁”这个比喻的时候，却是相反的意思。毛嫱和丽姬是先秦时期公认的美女：鱼见了，往水里潜；鸟见了，往天上飞；鹿见了，朝林子里跑。——它们不是为美人的相貌所倾倒，反而是被人的出现吓到才逃走的。这说明，人眼中的美丽，对于动物来说什么都不是。归根结底，判别是非对错，没有放之天下皆准的规则。人不能太自以为是，把自己的喜好偏见加之于万物。

王倪一顿批评教育，把啮缺弄蒙了。

原文：

啮缺曰：“子不利害，则至人固不知利害乎？”王倪曰：“至人神矣！大泽焚而不能热，河汉冱而不能寒，疾雷破山、风振海而不能惊。若然者，乘云气，骑日月，而游乎四海之外，死生无变于己，而况利害之端乎！”

于是，啮缺又开始发问：“你不知道事物的利害，那么‘至人’也不知道利害吗？”

王倪说：“至人太神奇了，灌木焚烧都不能使他感到炎热，江河冰冻都不能使他感到寒冷，雷霆击破山峦、狂风掀起巨浪都不能使他惊恐。像这样的人，乘着云气，骑着日月，遨游于四海之外，生死对于他都没有什么影响，更何况是利与害这样的小事呢？”

庄子又一次把话题引申到了“至人”身上。从《逍遥游》开始，庄子就反复强调，“至人无己”是最理想的人生状态，因为至人完全忘记了自己的形体，超越了以自我为中心的狭隘视野，更不要说什么是非物论了，这是他们压根儿就看不上的东西。正因为如此，外物没有什么是可以伤害他的，所以他才能够遨游天地、逍遥世间。

通过啮缺与王倪的对话，庄子意在说明天下万事万物纷然淆乱，孰是孰非，皆无定准。只有不以是非、利害、生死困扰内心，才能算得上至人；只有与天地万物混而为一，才能达到逍遥的境界。

瞿鹊子问长梧子：梦境与现实不必分得那么清楚

上一节讲了尧与舜、啮缺与王倪的两组对话，也分析了“万物没有单一的标准”的道理。本节讲瞿鹊子和长梧子的故事，看看悟道之人是如何看待生死的。

原文：

瞿鹊子问乎长梧子曰：“吾闻诸夫子：圣人不从事于务，不就利，不违害，不喜求，不缘道，无谓有谓，有谓无谓，而游乎尘垢之外。夫子以为孟浪之言，而我以为妙道之行也。吾子以为奚若？”

瞿鹊子有一天听孔子说了一件奇事。据说，圣人不愿意插手人世间的俗事，不追逐功名利禄，也不为潜在的祸患而担惊受怕，他们不会热衷于追求，也不会宣称自己掌握了唯一的真理。他们一言不发的时候，好像传达了千言万语；他们张口说话了，又好像什么都没有说。他们的观点，神龙见首不见尾，永远都不会陷入是非对错的泥沼之中。

孔子对此十分不以为然，怎么会有如此不切实际的、荒唐的情况呢？但学生瞿鹊子却觉得这正是悟道之后说出来的话，于是满怀疑惑地来找长梧子请教。

其实，瞿鹊子和长梧子都是虚构出来的人物。他们的境界水平，从名字就能看得出来。瞿鹊子的“鹊”是“喜鹊”的“鹊”，长梧子的“梧”是“梧桐”的“梧”。庄子在这里做了人格化处理，所谓“瞿鹊子问长梧子”，其实就是小鸟停在高高的梧桐树上问道。

短寿的鸟雀因为智慧有限，于是向寿命长的大树请教，请教那个不知趋利避害的圣人是否真的存在。长梧子马上给出了回答。

原文：

长梧子曰：“是黄帝之所听荧也，而丘也何足以知之！且女亦大早计，见卵而求时夜，见弹而求鸮炙。予尝为女妄言之，女以妄听之。奚旁日月，挟宇宙，为其吻合，置其滑涽，以隶相尊？”

他说：“你问的问题太大了，别说你了，连我们的老祖宗黄帝听了都会感到疑惑，孔丘又怎能理解呢？你还没跟他好好交流清楚，就跑来问我，未免操之过急了。就好像是见到鸡蛋，就想着它能马上变成公鸡；见到了弹弓，就想着已经用它打下一只猫头鹰，还烤熟了它的肉。不过，既然你这么诚心请教，我就试着给你随便说说吧。”品一品长梧子说的话，千百年来，初学参禅修道的人不都是这样吗？学个两三天就想要参透其中的道理，打坐个三五日便想要气脉通畅，哪有这么容易的事？全是个人操之过急罢了。

长梧子接着说：“我姑妄说之，你姑妄听之。瞿鹊子啊，你为什么不把日月放在身旁，把宇宙放在怀里呢？为什么不与万物混为一体，置各种混乱纷争于不顾，把卑贱与尊贵都等同起来呢？”

这几句话非常拗口，“奚旁日月，挟宇宙，为其吻合，置其滑涽，以隶相尊？”这话怎么理解呢？日月和宇宙代表无限的时空。对于那些真正悟道的人来说，白昼与黑夜、远方与近处都是吻合的，没有什么差别，更不需要划分出三六九等。世间万物纷乱无章，何必都要搞个清清楚楚、明明白白呢？万物本来就是各自发展自己的个性，最后交融在一起呀。

郭象在做注解的时候说：“人主观地认为有低贱之名，所以才产生了尊卑之序，最终导致天下祸乱不断，没有人能够制止，于是各个派别就产生了，各自归入各自的阵营，致使天下更为混乱。要解决这种乱象，就干脆别说话，听任万物自然的发展，这样才能让天下安息。”

长梧子接着解释。

原文：

众人役役，圣人愚芚，参万岁而一成纯。万物尽然，而以是相蕴。予恶乎知说生之非惑邪！予恶乎知恶死之非弱丧而不知归者邪！

“众人役役，圣人愚芚，参万岁而一成纯。”人们总是忙于去争辩是非，而圣人却好像十分愚昧、无所觉察，他们懂得糅合古往今来的世事变迁与起起伏伏，所以不为纷杂异同所困扰。万物全都是这样的，而且因为这个缘故，相互蕴积于浑朴而又精纯的状态之中。

“万物尽然，而以是相蕴。”他们明白，万物都是如此，各自发展出自己的个性，然后互相交融在一起，哪里会区分什么是非、可否、死生、利害呢？看透这一层道理的人，不会被外物所奴役，因为所有外物都是与我一体的、与我交融的。

“予恶乎知说生之非惑邪！予恶乎知恶死之非弱丧而不知归者邪！”我怎么知道世人喜欢活着，不是被迷惑了？怎么知道世人害怕死亡，就不像是幼童迷失在外而不知回归故乡呢？人不要拿自己的想法去衡量他人，即便在生死的问题上，也不是所有人的想法都一样。

紧接着，长梧子说了“丽姬”的故事。

原文：

丽之姬，艾封人之子也。晋国之始得之也，涕泣沾襟。及其至于王所，与王同筐床，食刍豢，而后悔其泣也。予恶乎知夫死者不悔其始之蕲生乎？

骊姬，是骊戎国艾地守疆人的女儿，长相非常美丽。有一年，骊戎国与晋国交战，骊戎战败，为了求和，便将骊姬与她的妹妹少姬献给晋献公。骊姬刚刚来到晋国的时候，哭得伤心欲绝，连衣裳都打湿了。等到进了晋献公的后宫，与君主同睡在一张舒服的床上，吃着世间绝美的食物，她反而爱上了晋国，后悔当初不该哭泣。

庄子通过这个故事想说明，祸福没有预期，是非没有定论。你昨天觉得是错的，说不定明天就认为是对的。你今天认为好的东西，说不定明天就认为不好了。世界上没有绝对的正确，也没有绝对的错误，照应了前面“彼亦一是非，此亦一是非”的观点。

其实骊姬的故事，庄子只讲了一半。骊姬以过人的美色，获得了晋献公专宠。但是这个女子美则美矣，内心阴险狡诈、献媚取怜，逐渐插手朝政，还设计离间挑拨晋献公与儿子申生、重耳、夷吾的感情，迫使申生自杀，重耳、夷吾逃亡，最终献公只能改立骊姬之子——奚齐为太子。这段历史也被称为“骊姬之乱”。

接下来，庄子开始讲“做梦”。

原文：

梦饮酒者，旦而哭泣；梦哭泣者，旦而田猎。方其梦也，不知其梦也。梦之中又占其梦焉，觉而后知其梦也。且有大觉而后知此其大梦也，而愚者自以为觉，窃窃然知之。“君乎！牧乎！”固哉！丘也与女皆梦也，予谓女梦亦梦也。是其言也，其名为吊诡。万世之后而一遇大圣知其解者，是旦暮遇之也。

梦里梦到大吃大喝的人，早上醒来发现什么都没有，泪流满面；夜里做噩梦，泪流满面的人，早晨起来知道啥都没发生，反而会高兴地去打猎。“方其梦也，不知其梦也。”人正在做梦的时候，不知道自己是在做梦。“梦之中又占其梦焉，觉而后知其梦也。”梦得晕晕乎乎，分不清梦境还是现实，于是卜上一卦测测吉凶。结果发现，卜卦这件事也是做梦梦到的。梦境层层嵌套，这一段简直就是电影《盗梦空间》的核心灵感。

庄子眼中，梦境与现实有时候是分不清的，只有大觉大醒之后，才能知道自己以前都是在做梦。同样的道理，真正有智慧的人往往不会自负，他们知道自己的智慧有限，以为自己很清醒的时候有可能在糊涂的梦境当中。梦境是不可穷尽的，人外有人，天外有天，自己的智慧见闻永远不可能穷尽自然的所有真相。只有领悟到了这一点，才是真正的觉醒。

清醒的圣人明白人的一生好像是一场大梦。而愚昧的人却自以为清醒，好像对是非知道得很清楚一样。他们喊着君呀、臣呀的，实在是顽固糊涂至极。

长梧子说："孔丘与你瞿鹊子都是在做梦，我说你在做梦，我也是在做梦。我谈的这番道理，可以称之为奇谈怪论。也许万世之后，能遇到一位明白这番道理的大圣人，到那个时候，他一定会觉得这个道理如同朝夕相接一样平常了。"

晚清学者王先谦对此评价道："此言众人闻之，以为吊诡，遇大圣则解之矣。"普通人听了这番话，肯定以为是疯话，只有真正的得道之人，才能理解其中的真理，从而讲给大众听。

庄子"人生如梦"的观点启发了后世的许多学者。刘备三顾茅庐时，诸葛亮吟诗道："大梦谁先觉，平生我自知。"宋代大文人苏轼在《念奴娇·赤壁怀古》中就说"人生如梦，一樽还酹江月"，在另一首词中也写到"世事一场大梦，人生几度秋凉"。

人生在世就如梦境一般，时而清醒，时而糊涂。既然如此，就不要去分什么对错，不要刻意去追求聪明，回避糊涂。只有真正清醒的人，才会明白人生其实就是一场大梦。反而是愚昧之人，自己沉醉不醒，却以为自己对是非大道了如指掌。在庄子眼中，这种人是最可笑的。所以，究竟什么样的人能参悟庄子的真理，就只有交给时间去慢慢筛选了。

通过瞿鹊子和长梧子的对话，庄子说明梦境与清醒是不可区分的。圣人不强分是非、彼此，而与天下万物混同为一。可以看出，这个故事依旧是在申述上文“天地与我并生，而万物与我为一”的道理。

庄周梦蝶：抹去是非功利，就是人生解脱的开始

上一节讲了瞿鹊子和长梧子关于梦境和现实的问答。这个故事到这里并没有结束，庄子又借长梧子之口写下了一点个人心得，道出了自己心中“论辩”的实质。

原文：

既使我与若辩矣，若胜我，我不若胜，若果是也？我果非也邪？我胜若，若不吾胜，我果是也？而果非也邪？其或是也？其或非也邪？其俱是也？其俱非也邪？我与若不能相知也，则人固受其黮暗，吾谁使正之？使同乎若者正之，既与若同矣，恶能正之？使同乎我者正之，既同乎我矣，恶能正之？使异乎我与若者正之，既异乎我与若矣，恶能正之？使同乎我与若者正之，既同乎我与若矣，恶能正之？然则我与若与人俱不能相知也，而待彼也邪？

长梧子说：“假使我与你辩论，你战胜了我，你就果真对，我就果真错吗？你没有胜我，我就果真对，你就果真错吗？是有一个人对，有一个人错呢，还是双方都对，双方都错呢？我与你都不知道，那么人固受其黮暗，别人就更加糊涂了。

“能让其他人做出正确的评定吗？如果让观点和你相同的人来判定对错，那他都与你观点相同了，又怎么能公正呢？如果让观点和我相同的人来判定对错，那他既然同意我的观点了，又怎么能公正呢？如果让观点和你我都不相同的人来做判断，那么既然他与你我都不相同，又怎么能裁决呢？如果让观点和你我都相同的人来评定，那么既然他与你我都相同了，又怎么能裁决呢？既然如此，那么你、我、他都不能说清楚谁对谁错，难道还要再找别人吗？”

庄子在这一大段中，表达的核心理念仍旧是天下万物“是非”没有定论，两个人各执一词，双方都不能做到公平、公正。即便是找第三方来当裁判，他总归也有自己的立场，有了自己的立场或者说成见，就不能做到中立。他如果认为你对，就会向着你说话；他如果认为你不对，就会“鸡蛋里挑骨头”似的挑你的刺儿，不管你是不是正确。

既如此，分歧就永远没法解决了吗？天下万物的是是非非，该由谁来裁决呢？庄子给出了答案，那就是“天倪”。所谓“天倪”，就是自然的分际，就是自然衍生出来的大道。它本身具有调和万物的功能，也可以理解为是自然的化身。“天倪”如何调和万物呢？

原文：

“何谓和之以天倪？”曰：“是不是，然不然。是若果是也，则是之异乎不是也，亦无辩。然若果然也，则然之异乎不然也，亦无辩。化声之相待，若其不相待。和之以天倪，因之以曼衍，所以穷年也。忘年忘义，振于无竟，故寓诸无竟。”

瞿鹊子继续发问：“什么叫用天倪来调和一切是非呢？”

长梧子说：“‘是’就是‘不是’，‘然’就是‘不然’。‘是’假设真的为‘是’，那么‘是’与‘不是’就不同，这用不着争辩；‘然’假设果真为‘然’，那么‘然’与‘不然’就不同，这也用不着争辩。‘化声’是相敌对而成的，若要使它们不相敌对，就应该用‘天倪’来加以调和，然后任其发展变化，这样就可以享尽自己的天年。忘掉岁月与义理，就能逍遥于无物及无是无非的境界，因此也能终身寄于这一境界当中。”

在庄子眼中，如果天下万事万物真的能分出是非对错倒也罢了，是就是，不是就是不是，用不着争辩。但是大家都在争辩，不恰恰说明是和非没有明显差别吗？是中蕴含着不是，对中也蕴含着不对。所以说，是就是不是，对就是不对，两者水乳交融，难以分隔，这也照应了前文“故分也者，有不分也；辩也者，有不辩也”的宗旨。

所谓“化声”，就是指是与非纠缠在一起的话。郭象评注时云：“是非之辩为化声”，是与非纠缠在一起，根本就分不开。那怎么办呢？庄子的答案是——拿“天倪”来调和。唯有如此，才能以不变应万变，任其游衍变化，最终享尽自己的天年。

这一点，映照到我们个人身上来看，就是要常怀一颗淡然之心。所谓的“天倪”，无非就是一种涵容宇宙的胸怀，老计较名利得失，老想着多赚一块、少赚一块，会把自己弄得非常疲惫。不如就用“天倪”之心调和是非得失，你会发现，一切不过是烟云。正如佛法所言：“看破放下，自在解脱”。庄子最后强调：“忘年忘义，振于无竟，故寓诸无竟。”忘记时间与所谓的真理，就能逍遥天地之间，从而到达至臻的境界。抹去是非功利的印记，恰恰就是人生解脱的开始。

瞿鹊子和长梧子的故事，到这里就全部结束了。在这之后，庄子还补充了两个小故事才收束全篇，这两个小故事非常有名。第一个故事叫“罔两问景（通‘影’）”。

原文：

罔两问景曰：“曩子行，今子止；曩子坐，今子起。何其无特操与？”景曰：“吾有待而然者邪？吾所待又有待而然者邪？吾待蛇蚹蜩翼邪？恶识所以然？恶识所以不然？”

罔两问影子说：“刚才你在行走，现在又停下来；刚才你在坐着，现在又站了起来。你为什么没有独立的志向和情操呢？”影子说：“我因为有所依赖才这样的吧？我依赖形体而动，犹如蛇依赖腹下的鳞皮而行，蝉依赖翅膀而飞一样？我怎么知道造成这样的原因呢？又怎么能知道不这样的原因呢？”

所谓“罔两”，就是影子之外的阴影部分。“竹林七贤”中的向秀对此解释说：“罔两就是影子的影子”。影子的影子问影子，为什么你行走坐立全部要靠别人，你为啥不能自己行走啊？影子自己知道，之所以不能自己做主，是因为影子必须要依靠形体：形体动，影子才能动，没有形体，也就没有影子。——这是常识。形体要动，也不能随便乱动，必须要靠真宰，也就是靠大道的统摄才能移动。

这个故事与开篇南郭子綦“吾丧我”的观点遥相辉映。庄子告诫诸生，要忘却自我，不然就要受制于形体，而形体也要靠大道的指挥才能移动，所以忘却形体就取缔了阻隔，可以更直接地体悟大道。

我们再来看最后一个故事，也是整部《庄子》中最美、最广为人知的一个故事——“庄周梦蝶”。

原文：

昔者庄周梦为胡蝶，栩栩然胡蝶也。自喻适志与！不知周也。俄然觉，则蘧蘧然周也。不知周之梦为胡蝶与？胡蝶之梦为周与？周与胡蝶则必有分矣。此之谓物化。

夜间庄周梦见自己化为了蝴蝶，飞舞得轻快自如。自己觉得快乐极了，竟然全然忘记了自己是庄周。突然醒来，惊觉自己原来是庄周。不知道是庄周做梦化为了蝴蝶，还是蝴蝶做梦化为了庄周呢？庄周与蝴蝶，在世人的眼光中，必定是有分别的，这就叫作物化。

依世间的常识，蝴蝶是蝴蝶，不是人；人是人，不是蝴蝶。但在“天地一指也，万物一马也”的庄周世界，则蝴蝶与人无差别，人也可以是蝴蝶，这便是庄子的思想核心——“万物齐一”。而所谓“物化”，是指一种泯灭事物差别、彼我浑然同化的和谐世界。

明代学者释德清对此解释道：“物化者，万物化而为一也。万物混化而为一，则了无人我是非之辩，则物论不齐而自齐也。”也就是做到“万物齐一”，把万物看成和我是一样的，是非物论自然会消失。在这里，睡梦与觉醒的转化被庄子说成是“物化”，这就使梦中主体与清醒时的主体等同了起来，成为另一个实体。因此，醒着不比梦中更实在，梦中也不比清醒更虚幻，两种状态中的认识具有同等价值，如蝴蝶认为只有自己没有庄周，而庄周却自以为存在着。这两种认识都对，因此也都不是真理。

这个故事里，庄子现身说法，认为梦与觉并没有什么不同，都是道的物化现象。因此，若要齐同物论，就必须首先破除有我之见，将自己的主观意念消除，才能做到与万物混而为一。由此可见，庄子这篇《齐物论》尽管千头万绪，波澜起伏，但却以“丧我”发端，并以“物化”结束，也就是以忘记自己为途径，与万物为一为目的逐步阐明全篇。其间文字虽浩荡千里，时断时续，但却万变不离其宗，始终在着意阐发既定齐物论的主旨。不得不说，庄子的写作技巧确实高超！

《养生主》

《养生主》介绍：休养生息的诀窍究竟在哪里?

如果说《齐物论》讲的是抽象的哲学问题，是《庄子·内篇》中最难懂的文章，那么《养生主》则让人感觉轻松许多。《养生主》不仅篇幅短、难度不高，还跟每个人的日常生活关系密切。

所谓“养生主”，顾名思义，讲的是养生的主张或者原则、要领。今天我们常说的“养生”这个词，就是来自本篇的篇名。既然说的是养生，又是道家学派的养生要领，那么会不会是教人如何炼丹药、如何测字以趋吉避凶呢？这么理解，可就把道家和道教给搞混了。二者之间有一点渊源，但完全不是一回事。

道家是一个起源于老子的哲学流派，主张以自然为本，尊重自然规律，尊重人事物的天性，并由这个中心主张延伸出修身、养性、治国和军事管理等诸多方面的思想观点。《庄子》其实就是道家学派中重要性不次于老子《道德经》的一部典籍，也是文学艺术方面最有特色的一本哲理散文集。

而道教指的是一种宗教信仰，起源于汉朝。它虽然也把“道”作为思想纲领，但是道教的起源非常庞杂，包括原始的民间信仰、神明崇拜、方术和祭拜活动等。这些与道家思想已经相去甚远，与《庄子》就更没有关系了。

可见，庄子关心的“养生”问题，绝不是炼丹作法，求长生不老。其实，相比于肉体生命的保健，他更注重精神世界的养护。具体来说，就是一个人要活得长久、活得有品质，就要有荣辱不惊的人生态度，在为人处世方面能够做到顺其自然、安时处顺，想得开、看得透，不跟自己较劲，也别苛责和强求外在环境。

听上去很像鸡汤，但这确实是庄子在乱世、在穷困的人生中悟出来的一套处世原则。

庄子生活的战国中期是历史上各派斗争非常激烈的社会转型期。当时的天下，兵荒马乱、礼崩乐坏，有心之士以智力和武力相互较劲，争相成为霸主，而百姓们却生活在水深火热之中。庄子所在的宋国地处中原，是大国角力的中心，边境战火不断，普通人更是饱受蹂躏和凌辱。

不仅如此，宋国国内经历了一轮内战，朝政很是混乱。宋康王夺权之后，开始了荒淫无道的统治，他狂妄到用弓箭射天、用鞭子抽地，还随意残杀百姓——剖开驼背之人的背部，斩掉早上过河之人的脚。如果有良心上过意不去的大臣前来劝谏，他就会用弓箭将其射杀。于是举国上下竟没人敢来阻止这荒唐行径。

内忧外患夹击之中的宋国人，对生命和前途充满了迷茫，庄子也不例外。他见到了太多无奈与悲苦，于是隐居起来。他曾有出将入相、享受荣华的机会，但断然拒绝，转身选择了十分艰苦的生活，常常衣不蔽体、食不果腹。

在外人看来，这种选择实在愚蠢，但庄子却能从中找到保全之法，无病无灾地活到了约 83 岁。这个年龄放在如今好像很平常，但在平均寿命只有三四十岁的春秋战国，真可以称得上“高龄”了。这样一位高龄智者的生命感悟就写在《养生主》当中。

《养生主》这篇文章主要分为四个部分。

第一部分是全篇的纲领。庄子开宗明义，提出了“缘督以为经，可以保身，可以全生，可以养亲，可以尽年”的中心思想，阐明其养生之要则在于遵循客观规律。这一部分，有我们非常熟悉又很容易误读的“学海无涯”之说，也有聪明人读了有益而蠢人读了有害的“为恶无近刑”之理。不计后人加注的标点符号，这一部分总共 58 个字，继承了《齐物论》“寓诸庸”的观物方法，认为在有限与无限、善与恶中，应取道平衡、顺应动态规律，让矛盾化作动力，从保全肉身到颐养精神，最后达到尽享天年的终极目标。

《养生主》的第二部分是“庖丁解牛”的寓言。庖丁，我们前面讲“越俎代庖”的时候讲过，就是厨师。厨师宰牛，需要对牛的各个部位了然于心，不仅仅是因为胸口膀和牛腱子肉的口感不同，还因为只有准确判断牛筋和骨骼之间的连接点，顺着结构肌理去切割，才能不磨损刀刃。这个故事，看上去要说明一个熟能生巧的道理，其实庄子想说的是，只有把握了复杂事件背后的本质，才能游刃有余地化解问题，从纠缠纷乱之中找到正确的出路。

紧接着，庄子又讲了一个“公文轩见右师”的故事，说的是有个人生下来就只有一只脚，别人都把他当瘸子，但他自己却毫不在乎，既然天生如此，找到自己独特的生活方式就好，何必与他人比较呢？最终他当了官，发挥了自己的才能。这个故事看上去要说一个保持乐观心态的道理，其实同样另有深意，还关系到后面要讲的《德充符》篇。

《养生主》的第四部分，庄子通过“秦失吊唁”的故事来说明安时处顺的道理。话说，老子去世了，大家前来吊唁，每个人都哭丧着脸，但庄子却认为老子死得顺应自然，其他人也不必哭泣。因为生死本来就是一种自然现象，人的寿命也应当顺应自然，不必刻意追求长寿。

庄子认为，与肉身的长寿相比，精神的存续好比“薪火相传”。实体的柴火固然可以烧尽，但是只要精神的火焰没有熄灭，就可以点燃更多的薪柴。老子虽然肉身死去，但是逍遥洒脱的精神境界永存于世。只要后人可以像老子一样悟道，那么老子的精神将周而复始、永不灭亡。

最后，让我们带着以下三个问题来读《养生主》：第一，《养生主》中的每一个故事，如何体现养生的观念？第二，《养生主》中体现了《逍遥游》和《齐物论》中的哪些重要观念？第三，一个人，究竟应该如何看待自身生命的价值？心态和肉体到底哪一个更重要？

带着这些问题来看，你会发现庄子的思想即使在两千年后的今天，也能够融入我们的生活。同时，你也能够对养生这一概念有更多的理解。

现代人工作繁忙、节奏快，总感到工作压力大、竞争激烈，不仅累心而且伤身。面对生活窘境，或许自由快乐的灵魂才是身心健康的基础。这便是庄子希望我们变成的样子。

学海无涯，苦苦追求竟然错了？

《庄子·养生主》的第一段很短。不像前面的《逍遥游》和《齐物论》以寓言故事开篇，庄子在《养生主》这一篇开门见山，讲了两个观点以及自己对养生处世的整体看法。后来，很多人引用《养生主》的第一句话，来表明“一心向学、求知若渴”的态度。但其实这样理解，就大错特错了。

原句是这样的：“吾生也有涯，而知也无涯。”意思是我们的生命是有限的，而知识是无限的。但这一句话不是孤立的，它后面还有两句——“以有涯随无涯，殆已！已而为知者，殆而已矣！”，加上这两句再看，意思就完全不同了。

“殆”字，在这里表示疲困不堪、神伤体乏。这两句说的是，用有限的生命去追求无限的知识，就会搞得人很疲惫。在求知的路上遇到了阻碍，于是用意志力排除万难，坚持不懈地探索，“殆而已矣”，就会更加疲惫不堪、徒劳无功呀！

我们学古文、引经据典的时候，常常按照自己的意图或者主流观点断章取义、特别是对于劝人向善、劝人上进好学的句子，就经常只传前半句，而落了后半句。比如，爱迪生说“天才是百分之一的灵感，加百分之九十九的汗水”，其实后面还有一句“但那百分之一的灵感往往比百分之九十九的汗水来得重要”。类似的情况往往是因为后半句比较“丧”、比较负能量，广泛传播之后也不好解释，索性就直接去掉了。但这样，反而让人失去了接触大智慧的机会。

那么，庄子这两句话的意思是劝人不要好好学习、不要积极探索吗？也不是。庄子反对的是刻意追求，或者说就是否定对身外之物的贪婪。我们都知道贪图钱财、名利会害了自己。庄子推而广之，认为无论你的目标是功利的，还是无私高尚的，只要是汲汲以求得来的，就容易超出你生命的承载能力，只要是将有限的生命投入到无限的欲望当中，就“殆矣”。很多因为思考太多而发疯甚至自残的哲学家，就是这句话最好的注脚。他们不贪财、不求名，对人类的知识进步也做出了很大的贡献，但是因为思考过多，超过了自身可以消化和承载的范围，就会陷入痛苦，自伤其身。

接下来，庄子又说“为善无近名，为恶无近刑”。

前半句“为善不近名”很好理解，就是做了好事不要贪图名声，或者说不要为了得到一个美名而做善事。中国人理解做好事有四个字，叫作“阴功积德”，“阴功”跟死亡没有关系，而是指不为人见、不为人知的善行。古人认为，默默地做好事，福报特别大；与之相反，如果为了名利去做好事，即便做了也不能算好。

《聊斋志异》开篇《考城隍》便写了这样一个别有深意的故事：有一个读书人，做梦时接到通知，叫他立刻参加考试。他到考场一看，上面坐的主考官是关公。关公发下题目，读书人就做。答卷中写了两句话：“有心为善，虽善不赏。无心为恶，虽恶不罚。”说一个人有心地去做好事，表现给别人看或表现给鬼神看，虽然是好事，也没有什么值得奖励的；一个人如果误打误撞做了坏事，虽然做了坏事也不应惩罚他，因为他是无意而为之，他也不想做坏事。关公当场阅卷，拍案叫好，于是命令他马上去做城隍。这个读书人一想，糟糕！那要死了以后才能做的，只好向关公请求说："我妈妈很大年纪了，只有我一个儿子，我马上去做城隍，妈妈由谁孝养呢？"关公一听，好极了，有慈心，便命人查寿籍册，看看他妈妈还有几年阳寿，一查，还有九年阳寿。关公说："那就等你九年，那地方的城隍就先由别人代理吧。"那人感激而醒。

"有心为善，虽善不赏。无心为恶，虽恶不罚。"这个说法从《考城隍》这则故事一直流传下来，成了一个很通俗的道理。前半句与"为善无近名"的意思差不多，都是教人不要为名而行善，而应阴功积德。

"为善无近名"好理解，后半句"为恶无近刑"就不那么好理解了。直接翻译的话，就是"做坏事不要触碰法律的底线"，似乎与我们一般观念中的"勿以恶小而为之"相悖。

庄子对人的行为确实没有那么严格的道德标准，但这句话绝对不是教人规避、玩弄甚至挑战刑罚规则。而是说世界上没有一个绝对的善人，但凡为人处世，肯定有让人不满意、让人认为做了恶事的时候，即便遇到这种情况，你也要有分寸，不要过分到触犯刑罚的地步。

我们综合这两句来看，庄子其实是给人的行为准则划定了一个弹性范围，不要什么事情都上纲上线。上不居名，下不触刑，只要在这个行为尺度中做人、做事，就可以安身立命。自郭象修订《庄子》以来，人们对这两句话的理解大抵如此。而现代国学大师王叔岷在《庄子校诠》中给出了一个更新颖的理解方法。他认为这里的善恶，应该从养生的角度去看，善于养生也不要贪图延年益寿，不善于养生也不要劳心劳力以致伤残。这也有一定道理，给大家多一个理解角度。

有了立身处世的方法，那接下来便是以此为道践行之。庄子接着写道："缘督以为经，可以保身，可以全生（通'性'），可以养亲，可以尽年。"

这句话中的关键，是"缘督"二字。"缘"在这里是沿着、遵循的意思。那么"督"又是何意呢？相信很多人都曾在武侠作品中听到过"任督二脉"。中医有"奇经八脉"之说，所谓督脉，即身背之中脉，具有总督诸阳经之作用。另外，《说文解字》对"督"有句解释："督者，以中道察视之。"所以"缘督以为经"中的"督"代指正道，"缘督"就是遵循正道。

当我们沿着名誉与刑罚之间的道路，以自然正道为纲要，行走于人世间，便可以保养身体，让身体健健康康；可以保全天性，逍遥自在地生活；可以奉养双亲，不要死在父母前面，做好子女的本分；可以享尽天年，也就是活到真正该死的时候。

在这里，庄子讲到了养生的四个层次：

第一层是"保身"，保养身体。自然大道创造生命是从人的形体开始的，没有形体上的健康只说修心养神，就掉入了唯心主义的陷阱。身体是革命的本钱，身体不好，精神境界再高、品德修养再好都是徒劳。

第二层是"全生"，保全天性。从《逍遥游》开始，庄子就一直在讲人的精神境界，讲心灵的逍遥自在，“全生”说的就是保全人的天性，让人掌握自己精神世界的主导地位，不被外物所累。名利也好，知识也罢，不要汲汲以求伤害天性。

第三层是“养亲”，奉养双亲，照顾好你的家人。他们是你生命的来源、生命初期的保障，奉养双亲也是不容忽视的应尽义务。

第四层是“尽年”，享尽天年。庄子对生死看得很开，活到该离世的时候就算是尽年，不要强求延年益寿，自然而然地走完这一生就好。

庄子讲《养生主》，为的就是在这四个层面上阐述自己的生命观。

庖丁解牛，也能悟出养生之道？

本节重点来讲讲《庄子·养生主》中“庖丁解牛”的故事。

话说，文惠君有一个厨工，专门从事宰牛的行当，刀工非常熟练，一只活牛到他手里，三下五除二就给肢解好了。不仅牛身上的各个部位拆分得清楚，而且宰牛的过程还非常流畅、值得观赏。这一点首先体现在他的四肢协同配合，非常熟练：凡是手接触的地方、肩倚靠的地方、脚踩到的地方、膝盖所抵的地方，轻轻一划，就能发出骨肉分离的声响；其次，刀子游走于骨肉之间发出这些声音，都能合得上节拍，像伴着《桑林》乐章的舞步，又像和着《经首》乐章的韵律。

这一番操作，引起了文惠君的注意。于是，他很兴奋地说：“啊，妙极了！你的技术怎么会高超到这个地步啊？”

庖丁回答说：“我所爱好的是道，道远远超出了技术的范围。怎么讲呢？我开始宰牛时，眼睛见到的是一整头牛，心里想的也是一整头牛。过了三年之后，再看到一整头牛，就可以想象到牛的结构部件，而不是整头牛了。时至今日，我宰牛时，全凭心领神会，不用眼睛看就知道如何下刀，顺着牛自身的生理结构，把刀劈进筋骨相连的大缝隙中，再在骨节的空隙处走刀，刀刀流畅。牛体中经络和筋骨打结交错的地方，我的刀都能够绕开，何况那些巨大的牛骨头呢！

“好的厨师，一年换一把刀，那是他们用蛮力硬割的结果；一般的厨师，一个月换一把刀，那是因为他们要用刀去砍骨头。这都是很磨损刀刃的！而我呢，手头这把刀已经用了十九年了，用它宰过的牛少说也有几千头，可是它的刀刃还像刚从磨刀石上磨出来的一样，完好无缺。

“你要是问我为什么，其实道理很简单。牛的骨节之间有缝隙，而刀刃却薄得，这不厚的刀刃游走于有缝隙的骨节之中，只切割当中最细软的肉，那宽宽绰绰的地方游刃有余，又怎么会把刀磨损得很严重呢？就是这个原因，我用这把刀用了十九年，还像刚从磨刀石上磨出来一样锋利。

“别看我已经这么熟练了，每次碰到筋骨盘结的地方，我知道这里很难下手，还是会十分警惕，目光盯住那一点，慢慢动手，运在刀上的力气很轻、很小。最后‘哗啦’一声，整头牛立刻肢解好了，就像泥土散落在地上一般。这个时候，我提刀站起来，环顾四周，心满意足，才把刀擦拭干净收藏起来。”

文惠君说："妙啊！妙啊！我从这宰牛的过程中领悟到了养生的道理！"

原文：

庖丁为文惠君解牛，手之所触，肩之所倚，足之所履，膝之所踦（yǐ，通"倚"），砉（xū）然向然，奏刀騞（huō）然，莫不中音。合于《桑林》之舞，乃中《经首》之会。文惠君曰："嘻！善哉！技盖至此乎？"庖丁释刀对曰："臣之所好者道也，进乎技矣。始臣之解牛之时，所见无非牛者。三年之后，未尝见全牛也。方今之时，臣以神遇而不以目视，官知止而神欲行。依乎天理，批大隙，导大窾，因其固然，技经肯綮之未尝，而况大軱（gū）乎！良庖岁更刀，割也；族庖月更刀，折也。今臣之刀十九年矣，所解数千牛矣，而刀刃若新发于硎（xíng）。彼节者有间，而刀刃者无厚；以无厚入有间，恢恢乎其于游刃必有余地矣，是以十九年而刀刃若新发于硎。虽然，每至于族，吾见其难为，怵然为戒，视为止，行为迟。动刀甚微，謋（huò）然已解，如土委地。提刀而立，为之四顾，为之踌躇满志，善刀而藏之。"文惠君曰："善哉！吾闻庖丁之言，得养生焉。"

或许有人会有疑惑，宰牛本是血淋淋的场面，跟养生有什么关系呢？按照庖丁自己的说法，他平生追求的是道，道进而成就自己的解牛技术。换言之，"庖丁解牛"这个故事，不能简单地理解为熟能生巧。对于庖丁来说，宰牛有宰牛之法，虽然也是他长期从业、长期总结宰牛技巧而得出的感悟，但究其根本，庄子强调的是庖丁悟道之后的结果，而不是他如何练习、如何悟道的过程。

从宰牛之初，见到整头牛就在头脑中反映整头牛；到对牛体的结构了如指掌，看到整头牛，就能出现牛的肌理结构；再到技术炉火纯青，不用眼睛看牛就可以挥刀把牛肢解得明明白白。庖丁最深刻的感悟就是，顺着牛骨头的缝隙进刀，让牛体的自然结构了然于心。唯有如此，才能把宰牛这件事做到出神入化，才能屠宰几千头牛而不磨损刀刃。

按照庖丁的说法，宰牛的水平可以分为高低有别的三个等级：最普通的厨师也就是“族庖”，“族庖月更刀，折也”，他们解牛时用刀砍，所以一个月就得换一把刀；高一等级的厨师是“良庖”，“良庖岁更刀，割也”，他们用刀割牛筋，所以要一年换一次刀；更高层次的厨师就是像自己这样，游刃有余，十九年不换的刀依然锋利如初。

文惠君说从庖丁解牛的过程中了解了养生的奥秘，其实也是由厨师的这三个层次来的。

最一般的养生观，如同“族庖”那般，面对硬骨头，不知躲避而是选择正面硬刚。这些人不畏惧世间的纷难，而是尽自己的全力去对抗外界环境，直到环境被改变为止。你不能从道德上指责他们，但是这样的做法实在是有损于自身，这样的处世准则也最容易耗损心力。长此以往，有限的生命肯定是消耗不起的，就如同那“族庖”之刀，得一月一换才行。

高一等的养生观，如同“良庖”那般，同样是解牛，他们没有直接对骨头下手，而是选择用力切割牛筋。牛筋也不好处理，但是相比于骨头肯定要省力很多。同样的道理，持有这种养身观的人不苛求自已能改变世界，他们知道如何躲避大纷争、如何免于直接伤害。但是这样也有局限，因为社会环境中有如同牛筋一样不可预测的困难，即使再小心、技巧再高明，仍免不了碰钉子，碰到困难阻碍还是得消耗精力去解决，因此他们的生命也不能长久，如同“良庖”之刀，一年一换。

最好的养生观，如同庖丁自己，了解牛的生理结构，知道哪里有硬骨头、哪里有难搞的牛筋，于是用非常薄的刀刃在骨头和筋膜之间的空隙处游走，同样可以解牛。因为刀口总在细软的肉上，所以不易磨损。他能四肢协调配合，人与刀合二为一，所以不仅刀刀精准、损耗极小，还能合上音律节拍，把解牛的过程做得出神入化。

解牛的那把刀，就是我们每个人对待身体、对待生命的态度。为人处世的方法不同，对自己生命的处理态度有差别，这就是为什么每一个人的生命都有限，但有的人只能活小几十年，有的人却能活大几十甚至一百多年。

除了养生的这几个层次，庄子还借庖丁之口提醒我们：“提刀而立，为之四顾，为之踌躇满志，善刀而藏之。”想要保持刀刃的锋利，想要尽享天年，不仅要游刃有余地避开世事的纠缠，还要注意珍惜爱护身体，注意收敛锋芒不外露。“善刀而藏之”乃古人藏敛之法、自处之道。魏晋南朝人萧统曾言“圣人韬光，贤人遁世”，《六韬》《三略》纵论用兵之计谋策略，其中亦有韬光养晦之说。“韬光”是把声名才华掩饰起来；“养晦”即隐居待时，意为收敛锋芒，隐蔽才华和意图，待时而起。

或许你会心有疑问：庄子所持之道是顺应自然，可成功后欣喜若狂也乃人之常情，刻意收敛不是有违人之天性吗？其实，此处庄子正是将解牛的过程喻为人生的历程，解牛之道视作处世之道。

他认为，社会的复杂正如所解之牛筋骨盘结，充满着错综复杂的矛盾和冲突，处理世事就当如庖丁，不可主观冒进，要充分“善刀”，蓄养精神，通过反复实践，逐步找到并掌握事物的内在规律，依照规律审慎处之，“藏刀”守身，方能始终立于不败之地。

可以说庖丁解的是“小牛”，而庄子解的却是社会这头“大牛”。想想庄子生活的环境，战火纷飞，每一个人要想好好活着就要学会“善刀”和“藏刀”，在这二者之间游刃有余，才能自由自在。身处战国时期的庄子看透时局总结出的养生绝学，切实领会者方能受益。

假如你只有一条腿，安时处顺也能活得好

除了“保身”，庄子认为养生还有“全生”“养亲”“尽年”三重含义。“全生”对应到原文有两个故事：第一个故事讲的是一个天生只有一只脚的人，别人把他当瘸子，他自己却能接纳自己；第二个故事，讲的是沼泽里的野鸡，它们觅食饮水非常辛苦，但即便如此，也不愿意被养在笼子里失去自由。这两个故事跟养生有什么关系呢？我们一个一个来看。

首先是独脚人的故事。相传，宋国有个官员，我们就用他的官职右师来称呼他吧。这个右师生下来就只有一只脚。有一天，一个叫公文轩的人来拜见他，看到他的脚就惊讶地说道：“是何人也？恶乎介

也？天与，其人与？”意思是“你是什么人呀？为什么只有一只脚呢？是天生就如此，还是后天人为造成的呀？”这句话字面的意思很简单，就是问右师单足的原因。但公文轩既然这样问，就表示他已经把右师和正常人区分开来了。一只脚是好是坏，是奇特还是怪异，公文轩没有做评价，但在他的观念中，既然右师跟多数人不一样，那么问题一定出在右师身上而不是大多数人身上。

右师回答说：“天之生是使独也，人之貌有与也。以是知其天也，非人也。”意思是“上天让我长了一只脚，人的外貌都是上天赋予的，因此可知，我现在这个样子都是老天有意安排的，不是人为造成的”。换句话说，一般人有两只脚，是上天安排好的；我只有一只脚，也是上天安排的结果。没有人为因素让我与众不同，因此可知，这就是天意，我这一只脚跟你们的两只脚一样，都是天生如此啊。

这里的“天”不是宗教里的什么主宰，而是指自然、天然的样子。那什么是自然、天然的样子呢？大多数人的样子就是天然的样子吗？有些人生下来就是六指，有些人生下来就比别人智商高、聪明，也没有人干预呀！这难道不是天然的样子吗？右师想说的就是这个，自己天生就是如此，不需要因为与众不同而把自己当成异类。

我们从反面来说这个道理，更容易理解一些。你看，越来越多的现代人都戴上了眼镜，有多少人是天生的近视眼呢？多数人都是小的时候视力很好，成长过程中用眼过度才变成近视的。这难道是天然的样子吗？这是有人为因素的。现代人脱发、患上“富贵病”的概率也越来越大，这是天然的吗？还是人为的呀！

天生的就是天意，我们先试着去接受这份天意，不要一上来就抗拒自己。很多人对自己的长相感到不满，于是就去整容，整的次数多了之后，反而毁了容；还有很多人对自己的性格或者能力感到不满，认为自己哪里都比不上别人，于是非常自卑。这些人真的天生就不如别人吗？其实更多时候，生活中的拧巴、别扭是自己刻意抗拒天性所造成的结果，都是来自人为因素。

这时候，我们应该学一学右师的心态。面对只有一只脚这么与众不同的外貌，第一时间接纳自己，而不是一上来就与外界做比较，一上来就抗拒自己的天性。

接下来，关于“全生”的第二则故事是这样讲的：“泽雉十步一啄，百步一饮，不蕲畜乎樊中。神虽王，不善也。”

“泽雉”就是江河边旷野里的野鸡。野鸡走几步路，脖子就伸一伸，往地上啄一啄，找东西吃。走几百步，走得更远一些，看到有水就喝一点。看上去挺可怜的，为了食物和水，一天到晚到处跑，但其实它们活得自由自在很快活。“不蕲畜乎樊中”，“蕲”就是乞求，“樊”是笼子的意思，它们反而不想被豢养在笼子里。因为在笼子里生活，虽然饱食无忧，不需要劳动，精力也可以很充沛，但没有自由，一点也不舒坦。

“神虽王，不善也。”“王”通“旺”，是精神旺盛的意思。你看关在笼子里的动物，譬如我们去动物园看到的孔雀，它把脖子一伸，头一弯，再把羽毛一张开，很了不起的样子。再了不起，还不是被人关在笼子里，它自己也觉得不自在。它的精神虽然看起来很充沛，但其实“不善也”，并不是真的好。

其实，所有的社会人大概都面临着“泽雉”的生存选择。想要活得自由自在，就要牺牲掉很多物质上的享受，要为生活奔波操劳；而拥有了好的物质条件，就可能要生活在笼子里，失去了原本属于自己的自由。在庄子的眼中，他更看重生存的自由。追求自由会让一个人变得强大，精神获得愉悦，畅游天地。

庄子在这一部分，通过独脚而不自卑的右师、“不蕲畜乎樊中”的泽雉告诉我们：不管天命如何，我们都要保持乐观的心态，坦然面对命运，追求心中的那一份自由。如此，我们的生命才能够快乐。

每一个生命都有自己的版本。有很多人天生并不漂亮，却经过后天种种努力，把自己“磨”得很漂亮。但是，在最关键的时刻，他们的神情会暴露自己因从小不漂亮而感到自卑。这样的状态是丑的，本身长得漂亮或不漂亮不是问题，问题是为自己长得不漂亮而纠结这才更让人难过。

我们活着，每个人各有独立的生命价值，不需要受别人、受环境的影响。而真正的生命价值呢，要效法天然、超越樊笼，要打破环境。拥有打破环境的能力，方能创造天然的生命。

每个生命都不容易，在磨难中珍惜自己，活出自由，如是便不虚度人生。

秦失吊唁，真正的长寿是创造出生命价值

前面的章节中，我们已经分别通过庖丁解牛、公文轩见右师、泽雉拒绝豢养的故事，讲解了庄子对肉体生命、精神生命的保养之道。本节来讲讲《养生主》的最后一个故事——“秦失（通‘佚’）吊

唁”。通过这个故事，了解一下庄子如何看待生命的终结，如何看待生命的价值。

原文：

老聃死，秦失吊之，三号而出。弟子曰：“非夫子之友邪？”曰：“然。”“然则吊焉若此，可乎？”曰：“然。始也吾以为其人也，而今非也。向吾入而吊焉，有老者哭之，如哭其子；少者哭之，如哭其母。彼其所以会之，必有不蕲言而言，不蕲哭而哭者。是遁天倍情，忘其所受，古者谓之遁天之刑。适来，夫子时也；适去，夫子顺也。安时而处顺，哀乐不能入也，古者谓是帝之县解。”指穷于为薪，火传也，不知其尽也。

话说，道家学派的创始人老子非常长寿，活到一百来岁才去世。他去世之后，亲戚朋友都来吊唁，普遍神情凝重，有的甚至痛哭不已。人群中有一个叫秦失的人，似乎有些不同。他是老子生前的朋友，但是在老子家里，只号了三声就出来了。“号”是指大叫。一般人去吊唁自己的朋友，可能会痛哭流涕，就算哭不出来，至少脸上也是很悲伤的神情。但秦失看到老子的遗体，既没有哭泣，也没有悲伤，只是大叫了三声就走出来了。

老子的弟子们非常不理解，于是上前问道：“我们的老师不是您的朋友吗？”

秦失回道：“是啊，我们是朋友呀！”

弟子们又说：“既然如此，您这样吊唁，对得起您的朋友吗？”意思是你的朋友死了，你连悲伤的样子都不做一做，岂不是太不讲朋友情谊了。

秦失说："没问题呀！一开始我还以为你们都是老子的弟子，应该不一般。但现在看来，你们没得到老子的真传，不配称为老子的学生呀！"指责了一句之后，秦失接着说道："刚才我进去的时候，看见有老人在哭，就像哭自己的儿子一样；还有年轻人在哭，像哭自己的父亲一样。他们这些人里面，肯定有不想哭但还得哭的，也肯定有不想说话还得说的，这些都是违背天性、违背人情的呀！"意思是，这些痛哭流涕的人并非全都出自真情实感，有的可能是出于礼节，有的可能只是盲从随大流。总之，就是没必要那么夸张，非装出一副痛心疾首的样子。

秦失还没说完，继续道："拒绝死亡就是逃避自然法则，就是对人类情感过分执着。忘掉了自然规律决定的寿命长短，也就是古时候说的逃避自然的'刑罚'呀！你们难道忘了，老子在该来的时候，应时而生；在该去的时候，顺理成章地去世。安下心来，听从时间的安排，面对规律，顺应变化，而不是逆势而为。这样一来，喜怒哀乐的情绪便不能入侵人的内心，也就是古时候说的解除生命的倒置状态。"

在这里，秦失所说的话有些抽象，原文是这样的："是遁天倍情，忘其所受，古者谓之遁天之刑。适来，夫子时也；适去，夫子顺也。安时而处顺，哀乐不能入也，古者谓是帝之悬解。"

所谓"遁天倍情"："遁"的意思是逃避、失去，"遁天"也就是违背天性、违背自然规律；而"倍"有两种解释，一种是背弃、背离，那么"倍情"就是违背人自然流露的真情实感，另一种是加倍、放大，那么“倍情”就是把自然流露的情感夸张放大。来吊唁老子的人，多多少少都对老子有感情，但是像哭儿子、哭父母一样哭老子，就有些不合情理了。

按照著名哲学家冯友兰的阐释，人如果不能顺应自然的变化去理解世界与人生，就是“遁天”，违背天性；人因为遁天而遭受伤心、痛苦等这些消极情感的折磨，就是受“遁天之刑”。

老子本身主张顺应天道，超越世俗的七情六欲，即使面对生死也不干扰内心。老子死后，他的弟子们却纵容别人在灵堂里大哭大喊，任意发泄悲伤；见到流露真情实感的秦失，不仅不能理解，反而上前质问。这说明他们完全没有得老子的真传，所以才会被秦失批评。

那么，应该怎样看待人的生和死呢？秦失说：“适来，夫子时也；适去，夫子顺也。”人的生命，是偶然来到世间的；等年纪大了，时间到了，又偶然地离开这个世界。所以，对待生死最正确的态度，是“安时而处顺，哀乐不能入也”。

冯友兰先生将庄子的这套看待世界和生死的思维方式，称之为“以理化情”。人会产生情感，是由于智慧不够。就像遇到天气不好、出门不方便的时候，大人不会觉得有什么，但不能出去玩的小孩就会很生气。这就是因为小孩懂得的知识和道理没有大人多，所以才会情绪化，感到不开心。

而老子死了，弟子们之所以表现得悲伤，也是因为对生命的本质没有认识透彻。老子的生命，如春秋的更替一样，是按照自然变化的规律开始和结束的。死不过是生的结果，没有必要因为来到这个世界就高兴，离开这个世界就悲伤。人，除却生死无大事，能够把生死的道理看透了，也就可以随时心安理得地接受一切变化，自然也就解脱了。

所以，庄子的“以理化情”，正是他的精神得以逍遥自由的重要基础。但对于养生来说，参透生死并不是终点。养生的最高境界是“尽年”，尽量延长人的寿命。怎么延长呢？在《养生主》的最后，庄子提出了在肉体生命和精神生命之上的、人的第三种生命内涵——价值生命。

“指穷于为薪，火传也，不知其尽也。”“指”是“油脂”的“脂”，古代没有蜡烛，通常是点燃用脂膏裹着的柴薪来照明。脂膏烧完了，火种却能一直流传下去，永远没有熄灭的时候。老子的价值生命也是如此。虽然他已经不在了，但他的思想却永不熄灭。与其在灵堂上哀号大哭，弟子们更应该记住他的贡献，钻研他的学问，并一代代传扬下去。

所以，庄子讲“尽年”，要真正延长一个人的生命，不仅仅是肉体存在了多少年，更重要的是，要努力追求和创造生命的价值，让这份价值能够经久不衰，被人铭记。真正的长寿是超越了生死，以个人有限的寿命创造出无限的价值和意义。它们如暗夜中的星辰，为人们指明方向，在时间的长河里，闪耀着智慧的光辉，永恒常在。

至此，“秦失吊唁”的故事就讲完了，《养生主》整篇文章也结束了。从“秦失吊唁”的典故里，衍生出了两个成语。

一个是“安时处顺”，指安于时运，顺应变化。在庄子眼中，只要顺应了自然之道，人的情绪便不会再被喜怒哀乐所左右，身心的束缚也就解脱了。这个成语后来经常被用于形容面对外界变化时，满足于现状的心态。两晋时，《弘明集·正诬论》中讲道："涉生死之变，泯然无概；步祸福之地，而夷心不怛（dá），乐天知命安时处顺耳。"意思是说，在生死的变化面前，在福祸的遭遇面前，要处变不惊，尊重天命，顺应规律，通达人生。

明清之际的思想家顾炎武，长于明末乱世，致力抗清二十年，到晚年时给好友汪苕文写信，信中说："年垂七十，布衣蔬食之外，别无所求，流行坎止，安时处顺，并以奉闻。"意思是，历经轰轰烈烈的戎马一生，最后追求的也不过是内心平静。遇到机会时就做事，碰到坎坷时就隐退，一日三餐，世事随缘。

安时处顺，从庄子开始，就传达了一种豁达的人生观，并在之后的两千多年里，贯穿了中国人的处世哲学。活在当下，心无挂碍，才能获得真正的自由。

"秦失吊唁"衍生出的另一个成语是"薪火相传"，或者叫"薪尽火传"。庄子原本的意思是指柴虽然烧完了，但火种流传下来了。人的肉体生命有尽头，但精神永不灭，没有尽头。在唐朝，李白曾为东鲁的一位姓叶的和尚写过一首赞美诗，其中就说道："如薪传火，朗彻生死。如云开天，廓然万里。"其中"如薪传火"的意思，就与庄子所倡导追求的生命价值一脉相承，赞美这位高僧对生死已经透彻开悟，达到了佛家高深的思想境界。不过，"薪火相传"的含义到今天已经发生了变化，主要用来比喻后人对前人、徒弟对师父的思想、学问或者技艺的延续，更侧重于强调传承。

《养生主》总结：庄子的养生秘籍如此简单

“养生主”中的“主”，意思是关键、要领、原则。所谓“养生主”，便是关于养生的要领。

庄子生活在战国时期的宋国，兵荒马乱、礼崩乐坏的大环境，给老百姓的身心带来了不同程度的伤害。庄子具有悲天悯人的胸怀，他在思考着如何能够引导众生，让他们能够在这样的环境中活得好一些——秘诀便是“养生”。

庄子所说的养生，不是狭义上的保健、长寿之法，而是一种广义的生命观。生而为人，如何应对周遭社会，如何同时照料好自己的肉体生命和精神生命，如何薪火相传，让自己的价值生命得到延续，这才是庄子在《养生主》中想要阐述的问题。这些问题的探讨，于当下的我们而言，仍然具有非常实用的意义。

在《养生主》中，庄子首先以生命的有限和知识的无限为例，阐述了为人处世应顺其自然、适可而止的道理。对身外之物的贪婪，无论是求名、求利还是求学，都不能刻意、不能强求。“以有涯随无涯”，只会让自己的生命超载，让自己陷入疲劳、陷入痛苦而自伤其身。

随后，庄子又提出了一句颇有歧义的话：“为善无近名，为恶无近刑。”这句话是庄子对为人处世提出的一个弹性标准，上不居名，下不触刑，无论是养生还是做事，都要“寓诸庸”，取寻常、平衡之道。

话讲到这里，庄子终于抛出了整个《养生主》的主旨大意——

“缘督以为经”。所谓“缘督”，就是遵循正道。晚晴史学家王先谦先生曾解释道：“顺事而不滞于物，冥情而不撄（yīng）其天，此庄子养生之宗主也。”就是说，养生要顺着事物的自然之理，而不被外在的物欲所拘泥，要忘却感情，而不违逆自然，这是庄子养生的关键所在。顺养生命，人生才能“保身、全生、养亲、尽年”——这是养生所要达到的几个层次。

“保身”，是说身体不至于受到伤害。年轻力壮不曾察觉到身体给成事奉献了过度的能量。熬夜加班成为常态，外卖与零食变为主餐。当身体亮起红灯时，才蓦然发现，健康亏损太多，身体也放弃了对自己愿景的支撑。身体健康第一，不只是一句口号，更应成为我们切实的行动准则。

“全生”，就是保全天性。如果一个人同时看到高低、好坏、正负、大小，内心会归于平静，不会被外在的东西捆绑，内心的自由度也更高，正所谓“不以物喜，不以己悲”。

“养亲”，一种观点解释为奉养双亲，侍奉父母到天年，把孩子抚养成人，与老伴执子之手行走街头，只有健康的身体能够给家人提供幸福的陪伴和坚实的依靠，这是我们每个人的责任。

“尽年”，则是说寿终正寝。在应当去世的时候，不强行延长生命，周围人也不要对自然的死亡感到悲恸。一个人通过养生可以保身、保持天性，还可以颐养精神、照顾亲人，让自己的身体尽享天年，这就是庄子所认同的最理想的生命状态。

为了解释这几种养生层次，庄子先后讲了四个故事。

第一个故事是“庖丁解牛”，对应的是“保身”这个层面。庄子通过这个故事，向我们阐述了三种不同的养生观或为人处世之道。最次一等的养生观是硬碰硬，遇到问题不知道躲避，用自己全身心的力量去与外界做对抗，这种人的生命好比普通厨师手里的刀，很容易被外物消耗磨损，不能长寿；稍好一等的养生观懂得取巧，避开直接冲突，避开硬骨头，把精力用于解决关键问题，这种人的生命好比好厨师的刀，也会有自然磨损，但寿命长一些；最好的养生之道，像解牛的庖丁一样，对规律和原理了然于胸，知道哪里有坑、哪里有难对付的人或事就避开，在恰当的尺度中做人、行事，这种人不仅寿命长而且活得还很精彩。庄子还告诉我们要学会“善刀”与“藏刀”，学会遵守自然规律，也不能得意忘形，人生中要谨言慎行，如此才能长久。

第二个故事是公文轩见右师，对应的是“缘督以为经……可以全生”。右师天生只有一条腿，但他不觉得自己跟别人有什么不同，反而跟正常人一样好好生活，最后还当了官，“右师”便是他的官职。公文轩代表没有悟道的人去采访右师，庄子就是通过两个人的对话告诉我们，要分清哪些是天生的、不可改变的，哪些是后天人为的、可以改变的。明白了这一点，就去接纳自己的天性，别跟自己过不去，别跟自然拧着来。

第三个故事讲的是野鸡宁愿十步一啄、百步一饮，也不愿意被豢养，对应到养生，就是保养人的精神生命。其实精神自由和物质富裕，也是经常出现在人们面前的单选题：想要活得自在，可能要牺牲物质上的享受；而选择物质享受，就必然会受到物质的束缚。庄子强调了精神自由的重要性，提醒我们选择做一只自由游走的野鸡，比做一只困在笼里的孔雀要明智。

第四个故事讲的是秦失吊唁老聃，“三号而出”，对应到养生，就是“缘督以为经……可以尽年”。庄子借秦失之口说明了“安时处顺”的道理。这个词后来演变为了一个成语，流传至今，意思是安于时运而顺应自然、不被喜怒哀乐等情绪所左右，才是对待生死的正确态度。在庄子看来，生与死不过是宇宙运转的必然过程，无所谓哀伤与快乐，就如同你并不会为清晨的醒来而特别快乐，也不会因为夜晚的睡去感到悲伤一样。生死是人生规程，学会看淡生死，生命也能轻松一些。

从庄子在《养生主》的观点和思维，我们可以深刻地意识到，顺其自然，一个生命的开始，也是一个生命的终点。人生只有顺其自然，才能活得安然。庄子活到了约83岁，他的寿命比同时代的人平均寿命翻了一倍多。庄子的养生处世之道，很值得我们现代人学习与借鉴。结合我们在《养生主》中的所学内容，我们可以总结出庄子的养生观：

第一，遵循天道，顺其自然。养生之要则在于只有遵循客观规律，才能维护健康、颐养天年。比如，我们每个人都有自己的生物钟，有吃饭的时间、睡觉的时间，要想身体健康，就得遵循这些时间点，如此身体才能有活力。

第二，清静无为，不以物累。无为，并不是不让我们没有作为。如果没有作为的话，又怎么会有庖丁这样的神厨？庄子是让我们抛却名利烦忧和私心杂念，像圣人一样潇洒坦然，物我两忘。无论生活中，还是工作中，我们都希望自己能够有所成就，名利双收，这是无可厚非的，是每一个人的常性，社会也正是因为人们的追求而前进。但有的名利我们追求不到，抑或需要牺牲他人利益才能换取，如此，我们需要摒弃杂念，做一个淡然的人。没有了杂念，心神也会清净许多。

第三，谨言慎行，远灾离祸。躲避灾祸也是养生的一个关键方法，不为名利做好事，有了错误及时改正，不触犯法律。要躲避灾祸，就要为人虚心、处事低调。就如质地坚韧而笔直的大树总是先遭砍伐、甘甜的井水总是容易枯竭的道理，要时刻做到含蓄内敛，而不可狂妄张扬。

第四，人各不同，活出自己。生的关键在于如何解物，如何处理自身与他人他物、与社会的关系，而解物的关键在于解心。庄子的养生并非教人如何养“身”，而是养“心”。身与心的关系中，心更为重要。身乃形体，也是物的一种。形体由天决定，我们无法主宰。一个人生下来的形体无论是残缺还是健美，是由天决定的。无论我们的出身如何，身体有无残缺，都要珍惜自己的生命，努力活出自己最美的样子。

有人说庄子是一个消极的人，其实庄子是一个内心非常热的人。清朝学者胡文英曾说：“庄子眼极冷，心肠极热。眼冷，故是非不管；心肠热，故悲慨万端。虽知无用，而未能忘情，到底是热肠挂住；虽不能忘情，而终不下手，到底是冷眼看穿。”

因此，庄子看似冷漠无情、看透荒凉红尘，实际上他热忱地爱着这个世界，无比珍视个体生命的价值。——当你无法摆脱世界的时候，你不妨对这个世界爱得深刻一些，让自己的生命更自由通透一些。所以庄子在寻找超越的同时，他更加注重如何在乱世中保全生命。这就是胡文英说庄子“眼极冷，心肠极热”的原因。

相比较儒法哲学强调集体、强调礼仪道德，庄子的思想则更加注重个体生命的自在逍遥。庄子是一个将个体生命价值抬高到至高无上的本体高度的哲学家。

《人间世》

《人间世》介绍：在纷乱的世界里如何游刃有余地生活

在诸子百家中，庄子是最特别也最生动的一位。字里行间的奇思妙想，对名利生死的冷眼旁观，以及内圣外王的理想追求，都让他成为后世读书人心向往之的精神图腾。但如果就此认为庄子是不食人间烟火、消极避世的人，那就着实误解他了。

前面我们讲过，庄子出生在战国时期。各国君王为了抢地盘而四处征战，百姓流离失所、命如草芥，尸骨堆满了旷野，苟且活下来的人人人自危。

如果说《养生主》讲的是人如何在乱世中实现自我保养、如何让自己的生命价值得以延续，那么《人间世》讲的就是人如何在乱世中与当权者相处，如何避开人际交往中的硬骨头，游刃有余地与权力纷争和平相处。——相当于把《养生主》中的重点难点挑出来，更加深入地给出观点。

“人间世”这三个字，很多人会下意识地读成“人世间”，认为庄子会在这一篇里讲讲世间百态，感叹一下“万物与我唯一”。其实不然，“人间世”中的“间”是动词，表示介入、参与、行走的意思。所以“人间世”的字面意思就是人参与社会，人行走于世间。

人行走于世间，就难免与其他人打交道，难免要接受社会规则的训导。而在众多人际关系当中，与当权者的关系，应该是最关键也最难处理的。这个话，放在封建社会，叫作“伴君如伴虎”；放在当下，如何与领导相处，如何应对职场中的权力关系，如何理解社会“潜规则”并在这些规则中保护好自己，是每个人都要思考的问题，也是《人间世》这一篇的现实意义所在。

接下来，我们将用七节来解读《人间世》的七个故事。

在第一个故事里，庄子编了一段孔子和弟子颜回的对话。这段对话的背景是这样的：热血青年颜回，听说卫国国君残暴专权，对国事也不负责任，导致老百姓尸横遍野，于是他就要到卫国去，用自己的所学劝导国君，帮助这个国家免于苦难。临行前，他想了好几种与暴君相处的方式，但是在他辞别孔子的时候，都被孔子怼了回去。孔子还说他用仁义道德劝谏暴君，就好像故意揭露别人的罪过来显示自己的美德，这样做必定招来杀身之祸。最后，孔子提出了“心斋”的办法，给了颜回一个乱世中求生存的秘诀，让他可以在“入世”和“出世”间找到平衡点。这个秘诀是什么呢？

第二个故事是叶公子高和孔子的对话。叶公子高被楚王派去齐国谈判，楚王想要办的事情不太好实现，而对面的齐国也不好惹，表面上恭恭敬敬，实际上态度很傲慢。叶公子高一下子就陷入两难的困境：事办不好，回去要受到楚王的惩罚；办好了，又怕得罪了齐王，回都回不去。孔子分析了他的问题，告诉他解决“阴阳之患”的处境，唯有客观传递双方意见，不让主观想法搅浑水，做到“知其不可奈何而安之若命”。孔子的这个解决方案，听上去有些消极认命的意思，但是实际上，对于我们平静、理性地处理家庭矛盾，十分有借鉴意义。

第三个故事是颜阖与蘧伯玉的对话。颜阖是卫灵公太子的老师，他也有一个两难处境：话说这位太子非常聪明但是天性残暴，如果颜阖放纵不管，就怕这混世魔王长大以后会危害社会；但如果严加管教，又怕这个未来的国君会威胁颜阖自己的生命。蘧伯玉给颜阖讲了三个动物寓言故事——螳螂不能用手臂挡住车轮，养虎不能在老虎容易发怒的时候喂食，养马人不能趁马不注意的时候帮助它拍打虻虫，以此来告诫颜阖，不要幻想用教育改变一个人的本性，想要纠正一个人的问题，要顺着他的性格加以引导。颜阖面对的是有恶根性的储君，我们换一个视角，放在教育我们自己的孩子上也同样适用。

刚才说的这几个故事，主要在讲如何处理与当权者的关系，特别是如何应对进退两难的处境。

《人间世》后半部分，把目光从被动应对转向了主动理解，讲的是：人应当如何看待自己的有用与无用。在乱世中，无用才能自我保全，生命的保全反而是最大的用。庄子讲了四个故事来说明这个道理。

首先是木匠与栎树的故事。话说，木匠跟徒弟抱怨，说有棵栎树，虽然高大但不成材。木匠回家睡下之后，梦到大树跟他说，自己正是因为无用，才能保全性命、不被砍伐，这难道不是最大的用处吗？后来木匠明白了这个道理，原来主动把缺点摆在别人面前，反而能避免很多利用和非议，为人处世其实也是一样的道理。这个故事中的栎树，跟《逍遥游》篇快结尾的地方“不中绳墨”“不中规矩”的臭椿，有异曲同工之妙。

紧接着，庄子又讲了一个无用大树的故事。这次是出场说理的，是在《齐物论》中达到“吾丧我”境界的南郭子綦。子綦从无用的大树联想到了超越功名的神人，他们都是通过彰显自己的无用，才避开了对自己最不利的生命状态。但普通人呢？自以为有能力、比别人强，为了生存忙忙碌碌，到头来反而被自己制造出来的枷锁牢牢束缚。这种假充实、真劳累的生命历程，又怎么能算得上好呢？

《人间世》后半部分的第三个小故事讲的是一个先天高度残疾的人，因为身体缺陷躲过了政府的征兵，最后不仅活了下来而且寿终正寝、尽享天年。第四个故事是我们在《逍遥游》中讲过的“接舆歌凤”的故事，楚国狂人接舆用唱歌的方式拦下孔子，劝他看清社会形势，不要在乱世中用道德绑架自己、绑架他人。最后，庄子总结道：“人皆知有用之用，而莫知无用之用也。”

以上就是《人间世》的主要结构。

清末著名思想家王夫之曾这样评价《庄子·人间世》，“此篇为涉乱世以自全而全人之妙术，君子深有取焉”。庄子生逢乱世，与暴君、暴民生活在一起是十分危险的。在这样极端的情况下，讨论为人处世之道，难免会流露出一丝无可奈何的消极色彩；但不能否认的是，庄子所提倡的“心斋”“先存诸已而后存诸人”“无用之用”等观点，对于几千年后的我们，依然值得借鉴。

以火救火？做好人其实很危险

《人间世》与前面几篇的写作方法都不同，不是先用铺垫引出主旨，再用几个故事分层论述，而是一口气讲了七个故事，最后再归纳核心论点。我们先讲讲第一个故事——“颜回见仲尼”。

颜回是孔子最喜欢的弟子，孔门七十二贤之首，后来成为儒家的圣人之一，被称为“复圣”。他的家庭条件不好，生活十分贫困，但是一直跟随孔子学习，在追求知识的道路上每天都很快乐，“一箪食，一瓢饮，在陋巷，人不堪其忧，回也不改其乐”说的就是他。

颜回十分好学，而且头脑聪明，性格也很好。孔子说他“不迁怒，不贰过”，同样的错误不会犯第二次，真是极少有人能做到，但颜回可以。不仅老师喜欢他，颜回的同学们对他也没有二话，就连外交才能出众、总爱在孔子面前显摆自己的子贡，都佩服颜回。有一回，孔子问子贡：“你和颜回相比，谁更好一些呀？”子贡说：“我怎么能跟颜回相比呢？如果说我‘闻一以知二’——听到一件事就可以推知两件事，那么颜回的能力就是我的五倍，不是举一反三，而是闻一以知十。”

就是这样一个又有才华、德行又好的人，在庄子笔下却被老师怼得体无完肤。这是怎么回事呢？

原文：

颜回见仲尼，请行。曰："奚之？"曰："将之卫。"曰："奚为焉？"曰："回闻卫君，其年壮，其行独。轻用其国而不见其过。轻用民死，死者以国量乎泽若蕉。民其无如矣！回尝闻之夫子曰：'治国去之，乱国就之。医门多疾。'愿以所闻思其则，庶几其国有瘳（chōu）乎！"

话说有一天，颜回跟孔子辞行。孔子问他去哪里，颜回说自己要去卫国。孔子接着问他到卫国去干什么。

颜回说："我听说卫国的国君年壮气盛，独断专行，对于国家政治很随便，想怎么办就怎么办，从来不反省自己的过错。他用兵很轻率，一点也不体恤百姓，卫国死掉的人太多了，尸体来不及处理，就像荒草一样满地都是。活着的老百姓也无路可走了。"原文的用词更加触目惊心，"死者以国量，乎泽若蕉"——死亡人数可以以国为单位去计量，可见其多；死人如麻，弃尸在荒野之中，一条条生命就好像野草一般。

是啊，一个年轻的暴君，让国人看不到一点希望。颜回接着说："老师平时教导我，治理好了的国家就可以离开了，混乱不堪的国家反而需要去拯救，就跟病人需要医生，所以名医门前患者多是一个道理。既然如此，我愿意以我之所学想出治国的方法，这样卫国或许还有救。"

从这里就可以看出来，孔子与颜回的这一番对话，完全是庄子杜撰的。因为孔子的原话是说"危邦不入，乱邦不居"（《论语·泰伯》），意思是不要进入危险的国家，不要住在治理不得当的国家。颜回这样一个“闻一以知十”“不贰过”的人，怎么可能把老师的话记反呢？当然了，在整部《庄子》中，孔子经常出场，但大多数情节都是庄子虚构的。

原文：

仲尼曰：“嘻！若殆往而刑耳！夫道不欲杂，杂则多，多则扰，扰则忧，忧而不救。古之至人，先存诸己而后存诸人。所存于己者未定，何暇至于暴人之所行！且若亦知夫德之所荡而知之所为出乎哉？德荡乎名，知出乎争。名也者，相轧也；知也者，争之器也。二者凶器，非所以尽行也。”

这不，孔子马上就给颜回的救世热情泼了一盆冷水，说：“嘻！若殆往而刑耳！”你如果轻易前往，恐怕只是去送死啊！按着孔子“治国平天下”的理想，他原本应该对颜回的行为感到欣慰才是，为什么会这样说呢？

孔子解释道：“夫道不欲杂，杂则多，多则扰，扰则忧，忧而不救。”意思是：“人生的大原则、大道理，不宜杂乱，杂乱就多事，多事就容易受到干扰，干扰多了就会产生忧患，忧患到来的时候自己都救不了自己，还能救人家吗？在古代，那些精神境界极高的至人都是先自立，然后才去扶助他人。现在，你自己的人生观、价值观都还没有确定，你哪里有能力去揭露别人的错误、纠正恶人的暴行呢？”

按照孔子的说法，颜回的首要任务不是去劝说卫王放弃暴行，而是要先“存诸己”，先有自救的能力与方法，做到在险恶污浊的世事面前不“杂”、不“多”、不“扰”、不“忧”，才能有足够的智慧和经验，去应对各种复杂的情况。

那么，孔子为什么说颜回心中大道尚未立稳呢？孔子紧跟着就给出了解释：“你知道，人们为什么要炫耀自己的品德，把聪明外露出来吗？炫耀自己的品德是为了出名，表露自己的智慧是为了超过别人。人为了名而相互倾轧，把智慧当作攀比竞争的工具，如此一来，‘名’与‘知’就都变成了凶器，都不可能赖以长久啊！”

在这里，孔子所说的“名”，不仅仅指知名度，还包括名理学，也就是自己的意见、主张。在这一点上，读书人往往执拗得可怕。如果没有摆脱“名”与“知”的束缚，不仅达不到救世的目的，自己可能还会丢掉性命。

原文：

且德厚信矼（qiāng），未达人气；名闻不争，未达人心；而强以仁义绳墨之言術暴人之前者，是以人恶有其美也，命之曰灾人。灾人者，人必反灾之。若殆为人灾夫！

孔子担心颜回还是想不通，觉得自己既不为“名”，也不为“知”，就单纯想要拯救卫国的百姓，于是更进一步劝导：“虽然你德行纯厚、诚实守信，但是别人并不了解；虽然你不求名声，却很难让人相信你的初衷。在这样的情况下，如果你一定要在暴君面前讲述仁义道德，就会被认为是用他的恶行来炫耀自己的美德，暴君就会认为你是在害他。一旦对方认为你在害人，那他必定也会反过来害你。所以，最终的结果，恐怕你只能被别人所害呀！”

庄子所处的战国年代礼崩乐坏，谁的拳头硬谁说了算。在这样的情况下，任何以礼法、仁义道德去改变这个社会的企图，都只能被解释为想要彰显自己的美德。你做“以死谏言”的忠臣了，不就证明国君是“昏君”了吗？

现实生活中，如果我们跑到一个脾气暴躁的人面前，喋喋不休说他是坏人，教他应该怎样做好人。他不仅不会感激你，还有可能暴打你一顿。更何况颜回面对的是一个想砍谁就砍谁的暴君呢？

这里庄子是借孔子的口强调这个社会已经到了无可救药的地步：世人完全不可理喻，任何入世救民的企图都不可避免地会遭遇灭顶之灾。因此，对于君子来说，眼下唯一可做的就是回归内心的修养与磨炼，把自己立住。

说了这么多，孔子仍然担心不能彻底打消颜回试图拯救苍生的念头，因为“舍生取义”也是读书人所追求的。于是，他在警告颜回会有性命之忧的基础上，又进一步分析了此行必然徒劳无益的原因。

原文：

且苟为人悦贤而恶不肖，恶用而求有以异？若唯无诏，王公必将乘人而斗其捷。而目将荧之，而色将平之，口将营之，容将形之，心且成之。是以火救火，以水救水，名之曰益多，顺始无穷。若殆以不信厚言，必死于暴人之前矣！

孔子说：“如果卫王是一个喜好贤德而讨厌不肖之徒的人，怎么会轮到你去成为那样的好人呢？早就有各种好人围绕在他身边了。除非你不向他谏诤，否则卫王和他的臣子们一定会钻你言论的空子而争取在辩论上战胜你。”

在孔子看来，无论卫王是相信逆耳忠言还是轻信谗言诡计，颜回都不必前往卫国，因为他无法改变自己即将面临的命运与处境。

“由于你整天和王公大臣们辩论，慢慢地你的眼睛就会变得眩惑不清，面容平和下来，口中忙于为自救而辩解，卑恭的面容将会显露出来，内心也会迁就卫王的主张。这是用火去救火，用水去救水，越救越糟呀！如果你从一开始就顺从卫王，那以后不可能停下顺从而改为劝诫；如果你一开始就直言劝谏，那么卫王肯定一点也听不进去，你却一味谏诤，一定会死在暴君面前啊！”

孔子为颜回前往卫国描绘了两种不同的结局：一种是谏诤不成反被巧言令色的王公所蛊惑，最终与王公同流合污，那必将是“以火救火，以水救水”，为虎作伥。这显然不是颜回的初衷，凭着颜回的道德品行，也绝不会走到这一步。另一种就是正面硬刚，一开始就带着不好听的大实话上门劝谏卫王。如果是这样，那按照卫王以前的事迹，可想而知，等待颜回的就只有死亡。

孔子把颜回的结局已经说得再清楚不过，去卫国不是死路一条，就是成为附和暴君的帮凶。这是化身孔子的庄子所不愿意看到的。如何说服像颜回这样有着强烈的社会责任感、使命感的人保全自己，能够在现实社会中求生存，就成了《人间世》重点探讨的关键问题。

所以，借着孔子的口，庄子不厌其烦地从各个角度去阐述“先存诸己而后存诸人”的重要性。口说无凭，以史为镜。接着，孔子就举了两个忠臣没有好下场的例子。

原文：

且昔者桀杀关龙逢，纣杀王子比干，是皆修其身以下伛拊（yǔ fǔ）人之民，以下拂其上者也，故其君因其修以挤之。是好名者也。昔者尧攻丛枝、胥、敖，禹攻有扈。国为虚厉，身为刑戮；其用兵不止，其求实无已，是皆求名实者也，而独不闻之乎？名实者，圣人之所不能胜也，而况若乎？虽然，若必有以也，尝以语我来。

"从前，夏桀杀关龙逢，商纣杀王子比干。由于关龙逢和比干注重自身修养，以人臣的身份去抚恤君王的百姓，并且以人臣的身份去纠正君王的意志。最终他们的行为激起了君主的忌恨，进而遭到排斥和打击。这就是好名的结果。"

夏桀与商纣几乎是历史上两个最残酷的暴君，而关龙逢与比干却是名扬千古的忠臣。夏桀在位时荒淫无道，不理政事，关龙逢多次进谏，遭夏桀忌恨，最后被囚禁杀害。比干就更惨了，他是商纣王的叔叔，先后辅佐殷商两代帝王，忠心耿耿。作为宰相，他多次劝谏纣王，最终被剖心处死。

虽然关龙逢与比干后来都作为忠臣而名留青史，但他们的死对改变夏桀、商纣之类暴君的残暴，没有产生任何的影响；对拯救百姓于水火之中，也没有起到任何的作用。这样的牺牲又有什么意义呢？这样的"名"难道还不是凶器吗？对庄子来说，这才是尚未看透暴君本质，尚未看透现实社会的残酷，是那些仍然抱着"文死谏"的信念与使命，至死不悟地去赢得所谓忠臣之"名"的人最大的悲剧。

不仅是普通人抵御不了"名"的诱惑，圣人也一样。孔子继续对颜回说道："从前尧攻打丛枝、胥、敖三国，禹攻打有扈，使这些国家成为废墟，人成了厉鬼，国君被杀戮。这都是他们用兵不断、贪利不已所造成的，你没有听说过吗？名利之心，连尧、禹这样的大圣人都摆脱不了，更何况是你呢？”

当然，尧、舜可以借口四国君主残暴无道而讨伐他们，但由此造成百姓死伤却是不争的事实。所以，无论是臣子不惜死谏以示对国之忠诚，还是作为圣人以讨伐暴君的善名造成他国的生灵涂炭，抑或颜回果真凭着品德去履行自己的使命，最终都只有一个“德荡乎名”的结局。

孔子虽然认定颜回此去必死无疑，但他并不以此来堵住颜回的嘴，让他没有说话的机会。于是，孔子在列举历史经验教训之后，请颜回发表自己的看法：“虽然，若必有以也，尝以语我来。”你一定是有你自己的想法，不妨说来听听。我们知道，整篇故事都是庄子透过孔子来表述自己的处世哲学。在接下来的故事里，颜回会说出什么呢？

颜回要去劝诫卫国暴君，孔子给他出了什么妙招？

在表明立场之后，孔子先后用了换位思考、预设后果、引用历史典故等手法，去说服颜回，生怕这个好学生一时想不开往火坑里跳。可是，颜回似乎并没有死心……

原文：

颜回曰：“端而虚，勉而一，则可乎？”

曰："恶！恶可？夫以阳为充孔扬，采色不定，常人之所不违，因案人之所感，以求容与其心 ，名之曰日渐之德不成，而况大德乎！将执而不化，外合而内不訾（zǐ），其庸讵可乎！"

颜回说："我自己行为端正又谦虚，做事勤勉又专一，这样可以了吧？"颜回的意思是：我不说教，只用行为来感化卫王，俗话说"伸手不打笑脸人"，我都这么卑微了，卫王总不会加害于我了吧。

而孔子听了之后，却说："哎，这怎么行呀！卫君气势凌人、喜怒无常，谁都不敢违抗他，他能为了让自己内心愉快一点，就压制所有劝诫的言论，可见小的德行是不能感化他的呀！这么一个固执的人，即使表面接受了你的观点，内心也不会有任何反思。现在你要去纠正他，要用什么样的办法呢？"孔子绕了个圈子，表面上是在说卫君顽固不化，其实是在影射颜回的固执已见。

原文：

"然则我内直而外曲，成而上比。内直者，与天为徒。与天为徒者，知天子之与己，皆天之所子，而独以己言蕲乎而人善之，蕲乎而人不善之邪？若然者，人谓之童子，是之谓与天为徒。外曲者，与人之为徒也。擎跽（jì）曲拳，人臣之礼也。人皆为之，吾敢不为邪？为人之所为者，人亦无疵焉，是之谓与人为徒。成而上比者，与古为徒。其言虽教，谪之实也，古之有也，非吾有也。若然者，虽直而不病，是之谓与古为徒。若是则可乎？"

仲尼曰："恶！恶可？大多政法而不谍。虽固，亦无罪。虽然，止是耳矣，夫胡可以及化！犹师心者也。"

颜回较真的劲头也被激起来了，于是认认真真地给了一个方案，说：“我‘内直而外曲，成而上比’，怎么样呀？”

所谓“内直”，就是保持自己内心的正直，向自然看齐，符合自然道德的要求。因为我和天子就都是自然的子民，那么我们在内心上就是平等的。这样一来，我说的话就是天说的话，即使我说错了，别人也会认为我有赤子之心，而不会跟我计较。

而所谓“外曲”，就是随大流，把自己和别人摆在同样的位置。比如抱拳、鞠躬这样的礼节，别人做，我也做。我只是做大家都做的事情，遵循普世的规矩准则。这样一来，卫王就不会针对我、专门挑我的毛病了。

所谓“成而上比”，就是效仿古人，言行举止全都符合老祖宗留下来的传统。颜回之意是：若我想要说一个道理，就引用前人已经说过的话，这些格言警句自古就有，不是我自己编造的，这样即便语言有直率的地方，也都是老祖宗的意思，不是我出言不逊。

简单来说，颜回的办法有三个：第一，与天道同行，用真诚正直打动对方；第二，与大众同行，利用法不责众的道理保全自身；第三，与古人同行，保守复古而不越轨。总之，只要对方说自己有过错，那么过错不在自己，而是错在老天爷、错在世人、错在古人。颜回不愧是一等聪明人，一番上纲上线的言论下来，天道、人道、古道都成了自己的保护伞。自己想要说一些逆耳忠言，但什么锅都不用背，什么错都没有，简直厉害。

可是，孔子竟然还是不满意，说：“还是不行！你这一套做法，想要执行下去，还是太复杂了。虽然不会给自己惹来祸患，但是也起不到感化暴君的作用。”言外之意就是：你颜回太执着，一味地思考防御之术，竟忘了自己前往的初衷。

原文：

颜回曰：“吾无以进矣，敢问其方。”

仲尼曰：“斋，吾将语若。有心而为之，其易邪？易之者，皞（hào）天不宜。”

颜回曰：“回之家贫，唯不饮酒不茹荤者数月矣。如此，则可以为斋乎？”

曰：“是祭祀之斋，非心斋也。”

回曰：“敢问心斋。”

仲尼曰：“一若志，无听之以耳而听之以心，无听之以心而听之以气；听止于耳，心止于符；气也者，虚而待物者也。唯道集虚。虚者，心斋也。”

这下，颜回实在没有办法了，干脆直接请教老师该怎么做。

孔子说：“你回去斋戒，我再告诉你。你且仔细想想，用自己的成见去做事情，哪有那么容易？大家各执一词，还能达成共识，这不是见鬼了吗？”这个道理，在《齐物论》中讲过：“夫随其成心而师之，谁独且无师乎？奚必知代而心自取者有之？愚者与有焉！”如果每个人都拿自己的意见作为衡量标准，那么谁没有自己的标准？难道只有智者才有吗？愚者也有啊！

颜回迫切想要知道老师的想法，于是说：“您也知道我家很穷，不饮酒、不吃荤已经好几个月了。这可以当作斋戒了吧？”

孔子说:“你这是祭神的斋戒,不是‘心斋’。”

颜回又问:“那请问,什么是‘心斋’呢?”

孔子看到颜回态度有所改变后,终于开始告诉颜回正确的做法了。他说“心斋”有三重境界:

第一重境界是“一若志”。也就是说,首先要做到意念专一,停止游思浮想。你看,刚才颜回想尽办法要感化卫君,就是想得太多了。

第二重境界是“无听之以耳而听之以心,无听之以心而听之以气”。不用耳朵听而用心去倾听,不用心领悟而用气去感应。为什么呢?因为用耳朵听,只能听到外物的声音,我们对应到《齐物论》开篇所讲的“天籁”“地籁”“人籁”,耳朵最多能听到人籁。而用心感悟,就能感应到现象,感应到地籁是“万物以息相吹”的结果。——但这些东西还是太浅显。

只有用气,才能感悟到不一样的东西,也就是第三重境界——“心斋”,而“心斋”的精髓在于虚心集道。孔子说,气是空明的,能容纳外物,而道恰好只能聚集在清虚之气、清虚之心境当中,所以这个状态叫作“心斋”——把心给清空,道自然就来了。

这与佛教的“空”如出一辙。在佛教里,“空”与“有”是相对的。当一个人有想法、有成见,那他就静不下心来,就会浮躁、焦虑、悲伤、有杂念。而一个人能够做到“把心清空”,那么就能放下自我、放下成见,让自己和周围融于一体、坦然处世。如此,好运自然就会到来。我们再回到《齐物论》开篇,南郭子綦隐几而坐,说自己的状态是“吾丧我”,其实是一个意思呀!

原文：

颜回曰：“回之未始得使，实自回也；得使之也，未始有回也，可谓虚乎？”

夫子曰：“尽矣！吾语若：若能入游其樊而无感其名，入则鸣，不入则止。无门无毒，一宅而寓于不得已，则几矣。绝迹易，无行地难。为人使易以伪，为天使难以伪。闻以有翼飞者矣，未闻以无翼飞者也；闻以有知知者矣，未闻以无知知者也。瞻彼阕（què）者，虚室生白，吉祥止止。夫且不止，是之谓坐驰。夫徇耳目内通而外于心知，鬼神将来舍，而况人乎？是万物之化也，禹、舜之所纽也，伏戏、几蘧之所行终，而况散焉者乎？”

颜回很聪明，听老师一点拨正道，马上就觉悟了，说道：“老师啊，我不知道‘心斋’道理的时候，总是想着自己，不能做到忘我。听了您的解释，我便瞬间忘掉了自己，这样可以算达到心灵空虚、清洁的状态了吗？”

孔子说：“对啦！我告诉你，你要真是想去卫国，那你作为客卿，进入卫君的小圈子后，要做到不为名利所动，也不时刻想着什么济世救人。别人能够接纳你的意见，你就说；别人听不进去、不认可你，你就闭嘴。你的内心要像一座空虚的房子一样，既不封闭，也不被外物撩拨。心思凝聚专一，在不得已而为之的时候，再有所行动，这样你就修炼得差不多了！”

孔子补充道：“绝迹易，无行地难。”不走路，什么都不做，很容易；走路、做事，却不留痕迹，就很困难了。听人指挥、按照命令办事，很容易；但遵循自然之道、保持内心的良知，却很难。

孔子又说："你知道有翅膀的东西会飞，却从来没有听到过不要翅膀也能飞吧！你知道读书人能明事理，却从来没有听过文盲白丁也能掌握大智慧吧！"没有翅膀但能飞的是谁呢？前面说"列子御风而行"，列子就是不需要翅膀也能飞的人。同样的道理，普通人也能有大智慧，是说这种人不是什么都不知道，不是什么都不做，而是通过内在修炼，做到了大智若愚，到达了走路但不留痕迹、做事但无所谓功名的地步。换言之，无用之用是为大用，无知而知是为大知呀！

上面这一段说得很玄奥，但道理很简单，四个字——"虚室生白"。"虚室"不是指空房间，而是指虚空的内心。把内心打扫干净就像给房间除尘，去掉成见，去掉刻意勉强，自然能把大智慧、大光明邀请进来。就好比你把房间打扫干净，眼前自然敞亮通透。

而内心的通透还不止于此，到达这个境界就能够"吉祥止止"了。"吉祥"就是大吉大利、好事、福报。两个"止"，第一个是动词，表示"停止"，第二个是名词，表示内心安定平静。也就是说，果真能扫除成心与刻意、放空内心，吉祥福善自然会停在平静的心境上。"虚室生白，吉祥止止"，庄子只用了这八个字，微言大义，给人通透、空灵的美感。

这种状态，叫作"坐驰"，身体坐定而心驰神往。如果真的做到了耳目感官向内心联通、不为外界所动，那么鬼神都会来依附你、任你摆布，更何况是人呢？万物都可以被感化，上古神话中的禹、舜、伏羲、几蘧也不例外，何况是普通人呢？也就是说，颜回你达到这种境界后，再去想感化卫王的事吧！

其实，在这个故事里，孔子始终没有指责卫君，而是用这个事让颜回发现自己身上的问题。如果自己固执己见、头脑闭塞，又怎么能感化别人呢？如果想让世界更好一点，不如先立住自身，把自己内心的成心与刻意打扫干净，让吉祥智慧不请自来。做到了这种程度，万物都可以被感化，更何况是人呢？

生活中，我们都会有看不惯的事情，或者是求而不得的结果。在复杂的人世间，想做一个好人，有时候也是很危险的，那如何生活而不自伤呢？

按照庄子的思想，要“心斋”“坐驰”。“心斋”有两层意思，第一层意思就是放下小我，放下小我对别人的偏见、对外物的执念，让心灵获得自由和宁静；第二层意思就是，以入世之精神，去做出世之事业。正所谓“绝迹易，无行地难”，依照自然之道行事，不强行按自己的意愿为人处世，不刻意在世间留下痕迹。当我们能够保持这份内心的虚空，与天地浑然一体，就能够与自然和谐共处了。

叶公子高使齐，用平常心和平实语去解决问题

本节我们来讲讲庄子《人间世》中“叶公子高将使于齐，问于仲尼”的故事。

原文：

叶公子高将使于齐，问于仲尼曰：“王使诸梁也甚重。齐之待使者，盖将甚敬而不急。匹夫犹未可动也，而况诸侯乎！吾甚栗之。子常语诸梁也曰：‘凡事若小若大，寡不道以懽（huān）成。事若不成，则必有人道之患；事若成，则必有阴阳之患。若成若不成而后无患者，唯有德者能之。’吾食也执粗而不臧，爨（cuàn）无欲清之人。今吾朝受命而夕饮冰，我其内热与！吾未至乎事之情，而既有阴阳之患矣；事若不成，必有人道之患。是两也，为人臣者不足以任之，子其有以语我来！”

仲尼曰：“天下有大戒二：其一，命也；其一，义也。子之爱亲，命也，不可解于心；臣之事君，义也，无适而非君也，无所逃于天地之间。是之谓大戒。是以夫事其亲者，不择地而安之，孝之至也；夫事其君者，不择事而安之，忠之盛也；自事其心者，哀乐不易施乎前，知其不可奈何而安之若命，德之至也。为人臣子者，固有所不得已，行事之情而忘其身，何暇至于悦生而恶生？夫子其行可矣！

“丘请复以所闻：凡交近则必相靡以信，远则必忠之以言，言必或传之。夫传两喜两怒之言，天下之难者也。夫两喜必多溢美之言，两怒必多溢恶之言。凡溢之类妄，妄则其信之也莫，莫则传言者殃。故法言曰：‘传其常情，无传其溢言，则几乎全。’且以巧斗力者，始乎阳，常卒乎阴，泰至则多奇巧；以礼饮酒者，始乎治，常卒乎乱，泰至则多奇乐。凡事亦然：始乎谅，常卒乎鄙；其作始也简，其将毕也必巨。

“夫言者，风波也；行者，实丧也。夫风波易以动，实丧易以危。故忿设无由，巧言偏辞。兽死不择音，气息茀然，于是并生心厉。克核太至，则必有不肖之心应之，而不知其然也。苟为不知其然也，孰知其所终！故法言曰：‘无迁令，无劝成，过度益也。’迁令劝成殆事，美成在久，恶成不及改，可不慎与！且夫乘物以游心，托不得已

以养中，至矣。何作为报也！莫若为致命，此其难者！”

“叶公子高”的名字是沈诸梁，是楚庄王的玄孙。故事讲的是叶公子高“将使于齐”，就是他要被派去齐国当外交官了。在古代，外交官这个职位干的可都是随时可能掉脑袋的活。每次被派出去的外交官，有没有命回来是根本没办法预测的。

叶公子高很害怕，所以他赶紧向孔子请教，说：“楚王派我诸梁出使齐国，这个责任太重了。齐国接待外来的使者，总是表面恭敬而内心怠慢。”这是为什么呢？因为当时的齐国非常强大，而楚国非常弱小。正所谓弱国无外交，这也从侧面反映出楚国外交官的压力。叶公出使齐国不是公费旅游，是要完成相应的外交任务啊。可是平头老百姓都不容易被人说服，又何况是一个大国的领袖呢？所以他自然感到十分害怕。

接着叶公又引出了平常孔子对自己的教导：“凡事若小若大，寡不道以懽成。事若不成，则必有人道之患；事若成，则必有阴阳之患。若成若不成而后无患者，唯有德者能之。”

这几句话可不简单，可以说都是人生哲理，包含着做人和做事的最高意旨。

叶公说：“老师您常对我说，人世间无论大事还是小事，很少有完全成功或者圆满的。所以我之所以痛苦纠结，就在于如果自己完不成楚王委派的外交任务，那么就算不被敌人所杀，也必定会受到楚王的惩罚。而就算事情办成功了，自己也怕忧喜交集酿出病害来，唯恐遭到周围其他人的嫉妒而引起不好的事情发生。事情不管是成功还是失败，要想不留下任何祸患，只有道德高尚的人才能做到啊。”

接下来叶公子高又描绘了自己的状态和感受，说自己每天吃的都是些普通粗糙、不精美的食物，因而烹饪食物的人也就无须解凉散热。可是自己早上才接到外交任务，晚上就得喝冰水，这分明是焦虑上火的节奏啊！

叶公继续说：“老师您看，我还没有真的出使齐国，就已经有了忧喜交加所导致的阴阳失调的病症。要是事情真办不成，肯定还会受到楚王的惩罚。成与不成这两种结果，都不是我这个庸才所能承担得起的，老师您有什么好的办法给学生指导一下吧！”

孔子是怎么开导学生叶公子高的呢？他说：“天下有大戒二：其一命也，其一义也。”这天下有两个根本性的原则：一个是天命，一个是道义。道家讲自然性，自然性就是“命”。做儿女的敬爱双亲，这是自然的天性使然，是没有办法解释和割舍的。而儒家讲的是社会性，社会性就是“义”。那么臣子忠于国君，这是人为的选择。在天地之间，每个人都要把自己的生命托付给某项伟大的事业。天命和道义，是任何人都没有办法回避的两件事情。就算你想切断父母儿女之间的关联，但血缘关系还是切不断的。所以对于以上二者，就不用再考虑应不应该、好不好、做不做了，因为考虑也没用。

从前面叶公子高的讲述和描绘中，我们可以看出他作为外交官的职业水平，看出他本身就是一个比较善于沟通协调的人。在接到外交任务的时候，叶公子高当然了解当时外交官出使可能会遇到的所有困难和结果，所以才绘声绘色、有理有据地和老师孔子讲出自己的难处。

而孔子一向有因材施教的良好习惯，也深知叶公子高是与弟子颜回完全两种类型的人，因此给出叶公子高的建议也完全不同。孔子说："作为臣子，固然是有不得已而去做的事情，但只要尽力去做而忘掉自己，也就不会有贪生怕死的念头了。"

前面孔子给出的意见是不要回避那些避无可避的问题，而接下来，孔子给出的则是在出使过程中应该注意的沟通细节。虽然外交官大多善于察言观色，也都具备"见人说人话，见鬼说鬼话"的能力，但也正因为如此，有时候他们在表达意思或者传达信息的时候，反而容易因添油加醋和过分赞美而显得浮夸、不真实，还可能因此而引起对方的反感和愤怒。

所以孔子告诉叶公子高，外交官在与邻近国家交往时，要用诚信来让彼此之间和顺亲近，而与远方国家交往则必须要用语言来表示相互间的忠诚，即"凡交近则必相靡以信，远则必忠之以言，言必或传之"。

国家之间想要相互交往的信号总得有人相互传递，这就是外交官的使命和任务。但传递两国国君喜怒的言辞，其实也是天下最困难的事。在传达两国国君喜悦的时候，容易添加过多的赞美；传达两国国君愤怒的时候，又容易添加过多的憎恶。

而太过夸张的话语都类似于虚构，虚构的言辞其真实程度也就值得怀疑。一旦国君产生怀疑，那么传达信息的外交官势必就要遭殃。而解决的办法也非常简单，就是"传其常情，无传其溢言，则几乎全"。孔子告诉叶公子高："你作为外交官，只要平实地去传达真实的言辞，不要传达过分的话语，那么也就差不多可以保全自己了。"

为什么这么说呢？孔子给出了一个很形象的比喻，因为言语就像风吹的水波，传达言语定会有得有失。风吹波浪容易动荡，有了得失也就容易出现危难。所以愤怒发作没有别的什么缘由，就是因为言辞虚浮而又片面失当。

孔子对叶公子高的劝诫和教导，直白些来讲，就是“虽然你是一个外交官，很擅长表达，但在与国君沟通的过程中，不要耍心眼，有一说一，有二说二，不过分夸张，也不过分赞美，用平实的表述来表达和呈现出最真实的情感，就足够了”。这样必定不会出大的差错，也不会出现你担忧的命悬一线的结果。

我们再回过头来看看前面孔子对叶公子高所说的话，其实可理解为：对于那些控制不了的事情你就不要控制。只要顺命、坦荡去做，哪怕因为做不好回来受到惩罚，你起码不会着急上火，因为你已经尽最大努力去做了。

我们生活在人世间，有很多事情都是人力不及、不可为的。任何事情成与不成，都是有很多因缘和社会条件的，但会不会因此着急上火，会不会因此而后悔，却是我们每个人可以自己决定的。

注重自我修养的人，会保持情绪的稳定和内心的安宁，悲哀和欢乐都不会轻易让他受到影响。知道世事艰难、无可奈何却又能安于处境、顺应自然，这就是道德修养的最高境界。言语之间不过分赞美，也不过分浮夸，平和而真实，这样不管做什么事情，都差不到哪儿去。

螳臂当车：与恶人相处，有什么秘诀？

本节我们来讲讲《庄子·人间世》中“颜阖问蘧伯玉”的故事，颜阖的处境跟前面讲的颜回的处境很类似。他们二位准备去卫国，都要面对一个残暴、不好对付的当权者。孔子给颜回的建议很简单，就三个字——“不要去”，但是颜阖请教的蘧伯玉却给颜阖讲了三个寓言，告诉了他应该怎么做。

其中一个寓言讲的是“螳臂当车”，这个词后来演变为成语，沿用至今。寓言中蕴含的道理也是古今通用的，或许会给我们解决家庭教育问题带来一定的启发。

原文：

颜阖将傅卫灵公大子，而问于蘧伯玉曰：“有人于此，其德天杀。与之为无方，则危吾国；与之为有方，则危吾身。其知适足以知人之过，而不知其所以过。若然者，吾奈之何？”

话说，有一位鲁国的贤人叫颜阖，被邀请去做卫灵公太子的老师。这本来是天大的好事，可颜阖却很发愁，因为这个太子生性残暴，动不动就发脾气要杀人。颜阖不知道要怎么教育这样的恶人，担心一句话说不对，给自己招来杀身之祸。于是，他就去请教卫国大臣蘧伯玉。蘧伯玉一生辅佐过卫献公、卫殇公、卫灵公三代君王，是当时有名的贤人、忠臣。他主张以德治国，是孔子的好朋友，奉祀于孔庙东庑（wǔ）第一位，后世追封内黄侯。

颜阖见到蘧伯玉之后，就问：“现在有一个人，天性喜欢杀人。如果不教导他，任由他胡作非为，以后他就会危害国家；如果教育他，改正他，恐怕我自己会有性命之忧。这个人很聪明，很会抓别人的小辫子，别人的过失逃不过他的眼睛，但是他从来不去反省自己的错误。像这样的人，我要是去教化他，要怎么做呢？”

原文：

蘧伯玉曰：“善哉问乎！戒之，慎之，正汝身也哉！形莫若就，心莫若和。虽然，之二者有患。就不欲入，和不欲出。形就而入，且为颠为灭，为崩为蹶；心和而出，且为声为名，为妖为孽。”

颜阖虽然没有指名道姓，但三朝元老蘧伯玉，怎么会不知道他说的是当今卫国的太子呢？于是蘧伯玉回答：“你这个问题问得好啊。你必须要随时戒备自己，讲话要非常谨慎。要站稳自己！外表要显得顺从，内心却要坚持自己的道德底线，用平和委婉的方法引导他。”

蘧伯玉认为，颜阖可以和太子亲近，但一定不能陷得太深。为什么呢？首先，从道德层面上说，你颜阖知道太子是个孩子，知道他做得不对，你当然不能趋炎附势、同流合污；其次，从后果上说，太子的行为既然是错的，那么肯定就有反对他的人。颜阖作为太子的老师，太子犯错，外人肯定先问这个老师是怎么教的，到时候再来兴师问罪，颜阖怕是承担不起这个后果。所以，无论如何，颜阖都不能惯着太子。

不能惯着太子，可以潜移默化地纠正太子的行为偏差吗？蘧伯玉的建议是可以，但是不能显露出来。一来是因为太子很聪明，他能看破小伎俩，知道你来灌输道理，颜阖再想达成目标就很困难了；二来如果太子多想一步，认为颜阖站在道德制高点上教育他，不是陷他于不仁不义吗？按照这个混世魔王的性格，肯定不会放过自己的老师。

蘧伯玉话说到这个份上，留给颜阖的行事空间就很小了——内心的正义要伸张，但外在表现还要不露痕迹，只有这样，才算成功。这个尺度很难把握，行为态度上，要亲和顺从，和对方打成一片，但内心要坚持自己的道德底线，用潜移默化的方式慢慢引导，还不能讲大道理，不能让人觉得你在道德绑架。

这其实跟我们教育孩子很相似，不能不管，但又不能管得太多。说多了，招致厌烦，不仅达不到教育的目的，还会让亲子关系疏远。所以，家长只能坚持内心的标准，顺着孩子的意思，再慢慢感化。可是，道理如此，有没有什么具体的操作方法呢？

原文：

“彼且为婴儿，亦与之为婴儿；彼且为无町畦，亦与之为无町畦；彼且为无崖，亦与之为无崖。达之，入于无疵。”

蘧伯玉又说：“要让他对你没有戒心，你就要在他天真的时候，也装作很天真；在他不跟你客气的时候，也不要跟他客气；在他无拘无束的时候，也别端着。这样他才能把你当自己人。这样，就无可挑剔了。”

接下来，蘧伯玉讲了三种动物的寓言故事。

原文：

“汝不知夫螳螂乎？怒其臂以当车辙，不知其不胜任也，是其才之美者也。戒之！慎之！积伐而美者以犯之，几矣。”

第一个故事说的是螳臂当车。蘧伯玉说：“你不知道螳螂吗？它们奋力举起臂膀来阻挡车轮，不知道自身不能胜任，这是因为它把自己的才能看得太高了。要警惕！要慎重！若常常夸耀自己的长处，冒犯了别人，就跟挡车的螳螂差不多了。”

这个故事，正是成语“螳臂当车”的出处。为什么螳螂要去挡车呢？因为它觉得自己的胳膊长，挺厉害的。但明眼人都知道，它这小胳膊，虽然在同类昆虫中是比较长，但是在巨大的车轮面前，什么都不是。

像螳螂一样的人，没有搞清楚自己的能力和位置，偏偏要以壮士就义的姿态去做事，好像自己委曲求全、做出了巨大牺牲。殊不知，这都是道德绑架，不仅达不到原本目的，还让人厌烦。

蘧伯玉说的第二个寓言，是关于饲养老虎的。

原文：

“汝不知夫养虎者乎？不敢以生物与之，为其杀之之怒也；不敢以全物与之，为其决之之怒也。时其饥饱，达其怒心。虎之与人异类而媚养己者，顺也；故其杀者，逆也。”

他说：“你不知道养老虎的人吗？饲养员不敢拿活物给老虎吃，因为老虎捕杀活物的时候，它们的杀心会被激发出来，这时候它们不只会吃小动物，饲养员的生命也会受到威胁；同样，养虎的人也不敢拿完整的食物给它，因为它在撕扯食物的时候，凶残的兽性也会被激发出来，如果到了不受控制的地步，那么也是很危险的。所以，有经验的养虎人都要了解老虎饥饱的时间规律，顺着它喜怒哀乐的情绪。虎与人不是同类，但都可以被饲养他的人驯服，这是因为饲养员能顺着它的性子来。而那些被老虎杀死的人，都是因为做了违背了老虎天性的事儿呀。”

这个故事也很巧妙，无论是养虎人喂老虎，还是大臣们“伴君如伴虎”，抑或是家长对待叛逆期情绪不定的孩子，都既要顺着对方的意思，又不能激发起对方心中的恶意。你对它好，它听你的；对它不好，可能就吃了你。除了这两种极端状态，还有一种情况是，你认为自己还是像原来一样付出，但是为什么对方感觉不到呢？

饲养员好像给了老虎很好的食物，但是活的、完整的小动物激发了老虎心中残忍的天性；大臣们勤勤恳恳地处理政务，把国家治理得很好，最后功高盖主，或者因为纠正了君主的错误而赚得了贤能的好名声，这些都会让君主动杀心；类似地，家长们也尽自己的努力给孩子创造了良好的条件，但是忽略了孩子的天性，没有从孩子的视角去解读自己的付出，总说些“我都是为了你好”的话，最后搞得自己苦大仇深，孩子反而报以怨恨。

不只养虎的人懂这一点，养马的人也有类似的教训。

原文：

“夫爱马者，以筐盛矢，以蜃盛溺。适有蚊虻仆缘，而拊之不时，则缺衔毁首碎胸。意有所至而爱有所亡，可不慎邪！”

“爱马的人用别致的筐子盛马粪，用珍贵的贝壳接马尿，把马照顾得无微不至。这一天，恰巧有一只蚊子附在马身上叮咬，爱马人看不下去了，直接用手去拍打蚊子。结果，马误认为人要袭击自己，于是在惊吓中咬断了套嘴的嚼子，挣脱了胸前的辔头，转头一脚踢到爱马人的身上。你看，爱马人的本意出于爱，结果却适得其反，得到这种结果，可以不谨慎吗？”

这里有一个名句“意有所至而爱有所亡”。任何一个人都有自己的意志，不要仗着自己的善意而违背被他人的意志；也不要企图用自以为是的爱去强行改变别人，因为站在别人的立场上看，你的爱、你的善意未必都是好的。

蘧伯玉的三个寓言讲完了，这个故事也结束了。从螳臂当车到被爱马所伤，庄子借蘧伯玉的口，一次次地警告当时想要进入仕途的读书人，想要既不危害国家，又不危害自身的救世理想，几乎不可能实现。

在黑暗混乱的战国社会里，想要靠个人的品德才华去感化那些视人命为草芥的君王，只能是徒劳。其实，每个人身边都有可能出现恶人，甚至其与你有瓜葛、有牵连。能远离的，最好远离，就像孔子给颜回的建议一样；不能远离的，可以采取蘧伯玉给颜阖的建议——不要过分顺从。家庭教育也是如此：掌握正确的教育时机，先迎合，后引导，才能使孩子走上正途。

无用之树，怎么还是最为有用的呢？

本节我们来讲讲《庄子·人间世》中“匠石之齐”的故事。

如果说《人间世》的前几个故事讲的是乱世中如何与当权者相

处，那么后半部分的几个故事就把目光转向了人自身，讲的是乱世中人如何看待自己的价值，也就是《逍遥游》开了个头但没有讨论完的“有用无用之辨”。

在《逍遥游》的最后，出现了一棵臭椿树，这棵树很大但是不中绳墨、不中规矩，在世人眼中是无用之材，但庄子却说，为什么不把它种在“无何有之乡”，让它自然生长呢？反正也没用，也不会有人来伤害它。

《人间世》中也出现了一棵大树，不是臭椿，而是一棵栎社树。

原文：

匠石之齐，至于曲辕，见栎社树。其大蔽牛，絜（xié）之百围，其高临山十仞而后有枝，其可以舟者旁十数。观者如市，匠伯不顾，遂行不辍。弟子厌观之，走及匠石，曰：“自吾执斧斤以随夫子，未尝见材如此其美也。先生不肯视，行不辍，何邪？”

话说，齐国有一个木匠姓石，大家都叫他石木匠。这天，石木匠带着徒弟路过一个地方，看见了一棵栎社树，也就是被当作社神的栎树。社是古代的基层行政单位，类似于今天说的村落，而社神树可以理解为村口标志性的大树，或者是土地庙前有象征意义的神树。因为它有特别的符号意义，所以通常都是选择高大又粗壮的大树，如松树、榆树、榕树等。

石木匠和徒弟经过的这棵社神树是栎树。这棵栎树特别大，它的树冠大到能给几千头牛遮阴纳凉，它的树干粗到要用一百尺的绳子来测量，它的树梢和山顶一样高，树身离地面八十尺才分杈。这棵大树的杈有很多，大到可以制作独木舟的树杈就有十几个。这种大树实在罕见，竟然使当地成了旅游景点，吸引了无数人前来参观、朝拜。

石木匠从这棵树旁边经过，头也不抬一下，就继续往前走。他的徒弟呆呆地望着大树，过了许久才发现师父已经走远，于是赶忙追上去问："师父啊，徒弟拿着斧头跟您走过不少地方，从未见过这样好的大树。师父您却不肯留步看看，只顾赶路，这是为什么呀？"

原文：

曰："已矣，勿言之矣！散木也。以为舟则沉，以为棺椁（guǒ）则速腐，以为器则速毁，以为门户则液樠（mán），以为柱则蠹（dù），是不材之木也。无所可用，故能若是之寿。"

石木匠说："哎，别说了！这就是个'散木'，是棵不成材的树啊！根本不值一提。用它做船，容易沉；用它做棺材，很快就会被腐蚀；用它做家具，容易破裂；用它做门，就会有汁液流出；用它做柱子，还会招来白蚁蛀虫……总之，那栎树虽大，但是不成材，毫无用处，所以才无灾无难活到现在。"

石木匠对这棵大栎树充满了嫌弃，就像人们嫌弃一个读了很多年书但是没做成大官、没积累下财富的人一样。

听到师父这么说，徒弟也不再追问，于是灰溜溜地跟着师父回了家。晚上，木匠刚刚睡下，白天那棵社神树就托梦来了。

原文：

匠石归，栎社见梦曰："女将恶乎比予哉？若将比予于文木邪？

夫楂梨橘柚果蓏（luǒ）之属，实熟则剥，剥则辱。大枝折，小枝泄。此以其能苦其生者也。故不终其天年而中道夭，自掊击于世俗者也。

“物莫不若是。且予求无所可用久矣！几死，乃今得之，为予大用。使予也而有用，且得有此大也邪？且也若与予也皆物也，奈何哉其相物也？而几死之散人，又恶知散木！”

匠石觉而诊其梦。

树对木匠说：“你说我没用，是把我跟什么东西做比较呢？跟有用的木材对比吗？山楂树、梨树、橘子树、柚子树，这些果树都是‘有用之木’。可是果子熟了，人们就会去摘，人一摘果实，树的枝条就会受辱，所以这些‘有用之木’都活不到它们该活的年龄。世俗人认为它们有用，才危害了它们。”

栎社树又接着对木匠说：“万事万物都逃不出这个规律。我一直在用这种‘一无是处’的方法保全自己，想来也很长时间了。我要是有用的话，怎么能长成这么大呢？你一个快要死了的人哪里了解什么是有用、什么是无用呀？”

“散木”指不成材的树木；“散人”指平庸无用的人。很多人都喜欢自称“某某散人”，白玉蟾祖师自号“武夷散人”，孙不二元君号“清静散人”，京剧《空城计》里诸葛亮也唱道“我本是卧龙岗散淡的人”。这些人表面是自嘲无用，实际上是表明不愿入世、无心参与功利角逐的志向。

木匠被这个梦惊醒了。没想到自己白天的话竟然被神树听到了，还在梦里反驳他，把他说得哑口无言。醒了之后，木匠赶紧把这个梦告诉了弟子。

原文：

弟子曰："趣取无用，则为社何邪？"曰："密！若无言！彼亦直寄焉！以为不知己者诟厉也。不为社者，且几有翦（jiǎn）乎！且也彼其所保与众异，而以义誉之，不亦远乎！"

徒弟反而追问了一句："既然它志在成为无用之物，又为什么会成为社神树呢？"

匠石急忙摆手，禁止徒弟再讲，似乎害怕大栎树听见了，悄声说："你可闭嘴吧！别拿出去讲！社树是给自己找一种寄托的方式，不了解它的人批评它。如果它不做社神树，就会被人砍掉。假如我们用通常的思路去看它，那不是相差得太远了吗？大栎树又怎么去躲避灾难，无用反而是有用呢？"

栎社树给木匠托梦以后，木匠终于明白了这棵栎树的智慧。原来，这棵社树原本也想做结满果实、被人们喜爱的果树。可是，如果做那样的有用之材，就要受到人们的蹂躏，长不高，也活不久。与其这样，不如选择做一棵无用的社树，只要安静地立在社庙旁边就好。

民间俗语有言"枪打出头鸟"，是指做人不要太过显眼，否则易招来横祸，《增广贤文》也有言"树大招风"，都是一个意思——一个人太出色，容易遭受打击。如此看来，这棵社树真是酝酿出了常人无法理解的人生智慧：能结出鲜美果实使自己一生受苦，太过华丽反而命不久矣，所以自己的无用也就成了最大的保全自己的"有用"。

人性错综复杂，你太过耀眼，轻则会招来别人嫉妒，重则会被人陷害。因太优秀无防备而遭奸人嫉妒陷害的例子不胜枚举。战国时期的李斯，凭借出色的才能帮助秦始皇统一六国，被秦始皇任命为丞相，却被赵高妒忌才华，陷害而死。春秋末年，伍子胥的父亲伍奢曾任太子师傅，佞臣费无极嫉贤妒能，向楚平王进献谗言，楚平王不仅废了太子，还杀了伍奢及其长子伍尚。

那么在乱世之中，怎样才能自我保全呢？在庄子看来，东西的没有用才是最大的用处。因为一棵树无用，才没有人惦念并想要砍掉它。因为一棵树无用，它才能在路边完好地沐雨栉风。同样，一个人“无用”，才免于遭受嫉妒或者陷害，才能安然地生活在世上。这也是庄子的“无用自保”的处世哲学。

话虽如此，但有两点需要说明：

其一，庄子没有告诉人们不要入世、不要去官场，而是说在充满利益算计的官场，要能够学会用“出世”的心态做事、做人。庄子逃离功名、避世隐居，也实属不得已。在乱世之中，如何保全自己？那就是隐藏锋芒，做一个无用的人。

其二，庄子告诉我们一个生活中的真理，就是对于别人来说最无用的东西，对你来说可能是最有用的。人生在世，各有各的活法，不同的价值标准下，人有着不同的选择取向。所以很多事物有时候看似无用却是有用，或者说，你看无用，他看有用。

在崇尚名利和地位的人眼里，金钱是有用的，名利是有用的，升官是有用的。而在一个只想活得快乐的人眼里，金钱名利都是无用的，家庭幸福、自己快乐才是最有用的。所以，没有什么东西是没用的，说它没用的人，只是不知道这东西的作用。

“无用自保”不是没用的“不作为”，而是假装没用的“大作为”。在这“无用”的不经意间，看似不着痕迹，却能收获自己想要的东西；

也在微妙之间，自己的命运获得改变。就像这棵大栎社树，虽然它没有结出果实，但却成长为参天大树，也给人们带去了福祉。

商丘大木，成就乱世中的个人价值

“商丘大木”的故事讲述者是在《齐物论》中达到“吾丧我”境界的南郭子綦。南郭子綦在整部《庄子》中出现多次，庄子给他的定位是能做到逍遥无己的“至人”，即得道之人中最高级的一等。

如果说上一节中木匠师徒对栎社树的看法代表了普通人视角，那么，境界最高的一类人又是如何看待无用大树的呢？

原文：

南郭子綦游乎商之丘，见大木焉有异，结驷千乘，隐将芘（bì）其所藾（lài）。子綦曰：此何木也哉？此必有异材夫！仰而视其细枝，则拳曲而不可以为栋梁。俯而视其大根，则轴解而不可以为棺椁。咶（shì）其叶，则口烂而为伤；嗅之，则使人狂酲（chéng）三日而不已。子綦曰：“此果不材之木也，以至于此其大也。嗟乎，神人以此不材！”

话说南郭子綦有一天游历到商丘，看到一棵与众不同的大树。这棵树比栎社树还要大，延展开的树枝，差不多能给一千套车马提供阴凉。见多识广的南郭子綦不禁感叹：“这是一棵什么树呀？这树必然有特殊的材质吧！”

说罢抬头仰望。这才发现，这棵树虽然长得大，但树枝几乎都弯弯曲曲的，无法做栋梁之材。再往下看，这树的根部隆起，纹路不清晰，满是树疤，就算锯下也没什么用，连棺材板都做不了。摘一片树叶舔一下，嘴巴会烂掉，舌头会受伤；用鼻子闻一下，人就会像醉酒一般，三天都醒不过来。可见这树虽大，但是材质有问题，可能还有毒，实在是不能为人所用。

南郭子綦感叹道："此果不材之木也。"——这果然是一棵不能被做成木材的树呀。正因为它不成材，所以才长得这么大。想来，神人不也是这样彰显自己的无用才能逍遥自在的吗？

这个语气不是对大树的惊讶，也不是对无用的惋惜，就好像南郭子綦早就知道有这样一种生物，然后今天果真遇到了。我们再对比前面讲过的石木匠和徒弟：徒弟看到大树之后被惊呆了，连老师走远了都不知道，这说明他从来没见过；石木匠不为眼前的大树所动，知道它木质疏松不中用，干脆看都不看，甚至还要奚落一番，这说明他见过这种无用大树，但是不能理解它存在的意义。

而南郭子綦不愧是逍遥境界中最高等级的"至人"。他虽然没有见过，但能理解无用大树的存在。他不是从保命的角度去理解大树，而是把大树类比为超越功名的"神人"。神人是什么人呢？还记得姑射山神人吗？"是其尘垢粃糠，将犹陶铸尧舜者也，孰肯以物为事！"身上的尘土都可以铸就尧舜的丰功伟绩，但他们一点也不在乎，不肯为了现世的功名利禄而出山、而操劳。

那不成材的商丘大木不也是如此吗？如果长得结实整齐，枝叶没有毒性，反而要等着被人砍伐、被人雕刻。为什么不承认这些毛病，甚至把这些毛病彰显出来呢？这样一来，就不用为了功利性目的而折损生命了，岂不是真正的逍遥？反观功利世界中，那些栋梁之材他们出将入相甚至称王称霸，不也是操劳半生，最后落得孤家寡人吗？

大多数人都不是栋梁之材，但好歹是有用的人，他们又是怎样的呢？紧接着，庄子又讲了另外一些树的故事。

原文：

宋有荆氏者，宜楸（qiū）柏桑。其拱把而上者，求狙猴之杙（yì）者斩之；三围四围，求高明之丽者斩之；七围八围，贵人富商之家求樿（shàn）傍者斩之。故未终其天年，而中道之夭于斧斤，此材之患也。

说的是，宋国有个叫荆氏的地方，很适合楸树、柏树和桑树生长。不过等树干长到一只手能握住的时候，就有人把树砍去做系猴子的木桩；等树干长到三四个人能抱过来的时候，就有人把树做成大房子的房梁；等树干长到七八个人才能抱过来的时候，有钱人就争相地砍来做整副的棺材。所以，这些树总是不能尽享天年，在生长过程中，随时面临刀斧砍伐的命运——而这就是材质有用带来的祸患。

树木可以因无用而能顺利长大，又可因有用而在中途被砍伐，那么动物又会怎样呢？

原文：

故解之以牛之白颡（sǎng）者与豚之亢鼻者，与人有痔病者，不可以适河。此皆巫祝以知之矣，所以为不祥也。此乃神人之所以为大祥也。

古人在祈祷神灵消除灾害时，会用牛、猪甚至人作为祭品沉入河里去祭神，但是白色额头的牛、鼻孔朝天的小猪以及患有痔疮的人却总能幸免于难。原来，主持祭祀的巫师都认为，这些特征都是病，不吉利。但是，我们反向思考，不正是这些病态特征让这些生命免于献祭吗？所以，让神人去看，这些特征反而是世上最大的吉祥。

到这里，这个故事才算真正结束。庄子写了树、写了动物，其实都是在写人。在战乱不断、生灵涂炭的战国时代，庄子内心是痛苦的。怎样才能让人才不被黑暗邪恶所吞噬，他一直在积极地寻求解决之道，那就是以“巫祝……所以为不祥也”，而“神人之所以为大祥也”的处世智慧告诉人们如何避开“恶”，保全性命，保全人的尊严、独立和自由。

历史上，大文豪苏东坡从小就显露出不俗的智慧，二十岁中举，仕途一度光明无限。不承想父母相继过世误了升迁，自己又卷入党争风波，结果三番五次被贬谪，最终也没有充分施展才华。

等他年纪大的时候，作了一首诗，希望世人不要变成有用的人。他说：“人皆养子望聪明，我被聪明误一生。惟愿孩儿愚且鲁，无灾无难到公卿。”意思是说世界上每个人都希望自己的孩子聪明，而他自己的一生都被聪明才智给耽误了。所以他希望自己的儿子愚笨迟钝，平平安安地封侯拜相。这么说，何尝不是反讽功利意义上的聪明、有用呢？

庄子的无用论，对魏晋时代的文人影响极大。在曹魏与司马氏集团相互夺权的混战时代，满腹济世才华的阮籍先后多次以逃避、隐居、醉酒等非常规的做法，以曲求伸，化有用为无用，方得以自保。

尤其是司马氏篡权后，为了赢得人心、拉拢名士，司马昭选择上门求亲，欲给自己的儿子司马炎，也就是后来的晋武帝，求娶阮籍的女儿时，阮籍以酒自醉长达六十多天，让司马昭始终无法开口。阮籍既保全了自己的性命，又机智地躲过危险，在浊浊乱世中做到洁身自好。在世人为他错失国丈的身份惋惜时，阮籍不为所动，保全了名节，终成一代千古名士。

看起来没有用的人，其实大有用处

“支离疏终其天年”也是《庄子·人间世》中的经典故事之一。

在讲了两棵不成材反而尽享天年的大树之后，庄子终于把“无用之用”的价值观延伸到了人身上。树木的材质不好，对人无用，好比人机体残缺，不足以为社会所用。于是庄子干脆举了一个更极端的例子，如果人的长相像《山海经》里的妖怪神兽，又会是怎样的呢？

原文：

支离疏者，颐隐于脐，肩高于顶，会撮指天，五管在上，两髀（bì）为胁。挫针治繲（jiè），足以糊口；鼓筴播精，足以食十人。上征武士，则支离攘臂而游于其间；上有大役，则支离以有常疾不受功；上与病者粟，则受三锺与十束薪。夫支离其形者，犹足以养其身，终其天年，又况支离其德者乎！

支离疏是庄子虚拟出来的一个人物。我们常说“支离破碎”，

“支离”二字本身有分解、散乱的意思；而“疏”字，跟前面讲过的“散木”“散人”中的“散”一样，都隐含了智慧不高、不堪重用的意思。

这个人的名字很精准地概括了他奇特的外形：下巴隐藏在肚脐下面，两个肩膀比头顶还要高，脑袋后面的发髻不是垂下来，而是向上指向天空。耳鼻口眼的出口也都是朝上的，两条腿和两边的胸肋骨生长在一起。

这样一个畸形的人，如果在现实生活中，大概生活无法自理，还要遭受别人异样的眼光，日子一定不好过。但支离疏却不是，他不仅可以养活自己，还能在乱世保全自身，尽享天年。

那么他是怎么做到的呢？庄子说，他以缝、洗衣服为生，帮别人打打零工就可以养活自己；他还帮别人筛稻谷、去糟糠，这项工作的收入可以让他养活十来口人。总之，人家虽然畸形，但不仅不是家里的累赘，反而可以赚钱养家。

支离疏生逢乱世，战争频仍。政府为了打仗需要征兵，征到支离疏住的村落，只见他故意卷起袖子、大摇大摆地在征兵人面前走过，不像其他人一样躲起来，害怕被抓壮丁。征兵人看看他的样子，摇摇头，挥手让他赶紧走开。因为身体畸形，支离疏反而躲过了一劫。

没有服兵役，还有其他的劳役等着人去做，支离疏又一次因为身体残疾而免于服役。不仅不用劳累，支离疏还得到了一些不少福利，比如国家不定期向残疾人发放补助，支离疏就领到了三钟粮食和十捆柴草。

于是庄子感慨地说道：“像支离疏那样形体残缺不全的人也可以

养活自己，终享天年，更何况那些在德行上也支离破碎的人呢？”

这话什么意思？我们前面讲到，南郭子綦见到商丘大木，说它果然不成材，跟神人一样，都是通过彰显自己的无用，从而乐得逍遥自在。支离疏在形体上支离破碎，但是可以养活自己、尽享天年。那些不被道德绑架的至人也是如此，他们不在乎名、不在乎利，所以即便被指责品行支离也不放在心上，自得其乐。

不过，上述这些是有前提条件的。如果前提条件不成立，随意挪用庄子的意思，就会造成很大的误会。这个前提条件就是当时的社会环境。前面讲过，战国时期兵荒马乱、礼崩乐坏，人要是犯了大错，可能被处以极刑，犯了一般的小错也可能被砍掉手脚。所以在《养生主》中，公文轩见右师只有一只脚，才会下意识地去问是天生的还是后天受刑被砍掉的。

庄子说“支离其德”，前提条件就是时代比较混乱，或者延伸一点说，就是个人生活受到的限制比较多、条件不好。在这样的环境中，如果想要尽享天年，庄子的建议是，不要做一个假好人，不要时刻把品行高尚当作生活准则。离经叛道一些没什么，“坏”名声反而可以帮人躲开很多灾祸，让人活得更好一点。

我们生活中也有打肿脸充胖子的人，明明自己的生活已经比较拮据了，但是为了维持德行圆满，不得已伤害到自己。庄子很不提倡这样的行为，人活着不是为了沽名钓誉，如果被德行伤害到，那就是本末倒置了。

原文：

孔子适楚，楚狂接舆游其门曰："凤兮凤兮，何如德之衰也。来世不可待，往世不可追也！天下有道，圣人成焉；天下无道，圣人生焉。方今之时，仅免刑焉；福轻乎羽，莫之知载；祸重乎地，莫之知避。已乎，已乎！临人以德。殆乎，殆乎！画地而趋。迷阳，迷阳！无伤吾行。吾行隙曲，无伤吾足。"

接下来，庄子又讲了一个"孔子适楚"的故事。

话说孔子来到了楚国，狂人接舆就对他唱起了歌，歌是这么唱的："凤鸟啊，凤鸟啊！你怀有大德，却怎么到衰败的国家来了！"凤鸟就是凤凰，接舆用凤凰来代指孔子。接舆对眼前的凤鸟说："未来没有什么值得期待的，过去的事情也无法追回更改。天地之间还有一丝道义存在，那么圣人还可以成就一番事业；可如今国君昏庸、天下无道，即便是圣人，也只能顺应潮流苟全性命。今天这个时代就是如此黑暗，幸福比羽毛还要轻，你却不知道珍惜；灾祸比大地还要重，你却不知道回避。算了吧，算了吧，在人前用品德高尚来炫耀自己，用自己的道德标准去衡量别人。真是危险呀，危险呀，你这是画地为牢，自己束缚自己呀。荆棘啊，荆棘啊，你不要阻碍我前进的道路。绕个弯，绕个弯，别伤着自己的脚吧！"

狂人接舆为什么要对孔子唱这样的歌词呢？原来，孔子希望用自创的仁政理论感化各国君主，于是四处奔波游说。这种行为，在楚狂接舆的眼中是非常愚蠢的，认为孔子不仅不知道回避危险，还要强行说教，划出一条行为准则让人们去遵循。这不是太危险了吗？

成语"画地而趋"就是从这里来的，指的是划定一个地方，让人们在这个范围内进退，比喻被拘束，也指不知变通。在庄子看来，孔子所提倡的经世致用会让人深陷尘世的樊笼中，无法返归自然，妨害了作为个体的人的生命。他在规劝孔子，不要试图用自己的力量去改变现状。

陆接舆和孔子的这番对话，吸引了许多人，其中一个就是大文豪李白。李白豪放不羁的性格与道家思想有着千丝万缕的联系，他把“孔子适楚，接舆歌凤”这个故事用在了他的诗歌《庐山谣寄卢侍御虚舟》中。

写这首诗时的李白已经是一个老人，刚刚在流放地夜郎得到赦免。此时的他历经磨难，理想破灭，在路上看到庐山的景色，有感而发。在诗的一开头，李白就写“我本楚狂人，凤歌笑孔丘”，说自己就像楚狂接舆，高歌嘲笑凤丘。

李白性格一向洒脱，是有“诗仙”之称的浪漫主义诗人。他和庄子一样，不愿意屈从于权贵，向往摆脱世俗羁绊的、自由自在的逍遥境界。李白当时的心境与庄子十分相近，仕途不幸成就文学之大幸，在政治上不是一个成功者，看来无用，可是他一生浮浮沉沉的遭遇和经历，却成就了他在诗坛上独一无二的地位。那些曾经翻手为云覆手为雨的玩弄政治者，却已经消失在历史的长河中。

原文：

山木，自寇也；膏火，自煎也。桂可食，故伐之；漆可用，故割之。人皆知有用之用，而莫知无用之用也。

正如庄子所说，山上的树木就是因为可以盖房子、造船，对人们有用，所以被人们砍伐了；油脂能够燃起烛火，供人类照明，而被人们取用；桂树皮因为气味芳香招人喜欢，就被人扒下来做成调料；树漆能够保护木器，就被人用刀斧割下来。

这些东西正是因为有用，所以被人随意取用。人们都知道有用的用处，却不知道“无用”的用处更大。

无用之用体现在生活中的方方面面。人类历史上绝无仅有的全才达·芬奇便是最典型的代表之一。他有一个著名的画鸡蛋的故事。看起来他反复描摹鸡蛋这件事是无用的，甚至是可笑的，可是谁能否认，正是因为有这样的无用，才有了后来的《蒙娜丽莎》《最后的晚餐》等传世佳作。

如果说生活中有什么是人们都嗤之以鼻的，那肯定是垃圾。在人们眼里，垃圾岂止是无用，简直就是不该存在。就是这让人避之不及的东西，却有人依靠着收集垃圾发家致富，变废为宝，不也是无用是为大用的体现吗?

《人间世》总结：与世界保持适当的距离

“人间世”的“间”是个动词，表示行走、参与、介入。人行走于社会要如何与别人打交道、如何与事务打交道，是一个很复杂的问题。庄子写《人间世》就是要讨论这个问题。

为了更形象地说明自己的观点，庄子在这一篇中讲了七个故事。这七个故事中的人物角色又可以分为四类：第一类是有一定的学识积累，但涉世不深、渴望尽快踏入社会实践自己政治理想的热血青年，颜回；第二类是有一些社会经验，知道官场水深，但即将面临两难处境，且不知道如何应对的官员，如叶公子高、颜阖；第三类是有才华却主动选择与社会保持距离的隐士，在颜回和叶公子高的故事中，孔子扮演了这个角色，但是在接舆歌凤的故事中，孔子又变成了被劝的人，这时候扮演隐士角色的是楚狂接舆；第四类是又穷又丑甚至还有残疾的无用之人，最典型的代表是支离疏，如果栎社树和商丘大木有人形，大抵也属于此类。

在一般人的心目中，未来可期的青年人要好于遭遇职业瓶颈的中年人，好于没有踏入社会的失败者，比命运坎坷的底层人民更是强上百倍。但在庄子心中，这四类人的价值排序恰恰要倒转过来：支离疏境界最高，因为他知道以无用示人，避免了被利用，反而保全了自身性命；隐士次之，他们能够理解有用带来的灾祸，也能理解无用才是保全之法，但还是不由自主地为别人担心，忍不住劝阻他人，浪费一番口舌；再次是叶公子高和颜阖，他们能感知潜在的危险，对即将到来的两难处境有防范意识，这类人可能过得很辛苦，但是很难犯大错误；最次才是颜回那种自己没有修炼成功，反而任凭一腔热情冲动行事，很容易就让自己身处险境。

庄子给了后面这两类人哪些建议呢？

首先他讲，凡是功利心过重的人，都应该修炼自己，去“心斋”，去“坐驰”，清扫内心的执念与刻意，让智慧光明自然照进心房。而所谓“心斋”是有步骤的，从听之以耳，到听之以心，再到听之以气。

耳代表感官，从耳听的角度来说就是听人籁，人籁带着目的心，叽叽喳喳，听多了就会勾起人的七情六欲。想要修炼自己，先得把这些情绪上的杂音降低，不让人为因素封闭内心；其次听之以心，感受和思考自然变化的规律，感应到“万物之以息相吹”，这是新知上的打开；最后听之以气，气是空明的，能容纳外物，道就聚集在这空明之气中，只有道的运作能使气在这里周流。

我们平常说运气，在道家看来，“运”不是名词“命运”，而是动词“运作”。这背后的原理，不是说一个人的命数有多好，而是他虚心集道、听之以气，自身运的这个气恰好与自然规律有了交集，这时候做事当然就会顺利，容易成事。从功利的眼光来看，是走运了，被眷顾了；但从道理上来说，顺其自然当然顺。两者的区别在于前者是被动的，属于宿命论，后者是主动的，是修炼的结果。

庄子的第二条建议是转换视角，别只盯着“有用之用”，理解了“无用之用”才能获得逍遥。《人间世》的后半部分讲了四个故事，有很高大很粗壮但是材质疏松的树，也有畸形严重、长相怪异的人。众人只看到他们不成材、不中用的一面，神人却能看出他们因为无用而保全自身。至人的境界更高一层，能够看到无用之人通过彰显自己的缺点，让自己逃脱功利世界的评价体系，避免了被人利用、被人作践，这正是到达逍遥境界的方法。

孔子和支离疏在这里恰好形成鲜明的对比。孔子四处宣扬仁义道德，明知不可为而为之，希望别人也能在伦理体系中恪守本分，结果搞得自己奔波劳苦如丧家之犬。在庄子眼中，这样的生命状态是不逍遥的。特别是在乱世，如果为了内心执念、道德洁癖而劳其筋骨，最后折损生命，就更加不值得。庄子知其不可为而安命，最后不为而为，就像支离疏和“支离其德”的人一样，在乱世依然可以活得自在。

《人间世》从一个希望和正在进入社会的知识分子开始，经历几个在世界中苦苦挣扎的人，最后落笔到圣人孔仲尼身上。这种叙事的方式，其实表现了庄子对“如何行走世间”这个问题的思考和解决过程，这个过程既是庄子和世界的对话，也可以看作是和儒家的对话。

《德充符》

《德充符》介绍：内在道德充盈比皮囊之美更重要

《养生主》和《人间世》有一个共同的时代背景，就是战乱频仍、礼崩乐坏的战国乱世。在这样的时代，人想要保全自身、尽享天年是非常困难的。所以，庄子分别从内外两个角度，阐述了修身养性之道（《养生主》）和为人处世之法（《人间世》）。

既然是乱世，无论个人如何努力，都有可能遭遇横祸。有的可能是在娘胎里就营养不良，生出来就是畸形；也有的可能遭遇了战争或者酷刑，导致身体残疾；当然，还有些人可能身体上没有什么缺陷，但是心灵受过创伤，是扭曲的……

比如《养生主》里的右师，再比如《人间世》里的支离疏，这两个人的故事在各自的篇目里说明的是不同的道理。但我们将它们放在一起，你就会发现，庄子对这些外形不健全的人是非常宽容的，甚至有一些推崇和赞赏。这个倾向在《德充符》这一篇得到了充分的发展。

《德充符》一口气讲了 6 个畸形人的故事。有的人像右师一样只有一只脚，有的人虽然有脚但是没有脚趾，有的人长相丑陋得让人看了害怕，还有的人驼背、瘸腿、没有嘴唇……但就是这些人，每一个都活得很精彩：当老师的，有学生追随，不用讲课别人就能学到东西；丑男没权，没势，也没有钱，但是女人都想嫁给他，男人都愿意跟随他。

为什么呢？按照庄子的解释，只要一个人的内在道德是充裕的，那么他的人格魅力就会由内而外地散发出来。即便外形残缺丑陋，社会也会善待他，认可他的价值，甚至推崇他。这就是《德充符》的基本观点。

如果要逐字拆解“德充符”这三个字，就是：“德”为道德，“充”为充满于内在，“符”为外在的验证。三个字组合在一起，意思是：道德处于充盈状态就会得到外界的正向反馈。

这里要特别说明的是，道家的“德”不同于儒家的仁义道德，也不是善良、单纯、有爱心。你看老子的《道德经》，“道”是自然或者自然规律，“德”就是对自然规律的承载，是生命的天性禀赋或者说悟道之后呈现出来的精神面貌。每个生命都是顺应自然规律而出生的，带着适合自己的生存本能，这是道；有智慧的生命能够主动感受自然规律，主动去悟道，不仅悟道，还将其应用于自身，提升自己的德行、带动自己的发展，这是德。在道家观念里，能够认识宇宙的规律、把人与自然视作不可分割的整体的人，就是有德之人，也就是庄子所谓“乘物以游心”(《内篇·人间世》)、“独与天地精神往来”(《杂篇·天下》)的人。

德充于内，符应于外。一个人如果能充分悟道，让内在充满道德，那么一定能从外在表现看出来。不是说他一定长得好看、长得顺眼，而是说这种内在气质会让人很有魅力。一个很丑的人也可以拥有这样的魅力。

以上就是《德充符》这一篇的主旨大意。

这一篇围绕上述观点，总共分为六个段落，前四段讲述了王骀(tái)、申徒嘉、叔山无趾、哀骀它(tuó)等四位刑余丑陋之人的故事，反复论证人一旦德充，外物自来应验。

王骀跟右师一样只有一只脚，但是连孔子都要以他为榜样。他不授课，也不发表观点，而他的学生们却能收获满满，因为他守住了生命的主旨，把握了事物的本源。王骀的故事提出了“万物皆一”的观点。庄子把人生的视野提升到对整个宇宙本质的探索，而不拘泥于一时一事、一得一失、一生一死，从而达到了“游心乎德之和”的境界。我们在第一节讲讲他的故事。

第二节讲申徒嘉的故事。他也是一位断足之人，与郑国的相国子产是同门。子产因为他的外形不佳而瞧不起他，不肯与他同时出入师门，但是申徒嘉直指问题的本质，指出普通人活在命运的罗网中，随时都有被当作靶子射中的危险，子产与自己的区别不过是虚无的外在。即使身处乱世，申徒嘉这样的有道之人追求的仍然是“形骸之内”的价值，也就是内在生命的充实，而子产之徒则看重声名、地位等身外之物。两人的态度形成鲜明对比，讽刺意味淋漓尽致。

第三位畸形人是叔山无趾。他想跟着孔子学习修道法门，孔子却因他之前的过错而对他持有偏见。随后他来找老子，指出孔子不能把生死一视同仁，不能把可做可不做打通，不能从更高的层次审视“全德之人”。他与孔子、老子的两段对话，对比了儒道两家对于“德”截然不同的观点。两家之言高下立见。

下一位相貌丑陋而德行高尚的人叫哀骀它。他的故事十分精彩。他是一个奇丑无比的人，让人看了能吓一跳的那种丑。但是他不用说话就能取得他人的信任，没有做出成绩就能让人亲近。鲁哀公跟他在一起不到一年，就想把国家大事托付给他。因为他是“才全而德不形”之人，这也是《德充符》全篇的宗旨所在。这样的人能够不受“死生、存亡、穷达、贫富、贤与不肖、毁誉、饥渴、寒暑”等外在因素的影响。同时德不外露、心如止水，追求内在生命的充实、圆满，庄子的倾慕之情也溢于言表。我们第四节再讲。

第五节要讲一个瘸腿、驼背、没有嘴唇的人和一个脖子上长瘤子的人。他们因德行过人而深受国君喜爱，国君只看他们的内德圆满，忘却了他们的外在缺陷，认为正常人的长相不如他们。庄子从这两个故事中引出“德有所长，而形有所忘”的结论，仍然在重申之前几段的主旨——忘却外在，塑造真正的心灵之美。而要做到这一点，需要像圣人那样，摒弃一切人为的“智”“约”“德”“工”，即智巧、约束、施惠和算计，也就是“有人之形，无人之情”，无伪情，无俗情。

末段以庄子与惠子的“有情无情”之辩作结，从忘形进到忘情的境界，进一步说明上一段提到的“无情”的含义，是“不以好恶内伤其身”，而不是惠子以为的世俗人情和人欲。庄子认为，人的身体来自天，应顺其自然，摒弃人为的“益生”，也就是强加于人生命中的东西，才能真正成为有德之人。

庄子在《德充符》中塑造了一系列形体残缺或者外貌丑陋，然而道德完全乃至超凡入圣的人物。通篇贯之以“德”字，说明神贵于形，运用浪漫主义文风、夸张的笔法，拿外在的丑去烘托最美好的理想人格。庄子是第一个把审丑纳入审美范畴的人，在中国思想史、艺术史上开辟了一片新天地。从庄子开始，“德全而形不全”的人成了一个常见意象，我们非常熟悉的《红楼梦》开篇的跛足道人就是典型代表。

兀者王骀，比孔子还厉害的老师竟然是个断足之人

《庄子·德充符》中“兀者王骀”的故事原文：

鲁有兀者王骀，从之游者，与仲尼相若。

常季问于仲尼曰：“王骀，兀者也，从之游者，与夫子中分鲁。立不教，坐不议，虚而往，实而归。固有不言之教，无形而心成者邪？是何人也？”

仲尼曰：“夫子，圣人也，丘也直后而未往耳。丘将以为师，而况不若丘者乎！奚假鲁国！丘将引天下而与从之。”

常季曰：“彼兀者也，而王先生，其与庸亦远矣。若然者，其用心也，独若之何？”

仲尼曰："死生亦大矣，而不得与之变，虽天地覆坠，亦将不与之遗。审乎无假而不与物迁，命物之化而守其宗也。"

常季曰："何谓也？"

仲尼曰："自其异者视之，肝胆楚越也；自其同者视之，万物皆一也。夫若然者，且不知耳目之所宜，而游心乎德之和；物视其所一而不见其所丧，视丧其足犹遗土也。"

常季曰："彼为己，以其知得其心，以其心得其常心，物何为最之哉？"

仲尼曰："人莫鉴于流水，而鉴于止水，唯止能止众止。受命于地，唯松柏独也正，在冬夏青青；受命于天，唯尧舜独也正，在万物之首。幸能正生，以正众生。夫保始之征，不惧之实。勇士一人，雄入于九军。将求名而能自要者，而犹若此，而况官天地，府万物，直寓六骸，象耳目，一知之所知，而心未尝死者乎！彼且择日而登假，人则从是也。彼且何肯以物为事乎！"

这个故事说的是，鲁国有个因受刖刑而断脚的人，名叫王骀。王骀虽然只有一只脚，但却有很多慕名而来的学生，学生的数量和孔子的弟子三千不相上下。

孔子的学生常季，听说王骀在鲁国的声望可以与自己的老师分庭抗礼，于是就去请教孔子，说："王骀这个人并不教授知识，也不辨析道理，但是跟他学习的人空虚而来，满载而归。难道真的有不说话就能教、靠无形感化就能学的方法吗？这个王骀到底是个什么样的人呀？"

孔子回答说："他可是个圣人啊！我不如他，但还没有去请教，实在是不应该。连我孔丘都以他为师，更何况那些学问不如我的人呢！不光是我们鲁国，我觉得啊，全天下的人都应该拜他为师。”

见老师如此抬举王骀，常季便说：“一个残疾人却比老师您还厉害，王骀果然不是一般人啊！既然如此，他在运用心智方面一定有特别之处吧？”

孔子说：“人生最大的课题就是死与生，而王骀可以做到不因生死而改变，就算是天塌下来、地陷下去，他也不会随之堕落毁灭。他这个人可以无待于外物，不受外界干扰，知道顺应事物变化的规律，牢牢把握‘道’的本质。”

我们前面讲过“安时处顺”“安之若命”。什么是命呢？外在事物的变化就是命，它不以人的主观意志为转移，所以常常让人无可奈何。自然天地的巨变、个体生命的生死都由不得人，但是人的内心却可以做到屏蔽外界干扰，把握住变化之中不变的东西。这是王骀人格魅力的根源所在。

但常季好像不是很明白，于是继续追问。

孔子又说：“要是从物与物之间的差异来观察，那么肝与胆之间的差距就像楚国与越国的差距那么大；但要是从物与物的相同之处来观察，那么万事万物都没有什么差别。明白了这一点，人就不会因为感官的所见所闻而迷惑，而是用自己的心来体会道德的和谐。把万物视作一体，就不会有缺失感。王骀失去了自己的脚，就跟大地掉落了一块泥土没什么差别。”

这段话里有什么深意呢？我们常说“肝胆相照”，肝与胆是相互依存的关系，但是如果你带着分别心去看待，那么它们形状不同、功能有别，就像楚国和越国之间的差异那么大。如果可以把握住宇宙变化之中不变的东西，从道的层面看待问题，我们就会发现，万物的底层逻辑都是相通的。人的心智达到了如此高度，就会把万物视为一体。既然万物一体，在整体内部，谁多一块，谁少一块，也就无关紧要了。王骀又怎么会把失去一只脚放在心上呢？

常季终于领悟了，说："那他就是在修身了呀！用智慧领悟到了自己的内心，又从自己的内心推己及人，达到普遍相同、无分别心的境界。那么，请问老师，为什么众人会归依他呢？"

孔子接下来说了几句很有文采的话："人莫鉴于流水，而鉴于止水，唯止能止众止。"——人们不会在急流的水面上照自己的影子，而是把平静的水面作为镜子，唯有静止的东西才能使其他东西静止。"受命于地，唯松柏独也正，在冬夏青青；受命于天，唯尧舜独也正，在万物之首。"——地上孕育的万物，只有松柏生来就得自然之正，无论冬夏都枝叶青翠；受命于天的万物，也只有尧舜这样的帝王，生来得性命之正，可以作为万民的榜样。"幸能正生，以正众生。"——有幸自正性命的人，才能引导他人。"夫保始之征，不惧之实。"——保有本源，就会从外在表现出来。"勇士一人，雄入于九军。"——勇者无惧，真正的勇士可以一人冲入千军万马。"将求名而能自要者，而犹若是。"——追求功名的人尚且能自我要求。"而况官天地，府万物，直寓六骸，象耳目，一知之所知，而心未尝死者乎！"——更不用说主宰天地、包藏万物，把自己的躯体作为旅舍，把五官作为迹象，天赋的智慧照亮所能达到的知识领域，心中未尝有死生变化观念的人！"彼且择日而登假，人则从是也。彼且何肯以物为事乎！”——王骀这样的人可以选定日子，就超尘绝俗，所以会有很多人愿意跟随他，他怎么可能留心于是否吸引了其他人呢？

王骀虽然有众多门徒，但他不是通过教育的方式来影响众人，甚至根本不在意于自己是否能够吸引众人。他只是像受命于天的尧舜一样，自然而然地表现出自己的智慧、表现出自己内心的领悟，就能够成为万民的榜样。

故事到这里就结束了。庄子描述这样一位形残而德全的高人，表达了他对于心灵完善、道德充盈的极度重视。我们可以看到，这样的一位圣人并非不食人间烟火的世外高人，而是活在现世，与孔子一样，是可以用自己的心灵之德去影响他人、引领他人的楷模。

庄子通过“为己”的方式，不断向内挖掘，运用智慧把有分别心提升到无分别心的层次，直到生死大事不能动于心，天地崩陷无法迫于身。当一个人达到这样的境界，在庄子自己看来，身体的残缺不过是大地失去一块泥土。而追随者显然也无视此人身体的残缺，而是被他完满的精神所吸引。

庄子从事物“同质”的角度来观察世界，提出了“万物皆一”——把万物视为一个整体的观念，体现了道家超拔的宇宙观，透过纷繁复杂的现象，看到事物同一的本质。在较低层次，我们会有贵贱是非的分别，而一旦到达“道”的高度，生死也是可以打通的。

魏晋时候，“竹林七贤”之一的阮籍在《达庄论》里就进一步阐述了“死生为一贯，是非为一条”的观点；“书圣”王羲之在《兰亭集序》中写下的“古人云：‘死生亦大矣。’岂不痛哉！”也是来自庄子的文字。当然，对庄子这段文字的化用最直接的，是北宋著名词人苏轼的其千古名篇《赤壁赋》——“盖将自其变者而观之，则天地曾不能以一瞬；自不变者而观之，则物与我皆无尽也，而又何羡乎！”

在科技高度发达的现在，科学家也在最前沿的物理学领域寻找“大一统”理论。我们知道，所有的物质都是由基本粒子构成，都受四种力的支配。某种程度上，我们在微观层面观察到的现实暗合了庄子在哲学层面得到的结论。道家这种开阔的视野，运用思维达到的超凡脱俗的境界，都能够在千年之后给今天的我们无尽的启示。

这个故事中还有两个成语：第一个是“肝胆楚越”，肝、胆是两个相邻的器官，比喻关系密切；楚、越指的是春秋时两个诸侯国，虽土地相连，但关系不好。战国时期，楚国彻底击败越国，使其成为自己的属国，这时候恰是庄子生活的年代。这个成语后来比喻有着密切关系的双方，变得互不关心或互相敌对，与庄子的原意已略有不同。李白的《秋夜于安府送孟赞府兄还都序》使用过这个成语：“道合而襟期暗亲，志乖而肝胆楚越。”这里“肝胆楚越”和“襟期暗亲”是反义词，“襟期”指人的志趣、抱负。

第二个是“虚往实归”。我们现在说“不虚此行”“满载而归”，都是从这里引申出来的。虚既可以指人的胸中无一物，也可以指虚心向学。由虚到实，很形象地描写了向王骀学习的人受到他的精神感召，“德”得以充分地表现。

兀者申徒嘉，一心求道的人不应该用外貌来衡量

《庄子·德充符》中兀者申徒嘉的故事原文：

申徒嘉，兀者也，而与郑子产同师于伯昏无人。

子产谓申徒嘉曰："我先出则子止，子先出则我止。"其明日，又与合堂同席而坐。子产谓申徒嘉曰："我先出则子止，子先出则我止。今我将出，子可以止乎，其未邪？且子见执政而不违，子齐执政乎？"

申徒嘉曰："先生之门，固有执政焉如此哉？子而说子之执政而后人者也。闻之曰：'鉴明则尘垢不止，止则不明也。久与贤人处则无过。'今子之所取大者，先生也，而犹出言若是，不亦过乎！"

子产曰："子既若是矣，犹与尧争善，计子之德，不足以自反邪？"

申徒嘉曰："自状其过，以不当亡者众；不状其过，以不当存者寡。知不可奈何，而安之若命，惟有德者能之。游于羿之彀（gòu）中。中央者，中地也；然而不中者，命也。人以其全足笑吾不全足者多矣，我怫然而怒，而适先生之所，则废然而反。不知先生之洗我以善邪！吾与夫子游十九年矣，而未尝知吾兀者也。今子与我游于形骸之内，而子索我于形骸之外，不亦过乎！"

子产蹴然改容更貌曰："子无乃称！"

话说，郑国有位贤人，叫申徒嘉，他跟王骀一样受了刖刑，只有一只脚。申徒嘉有一位同学，叫子产，在郑国做首相，两人都拜在伯昏无人的门下学道。

有一天，子产对申徒嘉说："要是我先出门，你就待在这里；要是你先出门，我就晚点再走。"言下之意，你我身份地位悬殊，我堂堂一国首相，跟你一个犯过罪、受过刑的人同进同出，简直不成体统。

第二天，两个人在课堂上又坐到了一块儿。子产索性挑明了，跟申徒嘉说："咱们不是说好了吗，我要是先走了，你留下来。我现在准备走了，你应该留下来才对，怎么也跟着走了呢？你看见我堂堂执政大臣还不知回避，难道把自己当成首相了吗？"

申徒嘉说："我们都在先生门下读书，没见过像你这样的人。你当了首相，就要瞧不起别人吗？我听人说，明亮的镜子都是不染尘埃的，沾上尘埃的镜子就不明亮。同样的道理，长时间和贤人相处，自己也不会犯错误。你到先生这里来是为了增广见闻、培养品格的，结果还说出这样的话，你不觉得自己很过分吗？"申徒嘉的话比较委婉，简单点说就是，你子产跟老师学了这么久，如今说出这种话，简直白学了。

子产没听明白，轻蔑一笑，反驳道："你身体有残疾，还要与尧帝比善。有这工夫，还是掂量一下自己的德行，反思反思吧！"

申徒嘉说："很多人都会为自己的过错找借口，认为即便自己有错也不至于遭受刑罚、损害形体；但是很少有人能够不为自己的过错找借口，坦然接受被强加的刑罚。知道事情已无可奈何，却能安然接受自己的命运，只有有德的人才能做到。现在世事如此艰险，每个人都好像身处后羿的射程范围之内。如果站在射程中心而不被射中，这是命好。"换言之，在这艰难的世道中，不得意才是常态。

申徒嘉继续道："外面四肢健全而笑话我少只脚的人太多了，我对他们都是怒目相向；而到了咱们老师这里，我却没有怒气了。你难道没有看出来是老师用善道教化了我吗？我追随老师学习已经十九年了，老师从来没把我当作残疾人。现在我俩都在老师的课堂上学习内在的精神与品性，你却要以貌取人，因为我的外貌而看不起我，你不觉得你太过分了吗？”

子产听了这番话，羞得无地自容，马上就诚恳地对申徒嘉说：“我错了，你可别再说我了。”故事到这里也就结束了。

故事中，两位主人公的老师——伯昏无人，可以视作理想人格的代表。他可以用自己的心来体会道德和谐，而无须借助外在评价标准；他教导学生，以提升内在修养为目标，而不在乎学生是丑是美、是四肢健全还是形体残缺。老师做到这个份上，学生也会在潜移默化之中接受自己的外形，把精力花在更重要的精神建设上。申徒嘉跟着伯昏无人学习了十九年，不仅对于道的理解能力有所提高，还可以理直气壮地反驳那些诋毁自己的人，这是申徒嘉修炼的结果，也是伯昏无人这个老师感化教育的成果。

反观子产，他虽然已经在郑国当了大官，但不仅没有领悟老师的教导，还把顺应自然、安之若命的“德”错误地理解为尧帝所能达到的、成就外部功名的“德”。——这种错误的理解，反映到行为上，就是过分看重外在的、浅显的条件，仅仅因为外形的美丑、权势地位的高低，就把人划分为三六九等，这是多么愚蠢呀。

原文最后有一句很精彩的话，申徒嘉对子产说：“今子与我游于形骸之内，而子索我于形骸之外，不亦过乎！”“形骸之内”，就是内在的精神道德，是生命对于天道的理解，是智慧的体现；而“形骸之外”，是外表以及外在的名声地位，是生命价值的附属品。同为伯昏无人的学生，申徒嘉已经在精神道德的层面上求索了，子产还用俗世的偏见观察别人，岂不是高下立见？

其实，“不能以貌取人”并非庄子一家之言。《史记·仲尼弟子列传》中就记载了两个儒家师徒的故事。相传，孔子有一位弟子叫宰予，大白天睡觉，看上去不修边幅，于是被孔子说“朽木不可雕也”。不过他伶牙俐齿，十分善于言辞，位列孔门十哲“言语”科之首。孔子还有一位弟子叫子羽，相貌丑陋。当初拜孔子为师的时候，孔子以为他没什么本事。哪承想子羽后来发奋学习，不断提升自己，最后也有了三百名弟子。孔子想到这两位徒弟，就说：“吾以言取人，失之宰予；以貌取人，失之子羽。”可见，观察一个人要全面，尤其应该注重对生命本质的认识，而不是仅仅依据表象做判断。

春秋时期还有一个“管鲍之交”的故事，从反面告诉我们知人知心的重要性。管仲是辅佐齐桓公一匡天下的名臣，与鲍叔牙相识于微时。起初，管仲很穷，与鲍叔牙一起做生意，分钱的时候给自己多分了一些，鲍叔牙理解他是因为贫困而不是贪婪，所以并不介意。后来，管仲当了官，几次被君主劝退，鲍叔牙认为他不是没有才能而是成事的时机未到。最后，管仲真的成为一代名相，鲍叔牙也真心祝福朋友，丝毫没有嫉妒和不甘，因为他知道管仲确实有这个实力。管仲感慨道：“生我者父母，知我者鲍子也。”的确，只有透过表象看到本质，才能对人做出更公正的评价。正如申徒嘉所说，我们都应修炼自己接人待物的方式，从关注“形骸之外”向关注“形骸之内”转变。

关于申徒嘉与子产的故事，我们还有必要讨论一下“命”这个话题。如申徒嘉所说，每个人都处于命运的罗网之中。有的人一时处于顺境，只不过是外在条件恰好契合了内在需要，可是谁知道下一秒是否还能延续这样的顺境呢？人活着，可以努力学习、工作，追求自己的理想，这是人力所能及的。可是个人之上还有天道，那是客观存在的规律，是不以人的意志为转移的。庄子的建议是“知不可奈何，而安之若命”，这是有德之人的共同选择。

叔山无趾，知错者能改，无知者天刑

《庄子·德充符》中“叔山无趾”的故事原文：

鲁有兀者叔山无趾，踵见仲尼。仲尼曰：“子不谨，前既犯患若是矣。虽今来，何及矣！”无趾曰：“吾唯不知务而轻用吾身，吾是以亡足。今吾来也，犹有尊足者存，吾是以务全之也。夫天无不覆，地无不载，吾以夫子为天地，安知夫子之犹若是也！”孔子曰：“丘则陋矣。夫子胡不入乎，请讲以所闻！”无趾出。孔子曰：“弟子勉之！夫无趾，兀者也，犹务学以复补前行之恶，而况全德之人乎！”无趾语老聃曰：“孔丘之于至人，其未邪？彼何宾宾以学子为？彼且蕲以諔（chù）诡幻怪之名闻，不知至人之以是为己桎梏邪？”老聃曰：“胡不直使彼以死生为一条，以可不可为一贯者，解其桎梏，其可乎？”无趾曰：“天刑之，安可解！”

庄子在《德充符》的开篇，一口气讲了三位形残德全的兀者，与王骀和申徒嘉比起来，叔山兀者犯的错可能比较小，只砍掉了脚趾而没有砍掉整只脚。他是鲁国人，十分崇拜孔子，于是跛着脚，风尘仆仆前来追随。不承想，孔子不仅不接受这位有前科的人，还用轻蔑的语气嘲讽他，对他说：“你一定是因为不注意自己的言行，犯了罪，才遭此大祸。你都这样了，才到我这儿来请教，哪里还来得及呢？”

叔山无趾说：“我只不过是不识时务，不明白世界运行的规律，做了一些轻率冒险的事，才把自己的脚趾弄丢了。我今天来见您，是带着比脚更珍贵的东西来的，我想保它周全。天没有什么不覆盖，地没有什么不承载，我把先生您视为天地，没想到您却说出这样的话！”叔山无趾的意思是：我虽然外形残缺了，但是希望得到心灵的解脱和成长，这种内在道德的提升可比脚趾重要多了；我以为孔子如同天地，肯定能明白这个道理，没想到你却无视我的虔诚，只看我的过去，真是错付了！

孔子听了这话很惭愧，赶忙道歉说：“是我见识短浅了。快请进门来，讲讲您知道的道理吧！”叔山无趾没有给孔子机会，转身就走了。他走后，孔子跟自己身边的弟子们说：“同学们，你们可要努力学习啊！像叔山无趾这样没了脚趾的人还会想着弥补以前犯下的过错，更何况德行没有缺损的诸位呢？”从这句话可以看出，孔子其实没有理解叔山无趾的意思，以为人家是为了弥补过错，其实叔山无趾追求的是精神上的完整。至于脚趾有或者没有，根本不在他的考虑范围之内。

叔山无趾从孔子这里离开之后，就去了道家学派的创始人老子那里。他对老子说：“孔丘还没达到‘至人’的境界吧？他不是曾经恭恭敬敬地请教过您吗，为什么还是去追求一些奇奇怪怪的名声呢？他难道不知道，‘至人’都把名声当作枷锁吗？”

原文把人的名声称作“諔诡幻怪之名闻”。这个词组，无论你听它的读音，还是看到这几个字怎么写，都会产生一种邪魅、光怪陆离的感觉，这跟道家对个人名誉的看法是一致的。外界的评价对于一个人的内心来说是枷锁，是幻境。修炼不足的人容易被虚名迷惑、被外物干扰，叔山无趾口中的孔子就是如此：作为老师，怕有过前科的学生玷污了自己的圣明。殊不知，道家意义上的圣人，将名誉置于身外，专注于内在道德的提升，根本不会沽名钓誉而用成心、用差别心去看待前来求学的人。

老子说："既然你看出来了，为什么不点化他，让他认识到死生是一回事，可与不可也是一回事呢？这样，不就可以让他摆脱束缚了吗？"叔山无趾摇摇头，说："天刑之，安可解！"——这是天给他的惩罚，没救了！

叔山无趾最后这句话很高明。他的意思是，天地运行的规律，很少有人能悟透，不是别人告诉你，你就可以明白的，孔子曾经向老子请教，但最终也没有参悟，我叔山无趾用三两句话又怎么能点醒他呢？没有悟道就是没有悟道，这是他自己内在道德上的限制，外人想要替其行"道"，既不可能也没必要。

这个故事到这里就讲完了。第一部分，叔山无趾与孔子的对话，同前面的两个故事一样，强调的是道家重视德全而无视形残。第二部分，叔山无趾与老子的对话，对比了儒道两家的圣人在对待外部评价时的不同标准：儒家在乎人世间的秩序，重视虚名；而道家追求的是与天地往来，在更高的层面上视生死如一、是非如一。

这个故事显然是庄子虚构的。现实中的孔子主张"有教无类"。如果眼前这人曾经犯错受罚，如今知错能改，孔子自然是不会嫌弃的，不仅不嫌弃，反而可能说上一句“善莫大焉”。退一万步讲，就算孔子真的心存芥蒂，在叔山无趾讲明原委之后，他还是很虚心地请教了。反而叔山无趾，如果真的已经悟道，又怎么会头也不回地走掉，还很严厉地说“天刑之，安可解！”呢？其实故事中的孔子，最大的问题不是他的态度，即便他很耐心、姿态很低，也不能解决自己认知上的局限。这个认知局限的关键点，在于外形与内德其实是无关的。一个外形残缺的人也可以追求内在道德的提升，一个外形健全的人也有可能心智扭曲、无法悟道。如果不把外形和内德的死扣解开，那么就会依据表象对人下判断，被表象蒙蔽双眼当然是“天刑”，是“不可解”。

如果我们换一个思路，跳出庄子虚构的设定，单独看看孔子对学生们的这几句教诲，反而很有意义。孔子说，像叔山无趾这样形残的人都在努力改正以前的错误，那么四肢健全的普通人不是更应该以此为鉴，勤勉上进吗？人生在世孰能无过，有了过错不要怕改正。年轻的时候初入社会，一方面涉世不深，不知道避开陷阱；另一方面意气用事，凭着一股子热血往前冲，不懂得圆滑，很容易犯下不可弥补的过错。这时候，千万不要放弃自己，不要有太强的道德洁癖，说什么“一失足成千古恨”。只要还有改正的机会，就好好修炼内心，还是可以成长为一个视野开阔、心智成熟的人。

道家主张养生，《道德经》中说“宠辱若惊，贵大患若身”，意思是受宠和受辱都令人担惊受怕，人应该重视大祸患如同重视生命。从以上这些人物的命运中可以看出，一个人的命运掌握在自己的手中，而怎样驱动自己这个独一无二的个体需要智慧。孔子最看重的学生颜渊“不迁怒，不贰过”，对什么事情都不怨天尤人，不感情用事，犯了错误也会及时反省，努力不再第二次犯错误，这可以看作是善用吾身的典范。

丑男哀骀它，外表丑陋的人也可以是全才

鲁哀公是春秋时期鲁国第二十六任君主，“哀”是他的谥号。这个字用在君王的谥号里，意思都不太好，要么遭遇灾难而短寿，要么德行有亏，再不然就是事业上没建树、亡了国。这位鲁哀公在位的时候，把国家治理得很差，鲁国内忧外患，社会关系很是紧张。

原文：

鲁哀公问于仲尼曰：“卫有恶人焉，曰哀骀它。丈夫与之处者，思而不能去也。妇人见之，请于父母曰‘与为人妻，宁为夫子妾’者，十数而未止也。未尝有闻其唱者也，常和而已矣。无君人之位以济乎人之死，无聚禄以望人之腹。又以恶骇天下，和而不唱，知不出乎四域，且而雌雄合乎前。是必有异乎人者也。寡人召而观之，果以恶骇天下。与寡人处，不至以月数，而寡人有意乎其为人也；不至乎期年，而寡人信之。国无宰，寡人传国焉。闷然而后应，泛然而若辞。寡人丑乎，卒授之国。无几何也，去寡人而行，寡人恤焉若有亡也，若无与乐是国也。是何人者也？”

鲁哀公很敬重孔子，经常向他请教问题。这一天，鲁哀公问孔子说：“我们的邻国卫国，有个长得很丑的人，叫哀骀它。男人和他在一起，总是想念他，舍不得离开他。女人看见他更不得了，都纷纷跟自己的父母请求，一定要把自己嫁给他，哪怕做他的小妾也不要嫁给别人做正妻。这样的情况，少说也发生了十来次。”

鲁哀公听说了这位奇人的事迹，就详细打听了一下。结果发现，哀骀它只会附和别人的话，而没有提出过属于自己的创见；他也不是什么有权有势的人，无法帮人排忧解难，无法救人于水火之中。按理说，这样一个外貌丑到天下闻名、智慧浅薄到只会随声附和的人，在当地有点名气也就罢了，但哀骀它却能让全天下的男人女人都想亲近他。他究竟有什么魔力呢？

鲁哀公说：“我想看看他到底有什么特别，于是就召见了他。不见不要紧，一见果然丑得名不虚传。跟他相处了一个多月，我就发现自己也被他深深吸引；不到一年，我就非常信任他了。信任到什么程度呢？当时我们国家的宰相之位正好空缺着，我第一时间就想到他，想请他来主持国家大事。结果呢，他先是有一搭无一搭地应下来了，一点高兴的样子都看不出来，反而好像对宰相之位完全不感兴趣，过了一段时间，索性很平淡地推辞掉了。

“看到他的态度，我惭愧极了，于是好说歹说把宰相之职塞给他，央求他帮我管理国家大事，但是他好像一点也不在意，没过几天就离开我，又逃回卫国去了。现在，我很忧伤，心里空落落的，举国上下再也没有人能跟我分享快乐了。先生啊，请您给我分析分析这个人吧！”

原文：

仲尼曰："丘也尝使于楚矣，适见㹠（tún）子食于其死母者，少焉眴（shùn）若，皆弃之而走。不见己焉尔，不得类焉尔。所爱其母者，非爱其形也，爱使其形者也。战而死者，其人之葬也不以翣（shà）资；刖者之屦（jù），无为爱之。皆无其本矣。为天子之诸御，不爪翦，不穿耳；取妻者止于外，不得复使。形全犹足以为尔，而况全德之人乎！今哀骀它未言而信，无功而亲，使人授己国，唯恐其不受也，是必才全而德不形者也。"

孔子说："我有一次去楚国游历，恰好见到有只母猪死了，小猪还在喝它的奶。不一会，小猪惊慌起来，丢弃母猪跑了。为什么呢？原来母猪死了，无论怎么刺激它都没有反应，小猪很快就意识到了这一点。于是，眼前的再也不是给它们生命的母亲了，而是一堆肥肉、一只死猪。由此可见，小猪对母猪的爱不是爱它的形体，而是爱主宰它形体的精神。"孔子的意思就是，母猪的尸体还没有腐烂，小猪崽就能分辨出它是否还活着，这说明：判断生命的存亡，主要看内在精神是否还存在，而不是外在形体是否有变化。

孔子继续说："在战场上牺牲的人，往往就地埋葬，连棺材都没有，更不用提棺椁上的装饰和送葬的仪式了；断了脚的人，不会再去收集漂亮鞋子，甚至连原来的鞋子也不会珍惜了。这都是因为失去了根本啊！给天子做妃嫔的人，不剪指甲，不穿耳洞；要结婚娶妻的男人，就会少干一些重体力活，避免让身体过劳。一个人形体完整，尚且要这样保全自己的内在精神，更何况外形有残缺的人呢？现在，哀骀它不说话就能取得人的信任，没有做出成绩就使人亲近，进而您把整个国家都托付给他，还生怕他不接受，那么他必然是个‘才全而德不形’的人。”这一段话点出了这个故事的核心论点，就是“才全而德不形”，翻译成通俗的语言就是，一个人才质完备而德行不显露。怎么理解呢？

鲁哀公替我们继续追问：“请问什么是‘才全’呢？”

原文：

哀公曰：“何谓才全？”

仲尼曰：“死生、存亡、穷达、贫富、贤与不肖、毁誉、饥渴、寒暑，是事之变、命之行也。日夜相代乎前，而知不能规乎其始者也。故不足以滑和，不可入于灵府。使之和豫，通而不失于兑；使日夜无隙，而与物为春，是接而生时于心者也。是之谓才全。”

孔子说：“死生、存亡、穷达、贫富、贤与不肖、毁誉、饥渴、寒暑，是事之变、命之行也。”生或死、成功或失败、得意或失意、有钱或没钱、贤明或不贤、得到赞美或遭到诽谤、饥饿或口渴、寒冷或炎热，这些都是物的变化、是命的流转。“日夜相代乎前，而知不能规乎其始者也。”就像白天与黑夜交替，无休无止，规律就这么摆在我们面前，但谁都无可奈何，找不到它的起点，也不能对它做任何改变。“故不足以滑和，不可入于灵府。”既然如此，这些不可改变的东西就不应该扰乱人本性中的平和，更不应该入侵人内在的心灵世界。“使之和豫，通而不失于兑（通‘悦’）”，假使一个人的修养，做到随时随地保持心情舒畅又不失愉悦；“使日夜无隙，而与物为春，是接而生时于心者也”，假使一个人的境界可以达到每时每刻如沐春风，与自然万物无障碍交流，“是之谓才全”，即这样就可以称为“才全”了。

这几句话，逻辑关系是层层递进的。孔子先列举了人们最关切的一些问题，如生死、贫富、毁誉等，说这些跟四季变化、昼夜交替一样，都是人的主观愿望所不能控制的。既然没有办法改变，最明智的做法就是不要让外物勾起你内心的波澜。那么，怎样判断一个人有没有做到这一点呢？这个很难，但是可以确定的是，达到最高境界的人永远都是开开心心的，因为他可以接纳那些不可改变的客观规律，他的心智能够承载“天道”。这就是“才全”的表现。

上一节讲过“天刑”，这个词是相对的。“天刑”是心智上的限制，是才的残缺；而“才全”是对天道的接纳与保全。人如果能活得这么通透，哪里还有什么烦心事呢？

“才全而德不形”的问题，孔子已经回答了一半。鲁哀公接着问道：“再请问，什么是‘德不形’呢？”

原文：

“何谓德不形？”

曰：“平者，水停之盛也。其可以为法也，内保之而外不荡也。德者，成和之修也。德不形者，物不能离也。”哀公异日以告闵子曰：“始也吾以南面而君天下，执民之纪而忧其死，吾自以为至通矣。今吾闻至人之言，恐吾无其实，轻用吾身而亡其国。吾与孔丘，非君臣也，德友而已矣。”

孔子说：“平者，水停之盛也。”所谓平静，是水完全静止下来的样子。“其可以为法也，内保之而外不荡也。”我们可以效法这个意象，让内心也保持平静、不受外部世界的扰荡。“德者，成和之修也。”所谓有德，就是保全内心祥和平静的修养。“德不形者，物不能离也。”德行不必显露招摇，就能让万物依附不肯离去。

一个人内在道德充沛，外形上却看不出有道德，这一点是非常重要的。一个道德之士，如果对外也要摆出道德姿态，难免显得做作，显得为了有德之名而有德，这是庄子最常攻击孔子的地方。你本来很有智慧，能够把握事物的变化规律，但是一旦显露了自己“才全”，别人就会恭维你、追随你，这个时候你想要保持心灵上的平和愉悦就很难了。一旦你为了满足别人的期待而做事，你就再也无法回归初心而保住自己的“才全”状态了。所以“才全”和“德不形”是同时出现的，后者是前者的一个保障。

过了几天，鲁哀公对孔子的弟子说：“当初，我做君主，执掌法纪，担忧民众的生死，我自以为已经做到极致了。现在我听了你老师的一番话，恐怕我根本没有把握到本质，反而做事轻率，差不多要把我的国家都搞灭亡了。我和孔丘不是君臣关系，而是以德相交的朋友啊！”

“鲁哀公问仲尼”的故事就讲完了。那么历史上有没有“才全而德不形”的人物呢？且来看一个小故事。

相传，唐朝有一位明瓒（zàn）禅师，行为怪异不修边幅，鼻涕流下来挂在胸口都懒得擦。每到庙里吃饭的时候，他就把大家吃剩的饭菜都收到一个瓦罐里，热一热然后吃掉。因为性情慵懒又专吃残食，所以人们送他一个绰号，叫他“懒残禅师”。当时，太子的从官李泌为了躲避朝廷纷争而隐居寺庙，他暗中观察懒残禅师的所作所为，认定他不是等闲之辈，于是内心非常敬重他。

在一个冬季的深夜，李泌来找懒残问道，只见懒残正用捡来的干牛粪烤芋头，根本没有正眼瞧他。李泌在旁边站了很久，懒残忽然转过身来，把吃过几口的、还沾着鼻涕的半个芋头递给了他。李泌连忙跪在火堆旁边，很恭敬地双手捧过来吃。吃完后，懒残说："慎勿多言，领取十年宰相。"后来，李泌果然如禅师所言，当了十年的宰相。不仅如此，李泌先后事唐玄宗、唐肃宗、唐代宗、唐德宗四朝，这在极为激烈的宫廷斗争中实属罕见。

李泌始终以谦退的态度处世，为肃宗献计时就约定好，收复京师之后他就去南岳为道士；处在权力中心时，就以"好谈神仙"的荒唐形象示人，还反复强调自己是"绝粒无家"的世外人。总之，君主尽管猜忌昏庸，他都有所补救和贡献，奸佞尽管妒忌加害，他总用智术避免祸患。

或许世界上真的存在"才全而德不形"的人，只不过大多数人能满足其中一点就很不容易了。

德行健全的人，不会被人嫌弃外表丑陋

《庄子·德充符》中"闉（yīn）跂支离无脤说卫灵公"的故事原文：

闉跂、支离、无脤说卫灵公，灵公说之；而视全人，其脰（dòu）

肩肩。瓮盎大瘿（yǐng）说齐桓公，桓公说之；而视全人，其脰肩肩。故德有所长，而形有所忘。

人不忘其所忘，而忘其所不忘，此谓诚忘。

故圣人有所游，而知为孽，约为胶，德为接，工为商。圣人不谋，恶用知？不斫（zhuó），恶用胶？无丧，恶用德？不货，恶用商？四者，天鬻也；天鬻者，天食也。既受食于天，又恶用人！

有人之形，无人之情。有人之形，故群于人；无人之情，故是非不得于身。眇乎小哉，所以属于人也！謷（áo）乎大哉，独成其天！

话说，有一个跛脚、驼背、没有嘴唇的人去觐见卫灵公，卫灵公和他交谈得很高兴，之后再看四肢健全的人，反而觉得正常人的颈项都过于纤细了。无独有偶，有一个脖子上长了大瘤子的人去游说齐桓公，齐桓公跟他聊得也很高兴，之后再看到健全的人，便觉得他们脖颈又细又窄。

卫灵公和齐桓公被他们的德行吸引，反而忽视或者说忘记了他们形体上的残缺。不仅如此，残缺的形体因为德行完备而充满光辉，一旦见识过带有这种光辉的人，健全的外形条件反而像是残缺的了。这种说法很极端，仍然是要表达庄子一直强调的东西，就是对于人而言，重要的是内在德行而不是外在相貌，也就是所谓的“德有所长，而形有所忘”。

在这里，庄子提到了一个贯穿《德充符》甚至贯穿《庄子》全本的关键字——“忘”。庄子说“人不忘其所忘，而忘其所不忘，此谓诚忘”，意思是，人没有忘记他应该忘记的，而忘记了他不应该忘记的，这叫作真的健忘。

“忘”是把某些东西从人的头脑和心灵驱逐出去。理想的“忘”是有意、有区分的舍弃。那么应该舍弃的是什么呢？是形体，正如庄子所说“形有所忘”。形体的健全与否、是美是丑，都是不以人的意志为转移的。既然把这些东西放在心上也没什么用，不如从头脑和心灵中驱逐出去。唯有如此，你的心灵才能从有形的世界解放出来，自由自在地畅游于无形之地。无形之地就是道和德的世界。

人生天地之间，道是万物的起源与归宿，是不可忘的；而德是道的体现，是人的心智对道的理解和应用，也是不可忘的。与外在形体相比，内在道德是人之所以为人的根本，是人可以主动选择的。所以如果心智不能同时容纳形和德，那么人应该选择德。

圣人与一般人一样有形体，但是二者的区别在于如何用心。庄子说：“故圣人有所游，而知为孽，约为胶，德为接，工为商。”意思是圣人悠游天地间，把小聪明视为灾孽，把山盟海誓看作是人与人之间的黏合剂，把善用小恩小惠视为收买人心的手段，把言辞工巧看作是商人的行径。“圣人不谋，恶用知？不斫，恶用胶？无丧，恶用德？不货，恶用商？四者，天鬻也；天鬻者，天食也。既受食于天，又恶用人！”圣人不需要谋划，哪里用得上智巧呢？不曾砍削，哪里用得上黏合剂呢？没有什么可失去的，就用不着对别人施以小恩小惠。不做交易，更不必使用商人的手段。这四种行为是天性使然，天性使然的事情是写在自然规律里的。既然如此，又何必绞尽脑汁地追求呢？庄子的意思是，对于生活在有形世界的人来说，智慧谋略、契约誓言、讨好人的手段、与人交易的技巧，都是有用的。有些人生下来就有这些，这是老天爷赏饭吃。但是对于圣人来说，他要游于无形世界，那么上述种种就都是约束，都是阻碍，不要也罢。

庄子认为，圣人和普通人最大的区别是，圣人虽然有人的形体，但是没有人的七情六欲。圣人具有人的形体，所以可以与人相处；没有人的世俗情感，所以是非偏好不会影响自身，内心可以不受外形的束缚而畅游天地之间。他感叹："眇乎小哉，所以属于人也！謷乎大哉，独成其天！"与人同类，何其渺小！与自然同体，何其伟大！

又是境界大小的问题。我们可以想想坐井观天的青蛙，它们局限在自己的世界之中，以为自己看到的世界就是全部，不知天外有天。有形世界中的众人不也如此吗？对名利、对财富汲汲以求，却不知道人为之外有天道；以为熟练掌握了俗世间的智谋、规矩就可以畅行无阻，却不知道是自己的视野和七情六欲局限了自己；为自己还活着而感到高兴或者悲哀，却不知道自己正在一步一步走向死亡的终点。如果是这样，所有的追求、所有的自以为是、所有的喜悦悲伤又有什么意义呢？也许最好的办法是"无情"，放弃那些超出自然的、多余的情绪。

回到这个故事的核心观点"德有所长，而形有所忘"，如果人的德行达到了一定高度，人们就会忘记他的外在形象。刘向《列女传》中的两个故事，是庄子观点的绝佳注脚。

第一个故事的主人公是生活在无盐邑的一位齐国女子，叫钟离春。钟离春相貌极其丑陋：额头像中间下陷的臼，双眼均下凹显得黯淡发干，身材上下比例失调，骨架很大，壮得像男人一样，鼻子朝天，有喉结，脖子很粗，又没几根头发，腰是弯的，皮肤黑得像漆。也许因为她太丑了，没有人追求，所以钟离春到了四十岁都没有嫁人。

不过她并不以为意，因为她有自己的志向。当时的齐国政治腐败，纲纪不振，普通民众人心惶惶，怨声载道。钟离春求见齐宣王，想为时事谏言。齐宣王乍见钟离春，便以貌取人，把她当作“丑妇”而没有放在眼里。钟离春见状，突然举手按着自己的膝盖说：“殆哉！殆哉！”这国家是要亡啊！接着，她陈述齐国的四条危难，并指出如再不悬崖勒马，将会城破国亡。齐宣王听了以后，立刻面容改色，不仅表彰她是一个有智慧和勇气的女子，采纳她的谏议，还立她为王后，以辅助自己改革朝政。后世以“无盐女”作为丑女的代称，就是从这个故事里出来的。

第二个故事讲的是一位叫宿瘤女的丑妇最后当上齐湣（mǐn）王王后的事。宿瘤女是齐国城东一个采桑的女子，因为脖子上长了一个大瘤，所以人们都叫她宿瘤。有一天，齐宣王的儿子齐湣王偶遇宿瘤女，一番交谈之后心悦诚服，就打算把她迎娶入宫。齐湣王希望她能够有所装扮，免得吓到宫里的其他夫人。这时，宿瘤女讲了一段话，说：“性相近，习相远。从前，尧、舜、桀、纣都是天子。尧、舜以仁义修饰，虽为天子，安于节俭，住的宫殿都是茅草搭建，连梁柱都没有任何雕刻，后宫的人穿的衣服也朴实无华，饮食也都很清淡。至今数千年，天下都以他们善而敬仰他们。反观桀、纣，不修饰仁义，使用苛刻的法律条文来管束老百姓，自己却修造高台深池，后宫佳丽爱好美衣华服，没有满足的时候。他们身死国亡，为天下笑。至今千余年，天下都知道他们的罪恶。”她的意思是，人不能只靠外在的修饰来表现自我的，特别是君王之家。如果只注重外表的修饰而忘记了德行的修炼，就会让天下人耻笑。

除了“德有所长，而形有所忘”，庄子还谈到了圣人与普通人的区别。因为人的局限性，普通人往往囿于自我，无法获得真正的解脱。“知为孽”是说，人因为有了知识而生出无尽的烦恼，每时每刻都在为自己谋划打算，反而失去了生活的幸福感。“约为胶”是说，人并非孤立地生活在社会上，除了父母子女这种血脉联系，还有各种各样不得不维护的社会关系。为了在非血缘关系之间建立信任，就需要契约、誓言之类的黏合剂，它们可以是定心丸，也可以是约束人行为的锁链，看看多少人囿于誓言而被困锁终生就知道“约为胶”的威力了。“德为接”是说，我们要依据外在规范的礼节交往，偶尔需要对别人施以小恩小惠来收买人心。“工为商”是说，人们为了交易而创造出种种商业手段。这四点概括了我们这个社会待人接物的方方面面，但确实是圣人所不屑的。

算计的特征之一，是挂一漏万：世界如此复杂，而人类大脑却如此有限，许多事情根本不在人的可控范围内。还记得《齐物论》里朝三暮四的猴子吗？无论朝三暮四，还是暮四朝三，到手的都是七升橡子，但却一则以喜，一则以怒。从无情圣人的高度去看普通人，机关算尽也不过同猴子一样可笑。

好恶多情伤身，体悟天地才是正道

《庄子·德充符》中“惠子谓庄子”的故事原文：

惠子谓庄子曰："人故无情乎？"庄子曰："然。"惠子曰："人而无情，何以谓之人？"庄子曰："道与之貌，天与之形，恶得不谓之人？"惠子曰："既谓之人，恶得无情？"庄子曰："是非吾所谓情也。吾所谓无情者，言人之不以好恶内伤其身，常因自然而不益生也。"惠子曰："不益生，何以有其身？"庄子曰："道与之貌，天与之形，无以好恶内伤其身。今子外乎子之神，劳乎子之精，倚树而吟，据槁梧而瞑。天选子之形，子以坚白鸣！"

话说有一天，惠子问庄子说："人确实是没有情感的吗？"

庄子说："是啊！"

惠子说："要是一个人没有情感，还能叫作人吗？"

庄子说："大道给人容貌，自然赋予人形体，怎么就不能叫作人了呢？"

惠子说："既然能叫作人，怎么会又没有情感呢？"

庄子说："你说的情感不是我理解的情。我所说的无情的人，是指人不因喜好而损害自己的本性，总是顺其自然而不人为给生命增益。"

惠子说："不用人为去给生命增益，还怎么保有自己的身体呢？"

庄子说："大道给人容貌，自然赋予人形体，不是让人用好恶来损害自己的本性的。现在，你分散了自己的心神，疲于奔命，消耗精力，倚在树下歌唱，靠着几案睡觉。老天爷赐给你这副好皮囊，你却得意扬扬用来搞名家那套坚白的逻辑学！"

这个故事接上一段，继续讨论什么是"无情"。庄子和好友惠子又就"情"的意义展开了辩论。庄子认为惠子所说的"情"指的是含有对事物好恶的世俗之情，是欲望产生的情；而自己所理解的“情”是人的自然性情，是抛开了是非的天下至情，是人生的本质之情。

庄子并不否认人有喜怒哀乐等自然情感反应，主张情应该顺应自然。这就是《养生主》中所说的“安时而处顺，哀乐不能入也”。如果人安于时运而顺应自然，一切哀乐之情就无法进入心怀。本段是庄子论情最集中的一段文字。

“无情”就是不随俗、不虚伪，从而“不以好恶内伤其生，常因自然而不益生”，刻意延长生命是违反自然规律的做法。不求益生反能益生，不刻意追求长寿反而可以尽享天年活到很大年纪，老子称为“损之而益”（《道德经》第四十二章）。

老子在《道德经》第五十五章中说“益生曰祥，心使气曰强”，元代著名理学家吴澄注解说“祥，妖也，非天地正气曰妖”。“益生曰祥”就是指在人自然生命之上附加的内容都是有害的，是背离人的天性的，情感也不例外。有了长生不老的想法，就等于刻意加上了人的情与人的欲。

饮食男女，人之大欲，无可厚非，可是人人都想要更大的房子、更好的伴侣、更聪明的孩子、更赚钱的工作，这就是益生的种种体现。很多我们欲求的目标，不过是世俗给予我们的幻想，拥有了这些人生就一定会更幸福吗？更何况人生无常，每个人的际遇并不完全以自己的意志为转移。

举个例子，中国人都有名校情结。一说上大学，父母就希望孩子考上名校，可是名校每年的招生名额是有限的，千军万马过独木桥，其中的压力有多大，相信每个参加过高考的人都知道。可就算进了名校，前途也未必有保障。

近年来，越是名校名企，越是精英群体，就越容易出现一种叫作“内卷化”的现象。当资源有限而竞争者众多的时候，参与者就会将竞争推向无意义的内耗。比如做课堂展示作业的时候，把精力消耗在制作仅是形式精美的幻灯片上；比如为了得到领导的认可与嘉奖而任劳任怨地加班。这种以消灭对手为目的的恶性竞争会导致整体幸福感的下降。这些都是人们过度追求、过度竞争的后果。人努力于超出自己能力之外的事情，是否变得更快乐，只能是冷暖自知。

读《庄子》可以让我们在渐行渐远的道路上停下来，审视自己是否因为追求外在而迷失了自我。

庄子的“无情说”，对后世影响很大。魏晋南北朝时期的玄学十分盛行，王弼在最早的《道德经》注释本中，提出过“圣人之情，应物而无累于物者也”的观点。王弼认为，圣人也同样有七情六欲，但是因为圣人通达道的根本，所以不会被情所累。

“竹林七贤之一”王戎也说过：“圣人忘情，最下不及情。情之所钟，正在我辈。”庄子就是“圣人忘情”，惠子则是“最下不及情”的代表。

诗词中对“无情”的描述就更加淋漓尽致了。诗仙李白在《月下独酌四首》中说“永结无情游，相期邈云汉”，其中的“无情”是尽情、忘情。诗鬼李贺在《金铜仙人辞汉歌》中写“衰兰送客咸阳道，天若有情天亦老”，意思是兰花的衰枯是情使之然，凡是有情之物都会衰老枯谢；假若苍天有情的话，也照样会衰老。后来，“天若有情天亦老”被宋代史学家司马光称为“奇绝无对”，使得后世文人纷纷引对此句。金元文学家元好问在《蝶恋花·春到桃源人不到》中写“天若有情天亦老，世间原只无情好”；毛泽东在《七律·人民解放军占领南京》中写“天若有情天亦老，人间正道是沧桑”，更是被人广为吟诵。足可见庄子“无情论”影响之深。

《德充符》总结：与外貌相比，人的内在更需要美化

所谓“德充符”，意思是一个人如果德性充足，外在行为就会产生符应，不必强求，万物自然也会归顺这个人，也就是西晋玄学大师郭象所说的“德充于内，物应于外，外内玄合，信若符命，而遗其形骸也”。

我们普通人往往十分重视自己的外在相貌，并由此产生了许多难处和烦恼。但内在道德充盈的人可以忘记自己的形骸，超越对外形美丑的狭隘判断。如老子《道德经》第十三章中说：“吾所以有大患者，为吾有身，及吾无身，吾有何患？”意思是，人之所以有大烦恼，是因为有身体，如果没有身体了，还会有什么祸患呢？我们忘不掉自身形体，那么忧愁和烦恼也就无法消解。

与普通人相反，有大德的人，一言一行必然能有大的感应。比如第一段故事里的王骀，“不言之教，无形而心成”，他不说话就能把别人需要的东西传递出去，靠无形感化就能让别人学有所得。——这就是一种内在道德的外在符应。

在庄子的眼里，洞察人生的苦海，就会发现一个完美的极乐世

界，一个超越现实的精神世界。在《德充符》中，那些肢体残缺、相貌极端丑陋的人却拥有完美的精神道德和充足的人生快乐，这种道德才是绝对的道德精神和无上信仰，只有这种人才能拥有无限的快乐和永恒的生命。

通过《德充符》中的那些残缺废疾者的快乐人生，庄子揭示了一种永恒完美的精神境界和人生真谛。由此反观我们的现实生活，一切痛苦和烦恼顿时烟消云散。人生如此美好，我们还有什么不知足的呢？

著名哲学史家冯友兰先生在《人生哲学》中写道："一事之成功，必待多数方面之合作……故吾人做一事，其结果如何，至不可必；若吾人全于结果中求好，则吾人有待于外，而吾人之生活，即不能独立自足矣。"这与庄子在《德充符》中想要表达的是同一个意思：通过充实内在德性、忘记身体形骸，就能有效解决人生烦恼，无待而乐逍遥。

为了说明这个道理，庄子在《德充符》中写了六个小寓言故事。

前三个故事说的都是脚上有残疾的人，他们虽然外形残缺但内德充实，所以浑身散发出迷人的魅力。

第一位兀者叫王骀，把万物视作一体，将自己失去的脚视为大地剥落的一块泥土。他明白，宇宙的底层逻辑是"道"，而万事万物虽然在外形上千差万别，但归根到底浑然一体。我们每个人都应该学习王骀这样的达观心性，与其哀叹自己的外形条件不好、在社会评价体系中不被看好，不如从更宏观的视角去看待世界，把自己的眼光放到更高远的目标上，心态就会豁然开朗。

第二位是兀者申徒嘉。他的故事告诉我们："而安之若命，惟有德者能之。"一个人有了德性，就能够安然接受自己的命运。我们要学会探寻心灵上的道德修养，而不是以貌取人，用别人身体上的缺陷来衡量对方。

即使是现代社会，我们仍然会遭遇很多地域、职场、性别上的不平等。比如，面对师长或领导，是否敢于直抒胸臆、不卑不亢，指出他们的问题？面对后辈，能否知错就改，保护孩子不受伤害，激励下属认真工作，承担自己应负的责任？无论自己属于何等身份，与他人平等相对、真诚以待都弥足珍贵。庄子提醒我们：己所欲，也要慎施于人。

叔山无趾第三个出场。他不但忘记自己的形残，甚至不认为形残是天刑，"犹有尊足者存，吾是以务全之也"，认为有比脚更宝贵、更值得保全的东西，就是德。他的故事给我们的启发是，既定事实不可更改，那就坦然接受，切不要陷入精神洁癖而耽误了追求逍遥境界的机会。

接下来的两个故事里的主角都是奇形怪状的貌丑之人。他们的德行之高，均为一国之君所倾倒，以至国君忘却了他们形体的丑怪。哀骀不说话就能取得信任，没有做出成绩就使人亲近，鲁哀公跟他相处了一段时间，甚至想把整个国家都托付给他，还生怕他不接受。闉跂、支离、瘸腿、驼背、没有嘴唇，瓮盎大瘿脖子上长了大瘤子，他们分别跟卫灵公和齐桓公有过短暂交谈，两位一国之君竟然为他们的言谈所倾倒，觉得那些四肢健全的人都不如他们。

这两段故事更进一步说明，道德为本，形体为末，内在精神的高下才是判断个人价值的核心，而外形的美丑正畸都只是肤浅的评价标准，不足以被记在心上。

“人莫鉴于流水，而鉴于止水，唯止能止众止”，人们不把流水当镜子，而是把平静的水面视为镜子。只有自己静止，才能让万物静止。一个人只有先修炼自己，内心超脱，无私无欲，才能不被外物干扰，获得解脱。这不是一朝一夕能够达成的，都是我们每个学习庄子的人心向往之的，是需要不断修炼、在认识上和实践中坚持不懈去努力的。

最后一个故事是庄子与惠子的对话，谈论什么是真正的“情”：“吾所谓无情者，言人之不以好恶内伤其身，常因自然而不益生也。”庄子所说的“无情”，指的不是世俗意义上的人情或人欲，而是不因喜好而损害自己的本性，总是顺其自然，而不人为去给生命增益。

现代社会资源有限，人与人之间的竞争也因此异常激烈，很多人为了站到聚光灯下，不惜一切代价去追求名利。庄子教会我们如何不被世俗的观点所束缚，摆脱是非、忘记得失、不计毁誉，乃至勘破生死，从而避免生理和心理上的创伤，顺应自己的现状，不刻意去养生或者改变生活状态，追求简单快乐的逍遥人生。

晚清学者刘凤苞，在其庄子散文研究《南华雪心编》中，用一段话总结了庄子本篇的写作结构特点，他说：“前五段，逐段提出‘德’字，抛砖落地，听之有声，扪之有棱……一路草蛇灰线，若隐若潜，为‘德’字遗貌取神，为‘符’字立竿见影，摹写入微。末用反掉之笔，见益形者适足以累其德，形全而德亏，视兀者、恶人、无唇、大瘿之独成其天者，大小迥殊矣。通结上文，文势如大海回澜，激得浪花无际。”本篇前四段逐一写如何忘形，末二段兼及何谓忘情，因为有情即是益形、益生的根源。

经过长期的修养，一个人的整体精神面貌会不同，待人处世的方式会不同，个人气场、家庭、朋友圈都会不一样，所到之处都有一种和谐自然的氛围。一个人的德行越高，能够影响的人就越多，而且都是潜移默化的。这跟知识是不一样的，我们现在要了解的知识越来越多，可是各种知识的价值其实越来越低。经典中倡导的不是各种具体的知识，而是人的德性，因此才能穿越千年不衰，常读常新，也因此可以凭其处理复杂的现实问题，这不是光靠知识就能够解决的。对于经典的学习要不断反思、修炼，学习是修行的过程。读书本身也是一种修行，最终都是通向德充符，实现外化于内。

《大宗师》

《大宗师》介绍："道"的魅力，就是让你懂得"相濡以沫，不如相忘于江湖"

前面我们通过《逍遥游》《齐物论》明确了庄子的人生宗旨，又通过《养生主》《人间世》领悟了庄子的养性存身之法，然后通过《德充符》了解了庄子的道德观念。到此，庄子的本意已经豁然显露，那就是一切的一切都要以"道"为最高行动准则，这也是《大宗师》所要阐明的宗旨。我们还是照例先介绍一下这一篇的核心观点，再看看庄子讲了哪些故事来说明自己的观点。

所谓大宗师，就是以道为宗为师。庄子认为，大道有情有心，无为无形，是产生宇宙的绝对本源，也是天地之间的最高主宰。万物都必须以它为宗，以它为师，才能保证自己在残酷的世间保全自己。为此，庄子凭空撰写出博大真人，并辅之以女偊（yǔ）、子舆、孟子反等人物形象，以前者为全面效法大道的理想化身，以后者为小范围内体认大道的榜样来阐述自己的思想。

老子《道德经》中有言："道之为物，惟恍惟惚。"这说明大道本身是特别玄虚、特别让人难以捉摸的。同为道家开山宗师的庄子，在《大宗师》里也对"道"进行了详细的论述。其论述的关键就在于用"道"来体察万物，用"道"来考量生死。

清代学者刘凤苞曾说："《大宗师》一篇，是庄子勘破生死关头。"此话不假，在《大宗师》中，"生"或许是人间事，人们靠自己的力量可以了解它，善养它；但是"死"却是宇宙事、天地事，并非我们人力可以认知、可以控制的。

在儒家思想里，生死是绝对要避讳的话题，因为儒家只讲自己可以控制的事，而不去触碰自己不可控制的精神世界，如孔子所说的"未知生，焉知死"。他极力关注人间之事与人间之人，一旦到了生死边缘便驻足不前，便告诫众生要尽人事、听天命。儒家虽然承认有死亡的存在，但终究不语怪力乱神，只教人改造现实，宣扬仁义，认为把自己的一生过得赫赫扬扬、风风火火才算真正有意义。

而庄子与之不同，他喜静更喜思。在他眼中，"人生天地之间，若白驹之过隙，忽然而已"，人不过短短数十载的人生，根本没必要折腾。无论痛苦、欢愉、贫穷、富有，在他眼中都是"翛（xiāo）然而往，翛然而来而已矣"。他认为真正的得道之人，都是懂得"死生存亡之一体""天人合一"等道理的。

庄子开篇先给我们讲述了统治世间万物的绝对主宰是道，而若能掌握自然运化之理，以及人为礼义之迹，就算是达到认知的最高境界了。这些知识，是普通人无法获得的，需要有一个人来教化天下苍生，这个人就是真人。

真人的特点是“不以物喜，不以己悲”，不对生存感到高兴，也不对死亡感到恐惧，恩泽万世不去自夸，惠及众人也不骄横。真人混同万物，泯灭是非，勾连天人，达于至境，简直就是大道的理想化身。庄子借助“真人”发论，说明持“天人合一”观点的就是真知，持“天人相分”观点的就是俗见。我们在第一节中详细讲解。

接下来，庄子由“天人合一”的观点引申讲述了“人之生死如昼夜”的道理。目的是要我们忘掉生死，把一切都托付给自然天道，并且以“相濡以沫，不如相忘于江湖”的故事，告诉我们“物我两忘，相化于大道”的真理。“相濡以沫”这个成语现在多比喻同处困境，相互救助。但庄子的原意并不是如此，那么这是一个什么样的故事呢？我们第二节内容再展开讲。

在第三部分，庄子以“大道有情有信，但是无为无形”为切入点，为我们描述了“道”的本质和作用，并指出它是有实际而无形体的精神实体，是衍生万物的根源，是一切力量的源泉，是超越时间、空间的绝对，也是无所不在的真宰。然后又以上古各位神仙、帝王参悟大道从而获得的成就，来再一次说明以道为宗为师的重要性。

庄子的观点论述到这里就结束了，在之后的篇章里，他开始通过各种寓言故事来证明自己的理论构架。

首先是南伯子葵和女偊的故事。庄子借女偊之口，说明了修道高低会产生不同的功效。然后通过层层递进的方法，告诉读者修道要遵循目见、耳闻、口诵、玄思，参悟寥廓的顺序方可完成。接下来，庄子又讲述了子舆、子犁、子祀、子来四个人相结为友的故事，来指出欲以大道为宗为师，就必须做到“安时而处顺”，一切纯任造物者的安排，不管他把你变得美丽还是丑陋，你都必须接受，而不能心存杂念，尤其不能以悦生恶死累害其心，否则修道之功便会功亏一篑。我们在第四、五节来解读这两个故事。

第二个故事的主人公是孟子反、子琴张、孔子、子贡四个人。他们的故事说明了这样一个道理：领悟大道的“畸人”，必不以生死累其心，只管混同大道，淡漠是非；而像那些哭哭啼啼、装模作样前来吊丧的儒者，则是虚伪至极、有悖大道的人。

第三个故事，庄子讲述了孟孙才简化丧礼、不戚不哀的故事。孟孙才做出这一切的缘由，乃出于迎合大道。而他之所以“人哭亦哭”，也是出于“不违人意”的目的。这说明庄子在高举大道的同时，也在关注人情，由“天人合一”的思想理路逐步拔高到了“入于寥天一”的境界。

第四个故事，庄子又请出了亦敌亦友的孔子，创作出孔子仰慕大道之情的故事。在这个故事中，孔子的弟子颜回通过“忘仁义”“忘礼乐”以至于“坐忘”的方法，参透了大道，并与之混而为一，逍遥洒脱。孔子也表示想向颜回学习，使自己也能领悟大道的真妙之处。

最后，庄子讲了子舆看望子桑的故事，阐明了是非夭恶，福达穷困全部取决于天命的道理，告诉我们天命难违，必须以大道为宗为师，才能达于至臻的境界。

《大宗师》曾多次言及“造物者”，但这不同于西方的上帝。宗教故事里，上帝有具体的形象，有自己的思想，有判断是非的自我标准。而庄子笔下的“造物者”没有具体的职责，没有具体的形象，只是大道的代名词。在这个代名词面前，所有人的生死、悲喜都泯灭于其中。等他们再一次出现时，便又是一个个鲜亮的灵魂。

刻意为仁义，刻意分是非，都是不得道的表现。庄子寻求的是悠游自在的心灵感受。这种感受既非拘泥伦理，也非麻木不仁。他只想告诉我们，真正的大道，处处不在而又处处存在。在日本俳（pái）句中有个极浅显的句子，在庄子的语境下，似乎可以透露出几分深意来，那就是“此生何所有，迎风向前走”。面对无论是温柔的春风还是萧瑟的冬风，都只是“向前走”，这便是人生的本意。道理虽然简单，却隐隐透着一份执着。

沟通天道与人道的，就是“真人”

说到“宗师”，你可能首先想到的是王家卫导演的电影——《一代宗师》。由梁朝伟扮演的叶问，经历了时代变迁的巨浪和爱恨情仇。在庄子笔下，世间万物也有它们的宗师，这位宗师就是“道”。那“道”究竟是什么？它又如何成了天地万物的最终归属呢？

在开篇，庄子先跟我们讲述了天道自然运化之理的重要性。他说，如果知道了天道的自然运化之理，也就知道了人为的刑罚和礼义的踪迹，这就算是达到了认识的最高境界。与此同时，知道了天道的自然运化之理，也就能顺应自然。知道了人为的刑罚、礼义之迹，人们便能用自己凭智慧所得知的养生之道，去保养他的智慧所不能知道的自然寿命，以此来享尽自己的天然寿命而不至于中途夭折，这就算是聪明的极致了。

庄子眼中，天道运行的规律是不可违逆的，人世间的一切刑罚制度、礼义观念都是在天道的基础上形成的。顺应天道就能保存自己，这就算是普通人中的大智慧了。这一段的原文是：

知天之所为，知人之所为者，至矣！知天之所为者，天而生也；知人之所为者，以其知之所知以养其知之所不知，终其天年而不中道夭者，是知之盛也。

但是，庄子也指出，人们获得知识必须依赖于一定的条件，但这条件本身是变化不定的。这就和我们在非常时期上课、工作需要借助电子设备和网络一样，没有这些外在的科技条件作为支撑，我们就没法在足不出户的情况下获得知识。所以了解天道需要一定的途径和手段。

庄子还指出，天道和人道是相统一的，了解天就是在了解人，了解人也就能反观天。所以他说：

虽然，有患：夫知有所待而后当，其所待者特未定也。庸讵知吾所谓天之非人乎？所谓人之非天乎？且有真人而后有真知。

怎么知道我所说的天就不是人呢？怎么知道我所说的人就不是天呢？一定是有了真人然后才能有真知。

那究竟什么是真人呢？庄子给出了答案：

古之真人，不逆寡，不雄成，不谟士。若然者，过而弗悔，当而不自得也。若然者，登高不栗，入水不濡，入火不热，是知之能登假于道者也若此。

真人就是不因为少而拒绝，并且不随便夸耀自己的成功，也不谋虑世事，不给自己寻摸好处。像这样的人，事情做得有差池他不后悔，事情合乎时宜他也不骄傲自得。像这样的人，登高不害怕，下水不会觉得沾湿自己，入火也不会感到炽热。这是因为他认识到了大道的境界，才能这样忘怀生死安危。

讲到这儿，好像让人感觉有一些熟悉，因为《逍遥游》里面的至人就是这样的形象。他们忘却了自己，才能不被外物伤害，这是庄子心中最完美的人格化身，真人就是如此。

庄子接下来进一步描绘了真人形象，以此来向大家阐释他心中的真人究竟有多完美，他说：

古之真人，其寝不梦，其觉无忧，其食不甘，其息深深。真人之息以踵，众人之息以喉。屈服者，其嗌（yì）言若哇。其耆（通“嗜”）欲深者，其天机浅。

什么意思呢？就是古代的真人睡觉的时候不做梦，睡醒的时候不忧虑，吃饭的时候不求鲍鱼龙虾，呼吸的时候也深沉舒缓。他跟普通人的差别在哪儿呢？就是真人在呼吸的时候，气脉可以直达脚跟，而普通人的气脉仅仅是到达咽喉之间。

庄子眼中，气是一个人赖以生存的最重要的东西。他在《知北游》中说：“人之生，气之聚也。聚则为生，散则为死。”说白了，自然之真气，是一个人存活最为重要的元素。这种真气，真人可以贯穿全身，而普通人却连下半身都到不了，这是因为普通人太过于追求是非彼此、富贵钱财，根本不懂大道。

正如老子所说：“五色令人目盲；五音令人耳聋；五味令人口

爽。”你看的花里胡哨的东西多了，就眼瞎了；听的高亢音乐多了，就耳聋了；吃的山珍海味多了，就失去味觉了。老子是在提醒我们，不可以过多地贪求物欲以免导致自己的败亡。庄子也持有同样的观点，他说，爱争辩的人理屈词穷的时候，说话就吞吞吐吐，而那些欲望深厚的人，天然的灵性就迟钝一些，就是这个道理。

原文：

古之真人，不知说生，不知恶死。其出不欣，其入不距。翛然而往，翛然而来而已矣。不忘其所始，不求其所终。受而喜之，忘而复之。是之谓不以心捐道，不以人助天，是之谓真人。若然者，其心志，其容寂，其颡頯（qiú）。凄然似秋，暖然似春，喜怒通四时，与物有宜而莫知其极。故圣人之用兵也，亡国而不失人心。利泽施乎万世，不为爱人。故乐通物，非圣人也；有亲，非仁也；天时，非贤也；利害不通，非君子也；行名失己，非士也；亡身不真，非役人也。若狐不偕、务光、伯夷、叔齐、箕子胥余、纪他、申徒狄，是役人之役，适人之适，而不自适其适者也。

古代的真人不对生死存亡有欣喜和厌恶的表现，他只知道自然地来、自然地去，一切都表现得极为平常。庄子说，这就叫不用嗜欲之心去损害天道，不用人为的方法去增加自己的天然寿命，这就是真人了。像这样的人，他的思想专一于道，容貌安闲，额头宽平。表情严冷有如秋天，温和有如春天，喜怒的变化如同四时一样自然，与万物合一却又找不到冥合的迹象。

圣人用兵出于无心，这样攻破敌国也不会招来怨恨；恩泽施于万世，也不是出于有意地爱别人。一旦有意于做某事，就不能称之为圣人、仁人和贤人。不能同等地看待利害，就不能称之为君子。贪求名利最终丧失自己天性的，就不能称之为修道之士。

像狐不偕、务光、伯夷、叔齐、箕子胥余、纪他、申徒狄这些人，都是被人奴役的人，一辈子都使别人快活，自己却快活不了，真是可悲啊。庄子眼中，一个人做事的目的性不能太强，如果只着眼于事前定好的目的，就要承受失去的风险，把自己弄得惶惶不可终日，可谓得不偿失。

如果你不把这件事当回事，优游自处地面对一切，反而会收获好的结果，正所谓“有心栽花花不发，无心插柳柳成荫”。最重要的是不要带着伪善的面具，努力地迎合他人。这样一味地让别人高兴却让自己不高兴的做法，庄子是最为不齿的。

庄子不是倡导“人不为己，天诛地灭”的极端自私理论，而是告诫我们不要在追求世俗利益的过程中迷失了自己的本性。要知道，人要首先对自己负责，才能对他人负责。要让自己开心，才能让他人开心。

原文：

古之真人，其状义而不朋，若不足而不承；与乎其觚（gū）而不坚也，张乎其虚而不华也；邴（bǐng）邴乎其似喜也，崔崔乎其不得已也，滀（chù）乎进我色也，与乎止我德也，广乎其似世也，謷乎其未可制也，连乎其似好闭也，悗（mèn）乎忘其言也。以刑为体，以礼为翼，以知为时，以德为循。以刑为体者，绰乎其杀也；以礼为翼者，所以行于世也；以知为时者，不得已于事也；以德为循者，言其与有足者至于丘也，而人真以为勤行者也。故其好之也一，其弗好之也一。其一也一，其不一也一。其一与天为徒，其不一与人为徒，天与人不相胜也，是之谓真人。

大意是，古代的真人，形象高大伟岸而不崩坏，超脱世俗却不固执己见，心胸宽广却不显得浮华，情态自然好像永远都很高兴。真人把刑罚作为主体，用它惩治世间的不良因素；把礼仪作为辅助，以它为治理国家的辅助条规。真人凭借高超的智慧审时度势，不过是出于不得已而应付事物罢了，最终还是要以大道作为自己的最高准则。

真人处于混同是非的时候，就与自然为同类；处于差别境界时，就与世人为同类。把天和人看作是不抵触的，这就叫作真人。庄子认为，真人的形象就是要把世间一切的不良因素统统消除，用刑罚和礼义两种方法来治理天下，也就是我们常说的“礼法并施”。

后来的荀子提出过著名的“王霸杂用”理论。所谓“王道”，就是礼义制度，“霸道”，就是军事制度。“王霸杂用”，用最直白的话表述，就是用胡萝卜加大棒的方法，天下就可以安定。直到现在，很多国家依然在采用这种“礼法并施”的方法，法律制度和礼仪教化都要有，严肃与温和要两手抓，这样才能国泰民安。一切要遵循天道的客观规律，在大道的指引下，我们才能获得安定和祥和。而真人，就是沟通天道与人世的最佳人选。

把一切托付给自然天道，才能获得真正的长存

原文：

死生，命也；其有夜旦之常，天也。人之有所不得与，皆物之情也。彼特以天为父，而身犹爱之，而况其卓乎！人特以有君为愈乎己，而身犹死之，而况其真乎！

泉涸，鱼相与处于陆，相呴（xǔ）以湿，相濡以沫，不如相忘于江湖。与其誉尧而非桀，不如两忘而化其道。

夫大块载我以形，劳我以生，佚我以老，息我以死。故善吾生者，乃所以善吾死也。

夫藏舟于壑，藏山于泽，谓之固矣！然而夜半有力者负之而走，昧者不知也。藏小大有宜，犹有所遁。若夫藏天下于天下而不得所遁，是恒物之大情也。特犯人之形而犹喜之。若人之形者，万化而未始有极也，其为乐可胜计邪！故圣人将游于物之所不得遁而皆存。善妖善老，善始善终，人犹效之，又况万物之所系而一化之所待乎！

上一节讲述了庄子眼中的“真人”形象，这个真人可以沟通天地人世，把大道的精神撒播人间，从而使世间充满真情与真善。讲完了这些，庄子要开始用“道”来阐明生死的哲理了。

他说：“死生，命也；其有夜旦之常，天也。人之有所不得与，皆物之情也。”人的生与死，是不可避免的生命活动，就好像白天黑夜来回交替一样，是自然现象。这一点，庄子在《齐物论》中也论述过。人对于自然规律是无法干预的，这都是万物变化的道理。人把天当作自己的生命之父，便终身爱戴它，更何况是派生天地的大道呢？

“彼特以天为父，而身犹爱之，而况其卓乎！”你爱天，是因为你的性命是天给的，从这个意义上讲，天和你父亲是一样的。那么谁给了上天生命呢？是大道。

“人特以有君为愈乎已，而身犹死之，而况其真乎！”世人都认为君王的身份高于自己，所以愿意为君王尽忠舍命，更何况是为纯真无为的大道呢？庄子在这里指出，人们都愿意为眼前给自己利益的人尽忠职守，却忘了真正养育自己和扶植自己的是大道。有大道在，才有万物生机，才有福禄寿存，所以人们应该更多地感谢大道、体悟大道。

接下来，庄子开始讲故事了。这个故事非常有名，是“相濡以沫”这个典故的出处。原文很短，只有两句话，是这样说的：“泉涸，鱼相与处于陆，相呴以湿，相濡以沫，不如相忘于江湖。与其誉尧而非桀也，不如两忘而化其道。”

庄子说，有这么一汪泉水，快干涸了，里面的鱼就被困在陆地上了。为了活命，这两条鱼就互相用自己的口水来滋润对方。但其实，与其这样“相濡以沫”，为什么不在江湖中彼此相忘，这样岂不逍遥自在吗？同样的道理，与其称赞尧是明君，指责桀是暴君，不如把善恶两端都忘记，与大道化而为一。

我们通常说的“相濡以沫”，往往指的是两个人在巨大的困难面前，以微薄的力量互相扶持。这明明是一件很感人的事，庄子为什么认为不是一件好事呢？这是因为一旦两条鱼拯救彼此，便有了仁爱之心、怕死之心。这种违背自然大道的私心，恰恰是最能毁灭人性天真的武器。与其违背自然大道、伤害各自本性，倒不如相忘于江湖、逍遥于大道之乡。

北宋的学者吕惠卿就说："呴濡以仁义之湿沫，不若相忘于道术之江湖，而不知死，然生聚散也。"你用仁义救活别人，还不如在以大道为统帅的自然界中逍遥自在的好呢，因为这样，就不知道什么是死生聚散了。

庄子一直很反对儒家的仁义道德，认为这是戕害人性的罪魁祸首。因为有了仁义礼智，人与人便有了是非彼此之分，这是庄子最不能接受的。所以，有危难不如没有危难，需要仁义不如压根儿就用不着仁义。就跟大厦里、街道上的消防栓一样，有则有，但最好一辈子都别用上它。因为一旦用上，就说明有火灾发生了。而社会也是同样的道理，超级英雄不会出现在治安良好的城市。因为英雄一旦出现，就说明正义已经无法得到伸张，强大的黑暗势力需要有人来抗衡。

所以，庄子不赞成过度地称赞尧而贬低桀。因为从大道的观点来看，他们都是一样的——在该出现的时候出现，有各自的功用。从平民个人的视角来看，可能尧有功而桀暴虐；但是从大道的角度看，过分强调尧的仁爱，反复言说桀的残忍，都是逆着天道、束缚人性的。更重要的是，庄子希望尧的存在感低一些，只有当大家都不再怀念尧，不再称赞尧，才说明这个世界已经走向和平、欣欣向荣了。

庄子在这里要强调的第二点是，人要用同一的眼光去看待生死。一个人要是贪生怕死，那么他一辈子都会活得很难受、很紧张。但如果与自然天道化而为一，知道自己不过是自然界中的一部分，那么也就懂得生与死不过是从自然界中来，又回自然界中去，一切的改变只是生命存在的方式不同。只有理解到这个层面，才算是真正领悟了大道，真正能够坦然面对生死了。

庄子接着说："夫大块载我以形，劳我以生，佚我以老，息我以死。"大自然赋予我形体，是要让我生的时候勤劳，老的时候安逸，死的时候休息。如果把人的生看成是一件美事，那必须把人的死也看成是一件美事："故善吾生者，乃所以善吾死也。"

庄子道："夫藏舟于壑，藏山于泽，谓之固矣！然而夜半有力者负之而走，昧者不知也。藏小大有宜，犹有所遁。若夫藏天下于天下而不得所遁，是恒物之大情也。"把船隐藏在山谷中，把山隐藏在深泽中，可以说是很可靠的了。然而到了夜半三更，大力士背着它们走了，愚昧的人却还不知道。把小物体隐藏于大物体中是很合适的，但也还是有丢失的可能。假若让物品自然存在于天地之间，那就不会丢失了。因为你怎么着也出不了天地，你总不能带到外星球去吧。这就是天地万物永恒的至理。

庄子接着说："特犯人之形而犹喜之。若人之形者，万化而未始有极也，其为乐可胜计邪！故圣人将游于物之所不得遁而皆存。"这凡人啊，一旦被大自然铸造成了人形，就欣喜若狂。但如果说人的形体有千变万化，这时候还要为变成人形而欣喜，那么诸如此类的事情还计算得清楚吗？所以圣人游心于无所亡失的境地，与大道共存。

最后，庄子给出了结论："善妖善老，善始善终，人犹效之，又况万物之所系而一化之所待乎！"乐观地看待寿命长短的人，尚且被人们视为人格楷模，更何况是万物所归属、一切变化所依赖的大道呢？

庄子在这一段指出，人的生命就像是值钱的东西一样，你要是太看重它，想把它藏起来，那就很难保护好它，你藏哪儿都能让贼给找出来。但如果你把它放到自然界当中，让生命与自然化而为一，纯任自然，与天地同游，就不会丢失自己的天然本性，也就能长久地保存自己的生命。就像一滴水，你总怕它蒸发，那它迟早会蒸发。但如果你把它汇入大海，它就可以生生不息地保留自己的形体，并且永久地存在下去。

此外，庄子还指出，大自然赋予人形体，这没啥可高兴的。因为人的形体千变万化没有穷尽。你刚刚诞生成为人，就高兴得不行了，那你往后余生所经历的开心事，还能计算得过来吗？

圣人是怎么做的呢？他们不在意这些外形上的变化，只与真正内在于自然万物的大道共生共存。正如明代学者陆西星所说：“不以其身为身，而以道为身，唯道长存，故圣人亦与之而皆存。”圣人不把身体当身体，只把道当身体。道不消失，圣人的身体就不会消失。这样一来，圣人就能和道一起长存了。所以乐观看待生命长短的人，即便没有忘却生与死，尚且还值得我们效仿，更不要说指挥天地万物的大道了，那更值得我们效仿了。

整个这一大段，庄子是承接上文真人勾连天人的思想语境而来的，阐发的主旨乃是“天人合一”的思想，并且通过层层比喻，最终归结到死生的问题中来。目的就是要告诫人们忘掉生死，把一切都托付给“万物之所系而一化之所待”的自然天道，这样才能获得真正意义上的长存。

“道”是社会生存的唯一法则

原文：

夫道，有情有信，无为无形；可传而不可受，可得而不可见；自本自根，未有天地，自古以固存；神鬼神帝，生天生地；在太极之先而不为高，在六极之下而不为深，先天地生而不为久，长于上古而不为老。

上一节讲述了庄子眼中大道的作用，那就是告诫人们要忘却生死，将自己归入自然天地当中，这就是我们熟知的“天人合一”思想。本节中，庄子给我们讲述了道是如何出现的，并且列举了一系列道的功用，告诉大家其实道就在我们身边。

庄子首先强调，道是真实存在的，这一点毋庸置疑。但道玄虚空洞，没有形态，人用肉眼根本就看不见。所以他说：“夫道，有情有信，无为无形。”这就很麻烦了，你说有，但是它看不见，那怎么可以知道它真的存在呢？又怎么能够感知它呢？对此，庄子给出了方法，那就是：“可传而不可受，可得而不可见；自本自根，未有天地，自古以固存。”

道这个东西，你可以用精神领悟，但不可以用双手接受；你可以用心神体会，但不可以用耳目闻见。它自生自长，在没有天地的时候，就一直存在着。

在庄子眼中，道特别玄幻，是没法通过实体感受的，只能通过心灵去体悟，并且先天地而生，是世界上最古老的东西。庄子这个观点和老子一致，《道德经》第一章就说：“道可道，非常道；名可名，非常名。无名天地之始，有名万物之母。故常无，欲以观其妙；常有，欲以观其徼（jiào）。”意思是，可以用语言说出来的“道”，就不是永恒的道；可以用言词说出来的“名”，不是永恒的名。“无”是天地的本始，“有”是万物的根源。要从无中去观察道的奥妙，也要从有中去认识道的端倪。

“此两者，同出而异名，同谓之玄。玄之又玄，众妙之门。”“无”和“有”这两者来源相同而具有不同的名称。它们都是极远极深的，是一切变化的总门。老子指出，道这个东西太过于玄妙，我们要想感知它，就必须从虚幻的东西当中探究实在的客体，也要从实在的物象中提炼精神的主旨。道是贯通于“有”和“无”之间的，所以领悟道真的太难了。在这一点上，老子和庄子完全一致，都承认道的精神存在，而不承认道的客体存在。

紧接着，庄子说道虽然看不见、摸不着，但是可以使鬼与上帝变得神灵起来，并且还产生了天地：“神鬼神帝，生天生地。”道在太极之上不算高，在六极之下不算深，生于天地之前不算久远，长于上古岁月也不算古老，即：“在太极之先而不为高，在六极之下而不为深，先天地生而不为久，长于上古而不为老。”就可见这个道有多高远，有多深不可测。

但话又说回来了，道即便是深不可测，似乎也并不能证明它有多伟大。因为一切理论的落脚点都在实践上，总得有实际用处才行啊。就像奥数，确实是高深莫测，关键是你学了有什么用处吗？你买菜还需要开个平方根吗？所以一切事物最终的检验标准不在于多深多难，而在于它有没有实际用途。

我们常说，实践是检验真理的唯一标准。在生活实践中能发挥作用的东西，往往才是最重要的东西。打个比方，各位家长在培养孩子的时候尤其要注意，不是听上去越高深的东西就越值得孩子去学。孩子牙还没换完，就开始逼着他们学习编程，学习外语，这些都是拔苗助长的行为。如果孩子没有兴趣，就不要硬逼着他们去学，更何况他们将来的生活也未必用得上这些东西。应该让孩子多学习一点颐养性情的、受用一生的东西。

讲到这儿，你可能要问了，道是干吗的呢？庄子给出了回答，道能干的事可多了去了。于是乎，庄子举出了一大堆例子来证明自己的观点，这就是我们常说的“重言”。

原文：

狶（xī）韦氏得之，以挈（qiè）天地；伏戏氏得之，以袭气母；维斗得之，终古不忒；日月得之，终古不息；勘坏得之，以袭昆仑；冯夷得之，以游大川；肩吾得之，以处大山；黄帝得之，以登云天；颛顼（Zhuānxū）得之，以处玄宫；禺（yú）强得之，立乎北极；西王母得之，坐乎少广，莫知其始，莫知其终；彭祖得之，上及有虞，下及五伯；傅说得之，以相武丁，奄有天下，乘东维、骑箕尾而比于列星。

首先，庄子讲到，狶韦氏得到道，用它来整顿天地。狶韦氏是传说中的帝王，这个帝王在其他古书中都没有记载，应该是庄子杜撰出来的人物。还有，伏羲氏得到道，用它来调和元气；北斗星得到了道，就永远不会出差错；日月得到了道，就永远可以运行不息；勘坏得到了道，就入主昆仑山而成了神（这个在《山海经》中有记载）。

冯夷得到了道，就游历大川而成了黄河之神（按照葛洪的《抱朴子》记载，冯夷在八月上庚日渡河溺死，天帝遂命名其为河伯）；肩吾得到了道，就处东岳而成为泰山之神；黄帝得到了道，就能登天而成仙人；颛顼得到了道，就处玄宫而成为北方之帝；禺强得到了道，就能立于北海而成海神（禺强相传为黄帝的孙子，其事在《山海经·大荒北经》中也有记载）；西王母得到了道，就常坐在西方尽头的少广山上，从而不知道有生死的变化。

彭祖得到了道，就从上古的大舜时代一直活到“五伯”时代（“五伯”是指从夏朝昆吾一直到晋文公时代的五个重要的历史人物，庄子在这里是强调彭祖活得久）；傅说得到了道，就做了商朝高宗武丁的国相，从而统治天下，死后乘骑在东维、箕尾两星之间，并且与亢角等星并列在一起。

古人认为天上有二十八星宿，而傅说与星宿并生，恰恰说明了他精神不死，通过道获得了长久的永生。

庄子通过这一大段文字，先明确地描述了道的本质和作用，认为它是有实际而无形体的精神实体，是派生万物的根源，是超越时间、空间的绝对，是无所不在的主宰。因此，我们只能感受道，而不能触摸道，最重要的是不能违背道，否则将遭受自然的惩罚。

然后，庄子又通过列举古往今来的帝王、神仙、圣贤作为凭证，来证明他们都通过宗道和师道而变得神灵无比，长久永生。庄子认为道的神威是高于一切的，如果我们想在竞争激烈、人性复杂的社会中活得长久，就必须要尊道、学道、宗道、师道。将道作为自己行动的唯一法则，做到与天地并生，与万物齐一，这样才能立于不败之地。

忘天下、忘人事、忘自己是“道”的终极要义

上一节通过庄子的视角，了解了“道”的本质和作用。从本节开始，庄子讲了几个故事去塑造他心目中的真人形象，从而进一步论述他“以道为师”的精神指归。

首先，我们先来看第一个故事，就是南伯子葵的故事。这个南伯子葵，大家应该觉得很熟悉，他就是《齐物论》里面那个进入“吾丧我”境界的南郭子綦，他面如枯槁，形销骨立，在心斋的过程中逐渐领悟了大道，表现出了与常人完全不同的人生态度。

来到《大宗师》篇，南郭子綦遇到了道行比他更高深的人物——女偊，于是南郭子綦虚心向他求教。需要说明的是，在《大宗师》里，南郭子綦被写成了南伯子葵。按照后代学者的研究，郭和伯、綦和葵应该是传抄失误所致。我们还是按“南伯子葵”来讲这个故事。

原文：

南伯子葵问乎女偊曰：“子之年长矣，而色若孺子，何也？”曰：“吾闻道矣。”南伯子葵曰：“道可得学邪？”曰：“恶！恶可！子非其人也。夫卜梁倚有圣人之才而无圣人之道，我有圣人之道而无圣人之才。吾欲以教之，庶几其果为圣人乎？不然，以圣人之道告圣人之才，亦易矣。吾犹守而告之，参日而后能外天下。已外天下矣，吾又守之，七日而后能外物。已外物矣，吾又守之，九日而后能外生。已

外生矣，而后能朝彻；朝彻而后能见独；见独而后能无古今；无古今而后能入于不死不生。杀生者不死，生生者不生。其为物无不将也，无不迎也，无不毁也，无不成也。其名为撄宁。撄宁也者，撄而后成者也。”

这个故事讲的啥呢？说南伯子葵问女偊：“你的年纪那么大了，怎么面色还像是孩童一样呢？”女偊说：“因为我得道了。”这个女偊究竟是谁，历史上没有记载，只知道他是个怀道之人。还有一种说法，说他是女人，宋代学者陈碧虚就说：“女偊，古之怀道女人也。”

接着，南伯子葵又问了：“道能学吗？”

女偊说：“那是肯定不行的！因为什么呢？你就不是那块材料，压根儿就学不了道。话说有一个人叫卜梁倚，这个人有成为圣人的天赋，却没有圣人内化的道。而我女偊恰恰相反，有圣人内化的道，却没有当圣人的天赋。我想用圣人之道来教导他，这样一来，或许他就能成为圣人了。即便不能，我用圣人之道去指导有圣人天赋的人，他领悟起来也应该是很容易的。

“我有所保留地教导他，三天之后，他就能把天下都遗忘了。等他忘记天下后，我继续坚持诱导，七天之后，他就能把人事遗忘掉。等他遗忘了人事，我再坚持诱导，九天之后，他就能把自身都遗忘掉。等他完全忘却了自我，这样就能彻底领悟。等他彻底领悟了，然后才能窥见卓然独立的至道。等他窥见卓然独立的至道后，才能破除古今的观念。等他破除了古今的观念后，才能破除死生的观念。

“道能使万物死灭而自己却不死，也能使万物生息而自己却不生，正所谓‘杀生者不死，生生者不生。’道对于天下万物都是一样的，无所不送，无所不迎，无所不毁，也无所不成，这就叫作‘撄宁’。那么，撄宁是什么意思呢？简而言之，就是在纷纭烦乱的世界里保持心境的安宁，这就叫作撄宁。”

原文：

南伯子葵曰：“子独恶乎闻之？”

曰：“闻诸副墨之子，副墨之子闻诸洛诵之孙，洛诵之孙闻之瞻明，瞻明闻之聂许，聂许闻之需役，需役闻之于讴，于讴闻之玄冥，玄冥闻之参寥，参寥闻之疑始。”

女偊这一段慷慨陈词直接把南伯子葵给说蒙了。于是，他懵懵懂懂地问道：“你这么厉害，是从哪里学到的道呢？”女偊不慌不忙地回答说：“我是从文字那里得来的。而文字呢，是从诵读者那里得来的，诵读者又是从见解的洞彻那里学习了道，见解的洞彻是从耳闻心许那里学的，耳闻心许是从待时行使那里学的，待时行使又是从吟咏嗟叹那里学的，吟咏嗟叹又是从幽远深渺那里学的，幽远深渺是从参悟寥廓那里学的，参悟寥廓是从不能推测大道的起始那里学的。”

我们来细细梳理一下其中的逻辑，首先，女偊表示，自己的道是从文字里来的。因为道太过于玄虚了，我们没法直接触碰，所以只能从先贤留下来的书籍里面去体悟道、去感受道，这其实就是庄子本人的观点。

庄子认为，道是绝对不能够用常人所能感受到、所能触摸到的方法去了解的。如果你能用言语和感觉表达出来，那就不是道了。所以他在《知北游》中就提出：“道不可闻，闻而非也；道不可见，见而非也；道不可言，言而非也！”这直接沿袭了老子“道可道，非常道；名可名，非常名”的思想。

道作为一个抽象的概念，本来就无法描摹，如果描摹出来，就不再是原始意义上的道了。因此，庄子认为语言所能表达的只是事物粗糙的外表，用文字所写就的书籍也不过一堆糟粕。

再比如在《天道》里，庄子就讲到工匠轮扁做轮子的技艺十分高超。但他在做轮子的时候，轮子要打磨到什么程度，微妙的尺寸该怎么把握，怎么样做出的轮子才最好，都是无法用语言和文字表述的。因为这些东西说到底，俩字就可以概括，那就是“经验”。经验这个东西是无法用语言和文字来表述的。同样，圣人之道也不能够用语言和文字来表达，圣人死了，他们的道也就无法传下来了。

那为什么庄子还要塑造女偊这个形象，并且说他的道是来源于文字呢？这就涉及庄子一直提倡的文艺观了，那就是“意在笔先”。“意在笔先”原本指的是写字、画画先构思成熟，然后再下笔。庄子并不赞成文字和书本能够完全地传达道、记载道，但除了通过文字和书本，也没有其他办法可以领会先贤的智慧了。所以要通过有限的“笔”去领会无穷的“意”，通过先贤留下的文字去感受先贤无尽的智慧。

南宋的学者严羽在《沧浪诗话》里直接将这个观点总结为“言有尽而意无穷”，也就是语言是有尽头的，但是内涵是无穷的。庄子笔下的女偶就是通过“副墨”，也就是文字，间接领悟了大道。

那文字又是从哪来的呢？庄子说是来源于对前辈思想和智慧进行诵读的人。这很好理解，没有他们就没法写书啊。比如《论语》，就是孔子的弟子和再传弟子编写而成的，不然孔子思想就失传了；比如古希腊的《荷马史诗》，就是盲人荷马口头吟诵进而流传下来的历史学文献资料。

那诵读者诵读的东西是从哪里来的呢？庄子认为，是通过见解的洞彻而来的。因为先贤的思想，你得洞彻了悟之后，才能进行书写，所以洞彻是其中的关键。那神明一般的洞彻是哪来的呢？通过耳闻心许。你如果想洞彻思想，就得先听老师讲话吧？听人讲话，是耳闻，声入心通，心得到了耳朵传来的信息，然后就可以参悟与默许。

那耳闻心许又是从哪来的呢？是从待时行使而来，意思是你听得再明白、再真切，也必须要勤奋地行动才能彻底领悟。庄子这里是在说“知行合一”的道理，知在后、行在前，实践决定认识，有了行，你才能顿悟知。

那待时行使从哪里来呢？是从吟咏嗟叹而来。《诗大序》有云：“言之不足，故嗟叹之。嗟叹之不足，故咏歌之。咏歌之不足，不知手之舞之足之蹈之也。”意思是，如果说话表达不出细腻的感情，那么就感叹；如果感叹也不足以表达，那么就歌咏；歌咏也表达不完整的话，就用身体形态去表达。

庄子在这里依旧是这个意思，行动有时候不能完全地表达道，还需要有一定的歌咏来辅助，也就是口诵。上古是没有文字和书写工具的，所有的诗歌和神话全部都是口传文学。所以，大道也是通过口口相传才得以延续下来的。所以，行动的道必须要依赖于口传的道进行传递，才能进一步去发挥与实践，才能有后续一系列的参道方法。

那么吟咏嗟叹又是从哪里来的呢？它来自幽远深渺的样子，也就是大道的原初形态。那大道的原初状态又是从哪里来的呢？它来自参悟寥廓，也就是孕育大道的地方。那么这个地方又是从哪里来的？它是从不能推测大道起始的那里而来的。因为在庄子眼中，大道自本自根，不能推测它的起始，所以庄子给了个莫须有的最终答案，也就是从“不知道”的那个地方产生的。反正有这么个地方，至于是什么，庄子也不知道。

通过这一大段的论述，我们可以发现，庄子借女偶之口说明了“忘记天下”“忘记人事”“忘记自我”三重等级的修道效果，并且明确了修道的方法要遵循目见、耳闻、口诵，而后动用玄思，进而参悟寥廓的次第。用这种方法才能真正领悟大道。

庄子告诉我们，最高等级的修道，一定是忘记自我，这样才能像女偶一样容颜不老，获得长生。因为你越不在意什么，你就越能得到什么。有时候，我们就是因为想得太多，才把自己折腾得那么累。

《古诗十九首》里有一首叫《生年不满百》，其中有言：“生年不满百，常怀千岁忧。昼短苦夜长，何不秉烛游！为乐当及时，何能待来兹？愚者爱惜费，但为后世嗤。仙人王子乔，难可与等期。”什么意思呢？就是你自己连一百岁都活不到，干吗还操那一千年以后的心。昼短夜长啊朋友，为什么不秉烛夜游呢？韶光易逝太匆匆，行乐要及时，时不我待，又怎可等到来年？愚笨的人锱铢必较、吝啬守财，死时却两手空空只能被后人耻笑。像王子乔那样驾鹤升天成仙，这样的美事真的难以期待成真啊。

这首诗所讲述的不就是我们每个人所处的现状吗？我们忘不了人事，忘不了功名利禄，也忘不了自身的容颜与财富。所以我们日夜奔波，年复一年，赚了一百万，还会想下一个一百万，根本没有穷尽，这样只会把自己拖垮。不如就像庄子一样放下一切，好好享受生命的美好，去体会“无欲一身轻”所带给你的轻松和自由。这样你才能真正体会至道带给你的快乐，也才能真正增加自己人生的长度、宽度、厚度，提高自己人生的韧度、温度。

对丑陋容颜的接受，就是对大道最深刻的领悟

上一节讲述了南伯子葵和女偊的故事，领悟了修道的三重境界，那就是：“忘记天地”“忘记人事”以及“忘记自我”。在接下来的篇章里，庄子将继续普及着“以道为宗”“以道为师”的道理。

原文：

子祀、子舆、子犁、子来四人相与语曰：“孰能以无为首，以生为脊，以死为尻（kāo）；孰知死生存亡之一体者，吾与之友矣！”四人相视而笑，莫逆于心，遂相与为友。

俄而子舆有病，子祀往问之。曰：“伟哉，夫造物者将以予为此拘拘也。”曲偻发背，上有五管，颐隐于脐，肩高于顶，句赘指天，阴阳之气有沴（lì），其心闲而无事，跰蹮（piánxiān）而鉴于井，曰：“嗟乎！夫造物者又将以予为此拘拘也。”

说某一天啊，子祀、子舆、子犁、子来四个人坐在一块聊天。其中就有个人说：“孰能以无为首，以生为脊，以死为尻；孰知死生存亡之一体者，吾与之友矣！”谁能把无当作头，把生当作脊梁，把死当作尾骨，并且能认识到死生存亡是一体的，我就和谁做朋友。然后，四个人相视一笑，彼此心意相通，都觉得自己就是这种人，于是共同结为朋友。

不久，子舆生病了，子祀去问候他。子舆说：“真是太伟大了，造物者要把我变成一个驼背的人，五脏的穴位随背而向上，面颊缩在肚脐里，肩膀高过头顶，脑后的发髻朝天。”除此之外，子舆的阴阳二气也不协调。尽管如此，子舆仍旧闲庭信步、安然自适而不被重病拖累，还艰难地走到井边，对着自己的影子说：“哎哟，造物者要把我变成一个驼背的人啊。”

原文：

子祀曰：“汝恶之乎？”曰：“亡，予何恶！浸假而化予之左臂以为鸡，予因以求时夜；浸假而化予之右臂以为弹，予因以求鸮炙；浸假而化予之尻以为轮，以神为马，予因以乘之，岂更驾哉！且夫得者，时也；失者，顺也。安时而处顺，哀乐不能入也，此古之所谓县解也，而不能自解者，物有结之。且夫物不胜天久矣，吾又何恶焉！”

子祀都看傻了，心想：这不疯了吗？于是问他，你讨厌自己的这种变化吗？子舆说：“我哪会讨厌呢！造物者如果让我的左臂变成公鸡，那我就用它来报晓；让我的右臂变成弹弓，我就用它来打鸟，烤肉吃；让我的尾骨渐渐变成车轮，使我的精神变成骏马，那我就坐上它，连车驾都不用找了！

“况且我生下来，是应时而生；我死，也是顺时而死。悲哀和欢乐的情绪都不能进入内心，这就是古人所说的摆脱了一切的负累。而那些不能自我解脱的人，是因为有外物在束缚着他。况且人力不能胜过天命也由来已久了，我又为什么要感到厌恶呢？”

这一段原文，你可能很熟悉：“且夫得者，时也；失者，顺也。安时而处顺，哀乐不能入也，此古之所谓县解也，而不能自解者，物有结之。且夫物不胜天久矣，吾又何恶焉！”这几句在《养生主》里也出现过，只不过文字略有出入。

原义：

俄而子来有病，喘喘然将死。其妻子环而泣之。子犁往问之，曰：“叱！避！无怛化！”倚其户，与之语曰：“伟哉，造物！又将奚以汝为？将奚以汝适？以汝为鼠肝乎？以汝为虫臂乎？”

子来曰：“父母于子，东西南北，唯命之从。阴阳于人，不翅于父母。彼近吾死而我不听，我则悍矣，彼何罪焉？夫大块载我以形，劳我以生，佚我以老，息我以死。故善吾生者，乃所以善吾死也。今大冶铸金，金踊跃曰：‘我且必为镆铘（mò yé）！’大冶必以为不祥之金。今一犯人之形而曰：‘人耳！人耳！’夫造化者必以为不祥之人。今一以天地为大炉，以造化为大冶，恶乎往而不可哉！”成然寐，蘧然觉。

不久之后，子来也生病了，并且呼吸急促马上就要死去。他的妻子和儿女都围着他哭。子犁前往问候他，看了一眼子来后，就对子来的亲属怒吼道："去，都走开！不要惊动正在变化的人。"

子犁靠着门，对子来说："造物者可真伟大啊！它要把你变成什么东西？又要把你送到哪去呢？是要把你变成鼠肝，还是变成虫臂呢？"

子来说："子女对于父母，无论如何，都要听话顺从；人对于阴阳造化，与对父母没有什么区别。造化令我死亡，我如果不服从的话，那就算忤逆不道，而非造化本身有什么过错。"

子来接着说："夫大块载我以形，劳我以生，佚我以老，息我以死。故善吾生者，乃所以善吾死也。"大自然赋予我形体，是要让我活着的时候勤劳，年老的时候安逸，死亡了之后休息。所以把我的生看成是美事，也必须把我的死同样看成是美事。

子来还顺带举了一个例子，说："通常，冶金工匠铸造金属器物的时候，金属如果跳起来说：'我一定要成为镆铘宝剑！'那冶金的工匠肯定会被吓一大跳，然后认为这铁肯定是一块不吉祥的金属。现在造化主一旦把人铸造成人的形体，人们便快乐地喊叫着：'我成人了，我成人了！'造物者也一定会认为这是个不吉祥的人。相反，如果现在把天地当作冶炼的大熔炉，把造化当作冶炼的工匠，我们置身于其中，那么往哪里去不可以呢？"说完。子来便睡去了，然后又忽然醒来。

这个故事到这里就全部结束了。首先，庄子是借子舆和子来的现身说法来指出：如果想以大道为师为宗，就必须做到"安时而处顺"，也就是顺应自然，一切纯任造物者的安排，将死生看成一体。不能存有杂念，不能以生死存亡累其心，否则就无法体悟大道的真谛，也就无法获得大道带给人的精神解脱与灵魂长存。

其次，子舆和子来两个人在得病时，都明白自己的外貌逐渐在变得丑陋，但他们非但不生气，反而觉得无上光荣，因为这个是大道带给他们的自然变化，是天地万物给予他们的精神营养。这个和《德充符》里所强调的“道德充实于内，万物应验于外”的思想是一脉相承的。

庄子的美学观集中于病态美，这种审美观是建立在“忘形”和“无情”的基础上的。在他眼中，人最美丽的地方是德行的美丽和心灵的美丽。因此，只要德行完美，一切形体上的残缺不全，都不足以成为人的负累。相反，如果德行败坏，即使形体周全、容貌姣好，也绝不会给人以美的感受。

庄子的这种“病态”美学观在中国美学史上无疑占有举足轻重的地位，对后来的文学及艺术创作的影响也极其深远，后世画家多以绘制奇石怪木为创作的最高等级。清代龚自珍在《病梅馆记》里甚至提出“梅以曲为美，直则无姿；以欹（qī）为美，正则无景；以疏为美，密则无态”的审美观点。

后世文学形象的创作也大多沿袭了庄子的美学观。正如郭沫若所说：“由于庄子‘绝对的精神超越乎相对的形体’这一幻想，以后的神仙中人，便差不多都是奇形怪状的宝贝。民间的传说，绘画上的形象，两千多年来成了极其陈腐的俗套，然而这发明权原来是属于庄子的。”

闻一多也指出：“古文中‘清丑入图画，视之如古铜古玉’的人物，都代表着中国艺术中极高古、极纯粹的境界。而文学中这样的境界的开创者，则推庄子。”

所以，在庄子的世界中，对造物主的一切安排的接受，就是对自己人生最完满的接受。时间与生活，虽然在你的脸颊留下了岁月的痕迹，但它也同时丰盈了你的内心。相比于外观的姣好，内心的充沛才是一个人对过往经历最好的回顾。

李白说“以色侍他人，能得几时好”，在这个竞争如此激烈的社会，颜值的高低只能带来一时的光耀，唯有岁月沉淀后的聪慧与稳健才能保证我们不被时代的洪流所淘汰。让我们试着放下对外观的看法，拿起一本书，端起一杯茶，好好去抚慰一下我们那颗奔波已久的疲累心灵。

你会发现，大道告诉我们的从来就不是至高无上的真理，它只是想帮我们拂去心灵之上的那一层尘埃，并且告诉我们，对生活充满希望的人，对生命热爱至上的人，永远都是最好看的人。没事的话，记得多笑一笑，卸下一身防备的你笑起来真的挺好看的。

在这则故事中，有两个成语一直沿用至今。一个是“莫逆之交”，原本指的是心意相通、感情融洽的朋友，在今天也泛指非常要好或情投意合的朋友。另外一个是“鼠肝虫臂”，原意为人也可以化为鼠肝虫臂等微贱之物，后比喻极其微贱的东西或人世的变化无常。

“方外之人”，才是真正的得道之人

上一节讲了子舆和子来面对死亡坦然接受的故事，他们将大道带来的容颜变化作为一件乐事，最终成了庄子眼中体认大道的绝佳榜

样。本节则要讲一个三人对话的故事，故事的主人公之一是孔子。

原文：

子桑户、孟子反、子琴张三人相与友曰：“孰能相与于无相与，相为于无相为；孰能登天游雾，挠挑无极，相忘以生，无所穷终！”三人相视而笑，莫逆于心，遂相与友。莫然有间，而子桑户死，未葬。孔子闻之，使子贡往侍事焉。或编曲，或鼓琴，相和而歌曰：“嗟来，桑户乎！嗟来，桑户乎！而已反其真，而我犹为人猗！”子贡趋而进曰：“敢问临尸而歌，礼乎？”二人相视而笑曰：“是恶知礼意！”

话说，子桑户、孟子反、子琴张三人互相认识。有一天，三个人在一起聊天，有人发问：“谁能相交出于无心，相助出于无为呢？谁能超然物外，游于太虚，忘记生死，与大道同游于无穷之境呢？”

话音刚落，三个人相视一笑，彼此心意相通，于是结为朋友，就是那种淡如水的君子之交，没什么私心杂念。交朋友最忌讳的是目的性强，利益关系浓厚，这样交来的朋友无非就是酒肉朋友，关键时刻根本指望不上。这也是庄子为何强调要以道来结交朋友的重要性，正所谓“道不同，不相与谋”嘛。

没过多久，子桑户死了。孔子听到这个消息后，就让子贡前往子桑户家中，协助他的家人办理丧事。结果子贡发现，孟子反和子琴张，一个在编写歌曲，一个在弹琴，并且他们还相互唱和道：“哎呀，桑户呀！哎呀，桑户呀！你已经归返大道了，而我们尚且在人间啊！”

子贡一下子就蒙了，因为他从没见过这种操作。一般人在朋友去世之后，哭还来不及，这两个人居然还有心思弹琴唱歌，这成何体统？子贡实在看不下去，于是快步走到俩人跟前，说："请问，对着尸体歌唱，合乎礼仪吗？"二人相互笑了笑说："你这种人哪里会知道礼仪的真正含义呢？"

原文：

子贡反，以告孔子曰："彼何人者邪？修行无有而外其形骸，临尸而歌，颜色不变，无以命之。彼何人者邪？"

孔子曰："彼游方之外者也，而丘游方之内者也。外内不相及，而丘使女往吊之，丘则陋矣！彼方且与造物者为人，而游乎天地之一气。彼以生为附赘县（xuán）疣，以死为决疣溃痈（yōng）。夫若然者，又恶知死生先后之所在！假于异物，托于同体；忘其肝胆，遗其耳目；反复终始，不知端倪；芒然彷徨乎尘垢之外，逍遥乎无为之业。彼又恶能愦（kuì）愦然为世俗之礼，以观众人之耳目哉！"

子贡听完之后马上折返，把这件事告诉了孔子，说："他们还算是人吗？不按照礼仪修养德行，反而把形骸置之度外，还对着尸体唱歌，脸上全无哀伤的表情，哪有这样的人呀？"

孔子叹了口气，说："他们是方外之人，逍遥于尘世之外，你我则处在繁文缛节的尘世之中。尘世内外是彼此不相干的，而我竟然让你前往吊唁，我也实在是太孤陋了。他们要与大道为友，游于万物之初的混沌境界。他们把生命看作是附生在身上的瘤子，把死亡看作是脓疮的溃破。像他们这样的人，又怎么会知道死与生的先后次序呢？"

孔子接着说："假借不同的外物，而与之混同为一体，忘记了内部的肝胆，遗忘了外在的耳目，生死往复循环，而不去追求它们的头绪，无所负累地自得于尘世之外，并且自由自在地遨游于无为之中。他们又怎么会烦乱，怎么会自扰，怎么会拘泥于世俗的利益，怎么会让众人来听闻和围观呢？"

这一段很明显是庄子借孔子之口来表达自己的观点，强调的还是《齐物论》中提出的观点——"与天地并生，与万物齐一"，这也是庄子生命哲学最核心的观点之一。

原文：

子贡曰："然则夫子何方之依？"孔子曰："丘，天之戮民也。虽然，吾与汝共之。子贡曰："敢问其方？"孔子曰："鱼相造乎水，人相造乎道。相造乎水者，穿池而养给；相造乎道者，无事而生定。故曰：鱼相忘乎江湖，人相忘乎道术。"子贡曰："敢问畸人？"曰："畸人者，畸于人而侔（móu）于天。故曰：天之小人，人之君子；人之君子，天之小人也。"

子贡马上说："那请问先生，他们遵循的是什么道术呢？"孔子回答说："我是受天刑罚的人。虽然如此，我将与你共游方外。"孔子的意思是，自己一生都被礼仪束缚，无异于受天之刑。同时他也指出，要想得道，就得游于方外。

子贡接着说："那有什么方法能让我游于方外呢？"孔子说："鱼同游于水里，人同游于道中。游于水中的鱼，挖个池子来给它供养补给，游于道中的人彷徨无为而心性安静。所以说，鱼游于江湖之中就会忘记一切，人游于大道之中就会忘掉一切。”

在这里，孔子指出，鱼游于江湖之中比在池塘之内更舒服、更自在，因此它就会忘掉一切。同理，人游于大道之中也会忘掉一切，比单纯的逍遥无为更自足自乐。这，就是道的魅力所在！

子贡接着说：“请问，游于方外并且与世俗相异的人是怎样的呢？”孔子说：“他们就是不同于世人却与大自然相结合。所以说，天道把拘泥于礼仪的人当作小人，世俗却把他们尊为君子。世俗之人把拘泥于礼仪的人尊称为君子，天道便把他们当作小人。”

看到这，大家是不是有点蒙？孔子作为儒家学说的创始人，礼仪教化是孔子恪守一生的文化准则，怎么到这被两个小屁孩随随便便就说动，并且放弃了自己的信仰，转而与道家为伍了呢？

这就要说到庄子和儒家思想的对立了。庄子眼中，儒家的礼仪教化是损害人天性的东西，就像一条条锁链一样，束缚着人们的纯真之性。所以他不赞成推广礼仪制度，在他笔下，礼仪制度的代言人孔子经常服膺于庄子的思想，不仅大肆批判礼乐制度，甚至连自己也成了庄子的门徒。这当然是庄子为了弘扬自己的思想所采取的写作手法。

孔子和庄子是不同时代的两个人，生卒年份毫无交集，孔子连庄子是谁都不知道，更不会认可他的思想，也不可能否定礼乐制度。所以庄子笔下关于孔子的故事，绝大多数是虚构的。

这一段故事中，庄子通过孟子反、子琴张与子贡、孔子的对比描写，说明了领悟大道的“方外之人”要跳出尘世的束缚，不以生死累其心，才能真正地与大道同游，进而忘记一切，获得真正的解脱。这就是我们常说的“跳出三界外，不在五行中”，没有了尘世的羁绊，自己才能真正获得永生。

而像儒者那样哭死以哀，用礼仪制度炫耀当世，假模假样地用所谓的礼节与规范来表达自己的哀思，是有悖于大道的。在庄子眼中，人开心地来到这个世界上，也要开心地离开这个世界。人不能决定自己怎么出生，却可以决定自己怎么体面地面对死亡。你可以哭着来，但一定要笑着走。

在庄子看来，死亡并不可怕，它是另一种方式的重生，而且是永不凋零的重生。你囿于方内，永远只会被世俗的利益与情感羁绊。而当你跳出方外，与大道同游时，你的整个生命便逍遥乎天地，傲然于宇宙之巅。那一刻的你，才是不加任何束缚的、最真实的你。

守丧礼仪可以简化，但是对父母的爱不能简化

在前面的故事里，庄子透过孔子的视角给我们讲述了“方外之人”的思想境界与精神状态，告诉我们只有摆脱尘世的束缚，才能获得真正的解脱。在这一节的故事中，庄子又搬出了儒家的头号人物——孔子。

原文：

颜回问仲尼曰：“孟孙才，其母死，哭泣无涕，中心不戚，居丧不哀。无是三者，以善处丧盖鲁国，固有无其实而得其名者乎？回壹怪之。”仲尼曰：“夫孟孙氏尽之矣，进于知矣，唯简之而不得，夫已有所简矣。孟孙氏不知所以生，不知所以死。不知就先，不知就后。

若化为物，以待其所不知之化已乎。”

话说有一天，颜回跑去问孔子：“孟孙才的母亲死了，但是他好像一点也不悲伤，看上去在哭泣，但是干打雷不下雨，脸上一滴眼泪也没有，守丧期间也不见一丝哀痛之情。无眼泪、不悲伤、不哀痛，单凭这三点就可以说他不守礼节了，但事实上，他反而被视为鲁国最擅长处理丧事的人。天底下竟然还有这等名不副实的事，真是太奇怪了！”颜回说得义愤填膺，感觉都想把孟孙才这厮给揍一顿。

这个孟孙才是谁呢？传说，他是鲁国“三桓”的后裔。春秋战国时期的鲁国，有三大贵族把持朝政，分别是叔孙氏、孟孙氏和季孙氏。这个孟孙才就是孟孙氏的后人。鲁国是非常注重孝悌礼仪的一个国家，周代的礼乐文化崩塌之后，只有鲁国还保留着最原始的礼俗。在这么注重人伦孝悌的国家，又在这么一个举国关注的贵族世家，孟孙才死了母亲，一没哭，二没哀，三没痛，反而得到整个鲁国的赞扬，颜回当然想不通。

孔子听了颜回的疑问，便说：“孟孙氏已经尽到了处丧之道，比一般所谓知道丧礼的人已经超出一大截了。虽然想简化繁复的服丧之礼很难，但他已经以身作则了。孟孙才不知道什么是生，什么是死，不知道求先生，不知道寻后死，顺从地被大道化为他物，对待今后所不能预知的变化，也不过这样罢了。”

有一部记载先秦礼俗的专著叫作《仪礼》，翻看一下其中的《士丧礼》和《既夕礼》就可以知道：先秦时期，整个丧礼的流程十分烦琐，有招魂、报丧、沐浴、饭含等大大小小二十余个步骤。不仅步骤复杂，而且所有工作都要在三天之内做完，可以说是劳民伤财。

在孔子眼中，既然我们无法改变这些做给别人看的礼节，那就从内心上对这些仪礼束缚化繁为简。而孟孙才的举动，正说明他内心上的改变。他之所以这样做，都是因为他懂得“死生一体”的道理。庄子反复强调生死之间并无差，这是大道教给世人最本真的道理。所以孟孙才抱着一副无所谓的态度，不管大道把他变为何物，他都表示顺从，对待今后所不能预知的变化，也都无所谓，不挂在心上，全部泰然处之，自然让人佩服，这也是庄子借孔子之口来称赞孟孙才的原因。

原文：

“且方将化，恶知不化哉？方将不化，恶知已化哉？吾特与汝，其梦未始觉者邪！且彼有骇形而无损心 ，有旦宅而无情死。孟孙氏特觉，人哭亦哭，是自其所以乃。且也相与‘吾之’耳矣，庸讵知吾所谓‘吾之’乎？且汝梦为鸟而厉乎天，梦为鱼而没于渊。不识今之言者，其觉者乎？其梦者乎？造适不及笑，献笑不及排，安排而去化，乃入于寥天一。”

接下来，孔子继续说道：“况且正要变化，怎么能不知道变化呢？正要不变化，又怎么能知道已经变化了呢？我和你恐怕都在梦境中还没有觉醒啊。”孔子意思就是：化与不化，变与不变，都是我们所不能预知的，未来发生什么，我们都不知道；我们能做的，就是坦然地面对一切，接受一切。

接着，他说道：“孟孙氏看到了母亲的遗体，虽然为之一惊，但他明乎大道，所以不为之伤心，虽然惊恐但并不为此伤神，所以孟孙氏独自清醒。但是别人哭泣，他也哭泣，这是因为他碍于世情的缘故，不得不哭，从而装样子罢了。世人看到自己暂时有身形，就互相说‘这是我’，但是怎么知道暂时有形的‘我’是属于‘我’呢？再说你梦见自己是鸟儿飞到高空，梦见自己是鱼潜入水中。不知道现在说话的我是醒着呢，还是做梦呢？”

这几句，庄子借孔子之口又回归到了“天地与我并生，而万物与我为一”的指归上。虽然你现在有人形了，但你能保证这就是真正的你吗？你万一幻化成了鸟呢，你万一变成一条鱼呢，这都是没准的事。这就跟“庄周梦蝶”是一样的，不知道我是万物，还是万物是我；不知道我到底是醒着，还是梦着。

最后孔子说：“造适不及笑，献笑不及排，安排而去化，乃入于寥天一。”心情忽然顺畅的时候，是来不及笑的；笑声忽然从内心发出来，是来不及事先安排的。安于大道的安排，去掉那因为死亡的变化而产生的悲哀，这样就可以进入空虚寂寥的天道之中，并与之混为一体了。这，就算是真正地参悟大道了。

通过这则故事，我们可以明显感受到庄子欲扬先抑的写作效果。他先给我们铺陈刻画了一番孟孙才不守礼法，参加母亲葬礼全无伤感之情的不孝形象，让我们觉得他是一个名实不符的伪君子。但是细读下文，我们就可以知道，孟孙才这一系列举动乃是为了迎合大道，而“人哭亦哭”也是为了不违人意。由此可见，庄子是在申明“天人合一”的主旨，并且再一次告诉我们“天地与我并生，而万物与我为一”的道理。

死生丧痛，是我们每个人都要面临的终极问题。儒家尤其看重人伦孝道，所以对双亲死亡的问题尤其重视。我们知道，在中国传统礼仪里面，父母亲去世，作为子女要守孝三年。那为什么是三年，不是两年，不是一年呢？这个问题，孔子的学生宰予也曾提出过。

据《论语·阳货》记载，有一天宰予去问孔子说："服丧三年，时间太长了。君子三年不讲究礼仪，礼仪必然败坏；三年不演奏音乐，音乐就会荒废。旧谷吃完，新谷登场，钻燧取火的木头轮换过一遍，时间刚好是一年，所以守孝有一年的时间就可以了，干吗非得三年呢？"

孔子说："才一年的时间，你就吃开了大米饭，穿起了锦缎衣，你心安吗？"宰予说："我心安。"孔子说："你心安，你就那样去做吧！君子守丧，吃美味不觉得香甜，听音乐不觉得快乐，住在家里不觉得舒服，所以才不那样做。如今你既觉得心安，你就那样去做吧！"

宰予出去后，孔子说："予之不仁也！子生三年，然后免于父母之怀。夫三年之丧，天下之通丧也。予也有三年之爱于其父母乎？"意思是："宰予真是不仁啊！小孩生下来，长到三岁时才能离开父母的怀抱。服丧三年，这是天下通行的丧礼。难道宰予的父母对他没有三年之爱吗？"按照孔子的意思，小孩子长到三岁，父母才能够不抱他，他才能够自由地行走。所以守三年之丧，是为了报答父母三年的抱养之恩，这在儒家世界里是非常合乎情理的。

对此，墨子曾提出批评，说孔子的"仁爱"不行，"兼爱"才是王道，也就是爱不应该有差等，应该一视同仁，爱天下所有人都应该和爱父母一样。

孟子则跳起来大骂墨子，说他"无父无君，是禽兽也"。意思是，眼中没有父母、目无君上的人就跟畜生一样。孟子也认为，爱父母和君主应该胜过爱所有人，所以只给父母和君王守三年之丧，别的人都没有这种待遇。

但这一切在庄子看来都是瞎折腾。庄子认为，人的生死问题都是自然天道决定的，你要做的就是坦然接受。你不能违逆天意，要与大道混而为一。你看淡了生死，也就获得了精神的长久解脱，反而更利于养生，更容易活得长久。所以面对亲人的离世，庄子不主张哭哭啼啼，认为亲人们无非是从自然界来又回自然界中去了。

我们当然不提倡亲人离世时不悲哀、不难过，而是要在他们在世时，多给予关心，多给予陪伴。父母是我们一生中最重要的人，须知“树欲静而风不止，子欲养而亲不待”。父母在世时，要好好孝顺他们，千万不要在父母走了之后才痛哭，也不要在父母走了之后才追悔莫及。切记，人一生所有的遗憾都可以弥补，唯有孝心留下的遗憾永远无法弥补。

抛除仁义之心，才可以更接近大道

上一节中，我们领略到了“方外之人”的特殊魅力，大道的真旨存在于从“方内”到“方外”的转换，所以我们需要去认真地体悟和把握这个过程，方可参透大道。这一节中，庄子继续讲故事，主人公是许由。

原文：

意而子见许由，许由曰："尧何以资汝？"意而子曰："尧谓我：'汝必躬服仁义而明言是非。'"许由曰："而奚来为轵（zhǐ）？夫尧既已黥（qíng）汝以仁义，而劓（yì）汝以是非矣。汝将何以游夫遥荡恣睢转徙之涂乎？"

意而子曰："虽然，吾愿游于其藩。"许由曰："不然。夫盲者无以与乎眉目颜色之好，瞽者无以与乎青黄黼黻（fǔ fú）之观。"意而子曰："夫无庄之失其美，据梁之失其力，黄帝之亡其知，皆在炉捶之间耳。庸讵（ jù ）知夫造物者之不息我黥而补我劓，使我乘成以随先生邪？"

话说有一天，意而子跑去见许由，想要求教一番。但是许由一见他，就直接说道："尧是用什么来教诲你的呀？"意而子有点蒙，怎么上来就问这么一句，这没头没尾的，到底啥意思呢？于是恭恭敬敬地说："尧教导我说，'你一定要亲自施行仁义并且明辨是非'。"

许由一听，脸就沉了下来，抬高音量说："那你为什么还到这里来？尧既然用仁义毒害你，又用是非毒害你，你还怎么能遨游于逍遥自适的变化境界呢？"言外之意，意而子你已经被是非仁义毒害至深，跟大道彻底无缘了，现在才来找我还有什么用呢？反正我是救不了你了，你干脆哪儿来的回哪儿去吧！

意而子一听就着急了，这大老远的不能白来呀，总得听节课再走吧，于是毕恭毕敬地对许由说："虽然如此，我还是希望能遨游于大道的边缘。您还是教教我吧。"

许由听了之后，叹了口气说："哎，不是这样的，盲人无法欣赏姣好的面容，无法欣赏礼服上青黄的颜色和斧形的花纹。”许由要表达的意思是，意而子被儒家的仁义之道、是非观念蒙蔽了双眼，所以即便大道的美好摆在眼前，他也欣赏不了。既然如此，就不是我许由不教你，而是你自身条件不允许，是“天刑之”呀！

但是意而子不死心，继续说道：“无庄忘记了自己的美貌，据梁忘记了自己的力气，黄帝忘记了自己的智慧——这都是造物者锤炼的结果，您怎么能知道造物者不会让我被刺破的皮肉恢复好，让我被割掉的鼻子重新长出来，让我拥有完整健全的身躯来追随先生呢？”

意而子举的这几个人物都是有历史记载的。无庄是传说中的美人，但是她从来不自视貌美；据梁是传说中的大力士，他也不认为自己的力气有多大；黄帝是上古的明君，因其有统一中华的丰功伟绩而被载入史册，但他从来不标榜自己的智慧。总而言之，意而子认为无庄、据梁、黄帝这些先贤都是自忘的，都是经受过造物者锤炼的。如果没有造物者的改造，他们是不会忘记这些“身外之物”的。而我意而子，也可以经过造物者的改造重新变得完美，我原先被仁义是非观念破坏过的躯体还可以重新再长出来，这样不就能跟着先生您继续修道了吗？

原文：

许由曰：“噫！未可知也。我为汝言其大略：吾师乎！吾师乎！齑（jī）万物而不为义，泽及万世而不为仁，长于上古而不为老，覆载天地、刻雕众形而不为巧。此所游已！”

许由一听他这么说，也不好意思再拒绝了，于是说道：“哎，不知道造物主是否能满足你的愿望，那我就跟你说说它的大概吧：我的宗师大道啊，它调和万物，而不认为是行义；恩泽于万世，而不认为是行仁；先于上古，而不自认为古老；包容天地，雕刻万物的形状，而不认为是技巧。这就是我所游的地方。”

许由的意思是，意而子眼中的造物者，是我们应该全面效仿并且以其为宗为师的大道。大道的特点是调和天下，恩泽万世，但不居其功，不讲仁义。大道为天地万物做贡献，从来都是不求回报的，悄悄地来又悄悄地走，所以大道跟儒家门徒是截然不同的两种境界。

在庄子看来，儒家学者全都是沽名钓誉之徒。他们行侠仗义，无非就是为了博得一个好名声，他们好为人师，总以为自己掌握了大道真理，总拿着自己的偏见四处宣扬，这是庄子最不能忍受的。

在《田子方》里，庄子就集中批判了儒家思想，指出儒家学者的弊病在于“明乎礼义而陋乎知人心”，也就是儒家学者口中那一套一套的大道理，他们觉得自己比谁都懂，所以他们理直气壮地去训导、教育别人，美其名曰为对方好，甚至以为自己占领了道德的制高点，殊不知对方可能早就明白这些道理，乃至于做得比儒家学者自己还要好。

在《外物》里，庄子甚至为儒生们编排了一个反面案例。他说两个儒生去盗墓，两人一边盗墓一边还吟诵着《诗经》《周礼》中的篇章。其中一个儒生还引用《诗经》里的诗句来教育墓主人，说：“你活着不施舍财物，死后含着宝珠干什么呀！”庄子就表示，儒家学徒们真的太令人无语了，盗人家的墓，还教育人家，你干的勾当难道比这个死人更高尚吗？你还拿《诗经》里的话来讽刺人家，假不假呀，酸不酸呀，虚伪不虚伪呀！

庄子认为，儒家学者提倡的仁义道德都是假道德，这些东西对于世人而言，是百害而无一利的。要想使天下太平、百姓安居乐业，就必须要剔除所有的为仁为义之心，将儒家的仁义道德彻底铲除，同时以大道为宗为师，这个世界才可以成为祥和的世界、快乐的世界。

总的来说，庄子无非是想要告诉我们，别自作聪明，别用所谓的仁义之心在大道面前耍宝。那些站在道德制高点宣讲教条的人，反而是社会动乱的制造者。因为是非之心骤起，天下就有了彼此之分，国家才开始出现动荡。

庄子认为以大道为宗为师，顺应自然，勾连天人，大道会为我们安排好一切，我们静静等待就好。千万别像儒家学者一样自作聪明，否则就会像意而子一样被蒙蔽双眼，最后连大道的真性之美也看不到了。

其实我们普通人也是如此，我们把聪明当作对小孩子的夸奖，觉得谁家要是有个聪明孩子，真是祖上修来的福分。但是我们标榜聪明，也应该提醒自己，不要卖弄聪明，尤其不能用自己的聪明去干违背道德和法律的事情，否则迎接自己的，只有灭顶之灾。法国思想家卢梭有一句名言："如果你是聪明的话，你会了解自己的无知；如果你不认识这一点，就是愚昧。"我们需要的聪明是可以反思自己不足的聪明，是可以把我们变得更好的聪明，而不是好为人师、偷奸耍滑的小聪明。宋代词人陆游也留下这样的家训："后生才锐者，最易坏。若有之，父兄当以为忧，不可以为喜也。"意思是，我的后代里，特别聪明的人反而是最容易出事的。一旦有这样的人出现，父兄不能以之为喜，而要以之为忧。要好好管教，不能放纵他肆意运用自己的聪明。

死生无碍，全看你怎么巧妙地度过这一生

在前面两则故事中，庄子借孔子之口为我们铺叙了大道的魅力所在，告诉我们以道为宗为师，才能忘却生活的烦恼，从而获得精神的长存。在这一节的故事里，孔老夫子依旧披挂上阵，倾情演绎他跟爱徒颜回的“爱恨情仇”，完成他在《大宗师》里最后一次的华美亮相，并暂时结束了和庄子这位伟大的故事片导演的精诚合作，直到外篇的《天地》，两人才再续“片约”。

原文：

颜回曰：“回益矣。”仲尼曰：“何谓也？”曰：“回忘仁义矣。”曰：“可矣，犹未也。”他日，复见，曰：“回益矣。”曰：“何谓也？”曰：“回忘礼乐矣。”曰：“可矣，犹未也。”他日，复见，曰：“回益矣。”曰：“何谓也？”曰：“回坐忘矣。”仲尼蹴然曰：“何谓坐忘？”颜回曰：“堕肢体，黜聪明，离形去智，同于大通，此谓坐忘。”仲尼曰：“同则无好也，化则无常也。而果其贤乎！丘也请从而后也。”

我们把视角先拉回到孔子最得意的弟子颜回身上。话说有一天，颜回又跑到孔子的跟前，特别高兴地说：“我进步了，我进步了！”孔子说：“你哪里进步了呀？”颜回说：“我已经忘掉仁义了！”孔子听到之后，高兴地说：“哦，亲爱的孩子，你很棒，但是还欠点火候，

因为你还没有进入大道的境界。”

颜回听到老师这么说，于是折返回去，又修炼了几天。几天后，颜回再次拜见孔子，又是很开心地对他说：“我进入大道的境界了！”孔子说：“怎么讲呢？”颜回说：“我已经忘掉礼乐了！”孔子接着说：“哦，我亲爱的孩子，你真的太棒了，但是现在功夫也还没做够，你离大道的境界还差一点。”

又过了几天，颜回第三次跑来见孔子，说：“这次，我真的进入大道的境界了！”孔子说：“你说得具体一点，怎么就进入道境了呢？”颜回说：“我端坐着，可以忘掉一切了。”孔子问：“我亲爱的孩子，什么叫坐忘啊？”孔子很惊奇，颜回这个话题超纲了，自己也没见过这个新鲜词汇，于是开始向颜回请教。

颜回说：“毁坏形体，泯灭聪明，形智皆弃，与大道混同为一，这就叫作坐忘。”孔子说：“天哪，与道混同为一，就没有好恶之情；与变化同游，就不会固执守常了。你果真成了贤人啊，我愿意跟在你后面学习。”

在前面几个故事中，庄子屡次写孔子企慕大道之情，但都未曾写结果。所以在《大宗师》接近尾声的这一段故事中，庄子特别以弟子颜回为例，说明即便是被仁义礼智摧毁过真性的人，只要倾心大道，也可以循序渐进，最后与大道同游，与万物混而为一。孔子既然向往大道，愿意投身于道家门下，也自然可以达到美好的境界，从而获得大道的加持，解除天道的惩罚。

庄子指出，要想参悟大道，就必须完成三个步骤，首先是“忘仁义”，其次是“忘礼乐”，最后是“坐忘”。礼乐制度非常具体，而仁义则更抽象、更广泛。按理说，应该由简入难、循序渐进，先忘礼乐，再忘仁义，那庄子为什么认为"忘仁义"要先于"忘礼乐"呢？

清代学者宣颖指出，庄子这段话的顺序没错，"忘仁义只是去是非心，忘礼乐则全然不拘束矣，故忘礼乐在忘仁义后"。综合庄子前面写孟孙才简化丧礼而不得，以及孟子反、子琴张因为对着尸体唱歌而被子贡讥讽来看，世俗之礼是最难以撼动的。因为大家的既定思维就是面对死人一定要哭、要伤心，礼节一定要做到位，不然就是不尊重死者，这种约定俗成就是礼乐制度的弊端。所以悟道之人，如孟孙才，即便想简化礼节也简化不了，照样得装模作样地出席丧礼，这就是礼乐制度深入人心、无法撼动的表现。

虽然刻板的礼乐习俗无法撼动，但是人能掌握自己生命的主动权，面对去世的亲友不流泪、不悲伤，这就是去除仁义的举动。因为仁义是一种思维枷锁，得道之人可以在内心为自己松绑，不受外部清规戒律的约束；而礼乐是社会制度，专门针对人的行为提出要求，无论你内心如何抗拒，面上都得过得去。所以忘记礼乐的难度要远远大于忘记仁义，在追求大道的路上，自然是先忘仁义，再忘记礼乐。

那最难忘的是什么呢？是忘记自己。庄子眼中，最厉害的人就是至人。我们在前面的《逍遥游》中已经讲过了，至人的标准就是忘记自己，而忘记自己就要达到"坐忘"的境界。所谓"坐忘"，与前几节讲的女偊告诫南伯子葵的"见独"有些类似，都是通过一定的精神修养，逐渐遗忘天下万物，进而遗忘自己的身心，从而大彻大悟，获得绝对的"真知"，然后超脱时间与死生的束缚。由这种方式达到的境界就完全实现了内心的虚静忘我，最终与天地并生，与万物齐一，使自己的精神达到至极的高度。

庄子认为，精神的自由是至高无上的自由，人的形体可以腐坏，但人的精神却可以长存于天地之间。而要达到最大的精神自由，就必须要认识到人同自然界其他事物一样，都有着由生到死的过程，所以庄子说："死生，命也；其有夜旦之常，天也。"生死犹如昼夜交替，人力是无法改变的，所以悦生恶死，都是没有必要的。

《齐物论》说："其形化，其心与之然，可不谓大哀乎？"人生最大的悲哀不在于形体的枯败，而在于精神随着形体一起衰弱。所以庄子高声哀叹："哀莫大于心死，而人死亦次之"。(《田子方》)

《德充符》里曾讲过庄子和惠子辩论"人故无情"的问题。惠子认为人无情便不可称为人，而庄子认为"道与之貌，天与之形"，便可称为人，并解释说"无情"是指"不以好恶内伤其身"的健康状态。庄子认为，包括"好恶"在内的各种情感都会伤神，人一旦被生死、好恶所束缚，便会累如倒悬；相反，如果能齐同生死，忘却情感，便能不为外物所伤，最终得以倒悬，也就是获得真正的解脱。

我们常常把生与死的概念看得过于重要，以至于给本疲惫不堪的心灵再蒙上一层灰，越发包裹自己、隐藏自己，生怕别人看出我们的脆弱。仓央嘉措有一首诗写道："一个人需要隐藏多少秘密，才能巧妙地度过一生，这佛光闪闪的高原，三步两步便是天堂，却仍有那么多人，因心事过重，而走不动。"

我们这一生都活得太过于精明、太过于算计，算计着今天得到了什么，昨天失去了什么，却忘了观照自己的本心，抚慰自己受伤的灵魂。有时候，我们真该问自己一句，我们所追求的真的能让我们快乐吗？

生与死本就是一瞬间，即使我们日夜奔波，到头来仍旧会不停歇地走向死亡。叔本华说："为了解人生有多么短暂，一个人必须走过漫长的生活道路。"人生短暂，无论我们怎么努力，都不可能长久地占有生命。我们必须珍惜我们存在的每一分钟，才能不枉这人世的一遭。熟悉村上春树的朋友都知道，他有一句名言："死并非生的对立面，而是作为生的一部分永存。"

经历两千年的风霜，远在扶桑的现代作家与古老的庄子发生了心灵的契合。死亡不就是生存的一部分吗？我们为什么要惧怕它的到来呢？我们惧怕的是，只有当死亡到来时，才开始盘算自己过往的岁月为何没有发挥它应有的作用，为何没有实现它本该拥有的意义？追悔莫及，是一个人对生命最大的讽刺。

"顺天命"与"制天命"两手都要抓

前面几节梳理了庄子的人生哲学，知道了通往自由与快乐的必由之法就是以大道为宗为师。这一节将讲述《大宗师》的最后一个故事。

原文：

子舆与子桑友。而霖雨十日，子舆曰："子桑殆病矣！"裹饭而往食之。至子桑之门，则若歌若哭，鼓琴曰："父邪！母邪！天乎！

人乎！”有不任其声而趋举其诗焉。子舆入，曰：“子之歌诗，何故若是？”曰：“吾思夫使我至此极者而弗得也。父母岂欲吾贫哉？天无私覆，地无私载，天地岂私贫我哉？求其为之者而不得也！然而至此极者，命也夫！”

话说，子舆和子桑是朋友。有一段时间一直下雨，下了十来天，子舆心里惦记子桑，就琢磨着“子桑估计饿坏了吧，要不我带点饭，去子桑家给他吃吧”。到了子桑家门口的时候，子舆就听到里面传来一阵阵声音，既像是在唱歌又像是哭泣。推门一看，发现子桑边弹琴边唱歌，歌是这么唱的：“我的父亲呀！我的母亲呀！天呀！人呀！”他的歌声微弱而歌词急促，让人听了就想落泪。

子舆非常不解，赶紧走进去，问子桑说：“你这唱的什么呀？”在家好好的，没事唱什么悲歌呀，还都不在调上。子桑回答说：“我在思索，是什么让我陷入此等穷困境地，我找不到答案。难道是我的父母让我如此贫困吗？难道是天意吗？上天庇佑万物，大地承载万物，天与地难道会如此偏私，偏偏不让我好过？我太想知道贫困的原因了，却迟迟得不到答案，这才有感而发唱起歌来。算了，姑且认为是天命的安排吧！”

这个故事不长，但信息量不少。庄子借助子桑对贫困处境的质问，点出了一个“命”字，传达出：人生在世，不管夭寿、穷达、是非、福祸，皆由天命所致。因为大道有情有信，生天生地，主宰着世间的一切变化，所以修身以安天命者，就必先以大道为师为宗。

需要说明的是，庄子以道为宗为师，强调人与自然合一，同时泯灭是非彼我之心，淡化功名利禄之志，本身是没有问题的。但过于强调天命对人的统摄作用，就容易陷入唯心主义的旋涡之中。

在庄子眼中，人的贫穷都是上天决定的，是无法通过自身的努力而改变的既定事实。与他同时代的荀子，则提出了不同的看法。荀子在《解蔽》里指出，庄子这种天命观“蔽于天而不知人”，太过于看重自然界对于人的管控作用，忽视了人本身具有的改造现实的主观能动性。

荀子虽然也承认天道，但是他不认为天道可以完全地决定人事。他认为，决定社会治乱与人间祸福的是“人”而不是“天”。“故明于天人之分，则可谓至人矣。”(《荀子·天论》)人在天道之外尚存自主选择的权利，很多时候，人定胜天！荀子还进一步指出“天有其时，地有其财，人有其治，夫是之谓能参。舍其所以参，而愿其所参，则惑矣”。(《荀子·天论》)苍天大地各有自己的运行方法，人类也有自己的治理方法，二者是可以相提并论的。统治国家的时候，如果舍弃了治理人事的方法，而完全采用天地运行的方法，那就大错特错了。

荀子不仅不提倡顺从天意，反而提出要对抗天意——“从天而颂之，孰与制天命而用之！”，与其尊崇上天、歌颂上天，不如掌握自然的变化规律并好好利用它。这一番言论也被归纳成了“人定胜天”的思想。

既然如此，庄子“人命天定”的思想是不是就错了呢？也不是。庄子强调天命的决定性作用，但是没有让人放弃精神世界的主导权。对一个人来说，无论多么崇尚人的主观能动性，都必须要承认，实际生活中的很多遭遇是人力所无法改变的。这个时候，如果按照荀子所说的——相信人定胜天，下定决心逆天改命，那么十有八九会撞得头破血流。

庄子的解决方案反而更加具有现实意义。庄子告诉人们，你所经历的这些，无论是贫穷还是富贵，顺顺利利还是困难重重，都是天命所致。即便你付出全部努力，也未必能有所改变。与其苛求外物按照自己的意愿运行，不如顺其自然，在内心为自己修建一个缓冲带。不管努力的结果如何，都不要伤心难过，因为你已经尽了自己的全力，剩下的交给天道来处理就好。千万不要汲汲以求，伤害了自己的天性。

除了这一点，庄子一直在强调顺应天道，还想提醒我们，不要有过多的欲望。“至人”摆脱了世俗的欲望，所以他能忘记自己，“乘天地之正，而御六气之辨”，与大道混而为一，获得了真正意义上的永生。朱熹有一句名言，叫“存天理，灭人欲”。后世往往认为他否定人的正常需求，妄图消灭人的欲望，因此把这句话当作口诛笔伐的对象。但是如果我们仔细梳理这个观点的形成过程，就会知道，朱熹灭的不是正常的人欲，而是多余的人欲。

举个例子，你正常吃饭，朱熹是不反对的；但是如果你天天都想吃鲍鱼龙虾，这就是多余的人欲，是要被剔除的。你娶妻生子，朱熹也不反对，但是如果你想要三宫六院七十二嫔妃，这就算是多余的人欲，也是要被灭掉的。所以朱熹要消灭的是人不合理的欲望，而不是人的正常需求。

庄子也是如此，他也赞成保留人最初始的欲望，但同时也指出人的欲望如果太多，便会伤及天性，也会因此变得愚笨。庄子说“其耆欲深者，其天机浅”（《大宗师》），“凡重外者内拙”（《达生》）。如果一个人的欲望过多，他就必然缺少智慧与灵性；注外重在物质享受的人，他的内在也必定是浑浊而没有智慧的。

庄子还指出：“夫得者困，可以为得乎？”（《天地》）你想要得到的东西，得到之后却反而被这东西所困，这能算是真正有所得吗？一个人赚取了亿万的财富，却天天担心有人偷走他的钱，每天提心吊胆，这能算是开心吗？一个人玩游戏玩到了顶级段位，为了保证自己的排名不掉，他只能天天熬夜打游戏，即便是想睡觉也得继续坚持，这能算是真正快乐吗？我们有时候真的不清楚，是我们赚钱还是钱赚我们，是我们玩游戏还是游戏玩我们。一个人的欲望如果没有节制，那他最后只能被欲望所吞噬。

我们当然应该承认客观需求的必要性，但也不能在正常的自身需求之外去谋取过多的利益，尤其是本不属于自己的利益。老子说：“金玉满堂，莫之能守，富贵而骄，自遗其咎。”钱财多了，你根本就持守不住。富贵还骄横的人，必然给自己留下祸根。老子还说：“罪莫大于可欲，祸莫大于不知足。”一个人最伟大的地方，在于他知道自己该要什么，知道自己不该要什么，知道自己什么时候该要，知道自己什么时候不该要。网上曾流传的一首诗，朗朗上口且道理深刻：“智者乐山山如画，仁者乐水水无涯。从从容容一杯酒，平平淡淡一杯茶。”希望我们都能把曾国藩的一句名言当作我们的座右铭，叫“知足天地宽，贪得宇宙隘”。

总而言之，面对自己合理的欲望与需求，我们要采取荀子“制天命”的方法，去努力追逐我们的梦想；而对于自己不合理的、超出正常需求之外的欲望，我们要采取庄子“顺天命”的方法，清心寡欲，知足常乐，同时对自己努力付出过的事情要顺其自然，不必太在意结果。最后，我们用李煜的一首词作为结尾，这首词是：“浪花有意千里雪，桃花无言一队春。一壶酒，一竿身，快活如侬有几人。”

《大宗师》总结：天命难违，顺应天道才是唯一选择

《大宗师》的主旨是以道为宗为师，包括领悟大道的真人以及小范围体悟大道的各类人物都是我们可以效法的对象。在庄子眼中，道是至高无上的精神主宰，没有人可以脱离道的掌控，因此我们能做的只有学习大道，归依大道，与天道合一，与万物并生，这样才能无往而不胜，获得精神上的彻底自由。正如明代学者陆西星所言：“熟读此者（指《大宗师》)，不惟可消贪鄙之私，而所谓性命大宗，上乘之学，亦不外是而得之矣。”也就是熟读《大宗师》不仅可以消除贪婪之心，还能收获处世之道与人生哲学，世间顶级的智慧便尽在其中了。总之，顺应天之大道，遵循天命，才能超脱身我，才能获得自我满足。

《应帝王》

《应帝王》介绍：如何做一个合格的管理者?

《应帝王》作为《庄子》内七篇的收官之作，在前六篇讨论完“内圣”观念之后，该篇集中阐述了庄子的“内圣外王之道”。如果说前六篇是告诫我们如何修身养性、参悟大道，那么《应帝王》讲的就是当自我修炼到一定境界时，如何参与政治，如何将自己的所思所想、所学所得应用于治国理政当中。

庄子通过谈虚玄的大道，逐步过渡到论现实的帝王之道，由天道统御人道，这便是《应帝王》的创作指归。在《应帝王》中，庄子告诫统治者，要突破一切界限，以“无为”“无私”作为自己执政的标准，不要怀有任何功利目的，才能保证自己的帝王之位永固，不会被窃国者篡取。所以从这个层面上来说，《应帝王》不失为一部优秀的帝王教科书。

庄子认为，帝王有了成心，便会制定规矩与法律，使人们的言行受到限制，这是不可取的。他说，天上的鸟儿和社坛里的家鼠都知道趋利避害，聪明的老百姓又怎么会甘心在帝王的法则下循规蹈矩呢？

在古代，“竹林七贤”之一的阮籍，清高孤傲，大醉六十日以躲避司马氏的高官厚爵；陶渊明追求质朴生活，于是“不为五斗米而折腰，不为乡里小人所欺”，毅然决然地高悬官印而去，重拾自己真正的人生。在当今时代，对上司和领导的服从，已经成了一种既定的生存思维。但这种思维的背后，往往是对权威的无条件服从。我们太喜欢在别人面前表现自己温柔的一面，生怕得罪别人，或者让别人对自己挑理，这种想法实在是本末倒置了。对地位高于自己的人过于献殷勤，便会迷失自我、丢失初心，让人找不到最初奋斗时的那份纯真。

至德，至善，至美——我们苦苦追寻，无限地去接近生命中的理想，它却总是若即若离，所以庄子说要在“无何有之乡”畅快逍遥。那不是隐士的山林，不是幻象丛生的情境，而是只有灵魂深处才有的至虚境界，也是每一个未被世俗沾染过的纯净心灵才有的至臻境界。庄子希望我们每一个人都不再活在别人的评价里，勇敢地做自己。

《应帝王》全篇，除了中间有一小段总结外，通篇都是寓言故事，其核心就是在阐发淡漠无为、顺物自然的统治之道，思想内容比之前的六篇文章要简单一些。我们分为六节来讲，每一节讲述一个小故事，以便能逐步领悟庄子眼中的治国之道。

第一节，先讲讲啮缺和王倪“四问四不知”的故事。大家对这两个人一定不陌生，在《庄子》这部“故事片”里，他俩都是老演员啦。在《应帝王》中，啮缺通过向王倪问话，揭示出了泰氏纯任自然，其民不失朴素之性，以及有虞氏“藏仁以要人”，其民遂有欺诈之心的现实状况。用这一正一反两个事例，向我们传达了君王应该无为无心，去仁去智，才能真正把国家治理妥当。

第二节，庄子讲了肩吾和接舆问答的故事。这俩人，大家应该也很熟悉，《逍遥游》里出现过。庄子在有意地回顾前面篇章的人物，从而将之前论述的大道要理自然地安插在帝王治国理政的叙述当中。通过这则故事，我们要知道的是，庄子眼中的治国之道在于纯任百姓自为自化，也就是让百姓自己管理自己，自己教化自己。依靠统治者的法度规矩来统御民众是不可靠的。

第三节，讲“天根游于殷阳”的寓言，天根想向“无名人”请教治国之法，却被“无名人”骂了个狗血喷头，原因是“无名人”认为谈论治理天下有碍于自己与大道结缘，所以不屑于回答天根的问题。直到天根再一次请教，“无名人”才不耐烦地回答：“你要顺应事物本性并且不掺杂念，天下方可大定。”在庄子眼中，淡漠无为、顺物自然，是一个国家领导者最好的执政方法。如果以私意去强迫百姓，那就大错特错了。

第四节，庄子安排了阳子和老聃的问答。庄子通过道家圣人老聃的话语阐发了所谓的“明王之治”，以此来上接“无为而治”之意，下开“立乎不测”“游于无有”之境，阐发了“圣明之王”功盖四方而不自居，德施百姓而无有所赖的至高境界。

第五节是一个“神神道道”的故事，主人公是季咸、列子和壶子。这个故事讲的是季咸去给列子的老师壶子看病。第一次看病，觉得他没救了；第二次又觉得他有救；第三次说他神色变化不定，无法确诊；到了第四次，季咸还没见到壶子就被吓跑了。之所以季咸每次给壶子看病的结果都不同，全因为壶子能够将自己的真气闭合自如，所以每次展示给季咸的状态不同。庄子借由这个故事想说明，帝王治世在于虚己无为，要像壶子一样立乎不测，使百姓无法窥探自己的真实想法，否则便会像季咸凭借智术看病一样，惨遭失败。

最后一节讲“混沌开窍”的故事。在这个故事之前，庄子先陈述了一小段观点用以总结上文和开启下文，核心意思是：如果君主能淡漠无为、游于虚空，那么百姓自己就能管理好自己。这对于君主和百姓来说是互利共赢的事。但如果君主太爱折腾，那么麻烦事就来了。这个道理怎么理解呢？大家都知道，人有“七窍”——双眼、双耳、鼻孔、口，但是有个叫“混沌”的怪物，一个窍都没有。有两个好心人，一个叫倏，一个叫忽，认为要让混沌和人一样，就必须在它身上凿出七个窍来。于是他们就给这个一窍不通的混沌做起了手术，一天给它开一个窍。按说他们是好心，但不承想，七天之后混沌直接死掉了。庄子用这个寓言，再一次说明了以人为因素干预天道是多么无用且愚蠢，那么应该怎么办也就一目了然了——统治者只有无为而治、顺其自然，才能把一切安顿好，把天下治理好。如果太爱折腾，最后只会受到天道的无尽惩罚。

说完了每一节讲什么，我们还应注意以下两点：

第一点，庄子虽然在讲述治国之道，但是换个角度来想，治理国家和管理公司、教育小孩有很多共通之处。作为领导者，不可过多地干预员工正常的工作节奏，作为家长也不能把自己的意愿强行施加在孩子身上。让专业人士发挥自己的专业特长，让孩子发现自己的兴趣和天赋，反而可以释放出他们自己的潜能，能比你自以为是地指挥达到更好的效果。

要注意的第二点是，庄子虽然讲的是“为君之道”，但是也在阐发“做人之道”。孔子倡导“己所不欲，勿施于人”和“己欲立而立人，己欲达而达人”。庄子在这里和孔子的思想是一致的，就是我想要的，我也让你得到，你不想要的，我也不强加给你，要懂得尊重别人。无论在什么时候，都不可以让自己的私心泛滥，就像庄子所说的“顺物自然而无容私焉，而天下治矣”。

别管别人咋说，做好自己就可以了

《应帝王》中“啮缺问于王倪，四问四不知”的寓言故事原文：

啮缺问于王倪，四问而四不知。啮缺因跃而大喜，行以告蒲衣子。蒲衣子曰：“而乃今知之乎？有虞氏不及泰氏。有虞氏其犹藏仁以要人，亦得人矣，而未始出于非人。泰氏其卧徐徐，其觉于于。一以己为马，一以己为牛。其知情信，其德甚真，而未始入于非人。”

啮缺和王倪这两个人，我们在《齐物论》中遇到过。他们是庄子虚构的两个人物，啮缺是求道之人，王倪则比他更接近大道。啮缺曾问了王倪四个问题——“子知物之所同是乎？”万物有相同的标准吗；“子知子之所不知邪？”你知道你也有不懂的东西吗；“物无知邪？”世界是不可知的吗；“至人固不知利害乎？”无己的至人是无视利害关系的吗？

面对这四个问题，王倪明确表示，自己一个也回答不了，还解释了一通无法回答的原因。“沉鱼落雁”这个成语，就是从他的解释里来的。他说“沉鱼落雁”的毛嫱和丽姬，是举世公认的大美女，但是大雁和鱼见到她们却会感到害怕。这样说来，天下到底有没有统一标准呢？这个问题，还真没法回答。

啮缺一口气问了四个问题，结果王倪全都不知道。可见这王倪虽然博学多才，但也是个没有得道的人呀。想到这里，啮缺不由得在内心冷笑一声，便蹦蹦跳跳地去找好友蒲衣子说这件事了。

蒲衣子听完之后说：“你现在也知道了吧，有虞氏比不上泰氏。因为有虞氏心怀仁义，还要用仁义来笼络人心。他虽然获得了百姓的拥戴，但是陷入了物我两分的境地，还是没有超脱外物的牵绊，比那些欺诈虚伪的人强不到哪里去。

“而泰氏就不一样了，他睡觉的时候自然安适，他睡醒了之后悠然自得。泰氏任凭别人把自己看作马，任凭别人把自己看作牛，无所谓，他完全不在意别人的评价。他的才思真实无伪，他的德行纯真可信，不曾涉入物我两分的困境，也未曾坠入欺诈虚伪的人群之中。这样看来，他反而高出有虞氏一等。”

按照学者们的注释，这里的有虞氏指的是尧的继承者舜。因为他被分封在虞地，所以被称作有虞氏。因为舜是儒家构想的圣王天子，所以庄子在这里用他来代指世俗的政治观念。跟有虞氏对应的泰氏，同样也是上古的帝王。根据郭象的考据，他可能是上古神话中的伏羲。但其实，按照庄子的写作方法，无论这个人是谁，在这里他都是道家的代言人，所作所为、所言所行都配得上得道之人。

郭象说："夫无心而任乎自化者，应为帝王也。"也就是能够顺应自然、无为自化地去统治百姓的人，就应该成为帝王。所以本篇之名《应帝王》就已经表明，统治者一定要顺物自然。

庄子将有虞氏和泰氏的对比故事放在《应帝王》的开篇，旨在说明，统治者要放弃一切诸如仁义的为政举措，顺应自然天道、淡漠人为因素，百姓才能真正地安居乐业，这是当帝王最基本的政治素养。庄子反对儒家的仁义，因为儒家的仁义强调的是彼我之分、是非之别，凡事总讲究个对错，评价人物也总讲究个君子高尚、小人卑贱，把人和人的等级差别搞得越来越悬殊。

在这个故事里，庄子就拿有虞氏来开刀了。有虞氏代表儒家，他虽然奉行仁义、众望所归，但也让百姓们产生了是非彼我的观念。在庄子看来，这是祸国殃民的体现。因为舜本身没有进入物我一体的境界，而是在有仁义、存是非的物我两分之地反复横跳。所以，让他去统治天下，百姓们至多也只能像他一样，因为视野和思维的限制，无法触摸到真正的大道。如果是这样，即便舜能够俘获人心，也不能算真正意义上的好君主，因为他哄骗了百姓，剥夺了百姓顺应天道的机会。

在《天运》里，庄子借老聃之口，批评了三皇五帝推行仁义的政治弊端，他说："舜之治天下，使民心竞。民孕妇十月生子，子生五月而能言，不至乎孩而始谁，则人始有夭矣。"意思是舜治理天下，使百姓心中有了竞争的念头。孩子生下来，五个月就能说话；还不会笑，就已经懂得区别自己和他人。于是，人就开始招致灾祸了。因为儒家的价值体系过分注重私德好坏，过分注重评价结果，所以人们容易为了仁义君子的好名声而互相攀比、恶性竞争。

而泰氏与之截然相反，心思单纯，行为举止完全依循自然，不以外界的评价体系约束自己，不被别人的指指点点而动摇内心。他可以忘记自己，忘记彼与此的分别，忘记仁义礼教，忘记是是非非，因为他真正达到了与大道圆融共通的境界。成玄英说："忘物我，遗是非，或牛或马，随人呼召。"当你把自己与自然融为一体时，你还会在意自己是牛是马吗？人和牛、马会有本质的区别吗？当你将自己的形体和执念都抛却后，又怎么会有是非彼我的观念呢？所以成玄英的结论是："人兽尚且无主，何是非之有哉？"

这就是为什么庄子要把《齐物论》中的故事安插到《应帝王》开头，当君主的如果不能齐同万物，将天下苍生看得和自己一样重要，你还配当君主吗？你如果不能忘记是非、彼我，用自己眼中的"是"去惩罚别人的"非"，全靠一己私欲执掌天下，那你的地位还能保得住吗？

老子说："民不畏死，奈何以死惧之！"当老百姓不怕死的时候，就是统治者倒霉的时候，因为老百姓会用死来对抗反动统治。所以庄子反复强调，君主一定不能有为，一定要无为。要像泰氏一样做到未尝有我，与物俱化。正所谓"不入乎是非之域，所以绝于有虞之世"，郭象的这一句评语，道出了庄子讲述这个故事的本质，那就是君主要与自然相容，抛却仁义是非的观念，无为而治，天下便可安定，这就是泰氏强于舜的地方。

泰氏象征着上古社会，所以不少学者认为泰氏指的是伏羲氏，这种观点是很有道理的。在伏羲那个时代，百姓安居，社会祥和，用老子的话来说就是："甘其食，美其服，安其居，乐其俗，邻国相望，鸡狗之音相闻，民至老死而不相往来。"而尧舜禹一出现，用规则和礼义来统御人民，世界的纷乱就开始了，战火连绵不绝，安静祥和的上古社会便一去不复返了。

投射到我们身上，我们也能在泰氏的身上找到一些为人处世的方法。泰氏不在意别人的看法，不管别人称呼他为牛，还是称呼他为马，他都丝毫不介意。因为内心丰盈的人是不会在意别人的看法的。

人生的智慧，全在于"境界"二字。王国维先生有著名的"人生三境界"之说，第一重境界是"昨夜西风凋碧树，独上高楼，望尽天涯路"，出自晏殊的《蝶恋花·槛菊愁烟兰泣露》。涉世之初，我们懵懂，我们彷徨。但处在这种境界中的人志存高远，对这个世界充满好奇感，朝气蓬勃。

第二重境界是"衣带渐宽终不悔，为伊消得人憔悴"，出自柳永的《蝶恋花·伫倚危楼风细细》。确定了奋斗方向之后，我们会为了追寻理想而废寝忘食、日夜兼程，就是再苦再累也无怨无悔。我们的青壮年时期为了家庭事业不停地忙碌奔波，从不埋怨。

第三重境界是"众里寻他千百度。蓦然回首，那人却在，灯火阑珊处"，是辛弃疾的《青玉案·元夕》中的一句。不少人可能忙忙碌碌却一无所获，但在不经意的瞬间发现，自己追求一生的东西就在身边。不仅仅是物质的回馈与事业的成功，更多的是，你阅尽沧桑后仍旧不改初心的沉稳与豁达，这是很高也是很难得的境界。人，只有历经了世事沉浮，才最终明白世事不过如此；明白了生活终究还是柴米油盐，才会在心中多出一份恬淡与闲适。这是任何功名利禄都换不来

的不老药。

我们有时太在意虚名，太在意利禄，太在意别人眼中的我们究竟是怎么样的。这样做，无疑是把自己活成别人希望的样子，反而丢掉了自己的本真。“人生天地间，忽如远行客。”（《古诗十九首·青青陵上柏》）在有限的人生光景里，我们只做好自己就可以了。不要太在意别人的看法，也不要过于执着对功利虚名的追求，这些东西不过是过眼烟云。正如杜甫所说：“千秋万岁名，寂寞身后事。”（《梦李白二首·其二》）人生的路途要自己选，生活的态度要自己定，不要受任何外界的干扰，做好自己，是最好的人生选择。

治理百姓要像对待孩子一样温和有度

《应帝王》中“肩吾见狂接舆”的寓言故事原文：

肩吾见狂接舆。狂接舆曰：“日中始何以语女？”肩吾曰：“告我：君人者以己出经式义度，人孰敢不听而化诸！”狂接舆曰：“是欺德也。其于治天下也，犹涉海凿河而使蚊负山也。夫圣人之治也，治外乎？正而后行，确乎能其事者而已矣。且鸟高飞以避矰（zēng）弋之害，鼷（xī）鼠深穴乎神丘之下以避熏凿之患，而曾二虫之无知？”

肩吾和接舆都是我们的老朋友啦，在前面的篇章里我们反复和他们打交道。这不，在一个阳光明媚的日子，这俩老头又碰面了。接舆见到肩吾，率先发话，问：“你的老师日中始都跟你说了些什么呀？”肩吾马上回答：“他告诉我，做国君的，凭借自己的意志制定法度，人民谁敢不听从他的命令，谁敢不归顺于他呢？”

接舆一听就来火了，说：“这真是蔑视人性的狂言呀！他这样治理天下，就好比徒手在海里挖凿河道，又好比让蚊子背负大山一样，实在是无稽之谈。”可不是嘛，统治者把自己放在宇宙中心，认为只要自己发号施令，别人就一定会服从——这种想法不把其他人当人看，或许可以推行一时，但终归不是长久之计，可不就像徒手挖河道、蚊子背大山一样吗？

接舆接着说：“圣人治理天下，难道只顾着管别人吗？显然不是。圣人都是先找到自己的本性、摆好自己的位置，然后再去引导他人各自追寻自己的本性，哪能用威权迫使百姓都听自己的呢？鸟儿尚且知道，往高处飞才能免于人类的罗网和弓箭；家鼠尚且知道，在社坛底下挖洞，就可以避开人类的烟熏和挖掘。你一个大活人，在保全自身这件事情上，竟然还不如这两种小生物呀！”接舆的意思是，既然鸟儿和家鼠能想到办法来躲避人类捕杀，人当然也可以找到出路，规避掉统治者的胁迫。而日中始还想当然地认为，百姓只会乖乖听话。这不是太愚蠢，连麻雀和老鼠都不如了吗？

庄子用这个寓言故事来说明帝王的治国之道：要想治理好一个社会，关键在于让百姓无为自化，而不能通过法度、规矩来统治天下。道家意义上的圣人都是先将自我化于大道，然后再引导普罗大众也顺其自然，找到自己的本性。

在这一点上，庄子和老子的思想完全一致。《道德经》第五十七章说：“以正治国，以奇用兵，以无事取天下……天下多忌讳，而民弥贫……法令滋彰，盗贼多有。故圣人云：我无为，而民自化；我好静，而民自正；我无事，而民自富；我无欲，而民自朴。”意思是用正道治国，以奇术用兵，以无为取得天下。天下禁忌越多，人民就越反叛得厉害。法令越是严明，盗贼就越多出现。所以圣人说：“我无所作为，人民就能够自我化育；我喜欢清静，人民就能走上正途；我无所行事，人民就能让自己富足；我无所欲求，人民就能自己返归于淳朴。”

庄子承袭了老子的观点，认为通过“法令滋彰”来强迫百姓服从自己，就像面对洪水只想着堵截而忘了疏通一样，敷衍眼前反而会造成更大的灾难。庄子强调，治理国家一定要顺从自然规律与本性，以人为本，千万不能忽视群众的意见，更不能违背人民的意志。这一观点跟马克思不谋而合。马克思在《哲学的贫困》一书中首次提出，“人民既是历史的‘剧中人’，又是历史的‘剧作者’”；之后又在《路易·波拿巴的雾月十八日》中进一步将这个观点表述为我们熟知的唯物史观。所谓的唯物史观，就是要说明历史不是由王侯将相书写的，而是由人民创造出来的；人民可以创造自己的历史，而历史也只能由人民来创造。按照这个道理，如果执政者得到了人民的支持，那么这个王朝就会走向繁荣；而如果统治者鱼肉百姓甚至动用严刑峻法，那么民众揭竿而起，最终也会推翻他的统治。

这个道理看上去离我们很远，但是请仔细想想：在家庭中，你真的没有用“家长权威”主导过孩子的意志吗？在职场中，你真的没有用“前辈姿态”敲打过初出茅庐的新人吗？这些当然到不了“创造历史”“政权统治”的高度，但是庄子想说的道理，其实已经渗透进生活的方方面面了。

以教育子女为例，当今激烈的竞争环境，催生了一大批为培养孩子不惜一切代价的“虎妈狼爸”。这类父母通常采取“一言堂”的育儿模式，不管孩子本身的资质如何，也不管孩子是否愿意学某些技能，只要是专家或学者认定有用的课程，就全给孩子报上。从数理化到音体美，从武术赛场到奥赛课堂，孩子从小就背负着巨大的学业压力，使得他们本该快乐成长的童年变得痛苦不堪。而痛苦的根源，往往是父母自己的“天才梦”：因为自己没有获得最优质的教育，所以孩子必须克服万难上名校；因为自己没有实现梦想，所以孩子必须替自己实现目标……诸如此类的隐形压力，跟暴君一意孤行的法令，又有什么区别呢？

按照庄子的说法，为人父母最基本的教育理念应该是顺其自然。顺其自然并不代表放纵不管，而是在了解孩子兴趣爱好及个人天赋基础上，为孩子制定合理、科学的培养方法，用最能让孩子接受的方式培养孩子，发挥孩子的自身潜能。中国青少年研究中心家庭教育首席专家孙云晓说：“儿童时代就是不断探索实践、发现自己的过程。要明白孩子的学习有趋利避害、取易避难的特点。他们的兴趣是容易变化的，认识自己需要一个过程，不必要求无论什么事情一定要做到底，允许他们探索自己。”家长要做的是引导孩子发现自己的兴趣，并且给予相应的支持与鼓励，而不是一意孤行地按照自己的想法为他们规划蓝图。

人的创造力是不可能在恐惧中充分展现的。麻雀和老鼠尚且知道如何规避惩罚，又何必让所谓的“家规家教”变成对付孩子的手段呢？给孩子多一点自由的空间，就是给他们多一点成长的机会。有一天你会发现，这颗昔日的小草早已长成一棵参天大树，他们从来就不用模仿奇迹，因为他们本身就是奇迹。

没有私心，是成功的开始

庄子《应帝王》中“天根游于殷阳”的寓言故事原文：

天根游于殷阳，至蓼（liǎo）水之上，适遭无名人而问焉，曰：“请问为天下。”无名人曰：“去！汝鄙人也，何问之不豫也！予方将与造物者为人，厌则又乘夫莽眇之鸟，以出六极之外，而游无何有之乡，以处圹埌（kuànglàng）之野。汝又何帛（yì）以治天下感予之心为？”又复问，无名人曰：“汝游心于淡，合气于漠，顺物自然而无容私焉，而天下治矣。”

话说有一天，天根在殷山的南面游玩，不知不觉就走到了蓼水的河岸上，恰好碰到了无名人。这个无名人是一位得道高人，天根当然不能放过这个求教的好机会，于是虚心地说：“请问治理天下有什么好的方法呢？”

谁知道，无名人一听这话就生气了，说：“快走开！你这个鄙陋的人，为什么要问这种不妥当的问题呢？我正要同造物者交朋友，感到无聊的时候，便乘坐像飞鸟一样的清虚之气飞出天地四方、超脱六极之外，遨游于虚寂无有的地方，居住在旷荡无垠的世界。你为何要拿治理天下这种俗事来扰乱我的心呢？”

这一番话直接把天根给说蒙了，于是他再次发问。无名人没办法，只好耐着性子说：“你果真想要治理好天下，就要保持本性，游心于恬淡之境，使自己的气息与自然之气合为一体，顺应事物的本性而不掺杂个人的偏私，才能得偿所愿呀！”

故事到这里就结束了，仍然是在讲治理天下的方法。庄子这次没有请老朋友出场，而是用了天根和无名人两位新朋友，这两位朋友的名字都很有意思。宋代政治家王安石的儿子王雱（pāng）认为，天根出自《道德经》第六章的“玄牝（pìn）之门，是谓天地根”，意思是，道作为高深莫测的母体，它就是天地的根本；而无名人出自《道德经》第一章的“无名天地之始”，也就是无名是天地的开始。庄子用老子“天地根”和“无名之始”的概念来给故事的两个主人公命名，就足以看出庄子本身是完全信奉老子的，相信道是衍生天地万物的根本力量。

清代学者刘凤苞又进一步注释了庄子的意思：“以天根为天之根柢（dǐ），无名为德之无迹。”天根代表的是天地的根本，也就是所谓的道，万物皆是由他衍生出来的；而无名人代表的是道的原生力量，他可以让道在悄无声息中衍化出世间万物，也就是无名人可以教天根如何演化出世间万物。所以天根要服膺于无名人，也只有无名人才可以教化他。

那么，无名人最后教会了天根什么呢？答案很简单，那就是治理天下一定要淡漠无为、顺物自然，尤其不可以用私心去强制百姓服从自己，这是统治者最忌讳的施政手段。

我们前面在讲《大宗师》时已经给大家讲解过，道的根本特点就是羽化众生，没有私心。真人是道的化身，它的特征是“不逆寡，不雄成，不谟士……过而弗悔，当而不自得也”。在意而子见许由的故事里，许由直接指出了大道的特点，即“齑万物而不为义，泽及万世而不为仁”。

道就像是一抹春风，滋润万物，调和阴阳，却从来不认为自己有什么功劳，一切都是出于淡漠无为、福泽世间的目的。天根不明白道是如何演化万物、管理万物的，所以也就不知道要如何治理天下。无名人告诉他，大道演化万物是出于纯任自然、无为自适的目的，不能掺有任何的私心杂念，否则就没法统治世间万物。作为统治者，也就是具象化了的道，必须淡漠无为、顺物自然，完全摒除私心，才能统治民众，不然就会遭受灭顶之灾——这就是人道和天道的统一。天道怎么统治世间万物，人道就怎么统治黎民百姓。

在这里，庄子又一次把主旨落在了“天人合一”的思想上，也再一次回应了《大宗师》中“天与人不相胜”和以道为宗为师的观点。其实，在天根第一次请教如何治理天下时，无名人就已经用自己与造物者交朋友、超脱六极之外的想法来回答他了。但是天根没听懂，再一次请教了无名人，无名人这才把他治理国家的原则一一道来，其根本观点还是在阐发道育化万物的自然之理。

我们在日常生活中，也会犯无名人口中所谓私心过重的毛病。我们无法真正做到淡漠无为、顺物自然，所以总在惶恐不安与痛苦纠结中辗转度日。很多人都有这样一种心态：每做一件事都要盘算一下，这件事是否能给自己带来好处，不做这件事会不会吃亏。“利”字当头，或许是我们为人处世中最大的忌讳。

有一个成语叫“螳螂捕蝉，黄雀在后”，出自刘向的《说苑》，但它最早的版本却源出《庄子》。在《庄子·山木》中，庄子借助螳螂和异鹊的故事说明世间求利之人往往反受其害。即使如愿以偿，所付出的代价也极其巨大，以致得不偿失。而这一切都是因为私心太重。私心重往往会把我们正常的生活节奏打乱，同时会降低我们对于事物的判断能力，让我们变得冷漠无情，甚至会用歪门邪道去打击我们的竞争对手。

“顺物自然而无容私焉”，是我们每一个人都应该学习的至理名言。不管做什么事情，都要在心理上顺其自然，在态度上去除私欲，用更长远的眼光看待一切发展中的事物。正如哲学家叔本华所说：“无知和富有在一起，就更加身份大跌了。”眼前的利益是转瞬即逝的小利，我们需要的是更长远的发展，更持久的福泽。斤斤计较只会让自己的路越走越窄，放下私利的人则更能在激烈的社会竞争当中赢得头彩。

要想治理好国家，就别让人轻易看透你

庄子《应帝王》中“阳子居见老聃”的寓言故事原文：

阳子居见老聃，曰：“有人于此，向疾强梁，物彻疏明，学道不倦。如是者，可比明王乎？”老聃曰：“是于圣人也，胥易技系，劳形怵心者也。且曰虎豹之文来田，猿狙之便执斄之狗来藉。如是者，可比明王乎？”阳子居蹴然曰：“敢问明王之治。”老聃曰：“明王之治：功盖天下而似不自己，化贷万物而民弗恃。有莫举名，使物自喜。立乎不测，而游于无有者也。”

故事的内容是这样的，话说有一天，阳子居来拜访老聃，也就是老子。阳子居对他说：“假如有这样一个人，他思维敏捷、身体强悍，对待事物洞察准确、了解透彻，学起道来专心勤奋从不倦怠。像这样的人，可以跟圣哲之王相提并论吗？”

老聃说：“这样的人，在圣人看来，跟更换职事的小官员、为工巧所系累的工匠们差不多，总是消耗很多体力，以至于心神不宁。这就好比什么呢？好比老虎和豹子因为毛色美丽，而招来猎人的围捕；猕猴因为身手敏捷、善于跳跃，而被人用绳索拴住。像这样的动物，也可以拿来跟圣哲之王相提并论吗？”

阳子居听了这番话之后，脸色顿改，然后惶恐不安地说：“那我冒昧地请教一下您，圣哲之王是怎么治理天下的呢？”

老聃说：“圣哲之王掌管政务，功绩普盖天下，却不把成绩归功于自己；教化施及万物，但百姓不觉得有所依赖；功德无量，却无意于显露自己的名声；使万事万物各居其所，从而欣然自得；立足于高深莫测的神妙之境，却又好像生活在什么也不存在的至虚境界里。”

阳子居，就是杨朱，战国时期魏国人，属于道家早期代表人物，或曾学于老子，或云在墨子之后。目前可见资料较少，其著作早已散佚，只有零散的资料见于《孟子》《列子》《韩非子》《吕氏春秋》等书，主张“贵生”“重己”。他有一句名言，叫“人人不损一毫，人人不利天下，天下治矣”，也就是人人都不拔自己的毫毛，人人都不刻意做有利于天下的事，那么天下就治理好了。所以杨朱被后人指认为是有极端自私主义倾向的人。

就是这么一个人，他来向老聃请教学问。他说，如果有一个人世事洞明、思维敏捷并且善于学道，这种人能称为圣人吗？阳子居这里所说的道，根据上下文我们可以得知，并不是道家所谓的道，而是儒家所谓的道，所以老聃马上脸色就变了，说学习这种道的人无非就像是小吏和工匠一样，虽然有一技之长，但是每天累死累活的，有什么可值得称赞的呢？

在庄子眼中，儒家学者就是这样，喜欢四处散播自己的学问，以教育别人为乐趣，而且极其迂腐，最后作茧自缚、惨死于外。像孔子的学生子路就是这样。子路因为插手卫国的事，被别人攻击报复。在打斗的过程中，子路受了伤，系帽子的绳带也被人割断了。这时他想起老师的教诲，喊起了“君子死，冠不免”的口号。结果，在整理衣冠的时候，他被对方砍死，最后被剁成了肉泥。如果他不管帽子拔腿就跑，说不定还能保留一线生机。但他把衣冠的整齐看得比生命还要重，最终惨死。后来，子路之死成了“迂腐”“不知变通”的代名词。在庄子眼中，儒家的道也是如此：为面子上的事做得漂亮而感到自豪，最后也将因为迂腐而丢失更本质的东西。这样的道根本算不上大道，学这些也只会让人耻笑罢了。

那什么才是治理天下的大道呢？上古的圣王们治理天下用的是什么方法呢？阳子居继续向老聃求教。老聃最后给出了方法，那就是惠及天下而不居功自傲，功盖四海但不显露自己的名声，教化百姓但让百姓不会过分依赖你，这就算是最完美的君主了。大道之人是从来不求回报的。

推而广之，在道家学者眼中，最好的社会就是，虽然有统治者，但是百姓不觉得有人在统治。所谓的统治者，不过是一个国家的象征而已。《道德经》第十七章说："太上，不知有之；其次，亲而誉之；其次，畏之；其次，侮之。"意思就是，最好的国君，百姓感受不到他的存在；次一等的国君，百姓亲近、赞扬他；再次一等的国君，百姓都畏惧他；最下等的国君，百姓都蔑视、侮辱他。所以老子说，最理想的状态是有人为百姓奉献一切，但百姓仅仅知道有这么个人，既不称颂他，也不咒骂他。因为国君从来不将功劳归于自己，也从不叨扰百姓。

这一点，庄子也有继承，他在《天地》中说："上如标枝，民如野鹿。"也就是统治者就像是树顶上最高的那一片叶子一样，只是一个标志。老百姓则像野鹿一般，无拘无束，自由自在地奔跑。这就是统治者的最高境界，包容寰宇，但又不着痕迹。

此外，老聃还提出一个重要的指标，那就是"立乎不测""游于无有"。统治者要立足于高深莫测的神妙之境，并且游于至虚的境界。简单来说，就是让别人猜不透你，立乎不可测实的境地，从而保证自己的周全。正如《胠箧（qūqiè）》中所说："鱼不可脱于渊，国之利器不可以示人。"《道德经》第三十六章也说："鱼不可脱于渊，国之利器不可以示人。"国家的治理之法和统治者内心的真实想法，不可以让别人知道，否则就会被别有用心的人加以利用，最后危害自己的统治。

综合来看，庄子在这个故事中依旧在强调君主要"无为而治"，顺应民众自己的本性，同时淡漠处事，不居其功，便可以天下大治。

作为普通人，我们要学习的不仅仅是其中讲述的顺物自然之理，还有庄子所讲的不以自己的优长津津乐道、不让别人轻易看穿你这两点。这两点综合起来就是一句话：做人要低调。

在日常生活中我们经常会向别人展示自己的才能与想法，这本身是没有问题的，但是过度的炫耀甚至扭曲事情的真相，就会遭受别人的非议。言多必失，永远是人际交往中的一把达摩克利斯之剑。

我们都知道苏轼这个人，但你知道苏轼他爹苏洵为什么要给他起名叫“轼”吗？苏洵曾经写过一篇文章，叫《名二子说》，目的就是要向世人说明，我给苏轼、苏辙这两个儿子起名的缘由究竟是什么。“轼”就是古代马车前方的横木。苏洵说：“车轮、车辐、车盖、车厢，都有具体的作用，唯独作为扶手的横木好像没什么用处。但如果去掉这个横木，那这辆车就不是一辆完整意义上的车了。所以，轼儿啊，我担心的是你不会隐藏自己的锋芒啊。”所谓知子莫若父，苏洵知道自己的大儿子天赋异禀，喜欢评说世事，妄论人非，所以告诉他要韬光养晦，跟“轼”一样低调处事，等该出手时再出手。很可惜，苏轼没有领悟到父亲的这一层深意，不仅喜欢彰显自己的才华，惹得同僚嫉妒，还经常议论时事，写下不少关于党争和改革变法的诗篇。纵览苏轼的一生，从乌台诗案开始一贬再贬，终生颠沛流离，究其根源，全在苏轼不懂收敛锋芒的性格上，所以苏轼才说：“人皆养子望聪明，我被聪明误一生。”

魏晋时的文人李康在《命运论》中说：“故木秀于林，风必摧之；堆出于岸，流必湍之；行高于人，众必非之。前鉴不远，覆车继轨。”意思是树木高出树林，风肯定会把它吹断；土堆突出河岸，急流肯定会把它冲掉；行事高调超过众人，众人肯定会对他进行诽谤。前车之鉴不远，后面的车也继续翻覆在前车翻覆的路上。要懂得行在前言在后，切不可把话说得太满，把姿态摆得过高，最好像庄子所说的那样

"立乎不测""游于无有"。

虚与委蛇：学会控制自己，就掌握了人生变幻的枢要

庄子《应帝王》中"巫师季咸给壶子看病"的寓言故事原文：

郑有神巫曰季咸，知人之死生、存亡、祸福、寿夭，期以岁月旬日若神。郑人见之，皆弃而走。

列子见之而心醉，归，以告壶子，曰："始吾以夫子之道为至矣，则又有至焉者矣。"壶子曰："吾与汝既其文，未既其实。而固得道与？众雌而无雄，而又奚卵焉！而以道与世亢，必信，夫故使人得而相汝。尝试与来，以予示之。"

这个故事带有一点神秘色彩。讲的是，郑国有个善于占卜相面的巫师，名叫季咸。他能够算出人的生卒时间，以及这辈子所遇到的机会和灾祸。他测算得非常准确，不仅年份无误，而且还能精确到月份和日期，仿佛是神人一般。郑国人见到他都急忙跑开，就怕他直接来一句，大哥你活不过今晚了。

这么一个神神秘秘、让人害怕的人，深深地吸引了列子。列子见到他，内心折服，如醉如痴，转头就把他的情况告诉了老师壶子。列子对壶子说："我总以为先生您的道行最为高深，可如今才知道，天外有天，还有道行更深的人。"

壶子听后便说："我之前教给你的，仅仅是道的外表，还未能教给你道的实质，难不成你真以为自己已经得道了？如果没有雄鸟，雌

鸟怎能生出受精的蛋呢？你啊你，想用表面之道跟别人较量，还想获得别人的信任，所以才会被这位巫师看破了心思，被这位巫师征服。要不这样，你邀请他到我这儿来，把我介绍给他，让他看看我的相吧。”言外之意，你的道行太浅，所以觉得他看相准，你明儿让他给我看看相，看我怎么拆穿他的把戏。

原文：

明日，列子与之见壶子。出而谓列子曰：“嘻！子之先生死矣！弗活矣！不以旬数矣！吾见怪焉，见湿灰焉。”

列子入，泣涕沾襟以告壶子。壶子曰：“乡吾示之以地文，萌乎不震不正，是殆见吾杜德机也。尝又与来。”

第二天，列子邀请神巫季咸一同拜见壶子。季咸走出门来，就对列子说：“哎呀！你的先生快要死了！活不过十天。我看他神色怪异、面如死灰，生命迹象不太明显，不会有错的，赶紧准备准备后事吧！”

列子一听这话，赶忙进屋号啕大哭了起来，泪水把衣服都打湿了。之后，他稍微平静了一会儿，才伤心地把季咸的话告诉壶子。壶子笑着说：“刚才我把寂静的心境展露给他看，茫茫然，既没有身体震动也没有气息。他只能看到我闭塞的生机，这才认定我活不久了。不如，你明儿再让他来看看？”

原文：

明日，又与之见壶子。出而谓列子曰：“幸矣！子之先生遇我也，

有瘳矣！全然有生矣！吾见其杜权矣！”

列子入，以告壶子。壶子曰：“乡吾示之以天壤，名实不入，而机发于踵。是殆见吾善者机也。尝又与来。”

又过了一天，列子再次邀请季咸来拜见壶子。季咸看了几眼，走出门来，就对列子说：“哎呀，你可太幸运了，你先生幸亏遇到了我，现在他的征兆已经减轻了！我刚才观察到，他闭塞的生机中有气息微动的情况，这下有救了！”

列子一听喜上眉梢，进屋把季咸的话告诉给壶子。壶子说：“刚才我把天地间变化生长出来的气象显露给他看，名声和实利等一切杂念都排除在外，生机便从脚跟发至全身。他恐怕已经看到了我的一线生机。这样吧，你明天再跟他一块儿来看看我。”

原文：

明日，又与之见壶子。出而谓列子曰：“子之先生不齐，吾无得而相焉。试齐，且复相之。”列子入，以告壶子。壶子曰：“吾乡示之以太冲莫胜，是殆见吾衡气机也。鲵（ní）桓之审为渊，止水之审为渊，流水之审为渊。渊有九名，此处三焉。尝又与来。”

又过了一天，列子第三次请神巫季咸来拜见壶子。季咸走出门来就对列子说：“你的先生心迹不定、神情恍惚，我不可能给他看相。等到心迹稳定，我再来看他吧！”列子一头雾水，进屋，把季咸的话转告了壶子。壶子说：“刚才我把阴阳二气均衡而和谐的心态显露给他看。他恐怕看到了我内气持平、相应相称的生机。大鱼盘旋逗留的地方，叫作深渊；静水聚积的地方，叫作深渊；流水交汇的地方，也叫作深渊。渊有九种称呼，我给他看到的只有三种。所以，你明天还是得请他再过来一趟呀！”

原文：

明日，又与之见壶子。立未定，自失而走。壶子曰：“追之！”列子追之不及。反，以报壶子曰：“已灭矣，已失矣，吾弗及已。”壶子曰：“乡吾示之以未始出吾宗。吾与之虚而委蛇，不知其谁何，因以为弟靡，因以为波流，故逃也。”然后列子自以为未始学而归。三年不出，为其妻爨，食豕（shǐ）如食人，于事无与亲。雕琢复朴，块然独以其形立。纷而封哉，一以是终。

第二天，列子第四次邀请咸季。季咸还未站定，就不能自持地跑了。壶子说：“追上他！”列子没能追上，回来告诉壶子，说：“已经没有踪影了，让他跑掉了，我没能赶上他。”壶子说：“起先，我让他看的是万籁俱空的境界，始终未脱离我的根本大道。我跟他随意应付，他弄不清我的究竟。于是我使自己变得颓废顺从，变得像水波逐流一样，所以他才逃跑了。”

这之后，列子才知道自己什么都没有学到，于是返回家中刻苦自学，三年都没出门。三年间，他悉心照顾家庭，帮妻子烧火做饭，就连喂猪都像侍候人一样勤勤恳恳，对于各种世事，不分亲疏也没有偏私。列子舍去了浮夸的外表，返璞归真，像槁木死灰一样无知无情，在纷繁的世事中始终可以封闭心窍而不被干扰，终身专守着纯一之道，至死不渝。

这个故事到这里就结束了，究竟有何深意呢？

季咸给人看病相面，与其说靠的是巫术，不如说是预判了人们的心理，在普通人看来好像很厉害，但是遇到了壶子，就全露馅了。

季咸总共上门四次：

前两次来，壶子通过内在功力，控制住了真气的闭合，给季咸展示了截然相反的生命状态，让这位只看表面的巫师得出了完全不一样的结论；

第三次来拜访，壶子展示了没有任何外在征兆的太虚境界，巫师想试探也无从下手，索性承认自己无知，蒙混过关了。在这里，壶子还给徒弟列子分析其中的奥秘。他打了个比方，说如果大道有九层九种情形，那么自己目前只是简单展示了其中的三成，季咸就已经招架不住了，他哪里算得上真正得道了呢？所谓的预测准确，只不过是障眼法罢了，不足以成为标榜他的理由啊。

结果果不其然，季咸第四次来拜访的时候，见识了壶子心斋、坐忘的境界，知道自己骗不过眼前这位高人，只好溜之大吉了。

有学者认为，壶子对外展示的这几种状态，可以看作是修道的进阶过程：首先要身体足够放空，内心足够沉寂，用庄子的比喻就是心如死灰、面如枯槁；其次，在理解万物齐一的基础上，顺应自然大道，把自己与天地合为一体；这然后才能从容地应对万物，彻底地抛弃小我、抛弃成见。

在日常生活中，我们常常因为一句话或者一件小事而得罪旁人。说到底，是我们没有控制好自己的情绪和心性。有时候态度恶劣一些，或者言辞激烈一点，就让别人对我们产生了看法。如果我们控制好自己的情绪，让气息平稳、自由开合，神色喜怒全能够由自己说了算的话，那么很多社交场合、关键对话场景，也就不会紧张失措了。

荀子说："怒不过夺，喜不过予。"(《荀子·修身》)情绪的控制是我们人生课堂当中的必修课程。捕捉情绪是了解一个人的最佳途径，表情和动作会把你的内心想法展露得一览无余，善于观察的人可以充分利用这些征兆，判断和利用你的情绪。在故事中，列子就是这样被巫师季咸征服的，而壶子之所以不被套路，正是有效控制住了自己的面色和气息。失败时不暴躁，成功时不骄横，时刻保证自己的情绪处于稳定状态，这样才可以让我们有清醒的头脑去处理下一件事情。

在历史上，因为情绪失控最终命丧九泉的案例比比皆是。比如辽国的第四代皇帝辽穆宗，是一个性格极端暴烈的君主，不仅杀人成性，而且嗜酒如命。他每天一睁眼第一件事就是摸酒杯。有一天他喝醉酒后，嫌弃仆人招待不周，于是大发雷霆，扬言要杀掉他们。他的仆人一看既然横竖都是死，干脆我先下手为强，于是伙同厨子，趁辽穆宗睡着的时候将其杀害。再比如大家都很熟悉的三国时期的猛将张飞，也是因为脾气暴躁，随意打骂下属，最后在睡觉的时候被范强、张达两个小人杀害。无论何时，我们都应该收束自己的心性，控制好自己的情绪，像壶子一样优游自处，游刃有余。

性格决定命运，我想大家都听过这句话。良好性格的养成，是一件漫长而又艰难的事情，但又无比重要，重要到直接关乎我们的前程。法国哲学家柏格森说："我们的性格即我们的自身。"拥有一个好的性格，就是拥有一个好的老师。好的性格会让你时刻提醒自己，什么时候该做什么事，什么时候不该做什么事。控制情绪，涵养性格，是一个人通往成功巅峰的必由之路，虽然坎坷，但值得走下去！

在这则故事中，有一个成语流传下来，那就是“虚与委蛇”。“虚”的意思是表面的，“委蛇”代指我们常说的蛇。这种动物特别讨厌雷声，每次打雷的时候都会呆立不动，所以此处引申为随便敷衍、虚情假意。在标准用法里，这个成语的最后一个字，读“yí”而不读“shé”，因为蛇这个字本身就是一个多音多义字，当读作“yí”的时候，是形容词，跟“委”字是同样的意思，形容弯弯曲曲的样子。

实事求是，是实现梦想最重要的途径

前面几节讲了五个寓言故事，这些故事都跟政治有关，都在宣扬一国之君应当淡漠无心、顺物自然的道理。在这五个故事之后，庄子有一段小小的总结。

原文：

无为名尸，无为谋府；无为事任，无为知主。体尽无穷，而游无朕。尽其所受于天而无见得，亦虚而已！至人之用心若镜，不将不逆，应而不藏，故能胜物而不伤。

这其实还是延续了上一个故事的主旨，说的是，你内心藏着什么东西，就会被什么东西限制住。比如心里想着名，就会有一颗追求名的心；心里藏着事，就会有一颗追求利的心。作为君主，最容易犯的

错误就是“以谋求名”“以知任事”，用智谋策略求一个千古美名，仰仗着高人一等的智谋行独断专行之事。这叫作“无为名尸，无为谋府；无为事任，无为知主”。

在庄子看来，名和事是该忘掉的，谋和知是该去除的。在世界面前，不要藏有任何心机，而是要潜心体悟无穷的大道，畅游于天地虚无之境，不留一丝踪迹，承受自然的本性而免于自我标榜。“体尽无穷，而游无朕。尽其所受乎天而无见得”，这就是达到了真正空明的心境——“亦虚而已！”

庄子又说：“至人之用心若镜，不将不逆，应而不藏，故能胜物而不伤。”至人的用心就是无所用心，犹如明镜一般。任何事物，只要出现在镜子前，镜子就如实反映它的样貌。这个事物离开了，镜中之影也就消失不见了。镜子对任何事物都没有迎来送往的客套，圣人的用心也是这样的啊！物来则照，物去不留，所以能够超越外物，而不被外物所支配，不会损心劳神。

庄子写这一段，意在点明前面几个故事的主旨：帝王治理国家，首先要做到“虚已任物”，做到无欲无求，才能够以天下为已任。不然私心泛滥，就会为了满足自己的欲望而伤害天下百姓的利益——这是庄子坚决反对的。其次，是“游于无有”，君王除了自己要少私寡欲外，还要顺应百姓的生存需求，要让百姓自治、自化，自己管理自己。这样一来，君主既不会有所劳损，百姓还能够自由畅快地生活，彼此配合默契，最终达到政治双赢目的，这就是庄子所说的“能胜物而不伤”。

纯任百姓自化是道家一贯的政治方针。我们前面讲过，在道家学者眼中，最好的社会就是没有统治者的社会。这个没有统治者，并不是真正意义上的没有，而是统治者只是一个符号，是单纯作为国家的象征而存在的。百姓根本感受不到他的存在，有统治者也跟没有统治者一样，这就是道家学者眼中的“大同社会”。

《道德经》第五十八章说：“其政闷闷，其民淳淳；其政察察，其民缺缺。”意思是政治上一片混沌、无所作为，人民就淳朴忠诚；政治上细密严谨、法令森严，人民就狡黠抱怨。老子也好，庄子也好，都反对统治者有所作为。你施行礼义、大动干戈，看似是为国家好，实际上却把国家搞得乌烟瘴气；你希望自己流芳百世，但结果恰恰是让自己臭名昭著。即便像汉武帝这样的明君圣主，到晚年也觉得自己从前太过于折腾了，还说如果后世有人照搬这套做法，恐怕要跟秦朝一样早亡呀！（“汉家庶事草创，加四夷侵陵中国。朕不变更制度，后世无法。不出师征伐，天下不安。为此者，不得不劳民。若后世又如朕所为，是袭亡秦之迹也。”《资治通鉴·汉纪》）

连汉武帝这样雄才大略的圣主，都知道君主作为太多不是好事。即便把国家建设富强了，也是以老百姓的巨大牺牲为代价的，所以老子和庄子宁愿不要这种遍体鳞伤的强大国家，而选择鸡犬相闻、百姓安居乐业的小国寡民。

有为的害处实在是太大了，庄子马上讲了一个故事来告诉君主，所有的有为都是自以为有为罢了。这个故事是《应帝王》的最后一个故事，也是全篇最精彩的寓言。

原文：

南海之帝为倏，北海之帝为忽，中央之帝为浑沌。倏与忽时相与遇于浑沌之地，浑沌待之甚善。倏与忽谋报浑沌之德，曰："人皆有七窍，以视听食息，此独无有，尝试凿之。"日凿一窍，七日而浑沌死。

相传，南海的帝王名叫倏，北海的帝王名叫忽，中央的帝王名叫浑沌。倏与忽常常相约在浑沌所在的地方见面。每次来，浑沌都用十分丰盛的宴席款待他们。倏和忽很是感激，于是就商量着要报答浑沌的美意，说："人人都有眼、耳、口、鼻七个窍孔，可以用来看、听、吃和呼吸，但唯独浑沌没有，一窍都没有，这实在是有点可惜，干脆我们试着为他凿开七窍，让他和人一样算了。"于是他们每天给浑沌凿一个孔窍，凿到第七天，浑沌死掉了。

这个故事的寓意非常明显，那就是庄子反对君主一切的有为行动。因为君主做出的决定只是从他个人角度思考的结果，带有成见，所以付诸实践之后，能不能起到预期的效果全都是未知数。君主治世，如果建立在如此巨大的不确定性上，就太危险了。任何一个不起眼的小决定，都有可能带给百姓灭顶之灾呀。与其这样，还不如虚己无为、纯任自然，不要做任何贸然的举动。不然就会像倏和忽为混沌凿开七窍一样，适得其反，追悔莫及。

庄子把这个寓言放在《应帝王》的最后，有什么特殊意义呢？七窍是人体内外连接的通道，一直被看作是知识之门，无七窍则无知识，也就无心盛放杂事、无脑算计智谋、无情以待，无所谓善无所谓恶，无所谓自己无所谓外人。对浑沌来说，世界浑然一体，没有任何差别与区分，也就不需要按照自己的想法对其做出改变。也正是如此，他才能成为中央的帝王，让万物以自己的方式取得平衡安顿的状态。

反观倏和忽二位帝王，各自占据一南一北，内心难免充满成见。他们出于好心，帮浑沌开窍，结果却因为自己有限的认知水平，而做了无法弥补的错事。我们经常能在有人做错事的时候，听到一个借口——“疏忽大意，无心之失”，说这个犯错的人并非故意做错，只是没有想到事情会朝着其他方向推进，最终酿成恶果，不就跟倏、忽两位帝王一样吗？

不仅三位帝王的名字内含巧思，寓言中还有一个字非常值得一说，就是这个“凿”字。我们一方面可以感受到倏、忽两位帝王的努力，另一方面也能体会到浑沌所经历的痛苦。很显然，“凿”是以报恩为名，在善的前提下进行的：浑沌与众不同，所以倏、忽二帝就要帮他改造自身天性以适应社会，让他像其他健全的普通人一样拥有七窍。

这难道不是儒家在做的事吗？“己欲立而立人，己欲达而达人”，坚持自己认为对的东西，并且把自己的信仰推而广之；用仁义道德教化民众，用伦理纲常规定行为，告诉人们学习的过程虽苦犹甜。这些改造过程都是对人天性的“凿”，都是在杀死原本独一无二的生命个体，重塑一个符合社会规范的行尸走肉。混沌在倏、忽的善意中被谋杀，就像人们在儒家的仁义道德中被磨损天性一样。任何粗暴的改造，任何用自己标准塑造他人的人，都是帮凶。

在中国历史上，像倏和忽这样出于个人考虑最终弄巧成拙的案例不在少数，最著名的要数隋炀帝。隋炀帝的历史功绩和个人污点都很突出，是一个争议非常大的帝王。但无论是他的崇拜者还是反对者，都不得不承认，隋炀帝开凿大运河，是一件福泽万代的功绩。

从隋炀帝的角度出发，开凿大运河既可以沟通南北，使得南北粮草军械运输便捷，又可以纵贯南北地区的政治、文化命脉，使得南北交通在河道上被紧紧联系在一起，从而巩固隋王朝的统治，彻底结束南北朝的分裂局面。但这只是隋炀帝一人所想，就像倏和忽擅自为混沌开凿出七窍一样。

实际上，隋炀帝这种想法在当时的科技及社会条件下难以实现。为了达到目的，隋炀帝征发了 360 万人以修建运河，前后共费时六年，耗费的钱粮不计其数。与此同时，因为条件的艰苦和督军的虐待，最后因修运河而死亡的民夫竟多达 250 万人！这在后世看来是推动中华民族经济向前发展的“有为”举动，代价却是杀死了数百万像混沌一样的无辜生灵。

所以庄子反对统治者从个人角度出发的一切有为举动。因为从表面来看，统治者是为了天下苍生而考虑，但实际上却是害了天下苍生，就像被倏和忽无端凿死的混沌一样。

《应帝王》总结：淡漠无为，才能潇洒地走过这一生

前面已经完整地讲述了《应帝王》的全部内容，本节就来做一个总结。

《应帝王》是《庄子》内篇中的最后一篇，讲的是庄子的政治思

想——领导者如何做才有利于民。

庄子对宇宙万物的认识基于道。他认为，整个宇宙是浑然一体的，因此没有什么差别与不同，世间的一切变化都出于自然，所有人为因素都是外在的、附加的。那些有所作为的政治家，把自己对世界的有限认识，变成了改造世界的手段——从历史的角度去看，有些举措功在千秋，有些举措遗臭万年。但是从全知视角去看，从庄子对于道的理解出发，所有的人为改造都是逆自然而为之，都是有害的。

庄子主张以不治为治，认为君主最英明的决策就是听任自然、顺乎民情、行“不言之教”。具体来说，一个合格的领导者应当做到少私寡欲、虚己无为、顺应万物天性这三点，尤其是虚己无为。如果掌握权力的人强行按照自己的意志行事，就会像倏、忽为混沌开窍，出于善意而招致恶果。

《应帝王》在揭示完主旨之后，又连续讲了六个故事。这六个故事层层推进、气象开合，最后止步于万象俱寂的混沌境界，再次暗示了全篇“无为自化”的绝妙主旨。而篇末以“南海”“北海”结束，又与《逍遥游》开篇“北冥”“南冥”遥相呼应，让内七篇形成一个回环，结构严谨、文笔连贯，不愧为庄子的精心创制之作。

说完主旨，我们再来回顾一下《应帝王》的逻辑结构。

全篇大体分为六个部分。第一部分是“啮缺问于王倪，四问而四不知”的故事。庄子借蒲衣子之口，说出理想执政者的特点，也就是听任人之所为，拒绝堕入物我两分的困境，不擅用权谋智慧，也不假借任何仁义名目。

第二部分是“肩吾见楚狂接舆”的故事。庄子指出，统治者制定各种行为规范和法令制度，乃是对百姓的一种欺骗和压榨；治理天下，要纯任百姓自化，而不可人为地加以控制；为政者无须多事，倘若非要强人所难，就会像“涉海凿河”“使蚊负山”，注定失败。

第三部分是“天根游于殷阳”的寓言，进一步倡导了“无为而治”的政治策略，抒发了“顺物自然而无容私焉”的主张。庄子认为，治理天下的秘诀在于顺物自然，而不是以私意去要挟百姓，统治者只有去除私心才能走上为公为民的道路。

第四部分是“阳子居见老聃”的故事。庄子提出了所谓的“明王之治”，简言之，就是“使物自喜”“化贷万物”的无为之治。用自然之意去统治百姓的自然之性，让百姓感觉不到统治者的存在，也就更能保证统治者的长治久安。

第五部分是“神巫为壶子看相”的故事。神巫季咸，凭借察言观色的本事为别人占卜看相，连列子也觉得十分厉害。列子的老师壶子想试探他的功力到底有几成，就让徒弟请了季咸四次，然后通过控制气息的开闭，显露不同的心理状态，果真让季咸露出了马脚。庄子想以此说明，只有“虚”而“藏”，才能不为人所测。同理可知，为政也要虚己无为，百姓才能没有忧虑。

第六部分是“混沌开窍”的故事。庄子首先强调为政需要清明，应像镜子那样，来者就照，去者不留，超脱外物而又不被外物所伤，这才是统治者最完美的状态。之后，庄子又讲了浑沌受“人为”伤害，失去本真而死的故事，寓指有为之政祸害无穷。

老子跟庄子一样，也谈治国之道，只不过老子是“无为而无不为”，而庄子是“逍遥自适以求无为”。所以钱穆先生认为“老子实于人类社会抱有很大野心”，因为老子的“无为”终究还是想“无不为”，甚至可以说这也是老子用以愚民的一种口号。老子从帝王角度出发，懂得民众力量之强大，认为如果百姓一朝觉醒，后果将无法预设，所以“无为”只是一种手段，“有为”才是老子真正的目的。

庄子则不然，他讲“无为”，是因为看透了一切纷繁复杂的世间惨象，人与人、国与国之间的“上下交征利”(《孟子·梁惠王上》)已让庄子身心俱疲。统治者为了一己之私，便大动干戈、挥师征伐，结果造成寰宇烽烟、生灵涂炭。正如孟子所说：“争地以战，杀人盈野；争城以战，杀人盈城。此所谓率土地而食人肉，罪不容于死。”(《孟子·离娄上》)所以，庄子怀着满腔的悲愤，写下了《应帝王》，希望日后的诸位帝王都能以此为戒，再不要强作有为、涂炭百姓了。

庄子讲“无为”，在于游心淡漠、顺物无私，纯然一片天机。庄子崇尚真，崇尚最朴素的天性。人之为人，各有不同，无论天赋与经历，都造就了丰富的人性。世界的可爱与可厌都源自这份繁复。为了满足一部分人的利益，就可能会伤害到另一部分人的利益；为了适应一部分人的天性，就必然会牺牲另一部分人的天性。没有谁的天性更高一筹，在人间如此，当人与自然相对时亦如此。

儒家大力提倡仁义礼智，其理论却被用于王权之中，并在政治利益的相互角逐中逐渐变了味，反而成了“封建枷锁”“吃人的礼教”。庄子没有在这种底层问题上停留，而是把视野投向了更广大虚无的道，认为万事万物之间都存在着使其终归和谐的自然法则。就好像食物链，如果以分裂的眼光来看，我们会觉得其中某一个环节弱肉强食，但实际上，食物链的背后蕴含着整个生态系统的伟大平衡，刻意去改变只会导致失控、无序。

当然，庄子的“无为”并非什么也不做，而是提倡为帝王者不应强逆天性而治世，尤其不能出于个人私利去强施有为，无论于人还是于国，都不能如此。我们每个人都会遭遇人生的低谷，都会在某一时刻丧失对生活的希望，但是转念一想，大自然赋予我们形体的同时，也赋予了我们波荡起伏的人生阅历。庄子告诉我们，顺物自然才能无往不胜。我们既要对命运的馈赠有感恩，也要对命运的打击有承受力。任何事物或事情都有两面，就如同硬币不能只有一面，双面俱在才确保其是一个小小的、完整无缺的个体。陶渊明有一句诗写得好，叫“纵浪大化中，不喜亦不惧”（《形影神三首·神释》），希望我们每个人都能在大风大浪的人生境遇里收获生命的美好。

懂庄子

外篇

任逍遥

有书

编著

by You Shu

新世界出版社
NEW WORLD PRESS

目　录

《庄子·外篇》

《达生》

《田子方》

《知北游》

《天运》

《秋水》

《至乐》

《山木》

《庄子·外篇》

《庄子·外篇》导论

《庄子》的内篇、外篇之分，对于古籍研究来说，一般是总论和余论的区别。前者是全书要旨之所在，后者则通常是对前者的进一步解释说明——《庄子》也不例外。内七篇显然是更重要一些，这一点从篇名上就可见一斑。内七篇的标题都是三个字，这三个字未必同时出现于原文，但都能很好地概括该篇的主要论断，可见起名之用心；外篇则有所不同，十五篇文章的标题有两个字的也有三个字的，基本都是简单地按照篇首的文字来命名，像《在宥》《达生》等标题尚且可以概括篇章大意，其他的基本没有内容上的逻辑可言。

不仅如此，外篇是否出自庄子亲笔也一直存在争论。种种资料显示，《庄子》最开始没有所谓的内、外、杂篇之分，分篇极有可能始于汉代。西汉文学家刘向曾经奉汉成帝的命令，对当时保存的典籍进行了一次大规模整理工作，《庄子》内部篇章结构的划定极有可能就是源于这一次整理。

目前，学界普遍能接受这样一个前提：对于先秦典籍中，以某某子命名的著作不应当视为某某子一人所作，而应当视为某某子一派之书。在这个前提之下，庄学的研究者们又进一步达成了一个基本共识：《庄子》内篇系庄子本人所作，而外篇和杂篇虽然与内篇思想一脉相承，但是从文采、结构以及一些细节上看，很有可能是后人假托庄子的名义写的。

虽然有可能是出自他人手笔，但外篇的价值其实并不低。国学大师南怀瑾就认为："做皇帝的帝王之术，军事上的用兵之道等，真正能够运用到《庄子》的，历代每一个大政治家乃至聪明的帝王、聪明的人物，都受了外篇的影响。可以说，外篇是所有的谋略学的始祖。"

外篇一共由十五篇文章构成，其主旨大致可以分为三类：批驳仁义、修道养神、无为自适。批驳仁义的篇章是《骈拇》《马蹄》《胠箧》三篇；阐述"修道养神"的是《刻意》《缮性》《达生》《田子方》《知北游》五篇；最后，《在宥》《天地》《天道》《天运》《秋水》《至乐》《山木》几篇主要讲的是"无为自适"的论点。下面我们按照外篇中各篇文章的顺序，讲述一下其主要思想：

第一篇《骈拇》将儒家的仁义道德比喻为人身上多出来的脚趾和肉瘤，因为不符合自然天性而让人平添烦恼。第二篇《马蹄》与《骈拇》主体思想大体一致，伯乐之于千里马，表面上好像发掘了它的才能功用，实际上为它套上笼头与马鞍，反而加速了它的死亡。圣人之于天下也是如此，用礼乐制度来改造人的本性，反而生出虚伪、肮脏的诸多事端。第三篇《胠箧》依旧是在批判仁义，批判力度比前两篇有过之无不及，甚至直接喊出了"圣人不死，大盗不止"的口号。人们为了防范小偷而使用绳索，但是这种做法反而方便让大盗一把薅走全部，庄子认为仁义礼智不足以防范人祸，反而会成为圣人们绑架社会风气的理论依据。

第四篇《刻意》接续了内篇中的《养生主》《大宗师》，主要阐发养神之旨，认为养生之道贵在去情寡欲，体悟纯真方能达到与世无争的至高境界。第五篇《缮性》主要阐发如何涵养性情，讲述人该怎么修缮本性。第六篇《达生》的宗旨与《大宗师》相同，讲述养生主要在于全神，也就是通达生命实情的人，了悟生命真谛的人，可以保全自己的精神，因为肉体会转瞬即灭，而精神却可以逍遥天地之间。第七篇《田子方》讲述众人学道，只能学到些糟粕，而不能参透其中的要旨。只有“真”才可以参透一切，只有“真”才可以揭示悟道的要诀。第八篇《知北游》讲述道在天地万物之间，虽然虚无，但是可以通过肉眼可见的事物参透。

第九篇《在宥》讲的是宽宥天下，让人按照自然本性生活。第十篇《天地》的主旨在于阐发无为而治的思想，并详细说明了治身、体道的方法和途径。第十一篇《天道》接《天地》而来，讲君主要效法天道无为而治，臣子谨守臣道，有为而卑。第十二篇《天运》承接前面两篇内容，讲人世间一切道法，如帝道、圣道都应该效法天道，与时俱进，而不能滞留于陈规旧迹。

第十三篇《秋水》是外十五篇中价值最高的一篇，旨在论证万物大小，论证是非的极端无限性和人生贵贱、荣辱的极端无常性，要求人们顺应自然，不为追求富贵名利而伤及天性，与《齐物论》有异曲同工之妙。我们熟悉的“子非鱼安知鱼之乐”的故事就出自这一篇。另外，河伯与北海若的七问七答，庄子以“曳尾涂中”的比喻向楚威王表明志向等寓言，也都十分精彩。

第十四篇《至乐》讲的是极致的快乐从何而来。世俗之人认为快乐产生于富贵长寿，痛苦产生于贫贱夭恶，这是完全错误的认知。真正的得道者，将天地作为效法对象，一切顺应自然，以无为为乐。第十五篇《山木》，与《人间世》主旨相同，在于说明若想在乱世间存活，必须抛却骄横之心，沉稳低调，做到虚己无为。

关于《庄子》篇目的真伪问题，很早就有学者关注到，但大部分集中于杂篇，对外篇提出异议的很少。较早对外篇篇目提出看法的，是南宋的学者罗勉道，他在著作《南华真经循本》中指出了外篇中的《刻意》与《缮性》乃是伪作，认为这两篇的内容肤浅不实，不像庄子手笔，于是提出了怀疑。

民国时期的学者叶国庆在《庄子研究》中，甚至将外、杂篇一律视为伪作，在外篇中，他认为“文势不类者”，也就是和庄子内篇文风不一样的有《骈拇》《马蹄》《胠箧》；“思想不类者”，也就是主旨大意和庄子本人不相似的有《至乐》《天道》《天地》；“事实或时代不相符”的有《田子方》《胠箧》。

元代初期有一个学者叫吴澄，他提出要对《骈拇》《胠箧》《马蹄》《缮性》《刻意》五篇“别而异之”，也就是认为这五篇应自成一个体系。它们彼此之间互有联系，同时与庄子其他篇目的思想文风不太一致，所以应该单独视作一个部分。

自晚明以来，有些学者开始偏重于通过某些细节来辨别《庄子》文字的真伪。比如明朝末年的学者朱得之，就认为《田子方》中的“宋元君将画图”这个寓言有一些问题，指出“舐笔和墨”这四个字所描述的，也就是用舌头舔笔后调墨，不是庄子那个时代的行为习惯。

再比如吴汝纶在《庄子点勘》中指出，《天地》中“独弦歌”“卖名声”等，不像是周秦时代人的用语。这些说法大多是凭借着对有关章节的粗浅感受提出的，没有多少真凭实据，但也确实给后代人了解庄子指明了一个方向。

关于这些“伪作”的作者究竟是谁，目前也没有学者给出真正的答案，大部分人倾向于是庄子后学，或是庄子学派中的人所撰写的。也有学者指出是秦汉之间的文人，将自己模仿庄子的文章混入了《庄子》一书，后来人们逐渐无法分辨哪个是庄子原文，哪个是后世人的伪作。

无论如何，《庄子》一书博大精深，蕴含着无穷的宝藏值得我们去细细发掘。

《骈拇》

断鹤续凫：自以为公正，结果为何适得其反？

《庄子·骈拇》中“断鹤续凫（fú）”的故事原文：

彼正正者，不失其性命之情。故合者不为骈，而枝者不为跂；长者不为有余，短者不为不足。是故凫胫虽短，续之则忧；鹤胫虽长，断之则悲。故性长非所断，性短非所续，无所去忧也。意仁义其非人情乎，彼仁人何其多忧也？

故事说的是，在战国时期有一个多事之人。一天，他在郊外看到一群野鸭与白鹤在水里啄食嬉戏。野鸭腿短，只能在浅滩捕鱼；而白鹤腿长，可以毫无障碍地走入河水深处。眼看着野鸭只能吃到白鹤一半的鱼，这个人在旁边看着干着急，转来转去的时候，有了一个灵感。

他想，只要他将白鹤的长腿截断后装在野鸭的腿上，那么野鸭和白鹤就一样高了，自然也不用担心走不到河流深处，捕不到鱼了。有了想法，他还真的付诸实践。结果，截断腿的白鹤颤颤巍巍，再也站不起来了；而续长腿的野鸭也没有像他想的一样捕到更多鱼，而是跟白鹤一样摇摇摆摆，路都不会走了。

显然，野鸭的腿虽然短但灵活敏捷，平白接续一段，反倒产生问题；白鹤的腿虽然很长，但长有长的用处，无故截去一段就会很痛苦。可见，本来就很长的事物不能随意截短，本来就很短的事物也不能随意续长，这是自然规律所决定的。如果非要违背自然规律，自以为公平地取一方之长补另一方之短，那么结果只能是两败俱伤。

庄子讲这个故事，有什么更深刻的含义吗？要理解这一点，就必须要回到《骈拇》的原文了。

我们前面说过，《庄子》外篇和杂篇中的文章，在取名的时候通常直接用开头两到三个字。《庄子·骈拇》的第一句是“骈拇枝（通‘歧’）指，出乎性哉，而侈于德”，所以这篇文章索性就以“骈拇”来命名了。

原文：

骈拇枝指，出乎性哉，而侈于德；附赘县疣出乎形哉，而侈于性；多方乎仁义而用之者，列于五藏哉，而非道德之正也。是故骈于足者，连无用之肉也；枝于手者，树无用之指也；多方骈枝于五藏之情者，淫僻于仁义之行，而多方于聪明之用也。

“骈拇”是什么意思呢？你看我们正常人的脚，五个脚趾都是分开的。但是也有的人一生下来脚趾就连在一起，像鸭掌一样，这种情况就叫作“骈拇”。那什么又叫“枝指”呢？我们常说“节外生枝”，指在不应该出岔子的地方出了岔子，同理，多生出来一个手指头就是“枝指”，也就是俗话说的“六指儿”。

脚趾连在一起和多长了一根手指，都是天生畸形，打娘胎里带出来的，且并无额外用处。与之类似的东西还有很多，比如身上的肉瘤，用现代医学科学来解释，身体细胞分化、增生后会形成囊肿、结块，形成赘瘤如果不及时去处理，它会越变越大，越变越严重，最后危害人的健康。

与这些身体上的累赘一样，人的心理和精神上也会长出一些多余的东西，是什么呢？在庄子看来，人们精神上的“骈拇枝指”就是当时流行的仁义学说。天下失道，仁义才会流行；仁义不足，才用礼法来约束。人体自孕育出世后，就应当顺其自然、天生天长，有自己的品性与欲念。如果人为地编造一套说辞，将仁义礼智信作为评价标准，无疑是顶着聪明之名，行多余之实。

有了这样的理论前提，我们再来看“断鹤续凫”的故事。那些倡导仁义道理的人，将本不是人类天性的仁义道德强加在民众身上，是割开骈拇、砍去枝指的暴力行为，也是“断鹤续凫”的愚蠢行为。因为，在仁义道德之下，人们既要在行为上约束自己，又不能享受精神上的自由，甚至为了符合社会行为规范，迫使自己去遵循道德礼法，压抑情感欲望，结果变得越来越循规蹈矩、绳趋尺步，无端生出许多烦恼，再也无法真实地认识自己。如果仁义道德的结果是这样的，又干吗要强行宣讲呢？

庄子如此厌恶儒家的仁义道德。那么按照他的想法，理想的社会是什么样的呢？原文有这样的一段：

“彼正正者，不失其性命之情。故合者不为骈，而枝者不为跂；长者不为有余，短者不为不足。是故凫胫虽短，续之则忧；鹤胫虽长，断之则悲。故性长非所断，性短非所续，无所去忧也。”

庄子追求的是大道至正。“彼正正者，不失其性命之情。”至理正道是不违反事物各得其所，而又顺应自然的真情。所有事物该是什么样就呈现出本身的面目，无须加以粉饰修正，更不应当为了顺应礼法而违背本真。

“故合者不为骈，而枝者不为跂；长者不为有余，短者不为不足。”以一般的视角来看，合并到一块生长的拇指叫作骈拇，但如果天生如此则不必大惊小怪；以一般的视角来看，在五指旁边长出来的指头叫作枝指，但如果天生如此则也不算多余。同样的道理，修长或者短小，也不一定意味着畸形。天生如此的话，一定自有其道理所在。

“是故凫胫虽短，续之则忧；鹤胫虽长，断之则悲。故性长非所断，性短非所续，无所去忧也。”世间万物，各有长短。长与短之间，并没有优与劣的差别。长的事物不意味着好，短的事物也不意味着不好。长的不必为了适应短的去截断，短的同样不必为了适应长的去接续。这其实就是庄子想要说的天下至理和正道。

庄子对仁义礼法的批判，恰恰是因为礼法对人提出了诸多的行为规范要求，约束了人的情感欲望，迫使人按照社会既定的行为准则去做事。要求人言有度、行有矩，尽管看起来是好事，但实际上是对人天性的压抑，造成一种河清海晏的假象。而庄子的解决方案是回归自然，忘掉虚妄的仁义道德，恢复万物的自然天性。这样一来，人就可以享受精神上的自由与逍遥，不必为了世事纷扰而烦恼。

有三个成语出自《庄子·骈拇》的第一部分。第一个是“断鹤续凫”，原意为截断鹤的长腿去接续野鸭的短腿，结果让鹤和野鸭都不能走路了，比喻行事违反自然规律，凭主观意志办事。第二个是“骈拇枝指”，意思是脚上的拇指与第二趾合成一趾，且手上多长了一个指头，后常用来指代没有具体实用性、意义不大的事物。第三个是“附赘县疣”，意思是附生在皮肤上的小瘤，后常用来比喻多余、无用之物。

臧谷亡羊：好学与贪玩殊途同归，何必为了名声违背天命？

《庄子·骈拇》中“臧谷亡羊”的故事原文：

臧与谷，二人相与牧羊而俱亡其羊。问臧奚事，则挟策读书；问谷奚事，则博塞以游。二人者，事业不同，其于亡羊均也。

传说，一个大户人家有两个家奴，一个叫臧，一个叫谷。两人一块儿放羊，却让羊跑了。主人很生气，就问臧：“你当时在做什么？”臧回答：“拿着书简读书。”主人又去问谷：“那你又在做什么？”谷回答：“投骰子玩耍。”他们俩虽然干的事情不同，人们对两人的评价也不同，可在丢羊的结果上，两人却是相同的。

这个故事的寓意也很简单，常人会对好学与贪玩给出不同的评价，认为看书学习就一定是好的，而游戏就是在浪费时间。但是庄子用逆向思维提醒我们，从某些角度来看，好学与贪玩可能会带来相同的结果。

如果我们把孩子替换成“仁义”二字，也是能讲得通的。在庄子看来，我们千万不能搞道德绑架，不要觉得自己是出于好意，就做出一些违反自然规律的事情。也就是说，不论追求仁义与否，我们的天性都不会发生变化。一个人不会因为没有追求仁义就变得卑劣，也不会因为追求仁义而变得高尚。所以，做人最重要的就是讲究天性和自然，遵循客观规律。

接下来，庄子又讲了一个“伯夷死名与盗跖死利”的故事，这俩人是谁，庄子为什么把他俩的死相提并论呢？

原文：

伯夷死名于首阳之下，盗跖死利于东陵之上。二人者，所死不同，其于残生伤性均也，奚必伯夷之是而盗跖之非乎！天下尽殉也：彼其所殉仁义也，则俗谓之君子；其所殉货财也，则俗谓之小人。其殉一也，则有君子焉，有小人焉。若其残生损性，则盗跖亦伯夷已，又恶取君子小人于其间哉！

先说这伯夷，他是商末孤竹国国君的大儿子，有两个弟弟，其中三弟叔齐特别受父亲喜爱。孤竹国国君去世之后把国家传给了叔齐，叔齐不肯接，就把国君之位让给了大哥伯夷，伯夷谨遵父亲遗愿，也拒绝继承皇位，为了表明决心，还躲到国外去了，国人只好拥立孤竹君的次子为王。

拒绝继位的伯夷和叔齐，来到了西岐。看过《封神演义》的都知道，西岐是西伯侯姬昌的地盘。当时商纣王施行暴政，姬昌的儿子姬发——后来的周武王——起兵讨伐，以姜太公为军师、周公旦为太宰，率大军一路浩浩荡荡地杀向商都朝歌。

故事的结局我们都知道，武王最终推翻殷商，建立了西周王朝。但是过程中有一个插曲，就是西伯侯姬昌的去世。当时，作为儿子的周武王，丝毫没有停兵守孝的意思，甚至都没有好好安葬父亲，把父亲的木质灵牌放在兵车之上，就急匆匆向东方进攻去了。

伯夷、叔齐在半路遇到了东征大军，于是勒住武王的马缰，说："父亲死了不葬就发动战争，能说是孝顺吗？作为臣子去杀害君主，能说是仁义吗？"武王身边的随从见状想要杀掉他们。而太公吕尚则说："这是有节义的人啊。"于是，吕尚就搀扶他们离开了。

后来武王登基，天下都归顺了周朝，但是伯夷、叔齐坚持认为这是不正义的。他们拒绝吃周天子家的粮食，于是逃匿到首阳山，靠采集野菜为生。到了快要饿死的时候，伯夷、叔齐作了一首歌，歌词大意是："登上那西山啊，采摘那里的薇菜。以暴臣换暴君啊，竟认识不到那是错误。神农、虞、夏的太平盛世转眼消失了，哪里才是我们的归宿？哎呀，只有死啊，命运是这样的不济！"最后，两人以名节为陪葬，饿死在首阳山。

说完了伯夷，我们再看看盗跖。关于他，确凿的历史资料不多，只言片语的描述也散见于不同的典籍。传说，他是春秋末期的鲁国人，曾率领奴隶起义军"横行天下，侵暴诸侯"，后来成了江湖大盗，“驱人牛马，取人妇女。贪得忘亲，不顾父母兄弟，不祭先祖”，可以算得上是不顾礼法道德的古今第一人了。

这样一个无恶不作的人最后落了个什么下场呢？好像没有什么现世报，“竟以寿终”，死在了东陵山。

对于这两个人，庄子认为：伯夷为了贤名死在首阳山下，被称为君子，留名青史；盗跖为了私利死在东陵山上，被当作小人，遗臭万年。虽然死亡的原因不一样，历史评价也不一样，但最终都命归西天，死在了山里。又何必赞美伯夷而唾弃盗跖呢？命都没了，分一个君子与小人又有什么意义呢？

《马蹄》

伯乐治马：非但没有知遇之恩，反而伤害了马的天性

本节来讲讲《庄子·马蹄》中“伯乐治马”的故事。

传说中，在天庭管理马匹的神仙名叫伯乐。现代人通常用“伯乐”代指那些善于发现人才、培养人才的好领导。但伯乐真的是马的贵人吗？有没有可能他在培养千里马的时候也伤害了它呢？

原文：

马，蹄可以践霜雪，毛可以御风寒。龁草饮水，翘足而陆，此马之真性也。虽有义台、路寝，无所用之。

及至伯乐，曰：“我善治马。”烧之，剔之，刻之，雒之。连之以羁絷（zhí），编之以皁栈，马之死者十二三矣！饥之，渴之，驰之，骤之，整之，齐之，前有橛（jué）饰之患，而后有鞭策之威，而马之

死者已过半矣！

陶者曰："我善治埴（zhí）。"圆者中规，方者中矩。匠人曰："我善治木。"曲者中钩，直者应绳。夫埴、木之性，岂欲中规矩钩绳哉！然且世世称之曰："伯乐善治马，而陶、匠善治埴、木。"此亦治天下者之过也。

庄子讲了这样一件事。他说：马，天生自由，无拘无束。马的蹄子可以踏霜雪，毛发可以御风寒；饿了就吃草，渴了就喝水；要奔跑的时候，就把蹄子扬到半空——这一切都是马的天性使然，与人类没有关系。对人来说豪华舒适的高台、大殿，对马来说，可能半点用处都没有。

自从有了伯乐，事情就变得不一样了。他曾因善于识别千里马而闻名，后来从事驯马的行当，逐渐成了远近闻名的驯马师。他宣称自己驯马的方法有很多，比如为了把马的野性压下去，就用火红的烙铁烧烫马的皮毛。等到马儿遍体鳞伤、没了力气，再修剪马鬃、削铲蹄甲、烙上记号。最后用络头和绊绳拴连它们，把它们安置在马厩之中。这一套操作下来，差不多有十分之二三的马死掉了。

这还不算完，为了训练马的耐力，伯乐要对它们进行饥饿训练：渴了不给喝，饿了不给吃。马儿只能按照人的标准认真训练，才能过得稍微舒坦点。为了让马步伐整齐、行动统一，伯乐还给马做了全套装备——前有方便人控制方向的嚼子衔在嘴里，后有方便人控制速度的鞭子和马刺打在身上。这一套操作下来，马又死了一大半。

其实，不只是伯乐治马，陶土匠之于黏土、木匠之于木材也是如此。陶土匠说自己擅长制作陶器，圆的经得起圆规的检验，方的符合角尺的刻度；木匠说自己擅长制造木器，该弯的地方与钩弧严丝合缝，该直的地方与拉线墨绳完全吻合。两个人都在各自的技术门类中，达到了登峰造极的水平，但是他们从来没有考虑过：黏土和木头的本性及它们存在的意义，难道是要自身符合圆规、角尺、钩弧、墨线吗？

庄子说："此亦治天下者之过也。"做管理工作的人，往往会陷入这样的思考误区：越精细的规矩标准，越强有力的管理风格，就越能带出好的团队班底，创造出好的业绩或者效益。但庄子告诉我们，并非如此。管理者引以为傲的管理效果，如果是以被管理者的无条件让步甚至牺牲为代价，那么他们就是在滥用权力。

原文：

吾意善治天下者不然。彼民有常性，织而衣，耕而食，是谓同德。一而不党，命曰天放。

故至德之世，其行填填，其视颠颠。当是时也，山无蹊隧，泽无舟梁；万物群生，连属其乡；禽兽成群，草木遂长。是故禽兽可系羁而游，乌鹊之巢可攀援而窥。

夫至德之世，同与禽兽居，族与万物并。恶乎知君子小人哉！

同乎无知，其德不离；同乎无欲，是谓素朴。素朴而民性得矣。及至圣人，蹩躠（biéxiè）为仁，踶跂（zhìqǐ）为义，而天下始疑矣。澶漫为乐，摘僻为礼，而天下始分矣。故纯朴不残，孰为牺尊！白玉不毁，孰为珪璋！道德不废，安取仁义！性情不离，安用礼乐！五色不乱，孰为文采！五声不乱，孰应六律！ 夫残朴以为器，工匠之罪

也；毁道德以为仁义，圣人之过也。

真正懂得管理之道的人，不是这样的。他们深知，老百姓都是按照自己的天性生活，要穿衣就要织布，要吃饭就要种田，这是人所共通的。在符合人本性的活动之中，人们的思想和行为都很单纯，不需要通过结成党羽来壮大自己。庄子管这种状态叫作放任自然。在庄子看来，百姓的问题就出在有“智巧”，只要百姓每天只知道织布和耕种，就不会有各种私欲，社会也就不会有各种问题了。

那社会的问题出在哪里呢？庄子认为就是因为世上出了圣人，倡导仁义勉强世人，于是天下开始出现迷惑与猜疑。

所以在大德昌盛的时代，人们做事缓慢持重，眼神也都比较专一，不怎么东张西望。那时候，山岭上没有栈路也没有隧道，水面上没有船只也没有桥梁；万物共生，比邻而居；鸟兽成群，草木也是自由自在，连成一片茁壮生长。所以，想牵上什么鸟兽一起游玩就一起游玩，想攀缘到哪里去看鸟鹊之窝，也是随便。在这样的至德之世，人和鸟兽混居，与万物并存，何从区分什么君子与小人呢？

保持无知的状态，就不会脱离大道；保持无欲的状态，才能领会朴素的本源。能够做到素朴，也就能使万民的天性得到发挥。但是这一切，到了所谓圣人那里，就变成了仁义礼教，天下众人也就分了家、互不理解，甚至互相敌对。唉，不砍伐纯朴的树木，哪儿来的酒器？不毁坏洁白的璞玉，哪儿来的珍宝？不废弃自然的大道玄德，哪儿用得上仁义？不背离真实的性情，哪儿用得着礼乐？五色不错乱，哪儿能调出好看的色彩？五声不错乱，哪能应和六律？砍伐树木而制造器具，是工匠的罪过；毁坏道德而提倡仁义，是圣人的罪过。

客观地说，庄子的这个观点是极其不现实的：

第一，庄子将人的本性想得过于理想化，认为只要没有“仁义”和“礼乐”的教化，让人愚昧无知，人就可以幸福快乐地生活。这种认知是不符合实际的，人的善与恶，虽然是社会道德所定的评判标准，但善与恶皆是出于人性本身，是与生俱来的，并非后天的教化而得。

在庄子看来，动物是遵循自然之道的，但猛兽之间为了争夺一口食物也会互相厮杀，这是因为什么呢？不也是出于动物的本能吗？优先保障自己或族群能够活下去，这在人类中就是私欲，是为了自己或家人争夺利益。所以，在这一点上，动物和人并没有本质区别。

第二，庄子希望人类社会能够完全遵循自然的发展规律，每天只是织布和耕种。其实这反而是违背了自然的发展规律，人从诞生之日起，就在衣、食、住、行的各个方面不断地创造和改进，这是人类智慧的体现。

从原始社会到奴隶社会，再到封建社会，是人类生产力不断发展和提高的结果。社会制度要不断地适应生产力的发展水平，是自然规律，并非如庄子认为是圣人推行“仁义”才造成了社会的改变。如果按庄子的理想，社会回归到最初的男耕女织，反而是逆历史发展规律的，注定是不可能的。

第三，庄子深刻地揭露了推行“仁义”和“礼乐”的弊端，以偏概全，全盘否定了“仁义”和“礼乐”存在的合理性。推行“仁义”和“礼乐”的确会伴随着一些弊端的产生，比如有些人会投机取巧、虚情假意。但从辩证的角度看，有仁义就有贪欲，有贪欲也就会有仁义，这是正常的。就像汽车可以方便人们的出行，但不能因为它会造成交通事故就将汽车完全销毁。因此我们只能通过提倡仁义批判贪欲，来让社会往美好的、积极的方向发展。而且全盘否定“仁义”本也是违背人性的事情，是不可能实现的。

《胠箧》

“圣人不死，大盗不止”：智巧反而成了砸脚石

《庄子·胠箧》中“胠箧、探囊”的故事原文：

将为胠箧、探囊、发匮（guì）之盗而为守备，则必摄缄、縢（téng），固扃镝（jiōngjué），此世俗之所谓知也。然而巨盗至，则负匮、揭箧、担囊而趋，唯恐缄、縢、扃、镝之不固也。然则乡之所谓知者，不乃为大盗积者也？故尝试论之，世俗之所谓知者，有不为大盗积者乎？所谓圣者，有不为大盗守者乎？

话说，从前有一个吝啬鬼，成天担心别人觊觎自己的财物。为了防着那些溜门撬锁掏口袋的小贼，他就请人做了很多藤木箱子和竹笼，把金银细软和瓶瓶罐罐都装在里面。如此，他还是不放心，又用绳索把箱子捆起来，还加固了门闩和锁芯，防止被撬。如此聪

明机智的办法都用上了，总该万无一失了吧？

可惜他没想到，有一天，一群江湖大盗闯到家中，抬起箱柜就跑，背上竹笼就溜，所有财物悉数囊括其中，一件也没落下。大盗逃跑的时候，还生怕绳索不牢固，担心箱子里的东西掉落出来。吝啬鬼以为自己是聪明人，殊不知，平日里对小偷小摸的提防没有帮自己守住财富，反而给江湖大盗“一锅端”提供了便利，实在是讽刺呀！

庄子讲这个故事，想表达什么呢？故事最后的两句话点明了旨意：“世俗之所谓知者，有不为大盗积者乎？所谓圣者，有不为大盗守者乎？”世俗眼光中的聪明人，能够设计出各种复杂的机关来保护个人财富，可是江湖大盗根本不会把这些放在心上，直接把财富连同装置一并带走，还要担心主人打包得不够牢固。同样的道理，所谓贤能之臣、明智之主能够设计出周密的策略避免大权旁落，可是谁又能保证权力不会被打包窃取呢？其实，机关也好，计谋也罢，都是在跟小偷小摸、小是小非做斗争。如果你只会这些东西，固然可以守得一时安宁，却防不住真正的大盗。一旦大盗窃夺了主导权，你所有的“作为”就都成了为他人做嫁衣裳。

为什么这么说呢？庄子随后举了个例子。

原文：

何以知其然邪？昔者齐国，邻邑相望，鸡狗之音相闻，罔罟之所布，耒耨（lěinòu）之所刺，方二千余里。阖四竟之内，所以立宗庙、社稷，治邑、屋、州、闾（lǘ）、乡、曲者，曷尝不法圣人哉？然而田成子一旦杀齐君而盗其国，所盗者岂独其国邪？并与其圣知之法而盗之。

故田成子有乎盗贼之名，而身处尧舜之安，小国不敢非，大国不敢诛，专有齐国。则是不乃窃齐国，并与其圣知之法，以守其盗贼之身乎？尝试论之，世俗之所谓至知者，有不为大盗积者乎？所谓至圣者，有不为大盗守者乎？何以知其然邪？

昔者龙逢斩，比干剖，苌弘胣（chǐ），子胥靡。故四子之贤而身不免乎戮。

很久以前的齐国，一家挨着一家，邻里之间可以互相看到家门，邻村的鸡鸣狗叫也能听得清清楚楚。方圆两千多里的国家，一派热闹景象，随处可见捕鱼捉鸟的网子，随处可见耕作用的锄犁。四境之内，又是修建宗庙神坛，又是制定乡村制度，这些何尝不是按照圣人的教导来执行的呢？

最后的结果如何？田成子杀了齐国国君，窃取了齐国国柄。他所窃取的，难道仅仅是一个国家吗？他可是连那圣人治国的礼法智慧也窃走了呀！最后，田成子虽然有盗贼的名声，可是获得了如同尧舜一般安逸的生活——弱小的国家不敢非议他，强大的国家不敢讨伐他。齐国在姜氏的治理下延续了几十代，一朝被田氏窃取，马上改天换地，这不就是用圣人智慧帮盗贼守天下吗？

“田氏代齐”这个故事并非庄子杜撰，而是发生在春秋战国时期的真实事件。齐国始建于西周，周武王为了酬谢开国功臣和宗室子弟，将营丘这个地方分封给了他的国师——太公望吕尚，也就是我们常说的姜子牙。姜子牙是姜氏吕姓，所以齐国也被称作姜齐或者吕齐。话说吕尚到达封地之后，采取亲民政策，大力发展民生，加上当地的鱼盐之利，很快就实现了人口大增。到了齐桓公时期，齐国已经正式跻身春秋五霸之列。

后来，齐桓公收留了一位来自陈国的异姓贵族。此人本是妫姓陈氏，来到齐国之后改为田氏。他最开始在齐国掌管手工艺，后来经过几代人的努力，不断取得了公卿贵族的信任，家族终于稳了脚跟。田氏的后人，先是里应外合除掉境内其他家族，后来又发动兵变扶持傀儡诸侯齐悼公。到了田成子时期，他直接杀掉了齐简公，架空了姜氏齐国。最终，田成子的四世孙田和，获得了周安王的册封，取代了姜氏。至此，田氏反客为主，正式成为齐国的正统。

姜齐自太公望立国，至康公贷失国，共二十世、三十二位国君，国祚六百多年，可最终还是被田氏取代。而田氏齐国，从田和到田建八代君主，前后不过百余年时间，虽然不及姜齐，但还处在战国七雄前列。这些对于外姓人来说，都是历史书上的故事。但对于姜氏来说，怎么能没有“为大盗守”的遗憾呢？

不过，有这种遗憾的不只姜氏。庄子（或庄子后学）还说：“昔者龙逢斩，比干剖，苌弘胣，子胥靡。故四子之贤而身不免乎戮。”夏朝的忠臣关龙逢以死相谏，结果被暴君夏桀杀头；商朝辅佐过两代帝王的王子比干，被冠以慢军之罪而被挖心；曾被孔子奉为老师的苌弘曾是忠君报国的典范，最终也难逃车裂的命运；春秋末年的伍子胥多次劝谏吴国夫差举兵攻齐，最终被奸臣的谗言所害。这四个人的贤明与忠诚，不仅把自己的性命搭了进去，还没能扭转王朝灭亡的结局，最终让权力旁落于他人手中，跟姜氏“为大盗守”有什么不同吗？

到这里，《胠箧》的第一个故事算是讲完了。紧接着，一个更加非主流的人物要出场了，他就是喊出“盗亦有道”的盗跖。

原文：

故跖之徒问于跖曰：“盗亦有道乎？”跖曰：“何适而无有道邪？”夫妄意室中之藏，圣也；入先，勇也；出后，义也；知可否，知也；分均，仁也。五者不备而能成大盗者，天下未之有也。

由是观之，善人不得圣人之道不立，跖不得圣人之道不行；天下之善人少而不善人多，则圣人之利天下也少，而害天下也多。箧故：曰唇竭齿寒，鲁酒薄而邯郸围，圣人生而大盗起。掊击圣人，纵舍盗贼，而天下始治矣！

盗跖的门徒向他请教，说：“盗贼也有道义吗？”盗跖说：“哪能没有呢？猜得准房里所藏的物品，叫作圣明；行盗时抢先入户、敢冒风险，这叫勇敢；得手之后，负责断后且处理得干净，这叫讲义气；知道什么可以做、什么不值得做，这叫明智；分赃均匀、不偏不倚，这叫仁德。不具备这五项素养是不能成为大盗的。”

好人不得圣人之道，就不成事；盗贼不得圣人之道，也是不行的。天下的好人少而坏人多，由此可知，圣人有益于天下少，而有害于天下多呀！所以说，牙齿没了嘴唇就冷了，鲁国的酒味淡薄却导致赵国的邯郸遭受围攻，圣人出现大盗贼也就跟着起来了。只有抨击圣人，放走盗贼，天下才会太平呀！

原文：

夫川竭而谷虚，丘夷而渊实。圣人已死，则大盗不起，天下平而无故矣。圣人不死，大盗不止。

虽重圣人而治天下，则是重利盗跖也。为之斗斛以量之，则并与斗斛而窃之；为之权衡以称之，则并与权衡而窃之；为之符玺而信之，则并与符玺而窃之；为之仁义以矫之，则并与仁义而窃之。

何以知其然邪？彼窃钩者诛，窃国者为诸侯，诸侯之门而仁义存焉。则是非窃仁义圣知邪？故逐于大盗、揭诸侯、窃仁义并斗斛、权衡、符玺之利者，虽有轩冕之赏弗能劝，斧钺（yuè）之威弗能禁。此重利盗跖而使不可禁者，是乃圣人之过也。

河流干枯了，山谷也就空虚了；山丘被铲平了，深渊也就不复存在了。利弊之间都是共生互补的。同样的道理，圣人死了，大盗贼就不再产生了，天下也就平安无事了。圣人不死，大盗贼就不会停止。虽然加倍地任用圣人治理天下会让天下好一点点，但实际上，这样的做法也是加倍地有利于盗跖之流。两相抵消，圣人的存在反而是弊大于利。

圣人制作斗斛来量东西，盗贼就将东西连同斗斛一起偷走；圣人制作秤锤秤杆来称东西，盗贼就将东西连同秤锤秤杆一起偷走；圣人制作印章印玺来作为信用的凭证，盗贼就连同印章印玺一起偷走；圣人炮制仁义来矫正人心，盗贼就连同仁义一起偷走。

何以知道是这样的呢？那个偷窃带钩的人会被杀头，窃取国家权力的人反而成为诸侯，诸侯满口仁义，这不正是窃取了圣人的智慧吗？所以追随大盗、推举诸侯、窃取仁义的那些人，不会相信任何人的劝谏，纵有高官厚禄也不能让他弃恶从善，纵有严刑峻法，也不能阻止他犯下罪过。

庄子认为，这天下的恶行之所以屡禁不止，都是因为太过标榜仁义和智巧；仁义即是给人洗脑的理念、说教、意识形态，它们可以被包装得非常美好，但究其本质都是扰乱人心的东西。这些东西可以教化百姓，也可以祸害百姓；可以规范人们的行为，也可以让人变得虚伪。长期被洗脑的人，无法独立思考，反而容易被仁义教条所利用。智巧也是如此，只有聪明人才能精心制造机关、精心筹谋策略，但是“聪明反被聪明误”的事情屡见不鲜，智巧不仅容易被反将一军，还很容易让人忘记做事的初衷、忽视了客观的规律，这些都是有百害而无一利的。所以才说天下的恶行都是圣人的过错。

那该怎么办呢？庄子也给出了自己的答案。

原文：

故曰：“鱼不可脱于渊，国之利器不可以示人。”彼圣人者，天下之利器也，非所以明天下也。故绝圣弃知，大盗乃止；擿玉毁珠，小盗不起；焚符破玺，而民朴鄙；掊斗折衡，而民不争；殚残天下之圣法，而民始可与论议。擢乱六律，铄绝竽瑟，塞瞽旷之耳，而天下始人含其聪矣；灭文章，散五采，胶离朱之目，而天下始人含其明矣。毁绝钩绳而弃规矩，攦工倕之指，而天下始人含其巧矣。故曰：大巧若拙。

所以说：“鱼儿不可以离开水，国家的权柄也不可以显露于人。”圣人便是天下的权柄，是不能够展示给天下的。所以，杜绝圣明抛弃智巧，大盗贼才会止息；扔掉玉器、毁掉珠宝，小窃贼才不会产生；烧掉印章印玺，人才能变得质朴；弄坏计量工具，人才不会互相争执；彻底摧毁天下的圣法，人们才可以共同讨论大道；搞乱六律、销毁乐器，堵住乐师的耳朵，那么天下的人才能拥有听力；消灭图纹、离散五色，粘住千里眼的眼睛，那么天下的人才能拥有视力；销毁一切划钩、准绳，抛弃所有圆规、矩尺，折断工匠的手指，那么天下的人才能拥有自己的技艺。这就叫“大巧若拙”。

这一段的确有反智主义的迹象，但是庄子更侧重于说明这样一个道理：技巧越花哨，就越容易被人挑毛病；主张越强硬，越容易引起别人唱反调；越是显露自己的才干，就越容易引起别人羡慕嫉妒恨等种种情愫，越不利于人际关系的和谐。与其在细枝末节上纠结，不如混混沌沌，大家和睦相处吧。

《刻意》《缮性》

修养的最高层次是虚无恬淡、合于天德

《庄子·外篇》中《刻意》原文：

刻意尚行，离世异俗，高论怨诽，为亢而已矣。此山谷之士，非世之人，枯槁赴渊者之所好也。…………若夫不刻意而高，无仁义而修，无功名而治，无江海而闲，不道引而寿，无不忘也，无不有也。淡然无极而众美从之。此天地之道，圣人之德也。故曰：夫恬淡寂漠，虚无无为，此天地之平而道德之质也。故曰：圣人休，休焉则平易矣。平易则恬淡矣。平易恬淡，则忧患不能入，邪气不能袭，故其德全而神不亏。故曰：圣人之生也天行，其死也物化。静而与阴同德，动而与阳同波。不为福先，不为祸始。感而后应，迫而后动，不得已而后起。去知与故，循天之理。故无天灾，无物累，无人非，无

鬼责。

…………

故曰：悲乐者，德之邪也；喜怒者，道之过也；好恶者，德之失也。故心不忧乐，德之至也；一而不变，静之至也；无所于忤，虚之至也；不与物交，淡之至也；无所于逆，粹之至也。

…………

《刻意》讲的是，世界上有两种人：一种人通过磨砺心志而变得优雅从容，因为倡导仁义而变得自命不凡，抱怨怀才不遇而讥评世事无道；还有一种人，他们不需要倡导仁义就能做到修身自好，不需要追求功名就能让天下得到治理，不需要舒活经络就能延年益寿，没有什么不忘于身外而没有什么不据于自身。第一种人只不过是自命清高，第二种人才是真正的清高——世上一切美好的东西都会汇聚在第二种人周围。这就是天地的大道，也是圣人的高尚道德。

恬淡、寂寞、虚空、无为，这是天地赖以均衡的基准，而且是道德修养的最高境界。安稳恬淡，那么忧患就不能进入内心，邪气也不能侵袭机体，因此他们的德行完整而内心世界不受亏损。

圣人生于世间，顺应天道而运行；死的时候，像万物变化一样自然；平静时跟阴气一样宁寂；运动时又跟阳气一道波动。他们不做幸福向导，也不为罪魁祸首，因而没有自然的灾害，没有外物的牵累，没有旁人的非议，也没有鬼神的责难。

内心不忧不乐，是德行的最高境界；持守专一而没有变化，是寂静的最高境界；不与任何外物相抵触，是虚豁的最高境界；不跟外物交往，是恬淡的最高境界；不与任何事物相违逆，是精粹的最高境界。

《刻意》全篇的中心思想承袭了《养生主》《大宗师》《天道》等多个篇目的主旨，探讨养生和养神的方法。庄子认为，养生之道在于清心寡欲、体悟纯素，做到不喜不怒、莫哀莫乐，完全与世无争，一切任其自然。凡是刻意为亢、为修、为治、为闲、为寿的人，只能成为丧失真性的狂徒，也就不能达到养生的目的了。

道家学派普遍重视养生问题，老子在阐发他的哲学思想时，便提出了一些寡欲养生的原则，如“五色令人目盲；五音令人耳聋；五味令人口爽”（《道德经》第十二章）等。庄子则把这些养生原则进一步发展成了一套完整的养生理论，其主旨就是要求人们弃绝世事、顺乎自然，以恬淡虚无为养生之本。

例如在《庚桑楚》里，他说：“夫至人者，相与交食乎地而交乐乎天，不以人物利害相撄。”在《达生》里，他又说：“夫欲免为形者，莫如弃世，弃世则无累，无累则正平。”后来的《黄帝内经》很明显地继承了庄子的这一养生思想：“外不劳形于事，内无思想之患……形体不敝，精神不散，亦可以为百数。”也就是自己的形体和精神都不受外物干扰，真气和性情也不随着外物而变化，这样就可以获得长寿。

在生活中，我们经常会因为一些小事而大动肝火，也会因为一些小的情绪而整日闷闷不乐。这在庄子眼中，都是很不利于养生的行为。因为你的真气受外在事物的侵袭，已经变得既不纯净也不完整。这样下去的结果，只能是损害自己的健康。

在庄子看来，喜怒哀乐这些过于激荡的情绪都不利于养生。过度欢乐，定会损伤阳气；过度愤怒，则会损伤阴气。阴与阳相互侵害，四时就不会顺应而至，寒暑也不会形成调和，这就会伤害我们自身。庄子认为人是由阴阳二气组成的，因此当阴阳二气受到侵袭时，人就会面临死亡，而喜怒哀乐是造成阴阳不调的罪魁祸首。

下面我们再来看看《缮性》。

原文：

缮性于俗，学以求复其初；滑欲于俗，思以求致其明；谓之蔽蒙之民。

…………

古之行身者，不以辩饰知，不以知穷天下，不以知穷德，危然处其所而反其性已，又何为哉！道固不小行，德固不小识。小识伤德，小行伤道。故曰：正己而已矣。乐全之谓得志。

古之所谓得志者，非轩冕之谓也，谓其无以益其乐而已矣。今之所谓得志者，轩冕之谓也。轩冕在身，非性命也，物之傥来，寄者也。寄之，其来不可圉，其去不可止。故不为轩冕肆志，不为穷约趋俗，其乐彼与此同，故无忧而已矣！今寄去则不乐。由是观之，虽乐，未尝不荒也。故曰：丧己于物，失性于俗者，谓之倒置之民。

《缮性》的宗旨是讲述如何涵养性情，原文的大意说的是，在世俗的流习范围内修治性情，靠仁义礼智的儒俗学说来求复归原始的真性，这就叫作蔽塞愚昧的人。大道广荡本不是小有所成的人能够遵循的，大德周遍万物也本不是小有所知的人能够鉴识的。小有所知会伤害德行，小有所成会伤害大道。所以说端正自己也就可以了，快意地保持本真就可称作是心意自得而自适了。

古时候所说的自得自适的人，不是说得了高官厚禄，而是说已经获得本然的快意，没有必要再添加什么了。现在人们所说的快意自适，则是指高官厚禄和地位显赫。但荣华富贵在身并不是出自本然，而是偶然得来的，是临时寄托罢了。凡是寄托的东西，它们到来时不可阻挡，离去时也不可阻止。

所以，不可为了富贵荣华而放纵心志，不可因为穷困贫乏而趋附流俗。身处富贵荣华与穷困贫乏，其间的快意是相同的，所以说没有忧愁就可以了。如今的人，当寄托之物离去便觉得不快乐。由此观之，即使真正有过快乐也未尝不是迷乱了真性的快乐。所以说，由于外物而丧失自身，由于流俗而失却本性，属于颠倒了本末的人。

在庄子哲学中，对于身外之物一直是持否定态度的。这一点沿袭了老子的学说，老子说："持而盈之，不如其已。揣而锐之，不可长保。金玉满堂，莫之能守。富贵而骄，自遗其咎。功遂身退，天之道也。"（《道德经》第九章）意思是执持盈满，不如适时停止；锋芒显露，锐势就难以保持长久；金玉满堂，无法守藏；如果富贵到了骄横的程度，那就给自己留下了祸根。当一件事情做得圆满了，就要含藏收敛，不然就会物极必反，祸害自身。这是符合自然规律的道理。

庄子进一步延续了这个理论，认为当人被物欲束缚的时候，就会丧失天性的快乐。即便拥有了快乐，也不是真正意义上的快乐。庄子指出，有钱和没钱其实是相同的，都是让人获得快乐而没有忧愁，所以没有必要非得追逐有钱的快乐。国王和乞丐各有自己快乐的一面，而且这种快乐是相同的，不能说国王的快乐就比乞丐的快乐高尚。

“安贫乐道”是中国古代文人士大夫追求的理想境界。无数被世俗繁芜缠身的文人墨客都向往陶渊明、阮籍等人的田园生活，都向往那种“久在樊笼里，复得返自然”的精神世界。因为每一个经历过职场博弈、宦海沉浮的文人都知道，功名利禄不过是过眼云烟，来得快，去得也快，就像庄子所说的“其来不可圉，其去不可止”。所以李白感叹：“功名富贵若长在，汉水亦应西北流。”(《江上吟》)功名富贵若能常在，汉水恐怕就要向西北倒流了。

所以，我们要守护我们的真性，不要因为对富贵的追逐而迷失了自我。世界之大，大到可以容纳天地；世界之小，也小到我们仅能藏身。我们赤条条来，又赤条条去，什么都带不走。能带走的，只有我们赖以生存的真性和为了追逐物欲而千疮百孔的灵魂。

《达生》

子列子与关尹：想要长寿，最好的办法是从养神开始

本节来讲讲《达生》中关于“子列子与关尹”的寓言。

本则寓言第一句话是：“夫欲免为形者，莫如弃世。”一个人想要免除让身体操劳的情况，最好的方法莫过于忘却世事。“弃世则无累，无累则正平，正平则与彼更生，更生则几矣。”这样就会没有劳累，然后走上正确的道路。而一个人走上正确的道路，便可以和自然一样生存和变化，这就接近大道了。“事奚足弃而生奚足遗？”那么为什么要舍弃世俗之事，遗忘生命中的痕迹呢？

“弃世则形不劳，遗生则精不亏。”因为舍弃了世俗之事，就不会让身体劳累；遗忘了生命中的痕迹，就不会让精神亏损。“夫形全精复，与天为一。”只有让身体和精神得到保全，才能跟自然融合为一体。

“天地者，万物之父母也，合则成体，散则成始。形精不亏，是谓能移；精而又精，反以相天。”天和地，就像是万物的父亲和母亲，结合便会形成物体，散开又会是新物体的开始。精神保全不亏损，便能够随自然的变化而变化；精神达到高度凝聚后，将跟自然相辅相成。

在庄子看来，养生的敌人有三种：

一是私心太重。私心太重，便容易伤害身体。因为私心会让一个人变得贪得无厌、拧巴纠结。长期抱有私心会反噬其身。比如一个人的物质欲望特别高，那么想要的东西也会很多。要获取到这些东西就要劳动，而劳动、操心过多会让精神亏损、身体透支，这便违背了养生的初衷。对此，庄子说：“平易恬淡则忧患不能入，邪气不能袭，故其德全而神不亏。”如果一个人可以清心寡欲，那么邪气就不能侵入到人体，从而保持精神饱满、神采奕奕。

养生的第二个敌人是放纵自己的欲望。纵欲容易导致祸端。比如放纵自己的口腹之欲，势必会造成营养过剩，酿成疾病，如因肥胖而引起“三高”、脂肪肝等。在庄子看来，一个人的视觉、听觉、嗅觉、思想，都应该有尺度。如果过于放纵，便会为自己招来祸端，这都是不利于长寿的。

养生的第三个敌人是脾气不好。一个人的脾气不好，就没有办法保持平静的心态，这样很容易引起身体失调，然后各种病症也会出现。

从这三点，我们可以看出，好的养生方法是从精神上开始的。这种注重养神的观点，与《黄帝内经》“精神内守，病安从来”的主张是一致的。

那要怎么样才能如庄子所说的养好自己的精气神呢？庄子讲了一个“子列子和关尹”的寓言故事。

原文：

子列子问关尹曰：“至人潜行不窒，蹈火不热，行乎万物之上而不栗。请问何以至于此？”

关尹曰：“是纯气之守也，非知巧果敢之列。居，予语女。凡有貌象声色者，皆物也，物与物何以相远？夫奚足以至乎先？是色而已。则物之造乎不形而止乎无所化，夫得是而穷之者，物焉得而止焉！彼将处乎不淫之度，而藏乎无端之纪，游乎万物之所终始，一其性，养其气，合其德，以通乎物之所造。夫若是者，其天守全，其神无隙，物奚自入焉！

“夫醉者之坠车，虽疾不死。骨节与人同而犯害与人异，其神全也，乘亦不知也，坠亦不知也，死生惊惧不入乎其胸中，是故遻（è）物而不慑。彼得全于酒而犹若是，而况得全于天乎？圣人藏于天，故莫之能伤也。复仇者不折镆干，虽有忮心者不怨飘瓦，是以天下平均。故无攻战之乱，无杀戮之刑者，由此道也。

“不开人之天，而开天之天，开天者德生，开人者贼生。不厌其天，不忽于人，民几乎以其真！”

话说，列子问了关尹一个问题：“有的人在水里不会感到窒息，踩到火上也不会觉得热，甚至站在万物的巅峰也不会感到恐惧，这是怎么做到的呢？”

世界上真的会有这样的人吗？关尹给出了说法：“这是持守纯和之气的结果，而不是因为取巧和勇敢。也就是说，真正可以做到在水里、火里、高处行走的人，不是凭借来自杂技的技巧和勇气，也不是用了来自魔术的一种方法，而是守住了自己的纯和之气。”

那么什么是纯和之气呢？关尹继续解释道：“凡是有形象、有声音、有色彩的，都是物。而物与物之间，并没有什么高低贵贱之分。这物呀，是由无形之道创生出来的，最后归在虚静无为的道体上。了解了这一点的人，便不会被世俗之物所限定。

“这样一来，便逍遥于万物之外了，也可以做到守住自己的性子，养好自己的精神，让自己的德行越来越好。如果做到了这样，一个人的精神便是完整无缺的，外在的一切便不会伤害到他。”

关尹还在这里举了一个例子：“喝醉酒的人从车上摔下来，即使车很快，他也不会死，这不是因为他的骨节和别人的不一样，而是因为他的精神凝聚在一起。那他的精神是怎么凝聚在一起的呢？喝醉酒的人，在乘车的时候并不自知，掉下车的时候更不清楚。所以惧怕生死的念头不会出现在他的内心里，即使掉下车，他也不会受到太大的伤害。”

当然，这里我们一定要注意，庄子时期的车和现在的不一样，酒也是不一样的。所以这个例子不能放在现代的情景中去思考。这只是喝醉酒，便可因为精神凝聚而达到这样的效果。那如果是因为修养的提高，达到了顺应自然的境界，岂不是更厉害了。

所以，当一个人持之以恒地提高自己的修养，不忽略对天理的认识，便会有一颗生死无争的心，便会按照自己的本性行事。如此，便保持住了自己的纯和之气，做到了精神凝聚，从而不会被外物所伤害了。

养神之法，庄子在《养生主》《在宥》《刻意》《达生》中都写到了。在庄子看来，养形最大的缺陷便是“有为”。相反，如果想要保养精神，尽享天年，最好的办法就是“无为”。无为就是不去胡作非为，不去伤害别人，别人便找不到对你下手的机会。而“清静无为”便是养神。做到精神上的自由，神清气爽，要远比身体上的健全来得重要。这样的思想，是庄子由先秦时期的各种养生之法总结出来的，也成了道教气功养生学的源泉之一。

痀偻承蜩：养神的基本法是神思高度凝聚

《达生》中“痀（jū）偻承蜩”的故事原文：

仲尼适楚，出于林中，见痀偻者承蜩，犹掇之也。

仲尼曰：“子巧乎！有道邪？”曰：“我有道也。五六月累丸二而不坠，则失者锱铢；累三而不坠，则失者十一；累五而不坠，犹掇之也。吾处身也，若厥株拘；吾执臂也，若槁木之枝；虽天地之大，万物之多，而唯蜩翼之知。吾不反不侧，不以万物易蜩之翼，何为而不得！”

孔子顾谓弟子曰：“用志不分，乃凝于神，其痀偻丈人之谓乎！”

这个故事讲的是，孔子到访楚国，在一个树林中看到一位驼背的老人正在用竿子粘蝉，熟练程度就像是在地上捡东西一样。孔子看到这个景象感到很惊讶，对这位老人说："老先生，您的手真巧呀，请问这里面有什么门道吗？"

驼背的老人听了孔子的话，说："我当然有我的办法，刚开始捕蝉的时候，我经常什么都抓不到。于是，我就用圆球来练习。经过五六个月的练习之后，我就可以用竹竿的竿头累起两个圆球了，并且能保持一段时间不让它们掉下来。这个时候我去捕蝉，失手的次数就比原来少多了。后来，我又练习了一阵子，练到累起三个圆球并且保证它们不掉下来。这时候我再去捕蝉，大概能有百分之九十的把握不失手。再后来，我练到累起五个圆球而不掉落的时候，再去粘蝉，就像在地面上捡东西一样得心应手了。"

前面这一段，老人在告诉我们练习和坚持的意义。不管是任何事情，只有坚持严格练习，才能成功。但是老人的话还没说完："我在粘蝉的时候，立定身子，就像是立在地面上的断木；我举竿时的手臂，就像干枯的树枝一样。"

什么意思呢？当一个人精神很集中的时候，便可以控制形体，让身体去掉多余繁杂的部分，仿佛剩下了断木和树枝。这里的"断木和树枝"，不仅指形体上的，还指精神上的。想要做好一件事，精神上不要有太多的牵绊，要"形如槁木，心如死灰"。

这样就可以自如地粘蝉了吗？还不够。老人继续说道："虽然天地广大，万物繁多，但我的心思全部都放在了蝉的翅膀上，从不思前想后、左顾右盼，也不会让外物打扰到我的注意力。你说，如此一来还能不成功吗？"

听完老人的话后，孔子转身对弟子们说："运用心志，使其不分散，凝聚精神，使其不转移，说的便是这位驼背的老人吧！”

说的这里，庄子的意思才算和盘托出：做事贵在全神贯注，把平凡的小事做到极致，才能达到出神入化、炉火纯青的地步。

这个寓言可以联想到《史记》中另一个与孔子有关的故事。

话说，孔子向师襄子学琴，学了十天仍没有学习新曲子。师襄子对他说：“可以增加学习内容了。”孔子说：“我已经熟悉乐曲的形式，但还没有掌握方法。”过了一段时间，师襄子说：“你已经会弹奏的技巧了，可以增加学习内容了。”孔子说：“我还没有领会曲子的意境。”又过了一段时间，师襄子说：“你已经领会了曲子的意境，可以增加学习内容了。”孔子说：“我还不了解曲子的创作者。”

又过了一段时间，孔子仿佛进到新的境界，时而神情庄重穆然，若有所思；时而怡然高望，志意深远。这时候，孔子说：“我知道他是谁了：那人皮肤深黑，体形颀（qí）长，眼光明亮远大，像个统治四方诸侯的王者，若不是周文王还有谁能创作出这首乐曲呢？”师襄子听到后，赶紧起身拜了两拜，回答道：“老琴师传授此曲时就是这样说的，这首曲子叫作《文王操》啊！”

孔子通过反复练习，竟然能揣摩出这首曲子的创作者，甚至能知道他的相貌。可知他彻底理解了音乐的内涵与意境，与创作者完成了精神层面的互通。

这两个故事都讲完了，它们的寓意是一样的吗？不完全是。虽然它们都说明了反复练习的重要性，但是孔子学琴时的反复练习，更注重主体对客体的掌握，也就是练习者在多大程度上理解了曲子的含义。而在痀偻承蜩的故事中，比捕蝉更重要的事情，是捕蝉者自身在练习过程中的提升，也就是驼背老人的神思能够凝聚到何种程度。

换言之，修炼的目标就是让自己的精神和思想都放在同一个地方，不因为外界的干扰而改变。这便是庄子提出的“守一”——用无视无听的方法让自己的精神高度凝聚，用清心少欲的方法让自己的思想不被外物打扰。看不见听不到，便不会分散自己的精力。就像粘蝉的老人不看不听，便可以让自己的形体如同枯木一样，一动不动。普通人不去想外物的繁华纷扰，自己的思想便不会混乱，就如粘蝉的老人，思想只放在蝉的翅膀上面，其他什么都不管，自然就成功了。

人的健康和长寿也是如此。如果一个人不能做到神思凝聚专一，那么万物就会入侵，这样精神就有了牵扯，世上的俗事也会让心神有牵绊。这样的话，人的内心世界就会感到负担很重。一个内心和精神负担很重的人，身体自然不会好。所谓忧思伤身，形体也会因此而被拖累，进而产生疾病。

想要养好自己的精气神，最好的方法就是先忘掉外界事物给自己带来的影响，保持自己的情绪稳定——不要因为好事的发生而过分激动，也不要因为不好的可能性而过分忧思。其次是要忘记这件事对自己造成的约束，不去想这件事会给自己带来荣誉还是损失。这样，我们的思想便不会分散，只专注在一件事上。当然了，想要做到这两点，并不是那么简单的，需要严格的练习，就如同寓言中的老者，能够快速粘蝉，那也是经过训练才达到的。

善游者忘水：忘却外物、顺于自然才是真正的“逍遥游”

《达生》中“善游者忘水”的故事原文：

颜渊问仲尼曰：“吾尝济乎觞深之渊，津人操舟若神。吾问焉，曰：‘操舟可学邪？’曰：‘可。善游者数能。若乃夫没人，则未尝见舟而便操之也。’吾问焉而不吾告，敢问何谓也？”

仲尼曰：“善游者数能，忘水也。若乃夫没人之未尝见舟而便操之也，彼视渊若陵，视舟之覆，犹其车却也。覆却万方陈乎前而不得入其舍，恶往而不暇！以瓦注者巧，以钩注者惮，以黄金注者殙（mǐn）。其巧一也，而有所矜，则重外也。凡外重者内拙。”

颜渊，也就是颜回，是春秋末期鲁国的思想家，孔子的得意门生，孔门七十二贤之首。这位响当当的儒家代表经常出现在庄子的寓言故事中，甚至有两回，他的出场直接涉及了道家心学中十分重要的概念，分别是我们在《人间世》中讲过的“心斋”，以及在《大宗师》中讲过的“坐忘”。我们要讲的这个“善游者忘水”故事，也有颜渊的出场。

颜渊问孔子：“我曾经坐船，渡过一片深渊。那船夫驾船的技术，实在是高超啊！我问他，驾船是可以学习的吗？他说，当然可以学习。会游泳的人，学上几天就会了；会潜水的人，即使他从来也没见过船，也能熟练地驾驶。”颜渊对船夫这段话感到很困惑，问具体是什么意思。但是船夫却不再回答他了。颜渊带着困惑，来请教自己的老师——孔子。

孔子听了颜渊的问题之后，说：“善于游泳的人，可以很快学会驾船，是因为他们已经习惯了水，了解了水，不在乎也不害怕水，所以他们在面对水的时候，会比一般人更加从容淡定。同样的道理，善于潜水的人，没有见过船，也可以熟练驾驶，是因为在他们的眼里，深渊无非就是陆地上的小山包、小土丘，没有什么可怕的。他们也不担心船会翻，因为在他们眼里，翻船不过是和倒车一样的小事。”

心中没有胆怯，做起事情来自然会更加得心应手。孔子接着说：“翻船、倒车这些事情，对他们来说，太过司空见惯了。他们的内心不会受到扰乱，自然可以发挥出高超的技术，在何种情况下都能做到镇定自若。”

为了进一步说明这个道理，孔子又做了一个比喻，说：“这就好比人赌博，用不值钱的瓦器做赌注，便心眼灵活、神情自若；用稍微贵一点的金属带钩作赌注，就会表现出忌惮和迟疑的神情；用昂贵的黄金做赌注，则容易心慌意乱、头昏眼花。其实，一个人不管用什么做赌注，他的技术水平都没有改变。但是因为顾惜这些身外之物，有了思想包袱和心理压力，才表现出不同的状态。这就是为什么把外物看得过重的人，内心一定会笨拙。”

这个规律在我们日常生活中也很常见。一个人的心理负担，会影响他发挥正常水平。比如在体育比赛中或者在考场上，如果过分关注名次、分数，就容易紧张出错，最后反而无法获得理想的成绩。我们通常会把这种情况，视为这个人的心理素质不太好。但庄子告诉我们，究其根本，心理素质不好，容易临场发挥失常，是因为杂念太多，杂念会引发忧郁、恐惧、忌惮、迟疑等各种负面情绪，让人无法全身心投入。这就跟赌徒背着昂贵的赌注一样，越是被身外之物打扰，就越不能进入状态。越不在状态，就越无法得到好的结果。

还有一个故事也能说明这个道理。相传，后羿是古代的一位神箭手，百发百中，声名远播。夏王让后羿对着一块大小一平方尺、红心直径只有一寸的靶子射箭，并对他说："你来射这个靶心，射中了，就赏给你万金；射不中，就剥夺你的千里之邑。"后羿的面色红一阵白一阵，变化不定，呼吸十分急促，就这样开弓射箭——第一箭，没中；再射第二箭，又没中。

夏王问保傅弥仁："后羿这个人，平常射箭，百发百中。可是跟他约定了一个赏罚条件，他就射不中了，这是为什么呢？"保傅弥仁回答："像后羿这种情况，是因为患得患失的情绪成了他的灾害，万金厚赏成了他的祸患。如果人们能够无所畏惧，把厚赏重罚完全置之度外，那么普天下的人，个个都能成为善射的能手而不输于后羿了。"

既然外界干扰太多会导致发挥失常，那么正常发挥甚至超水平发挥又是一种什么样的状态呢？庄子在前面已经用"津人操舟若神"和"善游者忘水"这两件事解释过了，他告诉我们：想要达到高超的技术水准，一定要忘记外物、忘记技巧、忘记自己。

这个"忘记"不是说没有概念、一无所知，而是非常熟悉，以至于能把技巧化作下意识的反应，能把程序步骤内化为经验，能凭借经验从容应对各种意外情况。比如我们都有自己的母语，我们都说普通话，但如果问你，什么情况下可以省略主语，什么时候加儿化音、什么时候读轻声……你恐怕很难立刻回答出来。是你不会汉语吗？不是，你太熟悉了，以至于没有把这些规则、技巧放在心上。如果要求你时刻注意语法规范，反而没法自如地说话了。

为了进一步说明这个道理，庄子又讲了一个“孔子观于吕梁”的故事。

原文：

孔子观于吕梁，县水三十仞，流沫四十里，鼋（yuán）、鼍（tuó）、鱼、鳖之所不能游也。见一丈夫游之，以为有苦而欲死也，使弟子并流而拯之。数百步而出，被发行歌而游于塘下。孔子从而问焉，曰：“吾以子为鬼，察子则人也。请问，蹈水有道乎？”曰：“亡，吾无道。吾始乎故，长乎性，成乎命。与齐俱入，与汩偕出，从水之道而不为私焉。此吾所以蹈之也。”孔子曰：“何谓始乎故，长乎性，成乎命？”曰：“吾生于陵而安于陵，故也；长于水而安于水，性也；不知吾所以然而然，命也。”

这个故事的意思是，孔子在吕梁观赏瀑布，看到瀑布有二三十丈高，激流打起的水花飞溅到四十里开外，鱼类和两栖动物都不敢在这一带生活。就是这样危险的地方，却有一个壮年男子在水里游泳。孔子以为这个男子是想要寻死，便派了弟子顺着水流去救他。

这时却见男子游出百步远之后露出水面，披散着头发，一边唱着歌一边朝岸边游去。孔子跟在他的后面，说道：“我还以为你是鬼，仔细看你却是人。请问，游水有什么特别的门道吗？”那人回答说，并没有特别的地方，只是“起初是故常熟悉，长大是习惯成性，最后有所成就完全在于顺应自然”。

孔子不解，便问这句话的意思。游泳的人解释道：“我出生于山地，就安于山地的生活，这就是故常熟悉；长大后生活在水边，就安于水边的生活，这就叫作习惯成性；即使不知道为什么会这样，依然这样生活着，这就叫作顺应自然。”而此人之所以可以在这样危险的地方自如地游泳，是因为他顺着水势不做任何违背：水里有漩涡，他就跟着到水底；有向上的涌流，便跟着游出水面。

讲完这个故事，我们再回头看“善游者忘水”，来解答如何做到不为外物所累呢。庄子的答案是“吾始乎故，长乎性，成乎命”——想要做到精通，先要慢慢接触，养成习惯，最后自然而然就可以做到精通了，做到孔子所说的“从心所欲，不逾矩”。

单豹之死：鹤发童颜至七十，原来一直都活错

《达生》中“毅豹之死”的故事原文：

田开之见周威公。威公曰：“吾闻祝肾学生，吾子与祝肾游，亦何闻焉？”田开之曰：“开之操拔篲（huì）以侍门庭，亦何闻于夫子！”威公曰：“田子无让，寡人愿闻之。”开之曰：“闻之夫子曰：‘善养生者，若牧羊然，视其后者而鞭之。’”威公曰：“何谓也？”

田开之曰：“鲁有单豹者，岩居而水饮，不与民共利，行年七十而犹有婴儿之色；不幸遇饿虎，饿虎杀而食之。有张毅者，高门县薄，无不走也，行年四十而有内热之病以死。豹养其内而虎食其外，毅养其外而病攻其内，此二子者，皆不鞭其后者也。”

这个故事讲的是田开之拜见周威公时的情景。周威公是战国初期

桓公的儿子，门第高贵衣食无忧，对养生很感兴趣，听说前来拜访的田开之跟随高人祝肾学习养生之道，便向他打听，说："听说祝肾先生精通养生之道，田先生与祝先生交往，有获得什么秘诀吗？"

田开之很谦虚，说："我跟随老师其实也就是扫扫院子、看看房门罢了，哪有什么高论。"威公说："田先生不必谦让，寡人愿意听一听。"田开之接着说道："听先生说：'善于养生的人，就像是牧放羊群似的，看到有落后的羊，便用鞭子赶一赶。'"

周威公问："这话说的是什么意思呢？"

田开之解释说："鲁国有个叫单豹的，在岩穴里居住，在山泉边饮水，不跟任何人争利，活了七十岁，还是鹤发童颜。他有一次不幸遇上了饿虎，被饿虎扑杀吃掉了。另有一个叫张毅的，与周围的人关系很和谐，无论富贵人家还是贫寒之人，他都乐此不疲地交往走动。但是他平日里不注重身体的调养，四十岁的时候得热病死了。这两个人的死，都好比是没有用鞭子驱赶落后的羊呀！"

有了这两个例子，我们再来看看"善养生者，若牧羊然，视其后者而鞭之"的意思。

单豹注重内心世界的修养，脱离尘世以求保全自然赋予的天性。但是他一味地隐居，却忘了考虑人身安全，没有注意避开危险，最后被老虎吃掉了。张毅呢，他想着与周围的人和谐共处，人际关系维持得如鱼得水。可是他没有做到强身健体，最后疾病侵扰了他的健康，年纪轻轻便丢了性命。

这两个人在养生上，都犯了顾此失彼的错误——单豹注重内在修养忽略了外界危险，张毅注意处理与外界的关系却忘记了修养身体——他们的养生都不够全面，最终也都因为疏于防范而死，这就是所谓的“没有用鞭子驱赶落后的羊”。

庄子是想通过这个小故事告诉我们，养生贵在全面，万不可顾头不顾脚。很多时候执着于先进科学的养生理念，还不如时刻记得拿起鞭子，找找缺漏、不足的地方，提前做好防范，及时去掉隐患，唯有如此才能益寿延年。

关于养生不能顾此失彼的观点，孔子和祝肾先生是不谋而合的。于是有了后面这一段议论：

原文：

仲尼曰：“无入而藏，无出而阳，柴立其中央。三者若得，其名必极。夫畏涂者，十杀一人，则父子兄弟相戒也，必盛卒徒而后敢出焉，不亦知乎！人之所取畏者，衽（rèn）席之上，饮食之间；而不知为之戒者，过也。”

仲尼说：“无入而藏，无出而阳，柴立其中央。”不要进入荒山野岭，深藏功与名；不要到处抛头露面、显摆自己；而最好像那种枯木头棍子一样，站在出世与入世之间，站在归隐与显摆中间。“三者若得，其名必极。”倘若以上三种情况都能具备，该出则出，该入则入，在两者之间处理得恰到好处，那么一个人的名声、影响力必定最高。总之，完全隐匿或者显山露水都不好，半隐半显的中间状态，才是最养生的生活方式。

接着孔子又说：“夫畏涂者，十杀一人，则父子兄弟相戒也，必盛卒徒而后敢出焉，不亦知乎！”有些道路十分恐怖，每十个过路人就有一个会被杀害。要走这样的路，须得父子兄弟相互提醒和戒备，使随行的人多起来，方才敢走。这样做，不正说明人们有警惕和规避风险的智慧吗？

“人之所取畏者，衽席之上，饮食之间；而不知为之戒者，过也。”同样的道理，对于养生来说，最大的危险无外乎：在床上不能节制肉体上的欲望，在饭桌上不能节制舌尖上的欲望。你不需要亲身经历，就能够知道过度的欲望是危险的。所以，人与人之间才要相互提醒和劝诫，以远离这些危险。如果该警惕的时候不警惕，该防范的时候不防范，那不就大错特错了吗？

在这里，庄子再次借孔子之口强调：过分极端的生活习惯是养生的天敌。这里的过分极端，不仅指极端地纵欲，也应该包括极端地禁欲。比如，现在有些人讲究纯素食生活，只吃瓜果蔬菜，不摄入动物蛋白。更有甚者，不是原生态的、绿色有机的就不吃。这些都是饮食习惯上的走极端。有人评价过这样的状态：那些极端素食主义者，那些过度节食的人，很可能以前是暴饮暴食的人；同样，那些完全禁欲的人，年轻的时候也可能纵欲过。表面上看，他们成了另外一种人，其实他们还是一个对床第（zǐ）之事、对饮食在意的人，区别就在于，他表达为占有还是抗拒。

那些时刻想着船会翻掉的人，为什么不能撑好一艘船？那些过分追求绿色有机食物的人，为什么不能顺其自然、均衡膳食呢？因为心里过分在意，所以外在表现就容易走极端。与其这样，不如放下执念，重新找回生命本来的姿态。

临牢说彘：为猪打算得明白，到自己就糊涂了

《达生》中“临牢说彘”的故事原文：

祝宗人玄端以临牢策，说彘曰：“汝奚恶死？吾将三月豢汝，十日戒，三日齐，藉白茅，加汝肩尻乎雕俎之上，则汝为之乎？”为彘谋曰：“不如食以糠糟而错之牢策之中。”自为谋，则苟生有轩冕之尊，死得于豫楯（zhuànshǔn）之上，聚偻之中则为之。为彘谋则去之，自为谋则取之，所异彘者何也。

这个故事中的“牢”是象形文字。甲骨文中，“牢”这个字里面是个“牛”，外面如同养牛的圈，因此“牢”最初的意思是豢养动物的圈或者围栏。我们耳熟能详的成语“亡羊补牢”，就采用了“牢”的这个意思。

“彘”也是象形文字，在《山海经》中指的是一种吃人的猛兽：“其状如虎而牛尾，其音如吠犬，其名曰彘”。但是在古文中，“彘”这个字更常见的意思是普通的家养的猪。好了，知道了这两个字的意思，我们再来看“临牢说彘”这个故事讲了些什么。

话说，主持宗庙祭祀的官员穿戴整齐后，一本正经来到猪圈边，对着里面的猪说：“你为什么讨厌死呢？我喂养你三个月，用十天为你上戒，三天为你作斋，用珍贵的白茅草为你铺地，将你的肩和臀放在雕有花纹的祭器上，你愿意这样吗？”

于是，庄子就发出了这样的感慨：“有些人为猪打算，说虽然做祭品名声很高，但猪肯定不愿意做祭品，而宁愿选择继续过吃糠咽菜却没有性命之忧的日子。但这些人轮到为自己打算时却想

不明白了。苦心钻营大半辈子，活着追求功名利禄，死后还追求葬礼的排场，可是不管葬礼如何风光，人终究是死了。这和做祭品的猪，又有什么区别呢？”

这个故事，着实让人哭笑不得。是啊，人站在猪的立场上，可以很理智地判断出“好死不如赖活着”，但是回到人自己身上，就会为了更好的待遇，不惜折损性命。为猪安排得明明白白，自己反而活不明白，简直是讽刺啊！

其实，被圈养的猪哪里有选择呢？养肥了就会被吃掉，不管是被当作祭品，还是被端到普通餐桌上，家养猪的宿命就是如此。但是人不一样，庄子在这里用猪的生死抉择反讽人生道路的选择，把这个选择题简化成两个极端：一端是苟且地活着，一端是带着虚荣、带着排场死去。这个对比，让我们更容易认识到后者的荒谬。在庄子看来，生命是自然所赋予的，人不应该为了名利虚荣等附属品，而忽略了活着本身的意义。换句话说，只有看淡身外之物，明确了内心的方向，才能算作高质量地活着。

东晋名士陶渊明，与庄子有着同样的境界。为了匡扶天下的理想，他步入官场，想做一番事业。可几个月后，他就感觉自己无法适应官场烦琐的礼节，于是舍弃了外人求之不得的功名利禄，选择回到乡间隐居。开荒种花、纵情山水才是他最渴望的，就如同在《归田园居》里写的那样：“少无适俗韵，性本爱丘山。”甚至在结尾处，他将官场比作牢笼，将自己比作重回自然的小鸟：“久在樊笼里，复得返自然。”

只是身为农夫，陶渊明在农业领域根本不专业，尽管他辛苦耕耘，全家还是过着食不果腹的生活。身为父亲，他也有着普通父母望子成龙的心情。现实是，才华横溢的他并没有培养出和他一样优秀的孩子。

但那又有什么关系呢？世间的每一个人，都不过是匆匆过客，与永恒的天地相比，人生不过一瞬。遵从自己的内心，才能绽放自我的光彩。一个人真正的成熟，是明白自己真正想要的是什么。因为人生仅有一次，无论什么时候，都不要活在别人的世界里，而是竭尽所能地活成自己想要的样子。因为那种只属于自己的活法，才能成就弥足珍贵的人生。

被誉为“最贤的妻，最才的女”的杨绛先生，视名利为无物，生活朴实无华，始终保持着一颗赤子之心。她在《一百岁感言》中写道：“我们曾如此渴望命运的波澜，到最后才发现，人生最曼妙的风景，竟是内心的淡定与从容……我们曾如此期盼外界的认可，到最后才知道，世界是自己的，与他人毫无关系。”

焦虑、忧郁是现代人最常见的情绪状态，产生这种情绪的根源在于：不知道自己想要什么，不知道想要成为怎样的人，以至于当未知事件发生时，自己总是难以控制，使得自己处于无法确定的等待中。一个刻意迎合他人而改变自己的人，注定不会快乐。与其绞尽脑汁去想着活成别人喜欢的样子，不如努力活成自己喜欢的样子。庄子告诉我们，所谓活得通透，其实无外乎十二字箴言：不滞于物，不困于心，不乱于人。

齐桓公见鬼：稳定心神是养生每日必修课

《达生》中“齐桓公见鬼”的故事原文：

桓公田于泽，管仲御，见鬼焉。公抚管仲之手曰：“仲父何见？”对曰：“臣无所见。”公反，诶诒（xīdài）为病，数日不出。齐士有皇子告敖者曰：“公则自伤，鬼恶能伤公！夫忿滀之气，散而不反，则为不足；上而不下，则使人善怒；下而不上，则使人善忘；不上不下，中身当心，则为病。”桓公曰：“然则有鬼乎？”曰：“有。沈有履，灶有髻。户内之烦壤，雷霆处之，东北方之下者，倍阿鲑蠪（guī lóng）跃之；西北方之下者，则泆（yì）阳处之。水有罔象，丘有峷（shēn），山有夔（kuí），野有彷徨，泽有委蛇。”公曰：“请问委蛇之状何如？”皇子曰：“委蛇，其大如毂（gǔ），其长如辕，紫衣而朱冠。其为物也，恶闻雷车之声，则捧其首而立。见之者殆乎霸。”桓公辴（chǎn）然而笑曰：“此寡人之所见者也。”于是正衣冠与之坐，不终日而不知病之去也。

庄子在这里，给我们讲了一个很幽默有趣的故事。

有一次，齐桓公和管仲一起打猎，管仲驾车，两人进入了一片沼泽地。突然间，桓公看见了一个奇怪的东西，他认为是鬼。他赶紧握着管仲的手，惊魂未定地问：“仲父，你看到什么了吗？”管仲如实相告：“我什么也没有看到。”

齐桓公回宫以后，吓得丢魂失魄，从此就病倒了，竟至几天卧床不起。

这时，有个姓皇子名告敖的读书人，主动求见桓公，对他说：“是您自己伤害了自己的身体，鬼怎么能伤害得了您呢？一个人的体内如果产生了怒气并且郁结起来，那么他的魂魄就会游离于体外而使人精神恍惚。怒气上升而不下降，人就会爱发脾气；怒气下降而不上升，人就会发生健忘；如果这股怒气不上不下，恰好郁结在身体的正中，它就会伤害心脏，这时人就要生病了。”

皇子告敖的这段话，是在告诉我们病由心生的原理。我们借“齐桓公的病”推演一遍：齐桓公想当春秋霸主，统领诸侯，但是治理一个国家就很累了，要统领诸侯谈何容易。时间一长，想而不得，称霸的雄心让齐桓公焦虑了。焦虑着，焦虑着，齐桓公开始疑神疑鬼。

所以，当他在沼泽中看到奇怪的东西时，就认为是鬼。一来所有人都认为见鬼不吉利，二来没人相信那是鬼，这股怒气就郁结在齐桓公心里了。于是齐桓公心中有了“忿滀之气”。“忿滀之气”指的就是人的心结。

郁结之后，齐桓公的魂魄开始游离于体外，人也精神恍惚，这是生病的前兆。如果这股郁结的气，通过发脾气来到上部，或者通过健忘沉到下部，都会适当发散，顶多神气不足，还不至于生病。但是齐桓公是君主，既不能乱发脾气，又不能表现出迟钝，这股气就不上不下，聚集在了心胸之处，伤害了心脏，齐桓公就生病了。

齐桓公知道了自己的病因，就能自愈吗？当然不能，因为他的心结还没有打开。接下来就是皇子告敖一步步打开齐桓公的心结。

齐桓公问“到底有没有鬼呢”的时候，皇子告敖肯定地回答：“有的！室内有鬼名叫履，灶房有鬼名叫髻。院子里的粪土堆上，有个叫雷霆的鬼住在那里；在东北方的墙脚下，时常有倍阿鲑蠪一类的鬼出没其间；在西北方的墙脚下，则有泆阳鬼安家。水中的鬼叫罔象，丘陵的鬼叫宰，山上的鬼叫夔，原野上的鬼叫彷徨，沼泽地里的鬼则叫委蛇。”

皇子告敖肯定齐桓公的提问，也说世间确实有鬼，让齐桓公觉得遇到了懂自己的人，还把鬼的名字说了一遍，证明自己是真的知道世间有鬼，迅速拉近了与齐桓公的距离。因为齐桓公是在沼泽看到的鬼，皇子告敖故意在最后才说“沼泽地里的鬼则叫委蛇”，既吸引了齐桓公的注意，又为下一步化解齐桓公心中的疑惑搭好了梯子。皇子告敖成功靠近齐桓公的心结。

齐桓公赶紧追问：“那委蛇是怎样的形状呢？”

皇子告敖形容说：“委蛇嘛，像车毂那么大，像车辕那么长，穿着紫衣裳，戴着红帽子。委蛇特别不喜欢雷车发出的隆隆声响，一听到这种声音就会抱头而立。谁如果能见到委蛇，那就是他将要成为霸主的一种先兆！”

面对齐桓公追问委蛇的形状，皇子告敖早有准备，把事先了解到的、齐桓公自己描述过的鬼的样子煞有介事地说一遍。还精心设计，把齐桓公心里一直想实现却不想说出来的称霸愿望，跟见鬼一事联系在一起说给齐桓公听。此举妙哉，不仅化解了齐桓公的疑惑，还与齐桓公的心理相契合。皇子告敖用正念成功打开了齐桓公的心结。

齐桓公感觉自己遇到了知音，兴致涌上心头，邀请皇子告敖吃饭聊天。当他不再觉得自己病了的时候，他的病接着就没了，精气神也恢复到了往常的样子。

说到这里，我们就可以明白庄子写这篇寓言的用意了：精神因素对人生命的作用，既可以置人于死地，也可以救人回生。

听到这里，你可能觉得奇怪，齐桓公是有霸王特性的人，怎么这么胆小了？齐桓公霸王人设塌了吗？庄子要的就是这个效果，是庄子故意这么写的。这是庄子运用变形手法塑造出变形人物形象。

在变形人物形象中最明显的是对历史人物的改造。无论是帝王将相，还是宗师名士，在庄子的笔下都被剥去神圣的外衣，成了可以任意驱使、随便“戏薄”的对象。

我们都知道黄帝勤劳能干，庄子在《在宥》一篇里把黄帝说成渺小的凡夫俗子，在《徐无鬼》一篇里把黄帝描写成无为而治的庸人。些这形象与史书上记载的黄帝形象判若两人。

庄子的作品里，上至黄帝，下至尧、舜、禹、老子、孔子，都与史书中的形象不一样，齐桓公自然不能幸免。这里是借了齐桓公的名号，来说明养生的根本在于凝聚精气神而守住本心，在讽刺趣味中把养生的道理传扬下去。

故事中的齐桓公生病是因为心中有郁结之气。生活中，有时我们突然一惊，心跳加速，但回过神来就没有事了，这也是心神不宁的表现。

因为定一下神、凝一下神，那个张皇之气、恐惧之气就能一扫而光。但是定身凝神之功，只在受惊的时候才练就晚了，需每日练习。若不经常练习，一旦遇到非常关心的事情，就会触动到焦虑的神经。焦虑，积压在心里，就会使人神气不足，甚至生病。

那么，如何才能凝聚精气神而守住本心呢？方法便是多跟皇子告敖这样会共情的人交谈，多做正念练习。在自己凝神功力不足的时候，经常跟会共情、有正念的人交流，可以消除一些杂念。在杂念逐渐减少后，主动安排自己每日做正念练习。每日做以上两点，每一天都在向心神宁静释然靠近。

纪渻子养斗鸡：养生的最高境界，是呆若木鸡

《庄子·达生》中“纪渻子为王养斗鸡”的故事原文：

纪渻子为王养斗鸡。十日而问：“鸡已乎？”曰：“未也，方虚骄而恃气。”十日又问，曰：“未也，犹应向景（通‘影’）。”十日又问，曰：“未也，犹疾视而盛气。”十日又问，曰：“几矣。鸡虽有鸣者，已无变矣，望之似木鸡矣，其德全矣。”异鸡无敢应者，反走矣。

这个故事不长，但是对后世影响非常深远。

在讲寓言之前，我们先一起看看故事的背景。

春秋战国时代，周王朝盛行斗鸡游戏。周宣王是一位斗鸡爱好者，在王宫里养了不少斗鸡。可是这些斗鸡，没有经过科学系统的训练，一直战斗力不强。有一个叫作纪渻子的养鸡人，他是专门养斗鸡的。只要是他养的斗鸡，定能打遍天下无敌手。

久而久之，他的名声就传到了周宣王的耳朵里。周宣王重金礼聘他出任斗鸡培训基地的负责人，专门为王室培养斗鸡。于是，纪渻子不远千里来到周宣王跟前。我们要讲的寓言就是在这个背景下开始的。故事由对话组成，每一组对话对应斗鸡的一个成长状态。

第一组对话发生在纪渻子上任十天后。周宣王来到王室斗鸡培训基地视察工作，问："纪先生，这鸡可已驯养妥当？"纪渻子老实回答说："还没有。这只鸡虚浮骄矜，自持意气，现在还不能用。"周宣王只好失望而归。"虚浮骄矜"是斗鸡的第一个状态。

过了十天。周宣王心痒痒的，想斗鸡，于是又问纪渻子："先生，现在鸡可驯养妥当？"纪渻子回答还是老样子："不行，这只鸡一听到响声就叫，一看见影子就跳。""犹应向景"是斗鸡的第二个状态。

又过了十天。周宣王心想这次斗鸡应该训好了吧，于是再次询问斗鸡培训项目进展情况。谁知，纪渻子的回答还是不能让周宣王满意："不行，现在它看东西依然迅速，意气仍然强盛，还没驯好。""疾视而盛气"是斗鸡的第三个状态。

最后一组对话发生在第四个十天。周宣王对纪渻子已经不抱任何希望了，但还是心存侥幸地去问纪渻子："先生，斗鸡可以用了吗？"这次，纪渻子的回答是："差不多了。别的鸡即使打鸣，它也不会受影响而有什么变化了。这只鸡看起来就像木头鸡一样，现在是一只精神俱全的鸡了。""望之似木鸡"是斗鸡的第四个状态。

果然，这只鸡上场后，别的鸡没有敢应战的，看见它转身就逃，这只鸡战无不胜。宣颖在《华南集释》中说："养鸡尤以神全为至，而况于人之养生乎。"意思是养斗鸡尤其要以"神全"为最高要求，养生的最高境界也是"神全"。

这里，庄子是借调教斗鸡的过程，告诉我们养生的过程。鸡在去掉"虚骄而恃气""犹应向景""疾视而盛气"之后，到达"望之似木鸡"的阶段，实现了德全。我们在有了这个觉知后，养生之路就像有了导航：逐步去掉“虚骄而恃气”“犹应向景”“疾视而盛气”这些耗神的东西，到达“望之似木鸡”的境界，生命就会源源不断得到滋养。

我们常说的成语“呆若木鸡”就来自这个典故。“呆若木鸡”最初用来比喻精神内敛、修养到家，是一个很显高级的褒义词。后来，“呆若木鸡”这个词却被用来形容一个人因恐惧或惊讶而发愣的样子，成了一个贬义词。

《汉语成语考释词典》对“木鸡”的解释是：“比喻极有涵养、能以镇定取胜的人。”显然，“呆若木鸡”在这里是个褒义词。可是，人们现在几乎只把它当作贬义词来使用。

因为“呆若木鸡”的新义与字面义相吻合，使得新义更有利于被人们理解和记忆，所以新义才得以广泛流传，最后积非成是。而“呆若木鸡”的本义现在基本不再使用，被时代所淘汰。这一点在《现代汉语词典》的释义中就有所体现。《现代汉语词典》从试用本起就收录了“呆若木鸡”，而且因本义不再使用，只释出了新义。虽然“呆若木鸡”的词义由褒义变成了贬义，但是它所蕴涵的养生真理不会变。

“呆若木鸡”蕴含的养生真理就是打磨掉耗费生命的东西，实现精神内敛。要实现精神内敛，我们需要知道生命可能会经历的四个阶段。

生命的第一阶段往往是“虚骄而恃气”。这一阶段的表现就是有很强的虚荣心和傲慢心。比如在人与人的交往中，有些人非要把别人比下去，却在比试一番后，对自己感到非常失望。

为什么会这样呢？因为自以为是的人实际上没有什么底气和能力，却控制不住自己的冲动，十有八九会失败。

当我们“虚骄而恃气”时，一则毁损健康。气息不稳，时长时短，或轻或重，显然违背了生理规律。轻者属于性格使然或耐心缺乏，重则出现损害身体健康的病症；二则陷入被动。人生在世，诸多事件犬牙交错，必须心静如水，才能应对。虚荣又傲慢，有气就动，考虑不周，伤身伤神。

生命的第二阶段往往也是“犹应向景”。我们看一看自己，有没有这样呢？别人凑在一起讲话忽然停止，就怀疑别人在讨论自己，大脑马上进入战别人的状态；别人一个异样的眼神，就怀疑自己做错了，大脑又处于战自己的状态。

这一阶段为了竞争而竞争的心理没有丝毫减弱，只是在相斗、竞争的方式和手段上有了思虑和考量。然而这种涵养程度，仅仅是使自己不去主动跟别人争斗而已，一旦别人找上门来，还是会互相争斗的。

生命的第三阶段往往也是“疾视而盛气”。这时候虽然对外在的反应已经淡了很多，但是目光中还有怒气，不具备大将之风。

生命的第四个阶段就是“望之似木鸡”，对周边的事物已经没有一点感应了。因为把浮躁和妄动收敛起来，把力量凝聚于内，看似呆呆的，觉得万事无甚稀奇，可这时内蕴真气，生命被不断滋养着。这时，实际上已经到达了养生的最高境界。

那么，如何才能快速到达养生的最高境界呢？这就需要我们首先有意识地分析自己处于生命的哪一个阶段，然后逐步地内求反省，充实自己的学识和能力，通过刻意练习达到修养的最高阶段。

通往这个境界的路是开放的，一点一点积淀，一步一步往上走，就能够靠近庄子所说的“德全”，实现“达生”。

梓庆削木为鐻：三个好方法，帮助我们集思凝神

《庄子·达生》中“梓庆削木为鐻”的故事原文：

梓庆削木为鐻（jù），鐻成，见者惊犹鬼神。鲁侯见而问焉，曰：“子何术以为焉？”对曰：“臣，工人，何术之有？虽然，有一焉。臣将为鐻，未尝敢以耗气也，必齐以静心。齐三日，而不敢怀庆赏爵禄；齐五日，不敢怀非誉巧拙；齐七日，辄然忘吾有四肢形体也。当是时也，无公朝，其巧专而外骨消。然后入山林，观天性。形躯至矣，然后成见鐻，然后加手焉。不然则已。则以天合天。器之所以疑神者，其是与！”

梓是先秦时代对木匠师傅的统称，而鐻则是演奏国乐编钟的时候，悬挂乐器的架子。作为国之重器的支撑物，鐻的制作非常有讲究：首先，要配得上国家层面的礼乐之器，制作材料必须是名贵树种；其次，即便已经是名贵树种了，也不是随便哪棵树都行，还得千挑万选；再次，为了让木鐻和钟及其他乐器氛围相和谐，上面还得精雕细琢些“鹿头龙身”神兽图案，以增添美感、庄严感和神圣感。

不仅不是什么材料都可以用来制作鐻，而且也不是什么人都可以把它做好。鲁国有个木匠师傅——梓庆，就是制作鐻的高手。梓庆做的鐻，看到的人都惊叹不已，认为是鬼动的斧子，神仙做的木工，连鲁国的君王都赞不绝口。他很好奇，于是召见梓庆，问："你是用什么方法制成鐻的呀？"

梓庆简单回答："我是个工匠，谈不上什么技法。不过，确有一点，那就是讲究养神。当准备做钟架时，精神就不敢耗散了，一定以斋戒来安神定神。斋戒到第三天，不敢想到庆功、封官、俸禄；第五天，不把别人对自己的非议、褒贬放在心上；第七天，我已经进入了忘我的境界，不再想到还有四肢形体。此时，心中早已不存在晋见君主的奢望，认定给朝廷制鐻，既不希求赏赐，也不惧怕惩罚。"

梓庆的这段话，是在告诉我们集思凝神的重要性。只有把全部心思都放在要做的事情上，没有任何杂念，做出来的事情才有大的气势。

那么，积聚了心神，就能做出神作吗？当然不是，梓庆接着说："我进入山林之中，观察树木的质地，寻找形态极合的树。被选树的形态基本就是要做的物品的形态，然后施工。不达到这种程度，我决不轻易动手。"

不做则已，要做就做到最好。别人看到梓庆做的器物，怀疑是神仙做的。可是哪里有神仙呢？都是梓庆"以天合天"思想指导下的操作罢了。这是什么意思呢？人的思想达到了与天合一，再与自然本身结合，就是"以天合天"。梓庆用自己的自然与树木的自然结合，做出来的器物，巧夺天工。要是我们在养生上，也通过集思凝神，再以天合天，生命的长度和宽度就会跟原来不一样。

到这里，你一定明白这个故事的寓意了。庄子通过梓庆做鐻的过程，告诉我们集思凝神的重要性，以及集思凝神的方法。

庄子认为人间混乱不堪，原因在于人心的破损。既然人间是不自由的，那么只有进入“天”，也就是进入“道”的境界中，人才是自由的。

庄子塑造的各类形象约300个，大多数不是按现实生活的本来面目塑造，很多是理想形象。他们统称为“神人”形象。庄子对神人的描述，不重容貌形态，不重遨游四海，只重其内在的力量。这种内在的力量不是故意表现出来的，而是一种自然的散发。

比如庄子描写的梓庆，故事没有提到他的容貌，他的身份也是普罗大众的一员。但是梓庆习得非凡技艺的“道”，庄子用了很多笔墨。因为庄子认为“神人”之“神力”是源于“道”的。

神人还有一个重要的特点是“神凝”。神人不为外物的纷纷扰扰所影响，只是凝聚自己的精神。庄子笔下的神人就是进入“道”的境界的人。他们能够遵循道、效法天，不以物为事，所以无己，当然无功、无名。

文字风格上，《庄子》行走于诗歌与散文之间。庄子塑造的神人形象，是运用各种虚构手法，使抽象的道理更加具体化，增加了文章的神秘性，具有极高的文学价值。

那如何做到“神凝”呢？庄子在这则寓言中告诉了我们三个方法，分别是“斋戒”“忘记”和“顺应自然”。

斋戒是非常关键的一个步骤。因为人只有先停止各种动作，安静地坐下来，心才比较容易安静下来。斋戒又分为身斋和心斋，不吃肉、不饮酒叫身斋；把这种斋戒用在心灵之上，摒除私心杂念，放空大脑，就是心斋。两者的使用，完全可以根据个人的情况，任何一个对养生都有好处。

刚才讲到的寓言中，梓庆就是用心斋的方式让自己的心静下来。先是用三天把庆赏爵禄放下，再用两天把名誉是非放下，最后用两天把个人身体状况放下，使心收齐，把神静下来。

在斋戒的过程中，有三样东西要忘记，那就是名利、荣誉和形体。通俗来讲，第一阶段是忘掉利益，去除功利心；第二阶段是忘掉舆论，去除名誉心；第三阶段是忘掉小我，忘掉自己的肉身。

因为欲念过多，就会忘了自己的初心。经常追求功名利禄，就会缺乏对养生之道的认知，导致劳形伤神。所以，恬淡无名、清神寡欲的处世行为，可以滋养生命的本真。

庄子认为忘记外在的羁绊，于身于神都是一件舒适的事情。忘记该忘记的事情，再忘记不该忘记的事情，并达于“诚忘”的境地，是真正的养生之道。

我们前面讲《大宗师》的时候，讲过南伯子葵学“忘”的过程，与本篇讲的梓庆心斋是一个道理。南伯子葵通过一层一层、不断递进的遗忘过程，遗忘天地万物，遗忘古今生死，最后遗忘一个人所有的现实存在，最后他超越了现实，进入了“不死不生”的精神王国。

在这里，需要特别解释一下，庄子的“忘”并不是真正的忘记和遗忘，而是一种忽略和不在乎。在刚才的故事中，梓庆只凝神于某一个方面，只进入了忘境的某一方面，就取得了如此不凡的成就，那么那些得道的、已经完全处于忘境的人就更加不同凡响了。

在斋戒和忘记的基础上再顺应自然，集思凝神，就又提高了一个层次。顺应自然是宇宙万物生命运转的根本，“自然”生育了万物，“自然”是天地万物效法的对象与归宿。天地万物能够化生与化育，皆是顺自然而行之。因此，在物质世界中，遵循“自然”是为人处世的方针，是养生能取得成效的保障。

遇事，先心斋，不乱于心。

心静，再三忘，不困于情。

情定，融自然，不畏将来。

东野稷败马：留有余地，是养生最高级的情商

本节来讲讲《达生》中“东野稷败马”的故事。

《达生》的故事，都是以技艺高超的能工巧匠为主人公。“东野稷败马”这个故事也不例外，只不过主人公虽然拥有高超的技术，但是使用技术时违背了道，最后落了个失败的下场。

原文：

东野稷以御见庄公，进退中绳，左右旋中规。庄公以为文弗过也，使之钩百而反。颜阖遇之，入见曰：“稷之马将败。”公密而不应。少焉，果败而反。公曰：“子何以知之？”曰：“其马力竭矣，而犹求焉，故曰败。”

在古代，驾车是一门很高级的技能，被列为君子六艺之一。孔子

就时常以自己驾车技艺精湛而自豪。话说，鲁国有一位驯马师叫东野稷。他认为自己驶马车的技术高超，于是向鲁庄公自荐。他说，自己驾驶马车前进后退的时候，车轮轧出的痕迹跟尺子画的一样笔直；左右拐弯的时候，车轮轧出的痕迹就如同圆规画出来的一样圆。

鲁庄公一听，认为他是个人才，于是就让他驾车先跑一次，然后再按原印跑一百次，看看后面一百次车轮轧出的痕迹能不能跟第一次严丝合缝。东野稷为了在鲁庄公面前表现自己，驾车狂奔不止。

贤人颜阖，正好撞见这个场面。于是就跑来拜见鲁庄公，对庄公说："东野稷的马肯定是要倒的。"庄公摆摆手，表示不相信。不久，东野稷的马果然倒了，他自己也从马背上摔了下来。这时庄公问颜阖："你怎么知道他的马会倒呢？"颜阖回答说："他的马力气用完了，还要强行求全，所以说他会失败。"

说到这里，这则故事的寓意已经很明显了。东野稷的马是很优秀，他的驾车技术也确实高超。然而，他的表演却失败了，原因是他对马的要求超过了马的体力所能承受的限度。庄子是利用这样的一个小故事，来说明一个道理：追求一件事情的时候，如果过分地强求，事情必然会失败。小到透支自己的体力，大到透支自己的人生，受自己的主观欲望和妄念所驱使，做超出限度的事，结果都不会好。留下一点喘息的余地，才能常胜。

那么，如何才能做到"留有余地"呢？

第一，对自己——始终知道自己能力的边界。可以尝试每当做出重要决定或采取重要行动时，都事先记录下自己对结果的预期。三个月后，再将实际结果与自己的预期比较。在采用这种方法之后，我们就能知道，自己在哪些方面能力不是特别强，也能知道自己在哪些方面完全不擅长，做不出成绩来。

这样，当别人的要求超出我们的能力边界时，可以果断终止行动，而不是心存侥幸，出现过度损耗。东野稷就是没有提前客观评估马的能力边界，全凭脑袋想象，觉得自己和马力大无边，面对鲁庄公超出自己能力边界的要求，无知无觉，盲目尝试，导致人仰马翻。

第二，对别人——不提超越别人能力的要求。生活当中，我们总是免不了跟人接触交往，免不了有求于人，也免不了被人求。有求于人时，我们小心翼翼，表现得彬彬有礼。但是，别人有求于已时，才更能体现我们的修养。别人有求于已时，能帮则帮，助人为乐心情好。不能帮则适可而止，既问心无愧又维护了自己的精神，都有助于养生。

最不讲究的做法是提过分的要求考验对方，或者故意为难吓退对方。对方有求于你，他一般会不计后果，什么都答应。鲁庄公没有了解东野稷的马能跑多少圈就一拍脑袋，让人家转一百圈。东野稷有求于鲁庄公，不管鲁庄公提什么要求都会去做，结果闹了大笑话。

留有余地，换句话来说，还有不要用尽的意思。尤其是“功不可立尽，官不可做尽，便宜不可占尽，聪明不可用尽”。为什么呢？因为功劳都被一个人占尽的时候，周围的所有人都会不安。功名达到顶层，危机也就来到顶层了。从养生的角度来说，可以有功高盖世的能力，但要时刻记得明哲保身，否则生命都没有了，养生就无从谈起。

这是前两个“不可尽”，后两个“不可尽”更是养生的禁忌。因为凡事不吃亏的人，需要算计，机关算尽，会误了卿卿性命。而聪明用尽，更是会把自己逼上绝路，就像东野稷驾车一样，一点力气也不给马留，马怎么还能站得住。

凡事要留有余地，留有后路。只有这样，才不容易失败。即使失败，也还有回旋的余地，还有反败为胜的一线可能。生活中，凡事懂得留余地，总能减少很多烦恼，生命总能比别人周全通透。总之，我们要记得步步紧逼不如留有余地，步步为营不如留有余地，斤斤计较不如留有余地。

留有余地，可以帮助我们维持住现有的生命力。但是，如果现有生命力损耗严重，是非常需要滋养的。那么，如何滋养生命力呢？庄子在这个寓言之后又做了一番议论。他说："工倕（chuí）旋而盖规矩，指与物化而不以心稽，故其灵台一而不桎。"旋转手腕画圆的人，比用圆规画圆的人技艺更高超，原因是人的手指和所用的物象凝合为一，就不必再用心思来计量了。所以他的心灵专一，一点也没有障碍。这就是"物化"。

那什么是"物化"呢？庄子继续解释："忘足，履之适也；忘腰，带之适也；知忘是非，心之适也；不内变，不外从，事会之适也。始乎适而未尝不适者，忘适之适也。"如果忘记自己脚的存在，说明鞋子穿在脚上很合适，这是脚和鞋化为一；如果忘记自己腰的存在，说明系在身上的带子很舒适，这是腰和带子化为一；忘记了是非恩怨，说明心很舒适，这是心和环境化为一。内心坚定，心神稳定，不被外界影响，而是与周围的一切成为一体。这样一来，不用刻意追求舒适，舒适自然就来了。

孙休问扁子：自恃高尚，是养生的大忌

《庄子·达生》中“孙休问扁子”的故事原文：

有孙休者，踵门而诧子扁庆子曰：“休居乡不见谓不修，临难不见谓不勇；然而田原不遇岁，事君不遇世，宾于乡里，逐于州部，则胡罪乎天哉？休恶遇此命也？”扁子曰：“子独不闻夫至人之自行邪？忘其肝胆，遗其耳目，芒然彷徨乎尘垢之外，逍遥乎无事之业，是谓为而不恃，长而不宰。今汝饰知以惊愚，修身以明污，昭昭乎若揭日月而行也。汝得全而形躯，具而九窍，无中道夭于聋盲跛蹇（bǒ jiǎn）而比于人数，亦幸矣，又何暇乎天之怨哉！子往矣！”

话说，扁庆子是鲁国的一位贤人，他有个弟子叫孙休。有一天，孙休来拜访老师，脚跟刚进门，便诧异地问扁庆子：“我平时住在家乡，邻里之间没有人说我的坏话，没有人说我这个人修养不好，也没有人说我这个人的德行不好。遇到麻烦的时候，也没有人说我不勇敢。

“然而我的田地里却经常遇到天灾，从未遇上过好年成。侍奉国君，既没有人提拔我，也没有人赞赏我。更令人难堪的是，父老乡亲们容不得我，还要赶我走。我到州县里去申诉，州县里的长官还拿鞭子把我赶跑。这到底是什么原因呢？是不是我把老天爷得罪了啊？是不是我命中就该遇到这一切呢？”

听完孙休的一顿牢骚，扁庆子感慨地说：“你唯独没有听说过至人的自我修养呀？至人的自我修养是忘掉肝胆意气，忘掉是非评论，推

动万物的发展而不认为是自己的功劳，长养了万物而不认为自己是它们的主宰呀。”

扁庆子的这段话是在告诉我们，生活在滚滚红尘中，身体上要奉献自己的力量，精神上要忽略名利而逍遥在红尘之外。这几句话说得非常有哲理也非常含蓄。接下来的话，则是很直白，直击孔休的弱点。

“如今你粉饰自己的智慧来惊吓愚众，修为自己来突显他人污点，炫耀的样子就像扛着日月行走。你还能得以保全自身，九窍完备，没有半途夭折，也没有耳聋眼瞎、拐脚瘸腿，已经是比大多数人幸运了，又哪来的闲心怨天尤人呢！你还是走吧！”

这是什么意思呢？这是在说一个人如果处处表现得比别人聪明能干，还到处炫耀自己的聪明能干，就会无形中使别人显得很愚蠢。这是一种毫不利人的作风，这种作风容易遭遇天灾人祸，而没有人来相助。

说到这里，我们就可以明白庄子写这段寓言的用意了。庄子是在用孔休的反例告诉我们，若与周围格格不入，生命容易遭遇无常。所以，这个寓言故事是对养生人的警告：刻意标榜自己的高尚，企图用道德善良来伪装自己，让自己显得与众不同，是一种灾难。这种标榜自己道德高尚的虚伪行径，会让人的精神状态越来越差。

那么，怎么才能既为自己及其他生命提供营养，又不会陷入伪装的是非中呢？那就需要学习“庄子之忘”。

“忘”，我们平时多理解为“忘记”“不记得”。但是庄子式的“忘”并不是真正的忘记和遗忘，而是带有一种忽略和不在乎的意味，被学者称为“庄忘”。

忘记名利是庄子“忘境”的第一重境界。在《庄子》的人生哲学中，物质是生活的保障，但并不占有重要的位置，精神才是人精气神的核心。如果一味追逐自身利益，生命的损耗就会加倍。所以，好名利不如忘名利，看淡名利对于养生非常重要。

忘记形体是庄子“忘境”的第二重境界。在《庄子》的世界里，形体是上天赋予我们的，我们要安然地接受它，并认识到人最重要的是精神，而非肉体。人一旦失去了精神，就没有意义了。所以，对于自己形体的追求不要走极端。对于他人的形体，我们也不能以貌取人，更应该注重内涵。

忘记自己，是庄子“忘境”的最高境界。这个很难，但我们有必要朝着这个方向努力。

“忘己”的第一步是关注他人。当我们的心中满满的都是自己的时候，我们生活在自己的小世界中，是狭小而自私的。只有让自己的心空出来，忘记自己，才能够以空明的心境去看世界、看他人。“忘己”的第二步是放下偏执的自己，从他人那里学习并完善自己。

从以上三个方面，我们可以看出，好的养生，是有所放弃，有所忽略，有所隐藏。

这些道理都是知易行难，那么怎么才能做到呢？顺应自然是其本质。为了说明这个道理，庄子在下文讲了一个“鲁侯养鸟”的故事。

原文：

“昔者有鸟止于鲁郊，鲁君说（通‘悦’）之，为具太牢以飨之，

奏九韶以乐之，鸟乃始忧悲眩视，不敢饮食。此之谓以己养养鸟也。若夫以鸟养养鸟者，宜栖之深林，浮之江湖，食之以委蛇，则平陆而已矣。”

这个故事大意是说鲁国国君很喜欢一只鸟，用最高规格的宴席来款待它，演奏迎接贵宾的礼乐来让它快乐，结果这鸟忧愁悲伤，不吃不喝，在鲁侯这里活了三天就死掉了。假若是按鸟的习性来养鸟，那就应该让它在幽深的树林里栖息，让它在大江大湖上飞翔，让它吃泥鳅和小鱼。这本是极为普通的道理，然而人却经常忘记。正是因为经常忘记，生命通道里才出现了一些坑洞。在大自然中养鸟，鸟才会有精气神。以此类推，在大自然中养生，人也会有精气神。

只有亲近自然才能真正做到有所放弃，有所忽略，有所隐藏。《齐物论》曾提出一个重要概念——“吾丧我”，说的就是自然中的我忘掉了俗世之中的我。

在大自然中养生有两种。一是隐逸，即全身心去亲近自然，追求物我一体的人生境界。不与世俗同流合污，而在大自然的宁静中追求心境与物境的融合，以保持人格的独立与精神的自由。如陶渊明一般，在宁静与自适中，颐养天年。

二是以出世的态度过入世的生活，也就是隐于朝市。虽身处世俗，但追求在精神上超越世俗的功利是非，一切都随顺自然，所以能以旷达的胸怀面对一切，以内省的形式化解外界的一切痛苦。如苏轼一般，多少沉浮也能怡然自乐。

当我们感到心里不平、精神痛苦时，大自然会有办法化解我们的痛苦和忧愤，给我们开一剂养生的良药。因为只有顺应自然的精神追求，才能使我们在逆境中适意逍遥。

找点时间，复归自然山林之中，暂时摒弃人类的自我中心主义，冲破小我，吐纳天地，为生命吸入鲜活，让自然中的我忘掉俗世之中的我，便是养生。在大自然中养生，生命能量彼此流动，方为养生的美好境界。

《田子方》

哀莫大于心死：心灵腐坏，身体就是行尸走肉

《庄子·田子方》中“哀莫大于心死”的故事原文：

颜渊问于仲尼曰：“夫子步亦步，夫子趋亦趋，夫子驰亦驰，夫子奔逸绝尘，而回瞠若乎后矣！”夫子曰：“回，何谓邪？”曰：“夫子步亦步也，夫子言亦言也；夫子趋亦趋也，夫子辩亦辩也；夫子驰亦驰也，夫子言道，回亦言道也；及奔逸绝尘而回瞠若乎后者，夫子不言而信，不比而周，无器而民滔乎前，而不知所以然而已矣。”

仲尼曰：“恶！可不察与！夫哀莫大于心死，而人死亦次之。日出东方而入于西极，万物莫不比方，有目有趾者，待是而后成功。是出则存，是入则亡。万物亦然，有待也而死，有待也而生。吾一受其成形，而不化以待尽。效物而动，日夜无隙，而不知其所终。薰然其

成形，知命不能规乎其前。丘以是日徂。吾终身与汝交一臂而失之，可不哀与？女殆著乎吾所以著也。彼已尽矣，而女求之以为有，是求马于唐肆也。吾服，女也甚忘；女服，吾也亦甚忘。虽然，女奚患焉！虽忘乎故吾，吾有不忘者存。”

话说有一天，颜渊问孔子说：“先生缓步我也缓步，先生急走我也急走，先生跑我也跑。最后先生快速奔跑，脚掌好像要离开地面一般，而我，只能瞪大眼睛在后面看了。”孔子不解，问颜回什么意思。

颜回说：“先生缓步我也缓步，意思是说，先生怎样讲我也跟着怎样讲；先生急走我也急走，意思是先生辨析事理我也跟着辨析事理；先生跑我也跑，就是先生讲大道我也跟着讲大道。先生快速奔跑则让我望尘莫及，意思是，先生您不用言说就能为人所信服，不用刻意讨好周围人而能让周围人都来与您亲近，没有官爵利禄但人们都向您靠拢，这种无为而得道的境界，我真是不知如何模仿呀！”

孔子说：“哎！你怎么这都看不懂呢！最大的悲哀莫过于心死，身死反在其次。太阳从东方出来又落入于西方，万物莫不顺从太阳的方向而变化。凡有眼有脚的，都必须要依靠太阳才能生存。日出而作，日落而息。万物亦是如此，必须要依靠自然之道生存，依靠自然之道死亡。我一旦接受自然赋予我的形体，就不再自做变化，而只是等待着自然的消亡，被动感受外物的作用而变化，日夜没有间断，不知何时是自己生命的终结。

“我任由自然聚合我的形体，即便知晓天命，也不能逆天改命。我与自然一同变化，我终生与你在一起，你却像与我失之交臂一样无法真正地认识我，所以你会感到悲哀。你只盯着我有形迹的方面苦苦追寻，却不知道有形之外还有无形。一旦那些有形的、显著的东西消失，你再想找我，这就如同在虚无市场上找马一样不可能。我对你的思念，你要全部遗忘；你对我的思念，也应该赶快忘掉。把我忘掉了，你又有什么可忧虑的呢？你忘记的，不过是带有形迹时的我，我还有永恒的、不被忘记的真道存在着呀！”

这一段话非常玄妙，乍一听很难理解。实际上，庄子仍然是借孔子之口，论述境界有高低、大道不可模仿的老道理。所谓“日徂”之说，意在进一步诠释大道，也就是天地变化日新月异、万古不息，要跟随大道的脚步与之俱变，才能不被社会所淘汰。

其实，不论是道家的“道”还是禅学的“道”，都讲究不求形迹。细究起来，儒家的“道”也是如此。颜回是孔门的著名弟子，儒学的功夫已非一般，但是仍旧不能效法孔子之奔逸绝尘，也是由于自己的形迹所致。

熟悉金庸《倚天屠龙记》的朋友都知道这样一个情节；张三丰教了张无忌一套自创的剑法，过了一段时间，他问张无忌学习的进度如何，张无忌说忘了一小半；又过了段时间，张三丰再问，张无忌说已经忘了一大半；等张三丰再一次问张无忌时，张无忌却说自己已经忘得干干净净了，张三丰不仅没有责怪，反而大为赞赏。通过这一段故事，金庸讲的也是不求形迹的道理。小说中的张无忌，显然比颜回更善于学习，他忘记的是剑招却学会了剑道，这才算是真正的学会了道术的真谛。

我们在日常生活中，要学习的东西千千万万，但有很多东西学习了很久依旧不能掌握精髓，这就是因为我们始终在重复外在皮毛的学习，而没有深入问题内核的肌理当中，最后只能是白费功夫。要克服这种困境，就必须透过现象看本质，快速找到最核心的问题，并重点突破，尤其在向别人学习时，千万不要亦步亦趋。如果像颜回那样盲目效法，就大错特错了。

韩愈在一篇文章中说到，学习写文章离不开模仿，但是模仿的时候要“师其意，不师其辞”——学习其行文方法而不是文采辞藻。因为词汇句法很容易随着时代审美的变化而变化，一味地模仿抄袭，只会让自己失去独特性。而起承转合等写作方法，因为契合了人们的阅读习惯，被无数佳作反复使用，符合写作本质，因此更值得学习。无独有偶，明代军事家戚继光也在《练兵实纪·练将》中提出，学习军事兵法，要“师其意，不泥其迹”——学习战略的精神内核和战术的关窍，而不要拘泥于具体的作战手法。因为没有一本兵书可以预测到所有战况，优秀的将领都是把兵法充分内化，再针对具体情况灵活应变，才能战无不胜。

我们再回到《田子方》的这个故事，孔子强调“哀莫大于心死，而人死亦次之”，追求大道一定要用心去感悟，只要心不死就有成功的可能，哪怕形体不在了，也不耽误自己的精神存留于天地之间，与大道混为一体。

清代学者林云铭在注解此句时有一个绝佳的解释，说：“心存则人存，心亡则人亡。”人之所以为人，并不是因为有形体存在，因为万物皆有形体。人的独到之处是有“心”，也就是我们常说的精神意志，或者为道教所言的“精气神”，这是贯穿于人身体最重要的能量所在，它决定着人是否是真正意义上“活着”。诗人臧克家说：“有些人活着，他已经死了；有些人死了，他还活着。”这说的就是人的精神是否可以留存人间，是否可以让自己永远地“活下去”。

人最大的失败不在于外在事物的打压，而在于自己放弃自己、自己打击自己，在于自己去选择那条远离成功的不归路。有一个词叫“心如死灰”，一个人遭受了巨大的苦难，内心不再有生机。这时候能拯救他的已经不是外在世界的力量，而是他自己本人。“若要渡人，先要渡己”，世界最难的事情不是劝人放下，而是说服自己放下。

庄子不止一次提到“心斋”这个词。所谓“心斋”，就是修炼心性，就是要让自己的心智受到打磨，从而抛除物欲，达到虚静纯一，最终更贴近大道。在庄子看来，形体相比内心来说，是次要的、表面的，是非精华、非核心的。在《列御寇》中，庄子交代了他的临终遗言，让弟子们不要厚葬自己，找个草席裹一裹，扔在野外就行了：被虫蚁腐蚀分解就回归大地，被秃鹫猛禽啄食就去往天上。总之，与自然融为一体就是最好的安葬。

相比之下，精神生命的延续，才是一个人长生不老、与天地齐寿的关键。在《养生主》最后，庄子说“指穷于为薪，火传也，不知其尽也”，薪火相传传的就是精神。精神是火种，哪怕人死了也能一直流传下去。古往今来，追求功名富贵者大多湮灭于历史尘埃中，唯独精神长存者的精神久久地涵养着我们这个民族的生命力量。无论是淡泊名利的陶渊明、范仲淹，还是逍遥自在的李太白、苏子瞻，都靠着自己的心灵活力，长久地存留于我们的脑海里。他们的一生遭遇了常人所不能理解的苦难，甚至多次面临生命危险，但是他们都忘却了身体之死，而守护住了心灵之生。最终留下“纵浪大化中，不喜亦不惧”的豪放、“世间荣辱何须道，塞上衰翁也自知”的旷达、“富贵非所愿，与人驻颜光”的意气和“小舟从此逝，江海寄余生”的洒脱。

始终以豪迈超脱的信念，去拥抱阴晴不定的生活，哪怕身体遭受束缚，也不要阻碍心灵去追寻自由的天地。人的心，是人身体最重要的器官之一。它既决定了我们肉体的生死，也决定了我们灵魂的生死。千万不要让自己的心被外物占据，因为人的肉体生命只有一次，心灵的生命也只有一次。

至美至乐方为至人：生活中的美，全都来自不经意间

《庄子·田子方》中“孔子见老聃，老聃新沐”的故事原文：

孔子见老聃，老聃新沐，方将被发而干，蛰然似非人。孔子便而待之。少焉见，曰：“丘也眩与？其信然与？向者先生形体掘若槁木，似遗物离人而立于独也。”老聃曰：“吾游心于物之初。”

孔子曰：“何谓邪？”

曰：“心困焉而不能知，口辟焉而不能言。尝为汝议乎其将：至阴肃肃，至阳赫赫。肃肃出乎天，赫赫发乎地。两者交通成和而物生焉，或为之纪而莫见其形。消息满虚，一晦一明，日改月化，日有所为而莫见其功。生有所乎萌，死有所乎归，始终相反乎无端，而莫知乎其所穷。非是也，且孰为之宗！”

孔子曰："请问游是。"老聃曰："夫得是至美至乐也。得至美而游乎至乐，谓之至人。"

孔子曰："愿闻其方。"曰："草食之兽，不疾易薮（sǒu）；水生之虫，不疾易水。行小变而不失其大常也，喜怒哀乐不入于胸次。夫天下也者，万物之所一也。得其所一而同焉，则四肢百体将为尘垢，而死生终始将为昼夜，而莫之能滑，而况得丧祸福之所介乎！弃隶者若弃泥涂，知身贵于隶也。贵在于我而不失于变。且万化而未始有极也，夫孰足以患心！已为道者解乎此。"

孔子曰："夫子德配天地，而犹假至言以修心。古之君子，孰能脱焉！"老聃曰："不然。夫水之于汋也，无为而才自然矣；至人之于德也，不修而物不能离焉。若天之自高，地之自厚，日月之自明，夫何修焉！"

孔子出，以告颜回曰："丘之于道也，其犹醯（xī）鸡与！微夫子之发吾覆也，吾不知天地之大全也。"

这则故事讲的是，老子刚洗完头发，正木呆呆地坐着晾干呢，孔子就在门外等着请教了。等老子一切准备妥当，孔子便开口发问，说："是我眼花呢，还是真的呀？刚才先生的身体伫立不动，就好像槁木一般没有生机；思绪全神贯注，又好像把天地万物忘得一干二净，只剩下自己所思考的问题一般。"

老子说："我的精神，遨游于万物诞生之初那个混沌虚无的境地。"孔子说不解此意，于是老子继续说道："对于这个问题，我的心想知道，却无法知道；我的口想说明，却不知从何说起。我就试着讲一下它的大略吧！地之极致为阴冷之气，天之极致是炎热之气。阴冷之气虽在地上却植根于天上，炎热之气虽在天上却植根于地上。两者交流贯通就生成了万物。或许有某个统领这一切的纲纪存在，但我们却看不到它的形体。消亡又生息，盈满又空虚，一暗一明，日日改变，月月转化，好像有所作为，但也只是顺其自然而已。万物的生命从真道里来，死后又返回真道里去，生死相反相成，是无法追求其终结的。如果不是真道，谁又是万物变化的主宰呢？”

孔子接着说：“那游心于大道的情形，又是什么样的呢？”

老子说：“能得到真道，是最美好、最快乐的。体会到最美好而游心于最快乐的境地，就叫作至人。”

孔子继续追问：“那怎么才能游于大道呢？”

老子回答：“食草的兽类，不担忧更换沼泽地；水生的虫类，不担忧改换水源。如果只是变动一下地点而没有改变草和水这一根本环境，那么，喜怒哀乐之情就不会进入心里。至于天下，是万物共同生息之所。一旦真正与万物共享大道，就会使自己超然形骸之外，忘掉生死之变，因而没有什么能够扰乱他的内心，更何况是得失祸福呢！遗弃身外之物就如同抛弃泥土，这是知道自身比外物更珍贵。以我为贵，这样就不会因外物的变化而失去自己的自然真性。而且世间的千变万化，是未曾有过终极的，又何必为此而心忧呢！已经得道的人，自然能明白这番道理。”

孔子接着说道：“先生的道德能与天地相匹配，并且还借助至道之言，来修养心性。古时候的君子，谁又能免于修养呢？”

老子说：“不是这样的，水之所以澄澈是因为无所作为，从而保持了水质的自然纯洁；至人对于道德，不需要修养而万物自然会来依附。就像天本来就高，地本来就厚，日月本来就明亮，哪里用得着修养啊？”

孔子回来以后，把这些告诉了颜回，说：“我对于道的认识，就如同醋瓮中的飞虫那般渺小！没有老聃揭开蒙蔽我的东西，我是永远不知道，天地原来是如此博大而完备的！”

对话到这里就结束了。在这一段里，庄子认为：天地万物产生之前，也就是所谓的“物之初”，天地是一派寂寞空虚的景象。未曾遭受丝毫亏损的大道，就出现在这个时候。所以，如果要体悟大道的至臻至全之美，就必须游心于“物之初”，回到万物最本源的那个阶段。而要游心于“物之初”，又必须忘记祸福、生死，这样才能抛却一身负累，干干净净地去迎接大道。

类似的观点，其实早在《齐物论》中庄子就指出过：智慧到达最高境界的人，通常可以认识到这样的事实，即整个宇宙从一开始就不存在什么具体的事物，一切都是混沌未变、无极无终的。这些拥有大智慧的人，可以认识到宇宙之大美，所以不对自然万象做任何的修饰与定义，可以虚心保存最本真的世界、最原始的宇宙。后来，一些拥有小聪明的人认为，宇宙之始就有事物存在，只不过万事万物之间没有明确的界线。再往后，自以为聪明的人，刻意在万事万物之间划定了界限。再到后来，诸子百家为了自己心中的是非对错而展开争辩，偏私的言论甚嚣尘上，人们再也无法接触到真正的自然大道了。

要想领悟大道，就得回到大道没有被人更改过的那个阶段，把自己身上的一切包袱全都抛掉，什么生死啊，祸福啊，富贵啊，荣耀啊，通通抛弃。这样才有机会体悟大道，与大道一起遨游于天地之间，获得真正意义上的“至美至乐”。

人们在日常生活中处理一件事情，或者完成一件任务时，常常会带有强烈的目的性与功利心。在达成某个目标之前，处心积虑、摩拳擦掌，颇有一副不达目的誓不罢休的样子。这样的心态往往会让我们变得焦躁，甚至会丧失基本的判断力，导致原本可以轻松完成的事情在“临门一脚”的时候发生纰漏。

有一个词叫“平常心”，它的意思很简单，但没多少人可以真正做到。当你的感官被诱惑吸引，内心被欲望占据，你就会不由自主地掉进单一目标的陷阱。一旦没有达成理想的结果，内心就会产生巨大的落差；而一旦得到了满足，就会想要索取更多。——最终的结局就是不幸福。

而如果你能怀着平常心生活，那么你就已经为最坏的结果做好了打算，结果只要比你预期的稍微好一些都属于“赚到了”。当你因此而获得鲜花和掌声的时候，内心的幸福感也会比之前要强烈许多。

东晋著名的宰相谢安，就是典型的例子。淝水之战是谢安这辈子经历的最大的军事行动，也是他一生中浓墨重彩的一笔。当时，谢安是淝水之战东晋方面的总指挥，所有人都在焦头烂额的时候，只有谢安谈笑风生，丝毫不在意战争的胜负与生死存亡，只是镇定自若地布阵迎敌，与客人优游自处地下起了围棋。后来，前线部队打了胜仗，捷报送到谢安手里时，他只是看完之后笑了笑，便放在座位旁，不动声色地继续下棋。客人忍不住问他战况，谢安便淡淡地说：“没什么，孩子们已经打败敌人了。”

此时的谢安，就如同故事中的老子一样，把生死祸福全部抛诸脑后，回到了自己最澄澈的心境当中，最终才转危为安，大胜前秦军队。而真实世界的老子，也曾在《道德经》第二十二章说过：“不自见，故明；不自是，故彰；不自伐，故有功；不自矜，故长。夫唯不争，故天下莫能与之争。”意思是不自我表扬，反而能显示自己；不自以为是，反而能彰明自我；不自己夸耀，反而能获得功劳；不自我矜持，反而能活长久。因为不与人争，所以天下谁也争不过他。

庄子见哀公、文王观钓者：外表仁义可能为假，内心清虚会自然流露

《庄子·田子方》中“庄子见鲁哀公”的故事原文：

庄子见鲁哀公，哀公曰：“鲁多儒士，少为先生方者。”庄子曰：“鲁少儒。”哀公曰：“举鲁国而儒服，何谓少乎？”庄子曰：“周闻之：儒者冠圜（yuán）冠者知天时，履句屦者知地形，缓佩玦（jué）者事至而断。君子有其道者，未必为其服也；为其服者，未必知其道也。公固以为不然，何不号于国中曰：‘无此道而为此服者，其罪死！’”

于是哀公号之五日，而鲁国无敢儒服者。独有一丈夫，儒服而立乎公门。公即召而问以国事，千转万变而不穷。庄子曰：“以鲁国而儒者一人耳，可谓多乎？”

话说，庄子拜见鲁哀公，鲁哀公说：“鲁国多儒学之士，却很少有人跟随先生您学习道术的，这是咋回事呢？”庄子笑了笑说：“鲁

国的儒学之士很少，没人跟我很正常。”哀公说：“怎么能呢？全鲁国的人都穿儒者服装，怎么能说少呢？”

庄子说：“我听说，儒者中戴圆帽的通晓天时，穿方形鞋子的懂得地理，佩戴五彩丝带并系着玉块的，遇事能够决断。君子怀有道术的，未必穿戴那样的服饰；穿戴那样服饰的，也未必真有道术。您一定以为不是这样的，不妨下一道号令——‘不懂此种道术而穿戴此种服饰的，全部处以死罪！’您这样试试，保证结果出乎您意料。”

于是鲁哀公发布了号令。结果五天以后，鲁国没有人再敢穿儒服。唯独有一位男子，身穿儒服站立在哀公门外。鲁哀公即刻召见他以国事相问，不管怎么发问都不能难住他。于是庄子笑着说：“偌大的鲁国只有一个儒者，可以说多吗？”

这则小故事意在说明，真正的大儒不必穿儒服，穿儒服的人也未必是真正的儒者，从而说明体悟大道，不能被表象所迷惑，要透过现象看本质，方能从内里去感悟大道的精髓。引申到我们现代人身上，就是要学会练就自身的过硬本领，切不可通过伪装或者蒙混来应对日常工作。“滥竽充数”的故事大家都听过，南郭先生不会吹竽，却混在吹竽的乐队里充数，得以蒙混过关。但当新继位的齐王想听单人独奏时，南郭先生怕露出马脚，于是慌忙逃走了。

庄子说“鲁少儒”，就是要讽刺类似于南郭先生的人。表面上这些儒生都穿着儒服，好像与得道者一般无二，但扒去这层儒服，他们空虚的内里就豁然显露了出来。没有真才实学的人，是无法走得长远的，即便可以伪装一时，也无法伪装一世，终有一天会被明眼人看破，落得个贻笑大方的结局。

接着，庄子又讲了第二个故事——“文王观钓者”。

原文：

文王观于臧，见一丈夫钓，而其钓莫钓。非持其钓有钓者也，常钓也。文王欲举而授之政，而恐大臣父兄之弗安也；欲终而释之，而不忍百姓之无天也。于是旦而属之大夫曰：“昔者寡人梦见良人，黑色而髯，乘驳马而偏朱蹄，号曰：‘寓而政于臧丈人，庶几乎民有瘳乎！’”

诸大夫蹴然曰：“先君王也。”文王曰：“然则卜之。”诸大夫曰：“先君之命，王其无它，又何卜焉。”遂迎臧丈人而授之政。典法无更，偏令无出。

三年，文王观于国，则列士坏植散群，长官者不成德，斔（yǔ）斛不敢入于四竟。列士坏植散群，则尚同也；长官者不成德，则同务也，斔斛不敢入于四竟，则诸侯无二心也。文王于是焉以为大师，北面而问曰：“政可以及天下乎？”臧丈人昧然而不应，泛然而辞，朝令而夜循，终身无闻。颜渊问于仲尼曰：“文王其犹未邪？又何以梦为乎？”仲尼曰：“默，汝无言！夫文王尽之也，而又何论刺焉！彼直以循斯须也。”

这个小故事讲的是，周文王有一天去臧地巡视，看见一位钓鱼的老者，身在钓鱼，心却不在钓鱼上。老者并非以持竿钓鱼为事，而是别有所钓，且经常就是这样在钓着。文王觉得此人不一般，于是想举用他，把国家大事都交他处理，但又担心大臣和父兄辈族不服。文王本想放弃任用这个人，但又不忍心让百姓们得不到善人的庇佑。

文王十分苦恼，于是在清晨集合他的大夫们，说：“昨晚我梦见一位好人，黑的面孔，两腮长满胡须，骑着杂色马，马有一只蹄子是赤色的。好人命令我说：‘把你的国事托付给臧地的老者，臣民就可以免除苦难了！’”

诸位大夫惊惧不安地说：“哎呀呀，这是先君王季历啊！”所谓季历，是周代的始祖，也是文王的父亲。于是文王说：“那我们占卜一下吧。”诸位大夫说：“先君之命令，您不用怀疑，又何必占卜呢。”于是文王就地迎接臧地老者，托付其以国事。

臧地老者掌权后，对以往典章法令没有更改，新的政令也没有发出。三年之后，文王巡视国内，看见各种朋党都散掉了，官长们也不建立个人功德，标准不一的量器也不敢进入国境之内。私党散掉，则上同于君主；官长不建立个人功德，则能以国事为务；标准不一的量器不入境，则诸侯们也就没有二心了。

文王于是把臧地老人拜为太师，并请教说：“这样的政事可以推行于天下吗？”臧地老人默不回答，早晨还接受文王的指令，晚上就逃走了，并且终生没有消息。

后来颜渊问孔子：“文王还不足以取信于人吗？何必要假托于梦呢？”孔子说：“嘘，你不要说了！文王已经做得很完美了，你又何必议论讥刺呢！他只是在短时间顺应众人罢了。”

臧地老人在钓鱼时，有不钓之钓的做法，看上去在钓鱼，实际上没有钓鱼，看上去有为，实际上无为。这种态度是文王，也是庄子最为欣赏的为政态度。文王在聘用了臧地老人之后，天下果然大定。由此说明，“无为之治”最能切中大道要害，大道的实质就是顺应自然。

因此文王虽不求有功而功自成，不求有治而天下大治，这就是《应帝王》中所说的“游心于淡，合气于漠，顺物自然而无容私焉，而天下治矣”。

在日常生活中，我们常常会有意图地去做某一件事，但结果往往事与愿违。这是因为我们没有采取正确的方法，没有调和良好的心态，才造成了事倍功半的结局。故事中的文王，非常善于发现细微之处的关键所在。他从臧地老人钓鱼的行为当中，悟出了治国的道理，也就是老子所说的“治大国，若烹小鲜”。治理民众就要像钓鱼一样，你越是着急，越是晃动鱼竿，鱼就越不上钩，离你越远。你越想把国家治好，就越应该“无为”，否则插手越多，国家就越治不好。

历史上因为国家干预而最终导致经济危机的案例不在少数，反而是亚当·斯密在《国富论》中提出的“看不见的手”发挥了更大的作用。亚当·斯密指出，每个人都试图应用他的资本，来使其生产的产品得到最大的价值。一般来说，人们并不企图增进公共福利，他所追求的仅仅是他个人的安乐、利益。但当他这样做的时候，就会有一双“看不见的手”引导他去达到另一个目标，这个目标绝不是他所追求的。但是由于他追逐个人的利益，也间接促进了社会利益，其效果比他真正想促进社会效益时所得到的效果更大，这就是“看不见的手”。因此，放手让人民去创造财富，他们可以创造更大的财富。反之，如果国家处处掣肘，那么民众生产、交易的欲望就会降低，国家的经济也就停滞不前了。

治国理政，就要像臧地老人一样，看似在钓鱼，心却不在钓鱼上，一切只是无为而治，顺应自然，有鱼来就钓鱼，没鱼来就怡然自得地欣赏自然美景。老人看似在钓鱼，其实钓的是大道，是人生，是智慧。这种心态作用于国家治理，就可以充分发挥民众自身的作用，让百姓自己治理自己。

不管是内篇所讲的君臣都无为，还是外篇所讲的君无为臣有为，庄子眼中的君主，都应该是“无为而治”的，也就是老子所讲的“无为而无不为”，看似什么都没做，但其实什么都做好了。在日常生活中也有这样的案例，比如考试前放松心态、顺其自然，不要时时刻刻把成绩挂在心上，往往能够正常发挥，甚至取得比平时还好的成绩；反之，如果心事重重、焦虑不安，搞得精神紧张，那么最终的成绩多半也不会很理想。

“无为”不是什么都不做，而是赋予自己一种稳重的心态，这种心态可以帮我们抵御人生中的任何风浪。再大的风险对我们来说也不过就是一时的困顿，当你迎头闯出生命中的风暴时，迎接你的又将是一片新的天地。

列御寇见伯昏无人：真正的技艺纯熟，可以屏蔽一切外在干扰

《庄子·田子方》中“列御寇为伯昏无人表演射箭”的故事原文：

列御寇为伯昏无人射，引之盈贯，措杯水其肘上，发之，适矢复沓，方矢复寓。当是时，犹象人也。伯昏无人曰：“是射之射，非不射之射也。尝与汝登高山，履危石，临百仞之渊，若能射乎？”于是

无人遂登高山，履危石，临百仞之渊，背逡巡，足二分垂在外，揖御寇而进之。御寇伏地，汗流至踵。伯昏无人曰：“夫至人者，上窥青天，下潜黄泉，挥斥八极，神气不变。今汝怵然有恂目之志，尔于中也殆矣夫！”

列御寇和伯昏无人都在前面的章节中出现过，列御寇是《逍遥游》中御风而行的列子，伯昏无人则是《德充符》中申徒嘉和郑子产的老师“伯昏夫人”字面的意思，是指低调且德高望重的前辈。这两个人在一起会发生些什么呢？

话说，列御寇有一天找到伯昏无人，说要为他表演射箭。列御寇把弓拉得满满的，并且放了一杯水在左肘上，然后张弓搭箭，准备把箭发射出去。第一支箭刚射出去，第二支箭就已经搭上了；第二支箭刚射出去，第三支箭又扣在弦上。就这样连续不停，跟机关枪似的。整个过程中，列御寇就像木偶一般纹丝不动。

伯昏无人见状，便说道：“小伙子，你这只是‘有心于射’的射法，而不是‘无心于射’的射法。我如果和你一起登上高山，踩着悬崖边的岩石，对着万丈深渊，你还能射吗？”

列子想了想，这有什么，于是就跟着伯昏无人登上了高山。伯昏无人说我先来，于是脚踏险石，背对着百丈深渊，还不断把脚往外挪动，直到脚下有三分之二悬空在石外，然后跟列御寇说：“来，你来我这个位置表演射箭。”再看一旁的列御寇，早就吓得伏在地上、冷汗流到脚跟了。

最后，伯昏无人说：“得道之人，上可探测青天，下可窥测黄泉，精神奔放不羁，神色气定神闲。现在你却惊恐得眼花缭乱，说明你的精神已经困顿了，你要想射中就很难了。”

讲这个故事，庄子意在说明：能在物我两忘的状态中正常发挥，才算是掌握一门技术的最高境界。像列子那样技巧纯熟的人，在平常环境中可以做到百发百中，但是站在悬崖边上就慌了神。这是因为他在射箭的时候，还不能做到屏蔽外物、忘却自我，距离“不射之射”、出神入化的妙境，还差很多。

我们在日常生活中，常常会因为心态的失衡而错失一些机遇，甚至搞砸一些事情，这就是庄子所说的“射之射”，也就是最底层的专业技巧。我们在熟悉的环境或者平稳的心态下，往往可以熟练发挥自己的专业技能，但是一旦进入陌生的场合或者在极端重要的情形下，就会紧张出错，发挥失常，跟列子一样“汗流至踵”，这都是技艺不够纯熟的表现。

通过物我两忘练就极端状况下的心理素质，不仅是道家的主张，也是佛学的要领。《心经》有所谓的“心无挂碍，无挂碍故，无有恐怖”的说法。当你内心足够强大，就不会惧怕外物对你的侵害。人最害怕的就是失去，失去生命、失去机遇、失去富贵，似乎我们人生最大的败笔就是失去，当你被“失去”的阴影牢牢把控住的时候，你的潜意识就会觉得自己正无可挽回地走向“失去”的边缘，原本可以正常发挥能力，也会因此而出现差错。

因此，抛却一切功利束缚，忘记一切功名富贵，才能让我们保持平和的心态，才能让我们在极端且残酷的竞争环境中保持冷静的心智，进而从容应对各种变局，获得自己想要的东西。

伯昏无人之所以敢于在悬崖边缘射箭，就在于他对自己的技巧有绝对的自信，因此他可以忘记胜负成败，坦然面对一切。我们在面临生活中的困境时，也可以借鉴这种临危不惧的状态。一是要抛却功名利益之心，让自己的心态放空，这样才能沉着应对一切。二是要保持乐观积极的心态，对自己的能力要有信心。古希腊有一句谚语说得好，叫“信心比天才重要”。三是尝试在日常生活中体会那种物我两忘的境界。其实，很多练习不是刻意为之的，而是在反复实践中去逐渐摸索。太过刻意的练习往往都是“有我”的，只有体会过“无我”的境界才能所向披靡。

讲完伯昏无人与列御寇的故事，庄子紧接着又讲了肩吾与孙叔敖的故事。肩吾在《逍遥游》中跟连叔讨论过姑射山神人是否真的存在，结果被说格局小了。后来他又出现过几次，基本上都是格局不高、被人教育的角色。而这个孙叔敖呢，是春秋时期楚国的令尹，历史上有名的治水能手。他不仅从政有方，而且眼界开阔，对道的理解也比较深。

原文：

肩吾问于孙叔敖曰：“子三为令尹而不荣华，三去之而无忧色。吾始也疑子，今视子之鼻间栩栩然，子之用心独奈何？”孙叔敖曰：“吾何以过人哉！吾以其来不可却也，其去不可止也。吾以为得失之非我也，而无忧色而已矣。我何以过人哉！且不知其在彼乎？其在我乎？其在彼邪亡乎我，在我邪亡乎彼。方将踌躇，方将四顾，何暇至乎人贵人贱哉！”仲尼闻之曰：“古之真人，知者不得说，美人不得滥，盗人不得劫，伏戏、黄帝不得友。死生亦大矣，而无变乎己，况

爵禄乎！若然者，其神经乎大山而无介，入乎渊泉而不濡，处卑细而不惫，充满天地，既以与人己愈有。”

这一天，肩吾见到孙叔敖，便问他：“您三次做令尹而不感到荣耀，三次被免职也没有忧愁之色。我起初对这些做法有些怀疑，但现在看见您呼吸轻松欢畅，不知您的心里到底是怎样想的呢？”

孙叔敖说：“我哪有什么过人之处啊！我认为官爵既然来了就无法推辞，它离去了也无法阻止，官职俸禄之得失并非由我决定，因此我毫无忧愁之色。我哪有什么过人之处啊！不知荣华富贵是在于令尹，还是在于我自身。如果是在于令尹，那么与我无关；如果是在我自身，那么与令尹无关。那时的我正感到悠闲自得，哪有工夫去想个人的富贵和贫贱啊！”

孔子听到这番对话后，说：“古时候的真人，智者不能说服他，美色不能迷惑他，强盗不能强制他，伏羲、黄帝这样的帝王也不能笼络、亲近他。死生虽然算得上是大事，但也不能使他的情绪有所改变，何况是官爵俸禄的得失呢！像这样的人，他的精神游历大山而无障碍，潜入深渊而不沾湿，处于贫贱不感到困苦。他的神明充满于大地之间，即使全部拿来给别人，他也不会显得匮乏，反而会让自己更加充盈。”

在故事中，孙叔敖三次担任令尹都没有感到荣耀，三次被罢官也没有任何的悲伤之情，说明他是一个善于守全“真性”、不以得失而伤害内心的悟道真人。其中的哲理，就是孙叔敖所说的“且不知其在彼乎？其在我乎？”，即不知荣华富贵是在于令尹，还是在于我自身。他把外在的名利财富，与自身的生命价值区分开来。如果富贵功名是来自外在的官职，那么说明富贵和人本身无关，既然无关，就不需要汲汲以求；如果富贵功名来自我这个人，那么就与官职无关，自己可以让自己获得快乐，哪里还需要外物来贴标签呢？

无论怎么讲，外在的功名利禄与自我的生命价值，都是无关的。所谓外物带来的享乐，归根结底都是表面的、非实质性的。因此有些人位居高位他也不快乐，有些人无权无势也天天快乐。

故事中的孙叔敖，忘却了官爵俸禄的得失，所以他获得了真正意义上的超脱，得以“经乎大山而无介，入乎渊泉而不濡”，达到了任何人或事都不能影响他内心情绪的至高境地。

我们接着讲第三个故事——“楚王与凡君坐”。

原文：

楚王与凡君坐，少焉，楚王左右曰“凡亡”者三。凡君曰：“凡之亡也，不足以丧吾存。夫凡之亡不足以丧吾存，则楚之存不足以存存。由是观之，则凡未始亡而楚未始存也。”

这个故事讲的是楚国之君和凡国之君共坐，刚坐了一会儿，楚王左右的臣子就多次禀报，说凡国已经灭亡了。凡国之君听到这个消息，没有惊讶也没有沮丧，而是很平淡地说：“凡国灭亡，不足以丧失我的真性，一如楚国的存在也不能让我保持真性。由此看来，凡国未曾灭亡，而楚国也未曾存在。”

凡国的君主，在这个故事中是一个领悟真道的角色——“存亡在我，不以得失为念”，阐发了庄子“真性存则大道存，真性亡则大道亡”的观点。前面我们说过，“哀莫大于心死，而人死亦次之”。在庄子眼中，对于自己真性的守护，是比生死更为重要的事情。外在的祸福荣辱不能决定真性的去留，但是内心如果抛弃了真性，那么人就是行尸走肉，即便活着，也和死了没有区别。

庄子崇尚“泰山崩于前而面不改色”的真人气魄。无论发生什么事，只要内心的真性没有泄漏，那么外物对我们就无法造成伤害。就如同故事中的凡国之君一样，国家和权力不过是外在皮毛，有它也不会对我产生什么益处，没它也不会劳损我的心性。因此，只要心性俱全，“我就是我，是颜色不一样的烟火”，谁也无法改变我。这也是孟子所说的“富贵不能淫，贫贱不能移，威武不能屈”。真正的有德之人，内心都充满真气，这种气“至大至刚，以直养而无害，则塞于天地之间”（《公孙丑上》）。保持内心纯净与坚韧的人，是永远无法被打倒的。

《知北游》

天地有大美而不言：美，贵在用心体会

《庄子·知北游》中“知北游于玄水之上”的故事原文：

知（zhì）北游于玄水之上，登隐弅（fèn）之丘，而适遭无为谓焉。

知谓无为谓曰：“予欲有问乎若：何思何虑则知道？何处何服则安道？何从何道则得道？”三问而无为谓不答也。非不答，不知答也。知不得问，反于白水之南，登狐阕之上，而睹狂屈焉。

知以之言也问乎狂屈。狂屈曰：“唉！予知之，将语若。中欲言而忘其所欲言。”

知不得问，反于帝宫，见黄帝而问焉。黄帝曰：“无思无虑始知道，无处无服始安道，无从无道始得道。”知问黄帝曰：“我与若知之，彼与

彼不知也，其孰是邪？”

这个故事讲的是，有个叫知的人在北方游历，来到玄水岸边一个名叫隐弅的山丘，正好在那里遇上了无为谓。知对无为谓说：“我想向你请教一些问题，该怎样思索、怎样考虑才能懂得道呢？如何居处、行事才符合于道呢？采用何种方法才能获得道呢？”知就这样问了好几次，无为谓都不回答。倒不是不想回答，而是他不知道该如何回答。

知从无为谓那里得不到解答，便返回到白水的南岸，登上了一个名叫狐阕的山丘，在那里见到了狂屈。知把先前的话向狂屈重新问了一遍，狂屈说：“唉，我知道怎样回答这些问题，但是我刚想告诉你的时候，又突然忘记该说什么了。”

知从狂屈那里也没有得到答案，便转回到黄帝的住所，又向黄帝问了一遍。黄帝说：“没有思索、没有考虑方才能够懂得道，没有安处、没有行动方才能够符合道，没有依从、没有方法方才能够获得道。”

知于是问黄帝：“你我都知道这些道理，无为谓和狂屈却不知道。那么，谁才是正确的呢？”

原文：

黄帝曰：“彼无为谓真是也，狂屈似之，我与汝终不近也。夫知者不言，言者不知，故圣人行不言之教。道不可致，德不可至。仁可为也，义可亏也，礼相伪也。故曰：‘失道而后德，失德而后仁，失仁而后义，失义而后礼。’礼者，道之华而乱之首也。故曰：‘为道者日

损，损之又损之，以至于无为。无为而无不为也。’

“今已为物也，欲复归根，不亦难乎！其易也其唯大人乎！生也死之徒，死也生之始，孰知其纪！人之生，气之聚也。聚则为生，散则为死。若死生为徒，吾又何患！故万物一也。是其所美者为神奇，其所恶者为臭腐。臭腐复化为神奇，神奇复化为臭腐。故曰：‘通天下一气耳。’圣人故贵一。”

黄帝说：无为谓是真正正确的，狂屈接近于正确，我和你则始终未能接近于道。这是因为，“夫知者不言，言者不知，故圣人行不言之教”，知道的人不说，说的人不知道，所以圣人施行的是不用言传的教育。道不可能靠言传来获得，德也不可能靠交流来到达。讲求仁，可以身体力行而不是空谈；而讲求义，是心有所亏、有所图谋；讲求礼，只是相互欺诈罢了。

所以说，“失道而后德，失德而后仁，失仁而后义，失义而后礼”，失去了道而后才有德，失去了德而后能获得仁，失去了仁而后能获得义，失去了义而后能获得礼。礼是道的伪饰，是乱的祸首。所以说，“为道者日损，损之又损之，以至于无为。无为而无不为也”，体察道的人每天都得清除伪饰，清除而又再清除，以至达到无为的境界。达到无所作为的境界，也就没有什么可以作为的了。

如今你已对外物有所作为，想要再返回根本，就很困难了！假如容易改变而又返回根本，恐怕只有得道的人才做得到啊！生是死的同类，死是生的开始，谁能知道它们的端绪呢！人的诞生，是气的聚合。气的聚合形成生命，气的离散便是死亡。如果死和生是同类相属的，那么死亡对于我而言，又有什么好担忧的呢？万物说到底是同一的。这样，把那些所谓美好的东西看作是神奇，把那些所谓讨厌的东西看作是臭腐，而臭腐的东西可以再转化为神奇，神奇的东西也可以再转化为臭腐。所以说，“通天下一气耳”，整个天下只不过同是气罢了。圣人也因此看重万物同一的特点。

我们都知道郑板桥的一句名言，叫“难得糊涂”。那是公元1751年，郑板桥正在潍县当县令。有一天闲来无事，他发现四壁空空，不禁忧从中来感慨道，自己一生碌碌、半世萧萧，难道就是为如此结果吗？争名夺利，到头来又如何呢？无所谓失，无所谓得，心灵才算安宁呀！于是，他挥毫写下“难得糊涂”四个大字，表达了自己对于人生万事的一种态度。这四个字后来名扬天下，被世人称为“真乃绝顶聪明人吐露的无可奈何语”，充分展现了郑板桥面对喧嚣人生以及炎凉世态的决绝态度，同样也成了后人面对世间纷乱与人生百态的一种处世方法。

故事中的“无为谓”就是这样一个人，他获得了大道，但又无法表明什么是大道，也不想弄清楚该如何才能表达道、领悟道、获得道，所以他才是真正的得道高人，因为他“糊涂”。庄子反复表示，获得大道最重要的一点就是不可太过于聪明。前面的章节里我们讲述了太多“聪明反被聪明误”的历史人物，他们都想要获得大道，但都因为自己的小聪明，而与大道渐行渐远。

“道”是什么，道家学者一直没能给出明确的答案，老子说：“道之为物，惟恍惟惚。惚兮恍兮，其中有象；恍兮惚兮，其中有物；窈兮冥兮，其中有精。其精甚真，其中有信。”（《道德经》第二十一章）意思是“道”这个东西，没有清楚的固定实体。它好像有又好像无，好像是实际存在的，又好像是虚构的，在恍惚中好像有幻象呈现，但在恍惚中又好像有可见到的物质。幽暗而又深不可测的，一定是道中蕴含的促进事物生长的精气。这精气是最真实的，在它里面包含了宇宙中一切信息。

庄子对于道的表述也具有不可言说、不可言传的特点。在后续即将讲到的《天地》中，有一个故事叫“象罔得珠”，说的是黄帝发现玄珠丢了，派才智超群的“智”去寻找，未能找到；派善于明察的“离朱”去寻找，未能找到；派善于闻声辩言的“喫诟（chīgòu）”去寻找，也未能找到。最后让无智、无视、无闻的象罔去寻找，结果找回了玄珠。

可见，庄子崇尚无为谓、象罔这样的人，因为他没有想用自身的聪明去理解与表达道，而是“糊涂”于其中，与大道混为一体，最终领悟了道。反而是黄帝、离朱、喫诟这样的人，什么都看破了，什么都弄清楚了，什么都说得明白，反而离道越来越远。因为他们表达的是经自己思想改良过的道，并不是原初的“道”。就如同读一本书，别人给你讲得再好，也只是他对于这本书的理解，并不一定是书最原始的意思。只有当你亲自去读过这本书以后，你才能够领悟个中的真谛。

所以，在日常生活中，我们也不要为了追求某一答案而把自己弄得疲于奔命。生活中很多事情是没有答案的，也是无法用语言和行动表示清楚的。只要用心去感受，用真情去回馈，很多事情，我们自然就会明白。

在这个故事之后，还有一段很精彩且文本本身极其优美的论述。

原文：

天地有大美而不言，四时有明法而不议，万物有成理而不说。圣人者，原天地之美而达万物之理。是故至人无为，大圣不作，观于天地之谓也。今彼神明至精，与彼百化。物已死生方圆，莫知其根也。扁然而万物，自古以固存。六合为巨，未离其内；秋豪为小，待之成体；天下莫不沉浮，终身不故；阴阳四时运行，各得其序；惛（hūn）然若亡而存；油然不形而神；万物畜而不知：此之谓本根，可以观于天矣！

庄子说：“天地有大美而不言，四时有明法而不议，万物有成理而不说。”天地有覆载万物的功德，但是它不言说；一年四季有明确的规律，然而它从不议论；万物的变化具有生长的道理，然而它不加解释。

“圣人者，原天地之美而达万物之理。”所谓圣人，探究天地伟大的美，通晓万物生长的道理。“是故至人无为，大圣不作，观于天地之谓也。”至人顺应自然无所作为，圣人不会妄加行动，他们都只是在效法天地的自然无为之道。“今彼神明至精，与彼百化。”大道神明精妙，参与宇宙万物的各种变化。“物已死生方圆，莫知其根也。扁然而万物，自古以固存。”万物是死是生，或方或圆，没有谁知晓变化的根本，一切都是那么自然而然地存在。“六合为巨，未离其内；秋豪为小，待之成体。”天地四方虽大，但却不能离开变化日新的自然之道；秋天的毫毛算是最小的，也得仰赖于道，方才能成就其形体。“天下莫不沉浮，终身不故；阴阳四时运行，各得其序。”宇宙万物无时无刻不在发生变化，没有一刻与过往相同；阴阳与四季不停地运行，各自有各自的序列。“惛然若亡而存；油然不形而神。”大道是那么混沌昧暗，仿佛并不存在却又无处不在，具备生机盎然、神妙莫测的本质，却又不留下具体的形象。“万物畜而不知：此之谓本根，可以观于天矣！”万物被它养育着，却一点也未觉察。这就叫作本根，通过它，就可以用来观察自然之道了。

张岱年先生在《中国哲学大纲》里写道：“中国哲学只重生活上的实证，或内心之神秘的冥证，而不注重逻辑的论证。”的确，中国古代哲学本质上更像是一种诗意哲学，而非科学化的哲学。这种“重了悟而不重论证”的思想特质，深入古代文人的骨髓。在宗教上“可悟而不可修”的妙悟佛法，在文学上化作“可遇而不可求”的情感因子，在艺术上化为“可意会而不可言传”的无弦之趣，而在庄子笔下则成为“无处不在”的道。

“人生而遇此道，则天性全而精神定。”道是我们安身立命、修复受损心灵的力量源泉。唯有通过道，我们才能明白世界万物的真相究竟是什么。现代科技使我们足不出户就可以遍览天下，甚至可以通过航天飞船去探索宇宙间的奥秘。但当年庄子所极力追求的道，至今为止，在人们心中依旧玄之又玄，依旧神妙莫测。

那么，道是什么？很简单，庄子告诉我们，道就是规律，道就是常态，道就是我们身边的每一个事物它最本真的样子。人们容易因为一些即时的成就感或精妙言论而自我陶醉。殊不知，故步自封丢失的是自己的天性直觉与原生灵感。我们要承认自己的无知，人对于世界的认知无非是泰山之一角、沧海之一粟。尤其当我们获得了某些物质上的财富时，往往也会认为自己站在了精神世界的金字塔顶端，实则不然。

庄子的一生，都在探索大道的真谛。探索的结果让他明白，世界是没有尽头可言的，人是无法真正洞察这个世界的。所以他感叹：“吾生也有涯，而知也无涯。以有涯随无涯，殆已！”人要不断地去向自然靠拢，向大道靠拢，向它们索取解决世间纷扰的灵丹妙药。我们生活中遇见的一切烦恼，都可以从自然天地间找到解决的密码。亚里士多德有一句名言说得好：“大自然的每一个领域都是美妙绝伦的。”我们身边的一切一切都值得学习，直升机、潜水艇、雷达、蛙泳、螳螂拳，不都是我们向自然万物学习的结果吗？所以庄子说“天地有大美而不言”，自然万物给予了你生命所需的一切，你如果不去运用，那么只能是被快如光影的社会洪流所淘汰。人只有放下姿态，向周围的一切事物学习，才能走得更加长远，也更加平稳。

白驹过隙：人生在天地面前不过一瞬，不必刻意追求长寿

本节来讲讲《庄子·知北游》中“舜问乎丞”和“白驹过隙”这两个故事。

原文：

舜问乎丞：“道可得而有乎？”曰：“汝身非汝有也，汝何得有夫道！”舜曰：“吾身非吾有也，孰有之哉？”曰：“是天地之委形也；生非汝有，是天地之委和也；性命非汝有，是天地之委顺也；子孙非汝有，是天地之委蜕也。故行不知所往，处不知所持，食不知所味。

天地之强阳气也，又胡可得而有邪！”

有一天，舜问丞说：“道可以获得和拥有吗？”

丞回答说：“连你的身体都不是你所拥有的，你又怎么能拥有道呢？”

舜有点蒙，然后说：“我的身体非我所有，那归谁所有呢？”

丞回答说：“你的身体，那是天地寄托给你的一个形体；你的生命非你所有，那是天地寄托给你的和顺之气；你的性命非你所有，是天地寄托给你让你顺应自然的属性；子孙非你所有，是天地寄托给你繁衍子孙的能力。所以，行动时不知往哪里去，居住时不知持守什么，吃东西也不知道味道。你的一切，只不过是阴阳之气的一时凝聚罢了，又怎么能长久地获得和拥有呢？”

庄子讲这个故事的意思是，人的一切都是天地所赋予的，连自己的身体都不能长久地拥有，又何况那些身外之物呢？庄子有一个观点，叫作“凡外重者内拙”，即当一个人把外在的东西看得太重时，内心就会变得笨拙。

讲完了“舜问乎丞”，庄子又请出了孔子和老子。

原文：

孔子问于老聃曰：“今日晏闲，敢问至道。”

老聃曰：“汝齐戒，疏瀹（yuè）而心，澡雪而精神，掊（póu）击而知。夫道，窅然难言哉！将为汝言其崖略：夫昭昭生于冥冥，有伦生于无形，精神生于道，形本生于精，而万物以形相生。故九窍者胎生，八窍者卵生。其来无迹，其往无崖，无门无房，四达之皇皇也。

邀于此者，四肢强，思虑恂达，耳目聪明。其用心不劳，其应物无方，天不得不高，地不得不广，日月不得不行，万物不得不昌，此其道与！且夫博之不必知，辩之不必慧，圣人以断之矣！若夫益之而不加益，损之而不加损者，圣人之所保也。渊渊乎其若海，魏魏乎其终则复始也。运量万物而不匮。则君子之道，彼其外与！万物皆往资焉而不匮。此其道与！”

孔子对老子说：“今天我没事干，所以冒昧地向您请教至道是什么。”

老子说：“那你先得斋戒静心，然后疏通心灵，之后清扫你的精神，破除你的才智。大道，真的是深奥至极、难以言表啊！不过我还是跟你说个大概吧。明亮的东西产生于昏暗，具有形体的东西产生于无形，精神产生于道，形质产生于精微之气中。万物全都凭借形体而诞生，所以，具有九个孔窍的动物是胎生的，具有八个孔窍的动物是卵生的。它的来临没有踪迹，它的离去没有边界，不知从哪儿进出、在哪儿停留，最终通向广阔无垠的四面八方。遵循这种情况的人，四肢强健，思虑通达，耳目灵敏，运用心思不会劳顿，顺应外物不拘定规。天不从它那儿获得什么便不会高远，地不从它那儿获得什么便不会广大，太阳和月亮不能从它那儿获得什么便不会运行，万物不能从它那儿获得什么便不会昌盛，这恐怕就是道啊！

“再说，熟读经典的人不一定懂得真正的道理，善于辩论的人不一定就格外聪明，所以圣人断然割弃上述种种做法。至于增多了却不像是有所增加，减少了却不像是有所减少，那便是圣人所要持守的东西。道，深邃莫测，像大海一样；高大神奇，没有终结也没有开始。

万物的运动全在它的范围之内，而且从不曾缺少什么。那么，世俗君子所谈论的大道，恐怕都是些皮毛啊！万物全都从它那里获取生命的资助，而且从不匮乏，这恐怕就是道啊！”

老子的论说继续。

原文：

“中国有人焉，非阴非阳，处于天地之间，直且为人，将反于宗。自本观之，生者，喑醷（yīn yī）物也。虽有寿夭，相去几何？须臾之说也，奚足以为尧、桀之是非！果蓏有理，人伦虽难，所以相齿。圣人遭之而不违，过之而不守。调而应之，德也；偶而应之，道也。帝之所兴，王之所起也。”

“中原一带有人居住着，不偏于阴也不偏于阳，处在大地的中间。他们只不过姑且具备了人的形体罢了，而人终将返归他的本原。从道的观点来看，人的诞生，乃是气的聚合，虽然有长寿与短命，相差又有多少呢？说起来只不过是顷刻之间，又哪里用得着区分唐尧和夏桀的是非呢？果树和瓜类各不相同，却有共同的生长规律。人们的次第关系即使难以划分，也还可以用年龄大小相互为序。圣人遇上这些事从不违拗，即使亲身过往也不会滞留。调和而顺应，这就是德；无心却适应，这就是道。德与道便是帝业兴盛的关键，也是王侯兴起的规律。”

老子侃侃而谈，意犹未尽。

原文：

“人生天地之间，若白驹之过隙，忽然而已。注然勃然，莫不出焉；油然漻（liú）然，莫不入焉。已化而生，又化而死。生物哀之，人类悲之。解其天弢，堕其天帙。纷乎宛乎，魂魄将往，乃身从之。乃大归乎！不形之形，形之不形，是人之所同知也，非将至之所务也，此众人之所同论也。彼至则不论，论则不至；明见无值，辩不若默；道不可闻，闻不若塞：此之谓大得。”

“人生活在天地之间的时日，如同白马穿过缝隙一样短暂，也就是一刹那而已。生长啊，兴起啊，无不由道生发出来；变化啊，消逝啊，也无不消亡于道之中。已经变化生出的，又变化而死去。生命为其同类之死而悲哀，人类为其亲人之死而伤悲。打开自然的枷锁吧，毁坏天然的桎梏吧。纷纭婉转，魂魄将往，身体也随之消亡，死亡就是最大的回归呀！从没有形体到有形体，又从有形体变为没有形体，这是人所共知的常识。常识并不是求道之人所努力追寻的，那是人人明白并共同讨论的话题。那些达于道境的人并不爱议论，爱议论的人也就没有达到道境。用聪明才智去追求大道的人，恰恰遇不上大道。要想体悟大道的话，善辩不如沉默。道是不能闻知的，所以闻听不如不听，懂得这些就叫‘大得’。”

这段文字，庄子集中讲述了道的作用，那就是它解决了人存在和消失的哲学问题。庄子对于道的理解，是基于道掌管世间万物一切规律的基础上所做出的理论延展。庄子认为，道运化的规律，就是人在日常生活中所应该践行的规律。比如道决定了人必然会面临生与死的问题，那么认可生死，齐同生死，就是体悟大道最关键的要点。

庄子说：“死生，命也；其有夜旦之常，天也。”（《大宗师》）既然死生都是天命所定，那么我们面对生死最好的态度就是“安之若命”，正所谓“安时而处顺，哀乐不能入也。”(《养生主》)当你不再刻意追求生命的长度时，悲哀和兴奋也就不会进入你的身体，不会干扰你的情绪，不会影响你的心境，这样你就可以安稳地享受生命的美好，从而拓展生命的厚度、宽度。

有多少人为了延长寿命而不惜花费重金购买各种营养品、保健品，到头来其实活得并不快乐。家庭琐事、功名利禄依旧把他们折磨得筋疲力尽，延长出来的岁月也不过是多遭几年罪而已。因此，不明白生与死的概念，单纯地为了延长寿命而延长寿命，在庄子看来是十分愚蠢的行为。

那如何看待生死呢？庄子说“夫大块载我以形，劳我以生，佚我以老，息我以死。”(《大宗师》)所谓生，无非就是大自然赋予了我形体，要让我生的时候勤劳，老的时候安逸，死的时候休息。这是一个自然而然的过程，没有必要过分地看重生，也没有必要过分地鄙视死。庄子还说：“故善吾生者，乃所以善吾死也。”(《大宗师》)你有多喜欢生，你就应该有多喜欢死，它们俩是平等的，不能厚此薄彼。当你真正认清生与死都是你人生必然要经历的一部分时，你就会以一种平静、乐观的心态去面对死亡的问题，这样就能够更好地享受人生的风景。

有多少人在临死前充满恐惧与不安，这种消极的心态直接作用于生命进程的加速，人身体的机能因为情绪的波动异常而常常产生反向作用。这样一来，恐惧死亡的人往往最先步入死亡，连人生最后的时光都没能好好享受。相反，有些人看破了生死，早就无惧于死亡的到来，反而能更加充分地享受生命最后的时光，即便闭上眼睛，也没有遗憾。从这个角度来看，他生命的质量要比那些恐惧死亡的人高得多。甚至有些人，还因为乐观向上而使绝症获得痊愈。

你越恐惧死亡，死亡到来得越快；越漠视死亡，越能够长久地拥有生命。正如《孙子兵法》所说："投之亡地然后存，陷之死地然后生。"庄子告诉我们，人生命的长短就如白驹过隙，人无论活得多久，终究是如流星划过夜空一样，是天地间短暂的一瞬。这是世界发展的客观规律，从古至今未有改变。

我们能做的，就是乐观地看待生命中所发生的一切，不要汲汲于祸福荣辱，不要忧愁于死生夭寿，就像上面故事中老聃所说的"虽有寿夭，相去几何"。人和人的寿命能差多少？比长度是没有意义的，关键是要看生命的质量，而不是混过日子的数量。顺其自然，乐观面对一切，我们就能获得光耀的人生。正如英国诗人拜伦所言："悲观的人虽生犹死，乐观的人永生不老。"

道在屎溺：被捧上天的自然大道，为何在粪坑里？

这一节我们来看《庄子·知北游》中"道在屎溺"和"婀（ē）荷甘与神农同学于老龙吉"两个故事。

原文：

东郭子问于庄子曰："所谓道，恶乎在？"庄子曰："无所不在。"东郭子曰："期而后可。"庄子曰："在蝼蚁。"曰："何其下邪？"曰："在稊稗（tí bài）。"曰："何其愈下邪？"曰："在瓦甓（pì）。"曰："何其愈甚邪？"曰："在屎溺。"东郭子不应。庄子曰："夫子之问也，固不及质。正、获之问于监市履豨（xī）也，‘每下愈况’。汝唯莫必，无乎逃物。至道若是，大言亦然。周遍咸三者，异名同实，其指一也。尝相与游乎无何有之宫，同合而论，无所终穷乎！尝相与无为乎！澹（dàn）而静乎！漠而清乎！调而闲乎！寥已吾志，无往焉而不知其所至，去而来不知其所止。吾已往来焉而不知其所终，彷徨乎冯闳（hóng），大知入焉而不知其所穷。物物者与物无际，而物有际者，所谓物际者也。不际之际，际之不际者也。谓盈虚衰杀，彼为盈虚非盈虚，彼为衰杀非衰杀，彼为本末非本末，彼为积散非积散也。”

第一个故事讲的是：

东郭子向庄子请教，说：“人们所说的道，究竟存在于什么地方呢？”庄子说：“大道无所不在。”

东郭子追问：“你一定要指出具体的地方才行，不然我不懂。”

庄子说：“在蝼蚁之中。”

东郭子说：“为什么处在这样低下卑微的地方呢？”

庄子没理他，接着说：“在稻田的稗草里。”

东郭子说：“怎么越发低下了呢？”

庄子继续说：“在瓦块和砖头中。”

东郭子说：“这怎么越来越低下了呢？”

庄子最后来了一句：“在大小便里。”东郭子听了后不再吭声。

庄子见东郭子不再吭声，便说道：“先生提问题的方法，本来就没有触及问题的实质。就好像管理饮食的官员，去问他的助手如何检验猪的肥瘦一样。如果你问我猪的什么部位最肥，那么我只能告诉你，越往下踩越看得清楚。因为如果踩肚子的话，不管多瘦的猪，肚子都是肥的。所以鉴别肥不肥的方法是去踩猪的腿，如果腿够肥，那么猪才肥。

“同样的道理，你不必执着地问道在何处。因为，道无所不在。最高的道就是这样，即使用最形象的话来说，也不过如此。就好像周、遍、咸这三个词，名称虽然不同，但是意义却是一样的。让我们一道游历于什么也没有的地方，用混同合一的观点来加以讨论，宇宙万物的变化是没有穷尽的啊！让我们一起顺应无为吧！恬淡而又寂静啊！广漠而又清虚啊！协调而又安闲啊！

“我的心思早已虚空宁寂，不会前往何处，也不知道应该去哪里；离去以后随即归来，也从不知道该停留在何处。我在人世间来来往往，却不了解哪里是最后的归宿。造就万物的道，跟万物本身并无界限之分，而事物之间的边界，仅仅是物的界限。大道存在于万物之中，看似有边界，其实没边界。人们所说的盈满、空虚、衰退、减损都是如此。道能使万物有变化，自身却没有有盈虚之别；能使万物有升降的变化，自身却没有升降的改变；能使万物有始终，自己却没有始终；能使万物有聚散，自身却没有聚散。”

这一段论述算得上是《知北游》里最出名的一段了，论述的核心就在于，庄子点出了道存在的地方。在这段文字中，庄子以蝼蚁、稊稗、瓦甓、屎溺为例，说明了大道无处不在，大道所寄居的物体也没有高下贵贱的区分。这些说法虽然同样带有神秘主义色彩，但相对于《道德经》对于道的玄妙阐释已经要明确得多也具体得多了，也比《大宗师》关于道的论述更加客观。

庄子将现实物体作为论述大道性质的理论基础，从哲学发生及演化的角度看，庄子已经向唯物主义迈出了一大步。

在前面的故事中，庄子对于道的性质及功用做了详细的阐释。而在这则寓言中，庄子集中讲述了我们该从哪里去体悟道。庄子指出，我们身边的一切都具有道的基础，只要细心观察、用心感受，就能总结出道的规律并加以运用。这其实和儒家所谓的“格物致知”有异曲同工之妙。

在《礼记·大学》里面有这样一段论述：“物格而后知至；知至而后意诚；意诚而后心正；心正而后身修；身修而后家齐；家齐而后国治；国治而后天下平。”所谓的“格物”，就是细心地体察万物，从而探究事物的原理。之后通过“格物”就可以达到“致知”的状态，也就是获得人生的智慧。在获得智慧之后，你的意念才能真诚；意念真诚后心思才能端正；心思端正后才能修养品性；品性修养后才能管理好家庭和家族；管理好家庭和家族后才能治理好国家；治理好国家后天下才能太平。

所以，《礼记·大学》的中心绕来绕去就是一句话：你要是想功成名就，想要修身齐家治国平天下，就必须把源头打造好，也就是必须学会格物致知。而格物是致知的前提，所以必须要加以重视。

道家和儒家都主张从自然万物中提炼人生的智慧，从而塑造出具有正向意义的人格品性。比如文人从菊花身上学到了隐逸，从莲花身上学到了高洁，从竹子身上学到了正直，从梅花身上学到了傲骨。庄子所要强调的道就处在这一个个平凡的事物当中。它们不会说话，但都蕴含着人生哲理。

当然，道不仅存在于人们喜欢的事物上，也存在于人类厌弃的东西上。就拿令人讨厌的苍蝇来说吧，它们的每一只眼睛，是由3000多只小眼组成的一种复眼。人们模仿这种天然结构，制成了一种新型的光学元件“蝇眼透镜”。以这种透镜为镜头的“蝇眼照相机”，一次就能照出千百张相同的相片，应用于印刷制版、批量复制微小电路，可以大大提高电子产业的生产效率和产品质量。在这个例子中，惹人嫌的苍蝇的器官结构其实蕴藏着无穷的智慧，这就是庄子眼中的“道”。

讲完了这个故事，庄子又讲了一个“妸荷甘与神农同学于老龙吉”的故事。

原文：

妸荷甘与神农同学于老龙吉。神农隐几，阖户昼瞑。妸荷甘日中奓（zhà）户而入，曰：“老龙死矣！”神农隐几拥杖而起，嚗（bó）然放杖而笑，曰：“天知予僻陋谩诞，故弃予而死。已矣，夫子无所发予之狂言而死矣夫！”弇堈（yǎn gāng）吊闻之，曰：“夫体道者，天下之君子所系焉。今于道，秋豪之端万分未得处一焉，而犹知藏其狂言而死，又况夫体道者乎！视之无形，听之无声，于人之论者，谓之冥冥，所以论道而非道也。”

妸荷甘和神农一起跟着老龙吉学习。神农大白天靠着几案、关着门睡觉。中午的时候，妸荷甘推门而入，说：“老龙吉死了！”

神农赶忙扶着拐杖站起来，之后又“啪”的一声丢下拐杖大笑起来，说：“先生知道我见识短浅、心志不专，所以抛下我而去。可是，他去世之前，还没有留下启发我的至言呀！”

弇堈吊知道了这件事，感慨道：“体悟大道的人，才是天下君子所归依的人。老龙吉对于道的了解，仅有秋毫之末的万分之一。才智如此浅薄的人，尚且知道收起自己的狂言再死去，又何况那些真正体悟大道的人呢？大道，看上去无形，听起来无声，也不能在讨论中越辩越明。那些可以被谈论的道，实际上，都不是真正的道呀！”

庄子讲这个小故事，是想说明：大道虚无，不可言说，如果强行对其解释，那么就失去大道的本真了。故事中，老龙吉终生没有向婀荷甘和神农解释道，到死也没有口吐狂言、大谈道学。因此，他也就更接近道了。

我们在日常生活中，最忌讳的就是一知半解。很多东西就和“道”一样，我们并不了解，但却自认为精通，从而大侃特侃，滔滔不绝地发表自己的看法。殊不知，在内行人眼里，这样的人无异于跳梁小丑。谢觉哉有一句名言：“一知半解的人，多不谦虚；见多识广有本领的人，一定谦虚。”故事中的老龙吉并非不了解道，他明白，无论自己对于大道有多深的体悟，都终究不可能与大道完全契合，自己对于道的了解永远是沧海一粟。所以他闭口不谈关于道的任何东西，反而成就了自己“得道高人”的美誉。

我们在日常生活中也要如此，不管是否真的了解自己所面对的事物，都要保持一颗谦逊的心。尤其在一知半解的时候，千万不要随意发表评论，认为自己掌握的就是真理了。

泰清问道：想要获得“道”，首先人得“虚”

《庄子·知北游》中“泰清问道”的故事原文：

于是泰清问乎无穷，曰：“子知道乎？”无穷曰：“吾不知。”又问乎无为，无为曰：“吾知道。”曰：“子之知道，亦有数乎？”曰：“有。”曰：“其数若何？”无为曰：“吾知道之可以贵、可以贱、可以约、可以散，此吾所以知道之数也。”泰清以之言也问乎无始，曰：“若是，则无穷之弗知与无为之知，孰是而孰非乎？”无始曰：“不知深矣，知之浅矣；弗知内矣，知之外矣。”于是泰清中而叹曰：“弗知乃知乎，知乃不知乎！孰知不知之知？”无始曰：“道不可闻，闻而非也；道不可见，见而非也；道不可言，言而非也！知形形之不形乎！道不当名。”无始曰：“有问道而应之者，不知道也；虽问道者，亦未闻道。道无问，问无应。无问问之，是问穷也；无应应之，是无内也。以无内待问穷，若是者，外不观乎宇宙，内不知乎大初。是以不过乎昆仑，不游乎太虚。”

这个故事讲的是，泰清向无穷请教：“您知晓道吗？”无穷回答：“我不知道。”

泰清又问无为，无为回答说知道。于是泰清接着问：“您知晓道，那么道也有名数吗？”无为说：“有的。”泰清说：“那道的名数是怎么样的呢？”无为说：“我知道，道可以处于尊贵，也可以处于卑贱；可以聚合，也可以离散。这就是我所了解的道的名数。”

泰清似懂非懂，又去请教无始：“如果道像这样的话，那么无穷的不了解和无为的了解，谁对谁错呢？”无始说：“说自己不了解道，意味着这个人认识到了道的玄深；说自己了解道，那么这个人对道的理解一定是肤浅的。因为处在大道之内的人往往不了解道；只有处在大道之外的人，才会觉得自己看到了大道。”

泰清听后，仰天叹息，说道：“不了解便是了解，了解便是不了解啊。谁又能知道不用名数表现的了解呢？”无始说：“道是不可能听到的，听到了的就不是道；道也是不可能看见的，看见了的就不是道；道还不可以言传，能言传的就不是道。要懂得，有形之物之所以具有形体，是因为它产生于无形的道啊！因此大道不可以描述。”

无始又说：“有人询问大道，便随口回答的，乃是不知晓道的人。就是询问大道的人，也不曾了解过道。道无可询问，问了也无从回答。无可询问却一定要问，这是在询问空洞无形的东西；无从回答却勉强回答，这就说明他们对大道并无了解。内心毫无所得，却想去回答别人空洞无形的提问，像这样的人，对外不能观察广阔的宇宙，对内不能了解自身的本原，所以他不能越过那高远的昆仑之山，也不能遨游于清虚宁寂的太虚之境。”

无始和泰清的对话，还是在说明大道本身不可窥测、不可言说的道理。庄子在谈及大道时，一直在强调“虚室生白”（《人间世》）和“唯道集虚”（《人间世》）的特点，也就是在“空虚”或者“真空”的状态下，最容易产生道，也最容易持守道。就好比水，它总在流动，并且不可捉拿、不可搬运。你得有杯子或者水桶这种带有空间的东西盛放它，才能长时间地保留它。

在庄子所有的寓言里，那些至人真人，要么从不发话，从不谈及道，要么就是谦逊低调，不敢以得道者自居，被人问及何为大道时，也每每以“尝试言之”（《齐物论》），也就是“我试着给你说说”“我姑且说你姑且听”的态度来对人进行引导。庄子崇尚的就是这一类人。

道家学者对于“虚”的崇拜已经到了无以复加的程度，这对中国文化的影响很大。后代的学者，往往崇尚“虚”而抵制“实”，甚至把谦逊低调和道家“虚”的概念进行了理论绑定，我们常说的“谦虚”就是从这儿来的。再比方说，古人崇尚竹子，认为竹子是谦虚的代表，也是因为竹子中心是空的，能够较好地诠释“虚”的特点。古人关于“虚”的名言就更多了，比如方孝孺说“虚己者进德之基”，谦虚的人是道德提升最基本的要素；葛洪也说“劳谦虚己，则附之者众”，保持谦虚低调，前来追随你的人就多。

总之，道家学者崇尚的“虚”的概念，是我们为人处世最重要的一个法则，不要好为人师，不要过分地张扬自己，也不要自夸自满，要持守虚静之道。这样才能赢得别人的认可，最终像真人一样“过乎昆仑，游乎太虚”，游刃有余地穿梭于职场与社会当中。

讲完了这个故事，庄子又讲了光曜与无有的对话，即“光曜问乎无有”的故事。

原文：

光曜问乎无有曰：“夫子有乎？其无有乎？”光曜不得问而孰视其状貌：窅然空然。终日视之而不见，听之而不闻，搏之而不得也。光曜曰：“至矣，其孰能至此乎！予能有无矣，而未能无无也。及为无有矣，何从至此哉！”大马之捶钩者，年八十矣，而不失豪芒。大

马曰："子巧与！有道与？"曰："臣有守也。臣之年二十而好捶钩，于物无视也，非钩无察也。"是用之者假不用者也，以长得其用，而况乎无不用者乎！物孰不资焉！

话说，光曜问无有："先生您到底是有呢，还是没有呢？"无有不回答。光曜得不到回答，就仔细观察无有的形貌：一副隐晦空寂的样子。光曜想整天看他也看不见，整天想听他也听不到，想摸一摸他，却怎么也摸不着。

光曜感叹说："真是达到极致的状态了呀！谁能达到这样至高的境界呢？像我，只能达到不听也不摸的境界，但达不到无有的境界。如果能超越有和无的境界，哪里会是我现在这个样子呢？"

庄子这个故事依然在强调道之不可学。我们在《田子方》里讲过颜回亦步亦趋向孔子学道的故事：初级的形体之学，颜回尚且可以模仿；等真正涉及道体论的时候，颜回就望尘莫及了。光耀与无有的对话，说的也是同一个道理，告诉我们：学习的精髓不在模仿，而在于体悟其中的内涵。

换句话说，得道的方式有很多种。你不一定非得通过别人得道的方式去靠近道，而是要通过自己对大道的理解，进一步把它外化为日常生活的一言一行，从而更加深刻地去体会道、领会道。单纯的模仿只会让自己成为东施效颦、邯郸学步一般的笑柄，最后不仅没有学到自己想要的东西，连自己之前的能力也会丧失，甚至还有可能危及生命。

武则天，作为中国历史上唯一的女皇帝，曾威震天下。唐中宗李显的皇后韦氏，曾经想效仿武则天登基当皇帝，于是亦步亦趋地参考她登基前的步骤，甚至连诏书都抄写得一模一样。结果呢，韦氏被侄子李隆基直接拿下，不仅没当成皇帝，还送了自己的小命，这就是典型的不懂体悟内核，而盲目地模仿形式造成的后果。武则天能当皇帝绝不是因为那些外在的称帝步骤，而是她有着沉稳的心性与睿智的头脑。若无这些内在品性，武则天根本就玩不转皇帝这个职位。

我们在日常生活中也要注意办事的方式方法，在设定目标之前要多思考成功背后的因素，不要盲目地陷入虚表的操作步骤之中。须知第一个用这种方法的是天才，第二个再用这种方法的就是蠢材了。美孚石油公司创办人洛克菲勒有一句名言："如果你要成功，你就应朝新的道路前进，不能跟随被踩烂了的成功之路。"

冉求问于仲尼：人要承认自己的不足，也要发挥自己的优长

《庄子·知北游》中"冉求问于仲尼"的故事原文：

冉求问于仲尼曰："未有天地可知邪？"仲尼曰："可。古犹今也。"冉求失问而退。明日复见，曰："昔者吾问'未有天地可知乎？'夫子曰：'可。古犹今也。'昔日吾昭然，今日吾昧然。敢问何谓也？"仲尼曰："昔之昭然也，神者先受之；今之昧然也，且又为不神者求邪！无古无今，无始无终。未有子孙而有孙子可乎？"冉求未对。仲尼曰："已矣，未应矣！不以生生死，不以死死生。死生有待邪？皆有所一体。有先天地生者物邪？物物者非物，物出不得先物也，犹其有物也。犹其有物也无已！圣人之爱人也终无已者，亦乃取

于是者也。”

这个故事讲的是，孔子的弟子冉求，向老师请教说：“天地产生以前的情况，是可以知道的吗？”孔子说：“可以，古时候就像今天一样。”冉求觉得没有得到满意的回答，便退出屋来。

冉求第二天再次见到孔子，说：“昨天我问‘天地产生以前的情况，是可以知道的吗？’先生回答说：‘可以，古时候就像今天一样。’昨天我心里还很明白，但今天又糊涂了，请问先生这是为什么呀？”

孔子说：“昨天你心里明白，是因为心神先有所领悟；今天你糊涂了，是因为拘泥于具体形象，所以才会产生疑问。没有古就没有今，没有开始就没有终结。子孙出生之前便有了子孙，这事儿可能吗？”冉求没有回答。

孔子接着说：“不用胡思乱想就对了，你也就不会乱问了！不是因有了新生才产生了死亡，也不是因为有了死亡，就可以让死者死而复生。难道死亡和新生是相互依赖的吗？它们不过都是依赖于自然之道罢了。生成万物的那个东西，一定不是万物本身。被繁衍出来的事物，也不可能先于生成它的事物。大道是最大的事物，你非要在它之上再找出一个生成物，这就是你所提问题的根源所在。如果你不断地寻找产生一个事物的源头，那么将永远找不到答案。道运化出万物，于是万物就生生不息。圣人热爱人类，也是没有止境的。这都是从大道之理中受到的启发。”

庄子安排孔子发表这样一通言论，是想说明这样一个道理：天地万物虽然形色不同，永无止息，但却都是由无形无迹的大道化育出来的。对于这个玄妙的道理，人们只能以虚静的精神去领悟，而不能凭借有为的心智去理解。另外，大道化育一切，本就是自然而然的，没有什么原因的。如果你非要给它找出一个原因，那么只能是徒有所劳，白费力气。

生活中的很多问题都是既定发生的，是没什么理由的。比如父母为什么要爱自己的孩子，人类为什么会爱美，小孩子为什么喜欢玩耍，女孩子为什么喜欢被夸赞，等等。这些都是上天刻在人类基因里的本能，是无法用语言解释得清楚的。

因此，圣人热爱一切民众，就和大道化育万物一样，是没有道理可言的，天生就要去这样做的。就像有生必然会有死，这二者不是相辅相成的关系，而是上天就注定了必然要有死和生的分殊，不是因为有了生才会有死。

世俗中，很多人会执着地追求一些琐事的答案，但其实这些琐事本就没有答案可言。庄子说，不是每种事物都有源头，也不是每个问题都有答案。如果你无休止地去追逐你想要的结果，那么只会把自己弄得遍体鳞伤。有些事情，尽力就好，不必苛求于结果。禅宗里有一句名言，叫："佛不渡我我自渡，不为彼岸只为海。"做好自己，充实自己。既要拿得起，也要放得下。有些答案只是你一时想去追寻，等经历了岁月的历练，你会发现，你未来所拥有的一切就是答案。

冉求的问题回答完了，弟子颜渊又跑来请教孔子了，即"颜渊问乎仲尼"的故事。

原文：

颜渊问乎仲尼曰："回尝闻诸夫子曰：'无有所将，无有所迎。'回敢问其游。"仲尼曰："古之人外化而内不化，今之人内化而外不化。与物化者，一不化者也。安化安不化？安与之相靡？必与之莫多。狶韦氏之囿，黄帝之圃，有虞氏之宫，汤武之室。君子之人，若儒墨者师，故以是非相齑也，而况今之人乎！圣人处物不伤物。不伤物者，物亦不能伤也。唯无所伤者，为能与人相将迎。山林与，皋壤与，使我欣欣然而乐与！乐未毕也，哀又继之。哀乐之来，吾不能御，其去弗能止。悲夫，世人直为物逆旅耳！夫知遇而不知所不遇，知能能而不能所不能。无知无能者，固人之所不免也。夫务免乎人之所不免者，岂不亦悲哉！至言去言，至为去为。齐知之，所知则浅矣。"

颜渊问孔子说："我曾听老师说过：'不要有所送，也不要有所迎。'请问这是什么意思呢？"

孔子说："古时候的人，外表可以适应环境变化，但内心世界却能持守宁静；现在的人，不仅内心世界的宁静不能持守，连适应环境的变化也做不到了。随应外物变化的人，必定是内心纯一而不离散游移。对于外部的变化与不变化都能安然听任，并且可以悠然自得地跟外在环境相适应。狶韦氏的园林，黄帝的园圃，虞舜的宫殿，汤武的宫室，游玩居住的地方越来越大，而道德却越来越低下。即使被称为君子的人，一旦以儒墨为师，也必会陷入是非之中，不得不相互攻击，更何况是现在的普通人呢！圣人与万物相处而不伤害万物。不伤害万物的人，万物也不能伤害他。只有无所伤害的人，才能与人相交往。

“山林啊，平原啊，都能使我欣然快乐！快乐还没有结束，悲哀就接着来了。悲哀与快乐的到来，我不能抗拒。它们要离我而去，我也不能阻拦。多么可悲呀，世人只不过是外在欢乐喜悲寄居的旅店罢了！他们只知自己所遭遇到的事情，却不知道自己还有很多艰难险阻从来不曾遭遇。人只能做力所能及的事，却不能做力所不能及的事。有所不知，有所不能，这些本来就是人所不能避免的。但有些人，非要强求那些人所不能避免的东西，岂不是十分地可悲吗？最好的言论是无言，最好的做法是有所不为。想要让自己的观点被全天下人知道并认同，这种做法实在是太浅陋了。”

这个故事，庄子借助古人和圣人发论，目的在于将大道归于无送无迎、去言去伪。无送无迎，是要教人随物顺化；去言去伪，是要教人从虚旷处体悟大道。

庄子哲学观的核心就是顺应自然，否定人具有主观能动性，因此遭到了惠子、荀子等人的批评。但不可否认的是，顺应客观规律和适应社会环境，是我们必须要贯彻的处世方针。如果强行悖逆自然规律，那么迟早会自食恶果。

在这则故事中，庄子指出，人有自己的短板，人有自己的缺陷，人不可能对世界上的一切都有完美的认知，总会有自己的知识盲区。如果人强行要在自己不擅长的领域做出一番成绩，那无异于逆天而为，等待他的只能是失败。

人要承认自己的失败，承认自己的不足，在自己擅长的领域去发挥、去努力，往往能收到不错的效果。南唐后主李煜，生活奢靡无度，治理国家方面毫无建树，最终成了亡国之君。但上天恰巧赋予了他创作诗词的能力。如果不是身世无奈，他更应该成为一名词人。这就是典型的庄子所言的“知能能而不能所不能”，李煜只能写诗作词，而不能治理国家。正因为他逆天而为，与上天赋予他的能力相悖，最后只得了一个国破家亡的结局，无奈只能在词中感慨：“最是仓皇辞庙日，教坊犹奏别离歌，垂泪对宫娥。”

同样，在自然科学领域，庄子的观点依旧具有普适性。达尔文的父亲是位医生，曾希望孩子也成为一名医生。可是达尔文无心学医，坚持要在生物界做出一番成就，并且表现出了惊人的天赋。如果他听从父亲的话坚持学医，那么，世界上就少了一位伟大的生物学家。正是因为达尔文懂得扬长避短，懂得顺应上天赋予他的才能，完美避开了庄子所说的“夫务免乎人之所不免者”的能力盲区，才有了如此伟大的成就，《物种起源》一书才得以问世。同样，弃医从文的鲁迅和契诃夫也是如此，如果他们坚持在自己不擅长的医学领域埋头苦干的话，那么很可能会成为一位平凡的医生，而不能在自己所擅长的文学领域大展拳脚、名垂千古了。

《在宥》

崔瞿与老聃：人心不仅难测，而且极容易被撩拨

《庄子·在宥》中“崔瞿问于老聃”的故事原文：

崔瞿问于老聃曰：“不治天下，安藏人心？”

老聃曰：“女慎，无撄人心。人心排下而进上，上下囚杀，淖约柔乎刚强，廉刿雕琢，其热焦火，其寒凝冰，其疾俯仰之间而再抚四海之外。其居也，渊而静；其动也，县而天。偾（fèn）骄而不可系者，其唯人心乎！昔者黄帝始以仁义撄人之心，尧、舜于是乎股无胈（bá），胫无毛，以养天下之形。愁其五藏以为仁义，矜其血气以规法度。然犹有不胜也。尧于是放欢兜于崇山，投三苗于三峗（wéi），流共工于幽都，此不胜天下也。夫施及三王而天下大骇矣。下有桀、跖，上有曾、史，而儒墨毕起。于是乎喜怒相疑，愚知相欺，善否相

非，诞信相讥，而天下衰矣；大德不同，而性命烂漫矣；天下好知，而百姓求竭矣。于是乎釿锯制焉，绳墨杀焉，椎凿决焉。天下脊脊大乱，罪在撄人心。故贤者伏处大山嵁岩之下，而万乘之君忧栗乎庙堂之上。今世殊死者相枕也，桁（háng）杨者相推也，形戮者相望也，而儒墨乃始离跂攘臂乎桎梏之间。意，甚矣哉！其无愧而不知耻也甚矣！吾未知圣知之不为桁杨椄槢（jiē xí）也，仁义之不为桎梏凿枘（ruì）也，焉知曾、史之不为桀、跖嚆（hāo）矢也！故曰：绝圣弃知，而天下大治。”

故事讲的是，崔瞿有一天问老聃说：“如何能不治理天下，就使人心向善呢？”老聃说：“很简单，你一定要谨慎，千万不可扰乱了人心。因为当人们遭受排挤、压抑时情绪就会低落，受到推崇、器重的时候情绪就会高涨。人心因为外界的力量一上一下就会导致自己憔悴不堪。

“而且人们在面对排挤时，往往表现出柔媚之态，以求有刚强之心的人去怜悯他。这种人平日里的所谓坚贞气节此时早已烟消云散。此时他的内心焦急如烈火，又胆战如寒冰，这种变化的速度就如同片刻之间到达四海之外。所以人心千万不可扰乱。

“人心动静不同，难以把控，安静的时候就如同深渊一般沉寂，激动的时候就腾跃苍天，亢奋骄傲而不可遏制，这就是人心啊！从前，黄帝开始用仁义来扰乱人心，于是尧舜大腿瘦得没有肉，小腿磨得没有毛，终生奔波劳苦来供养天下人的形体。他们愁眉苦脸来推行仁义，约束情感活动来建立法度，然而仍不能制服天下。

“尧于是把讙兜放逐到崇山，把三苗流放到三峗，将共工流放到幽都，希望以此来打压他们，这就是不能制服天下人的典型表现。

“延续到夏商周三代，天下人受到了更大的惊扰。下有夏桀和盗跖一样的大盗，上有曾参和史鳅一样的仁者，而且墨家和儒家也都兴起了。于是快乐之人与愤怒之人开始互相猜疑，愚钝的人与聪明的人开始互相欺骗，行善之人与行恶之人互相非议，荒诞之人与诚信之人互相讥讽，天下便从此衰落了。人们的本性各不相同，性命中的纯真之性也消失不见了。

“天下人都喜欢智巧，百姓也都汲汲于智慧而丧失自然本性了。于是统治者用刑具制裁百姓，用礼法伤害百姓，用肉刑惩处百姓。天下由此大乱，其根源就在于扰乱了人心。所以贤明的人隐居在大山深处，而万乘之君则忧愁恐惧于朝堂之上。当今世界被砍头的人、戴上枷锁的人接连不断，而儒墨之徒却奋力争辩高谈阔论于枷锁之间。哎，真是太过分了。

“他们不觉惭愧又不知廉耻到极点了！我尚且不知圣贤是否为枷锁上的横木，仁义是否为镣铐上的榫（sǔn）卯，又怎么能知道曾参、史鳅这样的仁义之君是否是夏桀、盗跖的前身呢？所以说，抛却聪明智巧，才能天下大治！”

本篇以“在宥”为名，即取其“宽然自存”之意，也就是完全按照人类自己的本性去生活，才能天下大定，一切人为的约束都会使这种本性遭到破坏，从而招致天下祸乱。

而人为的约束，最核心的内容就是儒家倡导的“仁义之法”。庄子说，正因为有了仁义的理念，人心才受到极大的干扰，人产生了是非彼我的意识，开始变得越来越自私，越来越功利。

自此以后，聪明的就开始欺负不聪明的，富有的就开始欺负贫穷的，正如墨子所说："强必执弱，富必侮贫，贵必敖贱，诈必欺愚。"（《墨子·兼爱中》）人的纯真之性也就由此遭到了破坏。所以清代学者刘凤苞说，《在宥》的主旨是"将一切圣知聪明仁义礼乐极力排决"，打倒"孔家店"，推翻仁义礼智。

在道家学者眼中，儒家的仁义观点是带有毒性的，最大的弊端就在于它开发了人的智力。因为人的心智一旦成熟，便会产生私有制的理念，人心也就逐渐变得阴损险恶起来。这样一来，人与人之间最美好的纯真之性便被摒除在外了。

老子对此有一句精准的评价："绝圣弃智，民利百倍；绝仁弃义，民复孝慈；绝巧弃利，盗贼无有。"（《道德经》第十九章）意思是只有抛弃了智慧，老百姓才能收获利益；只有抛弃了仁义，老百姓才能恢复孝道；只有抛弃了智巧，盗贼才能真正灭绝。在老庄看来，破坏天道赐予人最纯真的本性，便是大逆不道，所以庄子说："绝圣弃知，而天下大治。"老子也说："为学日益，为道日损。"（《道德经》第四十八章）学仁义礼智这些性命之外的东西越多，你离大道就越远。

回到我们普通人身上，庄子这则故事带给我们的启发，首先就是不要过多使用机诈智巧的方法来干扰自己纯真的心性。在现代社会中，各种各样的诱惑层出不穷，纷繁复杂的事物也令我们眼花缭乱。

为了达到某种目的，我们常常会采用某种非正当手段，或者以某种不正确的做法来促使我们顺利得到自己想要的东西。这种手段或做法，是破坏我们纯真天性最可怕的毒药。即便得到了自己想要的东西，也不能常保，早晚会被别人用同样的方法夺去。

现今很多企业为了盈利不择手段，某些品牌无限夸大自己的产品优势，进行虚假宣传，甚至添加有害物质牟取暴利，最终害人害己，被央视“3·15晚会”等曝光，并遭到法律的制裁。古往今来，攘名夺利者多对庄子嗤之以鼻，认为不惜一切代价达到目的才不枉在人间走一遭，但这些在庄子看来不过是使蚊负山，自不量力，且多此一举。

庄子认为，如果要使天下和谐有序，万事万物都自由平和地生活在一起，就必须要顺应自然，不去干扰人心，让万事万物都“在之”“宥之”，处于一种安然的环境，让其自然而然地存在，自然而然地发挥自己的生命力和创造力。你善良地对待我，我善良地对待你，我们公平竞争，和谐相处，这世间的美好便会永恒地存在。作为个体的我们，也能长久地居于稳定的地位，不断地收获来自他人和社会的良性利益。

其次是要学会养心。在庄子看来，我们不仅不能附加智巧之心，对于自己纯真的心性，也要长久地去养护。在故事中，老子对崔瞿说：“你快别撩拨人心了，天地万物中，最不可拘束的就是人心。”

可见，人心是最不稳的，也是最容易被撩拨的，因此养生应该以养心为主。人心静，便会安于自然，一切顺遂，最终达到自己的目的。人心不静，便会思虑焦灼，躁动不安，从而失去理性，做出一些不合逻辑的举动，最终导致失败。

“冲冠一怒为红颜”就是典型的案例。吴三桂如果放下对陈圆圆的执念，冷静思考一下现况就会明白，引清军入关是绝不会有好下场的：即便自己不造反，清军也会在平定天下后逐渐削弱自己的实力，自己最终会落得兔死狗烹的结局。只可惜，历史没有如果。

因此，我们要养心，养护自己以“修静”为主的恬淡心性，做事不急不躁，不争不抢，最后你就会发现，你所期待的，都会朝你奔赴而来。正如老子所说：“夫唯不争，故天下莫能与之争。”（《道德经》第二十二章），你不去争抢，那么到最后，谁也争抢不过你，“无为而无不为”就是这个道理。

最后，不要欺负那些不如你的人。现在流行一个词，叫“降维打击”，也就是用自己的长处去打压别人的短处，使别人在一定程度上屈服于你。这样的做法是非常错误的，庄子所说的“愚知相欺，善否相非，诞信相讥”的做法，在至人眼里都是十分愚蠢的行为，因为每个个体都有自己擅长的事情，都有自己发光发热的一面。

如果你因为在某一方面胜过别人，就以此来嘲讽甚至打压对方的话，那么很有可能在未来的某一天，自己也会陷入同样的境遇。朱买臣的老婆看不起他，认为他只能饿死沟中，便执意和他离婚。等到朱买臣升官发财后，他的老婆祈求与他复婚，被朱买臣断然拒绝。苏秦的嫂子认为苏秦没有出息，一直白吃家里的饭，于是经常冷眼待他。等到苏秦配六国相印归来时，他的嫂子也只能跪在地上，像蛇一样匍匐在苏秦脚前，为他端上饭食，祈求他能原谅自己。

黄帝与广成子：顺阴阳、晓虚静才是永恒的养生之道

《庄子·在宥》中“黄帝与广成子”的故事原文：

黄帝立为天子十九年，令行天下，闻广成子在于空同之上，故往见之，曰："我闻吾子达于至道，敢问至道之精。吾欲取天地之精，以佐五谷，以养民人。吾又欲官阴阳以遂群生，为之奈何？"

广成子曰："而所欲问者，物之质也；而所欲官者，物之残也。自而治天下，云气不待族而雨，草木不待黄而落，日月之光益以荒矣，而佞人之心翦翦者，又奚足以语至道！"

黄帝退，捐天下，筑特室，席白茅，闲居三月，复往邀之。广成子南首而卧，黄帝顺下风膝行而进，再拜稽首而问曰："闻吾子达于至道，敢问：治身奈何而可以长久？"

广成子蹶然而起，曰："善哉问乎！来，吾语女至道：至道之精，窈窈冥冥；至道之极，昏昏默默。无视无听，抱神以静，形将自正。必静必清，无劳女形，无摇女精，乃可以长生。目无所见，耳无所闻，心无所知，女神将守形，形乃长生。慎女内，闭女外，多知为败。我为女遂于大明之上矣，至彼至阳之原也；为女入于窈冥之门矣，至彼至阴之原也。天地有官，阴阳有藏。慎守女身，物将自壮。我守其一以处其和。故我修身千二百岁矣，吾形未常衰。"

黄帝再拜稽首曰："广成子之谓天矣！"

广成子曰："来！余语女：彼其物无穷，而人皆以为有终；彼其物无测，而人皆以为有极。得吾道者，上为皇而下为王；失吾道者，上见光而下为土。今夫百昌皆生于土而反于土。故余将去女，入无穷之门，以游无极之野。吾与日月参光，吾与天地为常。当我，缗（mín）乎！远我，昏乎！人其尽死，而我独存乎！"

这则故事讲的是，黄帝做了十九年的天子，政令通行天下，自认为干得不错，于是有点沾沾自喜。后来听说大贤才广成子居住在崆峒山上，便特意前往拜见，想让他夸自己一番，顺便再讨教两招治国的妙术。

等见到广成子时，黄帝说："我听说先生已经通晓大道，所以想冒昧地请教您何为大道精华。我一心想获取天地的灵气，帮助五谷生长而养育百姓。同时，我希望能主宰阴阳，从而顺应天下万物。现在我不知道该怎么办，请先生指点迷津！"

广成子回答说："你所想问的是万事万物的根本，你所想主宰的乃是阴阳二气。自从你治理天下后，天上的云气不等到聚集就下起雨来，地上的草木不等到枯黄就飘落凋零，太阳和月亮的光亮也渐渐地晦暗下来。你这种崇尚谗佞的小人又怎么配够谈论大道呢？"广成子把黄帝怼了一通，黄帝闷闷不乐地回去了。

回来以后，黄帝便弃置朝政，搭建了一个茅草棚子，独居了三个月，然后再次前往求教。广成子这次还是不理他，头朝南躺着，都没起身迎接他。黄帝则双膝着地匍匐向前，叩头行了大礼之后才问道："听说先生已经通晓至道，我想冒昧地请教，怎么样修养自身才能活得长久？"

广成子一听马上就来劲儿了，瞬间坐起来冲着黄帝说："问得好啊！来，小伙子，我告诉给你什么是至道。至道的精髓，幽深邈远；至道的极限，晦暗沉寂。你啊，什么也别看，什么也别听，持守精神保持宁静，形体自然就能长寿。一定要保持宁寂和清静，不要让身体疲累劳苦，不要使精神动荡恍惚，这样就可以长生。眼睛什么也看不见，耳朵什么也听不到，内心什么也不知晓，这样你的精神就能持守你的形体，你的形体也就可以长生。小心谨慎地摒除一切思虑，封闭对外的一切感官，智巧太盛必然招致败亡。天和地都各有主宰，阴和阳也都各有府藏，谨慎地守护你的身形，万物将会自然地成长。我持守着混一的大道而又处于阴阳二气调谐的境界，所以我修身至今已经一千二百年了，而我的身形还从不曾有过衰老。”

黄帝听了，再次行了大礼并叩头说：“先生真是高人，你这是与自然混而为一了啊！”

广成子赶忙说：“我还没说完呢，你等会儿再夸，我再告诉你一件事。宇宙间的事物是没有穷尽的，然而人们却认为它有尽头；宇宙间的事物是不可能探测的，然而人们却认为它有迹可循。掌握了我所说的大道的人，在上可以成为皇帝，在下可以成为王侯；不能掌握我所说的大道的人，在上只能见到日月的光亮，在下只能化为土块。如今万物昌盛可都生于土地而又返归于土地，所以我将离你而去，进入那没有穷尽的大门，从而遨游于没有极限的原野。我将与日月同光，与天地共存。人们都会死去，而我却可以长存！”

通过这则寓言，庄子给予我们这样的启示：

首先就是要顺应自然规律，尤其是顺应阴阳二气的自然法则。按时作息，与天地运行的规律保持一致，这样才能长久地养护自己的身心，从而达到延年益寿的目的。

在现代社会中，很多人都有熬夜的习惯。有些人甚至通宵加班或者玩游戏，完全破坏了身体平衡，打破了阴阳运行的规律，使本该休息的大脑超负荷运转，五脏的排毒和修复功能也因此大大受损。这样的生活方式不仅容易造成很多疾病，还有可能带来猝死的风险。

庄子认为，人的生命是由气构成的，更准确地说，是由天地间的阴阳二气组成的。他说“阴阳者，气之大者也”（《则阳》），又说“自以比形于天地，而受气于阴阳”（《秋水》）。阴阳的交互，代表了黑夜和白天的轮替，阴代表夜，阳代表日，阴阳的属性分别决定了白天和黑夜该做的事都有哪些。如果白天睡觉、晚上熬夜，就完全打破了阴阳的平衡，身体遭受疾病的侵袭也就在所难免了。

中国最早的医学典籍《黄帝内经》也认为，“法于阴阳，和于术数”。人要按照自然界的变化规律来起居生活，用正确的养生保健方法进行调养锻炼，做到规律生活、合理饮食、适量运动、不过度劳累等，才能收获健康的身体，过上高品质的生活。

除了让作息习惯顺应自然，庄子还特别强调，恬淡虚静的心态对于养生有重要作用。在这则黄帝与广成子的故事中，庄子反复强调守气、贵精、全神的意义。广成子在告诫黄帝如何治身时，就说不要外视、不要外听，要持守静默，不被外界打扰，长久地养护身心，形体自然就能够长寿。

在庄子看来，“真人”“圣人”之所以能够“不道引而寿”，完全是因为他们做到了“贵精”与“唯神是守”，也就是守护住了自己的精气与神气，使自己的真气不外泄。只有做到这一点，才能成为众人心中所仰慕的“真人”“圣人”。

《黄帝内经》中也说：“恬淡虚无，真气从之，精神内守，病安从来？”意思是，你如果心态恬淡，不把外物放在心上，使自己的心灵始终处于一种安然的境地，你的真气就不会泄露，就能铸成铜墙铁壁般的身体，从而抵抗外部病毒的侵扰，大小疾病也就自此离你远去了。

老子说："归根曰静，是谓复命。"（《道德经》第十六章）万物回到根源，都要落脚在这个"静"上。而生命的真谛，恰恰在"静"上。人忙碌一生，到头来只换来疲累的身心与厚重的外壳。当卸下一身防备，平躺在大地上休息时，你会发现，自己的内心变得很祥和、很宁静。正如陈继儒在《小窗幽记》中所说的："宠辱不惊，闲看庭前花开花落；去留无意，漫随天外云卷云舒。"

云将与鸿蒙：自以为是的小聪明入不了圣人的眼

《庄子·在宥》中"云将东游"的故事原文：

云将东游，过扶摇之枝而适遭鸿蒙。鸿蒙方将拊脾雀跃而游。云将见之，倘（cháng）然止，贽（zhì）然立，曰："叟何人邪？叟何为此？"

鸿蒙拊脾雀跃不辍，对云将曰："游！"云将曰："朕愿有问也。"

鸿蒙仰而视云将曰："吁！"云将曰："天气不和，地气郁结，六气不调，四时不节。今我愿合六气之精以育群生，为之奈何？"

鸿蒙拊脾雀跃掉头曰："吾弗知！吾弗知！"云将不得问。

故事讲的是，云将去东方游历，经过东海神木的枝头时正好遇到鸿蒙，鸿蒙正在拍着大腿跳跃着游玩。云将见到他，惊疑地停下来，然后恭敬地站着问："老先生是什么人？怎么会来这儿呀？"

鸿蒙拍着大腿跳跃不停，对云将说："我在游玩啊！这你还看不出来吗？”云将又说：“我想向您请教。”鸿蒙抬头看看云将，只说了一个字：“啊！”之后什么也没说。

云将还以为鸿蒙的意思是让他自己说呢，于是开始滔滔不绝：“上天之气不和谐，地上之气有郁结。六气不顺畅，四季变化也不合时序。如今我想融合六气的精华去养护生灵，我该怎样去做呢？”鸿蒙拍着腿跳跃着回过头来说：“我不知道！我不知道！”云将没有得到答案，悻悻地走了。

原文：

又三年，东游，过有宋之野，而适遭鸿蒙。云将大喜，行趋而进曰：“天忘朕邪？天忘朕邪？”再拜稽首，愿闻于鸿蒙。

鸿蒙曰：“浮游不知所求，猖狂不知所往，游者鞅掌，以观无妄。朕又何知！”云将曰：“朕也自以为猖狂，而民随予所往；朕也不得已于民，今则民之放也！愿闻一言。”

鸿蒙曰：“乱天之经，逆物之情，玄天弗成，解兽之群而鸟皆夜鸣，灾及草木，祸及止虫。意！治人之过也。”云将曰：“然则吾奈何？”

鸿蒙曰：“意！毒哉！仙仙乎归矣！”云将曰：“吾遇天难，愿闻一言。”

又过了三年，云将再次巡游东方，途经宋国的郊外，恰好又遇到了鸿蒙。云将非常高兴，赶忙上前说：“老先生，您忘记我了吗？”鸿蒙说：“我是随便游巡，不知道求取什么，也不知道去往哪里。我不过游于纷纷扰扰的世间，来体察宇宙世界的本真，我又知道什么呢？”

云将说：“我也想要随心游荡，可百姓们却追随在我身后。我无法谢绝民众，现在又被人民仿效，所以想听听您的见解。”

鸿蒙说：“扰乱了自然的常规，违背了事物的本性，自然的原貌就被破坏了。野兽离散、鸟儿夜啼、草木遭灾、虫子遭难。哎！这是治理人民的罪过啊！”

云将说：“那我该怎么办呢？”鸿蒙说：“噫！你中毒太深了，快点回去吧！”云将说：“我遇到您很不容易，就想听听您的见解。”

原文：

鸿蒙曰：“意！心养！汝徒处无为，而物自化。堕尔形体，吐尔聪明，伦与物忘，大同乎涬溟（xìng míng）。解心释神，莫然无魂。万物云云，各复其根，各复其根而不知。浑浑沌沌，终身不离。若彼知之，乃是离之。无问其名，无窥其情，物固自生。”

云将曰：“天降朕以德，示朕以默。躬身求之，乃今得也。”再拜稽首，起辞而行。

鸿蒙说：“哎！那你去养心吧！你只要顺应自然、无所作为，万物就会自生自化。忘掉你的形体，堵塞你的听觉、视觉，与自然之气相融通，解除你的思虑，释放你的精神，无知无识就好像没有灵魂。万物纷纭复杂，各自返归它的根本，自己却又意识不到，混混沌沌、保持真性，所以终身不违背大道。如果使用智巧，那就违背大道了。所以，不要询问它的名称，不要窥究它的实情，万物本来就是自然生长的。”

云将说："我曾亲自去追求道，但没什么收获。如今你告诉我要持守虚静，我想我此刻才算真正得道了。"于是云将再次叩头行礼，最后起身告辞。

这段故事庄子借助云将、鸿蒙之间的一问一答，巧妙阐述了"无为自化"的主旨，与上一则故事的内涵相通，依旧在告诉我们，持守虚静、修养真气的重要性，同时又呼应了《在宥》这一篇的主要观点：统治者不要干扰百姓，而是要让他们纯任自化。

这则故事，凭空撰写出云将、鸿蒙两个奇人，与前面的故事相比，更加奇妙诙谐。从这两个人的名字，我们就能看出庄子的用意。清代庄学大家刘凤苞在《南华雪心编》这部书中指出，云将的名字取自"云"这个东西，所谓"云将"就是云的主帅。天上的云有什么特点呢？"有形而无质"，也就是看得见、摸不着，但可以下雨等方式润泽万物、养育生灵。

尽管如此，云将还是没有鸿蒙厉害。鸿蒙是太初元气，能够运化元气于无形，不仅可以养育万物、泽被生灵，而且可以做到"润物细无声"，让自己做所的一切都不着痕迹。从"无功无名"这个角度上说，比天上的云以及所谓的"云将"都要高一个等级。

云将向鸿蒙请教该如何体悟大道，但是鸿蒙不仅不愿搭理，还充满了不屑和鄙夷。这是因为云将的功利心太强了，完全没有做到无为自化、纯任自然，一切都想着有为，想着如何从鸿蒙那里套取治理天下的办法。所以刘凤苞在点评云将的行为时，就说"皆属有心而不能自泯其迹"。云将想要求道，但是太过刻意，连自己的狐狸尾巴都没藏好，这样是不可能得到高人指点的！

在现代社会中，我们都崇尚快餐爱情、快餐友情，很多情感的衡量标杆都是经济利益。在建构人际关系的过程中，大多数人的第一反应，就是对方能给我带来什么样的利益。如果没有直接的利益交互，那么这段感情或者关系就没有必要建立或者维护。这就属于功利性太强，这样的人或许可以得到一时的实惠，但是很容易被阅历更深的人识破，最后无法达到利益最大化的初衷。

《孟子·梁惠王上》开篇就记载了梁惠王对孟子的一段发问，梁惠王说："叟，不远千里而来，亦将有以利吾国乎？"老头儿，你不远千里而来，能给我们国家带来什么利益吗？孟子当时就急了，直接回怼道："王，何必曰利？亦有仁义而已矣。"大王，别老张口闭口都是钱的，俗不俗啊，你只谈仁义就好了！在孟子眼中，以仁义为主的精神力量，是远远大于以金钱为主的物质力量的。因为物质可以丢失，但精神不会丢失；物质可以交换，但情感不会交换。儒道两家的观点有很多大差异，但是在"不要太功利、太物质"这一点上确实相通。

不仅中国文化这样讲，美国政治家、资本主义精神的代表富兰克林也曾说："一个人种下什么，就会收获什么。我们如果真诚地待人，别人也会真诚地对待我们。"人与人的交往，千万不要掺杂进铜臭味，否则就会变质。你拿金钱算计我，我就拿金钱算计你，恩恩怨怨，无穷无尽。

交友就要像庄子所说的"相与于无相与，相为于无相为"(《大宗师》)，也就是相交出于无心，相助出于无为，彼此心照不宣，互帮互助。这才是交友的最高境界！

通过云将与鸿蒙的对话，庄子还告诉我们：要“离形去智”，不要耍小聪明，要抛弃那些所谓的智慧。鸿蒙告诫云将，养心之法的要点就在于要抛弃你的智慧，关闭你的感官，用心去感悟妙境，用精神去体悟大道。

现在人，大多都不懂得感受生命的真谛，体悟生活的妙处。一切都是按照自己的想法来，有些甚至完全违背生活常识和自然规律。比如在饮食上偏好辛辣刺激，在生活作息上喜欢晚睡晚起，以为反正自己还年轻，偶尔“不健康”一点没关系，身体经得起折腾，这都是典型的自作聪明，是庄子绝对要摒除的智巧。正如这则故事中鸿蒙所说的“乱天之经，逆物之情，玄天弗成”，当你扰乱了自然的常规，违背了事物的本性，你自己的原貌也就被破坏了，到那时候即使是苍天也无法拯救你。

我们要与自然天道合为一体，不违逆天性，吃喝起卧都要遵循自然规律，切不可按照自己的想法随意更改。如庄子所言，获得长生最重要的方法就是“天与人不相胜”（《大宗师》）。与天道合一，不违背天道，这样才能“乘天地之正，而御六气之辩，以游无穷”（《逍遥游》），获得真正意义上的长生！

《天地》

象罔得珠：什么都别做比什么都做了要强百倍

《庄子·天地》中“象罔得玄珠”的故事原文：

黄帝游乎赤水之北，登乎昆仑之丘而南望。还归，遗其玄珠。使知索之而不得，使离朱索之而不得，使喫诟索之而不得也。乃使象罔，象罔得之。黄帝曰：“异哉，象罔乃可以得之乎？”

话说，黄帝在赤水的北岸游玩，登上昆仑山向南观望。在返程的途中，他发现自己的玄珠丢了。着急之下，黄帝派出了才能超群的“智”去寻找，结果“智”找了半天，都没能找到；黄帝又派眼神好、善于观察的离朱去找，结果也是无功而返；黄帝不甘心，又派听力超常、善于闻声辩言的喫诟去找，不出所料，也未能找到。最后，黄帝实在没办法了，派出既没有才智又不能眼观六路耳听八方的象罔去寻找，没想到反而把玄珠找回来了。黄帝感叹说：“奇怪啊！象罔怎么就能找到呢？”

这则故事乍一听，有些没头没尾。其实，庄子要表达的意思很简单。黄帝丢的是玄珠，那么玄珠是啥呢？其实说白了，就是道。道这种东西，存在于天地之间，但是看不见摸不着。你想用智慧去学习它、用眼睛去观察它、用耳朵去倾听它，都不能得偿所愿。这就是为什么黄帝派“智”、离朱、喫诟去找，最后都会无功而返。

那么，如何才能求得大道呢？按照庄子在这则寓言中的意思，想要找回玄珠，就得派象罔前去。“象罔”这两个字，有恍惚窈冥、不见行迹的含义——形状、样貌为“象”，虚空、无有为“罔”。象罔在故事中是无心、无形的存在，与“智”、离朱、喫诟截然不同。因为没有心，所以没有聪明才智；因为没有外形，所以不擅长观察打听。看上去，他好像是四个搜寻者中最不中用的一个。但实际上，他与道的本质最为贴合，反而最有可能找到玄珠。

换言之，大道这种东西，刻意去找是找不到的，只能抱着无为随性的态度去发现。正所谓“道非聪明言语可求，只在无心得之”。(《南华真经副墨》)

那么这个故事对我们普通人有什么启示呢？很简单，那就是“一切随缘”。在庄子眼中，一切东西都只看机缘巧合，看天命行常。一个东西如果是你的，你不去争抢，它也会来找你；如果不是你的，那么你再努力，也是白费力气。正所谓“有心栽花花不发，无心插柳柳成荫”，说的也是这么个道理。

大道对于我们每个人来说，就是内心的期许，也是高悬的梦想。

有智慧的人都希望早日得道、早一点找到玄珠。但是，刻意地追逐、急功近利地寻找，往往会使我们丧失理智，变得十分痛苦与焦躁，这在庄子看来是愚蠢的。他认为，人要控制自己的欲望，而不是被欲望所控制。因此他说："夫得者困，可以为得乎？"(《天地》)你想要得到某种东西，但是得到它之后，反而被它所困，这能算是真正得到吗？

古往今来，被外物所困的人不在少数。求不得，让人痛苦；求得了，害怕失去，更让人痛苦。庄子告诉我们，不要刻意追求，不要以为做了十足的准备就一定能够有所收获。如泰戈尔所说："尽管走下去，不必逗留着去采鲜花来保存，因为在这一路上，花自会继续开放。"

庄子在讲完这个故事后，又讲了一个与之类似的故事，再一次阐发了"无为而治"的理念。

原文：

尧之师曰许由，许由之师曰啮缺，啮缺之师曰王倪，王倪之师曰被衣。尧问于许由曰："啮缺可以配天乎？吾藉王倪以要之。"

许由曰："殆哉，圾乎天下！啮缺之为人也，聪明睿知，给数以敏，其性过人，而又乃以人受天。彼审乎禁过，而不知过之所由生。与之配天乎？彼且乘人而无天。方且本身而异形，方且尊知而火驰，方且为绪使，方且为物絯（gāi），方且四顾而物应，方且应众宜，方且与物化而未始有恒。夫何足以配天乎！虽然，有族有祖，可以为众父而不可以为众父父。治乱之率也，北面之祸也，南面之贼也。"

话说，尧帝问老师许由："您的老师啮缺可以做天子吗？我想求王倪去邀请他做天子，来代替我的位置。"

许由说："那恐怕天下也就危险了！啮缺这个人耳聪目明、智慧超群，不仅有过人的天赋，还有敏捷的行动力。他知道如何防范过失，但他不知道过失产生的原因。让他做天子的话，他恐怕会专任于人的智慧而抛弃自然；会把自身看作万物归向的中心，而着意于改变万物固有的运行轨迹。他可能会尊崇才智，为了求知而奔走忙碌；他可能会被细枝末节所奴役，被身外之物所拘束；他会环顾四方，使万物顺应自己；他会追求每件事都办得妥当，会与物俱化而失去自然本性。这样的人怎么能够做天子呢？

"不过尽管如此，他与得道之人为同一族类、有同一始祖。这样的人，做臣子没问题，但唯独不能做君王。如果让他治理天下，则必将导致天下大乱——不仅臣子和百姓会遭到祸害，国君自己也难保性命。"

庄子通过这则故事想要说明的道理，与老子在《道德经》第五十八章所讲的"其政闷闷，其民淳淳；其政察察，其民缺缺"非常类似。

啮缺是一位智慧超群且有掌控欲的天才。从个人能力上去评判，他非常优秀，做起事来也非常靠谱。如果让他做管理工作，那么大小事务都在他的把控之中，各项工作都能安排得有条不紊，想必是很让人放心的。

但是这样一个人，却不能担当治理天下的重任。为什么呢？因为他太过明察秋毫，太强调用人为手段干预自然规律，希望一切都在自己的掌控之中。这种管理方式用在自己身上，我们可以称之为“自律”，但如果用在治理天下上，就会让民风越来越刻薄、百姓越来越狡猾，最后的结果就是天下大乱。

真正优秀的领导者不是这样的。他们懂得混沌无为的道理，不以自己的标准要求他人，不把自己的意志强加于其他事物，偶尔睁一只眼闭一只眼，让事物按照自己的本性发展。这样民风才能淳朴敦厚，天下才能得到有效的治理。

正如《天地》开篇所说的那样：“玄古之君天下，无为也！”优秀的领导者从来不会事无巨细都管，而是站在全局的角度，帮助被管理者走上最合适的发展道路。“是以圣人后其身而身先，外其身而身存。非以其无私邪？故能成其私。”（《道德经》第七章）你越追求的往往越得不到，你越看淡它，越不在意它，往往它会主动来找你。

华封三祝：尧帝也怕孩子多、钱包鼓、活得长

《庄子·天地》中“封人三祝”的故事原文：

尧观乎华，华封人曰：“嘻，圣人！请祝圣人，使圣人寿。”

尧曰：“辞。”“使圣人富。”尧曰：“辞。”

“使圣人多男子。”尧曰：“辞。”

封人曰：“寿，富，多男子，人之所欲也。女独不欲，何邪？”尧曰：“多男子则多惧，富则多事，寿则多辱。是三者，非所以养德也，故辞。”

封人曰："始也我以女为圣人邪，今然君子也。天生万民，必授之职。多男子而授之职，则何惧之有？富而使人分之，则何事之有？夫圣人，鹑居而鷇食，鸟行而无彰。天下有道，则与物皆昌；天下无道，则修德就闲。千岁厌世，去而上仙，乘彼白云，至于帝乡。三患莫至，身常无殃，则何辱之有？"

封人去之，尧随之曰："请问。"封人曰："退已！"

话说，尧帝在华这个地方巡视。华地守护边疆的封人看到他来了，就说："圣人您好，请让我为您献上祝福吧！我首先祝愿圣人您健康长寿。"尧说："哦，谢谢，我用不着。"

封人紧接着说道："这样啊，那我祝愿圣人您变得富有！"尧继续说："这我也用不着。"

封人说得更起劲儿了："那我就祝愿您多生儿子！"尧说："这些我统统用不着。"

守护边疆的封人说："奇怪了，长寿、富有和多生儿子，这是大多数人都想得到的，怎么您偏偏用不着呢？"尧说："你可能不知道，多生男孩就多了一层忧惧，获得额外的财富就会多出很多麻烦，寿命长了也会徒增烦恼。总之，这三个方面都无助于培养我无为的观念、高尚的德行，所以我才谢绝你的祝福！"

守护边疆的封人说："好吧，起初我把您看作是圣人。如今看来，您不过是个只顾明哲保身的君子罢了。苍天让万民降生人间，必定会授予他们的一定的差事，每个降生人间的男子都有事情可做，有什么可忧惧的呢？人变得富有了，可以把财物分给众人，这有什么可麻烦的呢？圣人总是像鹌鹑一样随遇而安、居无常处，像幼鸟一样仰食而足，像飞鸟划过天空一样不留下一点痕迹。天下太平，就跟万物一同昌盛；天下纷乱，就修身养性、趋就闲暇。等千年之后，厌弃人世了，便离开人世，升天成仙，驾驭着朵朵白云，到达天与地相交接的地方。寿延、富有、多子所导致的多惧、多事、多辱都不会降临于我，我的身体也不会遭殃，哪还会有什么屈辱的事呢？”

守护边疆的封人离开了尧，尧却跟在他的后面说：“我错了，我希望能得到您的指教。”守护边疆的封人白了他一眼，说：“你还是回去吧！”

从这则小故事我们能够看出，在庄子眼中，真正体悟大道的人，是能够坦然接受一切命运安排的。不管是忧是喜，是福是祸，都要笑着接受，这才算是真正超越了人世间的束缚，达到了与天地合一、与万物为邻的至高境界。

反观尧帝，他以“自身不需要”为理由拒绝封人的祝福，看上去好像无欲无求，但背后的真实原因，却是他不想承担这些福报所带来的“副作用”，对外物、对命运的安排不能做到真正地坦然。按照陆西星的说法，就是还没达到“不累于物”的境界。

前面讲《逍遥游》的时候，我们就已经提到过，庄子对于神人、圣人、至人的区分标准，就是看一个人能否摆脱外物的束缚，达到“无所待”的至高境界。在这个故事中，尧帝把一切事情都算计得过于精明、现实，这恰恰是被外物所困扰的表现，自然不能算作世间万物的道德楷模。华地的封人正是因为这个原因，才白眼视之，认为尧至多算是个君子，远远达不到圣人的高度。

其实，不只尧帝容易犯这样的毛病，我们绝大多数人，都没办法对生活做到十足的坦然。学生抱怨作业多，年轻人抱怨工作忙，老人抱怨孩子不能陪伴在侧……整个社会似乎都处在一种焦躁的氛围中。但是，如果我们用逆向思维去看待周遭的事情，就会发现，我们所面临的一切，未尝不是一件件好事。

作业多，学生才能提高学习成绩；年轻人工作忙，恰恰锻炼了自己的业务能力；孩子不陪伴老人，说明他们有自己的事业，有自己的生活。孟子说："天将降大任于是人也，必先苦其心志，劳其筋骨……"命运赐予你的东西，不到最后一刻，你终究不知道它是好是坏。尧所担心的问题，孩子多、钱多、寿命长带来的麻烦，不都是上天认为他能干才分配给他的吗？这不正说明尧的优秀吗？

另外，庄子在这则故事中还着重强调一点，就是对功名利禄、祸福成败要看淡一点，不要过分在意它。刘凤苞在点评这则故事时就说："此段文情宕逸，精神全在最后一段，闲闲写出无心无为之妙。"（《南华雪心编》）。

在故事的最后，封人指出，圣人总是像鹌鹑一样随遇而安，像幼鸟一样仰食而足，像飞鸟在一样在天空中不留痕迹。天下太平，就跟万物共享其乐；天下纷乱，就修身养性、过好自己的生活。究其原因，就是因为圣人什么都看破了，什么都看淡了，面对万事万物，都能以无心的视角去看待，以无为态度去面对，再大的风雨都不能使圣人的内心产生一点波澜。庄子认为，养生最基本的要点，就是要做到清静寡欲，你如果不能把物欲看得淡一些，那么你早晚会深陷其中无法自拔。

后唐庄宗李存勖（xù）就是典型的被物欲所吞并的人。他曾经功绩显赫、政绩斐然：平定北方战乱，抵抗少数民族侵略，建立后唐政权……但在建国之后，他便忘记了曾经打江山的艰难，过上了极度骄奢淫逸的生活。他不仅贪恋金钱美色带来的物欲感受，还放任自己昏昧无知，滥杀大将。最终，他被叛军所杀，落得个身死国灭的下场。

《道德经》有一句名言："见素抱朴，少私寡欲，绝学无忧。"意思是"保持纯洁朴实的本性，减少私欲杂念，抛弃礼法浮文，才能免于忧患"。庄子继承了老子的思想精髓，归纳出了"无心"和"寡欲"的观点。

汉代的《淮南子》，进一步将其发展为"轻天下则神无累矣，细万物则心不惑矣"的处世态度。如果你轻视天下，那么就不会让自己的精神劳累；你看轻万物，你的内心就不会感到迷惑。

要做到这一点，其实并不难，只需要把得失与否看得淡一些，不要事事都想着成功顺利，对失败、对损失留有一定的心理空间，我们的心境自然就能够平静下来。最后，我想把梭罗《瓦尔登湖》里的一句名言送给大家："最富有的时候，你的生活也是最贫穷的。吹毛求疵的人即便在天堂也能挑出瑕疵……一个安心的人，在哪儿都可以过自得其乐的生活，只要抱着振奋乐观的思想，你就如同居住在皇宫一般。"

夫子问老聃，答：统治者只有"忘己"才能与天地合一

《庄子·天地》中"尧治天下"和"夫子问于老聃"的故事原文：

尧治天下，伯成子高立为诸侯。尧授舜，舜授禹，伯成子高辞为诸侯而耕。禹往见之，则耕在野。禹趋就下风，立而问焉，曰："昔尧治天下，吾子立为诸侯。尧授舜，舜授予，而吾子辞为诸侯而耕。敢问其故何也？"子高曰："昔尧治天下，不赏而民劝，不罚而民畏。今子赏罚而民且不仁，德自此衰，刑自此立，后世之乱自此始矣！夫子阖行邪？无落吾事！"俋（yì）俋乎耕而不顾。

这个小故事讲的是，唐尧统治天下的时候，大隐士伯成子高被立作诸侯。之后，尧把帝位让给了舜，舜又把帝位让给了禹。等禹继位的时候，伯成子高毅然辞去了诸侯的职位，隐居从事耕作。这让刚刚上任的禹很是不解，于是他便前往伯成子高的住所拜见。

当禹找到伯成子高时，看见他正在地里耕作。禹快步上前，恭敬地问道："当年尧统治天下的时候，先生被立为诸侯。后来尧把帝位让给了舜，舜又把帝位让给了我。我冒昧地问一句，为什么您选择在这时辞去诸侯的职位来此隐居呢？"伯成子高说："当年帝尧统治天下，不须奖励百姓，百姓自然勤勉；不须惩罚人民，而人民自然敬畏。如今你施行赏罚，百姓变得不仁不爱，德行也从此衰败。虽然系统的刑罚由此建立了，但后世之乱也从此开始了。你怎么还不走开啊？不要耽误我做事情！"说完，伯成子高就低下头用力耕地，不再理睬禹。

在庄子眼中，伯成子高之所以会选择归隐乡野，最重要的一点就是世风日下，道德衰败。而造成世风衰败的根本原因，就在于禹的有赏有罚的"有为政治"。这种"有为政治"戕害了百姓纯真的天性，致使百姓变得自私狭隘、不仁不爱，最终天下大乱。前面我们已经说过，《天地》的宗旨就是要阐发“无为之治”，所以全篇的故事都是围绕“反对有为，提倡无为”的观点进行的。

在《天地》的开端，庄子曾说：“天地虽大，其化均也；万物虽多，其治一也。”意思是天地虽大，但它施泽万物时却是均等、没有偏私的。万物虽多，但他们都是按照自身的规律去生存和发展的。在这里，“其治一也”中的“治”是关键，具体是什么意思呢？郭象的解释是“自得为治”（《庄子注》），也就是让天地万物都按照最自然的本性去生活，就可以实现天下大治。

我们都知道，孟子有所谓的人性本善之说，也就是人一出生，骨子里就带有先天的善良，这是不需要学习的。孟子说：“人性之善也，犹水之就下也。人无有不善，水无有不下。”（《孟子·告子上》）意思是人的本性是善良的，就像水会向低处流一样。如果要说人的本性不善良，那就如同说水会往高处流一样荒谬，你见过水流向高处的吗？

庄子也认为，不加导引的人性，是最纯真的人性，礼法、利益这些东西就如同刀斧一般，把美好的人性雕刻得面目全非。所以当禹用赏罚来统治百姓的时候，百姓自然就失去了互敬互爱之心，开始有了戒备与自私心理，大同世界也就一去不复返了。

与此相对，法家的代表韩非子，特别强调用赏罚来统御天下。短期看这样做的确能很好地控制群臣，但即便是韩非子也不得不承认，在利益和惩戒制度的驱使下，臣子变得越来越狡猾了。这样一来，君主虽然可以用赏罚来控制臣子，但同样也容易被臣子所控制。

所以韩非子说：“故世之奸臣则不然，所恶，则能得之其主而罪之；所爱，则能得之其主而赏之。”（《韩非子·二柄》）意思是，奸臣对所憎恶的人，能够从君主那里取得权力予以惩罚；对所喜爱的人，能够从君主那里取得权力予以奖赏。渐渐地，君主在臣子们眼里变成了一个可以用来扩充党羽、排除异己的工具。也许等到时机成熟时，他们还可能会萌生出篡夺君位、改朝换代的邪念。

而这一切的来源都是因为君主确立了赏罚的制度。如果没有这些，臣子还可能会保有纯真的心性，还会忠于自己的主君，根本想不到犯上作乱的事情，也没有犯上作乱的渠道。所以在开头的故事中，伯成子高才会对大禹施行赏罚的做法加以批判，甚至说出“后世之乱自此始矣”这样重的话！

那么对于我们现代人而言，故事中赏罚的外化，其实就是规章制度、法律法规。这对所有人而言都是一条底线，任何人不得逾越。我们当然不能学习庄子废除赏罚的做法，但我们依旧可以从中汲取智慧。

在故事中，尧统治天下，不须奖励百姓，百姓自然勤勉；不须惩罚人民，人民自然敬畏。这是因为尧发挥了带头作用，百姓才会跟着效仿，最终达到天下祥和、国家安定的效果。而禹明确规定了刑罚，百姓却变得不仁不爱。这也在某种程度上说明，禹的带头作用做得确实没有尧那么好。

而大禹死后，权位由他的儿子启继承。此举打破了禅让制，使“公天下”变为了“家天下”，更加速了社会道德的沦丧。由此可见，庄子对大禹进行一定程度上的非议，也不是没有依据的。

庄子紧接着又讲了一个故事。

原文：

夫子问于老聃曰："有人治道若相放，可不可，然不然。辩者有言曰：'离坚白，若县寓。'若是则可谓圣人乎？"老聃曰："是胥易技系，劳形怵心者也。执留之狗成思，猿狙之便自山林来。丘，予告若，而所不能闻与而所不能言：凡有首有趾、无心无耳者众；有形者与无形无状而皆存者尽无。其动止也，其死生也，其废起也，此又非其所以也。有治在人。忘乎物，忘乎天，其名为忘己。忘己之人，是之谓入于天。"

有一天孔子向老聃请教，说："有人研修和体验大道，但他的行为却好像与大道相悖逆，把不能认可的看作是可以认可的，把不正确的认为是正确的。善于辩论的人说：'石头的质地和颜色可以完全分离，就好像日月高悬于天宇那样清楚醒目。'像这样的人可以称作圣人吗？"

老聃说："这不过是小吏被技艺所拘系，工匠被技巧所劳苦一样。善于捕猎的狗被套上绳索，行动便捷的猿猴被人从山林里捕捉来。孔丘啊，我告诉你，具备人的形体但没有头脑心智的人其实有很多，能使形体与大道并存的人却很少。只有忘掉自己的人，才可以说是与自然融为一体了呀！"

这个故事，庄子借老聃之口，说明了治理天下在于忘记自己，逍遥无为，而智慧与才辩，却足以败坏天下。狗因为擅长追捕所以被拘禁，猴子因为善于跳跃而被抓捕，人也会因为自己的长处过于显露而最终遭受苦难。因此庄子提出一定不要有为，要掩藏自己的才能，无为处世，才能获得长久的胜利。

圣人摆脱了才智的显露，完全忘记了自己，所以才能与天地合一，不被外物牵绊。正如陆西星所说：“圣人既不以才智自见，又焉得以才智自累乎？”(《南华真经副墨》)再比如我们前面讲过的《人间世》，它探讨的主旨就是“无用乃大用”，并总结了一句话：“人皆知有用之用，而莫知无用之用也。”

我们从小就被教育，一定要让别人看到你的优点和长处，但这其实这也增加了暴露自己的缺点和短处的概率。比如《三国演义》中的杨修，才华横溢，聪明绝顶，但就是因为他的才华太过于外露，所以才激怒了曹操，最终被曹操所杀。正所谓“枪打出头鸟”，“出头的椽（chuán）子先烂”，有时候过分地显露才华，不仅不能给我们带来好运，还会给我们带来灾难。

与此相对，如果平时懂得韬光养晦，隐藏自己的才能，往往能够达到出奇制胜、一鸣惊人的效果。唐宣宗李忱是唐朝的第十七位皇帝，算得上是唐朝末期最有作为的君主了，人称“小太宗”。但就是这样一位英明的皇帝，最开始却是靠装疯卖傻登上皇位的，这是怎么一回事呢？

原来，唐朝末期，宦官们的权力越来越大，大到甚至可以干预皇帝的废立。当时，太子之位空置，其他皇子便开始蠢蠢欲动，拼命展示自己。在这些皇子中，只有李忱主动“退出”了太子之争，选择韬光养晦。他开始隐藏自己真实的想法，每天装疯卖傻，没想到这反而渐渐打消了宦官们的戒心。后来宦官们一合计，如果能够让一个傻子继位的话，那不就跟自己坐上了龙椅没什么区别吗？于是宦官们一脚踢开其他皇子，把李忱簇拥到了皇位上。可是当李忱继位后马上就像变了一个人一样，俨然一个英明神武的圣君！直到这时，宦官们才醒悟过来，却悔之晚矣！

庄子一向崇尚天然，推举无为，最反对刻意地显露聪明才智。那些标举自己与众不同的人，在庄子眼里，和被拘禁的动物没什么分别。把视野转到当今社会也是如此，那些过于展露才能，过于显摆自己的人，往往会成为众矢之的。有时候懂得隐藏自己的才能，反而是一种更为高明的生存策略。

将闾葂见季彻：领导者永远不要让别人知道自己的喜好

《庄子·天地》中“将闾葂（miǎn）见季彻”的故事原文：

将闾葂见季彻曰：“鲁君谓葂也曰：‘请受教。’辞不获命。既已告矣，未知中否。请尝荐之。吾谓鲁君曰：‘必服恭俭，拔出公忠之属而无阿私，民孰敢不辑！’”

季彻局局然笑曰：“若夫子之言，于帝王之德，犹螳螂之怒臂以当车轶，则必不胜任矣！且若是，则其自为处危，其观台多物，将往投迹者众。”

将闾葂覤（xì）覤然惊曰：“葂也汒若于夫子之所言矣！虽然，愿先生之言其风也。”

季彻曰：“大圣之治天下也，摇荡民心，使之成教易俗，举灭其贼心而皆进其独志。若性之自为，而民不知其所由然。若然者，岂兄尧、舜之教民溟涬然弟之哉？欲同乎德而心居矣！”

话说，将闾葂拜见季彻说："鲁国国君对我说：'请让我接受你的指教。'我一再推辞，可是鲁君却不答应，我就对他说：'那行吧，我也不知道自己说得对不对，我姑且说，您姑且听。我认为，一国之君必须亲身践行恭敬与节俭，然后选拔出公正、忠诚的臣子来管理政务，在为政的过程中没有偏袒和私心。能做到这样的程度，哪个百姓敢不服从您的号令呢？'"

季彻听了后，俯身大笑说："像你说的这些话，对于帝王而言，恐怕就像是用螳螂的臂膀去阻挡车轮——必定不能胜任呀！况且，帝王如果真的这么做了，那一定会把自己置于危险的境地，就像高阁楼台必然会招徕心怀鬼胎之辈和追名逐利之徒。"

将闾葂吃惊地说："我实在没有理解您的意思，还请先生详细说说。"

季彻说："伟大的圣人，在治理天下的时候，会让民众的身心获得自由、不受拘束，使民众能够得到良好的教化、改掉以往的陋习，完全消除伤害他人的用心，同时产生不断完善自我的想法。不仅如此，圣人还能够让民众觉得，是向善的本性推动他们这样做，而不是外界的压力强制他们如此。如果有人能做到这个程度，那么尧舜治理天下的功绩还值得一提吗？圣人引导百姓，一步一步靠近自然的无为之德，从而使他们的心境安定下来。这才是真正的了不起呀！"

故事到这里就结束了。在故事中，将闾葂认为，治理天下的关键在于选拔公正、忠诚之人。但季彻认为，过度地招揽贤才、彪炳智谋，只能开启奔竞狡诈之风，让人与人之间充满竞争与诋毁，远不如实行无心无为的政治理念，让百姓自理、自治，从而天下大定。

庄子讲这个故事，是想强调这样一个观念，即统治者不能流露出自己的喜好，否则就会给奸邪狡诈之徒提供歪门邪道，为下属投机取巧、曲意逢迎铺路。常言道：“楚王好细腰，宫中多饿死。”领导者个体偏好的显露，是一个企业或国家衰败的开始。

历史上的齐桓公心性妒忌而爱好女色，所以他的大臣竖刁，就自行阉割以便掌管内宫；齐桓公爱好美味，他的宠臣易牙就蒸了自己儿子去进献给齐桓公；齐桓公喜欢以自我为中心、背离家人的人，开方就和自己的家人断绝关系，全力逢迎齐桓公。

等管仲重病，齐桓公就问他：“群臣中谁可以替代你为相？”管仲说：“了解臣下没有人比得上君主的，您先说几个人，我看看行不行。”齐桓公说：“易牙如何？”管仲回答：“杀掉孩子来讨好君主，不合人情，不可以为相。”齐桓公说：“开方如何？”管仲回答：“背弃亲人来讨好君主，不合人情，不可以为相。”齐桓公又说：“竖刁如何？”管仲回答：“阉割自己来讨好君主，不合人情，不可以为相。”

齐桓公撇着嘴就走了，等管仲死后，齐桓公不听管仲的话，重用这三个人，大小事情全部委任他们去做。后来，因为三人专权，导致齐桓公的五个儿子争夺王位，把齐国上下搞得乌烟瘴气，连齐桓公病死都没有人理会。这个故事也告诉我们，团队领导人不可过分展露自己的喜好，不可重用那些为了巴结自己而迎合自己喜好的小人。

这么说好像有些道理，但是仔细想想，也有问题。作为团队领导，私人偏好可以做到不过分展示，但是对于优秀下属、骨干团队的偏爱，难道也不可以流露吗？按照道家和法家的观点来说，最好也不要，不要偏爱某个下属或者某个团队，至少不要在公开场合过分流露对他们的偏爱。

韩非子说：“故人主好贤，则群臣饰行以要群欲。”（《韩非子·二柄》）意思是君主如果喜欢任用贤能的人，那么群臣就会粉饰自己的行为来迎合君主的欲望。谄媚夸诞的风气一旦在团队内部兴起，那么肯定是领导者自身出了问题，让下属都极力迎合他、巴结他，说他想听的，做他想做的，把自己内心最真实的意见隐藏起来，这一切都是不利于团队良性运转的。

老子也曾指出：“不尚贤，使民不争；不贵难得之货，使民不为盗；不见可欲，使民心不乱。”（《道德经》第三章）君主如果不推崇有才能的人，那么老百姓就不会相争；君主如果不喜欢珍贵的财物，那么世间就不会有偷窃的人；君主如果不好名好利，显示出自己的欲望，就不会导致民心迷乱。总之就是一句话：上有所好，下必趋之。君主什么样，百姓就会变成什么样。

庄子和老子的观点类似：君主一定要无欲无求，否则一旦形成标杆效应，天下就会变得物欲横流。正所谓：“常使民无知无欲。使夫知者不敢为也。为无为，则无不治。”（《道德经》第三章）君主如果能做到把物欲抛弃，全力迎合自然天道的话，那么即使那些有才能的人产生了坏心思，他们也不敢随意造次。君主只要按照“无为”的原则去做，天下自然就会太平。

同时，这则故事还告诉我们一个道理：领导者要有以身作则的精神，要起到带头作用、引导作用。就像这则故事中季彻所讲的，圣人的功德在于亲身引导百姓，一步一步靠近自然的无为之德，而不是撒手不管，让百姓自己去体悟天道。

我们很多家长，动不动就让孩子看书写作业，自己却在一旁刷手机打游戏。这其实是很不正确的一种教育理念，因为孩子内心是无法接受这种差别对待的。孩子内心难免会想："凭什么你可以休息、娱乐，而我就必须写作业。只是因为你是父母，而我是孩子吗？"

对待比自己年龄低、辈分小的人，我们切不可以"过来人"的身份自居，而是要亲自"做"给他们看，告诉他们，我都这么做了，所以你也一定可以做到。这是最能令他们心悦诚服的做法。

我国著名教育家张伯苓，相继创办南开中学、南开大学、南开女中、南开小学等。他十分注意对学生文明礼貌的教育，身体力行、率先垂范。一次，他发现有个学生手指被烟熏黄了，便严肃地劝告那个学生："吸烟对身体有害，要戒掉它。"没想到那个学生有点不服气，俏皮地说："那您吸烟，就对身体没有害处吗？"

张伯苓面对学生的责难，尴尬地笑了笑，之后立即唤工友将自己的吕宋烟全部取来，当众销毁，还折断了自己用了多年的最心爱的烟袋杆，诚恳地说："从此以后，我与诸位同学共同戒烟。"果然，打那以后，他再也不吸烟了，学生也不再吸烟了。

欧阳修说："以令率人，不若身先。"(《陈公神道碑铭》)张养浩也说："自律不严，何以服众？"(《风宪忠告》)当你让别人做一件事的时候，自己首先要做到、做好这件事，你才有资格去要求别人。作为领导与长辈更应如此，切不可让自己在下属或者晚辈面前失了威信。

子贡：我用现代科技，还有错了？

《庄子·天地》中“子贡南游于楚”的故事原文：

子贡南游于楚，反于晋，过汉阴，见一丈人方将为圃畦，凿隧而入井，抱瓮而出灌，搰（hú）搰然用力甚多而见功寡。

子贡曰：“有械于此，一日浸百畦，用力甚寡而见功多，夫子不欲乎？”为圃者仰而视之曰：“奈何？”曰：“凿木为机，后重前轻，挈水若抽，数如泆汤，其名为槔（gāo）。”为圃者忿然作色而笑曰：“吾闻之吾师，有机械者必有机事，有机事者必有机心。机心存于胸中则纯白不备。纯白不备则神生不定，神生不定者，道之所不载也。吾非不知，羞而不为也。”

子贡瞒（mén）然惭，俯而不对。有间，为圃者曰：“子奚为者邪？”曰：“孔丘之徒也。”为圃者曰：“子非夫博学以拟圣，於于以盖众，独弦哀歌以卖名声于天下者乎？汝方将忘汝神气，堕汝形骸，而庶几乎！而身之不能治，而何暇治天下乎！子往矣，无乏吾事。”

这个故事讲的是，子贡到南边的楚国游历，之后返回晋国。在经过汉水南岸的时候，他看见一位老人正在整理菜地。只见老人打了一条地道直通到井边，抱着水瓮取水，然后返回菜地浇水，出了不少力气，但是浇了半天也没出多少活儿。

子贡也是个热心肠，上去跟老汉说：“如今有一种机器，每天可以浇灌上百个菜畦，不只节省体力，工作效率还非常高。老先生，您想不想试一试呀？”

种菜的老人抬起头来看着子贡，说："是什么样的机器呢？"

子贡说："这个机器是用木料加工成的，名字叫作桔槔。它后面重，前面轻，提水就像从井中抽水似的，速度快得就像沸腾的水不断向外溢出。"

种菜的老人听到这话，马上就变了脸色，讥笑道："我从我老师那里听到过这样的话：有了机器之类的东西，必定会出现机巧之类的事；有了机巧之类的事，必定会出现机变之类的心思。机变的心思存留在胸中，那么未曾沾染世俗的纯净心灵，就不再完整。不具备纯洁空明的心境，那么思想精神就不会专一安定。思想精神不能专一安定的人，大道也就不会充实他的心田。我不是不知道你所说的办法，只是不屑于用罢了。"

子贡听了满面羞愧，低下头不再说话。过了一会，种菜老人又说："你是干什么的呀？"子贡说："我是孔子的学生。"老人说："原来如此，你求学于那个自以为博学、自比为圣人的孔丘呀！他凭借自夸的本事名满天下，没人理他，他就用自编自唱的方式卖弄名声。这样的人教出来的学生，难怪会问出刚才那些问题。要我说呀，你如果能抛弃你的机巧之心，忘记你的身形体骸，恐怕才可以逐步接近于正道。只可惜，你现在连自身都不能治理，哪里还有工夫去治理天下呢？你快走吧，不要在这里耽误我的事情了！"

原文：

子贡卑陬（zōu）失色，顼顼然不自得，行三十里而后愈。其弟子曰："向之人何为者邪？夫子何故见之变容失色，终日不自反邪？"

曰："始吾以为天下一人耳，不知复有夫人也。吾闻之夫子：事求可，功求成，用力少，见功多者，圣人之道。今徒不然。执道者德全，德全者形全，形全者神全。神全者，圣人之道也。托生与民并行而不知其所之，汒乎淳备哉！功利机巧必忘夫人之心。若夫人者，非其志不之，非其心不为。虽以天下誉之，得其所谓，謷然不顾；以天下非之，失其所谓，傥然不受。天下之非誉无益损焉，是谓全德 之人哉！我之谓风波之民。"

子贡被怼了这一通，十分不爽，怅然若失地走了三十里路，才逐步恢复常态。子贡的弟子问道："先前碰到的那个人，是干什么的呀？先生为什么见到他就面容失色，一整天都不能恢复正常呢？"

子贡说："起初我总以为，天下的圣人就只有我的老师孔子一人，不知道还有刚才那个人。我老师教导我们说：'行为要合情合理，事业要有所成就。以较少的付出收获较大的回报，才能称得上圣人之道。'可我到现在才知道，这些教诲都是错的：只有持守大道，德行才能完备；只有德行完备，外在形体才算得上完整；只有外形完整，思想精神才能健全；只有思想精神健全，才能称得上圣人之道。这样的人，他们把形骸寄托于世间，跟万民生活在一起，却不知道自己要到哪里去。他们内心世界深不可测，同时德行淳厚完备。这样的人，必定没有功利机巧之心。他们不会追求与自己心志不符的事物，也不会去做与自己思想相悖的事情。

"即使天下人都按照事实去称赞他，他也丝毫不会在意；即使天下人都轻信谣言去非议他，他也丝毫不会理睬。非议和赞誉，对于他们而言，既无增益又无损害，这才是真正'德行完备'的人！而我，还远远达不到这样的水平，姑且只能称作是心神不定、被世俗尘埃沾染的人罢了。”

原文：

反于鲁，以告孔子。孔子曰：“彼假修浑沌氏之术者也。识其一，不识其二；治其内而不治其外。夫明白入素，无为复朴，体性抱神，以游世俗之间者，汝将固惊邪？且浑沌氏之术，予与汝何足以识之哉！”

子贡回到鲁国，把路上遇到的情况告诉了孔子。孔子说：“他们是假借浑沌氏道术来修养内心的人，了解自古混沌无别而不可分的道理，但不懂得需要顺乎时势以适应社会的变化。他们善于修养自我、调理精神，却不善于治理外部世界。他们明澈白静的心境如此素洁，清虚无为又复归于自然，体悟真性而持守精神，优游自得地生活在世俗之中，你怎么会不感到惊异呢？况且浑沌氏的道术，我和你又怎么能够了解呢？”

从这则故事中，我们可以学到两点。

首先，种菜老人的观点告诉我们，做事要踏实认真，不要总想着投机取巧。“抽水车”固然好用，但是水量太大也容易把菜地浇坏。更何况，抽水车的浇水范围有限，较远的菜地可能根本获取不到水源。最终，旱的旱死，涝的涝死。

所以老人强调，不要用投机取巧的方式（“机事”），让自己产生图省事、抄近道的心思（“机心”）。一旦养成了偷懒耍滑的习惯，对自己来说只能是贻害无穷。因为偷懒一回就会有第二回，长此以往，自己的斗志就松懈了，整个人也会变得懒惰，做事也不再踏实，这正是“圣人”最鄙视的。

这一点对我们现代人来说也是适用的。现代生活节奏快，竞争压力大，很多人为了办成一件事情，会学习各种招数、套路。比如，学生为了提高分数，去研究选择题各个选项出现的频率；商家为了提高销售额，去设置名目繁多的促销活动……这些套路，在短时间内或许可以取得不错的效果。但是长期来看，学生的知识没有得到巩固，消费者也越来越不信任商家，这些都是因为长期行机巧之事而产生的后果。

著名核物理学家、中国科学院院士钱三强教授曾说：“古往今来，能成就事业，对人类有作为的，无一不是脚踏实地攀登的结果。”东晋书法家王羲之，从小就练习书法。每次练字，他都会在自家池塘里洗刷毛笔。长此以往，原本清澈的水池，最后变成了墨池。而王羲之本人，经过长时间的辛勤的练习，最终成为享誉古今的“书圣”。努力坚持的人，往往可以打败投机取巧的人。所以当老人用“机心”讽刺子贡时，子贡就无话可说了。

刚才是从种菜老人的视角来看待这件事。如果我们换个角度，从孔子的观点来看，就会得出完全相反的结论：人不能总是恪守老思路、老办法，还要学会审时度势、与时俱进。如果一味拒绝新鲜事物、技术进步带来的便利，无异于开倒车、逆势而为，这就彻底违背了道家的根本性原则。

米兰·昆德拉说：“生活是一张永远无法完成的草图，是一次永远无法正式上演的彩排，人们在面对抉择时，完全没有判断的依据。

我们既不能把它们与我们以前的生活相比，也无法使其完美之后再来度过。”

的确是这样的，在技术日新月异的今天，很多行业的不少工种都已经被工业化机器所取代。如果不能接纳技术的进步，总是强调传统生产方式有多好，新兴产业有多不成熟，那么就会与时代脱轨，被时代抛弃。

对于古人来说，被时代抛弃，可能不是一件坏事，比如“不知有汉，无论魏晋”的桃花源，一直是传统文化中“人间仙境”的代名词。之所以会这样，是因为封建社会的生产力，一直处于比较低下的水平。如果一个宋朝人穿越到几百年之后的明朝，他大概不会觉得生活方式完全被颠覆了。

但是如果让一个生活在20世纪初的人穿越一百年来到21世纪，那么他可能完全无法理解移动支付、人脸识别，甚至连个人电脑、智能手机都会让他惊掉下巴。三次产业革命，已经把社会生产力提高到一个前所未有的水平。别说一百年，一个人就算与世隔绝个十几年，也没办法快速适应新时代的变化。

儒家经典《大学》里有这样一句话，“苟日新，日日新，又日新”。这个世界上没有什么永恒不变的事情，如果有，就是变化本身。对于个人来说，永远不要停下学习的脚步，因为在时代的洪流中，原地踏步就是倒退。只有不断顺应发展规律，不断吐故纳新，才能永远地站在时代的鳌头之上，才能不断迎来新的人生！

谆芒问苑风：若无闲事心头挂，便是人间好时节

《庄子·天地》中“谆芒将东”的故事原文：

谆芒将东之大壑，适遇苑风于东海之滨。苑风曰：“子将奚之？”曰：“将之大壑。”曰：“奚为焉？”曰：“夫大壑之为物也，注焉而不满，酌焉而不竭。吾将游焉！”苑风曰：“夫子无意于横目之民乎？愿闻圣治。”

谆芒曰：“圣治乎？官施而不失其宜，拔举而不失其能，毕见其情事而行其所为，行言自为而天下化。手挠顾指，四方之民莫不俱至，此之谓圣治。”

这个故事讲的是，有个叫谆芒的人，准备一路向东、到大海去，正巧在东海之滨遇到苑风。苑风问道：“您打算去哪儿呀？”谆芒说：“我打算去大海。”苑风又问：“那您去做什么呢？”谆芒说：“大海这种东西，江河注入它不会满溢，不停地舀取它也不会枯竭，所以我准备到大海里去游玩。”

苑风说：“那么，您不想当百姓的君王吗？我想能听听您说说圣人之治。”谆芒说：“圣人之治嘛，我觉得至少要做到以下几点。首先，设置官吏和推行政令都要合宜、得体；其次，选拔人才不遗忘一个能人；最后，让每个人都能看清事情的真相，然后各自顺应自然本性做事。如果能做到上面说的这些，那么只需要挥挥手，四方的百姓就都汇聚过来了，这就叫作圣人之治。”

原文：

“愿闻德人。”

曰：“德人者，居无思，行无虑，不藏是非美恶。四海之内共利之之谓悦，共给之之谓安。怊乎若婴儿之失其母也，傥乎若行而失其道也。财用有余而不知其所自来，饮食取足而不知其所从，此谓德人之容。”

苑风说：“原来如此呀，那我还想再听您讲讲，什么是有德之人。”谆芒说：“有德之人率性自然，不会胡思乱想，也不会把个人得失放在心上。他们内心坦荡，不会时刻把是非美丑的评判标准放在心上。天下万民共享盛世，他们才会感到喜悦；天下万民共享财富，他们才会感到安定。他们惆怅起来，就像婴儿失去了母亲，真情流露，丝毫不会掩饰；他们迷茫起来，又像走路时迷失了方向，简单直接，绝不故作镇定。他们无须为身外之物操心，从天而降的财富和生活物资，自然会送到他们面前，这就是德人的容态。”

原文：

“愿闻神人。”

曰：“上神乘光，与形灭亡，是谓照旷。致命尽情，天地乐而万事销亡，万物复情，此之谓混溟。”

苑风说：“那请问，什么是神人呢？”

谆芒接着说：“神人超然天地之外，日月之光反在其身下。所以神人虽然有身体但却没有影子，这就叫作虚明空旷。不仅如此，神人能穷尽天命，抵达生命的极致，使得万事万物都能回归到大道的本真状态，这就叫作混沌幽静，与至道冥和。”

这个故事的主旨，和前面我们所讲的“将闾菀见季彻”的故事一致。在庄子眼中，能迎合自然、顺势而为，才是最贴合大道的治理方式。“圣人”虽然能做到顺物而治，但仍不免有重视官吏、选才举能的弊端；“德人”虽然能做到无知无欲、随遇而安，但仍然不离人间烟火；只有“神人”，真正达到了空明空虚、超然物外，与天地浑然一体的最高境界。

对应到我们现代人身上，“圣人”给予我们的启示是，如果能成为领导者，要学会适时放手，不要任何事都亲力亲为，尤其在选拔人才的问题上。在选拔出中层干部以后，下层员工的遴选就不要再继续参与了，要让中层干部自己去挑选。这样既为自己节省了时间和精力，同时也让中层干部有空间去选择自己的得力助手。

谆芒对“圣人之治”弊端的揭露，就在于圣人做事太过于烦琐，既想着推行政令，处处得体，又想着举贤任才兼顾到所有人，这些对领导者来说太过于细碎。事无巨细全自己去弄，不但让自己疲于琐事，而且不能够实现高效的组织管理。

哈佛商学院管理学教授迈克尔·波特曾表示：“领导者唯有授权，才能让自己和团队获得提升。”当你意识到下属有能力完成某项工作时，就应该给予他们充分的自由和权力，而避免自己的行为牵制他们的行动。这样才能充分调动下属的积极性和提高组织的活力。

“德人”给我们的启示是，到了四五十岁的年纪，要学会随遇而安，懂得知足。谆芒说，德人的特点就是不用担心物质条件，为人处世不会束手束脚，对一切都采取随性与随意的态度。在现代生活中，我们有太多的不知足，房子买了要换更大的，车子买了要换更贵的，职务升迁了还想着要往更高的地方爬，真是毫无尽头，疲于奔命。

法国哲学家丰特奈尔说："幸福最大的障碍就是期待更多的幸福。"《渔夫和金鱼》的故事大家都听过，渔人的老婆无休止地向金鱼索取回报，才最终让一切都化为了泡影，使自己重新回到了贫困的生活中。

苏轼有这样一句名言："万里归来颜愈少，微笑，笑时犹带岭梅香。试问岭南应不好，却道：此心安处是吾乡。"这句话出自苏轼写给好友王定国的一首词。王定国因为受苏轼"乌台诗案"的牵连，被贬谪到蛮荒之地——宾州。受贬时，家丁纷纷离他而去，只有歌妓柔奴毅然随行。后来，王定国奉旨北归，途经苏轼所在的黄州。苏轼设宴款待，发现他在岭南那么蛮荒的地方，不仅没瘦反而圆润了很多。苏轼不解，于是问他的歌姬柔奴，这是怎么回事？柔奴笑了笑，只说了一句话："此心安处，便是吾乡。"苏轼听后，大受感动，于是创作了这首词来赞美两人随遇而安的心态。

是啊，"此心安处，便是吾乡"。我们总是在追寻着更好的生活，却不知道学会了满足，无论在哪里都可以过得很好。心在哪里，人生的风景就在哪里。如果我们有一颗"德人"之心，有着随遇而安的逍遥品性，那么你会发现，你所途经的地方，处处都盛开着生命的鲜花。

最后，"神人"给予我们的启示是，到了一定年龄后，要放下一切生命的羁绊，好好地去拥抱生命的美好。"神人"之所以超越了"圣人"与"德人"，就是因为他对于境界的要求，超越了生死与成败，看透了一切尘世的阻碍，将自己的心灵融化在天地之间。禅宗临济宗的代表人物慧开禅师，有一首诗写得好：“春有百花秋有月，夏有凉风冬有雪。若无闲事心头挂，便是人间好时节。”的确如此，不管前半生易与不易，胜与不胜，此时都应放下曾经的功名市侩之心，去仔细体悟生命的醇厚。

门无鬼观师：好的社会，一定是有“底线”的社会

《庄子·天地》中“门无鬼观师”的故事原文：

门无鬼与赤张满稽观于武王之师，赤张满稽曰：“不及有虞氏乎！故离此患也。”门无鬼曰：“天下均治而有虞氏治之邪？其乱而后治之与？”

赤张满稽曰：“天下均治之为愿，而何计以有虞氏为！有虞氏之药疡也，秃而施髢（dí），病而求医。孝子操药以修慈父，其色燋（qiáo）然，圣人羞之。至德之世，不尚贤，不使能，上如标枝，民如野鹿。端正而不知以为义，相爱而不知以为仁，实而不知以为忠，当而不知以为信，蠢动而相使不以为赐。是故行而无迹，事而无传。”

这个故事讲的是，门无鬼与赤张满稽某天一起去观看周武王伐纣的部队。等看完以后，赤张满稽撇着嘴说：“周武王用武力解决问题，整个天下都要跟着遭殃。可见这种治理天下的方式，远远比不上有虞部落的禅让制度呀！”

门无鬼不解，就问：“您认为，有虞氏是在天下太平之后接手的，

还是天下动乱后去治理的呢？”他的意思是，如果天下太平，有虞氏只是坐享其成，有虞氏的功绩，也就不值一提了；而如果天下是在有虞氏的治理之下，从乱世变成盛世的，这不反而说明，他们没有做到预防在先，等到天下大乱了才想起来治理吗？

赤张满稽说：“天下如果太平，老百姓都会过得很好，哪还用得着有虞氏出来治理呢？”言外之意，有虞氏当然是乱世出山，因为治理得当，才有此功绩的呀！当然了，赤张满稽没有把话说死，有虞氏虽然有功，但也并非无过。于是，他接着说：“有虞氏治理天下，就好比给人治疗脱发，等那人头发都没了方才想起戴假发；又好比病人看病，等到病得不行了才去求医；又好比孝子给父亲买药，每天跑前跑后，憔悴得不行，如此用心但圣人却以此为耻。为什么呢？父亲病了才想起来孝顺，早干什么去了？为什么不在父亲健康的时候就好生供养，使他不至于患病呢？所以说啊，盛德的时代，不崇尚贤才，不使用能人。国君居于上位，就如同树枝一样，无心在上而自然身居高位，百姓则是像野鹿一般无所拘束，自然奔跑。百姓行为端正，却无须知道这种正确的行为叫作道义；人们相亲相爱，却无须知道这种和睦的关系叫作仁爱；为人敦厚老实，不需要知道这叫作忠诚；办事得当，不需要知道这叫作信义；无心活动而相互支使，不需要知道这叫作恩赐。他们率性而为，不会刻意留下美名，后世也不会流传他们的美好故事……”

在庄子眼中，最好的社会就是不需要治理的社会。在前面的章节里，我们也讲过，道家学者崇尚“无为之治”。这种无为不是单纯地什么也不做，而是追求一种不需要做什么、只要顺应自然规律就可以良好运转的状态。天下如果发生战乱与祸患，作为圣王还是需要去治理的，只不过需要治理的社会，都算不上真正的“至德之世”。

老庄眼中，最完美的社会，压根儿就不需要统治者操心。《道德经》说：“其政闷闷，其民淳淳。”（《道德经》第五十八章）政治上无所作为，百姓也都淳朴敦厚。这则故事中“上如标枝，民如野鹿”也是继承了这个理念。

我们在日常生活中，常常会因为一些突发状况而变得手足无措。在这则故事中，藏有解决类似问题的密码，那就是“防患于未然”。赤张满稽认为，有虞氏之所以在政治上有瑕疵，是因为他所治理的社会是一个病态的社会。一个能够刨除社会病症的统治者，当然是优秀的。但是如果在产生问题之前，就已经去除潜在隐患，保障社会平稳运行，总是好过出了问题之后再弥补。因为一旦出现问题，就会造成国家动荡、百姓流离，无论再怎么治理，已经产生的损失都难以挽回。就如同人的伤口一样，即使表皮恢复也还是会留下疤痕。

在日常生活中，我们可能随时会遭遇各种各样的状况，我们要做的就是尽量不要让这种状况发生。比如演讲时忘记带演讲稿，开会前没有调试好设备，考试的时候发现自己准备不充分，等等，这些都是可以提前规避掉的隐患。我们只需要再仔细一点、耐心一点，就可以把事情做得更完美、更妥帖。

战国时期，燕国大将乐毅攻破齐国，导致齐国都城里很多人准备逃跑。那时，齐国的王族田单让同族人把车轴两端突出的部位全部锯下，安上铁箍。当时很多人不理解，后来大家跟着齐湣王从都城逃跑的时候，彼此冲撞、互相碾压，导致车轴被撞坏，最后都被燕军给俘虏了。只有田单和他的族人因为用铁箍包住了车轴，所以才幸免于难、得以逃脱。

我们当然要考虑出现突发状况时，自己应该如应对。但我们更应该考虑的是如何规避风险，掌握全局。《左传》里有一句名言，大家可能都听过——“居安思危，思则有备，有备无患。”（《左传·襄公十一年》）我们太容易被眼前的成就所迷惑，也太容易被想当然的思维所局限，习惯了风平浪静就会在危险来临的时候疏于防范。因此，我们考虑问题应该更谨慎一些，制订计划也应该更周密一些，努力去创造安稳祥和的生存环境，为自己的人生打造一座坚固的堡垒。那样，即便生活的风雨来临时，我们也能泰然处之，没有丝毫的畏惧和退缩之心。

在故事的后半部分，庄子又进行了大段阐述。

原文：

孝子不谀其亲，忠臣不谄其君，臣、子之盛也。亲之所言而然，所行而善，则世俗谓之不肖子；君之所言而然，所行而善，则世俗谓之不肖臣。而未知此其必然邪？世俗之所谓然而然之，所谓善而善之，则不谓之道谀之人也！然则俗故严于亲而尊于君邪？

……

三人行而一人惑，所适者，犹可致也，惑者少也；二人惑则劳而不至，惑者胜也。而今也以天下惑，予虽有祈向，不可得也。……

孝子不奉承他的父母，忠臣不谄媚他的国君，这是孝子、忠臣尽孝尽忠的极点。凡是父母所说的，便加以肯定；君王所说的，都加以应承，这就是世俗人所说的不肖、不良的谄媚之人。可是人们不了解，世俗的看法就一定是正确的吗？现在的人，把世俗人所谓的“正确”当作正确，把世俗人所谓的“好”当作好。这样一来，世俗的观念和看法的地位岂不比父母和君王更高了吗？

三个人在一起行走，其中一个人迷惑，所要去的地方尚且可以到达，毕竟迷惑的人少些；三个人中如果有两个人迷惑，就不能到达终点了，因为迷惑的人占多数。如今天下人都大惑不解，我即使寻求导向，又怎么能够到达呢？

这一部分论述，先是写尽世俗的阿谀之风，又感慨世人大惑不可救药。

庄子所担心的问题，一直到现在都还存在，那就是世俗偏见难以调和。人，生下来就有从众、随大流的倾向，认为大家普遍认可的东西就是对的东西，多数人去做的事情，自己也可以去做。于是，各种陋习便乘势而起，当被问及为什么要这样做时，大家普遍有一个共同的回答：“别人都这么做，又不止我一个！”

都说环境改变人，但其实人对环境的改造或许更甚。当第一个人做不道德之事的时候，大家没有指出，自然就有第二个人去做。久而久之，此不道德之事成了风气，形成了社会默认的共识，而这恰恰是道德衰败的开始。余光中先生说：“世俗的许多东西虽耀眼却无价值，不要把自己置于大众的天平上，不然你会因此无所适从，人云亦云。”（《写给未来的你》）

社会需要充满正能量的人，需要人人都坚守一个底线。人是可以感染别人的，《墨子》当中有一篇叫《所染》，核心思想就是说，好的人可以影响别人，最后让他和自己一样优秀；而坏的人自然可以带坏别人，最后让别人比自己还坏！这就和染布是一个道理，所以墨子说：“故染不可不慎也！”希望我们都能成为充满正能量的人！

《天道》

尧与舜：君主和臣子，最好各干各的，谁也别打扰谁

《庄子·天道》中“舜问于尧”的故事原文：

昔者舜问于尧曰：“天王之用心何如？”尧曰：“吾不敖无告，不废穷民，苦死者，嘉孺子而哀妇人。此吾所以用心也。”舜曰：“美则美矣，而未大也。”尧曰：“然则何如？”

舜曰：“天德而出宁，日月照而四时行，若昼夜之有经，云行而雨施矣。”尧曰：“胶胶扰扰乎！子，天之合也；我，人之合也。”夫天地者，古之所大也，而黄帝尧舜之所共美也。故古之王天下者，奚为哉？天地而已矣。

相传，舜帝曾经向尧帝请教过这样一个问题：“你是怎么履行当天子的职责的呢？”尧说：“我从不侮慢百姓，也不抛弃生活无计、走投无路的穷人，我天天为死者焦虑并且特别怜惜孤儿和寡妇，这些就是我履行天子职责的方式。”

舜说：“你这样做，好是好，但还说不上伟大。”尧很诧异，说：“那你说，我应该怎么做才叫伟大呢？”舜说：“以自然之德治世，那么万物皆得安宁。就像日月的照耀、四季的运行、昼夜的交替一样，形成常规。一切都自然而然地按照常规发生，那才是最好的治理。”

尧说：“你说得对！你的德行，可与天道相配；而我的品行，仅仅与人道相合。”天地，自古以来就被认为是最为伟大的存在，黄帝、尧、舜都对它赞不绝口。古代的统治者，只需要效法天地就够了。除此之外，哪里还需要做更多的事呢？

故事到这里就结束了。最后这一小段评论，点明了这一篇的主旨思想，也就是，君主之道在于效法“天德”、虚静无为。像尧帝一样怜悯众生、亲力亲为，只能说他做了臣子的工作，而不能把他算作一个合格的领导者。

不少学者认为，《庄子》的外篇并非他本人手笔，而是弟子们的作品。一方面，后学们阐述和重申了庄子的基本思想，但是在文笔和叙述方式上，明显与内七篇不同；另一方面，或许是为了适应社会形势的变化，后学们对庄子原本的思想进行了一部分调整。

后面这一点，在《天道》中就有所体现。在这一篇中，作者强调，“无为”是针对君主而言的，君主应该顺应天道，把自己放在次要位置，这样才能使天下安宁，如昼夜交替一般平稳运行；但是对于臣子来说，更重要的是履行好自己的职责，在天道之外顺应人道，与君主实现互补。换句话说，庄子后学们的治国方略是“君主无为”而

“臣子有为”，这与内七篇所强调的无论君臣都要“无为”显然是不同的。

其实，在“舜问于尧”这则故事前面，作者还有一大段的论述，核心内容就是：“上必无为而用天下，下必有为为天下用，此不易之道也。”意思是帝王必须无为，方能驾驭天下；而臣子必须有为，才能被天下所用。这是亘古不变的真理。如果君臣角色互换、工作颠倒，或者完全一样，都虚静无为，那么天下恐怕就离衰败不远了。

按照这个观点，君道应该效法天道。天道有自己的运行规律，自运自化、寂寞无为，虽然福泽万物但都是无心之作，是在不知不觉中完成的。因此，故事中的尧即便为天下操碎了心，做到了秉公执法、尽忠职守，为百姓献出自己全部的青春与热情，也还是得不到舜的夸赞。因为这是臣子的活儿，君王不该插手。君王就应该垂拱而治，以无为为本，让臣子去替自己治理天下，而不是越俎代庖替手下干活。

这个故事给我们的第一个启示就是恪守本分，做好自己的本职工作。乐于助人原本是好事，但也得分情况。战国时期，韩国的君主韩昭侯，就特别注重臣子恪守本职、秉公办事的习性。有一次，韩昭侯喝醉了酒，睡着了，掌帽官怕他寒冷，就给他盖上了衣服。韩昭侯睡醒后很高兴，就问侍从说：“是谁给我盖的衣服呀？”侍从回答：“是掌帽官给您盖的。”韩昭侯听后反而勃然大怒，同时处罚了掌衣官和掌帽官。原因显而易见，处罚掌衣官是因为掌衣官失职，应该他去盖被子，但他没有，这是对本职工作没有责任感的表现；而处罚掌帽官则是因为掌帽官“越俎代庖”，不应该他管的事情管了，破坏了原本各司其职的工作规范。

所以，做得多不代表做得对，不是自己职责范围内的事情，要谨慎去做。

这则故事带来的第二个启示是，领导可以无为，可以把权力下放，但是一定要保证权力的运作符合客观规律，也就是天道。春秋时期，宋国的国君宋桓侯特别宠幸自己的大臣子罕，国中事务全部委任子罕去做。有一天，子罕跟宋桓侯说："奖赏恩赐是百姓所喜欢的，这个要君王自己去做；杀戮刑罚是百姓所憎恶的，这个请让我来掌管。讨好人的事儿您去做，得罪人的事儿我来做。您看如何？"

宋桓侯一听有道理呀，杀人拘禁这种得罪人的事干吗要我来做呢，交给别人岂不是更好？于是把生杀予夺的大权交给了子罕。结果不出一年，子罕就掌握了朝中的大权，谁也不敢得罪他。因为一旦得罪了子罕，面临的就是满门抄斩、株连九族等的惩处，于是众人纷纷站到了子罕的队伍里。后来，子罕发动政变，夺取了君位，囚禁了宋桓侯。可怜的宋桓侯，到死都不知道，自己天天讨好别人，究竟是哪里做错了。

庄子一再强调，君道和臣道有别，应该各司其职，各尽其守，君主千万不能让臣子履行君主的职责，否则就会惹来杀身之祸。所以他说："主者，天道也；臣者，人道也。天道之与人道也，相去远矣，不可不察也。"(《在宥》)韩非子也说："明君无为于上，君臣竦惧乎下。"(《韩非子·主道》)明君在上无为而治，群臣在下诚惶诚恐，君主与臣子谁也别干预对方的职责，这样才能实现天下大治！

员工也好，领导也罢，无论我们在职场中扮演怎样的角色，做好自己的本职工作，永远是第一位的。领导去做领导该做的事，下属去做下属该做的事。能岗匹配、权责分明，组织的运营效率才能有所提高。

千万不要像故事中的尧一样，明明是君主，却把臣子该做的事都做了。那你让臣子做什么呢？这样不仅达不到好的效果，还会沦为同行的笑柄。在这一点上，儒家和道家的观点是一致的。

春秋时期的齐景公，曾向孔子问政，问什么样的国家是好的国家，孔子就回了八个字："君君，臣臣，父父，子子。"(《论语·颜渊》)君主干好君主该干的事，臣子干好臣子该干的事，父亲尽好父亲应尽的职责，儿子尽好儿子该尽的义务，这个天下就安定了。齐景公听了之后大喜，说："善哉！信如君不君，臣不臣，父不父，子不子，虽有粟，吾得而食诸？"(《论语·颜渊》)他说："孔老师您说得可太对了。如果君不像君，臣不像臣，父不像父，子不像子，那样即便有粮食，我能吃得上吗？"的确，不管社会如何，不管他人怎样，我们把自己该做的做好，把自己该完成的任务完成，就算是为这个世界出了一份力了。聚沙成塔，汇水成江。如果人人都能各尽其职，各守本分，那我们这个社会还有什么理由不和谐呢？

老聃：说话简单点，大家都很忙的

《庄子·天道》中"孔子见老子"的故事原文：

孔子西藏书于周室。子路谋曰："由闻周之征藏史有老聃者，免而归居，夫子欲藏书，则试往因焉。"孔子曰："善。"往见老聃，而老聃不许，于是繙（fán）十二经以说。

老聃中其说，曰："大谩，愿闻其要。"孔子曰："要在仁义。"老聃曰："请问，仁义，人之性邪？"孔子曰："然。君子不仁则不成，不义则不生。仁义，真人之性也，又将奚为矣？"老聃曰："请问，何谓仁义？"孔子曰："中心物恺，兼爱无私，此仁义之情也。"

老聃曰："意，几乎后言！夫兼爱，不亦迂乎！无私焉，乃私也。夫子若欲使天下无失其牧乎？则天地固有常矣，日月固有明矣，星辰固有列矣，禽兽固有群矣，树木固有立矣。夫子亦放德而行，循道而趋，已至矣；又何偈（jié）偈乎揭仁义？若击鼓而求亡子焉！意！夫子乱人之性也！"

故事讲的是，孔子有一天跟学生们说，想把自己写的书保存到周王室的图书馆里去。学生子路给他出了个主意："我听说，周王室原来的图书馆馆长是老子，现在他已经引退，返回家乡了。先生要想藏书的话，不如去找他说说。"孔子一听，这个主意不错，于是就前往拜见老子。

他苦口婆心地劝说老子，希望自己的书能入藏，可老子压根儿没搭理他。孔子无奈，开始援引"六经"来解释自己的书有多好，从天到地、从古到今，一五一十地给老子细细说来。

老子实在是不耐烦了，直接打断他，说："你说得太烦琐了，能不能用一句话，说说你这些书的主旨究竟是什么呀？"孔子说："主旨就是仁义。"老子说："请问，仁义是人的本性吗？"孔子说："是的。君子如果不仁，就不能成就名声；君子如果不义，就不能立足社会。仁义是人的本性，离开了仁义又能干什么呢？"

老子说："那我再问一句，什么叫作仁义呢？"孔子说："与万物同乐，兼爱无私，这就是仁义。"老子说："哎！你这种言论，实在是太危险了！因为性情已经开始迂腐，才需要强调兼爱；因为自私自利的现象已成风气，所以才需要强调无私。先生，你是想让天下人都失去养育自身的条件吗？天地原本就有自己的运行规律，日月原本就存在光亮，星辰原本就有各自的序列，禽兽原本就有各自的群体；树木原本就直立于地面。先生如果能仿照自然的状态行事，顺应天地规律去进取，就已经很不错了，又何必如此急切地标榜仁义呢？这岂不像是打着鼓去追寻逃亡的人，鼓声越大就越追不到吗？哎，先生，你可真是扰乱了人的本性啊！"

在这则小故事中，庄子借孔子和老子的对话，再一次说明了仁义是戕害人性的罪魁祸首！作为一国之君，最应该做的，是尊重天地万物自然发展的规律，以推行"无为之政"为首要理念，而不是以虚假的仁义来扰乱人类的纯真之情与自然本性。

本篇篇名叫《天道》，"天道"与"人道"可以说是先秦时期最为重要的一对哲学概念。早在春秋时期，子产就已经提出"天道远，人道迩"的说法。后来孔子和孟子基本继承了子产的思想，认为天道和人道之间的距离还是比较远的，人难以把握天道，因此只能大谈仁义礼智，追求可以把握的人道。

而道家在这一点上，选择了与儒家完全相反的方向。道家崇尚天道，认为道是万物的本源。老子说："人法地、地法天、天法道、道法自然。"（《道德经》第二十五章）老子肯定天道，排斥或否定人道，认为天道公平无私而人道卑劣，因此提倡绝仁弃义、绝圣弃智，让一切返璞归真。

庄子及庄子后学，在老子学说的基础上，又做了新的阐述，认为为君应效法天道，以天为宗，以自然为用，以虚静、恬淡、无为为根本；而为臣应效法人道，各守其职、尽忠职守。唯有如此，才能映照万物，最终达到天人合一、国家治理有序的超然境界。就如故事中老子所说的，天地星辰都有自己运行的规律，作为君主，只需要顺应就好了。像孔子一样额外创造出一套体系来控制万物，简直是多此一举、有害无利。

这种“虚静”思想，对中国文艺思潮和文人的创作理念产生了深远影响。事实证明，作家只有保持虚静的心灵，“登山则情满于山，观海则意溢于海”(《文心雕龙·神思》)，才能达到“精骛八极，心游万仞”(《文赋》)的至高境界；只有精神世界空灵包容，“万物静观皆自得，四时佳兴与人同”(《秋日》)，才能收获“采菊东篱下，悠然见南山”(《饮酒》)的自在生活。

在现实生活中，保持虚静的心态，对于为生活奔波、在城市中疲于奔命的我们来说，也是很有意义的。投身自然，让压力得到暂时的解脱，让心灵得到片刻的安宁，可以调节我们的身心。美学大师李泽厚先生在谈到庄子玄禅时曾说：“它可以教人们去忘怀得失，摆脱利害，超越种种庸俗无聊的现实计较和生活束缚，或高举远蹈，或怡然自适，与活泼流动盎然生意的大自然打成一片，从中获得生活的力量和生命的意趣。”这可能就是庄子带给我们最大的精神财富了！

除此之外，这则故事还告诉我们，讲话要抓住重点，交流要有针对性。故事中孔子喋喋不休地给老子讲述自己著作的重要性，并且援引“六经”内容来阐发自己的学说，整个过程漫无边际，毫无重点。最后老子实在听不下去了，打断了他的发言，让他用一句话来阐明自己的观点。

在日常生活中，我们也会犯孔子所犯的错误，在表达自己的观点时滔滔不绝，口若悬河，但却无关痛痒，完全说不到点上，最后让聆听者产生反感、厌恶的心理。英国剧作家本·琼森说：“语言最能暴露一个人，只要你说话，我就能了解你。”（《木材，或关于人与物的发现》）

因此，对于说出口的每一句话，我们都要慎之又慎，尽量不说和主题无关的言辞，能表达清楚自己的观点就好，不要长篇大论地扯闲篇。这样既节省自己的时间，也节省对方的时间。

成吉思汗战无不胜、攻无不克，在说话方面也是简单明了、单刀直入。公元 1215 年，成吉思汗派遣使节、商队携带大量金银珠宝与商品，前往中亚的花剌子模王国缔结通商协定。至讹答剌时，花剌子模总督亦难出见财起意，污蔑商队中有间谍，于是上报国王并屠杀了这些人，侵吞了商品与财宝。

成吉思汗那会儿正全力攻打金朝，没工夫管花剌子模，只希望他们自己把此事和平解决。于是，他致书花剌子模国王摩诃末，只要他交出凶手，此事便可作罢。但摩诃末不仅拒绝了这个要求，还杀死了使臣。这个做法使得成吉思汗勃然大怒，决定攻打花剌子模。他给对方发出的战书，只有一句话，那就是：“尔要战，便战！”

这封战书既没有长篇大论的叙述，也没有引经据典的谴责，而是一句话直达中心思想，简单直接地概括了成吉思汗的意图，让人不寒而栗。最终花剌子模被成吉思汗攻占，这封战书也因为简单明了、霸气外露而成了世界历史上最有名的战书之一。英国思想家培根有一句名言——“说话周到比雄辩好，措辞适当比恭维好”，与大家共勉！

士成绮见老子：下者劳力，中者劳智，上者劳人

《庄子·天道》中“士成绮见老子”的故事原文：

士成绮见老子而问曰：“吾闻夫子圣人也，吾固不辞远道而来愿见，百舍重趼（jiǎn）而不敢息。今吾观子，非圣人也。鼠壤有余蔬而弃妹之者，不仁也，生熟不尽于前，而积敛无崖。”老子漠然不应。

士成绮明日复见，曰：“昔者吾有刺于子，今吾心正却矣，何故也？”老子曰：“夫巧知神圣之人，吾自以为脱焉。昔者子呼我牛也而谓之牛，呼我马也而谓之马。苟有其实，人与之名而弗受，再受其殃。吾服也恒服，吾非以服有服。”

这个故事讲的是，有一天，士成绮见到老子，开口就说：“听说先生是圣人，我便不顾路途遥远，一心赶来，希望能见到您一面。我走了上百天，脚掌上结了厚厚的老茧也不敢停下来休息。可如今见到了您，看您也不太像是个圣人啊！您这里，到处都是剩饭剩菜，老鼠满地跑，这足以说明，您的生活还算不错。就算如此，您却不愿意收养自己的亲妹妹，这种行为能算是合乎仁的要求吗？”士成绮的话说完了，可老子就跟没有听见似的，连头都没抬一下。

第二天，士成绮再次见到老子，对他说：“昨日我用言语刺伤了您，今天我已有所省悟，并且改变了先前嫌弃的心理。请问，这是什么原因呢？”老子这次没有无视他，开口说道：“如果你说的圣人是聪明智巧的人，那么我觉得我并不是圣人。你想把我叫作牛，那么我就可以是牛；你想把我叫作马，那么我就可以是马。如果我确实如你所说的那样，拒不接受你对我的称呼，这不是犯了两重罪过吗？我总是欣然接受别人给予我的称呼，这种接受是顺其自然的接受，而不是强行的、有目的的接受。”

老子的这一番解释，听上去有点拗口，其实很有智慧。原句“昔者子呼我牛也而谓之牛，呼我马也而谓之马”延伸出一个成语，叫作“呼牛呼马”，比喻被别人骂也好、称赞也好，绝不计较。这里的“牛马”没有贬低的含义，就是两个称呼、两个名。

庄子在《逍遥游》中说过“名者，实之宾也”，称呼名号并不总是与实际情况相符的。在二者不相符的时候，实比较重要，而名只是实的衍生品。所以，故事中的老子才会说，你愿意叫我什么都行，我都接受。如果我真的如此，那么你这么称呼我，完全没问题；如果我并非如此，那么你只是给我安了一个不重要的“名”。既然动摇不了真正重要的实际情况，所以你这么叫也无所谓。

原文：

士成绮雁行避影，履行遂进而问，“修身若何？”老子曰：“而容崖然，而目冲然，而颡頯然，而口阚（hǎn）然，而状义然，似系马而止也。动而持，发也机，察而审，知巧而睹于泰，凡以为不信。边竟有人焉，其名为窃。”

士成绮听了这一番解释后，非常羞愧，蹑手蹑脚地走上前来，问道："我还想再跟您请教一下，修身之道是怎样的呢？"

老子说："你伟岸挺拔，目光突视，前额高耸，口张舌利，在行动之前故意装作很矜持，一旦行动起来就像箭一样飞出去。你精明又持重，凭借自己的智慧，表现出骄泰自若的神色——别以为我是在夸你，你外在的这些表现，都不是人的真实本性。边境如果有这样的人，那么他们的名字就叫作盗贼。"

故事到这里就结束了。士成绮器宇轩昂、仪表堂堂，话里话外全都是仁义道德，好像是正人君子一般。但实际上，他的内心已经被智巧所奴役，心态也总是随着外物的变化而起伏不定。相比于老子表面邋遢随意、内心豁达从容的无为君道，士成绮充其量只能算作外强中干的臣道罢了，所以他才显得格外地渺小与自卑。

这两个角色的对比，其实也反映了儒家与道家对"天人关系"这个哲学命题的不同观点。儒家强调"君君，臣臣，父父，子子"，强调"君有为，臣亦有为"乃经世致用之道，即人道；而道家却认为，天道尊、人道卑，因此君道与臣道也有尊卑之别，君无为是天道，臣有为是人道。

"本在于上，末在于下，要在于主，详在于臣。"(《天道》)因此刑名赏罚只能被天下人所用，而不能被君主拿来统治天下。为臣者，拘于一孔之见，只能是"一曲之士"他们的有为也只是负责国家大政的某一个方面，搞经济的就管钱去，学土木的就搞基建。总之，各管一摊，互不干扰。而为君者，绝不能像为臣者那样实行有为政治。因为他要统御全局、掌握方向，只有眼观六路、耳听八方，做一个在高位俯瞰人间的清虚帝王，才能面面俱到，没有疏漏。如果为君者今天搞搞经济，明天又管管水利，把臣子该干的活儿都干了，那么，国家也就面临垮掉的危险了。

《孟子·滕文公上》提出过一个观点，即下层人做体力劳动，中层人做脑力劳动，上层人管理别人。作为中高层管理者，把脑力劳动干成体力劳动，不仅会伤害自己的性命，还会让自己管理的组织处于紧绷状态，累死的诸葛亮就是最好的注脚。按照《三国志》和《晋书》的记载，诸葛亮晚年和司马懿交战时，见司马懿龟缩不出，便遣使求战。结果司马懿不谈军事，而是直接问使者："诸葛亮每天吃多少饭啊？"使者说："三四升。"司马懿又问："那丞相管理政务又是怎么样的呢？"使者说："打二十军棍以上的事情，都要亲自处理"。司马懿听了之后大喜，对身边人说："诸葛孔明活不了多久了！"(《晋书·宣帝纪》)果然，诸葛亮当月就病故。作为丞相，诸葛亮原本应该高瞻远瞩、掌控全局，而不是事无巨细都要亲力亲为。这样做的结局，只有把自己累死。

有句话叫："君闲臣忙国必兴，君忙臣闲国必衰。"据《明史》记载，末代皇帝崇祯做事亲力亲为，国家的大事小情全是自己一个人说了算，对手下的臣子也是极其不信任，换了五十个大学士，诛杀了七个总督，杀死了十一个巡抚，这其中就包括著名的蓟辽总督袁崇焕。明朝本来就已经危机重重，又加上这么一位勤勉、爱折腾的君主，国家最后一丝气息也难以存续，最终以崇祯自缢而草草落幕。如果用儒家经世致用的道理来解释，不能不说是巨大的讽刺呀！

领导者管得过多，不仅容易对组织的平稳运行造成阻碍，也不利于接班人或者后备干部的培养。同样以诸葛亮为例，他死后，姜维北伐时，蜀国能征善战的大将都已亡故，无人可用，只能让原来在关公帐下做书记的廖化做先锋。之所以出现这样的局面，就是因为诸葛亮没有刻意去培养年轻人。

诸葛亮和崇祯都有一个毛病，就是做事太小心谨慎了，不敢放手让底下人去做事，唯恐别人做不好。这样一来，手下的人就得不到锻炼和施展，自然很难出人才。就算有可造之才，不给他机会，也会把他的才华埋没。

现代管理学有一个理论："高层需要胆略，中层需要人际关系协调，底层需要业务。"处在管理层，就要学会授权。如果管理者任何事都要亲力亲为，那么这个企业注定是要衰败的；如果管理者比较清闲，那么说明他善于用人，企业的未来才光明可期。

庄子说："天不产而万物化，地不长而万物育，帝王无为而天下功。"(《天道》)领导者，就该有领导者的样子，去做自己专属的事情，把控全局，统御战略，为组织的未来指明前进的方向。这就是庄子眼中的"此乘天地驰万物，而用人群之道也"(《天道》)。

轮扁斫轮：要想技艺"得心"，就得天天"硬手"

《庄子·天道》中"轮扁斫轮"的故事原文：

桓公读书于堂上。轮扁斫轮于堂下，释椎凿而上，问桓公曰："敢问，公之所读者何言邪？"公曰："圣人之言也。"曰："圣人在乎？”公曰：“已死矣。”曰：“然则君之所读者，古人之糟魄已夫！”桓公曰：“寡人读书，轮人安得议乎！有说则可，无说则死。”

轮扁曰：“臣也以臣之事观之。斫轮，徐则甘而不固，疾则苦而不入。不徐不疾，得之于手而应于心，口不能言，有数存焉于其间。臣不能以喻臣之子，臣之子亦不能受之于臣，是以行年七十而老斫轮。古之人与其不可传也死矣，然则君之所读者，古人之糟魄已夫！”

故事讲的是，春秋五霸之首齐桓公在堂上读书，当时著名的造车工匠轮扁在堂下制作车轮。突然，轮扁放下锥凿走到堂上，向齐桓公问道：“请问您读的是什么书呀？”齐桓公说：“是记载圣人之言的书。”

轮扁又问：“那圣人还在吗？”齐桓公说：“已经去世了。”轮扁说：“如果是这样话，那您读的书岂不都是古人的糟粕吗？”齐桓公说：“嗬，我读的书，你个做车轮的人，怎么随便议论呢？你要是能说出道理就算了，要是说不出道理，我非治你的罪不可！”

轮扁说：“那我就从我制作轮子的角度，来给您解释一下吧。我们做车轮，把榫眼凿得太宽，车轮就容易滑动而不牢固；把榫眼凿得过紧，车轮就会干涩，零件难以进入。榫眼不松不紧、不大不小，才能在使用的时候得心应手、没有麻烦。这个分寸的把握，用嘴是说不明白的，全凭工匠心里有数。我想明明白白地把这个分寸传授给我儿子，他却很难从我的言语中领悟其中的奥秘。因此，我都七十岁的人了，还要亲自上阵砍削车轮，实在是没有人能接班呀。同样的道理，古代那些不可言传的学问，也都随着创造者的去世而不复存在了。您现在所读到的书，不过是对一些只言片语的误解罢了！”

其实，这个故事中的轮扁与之前讲过的解牛的庖丁、粘蝉的老人一样，都是在某一个领域中出类拔萃的人。他们因为对所在领域的极致钻研和反复练习，而使自身技艺达到了炉火纯青的地步。在这个过程中，他们触类旁通，领悟到了作用于自己这个领域的道，进而接近了作用于万事万物的自然大道。

庄子通过轮扁对齐桓公说的话，想要告诉我们的是大道至虚，其中的奥秘不能用语言来表达，只能自己去亲身感受。想要把握自然大道或者掌握一门知识，只啃书本、只停留在文字学习上是不行的。要在实践中训练技巧、感悟道理，做到“得意忘言”，追求知识本身的真谛，破除语言文字带来的束缚。

我们在日常生活中经常遇到这样的情形，老师傅手把手地指点徒弟玉石该怎么雕，书法大师手把手地教授学生笔画该怎么画，但是无论教得多么细致，学生都不可能马上达到老师的艺术成就，因为“经验”也是无法用语言来表达的。玉石雕到什么地方该减小力度，笔画写到哪里该考虑收笔，都只能靠自己体会，老师即便说得清楚的，学生也不可能完全吸收。这就是我们常说的“只可意会，不可言传”。

其实不只是学习，我们中国人做饭也有“只可意会”的特点。看过中国菜谱的人都知道，在放调味料的时候，出现最多的词就是“若干”“少许”“适量”。这种量词真的可以逼疯外国人，在他们眼中，必须要说清楚盐放多少克、油放多少毫升，否则就不可能做出正宗好吃的菜。而有经验的中国厨师，拿来炒勺就可以直接做饭，问他调味料究竟要放多少，他也只会说：“我也说不好，反正就是根据经验放。”正如《庄子·秋水》中说：“可以言论者，物之粗也；可以意致者，物之精也。”能用语言表达出来的，一定不是好的东西；真正好的东西，只能靠心灵去感悟。

庄子强调，事物真正的“妙理”是无法用语言来表达的，只有“求之于言意之表，而入乎无言无意之域”(《庄子注》)才能掌握其中的玄妙。如果总考虑雕刻玉石会不会雕坏，那么一定会雕坏；如果总琢磨着字写完之后好不好看，那一定写得不好看。意兴所至、随意生发才是最好的创作状态。不考虑雕刻的力度，也不在意写字的笔法，完全靠自己内心的真情实感去创作，往往能诞育出精美绝伦的艺术精品。

书法家王羲之的传世名作《兰亭序》，就是在醉酒的情况下完成的。 醉酒时候的他，写字完全没有章法，笔势完全没有控制，包括字体大小、纸张留白也完全没有构思，只是一股脑儿地倾泻自己的创作欲，却无意间创作出了天下第一行书。等到王羲之第二天酒醒后，想要再重新临摹自己这幅作品时，却发现怎么写都没有当初的神韵了。因为此时，他加入了主观意念，刻意还原前一天的状态，反而被私心杂念所困扰。

再回到本节讲的“轮扁斫轮”的寓言故事，它给我们的另一个启发是，无论什么样的技艺，想要炉火纯青、熟能生巧，就要坚持训练。轮扁七十岁了，还亲自制作车轮，除了因为制作轮子的真谛无法用语言传递给儿子，还因为轮扁的儿子自身经验不足，没有达到走进大道的水准。

在《养生主》中，我们讲过“庖丁解牛”的故事。为什么庖丁肢解那么多牛都没有让手里的刀变钝呢？就是因为他已经熟练到可以根据牛经络的空隙来下刀，刀刃游走于最柔软的地方当然不会有大的磨损了。而这一切都是因为庖丁进行了刻苦的训练，从最初的“所见无非全牛”，到“三年之后，未尝见全牛也”，到最后“以神遇而不以目视，官知止而神欲行”的至高境界。因为长久的训练，他已经形成了条件反射，即使不用五官，也可以让双手自动完成解牛工作，节奏甚至可以和音乐相贴合，显得十分地自然。

在《达生》中，我们也讲过“痀偻承蜩”的故事。驼背的老人最开始在竿子上放两个圆球，不断练习，保证圆球不掉下来，那粘蝉的失误就很少了；后来在竹竿上放三个圆球，再勤加练习，如果还能做到不掉下来，那捉蝉的失误率就只有十分之一了；如果放五个圆球还能保证它们都不掉下来，那粘蝉就一粘一个准，几乎不会有失误了。

著名画家齐白石先生，年轻的时候很喜欢篆刻。有一天，他去拜访一位老篆刻家，老人说：“你去挑一担础石回家，等这一担石头都刻成了泥浆，你的印就刻好了。”别人都以为老篆刻家在戏弄齐白石，劝他不要理那老家伙，但齐白石却真的挑了一担础石来，夜以继日地刻着，一边刻一边拿古代篆刻艺术品来对照琢磨。刻了磨平，磨平了又刻，手上起了血泡他也不在意，只顾着雕刻。日复一日，年复一年，础石越来越少，地上的淤泥却越来越厚。最后，一担础石统统化为泥了，齐白石也练得了一手好篆刻技艺。他刻的印雄健洗练，独树一帜，达到了炉火纯青的境地，直到现在都是不可多得的艺术精品。的确是这样的，世上没有什么口诀可以让人在一夜之间获得登峰造极的成就，有的只有日复一日的练习和年复一年的实践。语言是无法告诉你成功真谛的，只有坚持和磨炼才是通往艺术圣地的唯一道路。

《天运》

太宰荡与庄子：人要学会变通，不能一味地恪守陈俗

《庄子·外篇·天运》中“太宰荡与庄子”的故事原文：

商太宰荡问仁于庄子。庄子曰：“虎狼，仁也。”曰：“何谓也？”庄子曰：“父子相亲，何为不仁！”曰：“请问至仁。”庄子曰：“至仁无亲。”

太宰曰：“荡闻之，无亲则不爱，不爱则不孝。谓至仁不孝，可乎？”庄子曰：“不然，夫至仁尚矣，孝固不足以言之。此非过孝之言也，不及孝之言也。夫南行者至于郢（yǐng），北面而不见冥山是何也？则去之远也。故曰：以敬孝易，以爱孝难；以爱孝易，而忘亲难；忘亲易，使亲忘我难；使亲忘我易，兼忘天下难；兼忘天下易，使天下兼忘我难。”

话说，商的太宰荡，有一天去请教庄子对“仁”的看法。庄子说：“仁如果是一种品格，那么虎狼也有仁。”太宰荡问：“怎么讲？”庄子说：“虎或者狼的父子之间相亲相爱，不就是仁吗？”太宰荡一听，莫非庄子没明白自己的意思，便说：“我说的是最高境界的仁，请问您怎么看待最高境界的仁呢？”庄子说：“最高境界的仁，是不讲亲情、没有亲近关系的。”

太宰荡大为疑惑，问道：“我听说，没有亲缘关系就不会有爱，没有爱就不会有孝。按您所说，最高境界的仁不讲亲情，更谈不上孝道，那请问这还是仁吗？”庄子说：“你这样理解就错了！最高境界的仁太崇高了，以至于孝道这种标准根本不足以表达它的内涵。这并不是责备和否定孝道，而是说仁与孝根本就没有关系。这就好比，一个人向南行走，一路走到了楚国的都城郢。当他向北看的时候，一定没法看到北方的冥山。这是什么原因呢？因为两个地方相距太远了。同样的道理，仁与孝也相差了十万八千里。当一个人已经达到了仁的最高境界，这时候又怎么能用孝与不孝评价他呢？”话说到这里，庄子的第一层意思表达完全了，但是他对仁的理解还不止于此。

庄子接着道：“所以说，用尊重的态度来尽孝，是比较容易做到的；用爱的态度来尽孝，更难一些。用爱的态度来尽孝，也还算容易；忘记亲疏远近，一律仁爱待人，更难一些。忘记亲疏远近，一律仁爱待人，也没有那么难；使双亲忘记我如何仁、如何孝，更难一些。使双亲忘记我如何仁、如何孝，也还算简单；把天下所有的名利、权势，一切的一切统统忘记，更难一些。忘记天下还不是最难的；让天下人忘记自己的美德与功绩，那才真的叫难呀！”

原文：

“夫德遗尧、舜而不为也，利泽施于万世，天下莫知也，岂直大息而言仁孝乎哉！夫孝悌仁义，忠信贞廉，此皆自勉以役其德者也，不足多也。故曰：至贵，国爵并焉；至富，国财并焉 ；至愿，名誉并焉。是以道不渝。”

庄子接着说：“即使在德行方面继承了尧舜的精神遗产，也不一定非要做些什么。即便做了一些好事，让一代又一代的后人谋到了福祉、感受到了恩惠，也不需要天下人都知晓这是谁的功绩。一个人，如果能做到这个份上，哪里还能用仁、孝的道德标准去考核他呢？所谓的‘孝悌仁义’‘忠信贞廉’都是用来劝勉自身、束缚性情的，不足以刻意标榜。所以说，真正尊贵的人，连一国之主的地位都可以弃之不顾；真正富有的人，可以对天下所有财宝弃之不顾；真正的愿景里，也是没有名声、地位、荣誉这些俗物的。这才是至高至上、永恒不变的道。”

《天运》这一篇意在说明，天道就是不断变化发展的自然之道。一切人间之道，如帝道、圣道等，都应效法天道，与时俱进而不能滞留于陈规旧俗。所以，文章以天运发端，以变化无常的天乐与僵死不化的仁义教条相对照为主体，表达了庄子对于儒家礼乐制度的强烈批判，以及对天道观念的绝对尊崇。

应当指出，在先秦时期，能对世界万物的不断变化性有如此深刻的认识，并用发展的眼光来看待人类社会历史，对儒家死守教条、妄图恢复西周礼法制度的做法提出尖锐批评的，除道家之外，似乎只有法家能做到。但法家偏重于政治上的措施，而鲜少从人生意义的层面进行哲学思考，因此从理论的深度与哲理的思辨方面来看，法家几乎没人能与庄子媲美。

首先，这则故事给予我们的启示就是不能死守教条，要学会灵活变通。太宰荡想用仁和孝来解释大道，但其实根本解释不通，因为大道包罗万象，不是儒家的仁义礼教可以概括的。如果认为仁和孝便能解释一切真理，这正是被仁和孝所束缚的表现。

《易经》剥卦中说："剥，剥也，柔变刚也。'不利有攸往'，小人长也。顺而止之，观象也。君子尚消息盈虚，天行也。"意思是说，剥落乃衰败之像，此时阴柔力量更强，改变了阳刚的性质，说明小人的势力正在增长。君子此时应该顺应时势，停止行动，并且注意事物消亡生息、盈盛虚亏的变化，这些都是大自然的运行法则。

这是在告诫我们，面对问题的时候，不要执拗不变，要学会变通，用此时此地最便捷的方式去摆脱困境。"刻舟求剑"和"郑人买履"的故事大家都很熟悉。一个是在船上刻记号，以为落水的宝剑会跟着船一起运动，结果到了岸边才发现，宝剑早已经丢失；一个是拿着尺码给自己买鞋，宁可相信在家测量的尺码，也不亲自上脚试鞋 。二者都是死守教条、不知变通，最终贻笑千年的典型案例。

在日常生活中，我们也常常会被某种既定思维所束缚，不懂得换个角度看问题的重要性。2019 年 7 月，河北省保定第七医院的一名医生，发表了名为"孩子都脱水了，妈妈还死守教条不让吃盐！生搬硬套真的会害死孩子！"的文章，受到了各界人士的广泛关注。事情的起因是，河北省的某个宝宝患上了病毒性腹泻，大便呈水样，一直不见好转。在看过医生后，医生认为腹泻导致的大量脱水已经让孩子体内的盐分大量流失，需要使用口服补盐液来保证孩子体内的电解质平衡，不然就会有生命危险。但孩子的妈妈坚决不同意这样做，原因是孩子这么小还没吃过盐，并且她听说小孩子不能吃盐，对身体不好。她认为脱水只需要补充水分就行，不需要补充盐分，坚持不服用医生开的药。最后孩子病情日渐加重，被送到了急诊室，好在经过抢救孩子脱离了危险，但母亲这种死守教条的心理，却差点害死了孩子。

遵守规则和原则没有错，但是要考虑时机和现状。一味墨守成规的人，不仅会害了自己，也会害了别人。《孟子》当中记载了孟子和淳于髡（kūn）的一则对话，淳于髡问孟子："你嫂子如果掉到水里，你救不救？"孟子说："当然救了"。淳于髡就接着说："男女授受不亲，你一个大男人去救你嫂子，这合乎礼吗？"孟子义正词严地说："嫂子掉进水里你不救，那你就是豺狼。男女授受不亲，这是礼，我无法反驳；但是我去救我嫂子，这是根据实际情况权衡利弊后做出的变通，不违反礼。"的确如此，具体问题要具体分析，不要一味恪守教条。礼的规定，只能是针对一般情况，而世事复杂，总有许多预料不到的情况发生，只有懂变通的人才能真正在这个社会上立足。正如《易经》中所说："易穷则变，变则通，通则久。"（《周易·系辞下》）灵活掌握原则和规律的人，才能获得长久的成功。

此外，这则故事带给我们的另外一个启示就是，永远不要自以为是。太宰荡认为仁与孝是世界上顶级的真理，想用它来阐释一切。结果庄子告诉他，这两样东西和大道其实根本就没有关系，你非但没有掌握这两样东西，反倒被这两样的东西给束缚了。

萧伯纳说："明智的人使自己适应世界，而不明智的人坚持要世界适应自己。”在现实生活中，我们也容易被自己的一孔之见所遮蔽，认为自己手持的就是真理。尤其在和亲友交往中，往往固执己见，一定要将对方说服方算罢休，却不知，自己早已陷入庄子所谓的“南行于郢，北面不见冥山”的歧途中。你往南走，能看见北面的山吗？

“自以为是”所导致的“南辕北辙”一直是我们在人际交往中惯犯的毛病，如果稍微能接受一点别人的意见，我们就可以规避掉很多风险。历史上因为固执己见最终惨遭失败的案例比比皆是。比如三国时期，刘备因为关羽的死而怒火中烧，要起兵伐吴，诸葛亮、赵云等人苦苦相劝，希望刘备不要冲动出兵，但刘备不听，一意孤行，最终惨败夷陵，自己不久后也命丧黄泉。

世上没有人可以永远正确，上天赐予我们两只耳朵，就是希望我们能够聆听别人的意见。叔本华说：“能够顺从，就是你在踏上人生旅途后最重要的一件事。”我们不可能改变那些不可避免的事实，但是我们可以改变自己，改变自己不接受别人意见的心态。“忠言逆耳利于行”，只要稍稍听取忠言，我们的人生，就会大不一样。

北门成问于黄帝：人生真谛全在于“境界”二字

《庄子·天运》中“北门成问于黄帝”的故事原文：

北门成问于黄帝曰：“帝张咸池之乐于洞庭之野，吾始闻之惧，复闻之怠，卒闻之而惑，荡荡默默，乃不自得。”

帝曰：“汝殆其然哉！吾奏之以人，征之以天，行之以礼义，建之以太清。夫至乐者，先应之以人事，顺之以天理，行之以五德，应之以自然。然后调理四时，太和万物。四时迭起，万物循生。一盛一衰，文武伦经。一清一浊，阴阳调和，流光其声。蛰虫始作，吾惊之以雷霆。其卒无尾，其始无首。一死一生，一偾一起，所常无穷，而一不可待。汝故惧也。

“吾又奏之以阴阳之和，烛之以日月之明。其声能短能长，能柔能刚，变化齐一，不主故常。在谷满谷，在坑满坑。涂隙守神，以物为量。其声挥绰，其名高明。是故鬼神守其幽，日月星辰行其纪。吾止之于有穷，流之于无止。子欲虑之而不能知也，望之而不能见也，逐之而不能及也。

“傥然立于四虚之道，倚于槁梧而吟：‘目知穷乎所欲见，力屈乎所欲逐，吾既不及，已夫！’形充空虚，乃至委蛇。汝委蛇，故怠。吾又奏之以无怠之声，调之以自然之命。故若混逐丛生，林乐而无形，布挥而不曳，幽昏而无声。动于无方，居于窈冥，或谓之死，或谓之生；或谓之实，或谓之荣。行流散徙，不主常声。世疑之，稽于圣人。圣也者，达于情而遂于命也。天机不张而五官皆备。此之谓天乐，无言而心说。

“故有焱氏为之颂曰：‘听之不闻其声，视之不见其形，充满天地，苞裹六极。’汝欲听之而无接焉，而故惑也。乐也者，始于惧，惧故祟；吾又次之以怠，怠故遁；卒之于惑，惑故愚；愚故道，道可载而与之俱也。”

故事讲的是，北门成问黄帝说：“你在广漠的原野上演奏乐曲《咸池》，我起初听起来感到害怕，再听下去就逐步松缓下来，听到最后却又感到迷惑不解，这是怎么回事呢？”

黄帝说：“那当然了！最美妙最高贵的乐曲，总是用人情来顺应，用天理来因循，用五德来推演，用自然来应合，然后方才调理于四季的序列，并跟天地万物同和。乐声的终结寻不到结尾，乐声的开始寻不到起头。一会儿消逝一会儿兴起，一会儿偃息一会儿亢进，变化的方式无穷无尽。因此你会感到惊恐不安。

“我又用阴阳的交和来演奏，用日月的光辉来照临整个乐曲。于是乐声能短能长，能柔能刚，变化虽然遵循着一定的条理，却并不拘泥于故态和常规。乐声悠扬广远，可以称作高如上天、明如日月。因此连鬼神也能持守幽暗，日月星辰也能运行在各自的轨道上。我想思考它却想不明白，我观望它却看不清楚，我追赶它却总是赶不上。目光和智慧困窘于一心想要见到的事物，力气竭尽于一心想要追求的东西。形体充盈却又好像不复存在，不复存在方才能够随应变化。能够随应变化，因此惊恐不安的情绪慢慢平息下来。世人往往迷惑不解，向圣人问询。所谓圣，就是通达事理而顺应于自然。自然的枢机没有张开却五官俱全，这就可以称之为出自本然的乐声，犹如没有说话却心里喜悦。

“所以神农氏为它颂扬说：‘用耳听听不到声音，用眼看看不见形迹，充满于大地，包容了六极。’你想听却用耳朵感受不到，所以你感到迷惑。这样的音乐，初听时让人感到害怕，一害怕就认为是祸患；我接着又演奏了使人心境舒缓的乐曲，因为松缓而渐渐消除了恐惧；乐声最后在迷惑不解中结束，因为迷惑不解而变得无知无识；变得无知无识就接近于大道，接近大道就可以与大道相融合了。”

《庄子》这本书在谈及修道的时候，常常表现为“损之又损之”，也就是对某种事物一贬再贬，以达到去伪存真的目的。像我们之前讲述的列子、北宫奢、颜回等人都是用过“损之又损之”的方法，达到了与大道同游的境界。在这则故事中，黄帝与北门城的一番对话，也同样反映出了这一过程。

《咸池》相传为尧所创，是明显带有儒家色彩的乐章。《咸池》之乐的第一奏就彰显出了典型的“人事”“礼仪”等人为方面的迹象。第二奏，“其声能短能长，能柔能刚”“不主故常”等就变得略有玄虚。相比于第一奏，则更接近于自然之道，这是“损之又损之”的结果。在第三奏中，《咸池》竟然表现出一种“听之不闻其声，视之不见其形”的至高境界，这是再一次“损之”的结果，而这种音乐就叫“天乐”。

正是在“天乐”的诱导下，北门成才自觉或不自觉地反复做着自损的工作，将天性以外的一切人为行迹统统去除，从而完成了由惧而懈而惑而愚，最后与变化无常的自然之道共载同有的整个过程。由此可见，庄子撰写这则故事的用意，是在借助奏乐所达到的不同境界，来说明体悟自然之道的功夫和程序。

这则故事告诉我们，不管什么阶层的人，什么年龄的人，都要提升自己的人生境界。我们都知道人生有所谓三重境界。第一重境界是“看山是山，看水是水”，指的是普通人看什么是什么，只看表面，只通过表象来认知世界，就如同故事中《咸池》的第一章一样，充满了仁义礼智等人为因素的痕迹，让人根本就体悟不到自然纯真的天地大道。第二重境界是“看山不是山，看水不是水”，指人开始思考表面背后的内在含义，对应的是《咸池》里面第二章的内容，音乐起伏的规律开始贴合自然之道，音符错落的节奏也和大道的运行周期一致。这个时候，人就比较接近于大道了。到了第三重境界，是“看山依然是山，看水依然是水”，指的是人在心智开蒙、大彻大悟后，明白了山水自然的可贵与美好。懂得了世间万物，都由心生，缘起缘灭，皆由念起。《咸池》当中的第三章就是如此，通达事理而顺应于自然，没有刻意发出声音却创作了天地间最美妙的音乐。正如庄子在《知北游》中所说：“天地有大美而不言，四时有明法而不议，万物有成理而不说。”世间最美好的东西，一定是最无心、最本真、最自然而然的东西，是只有用心去感悟，才能触碰到的东西。而要达到这种“天地境界”，就一定要去除“成心”，去除主观意识，把机巧和功利之心统统抛除。只有做到这一点，我们才可以见到无法用言语表达的“大美天地”。

此外，这个故事给予我们的另一个启示就是，要懂得从身边的事物中找寻提升自己的人生境界的方法。王国维的“人生三境界”和冯友兰的“人生四境界”，前文都已讲过，本节我们就从生活中最常见的一种东西——“茶”，来看看我们人生境界究竟该如何打造，这个和庄子所参照的“音乐”有异曲同工之妙。

品茶最早始自唐代陆羽，后逐渐蔚然成风。品茶是对茶的色、香、味、形的鉴赏，同时上升到心灵感受，成为一种充满诗意的精神追求，同样也是一种充满生活情趣的审美体验以及空灵澄澈的身心寄托。品茶可分为三种境界，是由唐代诗僧皎然的《饮茶歌诮（qiào）崔石使君》最早提出的。

第一重境界是“一饮涤昏寐，情来朗爽满天地”。这一层境界可以用“清”来概括，也就是清饮茶水可以使人提神醒脑、排遣孤闷、远离昏沉，同时能荡涤胸怀，令人身心开阔，洗净昏寐而达澄明之境。

第二重境界是“再饮清我神，忽如飞雨洒轻尘”。这第二层境界可以用“和”来概括，意思是饮茶带来的感受是精神上的享受。当昏寐去除，神志清醒之后，人们的心灵就会得到净化，显得空灵澄明、晶莹剔透，心中的尘垢也被洗涤一空。唐代诗人卢仝的诗句“平生不平事，尽向毛孔散”(《走笔谢孟谏议寄新茶》)就能很好地说明这种状态。

皎然提出的品茶第三重境界是“三饮便得道，何须苦心破烦恼”。这是品茶的最高境界，可理解为“静”。进入这层境界的饮茶之人，不仅可以从尘世之中超脱，也得到了最大限度的审美愉悦和人生享受。这种意境可以说是千百年来文人墨客孜孜以求的，因此皎然感叹“此物清高世莫知，世人饮酒徒自欺”，并且大声疾呼“熟知茶道全尔真，惟有丹丘得如此”，意思是谁能通过饮茶参悟其中的大道呢？恐怕只有传说中的仙人丹丘子可以做到。

茶是大自然的精灵，质朴无华，洗尽尘心。我们人也是如此，只有回归了一颗平常心，才能真正领悟天地万物带给我们的生命真谛。茶贵清，即清正廉洁；茶导和，即处世和睦；茶致静，即恬淡安静。文人寄情山水间，不思利禄，不问功名，“平生于物元无取，消受山中一杯茶”(《饮龙井》)。

品茶是一种高雅的艺术享受，追求的是天然野趣，带给人的是心灵澄静。与山水融为一体，便是天人合一。找回大自然间最本真的自我，感受一下“茶里乾坤大，壶里日月长”的生命哲思，便可达庄子所说的“道可载而与之俱也”的至臻境界。

师金与颜渊谈礼：礼仪法度，必须顺应时代变化

《庄子·天运》中“孔子西游于卫”的故事原文：

孔子西游于卫，颜渊问师金曰：“以夫子之行为奚如？”师金曰：“惜乎！而夫子其穷哉！”颜渊曰：“何也？”

师金曰：“夫刍狗之未陈也，盛以箧衍，巾以文绣，尸祝齐戒以将之。及其已陈也，行者践其首脊，苏者取而爨之而已。将复取而盛以箧衍，巾以文绣，游居寝卧其下，彼不得梦，必且数眯焉。今而夫子亦取先王已陈刍狗，聚弟子游居寝卧其下。故伐树于宋，削迹于卫，穷于商周，是非其梦邪？围于陈蔡之间，七日不火食，死生相与邻，是非其眯邪？

夫水行莫如用舟，而陆行莫如用车。以舟之可行于水也，而求推之于陆，则没世不行寻常。古今非水陆与？周鲁非舟车与？今蕲行周于鲁，是犹推舟于陆也！劳而无功，身必有殃。彼未知夫无方之传，应物而不穷者也。

且子独不见夫桔槔者乎？引之则俯，舍之则仰。彼，人之所引，非引人者也。故俯仰而不得罪于人。故夫三皇五帝之礼义法度，不矜于同而矜于治。故譬三皇五帝之礼义法度，其犹柤（zhā）梨橘柚邪！

其味相反而皆可于口。故礼义法度者，应时而变者也 。今取猿狙而衣以周公之服，彼必龁（hé）啮挽裂，尽去而后慊（qiè）。

观古今之异，犹猿狙之异乎周公也。故西施病心而颦其里，其里之丑人见之而美之 ，归亦捧心而颦其里。其里之富人见之，坚闭门而不出；贫人见之，挈妻子而去之走。彼知颦美而不知颦之所以美。惜乎，而夫子其穷哉！”

故事说的是，孔子向西游历，到了卫国，弟子颜渊请教当地一位姓金的太师，说：“您认为，夫子此次的卫国之行，将会怎么样呀？”师金说：“可惜，你的老师一定会遭遇困苦、穷途末路啊！”颜渊一听就蒙了，赶忙问：“为什么呢？”

师金说：“我们把草扎成刍狗的样子，来充当祭祀用品。当这种祭品还没有陈列到位的时候，它们都被放在特制的竹笼里，盖上绣着花纹的布，等着主持葬礼的巫师斋戒沐浴之后，才能把它们捧到相应的位置。等到葬礼结束之后，草狗的用处也到了尽头，路人就开始踩踏它的脑袋和身体，把里面的茅草拆出来，用于烧火做饭。如今，你老师所信奉的那套儒家学说，其实就是用于祭祀的草狗。这些说教可能风行一时，不然也没法吸引你们这一帮学生。但是茅草就是茅草，祭祀价值被利用完之后，也就难逃被毁掉的命运了。你的老师，在宋国的大树下讲习礼法，结果宋国人砍掉大树以示羞辱；你的老师在卫国四处游说开讲座，结果被卫国人驱逐，禁止他再次入境；你的老师在宋国和东周穷途末路。这些难道不算是噩梦吗？你的老师被围困在陈国和蔡国之间，整整七天没能生火吃饭，差点饿死，这难道不算是报应吗？”

刍狗的比喻，很容易让人想到老子《道德经》第五章中的名句“天地不仁，以万物为刍狗”。只不过老子说的是万物有始有终、个体生命终有一死的自然规律，而庄子或者说庄子后学们说的是功用与地位都有时效、超过期限则不再适用的社会经验。孔子周游列国，四处兜售自以为正确而实际上已经过时了的观念，是逆势而为、不符合客观规律的，所以师金才会大胆预测，孔子此行必然凶险万分。

师金继续说：“正所谓，走水路要用船，走旱路要用车。如果因为船可以在水中划行，就把它放在陆地上推着走，那么这辈子也走不了多远。古代和今天截然不同，这不就是水面和陆地的差异吗？周朝的礼法制度和鲁国的具体情况，也完全不相匹配。如今，你的老师一心想在鲁国推行周王室的治理办法，这就像是在陆地上推着船行走，不仅徒劳无功而且自讨苦吃、自找麻烦。你的老师不懂得理念法度应随着客观环境的变化而变化，不懂得与时俱进才能应对变幻莫测的未来。既然如此，他又怎么能达成心愿呢？”

师金在这一段中再次给出了一个精辟的比喻。如果前一段中刍狗的比喻，是用来说明孔子的学说已经不具备时效性了，那么“旱地行舟”这个例子，就是在说儒家学说没有考虑到办事方法的使用条件。不管多么好的制度，符合你的国情民意，才能发挥出制度的有效性。不符合国情民意还要强行落实，就会造成祸患。师金认为，孔子无视具体情况而一味强调自己的学说理念，就是犯了相同的错误，于是再次论证了孔子此行必将凶险。

师金接着说：“我给你举个例子，你总该见过用吊杆汲水的情景吧？拉起吊杆的一端就能让它的另一端沉入水下；而放下吊杆的一端，他的另一端就会高高抬起。就这样一沉一抬，水就汲到了。整个过程都是人在牵引吊杆，而不是吊杆牵引人，所以吊杆无论是俯身还是抬头，都不得罪用它的人。同样的道理，三皇五帝时代的礼义法度，不是因为彼此相同而被人认可，而是因为能够治理天下而备受推崇。这就像是野山楂、梨子、橘子、柚子等水果，口味各不相同，但都酸酸甜甜招人喜欢。礼义法度，都是顺应时代变化的产物。

"如今给猴子穿上周公的衣服，它必定会咬碎或撕裂，直到脱掉，方才满足。观察古今的差异，就像猿猴不同于周公。从前西施心口疼痛而皱着眉头在邻里间行走，邻居有个丑女人看见了，认为皱着眉头很美，回去后也在邻里间捂着胸口皱着眉头。有钱人看见了，紧闭家门而不出；贫穷的人看见了，带着妻子儿女远远地跑开了。那个丑女人只知道皱着眉头好看，却不知道皱着眉头好看的原因。你的老师也犯了相同的错误，所以一定会遭遇厄运啊！"

故事到这里就结束了。在他们的对话中，师金通过层层比喻，反复说明了一个道理，那就是一切礼义法度都应当与时俱进、因地制宜，切不可无视客观环境而过分宣扬片面观点。否则，就无异于旱地划船、沐猴而冠、东施效颦。

庄子指责儒家的话，虽然有些过火，但在先秦时期，能够用这种"变"的观点来看待人类的发展历史，已经是十分可贵的了。

从这里，我们能够得到以下几个启示：

首先是要顺应时势，不要泥古不前。我们经常会受所谓的教条主义影响，对事物的判断往往以"经验"来解决，这其实是非常错误的。故事中的孔子就不懂得审时度势、与时俱进的道理，到了春秋时期，还想用西周的政治制度来治理天下。这种因循守旧、固守传统的思想倾向是我们要坚决否定的。

那应该如何做呢？答案很简单，要向打水的吊杆学习。吊杆有一个特点，就是俯仰随人，上下变动，这样才能把水从井里打出来，这就是顺应时势的表现。如果吊杆一直在上，或者一直在下，那别说打水，能不能碰到水都是两说。这就告诉我们，何种思想，何种制度，都要顺应潮流、与时俱进。《吕氏春秋》说：“事之难易，不在大小，务在知时。”三十年前你卖 BP 机可以发财，但如今你能卖出去吗？时代一定是在进步的，你如果跟不上时代的步伐，那么只能被时代远甩在身后。张居正有一句名言，叫：“审度时宜，虑定而动，天下无不可为之事。”只要你做的事情符合时代趋势，就可以顺风而为，因势利导，轻松地完成自己既定的目标，成功的希望也就近在眼前了。

其次是要多方选择，增加筹码。故事中，野山楂、梨子、橘子、柚子各有其不同的口味，并且都为人所喜爱，如果只坚持一种口味便是拘泥于陈迹了。坚持自己的选择没有错，但是我们也不能盲目地坚持，不撞南墙不回头是要付出很大代价的。

正确的做法是，增加自己的筹码，给自己多一点的选择空间。正所谓“鸡蛋不能放在同一个篮子里”，不管什么时候，都要做好两手准备。在日常生活中，我们要时刻准备一个备选计划，甚至要多去试验究竟哪个计划才是最有效的，正如《周易》中所说“君子以思患而豫防之”。人生没有彩排，做好必要的备选方案，才能抓住不期而遇的机会。

最后一点，不能有盲目崇拜或者盲目跟风的心理。故事中，西施心口疼痛，皱着眉头在街上行走。邻里的一个丑女人看见了便认为皱着眉头很美，回去后也学西施那样，捂着胸口皱着眉头，结果被邻里嘲笑。曼德拉曾说："盲目跟风随大流有时对你的伤害是致命的，没有理性，没有方向。"

撒切尔夫人的父亲罗伯茨是英国格兰文森小城的一家杂货店主。在撒切尔夫人五岁生日那天，父亲把她叫到跟前，语重心长地说："孩子，你要记住：凡事要有自己的主见，用自己的大脑来判断事物的是非，千万不要人云亦云。这是爸爸赠给你的人生箴言，也是爸爸给你的最重要的生日礼物！"

此后，撒切尔夫人把这句话牢记在心，无论在任何时候她都保持清醒的头脑，努力做出最正确的判断，最终成长为英国赫赫有名的"铁娘子"。在被问及成功原因时，她总是淡淡地说，要感谢父亲当年送给自己的那一句话。可见，只有善于自我选择、自我评判，才能在激烈的人生竞争中立于不败之地。

老聃与孔子谈道：看清人生的目的，中转站不是终点站

《庄子·天运》中"孔子南下见老子"的故事原文：

孔子行年五十有一而不闻道，乃南之沛见老聃。老聃曰："子来乎？吾闻子，北方之贤者也！子亦得道乎？"孔子曰："未得也。"老子曰："子恶乎求之哉？"曰："吾求之于度数，五年而未得也。"老子曰："子又恶乎求之哉？"曰："吾求之于阴阳，十有二年而未得。"

老子曰："然，使道而可献，则人莫不献之于其君；使道而可进，则人莫不进之于其亲；使道而可以告人，则人莫不告其兄弟；使道而可以与人，则人莫不与其子孙。然而不可者，无它也，中无主而不止，外无正而不行。由中出者，不受于外，圣人不出；由外入者，无主于中，圣人不隐。名，公器也，不可多取。仁义，先王之蘧庐也，止可以一宿而不可久处。觏（gòu）而多责。古之至人，假道于仁，托宿于义，以游逍遥之虚，食于苟简之田，立于不贷之圃。逍遥，无为也；苟简，易养也；不贷，无出也。古者谓是采真之游。

以富为是者，不能让禄；以显为是者，不能让名。亲权者，不能与人柄，操之则栗，舍之则悲，而一无所鉴，以窥其所不休者，是天之戮民也。怨、恩、取、与、谏、教、生杀八者，正之器也，唯循大变无所湮者为能用之。故曰：正者，正也。其心以为不然者，天门弗开矣。"

话说，孔子活到五十一岁，还没有领悟大道，于是前往沛地拜见老子。老子说："我听说你是北方的贤者，你恐怕已经领悟了大道吧？"孔子说："对不起，我还没有领悟。"老子说："那你是怎样寻求大道的呢？"孔子说："我在规范、法度方面去寻求大道，但用了五年还未得道。"老子说："你还从其他哪些方面寻求过大道呢？"孔子说："我还从阴阳的变化来寻求，但是十二年了还是未能得到。"

老子说："那是肯定的，假使道可以用来进献，那么人人都会向国君进献大道；假使道可以用来赠送，那么人人都会赠送给自己的双亲；假使道可以传告他人，那么人人都会告诉自己的兄弟手足。然而，之所以不能这样做，原因很简单，那就是人们心中没有接受大道的真意。这样的话，肯定是留不住大道的。对外的德行不合于道，那么大道自然也不能停留；从内心发出的东西，倘若不能为外人所接受，圣人也就不会把它传播出去；从外部进入内心的东西，倘若与自己的真旨不合，那么圣人也不会把它保留在自己的心中。名声，乃是人人都可使用的器物，不可过多猎取。仁义，是前代帝王的宫殿，可以住上一宿，但不可以久居。古代道德高尚的至人，只是借用仁，只是暂住于义，而自己却逍遥于自由自在、无拘无束的境域，生活于轻松简单、无奢无华的境地，立身于从不施与的园圃。自由自在、无拘无束，便是无为；轻松简单、无奢无华，就易于生存；从不施与，就不会使自己受损，也不会使他人增益。古代人把这种情况叫作‘神采真实的遨游’。

“那些把贪图财富视为正当之举的人，不会让出利益；那些把追求显赫视为正当之举的人，不会让出名誉；那些迷恋权势的人，不会让出权力。掌握了利益、名声和权势，便唯恐有一天会失去，于是整日战栗不安；等到真的失去了这些东西，又会变得悲苦不堪。这样的人，心中没有一点见识，只盯着所谓的富贵功名，只能算是被大自然所惩罚的人。

“怨恨、恩惠、获取、施与、劝谏、教化、生存、杀戮，这八种做法全是用来端正他人的工具。只有遵循自然的变化，不让自己的痴心被偏见蒙蔽的人，才能真正使用它们。所以说，整治百姓，必先端正自己。内心如果排斥这样做，那么天机之门就永远不可能打开。”

这则小故事到这里就结束了。庄子想要告诉我们的是，变化不居的自然之道，不可就之于度数、阴阳和仁义之间，大道无形无名，岂是一般事物所能涵括的？因此，怨、恩、取、与、谏、教、生、杀这八种常见的情绪状态，只有永远遵循自然天理的人才能真正使用它们，否则就会被它们所控制。

投射到我们自己身上，有以下几点启示。

首先，要对自己的目的有清晰的规划，而不是盲目追求所谓的功名利禄。很多东西对于我们来说只是过程或者工具，如果错把它当成了目的，那就大错特错了。在故事中，庄子认为古代君王治理天下，只把仁和义当作统御万民、整治朝纲的工具，而不是最终的目的；而孔子本末倒置，认为仁和义是做人的根本，至人、圣人所做的一切努力都是为了普及仁义道德，国家上上下下齐心协力地奋斗也是为了把仁义的大旗插满宇宙。

我们在日常生活中也会犯这个毛病，那就是错把过程当目的，误认工具为成果。很多家长都会跟孩子说："好好学习，将来就可以考上好大学。"但是，考上好大学之后呢？他们没有再说。如果你追问一句，考上好大学之后又能怎么样呢？他们会再跟一句"你就可以找个好工作啊"！事情到这里，往往就结束了。你如果再追问下去，有了好工作又能怎么样，父母亲可能就该生气了，因为他们也不知道，接下来该如何回答，总不能说为了多赚钱，好过纸醉金迷的生活吧？这样的话也没法说出口。

父母之所以会语塞，就是因为他们陷入了一个怪圈，那就是人生的过程和终点，没有区分清楚。学习和工作都只是一个过程，一个工具，而不是最终的目的和成品。龙应台在《亲爱的安德烈》中写了这样一番话："孩子，我要求你读书用功，不是因为我要你跟别人比成绩，而是因为，我希望你将来会拥有选择的权利，选择有意义、有时间的工作，而不是被迫谋生。当你的工作在你心中有意义，你就有成就感。当你的工作给你时间，不剥夺你的生活，你就有尊严。成就感和尊严，能给你快乐。”

我们每个人不可避免地要走向社会，赚钱谋生也是每个人的必经之路。但是，这不是我们读书的最终目的，读书的目的一定是自己拥有选择的权利。这种选择既包含选择具体的工作，也包含选择人生的意义。

好的大学、体面多金的工作，并不是衡量一切的砝码。在一个人的人生天平上，它们所占的重量，究竟能有几何？有这样一句话，说：“努力赚钱，就是为了有些钱不用赚。”看清生活本质的人，才是最有资格评论生活的人。努力地读书和辛勤地工作，这绝不是我们的目的，而是奔向未来的一对翅膀，正如徐志摩所说：“不去那冷漠的幽谷，不去那凄清的山麓，也不上荒街去惆怅——飞扬，飞扬，飞扬，——你看，我有我的方向！”

另外，这个故事还告诉我们，达到目的的方法有很多，要注意不同方法的尺度和火候，不能违背规律，也不能逆反常理，不然就会被方法本身所吞噬，正如我们常说“淹死的都是会水的”。故事中庄子对怨、恩、取、与、谏、教、生、杀这八者有明确的定义，只有永远遵循自然天理的人，才能真正使用它们，否则就会被他们所控制。

举个小例子，刑罚原本是为了防止人们犯罪而诞生的，适当运用可以起到震慑的作用，但是一旦用过了度，就会对施法者产生强烈的反作用，甚至是杀身之祸。历史上的商鞅，通过一系列变法政策让秦国迅速崛起，因此深得秦孝公心意，可谓权倾一时。但他的主张过于激进，触动了秦国贵族的既得利益，等秦孝公一死，这些贵族就准备收拾他。商鞅得到消息后马上出逃，跑到一家客栈的时候，又困又饿，想着休息一晚上再继续赶路。结果，他因为走得匆忙，没带证件，店主人打死也不让他住店，告诉他说："商鞅大人立下了律法，我要收留你这样没有身份凭证的人，是要送命的。"商鞅作茧自缚，只能仰天长叹："我制定的法律，居然毒害到自己身上了，真是可悲！"最终商鞅被秦人抓获，车裂而死。这就是用法过度的祸害，也是庄子所说的"其心以为不然者，天门弗开矣"。

孔子见老聃而语仁义：三皇五帝之毒害，胜于蛇蝎之尾

《庄子·天运》中"孔子见老子而语仁义"的故事原文：

孔子见老聃而语仁义。老聃曰："夫播糠眯目，则天地四方易位矣；蚊虻肤，则通昔不寐矣。夫仁义惨然，乃愤吾心，乱莫大焉。吾子使天下无失其朴，吾子亦放风而动，总德而立矣！又奚杰杰然若负建鼓而求亡子者邪！夫鹄不日浴而白，乌不日黔而黑。黑白之朴，不足以为辩；名誉之观，不足以为广。泉涸，鱼相与处于陆，相呴以湿，相濡以沫，不若相忘于江湖。"

话说这一天，孔子再次拜见老子，继续探讨仁义。老子说："飞扬的碎屑飞进眼睛里，就会让人觉得天地四方颠倒了；蚊虫叮咬皮肤，就会让人通宵难以入睡。而仁义呢，把人心都搞乱了，天底下哪

儿还有比这更大的祸害呢？你要是真想治理天下，就应该保持内心的质朴，一切按照自然规律行事，把自然之道内化于心，这样才能牢牢站立，又何必卖力地去宣扬仁义呢？

“白鹤不需要天天沐浴，毛色也能保持洁白；乌鸦不需要天天染羽毛，毛色也能保持乌黑——白鹤的白和乌鸦的黑，是它们各自本性的外在表现，没有什么优劣之分。同样的道理，名声和荣誉对于人来说，都是外在附加的东西，也不值得过分张扬。泉水干涸了，被困在陆地上的鱼儿，就相互吐着水沫子来维持生命，这样虽然很温馨，但是总归不如彼此相忘、畅游于江河湖海来得更自在呀！”

最后这一句话的原文，是大名鼎鼎的“相濡以沫，不如相忘于江湖”的出处。这句话在内篇的《大宗师》中也出现过，是最容易被现代人误解的庄子名言之一。我们常常用“相濡以沫”来比喻绝境中互相帮扶的情谊，说这样的情谊“不如相忘于江湖”，就等同于说，与其在痛苦中纠缠，不如放弃执念以全新的自我迎接世界。这样理解比庄子的本意要浮浅很多。

从前文“白鹤与乌鸦”的寓意来看，庄子之所以说“相濡以沫，不如相忘于江湖”，是因为：鱼在水中游是天道使然，当它们在江湖中找到了安身立命之所，即便没有深厚的情谊也能活得很自在；而当泉水干涸了，再怎么相濡以沫都没法从根本上改变它们的生存处境，这时候，所有的努力都是逆天道而为，白费力气。对人来说也是如此，当你听从本心，顺应自然，体悟了天道，就会像鱼在江湖中一样优游自在，这种生命体验是任何小情小爱都无法比肩的。

原文：

孔子见老聃归，三日不谈。弟子问曰："夫子见老聃，亦将何规哉？"孔子曰："吾乃今于是乎见龙。龙，合而成体，散而成章，乘乎云气而养乎阴阳。予口张而不能嗋（xié）。予又何规老聃哉？"子贡曰："然则人固有尸居而龙见，雷声而渊默，发动如天地者乎？赐亦可得而观乎？"遂以孔子声见老聃。

老聃方将倨（jù）堂而应，微曰："予年运而往矣，子将何以戒我乎？"子贡曰："夫三皇五帝之治天下不同，其系声名 一也。而先生独以为非圣人，如何哉？"老聃曰："小子少进！子何以谓不同？"对曰："尧授舜，舜授禹。禹用力而汤用兵，文王顺纣而不敢逆，武王逆纣而不肯顺，故曰不同。"老聃曰："小子少进，余语汝三皇五帝之治天下：黄帝之治天下，使民心一。民有其亲死不哭而民不非也。尧之治天下，使民心亲。民有为其亲杀其杀而民不非也。舜之治天下，使民心竞。民孕妇十月生子，子生五月而能言，不至乎孩而始谁，则人始有夭矣。禹之治天下，使民心变，人有心而兵有顺，杀盗非杀人。自为种而'天下'耳。是以天下大骇，儒墨皆起 。其作始有伦，而今乎妇女，何言哉！余语汝：三皇五帝之治天下，名曰治之，而乱莫甚焉。三皇之知，上悖日月之明，下睽山川之精，中堕四时之施。其知憯于蛎虿（chài）之尾，鲜规之兽，莫得安其性命之情者，而犹自以为圣人，不可耻乎？其无耻也！"子贡蹴蹴然立不安。

孔子听了老子的这一番言论，回到家整整三天没说话。学生问："先生见到老子，可有规劝于他？"孔子说："我直到如今，才见到了真正的龙！龙，合在一起便成为一个整体，分散开来又成为华美的文章，乘驾云气而养息于阴阳之间。见到这样的人，我惊讶还来不及，又哪能规劝得了呢？”学生子贡说：“听您这么说，我更加好奇了，我也想亲自见见他。”于是，子贡借助孔子的名义前去拜见老子。

子贡来的时候，老子正伸腿坐在堂上，轻声地说：“小伙子，你想用什么来教育我呢？”子贡说：“远古时代三皇五帝，他们治理天下的方法各有不同，却都有很好的名声。先生您为什么不认为他们是圣人呢？”老子说：“小伙子，你稍稍靠前些！我倒要问你了，你凭什么说他们各有不同呢？”子贡回答说：“尧让位给舜，舜让位给禹，禹有治水的功绩，汤有征伐的事迹，文王顺从商纣不敢有所悖逆，武王悖逆商纣一点也不顺服，所以说他们各不相同呀！”

老子说：“小伙子，你再靠前一些，我跟你说说三皇五帝治理天下的事。黄帝治理天下，使人们心地淳厚、保持本真，有人死了双亲而不哭泣，这种做法好像违背人伦，但旁人也不会指责他；尧治理天下，使百姓相亲相爱，即使有人无法平等地爱每一个人，旁人也不会非议他；舜治理天下，使百姓心存竞争，孩子生下五个月就张口学话，不等长到两三岁就开始识人问事；禹治理天下，使百姓心怀诡诈，人人存有机变之心，因而动刀动枪成了理所当然之事，所以天下大受惊扰，儒家、墨家都纷纷而起。我告诉你：三皇五帝治理天下，名义上叫作治理，但实际上却让天下大乱。三皇的治理，往大了说违背了日月之光，往小了说破坏了山川的精华，又或者说影响了四季的运行。他们的智谋就像蝎子的尾巴一样恶毒，搞得微小生物都不得安宁，还敢说自己是圣人，他们都不觉得可耻吗？哎，实在是太无耻了！”子贡听了心神不安，连站都站不稳了。

在这一段里，老子的话非常尖锐，所谓天下政治或者政治文化的恶化过程，其实也是一个个体生命的成长过程。初生婴儿时期，浑然一体、不分你我，双亲死亡对于婴儿来说不会引起悲伤的情感；三个月到半年左右的时候，孩子已经开始认人，有了亲疏远近的意识，对于陌生人开始有所畏惧、有所防备，对于哺育自己、照顾自己的人也有了很朴素的亲密之感；到了幼儿时期，孩子在大人的教导下开始有了竞争的心态，学会为了获得奖励而做一些事情，为了避免惩罚而不做一些事情。治理天下跟教育孩子是一个道理，当人为干预的部分越来越多，顺应自然的部分就会被压缩，人就越来越难以感知天道，越来越不可能找到那种“相忘于江湖”的生命体验。相反，痛苦、烦恼、压力会随之而来，“相濡以沫”反而成了冷酷社会中的一抹温情……

另外，我们还能从故事中体悟到的一点就是，不要被眼前的假象所迷惑，要透过现象看本质。子贡一直认为三皇五帝的仁义道德是在拯救百姓，殊不知，他眼中的仁义道德，不仅没有救助百姓，反而害了百姓，成为众恶之源。在日常生活中我们经常会被一些假象所迷惑，所谓的“眼见为实”有时候并不靠谱，你所能看到的，未必全然是正确的。你要通过看到的内容，去推测隐藏在后面的真实信息。

孟子曰：“心之官则思，思则得之，不思则不得也。”（《孟子·告子上》）心这个器官，职责在思考，只有思考才能有所得，不思考便不能获得。希望我们在做任何事情，或者观察任何事物时，都能“用心”一点，千万不要犯下让自己追悔莫及的错误。

《秋水》

河伯望洋兴叹，北海若曰：井蛙不可语海，夏虫不可语冰

《庄子·秋水》中“河伯望洋兴叹”的故事原文：

秋水时至，百川灌河；泾流之大，两涘渚崖之间不辩牛马。于是焉河伯欣然自喜，以天下之美为尽在己。顺流而东行，至于北海，东面而视，不见水端。于是焉河伯始旋其面目，望洋向若而叹曰：“野语有之曰：‘闻道百，以为莫己若者。’我之谓也。且夫我尝闻少仲尼之闻，而轻伯夷之义者，始吾弗信，今我睹子之难穷也，吾非至于子之门，则殆矣，吾长见笑于大方之家。”

熟悉《红楼梦》的朋友都知道，贾宝玉非常喜欢读《庄子》。而在《庄子》里面，贾宝玉最喜欢的一篇，就是《秋水》。那这篇《秋水》究竟有什么魅力呢？还得从黄河之神“河伯”和北海之神“若”

之间的对话谈起。

故事的开篇，庄子先给我们描绘了一幅优美的秋景画卷：在茫茫的天地之间，洪水随着秋季的到来而涨起来了，千百条江河注入黄河，浩浩荡荡，一泻千里。因为水流宽阔，加之雾气太大，导致两岸和水中沙洲之间连牛马都不能分辨。

河伯异常高兴，扬扬自得，认为天下一切美景全都聚集在自己这里，什么东西都没他这儿好看。于是，河伯顺着水流向东而去，准备向远方的神都炫耀一下自己的厉害之处。结果，河伯来到北海边后，发现海真叫大啊！河伯面朝东，180 度横扫了一遍，也看不见大海的尽头。

看到如此浩瀚的海洋，河伯的脸上挂不住了，转变了原来欣然自得的表情，支支吾吾地对北海若说："哎，这俗话说得好啊，道理听多了，就认为没有人能比得上自己，估计说的就是我这样的人了。我曾听说，有人认为孔子的见闻浅陋，伯夷的道义微不足道，开始我还不相信，这世界上还能有这么没有自知之明的人吗？但如今看见您广阔无边、一碧万顷，我才知道，我真是孤陋寡闻了。如果不是来到您的面前，我还不知道自己原来这么无知。长此以往，我肯定会被有学识的人耻笑到死。真是如此的话，我可就危险了。"

从河伯的这一番对话中，我们能够看到，庄子眼中的小和大没有所谓的明确划分。在《齐物论》中，他就极力论证万物大小和是非具有相对性和无常性。河伯以为自己就够大了，结果没想到，大海比他更大。这就是我们常说的："一瓶子不响，半瓶子晃悠。"见识浅薄的人往往沾沾自喜、固执己见，而见多识广的人常常虚怀若谷、谦和低调，这就是认知层次不同的表现。

人的认知状态有四种层次：最浅的一层是不知道自己不知道，自以为是，认为自己无所不能；第二层是知道自己不知道，空杯心态，开始有了敬畏之心和自我提升的意识；第三层是知道自己知道，经过一定的积累，抓住了事情的规律，有了自己的方法论；第四层是不知道自己知道，已经把知识、经验融会贯通，还能做到虚怀若谷、开放包容。

在任何时候，我们都要有反省意识，就如曾子所言："吾日三省吾身。"如果不对自己有明确的认识，就会陷入主观唯心主义的怪圈中，认为自己上天入地无所不能，而这恰恰是危险到来的信号。

原文：

北海若曰："井蛙不可以语于海者，拘于虚也；夏虫不可以语于冰者，笃于时也；曲士不可以语于道者，束于教也。今尔出于崖涘，观于大海，乃知尔丑，尔将可与语大理矣。天下之水，莫大于海。万川归之，不知何时止而不盈；尾闾泄之，不知何时已而不虚；春秋不变，水旱不知。此其过江河之流，不可为量数。而吾未尝以此自多者，自以比形于天地，而受气于阴阳，吾在天地之间，犹小石小木之在大山也。方存乎见少，又奚以自多！计四海之在天地之间也，不似礨（lěi）空之在大泽乎？计中国之在海内，不似稊米之在大仓乎？号物之数谓之万，人处一焉；人卒九州，谷食之所生，舟车之所通，人处一焉。此其比万物也，不似毫末之在于马体乎？五帝之所连，三王之所争，仁人之所忧，任士之所劳，尽此矣！伯夷辞之以为名，仲尼语之以为博。此其自多也，不似尔向之自多于水乎？”

面对河伯的一番自愧之辞，北海若说：“如果面对的是井里的青蛙，就不能跟它讨论关于大海的事情，这是因为井口太小，局限了它的眼界；如果面对的是夏天的虫子，就不能跟它谈论冰雪的事情，这是因为它生存的时令太短，限制了它的见识；如果面对的是见识浅陋的人，就不可与他谈论大道与真理，这是因为他的智慧和心胸，受到了教养不足的束缚。

“如今你从河岸流出来，看到大海后，发现了你自己的不足，说明孺子可教，我可以与你谈谈大道真理。天下的水，没有比海更大的了。万千条江河归向大海，不知什么时候停止，可大海却不会满溢出来；海底的尾闾泄漏海水，不知什么时候才会停止，但海水却不曾减少；海水不因季节的变化而有所增减，也不会因水灾旱灾而受影响。这说明它的容量超过了长江和黄河，不可计数。但我却从没有自我夸耀，因为自从天地造就了我，我从阴阳变化中汲取了真气，我在天地里面，就和小石块、小树木在大山里一样，我只能感觉到自己非常渺小，又哪里敢骄傲自满呢？算起来，四海在天地间，不就是像小小的蚁穴在巨大的湖里吗？计算一下，中原在天下，不就是像细小的米粒在大粮仓中吗？事物的名称数以万计，人不过只是其中之一。人类遍布天下，谷物所生长的地方，车船所到达的地方都有人类，而每个人都只是人类中的一分子罢了。人与万物相比，不就像是马身上的一根毫毛吗？五帝所统治的，三王所争夺的，仁人所担忧的，以天下为己任的贤人所劳碌的，全不过如此。伯夷以辞让君王位置而博得名声，孔子以谈论天下大事而显示渊博。他们这样自我夸耀，不正像你先前看到河水上涨而骄傲自满一样吗？”

我们常说，读万卷书不如行万里路。井底之蛙，夏季之虫，都是因为见识短浅而遭到耻笑。因此人应该走出自己的小圈子，去看看更大的世界，眼界宽了，才不会被鸡毛蒜皮的小事困住。北海若对河伯说的这番话也是这个意思。不懂得审视生命真相的人，永远只会为眼前的蝇头小利而骄傲自满，而这不过是北海若眼中幼稚可笑的河伯罢了。杜甫说：“千秋万岁名，寂寞身后事。”格局一定不能太小，不然有可能连眼前的风景都装不下。

北海若与河伯论大小：天地不大，毫末不小，时空亦无穷尽

本节继续讲《庄子·秋水》中北海若与河伯的故事。

上一节我们说到，河伯见到北海，于是感叹自己从前真是太孤陋寡闻了，自以为浩瀚广大，没想到在大海面前啥都不是。北海若见河伯认识到了自己的局限性，于是也很有耐心地阐明了大与小之间的差别。

原文：

河伯曰：“然则吾大天地而小豪末，可乎？”北海若曰：“否。夫物，量无穷，时无止，分无常，终始无故。是故大知观于远近，故小而不寡，大而不多：知量无穷。证向今故，故遥而不闷，掇而不跂：知时无止。察乎盈虚，故得而不喜，失而不忧：知分之无常也。明乎坦涂，故生而不说，死而不祸：知终始之不可故也。计人之所知，不

若其所不知；其生之时，不若未生之时；以其至小，求穷其至大之域，是故迷乱而不能自得也。由此观之，又何以知毫末之足以定至细之倪，又何以知天地之足以穷至大之域！”

河伯好像还有一些疑问，说道，我觉得天地可以看作是世间最大的东西，而毫毛的末端则可以看作是世间最小的东西。您认为，可以这样理解吗？

北海若说，那可不行。“量无穷，时无止，分无常，终始无故。”万物的体量是无穷无尽的；时间是没有终点的；得失、盈亏、毁誉之间，没有恒定不变的界限；就连个人生死、国家兴亡、天下的繁荣与衰败，也都是没有定数的。

“是故大知观于远近，故小而不寡，大而不多：知量无穷。”所以具有大智慧的人，观察事物从不局限于一隅，别人看起来小的东西在他这里不小，别人看起来大的东西在他这里不大，这是因为他掌握了无穷无尽的信息。这一句如何理解呢？以前人类只能用肉眼去观察世界，事物的大小好像有一个相对统一的标准。后来望远镜和显微镜被发明出来，很小的东西也可以被放大，很远很大的东西也可以被镜头拉近而看到细节，这就是知识量不同带来的差别。对于个人而言也是如此，见多识广的人，往往比孤陋寡闻的人更善于变换视角看问题，也更看得开，这也是知识量不同带来的差别。

北海若接着说：“证向今故，故遥而不闷，掇而不跂：知时无止。”拥有大智慧的人，在证明了古往今来的各种情况后，可以做到不在意过去、不幻想未来，这是因为他知道时间的推移是没有止境的。“遥而不闷”说的是，历史漫长遥远，相似的事件还总是重复上演，见识比较多的人，不会对历史的周期规律感到厌倦；“掇而不跂”说的是，生命总是急急忙忙，今天过去马上就要迎来新的一天，见识比较多的人不会被牵着鼻子走，而是活出自己的生活节奏来。

“察乎盈虚，故得而不喜，失而不忧：知分之无常也。”拥有大智慧的人，洞悉了事物有盈有虚的规律后，在得到时就不会感到欢喜，在失去后也不会有所悔恨，这是因为他知道得与失是没有规律的。这句很好理解，苏轼的《水调歌头·明月几时有》中也有意思相近的一句——“人有悲欢离合，月有阴晴圆缺，此事古难全。”

北海若接着说：“明乎坦涂，故生而不说，死而不祸：知终始之不可故也。”拥有大智慧的人，在明了生与死之间犹如一条没有阻隔的平坦大道后，对出生于世间不会倍加欢喜，对离开人世也不会觉得万分悲惨。这是因为他知道，死和生是不会一成不变的。这一句再次回到《齐物论》对生死循环的论述，生与死本来就是循环罔替的，所以“生亦何欢，死亦何惧”？

“计人之所知，不若其所不知；其生之时，不若未生之时；以其至小，求穷其至大之域，是故迷乱而不能自得也。”算算人所懂得的知识，远远不如他所不知道的东西多；他生存的时间，也远远不如他不在人世的时间长；用极为有限的智慧去探究没有穷尽的领域，一定会造成内心迷乱而不能有所得！“由此观之，又何以知毫末之足以定至细之倪，又何以知天地之足以穷至大之域！”由此看来，你又怎么能知道毫毛的末端就可以判定是最为细小的限度呢？又怎么知道天与地就可以看作是最大的境域呢？

在庄子眼中，世间没有绝对的是与非，也没有绝对的大与小，全看你的参照物是什么。在《逍遥游》里，庄子也指出，活八百岁的彭祖，如果和不知春秋的蟪蛄相比当然是长寿的。但是如果他跟将八千岁为春、八千岁为秋的冥灵大树相比的话，又像是一个夭寿的婴儿一般。因此，世间一切的物论都是瞎折腾，比来比去，只能是像分橡子的猴子一般上蹿下跳，真是让人啼笑皆非。

因此，在这一段中，庄子继承《齐物论》的观点，取消一切对立差别：无大无小，无贵无贱，遗生忘死，归入化境。他将四海容纳于天地之间，将中国放归于四海之内，又将人类归于万物，个人归于大众，就像俄罗斯套娃一般。庄子告诉人们，自己所谓的真知是多么无知，自己狂妄自大到头来却是多么渺小。

我们都读过苏轼的《赤壁赋》。在《赤壁赋》中，苏轼有一句千古名言，叫："寄蜉蝣于天地，渺沧海之一粟。哀吾生之须臾，羡长江之无穷。"你再厉害，再强大，到头来也无非是沧海之一粟，怎么能和无穷无尽的长江水一样永久留存呢？辛弃疾有一首词写得好，可以作为苏轼这句话的绝佳注脚，原句是："万事几时足，日月自西东。无穷宇宙，人是一粟太仓中。"相对于天地和宇宙而言，人是非常渺小的，小到可以忽略不计。这样的自己，又怎么能够完全参透宇宙的奥妙与世间的真理？你所谓的知识，又怎么能够解释运转无极的大美天地？庄子一直反对用个人的小智去揣度天地的大智，所以在《养生主》里，他开篇就说："吾生也有涯，而知也无涯。以有涯随无涯，殆已！"

我们总是在不停地给自己加压，学习这个学习那个，但是门门都稀松。到头来，除了让自己彻底厌恶所学的知识和获得一副疲惫的身躯外，什么都得不到。世间一切都是相对的，选择自己认为正确的那个选项就可以，不要把所有选项都尝试一遍，那样你会错过原属于自己的那一份幸福。不要为得失感慨，不要为胜负纠结。刘禹锡有诗云：“人世几回伤往事，山形依旧枕寒流。”逝者不可追，今者不可留。道无始终，物有盈虚。一切皆无定数，更无法预知。你要做的，就是做好接受每一种可能到来的准备。只有悟得此理，方能见一切雪释冰融。

原文：

河伯曰：“世之议者皆曰：‘至精无形，至大不可围。’是信情乎？”

北海若曰：“夫自细视大者不尽，自大视细者不明。夫精，小之微也；郛，大之殷也：故异便。此势之有也。夫精粗者，期于有形者也；无形者，数之所不能分也；不可围者，数之所不能穷也。可以言论者，物之粗也；可以意致者，物之精也；言之所不能论，意之所不能察致者，不期精粗焉。是故大人之行：不出乎害人，不多仁恩；动不为利，不贱门隶；货财弗争，不多辞让；事焉不借人，不多食乎力，不贱贪污；行殊乎俗，不多辟异；为在从众，不贱佞谄；世之爵禄不足以为劝，戮耻不足以为辱；知是非之不可为分，细大之不可为倪。闻曰：‘道人不闻，至德不得，大人无己。’约分之至也。”

河伯不解，于是接着说道：“世间议论的人们总是说：‘最细小的东西没有形体可寻，最巨大的东西也不可限定范围。’那这样的话是真实可信的吗？”

北海若回答说："从细小的角度去看庞大的东西，不可能全面；从巨大的角度看细小的东西，也不可能真切。这是因为，精细，是小中之小；庞大，是大中之大。大小虽有不同却各有各的合宜之处，这就是事物固有的态势。所谓精细与粗大，仅限于有形的东西，至于没有形体的事物，是不能用计算数量的办法来加以剖解的；而不可限定范围的东西，更不是用数量能够精确计算的。

"可以用言语来谈论的东西，是事物粗浅的外在表象；可以用心意来传告的东西，都是事物精细的内在实质。言语所不能谈论的，心意所不能传达的，也就不限于精细和粗浅的范围了。所以修养高尚的人，不会对人造成伤害，也不会施舍给人以仁慈和恩惠；无论干什么都不是为了私利，也不会轻视从事守门差役之类职业的人。无论什么财物都不会去争夺，也不推重谦和与辞让；凡事从不借助他人的力气，但也不提倡自食其力，同时也不鄙夷贪婪与污秽；行动与世俗不同，但不主张邪僻乖异；行为追随一般的人，但不奉承和谄媚；人世间的所谓高官厚禄不足让其低头，刑戮和侮辱也不足以被他们看作羞耻；虽然知道是与非的界限不能清楚地划分，也懂得细小和巨大是不可能有确定清晰的界限的。听人说：'能体察大道的人不求闻达于世，修养高尚的人不会计较得失，清虚宁寂的人能够忘却自己。'这就是约束自己而达到适得其分的境界。"

从这段北海若的论述中，我们看到了儒家学者所谓的"中庸"之道，也就是不偏不倚，不争不抢，无是无非，无贵无贱。正如《中庸》所言："中也者，天下之大本也。和也者，天下之达道也。"

在这一点上，儒家和道家难得地达成了默契，因为两个学派都反对过于以自我为中心，而忽视他人的感受和理论的客观性。需要指出的是，庄子的中庸之道，不是不作为，当问题摆在你面前的时候，你就必须给出解决问题的方法、意见、主张。

不作为，放任事态发展，就等于放弃了自己的主观能动性，那是不行的。不作为和首鼠两端都不符合中庸之道。因此，在上面这段文字中，庄子给出了解决问题的方法，那就是“折中主义”：我不去选择其中具体的某一项，而是在各个选项的优势领域中找寻自己的位置。

我们在日常生活中也要如此，不要做非 A 即 B 的选择，生活中有很多事情是可以用调和的方法来解决的。不要仅仅从一个方面去思考，多转换几个角度，或许就能发现新的解决方法。

北海若与河伯论贵贱：优势还是劣势，全看你怎么用

本节继续讲《庄子·秋水》中“北海若与河伯”的故事。在讨论完大与小的问题之后，两个神又开始讨论起贵与贱的区别。

原文：

河伯曰：“若物之外，若物之内，恶至而倪贵贱？恶至而倪小大？”

北海若曰：“以道观之，物无贵贱；以物观之，自贵而相贱；以俗观之，贵贱不在己。以差观之，因其所大而大之，则万物莫不大；因其所小而小之，则万物莫不小。知天地之为稊米也，知毫末之为丘

山也，则差数睹矣。以功观之，因其所有而有之，则万物莫不有；因其所无而无之，则万物莫无。知东西之相反而不可以相无，则功分定矣。以趣观之，因其所然而然之，则万物莫不然；因其所非而非之，则万物莫不非。”

河神说：“既然大小都是相对而言的，没有最大也没有最小，那么如何从事物的外表或者内在来区分它们的贵贱、区别它们的大小呢？”

北海若回答说：“从道的角度来看，万物没有贵贱的区别；从万物自身来看，又各自以自己为贵，而以他物为贱；从世俗的角度来看，贵贱不是事物本身所固有的。而从事物的差别来看，顺着物体大的一面去观察，便会认为物体是大的，世界上没有什么不是大的；顺着物体小的一面去观察，便会认为物体是小的，世界上没有什么不是小的。”

天地虽大，但比起更大的东西来也如小小的米粒；毫毛之末虽小，但比起更小的东西来也如高大的山丘。如果知道这样的道理，那么万物的差别和数量也就看得清清楚楚了。

依照事物的功用来看，顺着事物有用的一面去观察而认为它是有用的，那么万物都有用；顺着事物没用的一面去观察而认为它是没用的，那么万物都没用。东与西的方向相反，却又不可以缺其一，如果知道这一点，那么事物的功用与本分也就能确定下来了。

从人们对事物的趋向来看，顺着事物值得肯定的一面去观察便会认为它是对的，那么万物没有什么不是对的；顺着各种事物被否定的一面去观察便会认为它是不对的，那么万物没有什么不是错的。

学过辩证法的我们都知道，万事万物都没有固定的位置，一切大小、长短、夭寿、对错都是相对而言的。庄子指出了世人眼中的谬误之处，那就是主观唯心造就的错误认知。北海若说，如果某个事物，你从你认为的对的一面或者有用的一面去看待的话，你就会将这种优势无限放大，进而觉得这个事物完美无缺。但事实是，这样做不会得到什么客观上的好结果。

同样，你如果从否定的、无用的方面去看待事物，那万事万物都是消极的、不值得去做的。比如学习很苦，会减少外出机会，缩短娱乐时间，那么学习在你眼里就会成为一件不值得去做的事情。同理，努力工作、坚持锻炼、规律作息都会成为你摒弃的事情。很显然，这样理解也是有害无益的。

北海若要告诉我们的，就是要有客观审视的眼光，千万不可让主观情绪影响了客观判断。万事万物，既要看到好的一面，也要看到的坏的一面，这就是哲学上所说的两点论和两分法。塞翁失马的故事大家都知道，塞翁得到马后，并没有被喜悦冲昏头脑，而是理性看待这件事，认为这件事带来的不仅仅是好处，还会有一些祸事。果然，塞翁的儿子因为得到马，高兴地骑上去狂奔，结果摔断了腿，这就是老子所言的“福兮，祸之所伏”。同样，在儿子摔断腿后，塞翁也并没有觉得这全部是坏事。他着眼的角度，并不是全盘否定的那一面，而是带有一定的理性因素。果然，胡人大举入侵边塞，健壮男子都被征兵去作战，结果塞翁的儿子因为伤残原因得以免除兵役，最终保全了性命，这就是老子所说的“祸兮，福之所倚”。

祸和福都是连在一起的，优和劣也是相反相成的。看待事物不能只从好的方面去看，这样会一叶障目，导致你看到的事物都是毫无瑕疵、完美无缺的，这样会让你忽略事物本身致命的缺点，最终造成重大损失。

历史上的“安史之乱”就是这么发生的。唐玄宗在刚刚任用安禄山时，安禄山表现得十分乖顺，不仅处处逗唐玄宗开心，甚至还认唐玄宗为爹、杨贵妃为妈，金银钱帛的进贡更是数不胜数，这让唐玄宗失去了方向，认为天下没有比安禄山更忠心、更优秀的人才了，于是委任安禄山为河东、范阳、平卢三镇的节度使，总览地方军政大权。一人掌管三镇要塞之地，这是大忌，当时就有很多人指出这样做会造成安禄山专权，甚至反叛，但唐玄宗不听。终于，“渔阳鼙（pí）鼓动地来，惊破霓裳羽衣曲”，公元750年发生了历史上著名的“安史之乱”。这场战争席卷中国北方长达八年之久，唐朝由盛转衰，唐玄宗悔之晚矣。

同样，看待事物也不能都从否定、消极的一面去看。三国后期，曹魏的实际掌权人曹爽是典型的昏庸之人。公元249年，曹爽陪同皇帝曹芳去拜谒祖庙，百官随行，司马懿趁机发动政变，控制了皇宫，并下令让曹爽投降，并承诺可保他性命无忧、富贵常在。大臣桓范强烈反对投降，指出司马懿只是控制了皇宫，天下州郡还在我们手中，最主要的是，皇帝在我们手里，我们可以以皇帝的名义发布诏令，说司马懿造反，让天下诸侯起兵勤王。但曹爽认为司马懿占据了皇宫，并且控制了太后，前行征讨未必可以胜利，投降则可不失王侯之位，于是率众投降，最后被司马懿满门抄斩、诛灭九族。因此，看待事物要从两方面去看待，既不可过于积极，也不可过于消极，拥有客观的双眼，才能正确窥视事物发展的趋势。

我们再回到河伯与北海若的故事。

原文：

知尧、桀之自然而相非，则趣操睹矣。昔者尧、舜让而帝，之、哙（kuài）让而绝；汤、武争而王，白公争而灭。由此观之，争让之礼，尧、桀之行，贵贱有时，未可以为常也。梁丽可以冲城而不可以窒穴，言殊器也；骐骥骅骝一日而驰千里，捕鼠不如狸狌，言殊技也；鸱鸺（chīxiū）夜撮蚤，察毫末，昼出瞋目而不见丘山，言殊性也。

故曰："盖师是而无非，师治而无乱乎？是未明天地之理，万物之情也。是犹师天而无地，师阴而无阳，其不可行明矣！然且语而不舍，非愚则诬也！帝王殊禅，三代殊继。差其时，逆其俗者，谓之篡夫；当其时，顺其俗者，谓之义徒。默默乎河伯，女恶知贵贱之门，小大之家！"

北海若接着说："如果知道唐尧和夏桀都自以为正确而又相互否定对方，那么人们的趋向与选择也就看得很清楚了。"当年唐尧、虞舜通过禅让而称帝，但燕王哙禅让给宰相子之却让燕国几乎灭亡；商汤、周武王都通过争夺天下而成为帝王，但白公胜却因为争夺王位而惨遭杀身之祸。由此看来，争斗与禅让的礼制，唐尧与夏桀的做法，人们高度认可还是内心鄙夷都会因时而异，不能把它们看作是永恒不变的规律。

"栋梁之材可以用来冲击敌城，却不可以用来堵塞洞穴，这就说的是器物的用处不一样。宝马良驹一天能奔驰上千里，捕捉老鼠却不如野猫与黄鼠狼，这说的是技能不一样。猫头鹰夜里能抓取小小的跳蚤，可是大白天睁大眼睛也看不见高大的山丘，这说的是禀性不一样。

“为什么不效法对的而抛弃错的，只效法治理好的而抛弃混乱的呢？这是因为不明白自然存在的道理和万物自身的实情。这就像是重视天而轻视地、重视阴而轻视阳，这种做法行不通就十分明显了。可世俗之人却还是要谈论不休，这样的人不是愚昧就是故意欺骗人。远古帝王的禅让各不相同，夏、商、周三代的继承方法也各不一样。不合时宜、悖逆世俗的人，我们称他为篡逆之徒；合于时代、顺应世俗的人，我们就称他为高义之士。沉默下来吧，河伯，你怎么会懂得万物间贵贱与大小的道理呢？”

在这一部分中，北海若指出“尺有所短、寸有所长”的道理。扫一屋的人未必可以扫天下，扫天下的人未必可以扫一屋，全看个人的优长之处有没有放对地方并得以全面发挥。管理学上有一句名言，叫：“垃圾是放错了位置的资源。”作为领导者来说，一个有才华的人如果没有放到合适的位置，那么不仅不能给企业带来效益，甚至还有可能带来破坏。

汽车大王帕尔柏在开辟自己的汽车代理业务时，曾为自己的公司聘请了一位汽车制造公司的高级管理人员来负责汽车的营销业务。新上任的营销主管的确对汽车制造十分内行，甚至都能说出汽车所有零部件的名称以及从哪儿可以买到它们，但对汽车的销售方案、销售人员的管理、如何控制不必要的销售费用以及营销策略等一窍不通，最终造成帕尔柏公司的巨大亏损。后来，帕尔柏另聘了一个善经营、懂销售的人。这位先生十分了解汽车的行情，推销中带有自己独特的见解，更注意费用的核算，结果使公司的业绩蒸蒸日上。

可见，让适合的人做适合的事，才能突出有效执行的能力，否则就很难达到目的。所以，在选人用人时，领导者应考虑员工执行力是否与职位的要求相匹配。有一个词叫“能岗匹配”，能力和岗位匹配，那就是员工好，企业好，大家都好；如果能力和岗位不匹配，那就是玉石俱焚，员工领导齐下岗。所以只有选择适合职位要求的人才，才能为企业创造永久性的价值。

北海若与河伯论天人：比“相忘于江湖”更难的是“相忘乎道术”

本节接着讲《庄子·秋水》中“北海若与河伯”的故事。讨论完了大小之辨、贵贱之分，河伯终于问出了他最想知道的问题。

原文：

河伯曰：“然则我何为乎？何不为乎？吾辞受趣舍，吾终奈何？”

北海若曰：“以道观之，何贵何贱，是谓反衍；无拘而志，与道大蹇。何少何多，是谓谢施；无一而行，与道参差。严乎若国之有君，其无私德；繇（yōu）繇乎若祭之有社，其无私福；泛泛乎其若四方之无穷，其无所畛域。兼怀万物，其孰承翼？是谓无方。万物一齐，孰短孰长？道无终始，物有死生，不恃其成。一虚一满，不位乎其形。年不可举，时不可止。消息盈虚，终则有始。是所以语大义之

方，论万物之理也。物之生也，若骤若驰。无动而不变，无时而不移。何为乎，何不为乎？夫固将自化。”

河伯说，既然这样，那我该做什么呢？不该做什么呢？面对外在事物，什么时候该推辞，什么时候要接纳，哪些事情值得追求，哪些事情可以舍弃，有没有什么原则标准呀？

海神回答：“以道观之，何贵何贱，是谓反衍；无拘而志，与道大蹇。”从大道的角度来说，哪有什么贵贱之分呀，贵与贱都可以朝相反的方向转化。因此不必束缚你的心志，不要与大道相背离。“何少何多，是谓谢施；无一而行，与道参差。”从大道的角度来说，哪有什么少多的差别呀，少与多不过如此新陈代谢一般交替出现罢了。因此做事不要偏执于一己之见，不要搞得自己无法合乎大道。

“严乎若国之有君，其无私德”，要端庄威严，像国君那样，对待人民没有什么偏私；“繇繇乎若祭之有社，其无私福”，要优游自得，像是接受祭祀的土地神一样，对祭祀的人没有什么偏袒；“泛泛乎其若四方之无穷，其无所畛域”，要像平地那样宽广无边，不要人为地设立各种界限，把自己局限在条条框框里面。

“兼怀万物，其孰承翼？是谓无方。”包容万物没有偏心，谁也没有单独受到保护，这就能称之为无所偏向。“万物一齐，孰短孰长？”宇宙万物本是混同齐一的，哪有优劣之分呢？“道无终始，物有死生，不恃其成。”大道没有终结和起始，万物则有死有生，因而不可能依仗一时的成功来判断谁胜谁负。

“一虚一满，不位乎其形。”这个世界，时而空虚时而充实，万物从不固守于某一不变的形态。“年不可举，时不可止。消息盈虚，终则有始。”岁月不可以挽留，时间也不会停息，天地万物的消退、生长、充实、空虚，都在周而复始地变化着。“是所以语大义之方，论万物之理也。”明白了这些道理，才能谈论大道的准则、评说万物的道理。

“物之生也，若骤若驰。无动而不变，无时而不移。”万物的生长，就像是马儿飞奔，也像是马车疾行，没有什么举动不在变化，没有什么时刻不在迁移。“何为乎，何不为乎？夫固将自化。”应该做什么、不该做什么，这都不重要，因为一切都在不断变化着！

庄子在这一段所阐发的哲学原理，与古希腊哲学家赫拉克利特所提出的“人不能两次踏入同一条河流”的观点一样，都在论述：这个世界的本质就是永恒的运动，万事万物均在变化，而唯一不变的，就是变化本身。

北海若指出，河伯所追求的正确、高尚、礼节、进取等所有积极词汇，都是相对而言的，甚至可以说是转瞬即逝的。对于整个浩瀚无垠的宇宙而言，人们所追求的富贵寿喜、德行操守不过是大千世界的陪衬罢了。人再怎么努力，对于整个时空来说，也不过就是一滴水、一粒尘埃。贵和贱、多和少都是可以转换的，你又何必执着于贵和多，而鄙视贱和少呢？它们本质上是一样的，只不过是所处阶段和表现形式不同。就像丑小鸭和白天鹅，本质上是一样的，丑小鸭迟早有一天会长成白天鹅，你又何必要轻视丑小鸭，而仰慕白天鹅呢？

类似的观点，庄子在《大宗师》里也讲到过：“与其誉尧而非桀，不如两忘而化其道。”从大道的观点来看，贤君尧和暴君桀都是一样的，尧也可以变为桀，桀也可以化身尧，两个人都是可以相互转换的，没有必要非此即彼，厚古薄今。历史上的隋炀帝、唐玄宗不都是如此吗，前半生是明君，后半生是昏君，一半尧舜，一半桀纣，一念天堂，一念地狱，有必要分出个高下之别、优劣之殊吗？这都是一个人在性格方面的来回转化所造成的结果呀！又何必去赞美一个，而鄙视另一个呢？

所以，庄子说“鱼相忘乎江湖，人相忘乎道术”，鱼类遨游在江湖之中就会忘掉世间的一切，人在道术上要是参悟大道，也是会忘却一切的，尤其是高低贵贱、富贫夭寿的差池。

因此，在万物变化的观点下，在大道的视域下，我们不需要追逐其中的某一个瞬间，更不要妄图改变时间和现实，潮涨潮落都是美景、花开花谢都是常态。只需要静观就好，世间万物的变化与运动都是美好的景致，享受“造物者之无尽藏也”，便是上帝赐予我们最伟大的财富。

另外，平等待人，也是北海若要重点阐发的另一个道理。我们无法让变化停止，更无法阻止时间的流逝，就像叔本华所说的“时间就是万物皆于其中经过的东西”。我们无法跳脱出时间这个数轴，就只能把握自己当下的人生。所以，对身边的一切事物、一切亲友，都要采取宽容和蔼的态度，不要用有色眼镜去看周边的人。就像北海若所说的“以道观之，何贵何贱”，没有贵贱之分，又何必用不同的态度待人呢？

孔子曾提出过“有教无类”的教育理念。他对待学生就没有贵贱之分。虽然学生特点参差不齐，但孔子都照单接收。只要他要求上进，孔子都热心教导；只要他进步，孔子都不会计较他的过去，一律平等对待，一视同仁。有的学生来自高门贵族，比如南宫适、司马牛等；也有的来自贫家寒门，比如子张、子夏、曾参等。贫穷如“一箪食，一瓢饮”的颜渊，也能成为孔子最喜欢的弟子。

我们对待身边人，也要有一颗宽仁的心，一个善良的人，便总能享受到常人所沐浴不到的阳光。歌德在《浮士德》中说：“善人虽受模糊的冲动驱使，总会意识到正确的道路。”与人为善应该是我们每一个人的本能，而不是人性弥留的奢望，这应该是北海若最期望看到的事情。

原文：

河伯曰：“然则何贵于道邪？”

北海若曰：“知道者必达于理，达于理者必明于权，明于权者不以物害己。至德者，火弗能热，水弗能溺，寒暑弗能害，禽兽弗能贼。非谓其薄也，言察乎安危，宁于祸福，谨于去就，莫之能害也。故曰：‘天在内，人在外，德在乎天。’知天人之行，本乎天，位乎得，踯躅而屈伸，反要而语极。”

曰：“何谓天？何谓人？”

北海若曰：“牛马四足，是谓天；落马首，穿牛鼻，是谓人。故曰：‘无以人灭天，无以故灭命，无以得殉名。谨守而勿失，是谓反其真。’”

河伯接着说：“既然如此，那么为什么还要那么看重大道呢？”

海神回答，“知道者必达于理”，懂得大道的人必定通达事理；“达于理者必明于权”，通达事理的人必定明白应变；“明于权者不以物害己”，明白应变的人定然不会因为外物而损伤自己。“至德者，火弗能热，水弗能溺，寒暑弗能害，禽兽弗能贼。”合乎大道的人，烈焰不能烧灼他们，洪水不能沉溺他们，严寒酷暑不能侵扰他们，飞禽走兽不能伤害他们。“非谓其薄也，言察乎安危，宁于祸福，谨于去就，莫之能害也。”不是说他们逼近危险的时候，能够幸免于难；而是说他们明察安危状况，看透祸福之间的转化关系，能谨慎地对待进退去留，所以没有什么外物能损害他。“故曰：‘天在内，人在外，德在乎天。’”所以说：“天然蕴含于内里，人为显露于外在，高尚的修养则顺应自然。”“知天人之行，本乎天，位乎得，踯躅而屈伸，反要而语极。”懂得自然和人类活动的变化，以顺应自然为根本，处于自得的境地，进退屈伸自如，就可以返回大道的关键之处，并且可以谈论大道的极致了。

河神问：“那什么是天然，什么又是人为？”

海神回答，“牛马四足，是谓天”，牛马有四只脚，这就叫天然；“落马首，穿牛鼻，是谓人”，用马络套住马头，用牛鼻绾穿过牛鼻，这就叫人为。“故曰：‘无以人灭天，无以故灭命，无以得殉名。谨守而勿失，是谓反其真。’”所以说：“不要用人为去毁灭天然，不要用刻意的作为去毁灭自然的禀性，不要为获取虚名而耗尽心力。要做的是，谨慎地持守自然禀性，保证自己不丧失本真，这就叫返归本真。”

在这一段里，庄子再一次强调了他对于通达至理之人的描述，即火不能烧、水不能淹，世间的一切伤害都不能作用在他们身上。这个观点，庄子早在《大宗师》里描绘真人的那一段中，就已经说过了。

为什么这样的人不怕外物伤害呢？因为他们持守大道，懂得顺应自然，趋利避害，对于一切事物都能够详察安危，故而能够长久避难。最主要的是，他们不会为了利益铤而走险，不会为了虚名蠢蠢欲动。

人往往都是在追逐利益的过程中惨遭不测的，正所谓“人为财死，鸟为食亡”。因此，庄子告诉我们，不要过多去追求身外之物，你才能够保全自身，远离祸患。

这一点与孟子不谋而合。孟子说“是故知命者，不立乎岩墙之下”，真正有德行的人，不会让自己置于危险的境地，因为他明白这样做的结果不仅得不到利益，反而还会搭上自己的性命。历史上多少人为了利益争斗而命丧黄泉，多少人为了权力斗争而大打出手，七国之乱、八王之战、靖难之役……血淋淋的教训就在眼前，我们一定要引以为戒，切不可让利益蒙蔽了双眼。正如托尔斯泰的名言：“没有钱是悲哀的事，但是金钱过剩则倍加悲哀。”

夔蚿蛇风：“包袱”越轻的人，越能走得长远

《庄子·秋水》中“夔蚿（xián）蛇风”的故事原文：

夔怜蚿，蚿怜蛇，蛇怜风，风怜目，目怜心。夔谓蚿曰：“吾以一足趻踔（chěnchuō）而不行，予无如矣。今子之使万足，独奈何？”蚿曰：“不然。子不见夫唾者乎？喷则大者如珠，小者如雾，杂而下者不可胜数也。今予动吾天机，而不知其所以然。”蚿谓蛇曰：“吾以众足行，而不及子之无足，何也？”蛇曰：“夫天机之所动，何可易邪？

吾安用足哉！”蛇谓风曰：“予动吾脊胁而行，则有似也。今子蓬蓬然起于北海，蓬蓬然入于南海，而似无有，何也？”风曰：“然，予蓬蓬然起于北海而入于南海也，然而指我则胜我，鰌（qiū）我亦胜我。虽然，夫折大木，蜚大屋者，唯我能也。故以众小不胜为大胜也。为大胜者，唯圣人能之。”

相传，上古有一种神兽，名叫夔，外形有点像牛，但是只有一只脚。可能是因为行动不便吧，它总共在人间出现过三回，回回都被人射杀。如此一来，它就很羡慕像蜈蚣一样有很多只脚的虫子——蚿。

蚿虽然有很多只脚，但走起来还是很费劲。它羡慕一只脚都没有的蛇——想挪个地方，只要扭扭身体就行了，根本不用抬腿。无脚的蛇看似轻松，但也要在地上摩擦，它羡慕的是连外形都没有的风，不留一丝踪迹，“嗖”地一下就吹过了。

风，羡慕明察外物的眼睛，想到哪里去，看一下，就到了。眼睛呢，羡慕心灵，因为世界上总有目力所不及的地方，但是心却可以漫游四海、遨游八方。

夔对蚿说：“我用一只脚跳跃而行，没有谁比我更灵活的了。现在，你使用上万只脚行走，看着就费劲，你到底是如何运用这些脚的呢？”蚿说：“你没有见过吐唾沫的情形吗？喷出的唾液，大的就像珠子，小的就像雾滴，散杂着落下，数不胜数。我依靠天然的本能行走，我也不知道调动腿脚的原理是什么，只能说，生来如此！”

蚿对蛇说：“我用众多的脚行走，反倒不如你没有脚，这是为什么呢？”蛇说：“仰赖天生的机能而行动，我怎么可以改变呢？上天让我无脚就可以行走，我哪里用得着脚呢？”

蛇对风说：“我通过启动我的脊柱和腰肋而行走，这事实上还是跟用脚行走一样。如今你呼呼地从北海掀起，又呼呼地驾临南海，却没有留下有足而行的痕迹，这是为什么呢？”风说：“是的，我从北海来到南海，好像挺厉害，可是当人们用手来阻挡我，我却不能吹断他们的手指；人们用腿脚来踢我，我也不能吹断他们的腿。即使这样，折断大树、掀翻高大的房屋，却又只有我能够做到。所以说，虽然在小的方面我不能取得胜利，但在大的方面我还是很厉害的！能获取大的胜利，只有圣人才能做到呀！”

在这则故事里，庄子给我们罗列了一个特别有意思的递推现象。一只脚的夔，不如顺任万足而行的蚿；蚿顺任万足而行，不如蛇无足而行；蛇无足而行，又不如风无迹无踪，可为大胜！可见，形迹越全，用心越专，则越笨拙；相反，离形迹越远，得天机越深，心智则越健全。也就是说，不要用人为因素去毁灭天然的纯真之性，上天赋予我们的就是最好的。顺应它、守护它，便是对于这个世界最大的尊重。

另外，庄子要强调的是，形迹越简单，包袱越轻松的人，越能走得长远。蚿腿多，看上去好像挺厉害，但是没有无足的蛇自在。蛇就是最好的吗？它没有风自在，风不受腿的限制，想去哪里就去哪里。风也有限制，因为它还是所谓实体存在的，不如没有实体的心灵厉害。心灵无拘无束，可以穿越一切，没有时间和空间可以限制它。在此端，就可以遥望远在天涯的彼端，这就是庄子眼中的至高境界：“夫乘天地之正，而御六气之辩，以游无穷者，彼且恶乎待哉！”因为放下了尘世的包裹，心灵才能一往无前；不受世俗的羁绊，才能获取自由与洒脱。

“脚”在庄子眼中就是物念、对外物的依赖，这种物念就像藤蔓一般紧紧缠绕着我们。脚越多，受到的限制就越多。老子说：“天下莫柔弱于水，而攻坚强者莫之能胜，以其无以易之。弱之胜强，柔之胜刚，天下莫不知，莫能行。”意思是，天下没有什么东西比水更柔弱的了，但是水无坚不摧。当洪水暴发的时候，什么高楼大厦，什么高木大林，都统统消失不见了，没有什么能够胜过它、替代它。弱能胜强，柔能胜刚，天下没有人不知道，但很少有人能做到。最难战胜的人是自己，最难控制的东西是欲望，把多余的“脚”都抛掉，我们就能走得更加平稳，也更加自由。

原文：

孔子游于匡，宋人围之数匝，而弦歌不辍。子路入见，曰：“何夫子之娱也？”孔子曰：“来，吾语女。我讳穷久矣，而不免，命也；求通久矣，而不得，时也。当尧、舜而天下无穷人，非知得也；当桀、纣而天下无通人，非知失也：时势适然。夫水行不避蛟龙者，渔父之勇也；陆行不避兕（sì）虎者，猎夫之勇也；白刃交于前，视死若生者，烈士之勇也；知穷之有命，知通之有时，临大难而不惧者，圣人之勇也。由，处矣！吾命有所制矣！”无几何，将甲者进，辞曰：“以为阳虎也，故围之；今非也，请辞而退。”

接着，庄子又讲了一个孔子的故事。说，孔子周游到匡地，宋国人一层又一层地包围了他。可是孔子丝毫不为所动，依旧很平静地弹琴。子路便跟孔子说：“先生如此欢心，是为什么呢？”

孔子说：“来，孩子，我告诉你，我忌讳贫穷已经很久很久了，可是始终不能免除，这是命啊！我寻求通达也已经很久很久了，但却不能摆脱，这也是命！

“在尧、舜的时代，天下没有一个穷困潦倒的人，并非因为他们都才智超人；在桀、纣的时代，天下没有一个通达的人，并非因为他们都才智低下。这都是时运所造成的。在水里活动而不躲避蛟龙的，是渔夫的勇敢；在陆上行走而不躲避犀牛老虎的，是猎人的勇敢；刀剑横于眼前，看待死亡就如同生还的，是壮烈之士的勇敢。因此，懂得穷困潦倒是命中注定，知道顺利通达是时运造就，面临大难而不畏惧，这就是圣人的勇敢。仲由啊，你还是去休息吧！我的命运早就有所安排了！”

没有过多久，统率士卒的将官走了进来，满脸歉意地说：“大家把你看作是阳虎，所以包围了你；现在知道了你不是阳虎，所以请让我向你表示歉意并且撤离部队。”

这则故事，庄子通过孔子知穷通、晓天命、懂祸福、顺荣辱的言行，阐发了保全天然本性的重要性。庄子在这个地方重申了《大宗师》中“天与人不相胜”的道理，也就是人要顺应天命，不可逆天而为；也再一次呼应了上一节北海若所说的“无以故灭命”的宗旨，告诫我们不要让世俗常态及功名利禄伤害了我们的本性。

我们常说天命无常，其实天命是有常的，所谓“天命有常，惟德者居之”。“德”的要求不光是要我们品行高尚，还需要我们具有一定的沉着精神和稳重心性，顺应时事，把未来的机遇牢牢把握在手中。

孔子处事不慌，临危不惧，因为他明白，只要内心足够强大，外物就没有办法干扰自己的心性。正如庄子所言：“哀莫大于心死，而人死亦次之。”打败我们的，从来都不是外物，而是我们自己的内心。内心如果沉稳，外在的事物就无法动摇我们的心志。

命运经常会跟我们开玩笑，有些人经不住考验就被打倒了，有些人坚韧地挺过了一段困苦岁月，便终见得一片春和景明。伏尔泰曾说：“没有所谓命运这个东西，一切无非是考验、惩罚或补偿。”我们相信命运存在，是因为我们把幸福太多地寄予在它上面，其实生活的变奏与人生的走向都取决于我们自身。孔子坚信自己做好了该做的一切，所以他无惧于岁月的波澜，才最终走出了人生的困境，成为后世文人顶礼膜拜的至圣先师。《俄狄浦斯王》的作者索福克勒斯有一句名言：“天绝不助不愿作为的人。”天命在天，命运在手，天和命合二为一，我们才能获得自己想要的人生。

邯郸学步：只有跳梁小丑才对知识抱有傲慢与偏见

本节继续讲《庄子·秋水》中“邯郸学步”的故事。这个故事出现在公孙龙与魏牟的对话中。公孙龙，我们前面见过，是名家学派的代表人物，提出过“白马非马”“离坚白”等著名辩题。魏牟是第一次出现的人物，是战国时期的魏国人，因封在中山而成为中山国王子。这个人早年非常崇拜公孙龙，后来遭遇灭国之灾，转而追随庄子。

那么，魏牟在这一篇中跟公孙龙聊了些什么呢？

原文：

公孙龙问于魏牟曰：“龙少学先王之道，长而明仁义之行；合同

异，离坚白；然不然，可不可；困百家之知，穷众口之辩：吾自以为至达已。今吾闻庄子之言，茫然异之。不知论之不及与？知之弗若与？今吾无所开吾喙（huì），敢问其方。”

公孙龙向魏牟问道：“我年少的时候学习古代圣王的主张，长大以后懂得了仁义的概念。我不仅了解各种原理，还能再把这些理论实践出来。我能够把事物的不同与相同合而为一，把一个物体的质地坚硬与颜色洁白分离开来；能够把不对的说成是对的，把不应认可的看作是最合时宜的；能让百家智士困惑不解，也能让善变之人感到理屈词穷。”

我们在《齐物论》中讲过“离坚白”，这里我们再来讲讲“合同异”。所谓“合同异”，是名家学派另外一位代表人物、庄子的朋友惠施提出的一种逻辑观念。他认为事物之间具有同一性，一切事物的差别、对立是相对的，而相似和关联则是永恒的。万物是相对的、不断变化的，因此万物之间没有绝对的不同，也没有绝对的界限，惠施着重强调差异性中也存在同一性，与公孙龙所提倡的“离坚白”相对。

在《天下》中，作者所列举惠施“历物十事”中的第五事：“大同而与小同异，此之谓‘小同异’；万物毕同毕异，此之谓‘大同异’。”这句话就巧妙揭示了事物同异关系的相对性，意思是大同与小同的差异，就叫作“小同异”；万物全部相同，也全部相异，这就叫作“大同异”。虽然具有一定的合理因素，但夸大这种相对性，从而否认“同”和“异”概念的差异性，把“同”和“异”合二为一，进而引申出事物之间不存在差别，比如“泛爱万物，天地一体”的相对主义结论，则具有一定的逻辑漏洞了。

“合同异”跟“离坚白”一样，都是在逻辑上比较复杂，需要思路清晰才能明白的概念。公孙龙说自己能做到“合同异，离坚白”，就是说自己的理论功底很扎实，而且智商很高，什么复杂话题都能想得清楚。

他接着说：“我自认为是最为通达的了。如今，我听了庄子的言谈，感到十分茫然。不知是我的论辩比不上他呢，还是我的知识不如他呢？现在我已经没有办法再开口了，所以只能冒昧地向您请教其中的道理。”

原文：

公子牟隐几大息，仰天而笑曰：“子独不闻夫坎井之蛙乎？谓东海之鳖曰：‘吾乐与！出跳梁乎井干之上，入休乎缺甃之崖。赴水则接腋持颐，蹶泥则没足灭跗（fū）。还虷蟹与科斗，莫吾能若也。且夫擅一壑之水，而跨跱坎井之乐，此亦至矣。夫子奚不时来入观乎？’东海之鳖左足未入，而右膝已絷矣。

“于是逡巡而却，告之海曰：‘夫千里之远，不足以举其大；千仞之高，不足以极其深。禹之时，十年九潦，而水弗为加益；汤之时，八年七旱，而崖不为加损。夫不为顷久推移，不以多少进退者，此亦东海之大乐也。’

“于是坎井之蛙闻之，适适然惊，规规然自失也。且夫知不知是非之竟，而犹欲观于庄子之言，是犹使蚊负山，商蚷（jù）驰河也，必不胜任矣。且夫知不知论极妙之言，而自适一时之利者，是非坎井之蛙与？且彼方跐（cǐ）黄泉而登大皇，无南无北，奭然四解，沦于不测；无东无西，始于玄冥，反于大通。子乃规规然而求之以察，索之以辩，是直用管窥天，用锥指地也，不亦小乎？子往矣！”

魏牟靠着几案深深地叹了口气，然后又仰头笑着说，来，我给你讲个故事：

“你有没有听说过浅井里的青蛙？井蛙曾对东海里的鳖说：‘我实在快乐啊！我跳跃玩耍于井口栏杆之上，如果进到井里便在井壁砖块之处休息。跳入水中，井水漫入腋下并且托起我的下巴；踏入泥里，泥水就盖住了我的脚背。回过头来看看水中的那些赤虫、小蟹和蝌蚪，没有谁能像我这样快乐！再说我独占一坑之水、独享一口浅井的快乐，没有谁能比得上了。你怎么不来井里看看呢？’

“东海之鳖心想，看看就看看呗，结果左脚还没跨入井里，右膝就已经被栏杆绊住了。于是迟疑了一阵子，又把脚退了出来，然后把大海的情况告诉给青蛙说：‘海究竟有多大呢？千里的遥远，都不足以称述它的大；千仞的高旷，也不足于探究它的深。夏禹时代十年里有九年水涝，但海水不会因此增多；商汤的时代八年里有七年大旱，而岸边的水位也不会因此而下降。大海不因为时间的短暂与长久而有所改变，不因为雨量的多少而有所增减，这就是东海最大的快乐。’

“井底之蛙听了这一席话，惊恐不安，茫然不知所措。故事里的青蛙，就是你公孙龙，现在你的才智还不足以知晓是与非的境界，却还想去洞悉庄子的言谈？这就像驱使蚊虫去背负大山，驱使马陆到河水里去奔跑一样，铁定会失败的。你的才智还不足以通晓玄妙的言论，却擅自去追求口舌之利，这不就像是浅井里的青蛙吗？更何况，庄子的思想主张上可登苍天，下可入黄泉，不论南北，畅通无碍，完全不可探测。现在你竟然拘泥于用视察的办法去探寻它的奥妙，用论辩的言辞去探求它的真谛，这简直就是用竹管去窥视苍天，用锥子去测量大地，这不是太渺小了吗？你还是走吧！”

原文：

“且子独不闻夫寿陵余子之学于邯郸与？未得国能，又失其故行矣，直匍匐而归耳。今子不去，将忘子之故，失子之业。”公孙龙口呿（qū）而不合，舌举而不下，乃逸而走。

公孙龙好像还是没明白，于是魏牟又补充道：“你没有听说过燕国寿陵的小子，到赵国的都城邯郸去学习走步的事吗？他本来想学人家优美的步法，结果非但没有学到邯郸人走路的绝技，反而把自己原先的步法也忘记了，最后只能爬着回去了。现在你还不赶快离开我这里，不然你原先会的本领也忘记了，这样你连自己的饭碗也丢了。”公孙龙听了这一番话吓得合不拢嘴，舌头高高抬起不能放下，于是快速地逃走了。

这个故事很明显不是庄子本人所作，因为里面明确提到了，庄子作为一代至圣先师拥有无上高大的神圣性与超前性，可见是庄子后学为了抬高其地位所撰写出来的故事。也有学者认为，整个《秋水》这一篇，可能就是魏牟本人的作品。

故事的作者认为，战国时期多好名之士，特别是像公孙龙、惠施这一类人，好逞口舌之能，靠话语蒙骗天下群众，使天下纷然淆乱。但是他们的见解又没有什么特殊性与真理性，跟井底之蛙没有区别，却自以为无比高明，想要靠自己这所谓的本领来体察庄子的大道之言，甚至想与之抗衡，真是无异于螳臂当车、蚍蜉撼树。尤其是像“邯郸学步”一般模仿庄子，必然会丧失他们的自然天性，也必然使他们在竞争当中被碰得头破血流。

我们现在流行一句话，叫“不忘初心”，意思就是不管自己走得多远，爬得多高，都不能忘记自己当时为什么出发，为什么要踏上这条艰苦而又漫长的道路。在故事中，公孙龙就是因为忘记初心所以才感到迷茫。为什么要辩论，为什么要让别人理屈词穷，他自己都不知道，可能只是图一时口舌之快，也可能是想获得“聪明”“善变”之类的虚名。此时的他，已经忘了自己研究形式逻辑、名实关系的最初目的，放弃了在哲学上更进一步的思考与探索，所以才会带着满腹疑问，来请教舍弃自己，转信庄子的魏牟。

魏牟给他讲邯郸学步的故事，故事中的燕国小子，看重邯郸人优美的步法，对虚名的追逐使他产生了要拥有这种优雅走姿的想法，结果画虎不成反类犬，邯郸人的步法没学会，自己原先的步法也忘记了。这就是虚名带来的危害，因为他已经忘记了步法是用来走路的，而不单单是为了好看。忘记了走路的初心，燕国小子自然就只能爬着回去了。

莎士比亚在《终成眷属》中有一句名言——“虚名是一个下贱的奴隶”，我们每个人都不想做别人的奴隶，那么自然也不想做虚名的奴隶。人应当掌控对名利的欲望，而不是被名利的欲望掌控。毕竟，站着生活，比跪着享福要好得多。

曳尾涂中、鸱得腐鼠：在自由面前，功名利禄都是臭的

本节我们来讲讲《庄子·秋水》中“曳尾涂中”和“鸱得腐鼠”两个故事。

原文：

庄子钓于濮水。楚王使大夫二人往先焉，曰：“愿以境内累矣！”庄子持竿不顾，曰：“吾闻楚有神龟，死已三千岁矣。王以巾笥（sì）而藏之庙堂之上。此龟者，宁其死为留骨而贵乎？宁其生而曳尾于涂中乎？”二大夫曰：“宁生而曳尾涂中。”庄子曰：“往矣！吾将曳尾于涂中。”

“曳尾涂中”的字面意思，是在泥地中摇尾巴打滚。谁在泥巴里打滚呢？这是庄子讲给楚国大臣的一个故事。

话说有一天，庄子在濮水边垂钓，楚王派遣两位大臣前往致意，大臣说：“楚王愿将国内政事委托给您。麻烦您跟我们一起走吧。”

庄子把钓竿一扔，说：“我听说楚国有一只神龟，被杀死的时候已经活了三千年之久。楚王得到了它，用竹箱装着它，用巾饰盖着它，把它珍藏在宗庙里。我现在问问你，这只神龟，是宁愿死去，留下骨骸来显示自己尊贵呢，还是宁愿活着，在泥巴里拖着尾巴打滚呢？”

两位大臣说：“那肯定是活着在泥里打滚嘛！”

庄子说：“对，你们走吧！我宁愿拖着尾巴生活在泥水里，也不愿意被楚王锁起来。”

这个故事与我们在《达生》里讲的“祭司和猪”的故事非常类似。相位之尊，为追求浮名者所希慕，而庄子傲然不顾，宁愿“曳尾于涂中”，也要永葆自己的自然真性。

这则寓言，是重申“河伯与北海若”故事中“无以得殉名”的宗旨，也就是不要因为追求虚名而丧失本性。与其他先秦诸子不同，庄子没有将眼光着落于短暂而有限的政治谋略，而是试图为人类寻找一个永恒的、能够彻底摆脱困境的人生态度。

为此，他提出了“避世”和“游世”两种办法：

“避世”是比较极端的做法，也就是我们常说的“不合作主义”，杜绝跟统治者的一切来往，以保存自己纯真的天性，从而避免成为统治者奴役百姓的帮凶，这就是故事中庄子拒绝楚国使臣的原因。庄子认为，“避世”的做法，目的在于潜心山林、隐于世外，正所谓“自埋于民，自藏于畔。其声销，其志无穷”《则阳》。因此，活脱于天地间的庄子总是一副穷困潦倒的样子，手持一根钓竿，头戴一顶破帽，并时不时流露出智慧之人最纯真的笑容。这种与现实保持距离的做法，无疑是消极的。但这种消极的态度有一个前提，就是拥有独立的人格——知道自己真正想要的是什么，为了想要的东西可以舍弃其余的一切。

相比之下，“游世”的做法更加温和，要求人无欲无求，在保存自我真性的基础上，与社会发生一定的联系。“游世”态度的前提是“虚己”。所谓“虚己”，就是让身体处于一种虚空的状态而不要被物欲填满，这样就能够轻松驾驭世间万物，并且抵制一切诱惑，进而避开可能的祸患。老鼠因为贪吃而被夹子逮住，鱼儿因为贪吃而被钓竿钓获。庄子要避免的就是这样的人生陷阱，因此在故事中即便楚国使臣许以高官厚禄，庄子也依然能保持清醒的头脑，断然予以拒绝。正如宋代诗人苏泂（jiǒng）的一句诗：“无求无欲无魔恼，月白庭空一炷香。”

庄子拒绝了楚国大臣的邀请，转身就去找自己的老朋友惠子了。

原文：

惠子相梁，庄子往见之。或谓惠子曰：“庄子来，欲代子相。”于是惠子恐，搜于国中三日三夜。庄子往见之，曰：“南方有鸟，其名为鹓雏（yuān），子知之乎？夫鹓雏发于南海而飞于北海，非梧桐不止，非练实不食，非醴泉不饮。于是鸱得腐鼠，鹓雏过之，仰而视之曰：‘吓！’今子欲以子之梁国而吓我耶？”

惠子在梁国做了宰相，庄子去看望他。有人对惠子说：“庄子来梁国，是想取代你的位置。”于是惠子恐慌了起来，在都城内连夜搜寻庄子，整整找了三天三夜。最后，庄子见到惠子，对他说：“你知道吗？南方有一种与凤凰相类似的鸟，名字叫鹓雏。这种鸟从南海出发飞到北海。没遇到梧桐树，它不停息；不是竹子开花结出来的果实，它不吃；不是甘醇如酒的清泉水，它不喝。

“在鹓雏飞过的地方，有只猫头鹰正在吃腐烂的老鼠，它害怕自己的食物被抢走，于是抬起头看着鹓雏发出了恐吓的声音。惠施呀惠施，这几日，你在全城范围内搜捕我，不就是害怕自己的宰相之位被我抢走吗？可是你恐怕不知道，梁国的官职在我眼中就是腐鼠一般呀！”

庄子和惠子这一对好友，真可谓是相爱相杀了。从《庄子》的第一篇《逍遥游》开始，一直到最后一篇《天下》为止，这二人的斗争就一直没有平息过。

惠子是庄子的诤友。他对庄子的评价，两个字就可以概括，那就是“无用”。在《逍遥游》中，惠子对庄子说：“子之言，大而无用，众所同去也。”在《外物》篇中，惠子也说：“子言无用。”

所谓“无用”，不是说庄学与事实不符、讲得不对，而是说庄子的思想只能在理论层面探讨，没什么应用价值。在庄子眼中，“无用”不是什么毛病，反而是自己不被利用的诀窍；但是在实用主义的惠子眼中，“无用”却是一个思想学说最致命的问题。

《韩非子·外储说左上》有个故事，从中可以看出惠子是一个非常重视实用价值的人。这则故事讲的是，墨子花了三年时间做成了一只木头鸟，结果这只鸟只在天上飞了一天就坏了。墨子的弟子们都说木鸟虽然坏掉了，但是好在制作精良，还是有价值的。墨子却说：“我做这个鸟没什么实际用途，还不如去做车轴呢！我做车轴，用不了多少木头，也用不了一天的工夫。如今我花三年时间，做了这么个破玩意儿，真是得不偿失呀！”惠子听闻后，非常赞同墨子的看法，说“墨子大巧，巧为輗（ní），拙为鸟”，意思是墨子真是手巧，但是他巧在做车销上，而笨在做鸟上。正是基于这种实用主义的观念，惠子才坚决反对一切“大而无用”之物，与庄子走了一条截然相反的学术道路。

惠子追求现实基础和实实在在的官职地位，而庄子追求人生自由和内心的纯真天性。这样两个选择是矛盾的，但是都有一定的道理。

整个庄子学说都建立在道的基础上，这就决定了它难免会带给人们一些虚无恍惚、实操性不强的感觉，对于社会实际生活也很难起到十分明显的作用。后来的实用主义大家韩非子更是直接批判："恬淡，无用之教也；恍惚，无法之言也。"（《韩非子·忠孝》）但需要明确的是，庄子的学说具有超功利的审美特征，它比先秦任何一家的学说都更能让人摆脱功利得失的束缚，从而达到一种审美自由的人生境界。

人的幸福感的提升，往往来自对功名的漠视。因为财富的多少有明确的数字，权力的大小也能在序列中比较，盯着这些实用主义指标的人，难免产生攀比和较量的心态——对损失感到厌恶，对收获不知满足，对没有得到的东西又心存执念……当内心被这些情绪充斥的时候，幸福是进不来的。相反地，积极拥抱自然之美，尽情感受天伦之乐，才是一个人灵魂底层最真实的需求。从这一点来看，庄子的学说正是以"无用"才显示出其"大用"，而惠施的功利眼光反而代表了大多数人浅薄而又局限的幸福观。

鸢飞戾天，鱼跃于渊，真正的天地大美需要用心去感受，千万不要让一份死了的"臭老鼠肉"去阻挡我们通往幸福的人生通道。

濠梁之辩：子非鱼安知鱼之乐，子非我安知我不知鱼之乐

《庄子·秋水》中"濠（háo）梁之辩"的故事原文：

庄子与惠子游于濠梁之上。庄子曰："鯈（tiáo）鱼出游从容，是鱼之乐也。"惠子曰："子非鱼，安知鱼之乐？"庄子曰："子非我，

安知我不知鱼之乐？”惠子曰：“我非子，固不知子矣；子固非鱼也，子之不知鱼之乐全矣！”庄子曰：“请循其本。子曰‘汝安知鱼乐’云者，既已知吾知之而问我。我知之濠上也。”

这个故事太有名了，说的是：有一天，庄子和惠子一起在濠水上游玩。庄子说：“你看那白鲦鱼，游得多么悠闲自在呀！这是鱼儿的快乐。”

惠子说：“子非鱼，安知鱼之乐？”你又不是鱼，你怎么能知道鱼的快乐呢？

庄子说：“子非我，安知我不知鱼之乐？”你不是我，你怎么知道我不知道鱼儿的快乐呢？

惠子说，“我非子，固不知子矣”，我不是你，固然不知道你是否知道；同理可证，“子固非鱼也，子之不知鱼之乐全矣”！你不是鱼，也不可能知道鱼是否快乐，是这么个道理吧？“全矣”在这里，不是说“庄子不能全然知道鱼的快乐”，而是惠子自负的一句话——“你看我这个逻辑完整，毫无漏洞吧？”

惠子的逻辑是，“你不懂鱼”跟“我不懂你”是一样的道理。所以，只要我承认“我无法懂你”，那么，你就得承认“你无法懂鱼”。听上去很有道理，可是庄子没掉入这个逻辑陷阱。

庄子说：“那我就顺着你的话来说吧！你刚才问我‘安知鱼之乐’，我从哪儿知道鱼的快乐呢？这还不简单，我站在濠水上方的石桥上知道的！”庄子抖了个机灵，用一个文字游戏搪塞了过去，把“你哪里知道鱼的快乐”解释成了“你在哪里知道鱼的快乐”——无法证明对方的质问，索性把问题简化。

一般认为，“濠梁之辩”的论证方法，存在诸多哲学认知及逻辑规则问题。在辩论中，庄、惠二人所持观点对立，且论证逻辑相异：在辩论内容上，庄子主张“知鱼之乐”，而惠子反对“知鱼之乐”；在论证方式上，惠子偏客观知识的逻辑分析，而庄子重主观审美的直觉体会。人家惠施有理有据地跟你分析，你却揪着人家的用词大做文章，难免有诡辩之嫌。

这组对话还有一种理解方式。从形式辩论的角度上说，惠施认为，自己可以让庄子自相矛盾，于是便说出了“我不是你，固然不知道你是否知道；但你也不是鱼，所以你不可能知道鱼是否快乐”。但他没想到，自己脱口而出之后，逻辑漏洞就被庄子发现了。“既已知吾知之而问我”，既然你已经默认“我知道鱼儿快乐”这个事实，又何必再来问“我是怎么知道的”呢？可见你不是真的有疑问，而只是问我现在在什么地方罢了。

这两个人的辩论，表面上看是好友之间的斗嘴，其实反映了两种思维方式的交锋：庄子代表了中国古典哲学中的形象思维和直觉思维，因为他对于事物的认知方式加入了自己的主观思考，尤其加入了自己的情绪心态；而惠施，更偏向西方哲学中的理性分析与逻辑推演，讲究排除主观臆断，尽量以完全客观的视角观察世界。

两者孰优孰劣，在不同语境下有不同的结论，但是在审美意识上，绝对是庄子更胜一筹。有学者以心性论和通感论为基石，把庄子的“知鱼乐”归结为一种审美心理的直觉认知。比如北大哲学系教授张岱年认为，庄子肯定“鱼之乐”，可以说是以类比为根据的直觉；而香港中文大学教授徐复观则以为，“我知之濠上”之“知”，即美学观照中的“直观、洞察”。也有学者认为，庄子是从感性通同的角度观看事物，惠子和庄子游于濠梁之上，“游”是心境，“濠梁”是美景。庄子的快乐经验所描述的不是某些孤立的主体，而是在叙述情境。换句话说，心情好，处处眼光明媚，就连鱼都跟着快乐。纵然无法证明鱼之快乐，但这样理解有何不可呢？

庄子重自由、重逍遥，从二人辩论的地点——濠梁，就能够看出这一点，历代文人多认为濠梁是“逍遥无待之境”的代名词，魏晋的《兰亭诗》就有“神散宇宙内，形浪濠梁津”的诗句。

人乐于濠梁之上，鱼乐于濠梁之下。庄子其实是通过这个寓言，阐发“物我均逍遥”的理念，也揭示了物我同在一片真机之中互相感应的道理。这一点，跟“河伯与北海若”的对话中“反其真”的主旨是相通的。由此可见，《秋水》这篇层层往复，环环相扣。

“天”“命”“名”就是庄子眼中的自然真旨，是涵养真性的力量源泉，任何时候都不能破坏甚至舍弃它们。如果能长久地保养真性，就能达到“天地与我并生，而万物与我为一”的至臻境界。因为大自然赋予万物的天性是相同的，如果你的天性没有被破坏，你就能了解世间万物的想法。

在庄子眼中，自己就是鱼儿，鱼儿也是自己，鱼儿和人对于自由的向往是一样的。如果能抛却功利，混同是非，那么我与天地万物的自然本性就是相通的。能让我快乐的东西，自然也能让鱼儿快乐，因此我当然知道濠梁之中自由穿梭的鱼儿是快乐的。

《秋水》一篇文字，历来被文论家所赞叹不已，被称“有气蒸云梦，波撼岳阳之势”（《南华雪心编》），“不可无一，不可有二”

（《庄子因》），笔力超绝，元气浑然，使人欲罢不能。南宋学者褚伯秀，评价《秋水》是“喻细大精粗之理，明道物功趣之观”（《南华真经义海纂微》）；明代道士陆西星也说“《秋水》篇论大不大，论小不小，说在人又不在人，文字开阖变化，如生龙活虎”（《南华真经副墨》）；清代方人杰，更是直接赞叹说“读《庄子·秋水》，真有潮海之势，浩浩荡荡，不见水端……后来文章之家，并未有此手笔”（《庄子读本》）。

《秋水》开篇用河伯和北海若的七番问答，铺展开一幅精美绝伦的天人画卷，引出万物大小、是非的相对性和人生贵贱、夭寿的无常性，进而得出要顺应天道、不损害真性方能全生的道理。之后六个小故事串联，分别说明“无以人灭天，无以故灭命，无以得殉名”的宗旨，尤其是后三个故事，更是庄子本人的真实写照。

庄子钓于濮水之上，宁做水中之龟，也不愿坐王侯之位。千百年来，庄子高洁的形象已经深入人心。他是否真的被楚王招聘为国相已经不再重要，重要的是庄子给我们开启了一条栖养心灵的人生道路，让我们知道，在功名利禄的攀附之外，还有另一种活法。

人应该有自己的信仰，这种信仰是任何现实条件都不能换取的。庄子用实际行动守护住了自己的节操与真性，如英国诗人拜伦所言：“我宁可孤立，也不愿把我的自由思想和王座交换。”

苏轼有一首词叫《卜算子·黄州定慧院寓居作》，其中有两句用来形容庄子，再合适不过：“拣尽寒枝不肯栖，寂寞沙洲冷。”庄子就是那非梧桐树不栖、非练食不食的神鸟，即便孤立于寒枝之上，也绝不与世俗同流合污。悠悠千古，此何人哉！千百年过去，河伯与北海若的问答之音依旧在耳边回荡。王国维说“境由心造，一切景语皆情语”，河伯之得意自美，是庄子冷眼看破的大千世界的芸芸众生相之一，既有怜惜，又有哀叹。若能自出存身之所、照见己丑，懂得世间天地非常人可探测，踏实走好脚下的每一步，那么也算不负庄子的一番苦心了。

《至乐》

妻子去世，庄子何为鼓盆而歌？

《庄子·至乐》中“鼓盆而歌”的故事原文：

庄子妻死，惠子吊之，庄子则方箕踞鼓盆而歌。惠子曰：“与人居，长子、老、身死，不哭，亦足矣，又鼓盆而歌，不亦甚乎！”庄子曰：“不然。是其始死也，我独何能无概然！察其始而本无生，非徒无生也而本无形，非徒无形也而无气。杂乎芒芴（hū）之间，变而有气，气变而有生，今又变而之死，是相与为春秋冬夏四时行也。人且偃然寝于巨室，而我噭（jiào）噭然随而哭之，自以为不通乎命，故止也。”

庄子晚年的时候，妻子死了，惠施前来吊唁。惠施虽然与庄子辩论了一辈子，但两人其实是高山流水遇知音的关系。因此这时候，惠施出于对老友的关心和礼数，特意来看望他。

谁知，惠施见到庄子的时候，他正叉开两腿，很随意地坐着，一边敲打瓦盆伴奏，一边唱歌。惠施很是诧异，对庄子的作为颇不以为然，说："你与夫人相伴一生，她为你生儿育女，消磨了青春，现在去世了，你没有伤心流泪也就罢了，怎么还在这里敲盆唱歌呢？这样做也太过分了！"

庄子止住喉咙，摇摇头对惠施说："不是这样的，我唱歌并不代表我很开心啊！人非草木，老伴儿刚刚离我而去的时候，我也是哀伤得很，怎么可能无动于衷呢？但是慢慢地，我冷静下来，想到她来到这个世界之前不仅没有生命，还没有形体；不仅没有形体，连气息都没有。

"她在混沌之中孕育出生，逐渐有了气，气变成形，再进一步才形成了生命，现在又重归于死亡。这从生到死的变化，就和春秋冬夏四季的运转一样。现在她安息了，沉睡在天地之间，而我却哭号不止，为她的死亡伤心。这样做，就像那些没有勘破生命道理的人一样了。想到这些，还有什么理由再哭泣呢？"

后世往往用"鼓盆"二字指代丧妻，但是庄子讲这个故事的真正目的，其实是想讨论一个亘古不变的人生课题——"如何看待生死"，或者说"如何看待死，如何从死看待生命、看待生"。

王羲之曾在《兰亭集序》中说，死生亦大矣，岂不痛哉。

人到了一定年纪以后，一般都会经历亲人的去世，至少也在新闻里看到过诸如地震、车祸之类的突发事件。死亡是未知，令人心生恐惧，也让我们认识到人生的有限。因此面对死亡的态度，决定了我们选择用怎样的方式活着，或者说，恰恰是死亡定义了生命。

在几乎所有人类文明中，死亡都是一件严肃的事情。如果认为庄子在失去至亲的时候唱歌，显得不严肃不庄重，那可就误会他了。我们的主流观念，总是秉持孔子“未知生，焉知死”的态度，很少公开谈论死亡；从“鼓盆而歌”这个故事中，我们却可以看到，道家是直面死亡的。这恰恰说明，庄子真正严肃地思考了这个问题。

那么庄子面对生死是怎样一种态度呢？他认为人生就像四季流转，每个人从无形中来，最后还要回到宇宙大生命中去。在《知北游》里也有类似的说法：“人之生，气之聚也。聚则为生，散则为死。”他认为人的存在是“气”的聚散所致。

在庄子生活的先秦时代，人们往往以为除了人世间，还有一个鬼神的世界在某种意义上操控着人类的命运。庄子对于生死的看法，可以说超越了时代，与生活在科技时代的我们心意相通。

假如人死后没有灵魂，肉身的消灭就是彻底的消亡，那么我们该如何安顿自己的心灵呢？庄子的回答是，世界万物本来就是一个整体，生死在普通人眼中好像是截然不同的两种状态。而如果用更高的视野看，它们也是相连相续的，死亡不是结束，而是生命的开始。

道家对生死很坦然，只要合乎自然，就欣然接受。这样的理解，化解了死亡带来的悲观情绪，体现了中国文化中固有的洒脱和达观，这正是道家的“以理化情”。

从孕育中华文明的先秦时代开始，我们的祖先就把智慧的目光投向人世间，不求助于神仙上帝，也不诉诸极乐世界，而是运用人自身所拥有的独一无二的理性，来面对人生的大问题。我们无法摆脱死亡，也不可避免为亲友的离世伤怀，但是我们可以通过理解死亡，视死如归，破除生的执迷、死的忧惧，使得情感获得抒发，人生得以超拔。

刚才讲的庄子的“生死观”，与本章的主题“至乐”有密不可分的关系。在这段故事之前，庄子提出了“人生的目的是否是寻求快乐”这样一个问题。如果答案是肯定的，那么怎样做才算是获得了快乐呢？他归纳道：普通人所羡慕的，无非是富有、尊贵、长寿、善名，而所追求的快乐也不外乎身安、厚味、美服、好色、音声。但其实，这些都不是最大的快乐。

拿今天我们的眼光来看，拥有金钱、名利，活得长久，当然是求之不得。为什么这些在庄子眼中都不是“至乐”，不是人生最大的快乐呢？延续《逍遥游》的观点，庄子认为这些东西都是身外之物，谋求富贵、寿善的误区恰恰在于人们总是“汲汲以求”，在“求”的过程中，身为所累。一旦生命本真不存在了，这些外物又有何所依托呢？终究是一场空罢了。

《红楼梦》里有一段史湘云对林黛玉说的话，最能说出个中缘由：“得陇望蜀，人之常情。……说贫穷之家自为富贵之家事事趁心，告诉他说竟不能遂心，他们不肯信的；必得亲历其境，他方知觉了。”贾府上下几百人，从最尊贵的贾母到众星捧月的贾宝玉都各不能称心如意，更遑论他人。

古往今来的那些帝王，九五之尊，富有四海，却仍不满足，还要求长生不老，最终不也落得个劳民伤财，误食丹药而亡，徒然成为笑柄。人的欲望无穷，而人的生命有限，一味为外物所驱使，人就会疲于奔命，也就失去了对自己生命真正的主宰。那些人们念念不忘的美食华服、声色犬马，在庄子眼中不过是官能的快乐、世俗的享乐，不是真乐。

真正的快乐之道，在庄子看来是“至乐无乐，至誉无誉”，也就是超越了流于表面的纵欲之乐，追求的是精神层面的快乐，不在乎世俗的评判标准。这种精神层面的快乐只能通过“无为诚乐”获得，唯有恬静淡然才是至乐。

庄子说：“得至美而游乎至乐，谓之至人。”（《田子方》）又说：“是故至人无为，大圣不作，观于天地之谓也。”（《知北游》）。取法天地，顺应自然。他所追求的就是至美至乐的理想境界，能达到这个境界的就是至人。天地无为，但是孕育出大千世界，万物纷繁丰盈，生生不息。

可以说，庄子在妻子去世时的“鼓盆而歌”，就是他自己作为“至人”的一种实践。我们每个普通人虽然不是“至人”，仍然可以心向往之，把那些将生死置之度外，或者因修养有得、免除了对死亡恐惧的人，作为自己的榜样，去思考自己对于生死的态度，并不断让自己更加坦然地面对死生问题。一旦从死生问题上理解庄子所谓“天地无为”的道理，我们也许就更有可能接近人生最大的快乐了。

庄子想帮髑髅重生，为何被严词拒绝?

《庄子·至乐》中“髑（dú）髅训庄子”的故事原文：

庄子之楚，见空髑髅，髐（xiāo）然有形，撽（qiào）以马捶因而问之，曰："夫子贪生失理，而为此乎？将子有亡国之事，斧钺之诛，而为此乎？将子有不善之行，愧遗父母妻子之丑，而为此乎？将子有冻馁之患，而为此乎？将子之春秋故及此乎？"于是语卒，援髑髅，枕而卧。夜半，髑髅见梦曰："子之谈者似辩士。视子所言，皆生人之累也，死则无此矣。子欲闻死之说乎？"庄子曰："然。"髑髅曰："死，无君于上，无臣于下；亦无四时之事，从然以天地为春秋，虽南面王乐，不能过也。"庄子不信，曰："吾使司命复生子形，为子骨肉肌肤，反子父母妻子闾里知识，子欲之乎？"髑髅深矉蹙頞（cù è）曰："吾安能弃南面王乐而复为人间之劳乎！"

话说有一次，庄子去楚国。他骑着马赶路，眼看太阳要落山了。忽然，路边出现了一具骷髅，有人的样子，但是非常空枯。他便下马走近，拿着自己的马鞭敲敲这个骷髅，发出空洞的声音。庄子想着这个骷髅原来为人的样子，问道："先生，你是贪图享乐，结果违背养生的常识，才一命呜呼的吗？还是生于末世，兵荒马乱，被斧钺砍死的呢？难不成是做了不道德的事情，愧对于父母妻儿，自杀的？又或者是缺衣少食，冻死饿死的？又难道是活到天年，自然死亡的吗？"

天色渐晚，于是庄子拿起骷髅头，放到自己身下，当枕头枕着睡着了。晚上，庄子在梦里见到了骷髅生前主人的样子，他对庄子说："听先生您的谈吐，感觉您应该是一位颇有口才的人。仔细想想您的话，您假设的这几种情形，都是活人才有的苦累，我都死了，不会再有这种痛苦。先生您有兴趣听听死人的情形吗？"

庄子欣然点点头。骷髅头的主人说："死了的人，没有君主在上，没有臣子在下，不会再有身份高低的差别了。死了的人，也没有四季流转的感觉，感受不到冷热，也不用承担春种秋收的工作，可以纵情欢乐，与天地共长久。这其中的喜悦，就算是当一国之君也比不上呢！”

庄子听了简直不敢相信，说：“我祈求掌管生命的神让你死而复生，变得有血有肉，把你带回原来生活的地方，让父母、妻子、邻里、朋友环绕如初。你可愿意？”听了此话，骷髅的主人皱起了眉头，苦恼地说：“我怎么可能放弃做九五之尊的快乐，又回到人间忙忙碌碌过一生呢？”

这个故事顺着“庄子丧妻，鼓盆而歌”的故事，继续讨论面对死亡的态度。“庄子鼓盆而歌”是让我们从理性上接受死亡这个现实，从情感上化解对死亡的悲痛；而“对话髑髅”这一则寓言，虚拟庄子与一具骷髅的对话，意在让我们破除生死之别的固执。

晚清刘凤苞的《南华雪心编》是集数百年《庄子》评点之大成者，在评价庄子“对话髑髅”的故事时说：“此段从髑髅发端，落想甚奇。……前幅层层诘问，感慨无端，如有悲风起于毫末；后幅说得生之劳，转不如死之快，正为贪生者唤醒痴迷也。”意思是，故事的前半段是庄子对髑髅提出的一连串问题，借由猜测髑髅的死因，列举了人生道路上可能遇到的各种命运。

哪几种命运呢？有的人虽然生长在太平年代，比如像我们生活在当下，却为了满足口腹之欲或者相信所谓的养生之术，结果误入歧途，不仅没能长寿，反而损坏了自己的身体；有的人没有那样的好运气，生逢乱世，就像庄子所处的战国时代，各个诸侯国兼并频仍，乃至有亡国之忧，身为平民百姓，更可能做了刀下的冤魂；还有的人在漫漫人生路上，没有时刻注意道德，放松了对自己的要求，做了贻害家人的事情，为了不牵连别人只能自杀。就像我们经常看到的腐化堕落的高官，生前煊赫一时，一旦落马沦为阶下囚则为万人唾弃……按照刘凤苞的说法，庄子给我们展示了生而为人可能遇到的嗜欲、战乱、困辱、饥寒、病老，甚至瞥见战国时代普通人的悲惨与痛苦，让人不禁感叹人生多艰、命运无常。

这个故事的后半段呢，髑髅的主人通过梦境复活，从一个超越了生死的视角重新去描述死亡，描述出一个没有等级压迫、不用辛劳工作、与天地共长久的死后世界。相比之下，活着的人则充满了忧惧，一味为外物所驱驰、为他人作嫁衣。因此髑髅的主人说，俗世间的最大快乐不过做皇帝，而做了皇帝也不如死人快乐。所以，庄子想把他带回人间，他二话不说，严词拒绝。

庄子在这里假借了髑髅的视角，其实是站在人死亡之后的时间点，回顾生前，对比生与死，通过死人世界的自由与安乐来警醒世人重新审视自己当下的生活，反思我们是否过于专注外在，而不关注自己的内心。

勘破生死是正视死亡——生亦何欢，死亦何苦。《齐物论》里也说过："予恶乎知说生之非惑邪！予恶乎知恶死之非弱丧而不知归者邪！"人都是要死的，我怎么知道留恋生命不是迷失，而害怕死亡则像孩子多年离家，反认他乡作故乡呢？就像髑髅的主人的态度，他安于死人的世界，反而不愿再回到人世间受苦了。

另一方面，勘破生死不是说活着不好，死了才是解脱。西晋玄学家郭象在《庄子注》中针对这个故事有一段精彩的评语："旧说云庄子乐死恶生，斯说谬矣！若然，何谓齐乎？所谓齐者，生时安生，死时安死，生死之情既齐，则无为当生而忧死耳。此庄子之旨也。"庄子主张齐物观，认为"万物齐一"，也就是在他眼中，大小、是非、美丑、生死、贵贱等都是没有分别的，是需要被超越的。我们之所以要去关注死亡，是为了更好地观照生活。

与髑髅对话、由死观生，这种写法想象力丰富，说理自然而不做作，被后世文人墨客所赞赏。由此，还出现了不少改编演绎版本。这些版本用阴阳对话的方式，来阐发作者对"活着"、对生命的观点。比如，东汉的张衡，就是那个发明地动仪，在天文、地理、数学、文学等多个领域都才华横溢的人，写过一篇《髑髅赋》，就借用了"髑髅训庄子"这个寓言故事的外壳。

这篇赋虚构了一个叫张平子的人。他周游九州各地，也在路边遇到了一具髑髅。这具髑髅的主人不是别人，姓庄名周，就是我们的庄子。这个髑髅对张平子说，"死为休息，生为役劳"，意思是人生苦难重重，政治黑暗，正义得不到伸张；死后反而与宇宙合为一体，没有七情六欲，浑然逍遥自在。就像庄子曾借髑髅之口阐述自己的生死观一样，张衡作《髑髅赋》也是借庄子之口，抒发自己处在黑暗现实中产生的悲伤情绪。无独有偶，三国曹植的《髑髅说》也化用了"髑髅训庄子"的前半段，表达了自己受到迫害之后的苦闷心情，以及想要追求精神解脱的意思。这两者都可以看作对这个故事的回应。

后来，"庄子叹髑髅"的主题还出现于戏曲、佛道施食仪式中，但已脱离故事原意，从"髑髅训庄子"演变成庄子对髑髅的说教。在汪曾祺著名的小说《受戒》中就提到和尚在法事中表演“叹骷髅”，属于佛教超度仪式的一种。古代还有一类“骷髅画”，包括南宋著名画家李嵩的《骷髅幻戏图》、清代“扬州八怪”之一罗聘的《鬼趣图》等，最早的源头也都是庄子写的这个故事。鲁迅的《故事新编·起死》也以这个故事为蓝本，活灵活现描绘了髑髅与庄子的一段对话，有的部分甚至可以作为这个故事翻译的参考。

鲁侯厚待宠物鸟，鸟儿为啥三天就死了？

《庄子·至乐》中“鲁侯养鸟”的故事原文：

颜渊东之齐，孔子有忧色。子贡下席而问曰：“小子敢问，回东之齐，夫子有忧色，何邪？”

孔子曰：“善哉汝问！昔者管子有言，丘甚善之，曰：‘褚小者不可以怀大，绠（gěng）短者不可以汲深。’夫若是者，以为命有所成而形有所适也，夫不可损益。吾恐回与齐侯言尧舜黄帝之道，而重以燧人神农之言。彼将内求于己而不得，不得则惑，人惑则死。

“且女独不闻邪？昔者海鸟止于鲁郊，鲁侯御而觞之于庙，奏《九韶》以为乐，具太牢以为膳。鸟乃眩视忧悲，不敢食一脔，不敢饮一杯，三日而死。此以己养养鸟也，非以鸟养养鸟也。夫以鸟养养鸟者，宜栖之深林，游之坛陆，浮之江湖，食之鳅鲦（tiáo），随行列而止，委蛇而处。彼唯人言之恶闻，奚以夫譊（náo）譊为乎！《咸池》《九韶》之乐，张之洞庭之野，鸟闻之而飞，兽闻之而走，鱼闻之而下入，人卒闻之，相与还而观之。鱼处水而生，人处水而死。彼必相与异，其好恶故异也。故先圣不一其能，不同其事。名止于实，义设于适，是之谓条达而福持。”

这个故事讲的是什么呢？孔子听说自己最为器重的弟子颜回要去东边的齐国实现自己的抱负了，不免闷闷不乐。另一位常侍老师左右的弟子子贡坐在一旁，看见老师的愁容，赶忙离开自己的座席，走到老师近前，关切地说：“学生请问，颜回要去东边的齐国，老师您知道后显得忧心忡忡，这是为什么呢？”

孔子说：“你问得好啊！齐国的先贤管仲先生曾经说过一句话，我深以为然。他说：‘太小的布袋装不下大东西，太短的绳子没法用来从深井里取水。’就像这些物件一样，每个人的性命也有它形成的道理，形体也各有它适应的地方，没法在后天再增减。我就是害怕颜回跟齐国的国君宣讲五帝三皇的言论。齐国国君照着这些古代贤王的样子反省自己，却发现自己根本做不到，一旦做不到就会困惑，他一困惑，颜回可就遭殃了。”

紧接着，孔子又对子贡说：“你有没有听过这样一个故事？从前，在鲁国首都曲阜的郊外，有人抓到一只海鸟，我们鲁国身处内陆嘛，海鸟是很稀奇的动物。当时的国君立刻派人迎接这只鸟入宫，供养在祖祠里，拿宫廷美酒给它喝，演奏最高级的乐舞《九韶》给它听，用祭祀用的牛羊猪肉喂它。结果这只海鸟被弄得头晕目眩、悲痛欲绝，一块肉也不敢吃，一杯酒也不敢喝，三天就死了。鲁侯这是用养人的方式来养鸟，而不是用养鸟的方法来养鸟。假如依照鸟类的习性，应该让它在茂林深处栖息，在水中沙洲上遨游，在江河湖海里漂浮，以小鱼和泥鳅为食，和同类生活在一起，自由自在。凡鸟都害怕听到人的声音，更何况处于喧闹的都市里呢！如果在洞庭湖边的野地里演奏《咸池》《九韶》这类尧舜朝廷里的音乐，一准儿吓跑所有飞禽走兽，连湖里的鱼也会躲藏到水底，只有人听了才会围拢过来欣赏。鱼在水里优游自得，可人在水里却无法呼吸。不同的事物禀赋各异，好恶也必然不同。从前的圣人不会强求所有的东西都有相同的能力，而是求同存异。万物都应名实相符，行事的道理由各自的天性决定。明白了这一点，命运才能条理通达而福分常在呀。”

这个故事可以视作庄子“齐物论”观点的进一步发展，也与《人间世》中孔子劝颜回不要随随便便去卫国推销仁义道德的故事相呼应。庄子把眼光落到人与其他生命的比较中，强调万物各自有形、各自有命，不可以违背客观规律，人绝不可以仅仅“以自我为中心”。

鲁侯给鸟儿提供了他心目中最好的待遇，不仅物质条件做到了顶级配置，还没忘记给予精神上的最高级享受。以人的生活尺度去看待鲁侯对鸟儿的做法，简直好到不能再好了，但是结果怎么样呢？三天不到，鸟儿就忧愤而死，可知以鸟儿的标准去看待，鲁侯提供的生活，简直不是鸟过的日子呀！

从这个寓言中，我们可以读出很多层次：

首先，最典型的是父母与女子的相处模式。父母担负养育子女的责任，就要常常反思是否做到了以孩子需要的方式来对待孩子。“有一种冷叫作你妈觉得你冷”，就很像鲁侯以养人的方法来养鸟：当父母的，以为这样做是关爱孩子，但对孩子来说，这种关爱可能已经超越了当下最迫切的需要，一旦过度反而成了束缚。类似地，孩子渐渐长大，有了自己的想法，选择了与自己志趣相投的朋友，父母是否能做到放手呢？在选择兴趣班、大学专业的时候，很多父母会从自己的视角给孩子提供所谓的帮助。但在信息发达的今天，父母的经验可能已经不再奏效，如果强迫孩子服从自己，反而有可能适得其反。

不仅在家庭教育中，在职场中也是如此。现在人们常常强调人的“情商”，所谓情商高在某种程度上就是能够设身处地，站在他人的角度上考虑问题，从而使问题处理得更加圆融，参与其中的人也会更加愉快。我们时刻面对领导、同事或者对外合作伙伴，需要协作完成各种复杂工作。如果每个人都站在自己的角度出发，自说自话，就很难达成共识，做不成事还伤了感情；但如果可以换位思考，多站在别人的立场上，反思自己说话办事的方式，不仅能减少摩擦，促使工作顺利完成，还能形成轻松愉快的工作氛围，让每个人都能享受工作。

这些都是鲁侯养鸟这则寓言带给我们的启示。

这段故事的后半段也非常精彩，庄子向我们揭示了如何避免这种固执于自我的状态。他说：“彼必相与异，其好恶故异也。故先圣不一其能，不同其事。名止于实，义设于适，是之谓条达而福持。”说的是，不同的事物具有不同的性质，就像不同的人具有不同的性格。因此待人接物的时候，需要尊重差异，根据不同人、事、物自己的特殊性去行事，不要“一刀切”，不要把自己的主观喜好强加上去。这样才能做到“不以物喜，不以己悲”，让生命独立于外物，心灵也不再受外物左右。这样就获得了庄子所谓的“至乐”。

相较于一味宣讲自己学说的颜回，或者说“知其不可而为之”的儒家，道家的态度则是“无为”。“无为”不是无所作为，而是依循人的自然本性，自由地生活，由此命运才能“条理通达而福分常在”。在这里，不被外物所拘束的心灵是一个结果。要做到这一点的前提是“洞察事物的本性”，也就是所谓的“认识你自己”，也就是格物致知，也就是“世事洞明皆学问”。

就像庄子在前面让我们理性看待死亡，从而战胜对死亡的恐惧一样，他指出一个人命运的通达在于掌握万事万物背后的逻辑，从而可以从容应对生命中的各种困境，进而达到逍遥于人世间的自由状态。

可见，道家所推崇的“天真自然”，不是如孩童时期的毫无雕琢、懵懂无知，而是在努力追求知识、明辨是非、理解人性之后，返璞归真的一种理性选择。这正是庄子哲学中处处闪现的智慧，给予人前进的力量。顺其自然绝非消极厌世的态度，而是让人做掌握自己命运的强者。

《山木》

不成材的大树活了下来，为何不成材的大鹅却被杀掉了？

《庄子·山木》中“材与不材”的故事原文：

庄子行于山中，见大木枝叶盛茂，伐木者止其旁而不取也。问其故，曰：“无所可用。”庄子曰：“此木以不材得终其天年。”夫子出于山，舍于故人之家。故人喜，命竖子杀雁而烹之。竖子请曰：“其一能鸣，其一不能鸣，请奚杀？”主人曰：“杀不能鸣者。”

明日，弟子问于庄子曰：“昨日山中之木，以不材得终其天年，今主人之雁，以不材死；先生将何处？”庄子笑曰：“周将处乎材与不材之间。材与不材之间，似之而非也，故未免乎累。若夫乘道德而浮游则不然，无誉无訾，一龙一蛇，与时俱化，而无肯专为；一上一下，以和为量，浮游乎万物之祖，物物而不物于物，则胡可得而累邪！此神农、黄帝之法则也。若夫万物之情，人伦之传，则不然。合则离，成则毁；廉则挫，尊则议，有为则亏，贤则谋，不肖则欺，胡可得而必乎哉！悲夫！弟子志之，其唯道德之乡乎！”

有一天，庄子与学生们一起在山中行走，看见一棵大树，树干粗壮、枝繁叶茂。但奇怪的是，一位伐木工明明拿着斧子、锯子站在树旁，却就是不动手去砍它。学生们问他，为什么不砍这棵树，伐木工就回答说：“这棵树不成材，拿它来干什么都不行，砍了也是白费力气。”庄子听后，笑着对学生们说：“你们看，这棵树不成材，反而能够免遭横祸，尽享天年。”

后来，庄子带着学生们出了山，来到老朋友家中做客，打算住上一晚。朋友很高兴，于是喊仆人赶紧杀只鹅，做一顿丰盛的晚餐，招待庄子。仆人问主人：“是杀那只会叫的鹅呢？还是杀那只不会叫的呢？”主人说：“当然是不会叫的那只了。”

第二天，有学生问庄子：“昨天山中的大树，因为‘不成材’得以活命；但是主人家的鹅，却因为‘不会叫’而丧命。那么请问先生，在‘成材’与‘不成材’之间，该如何立身自处呢？”

庄子笑着说：“我会选择处于‘成材’与‘不成材’之间这个位置。这个位置似乎比较稳妥，却也不是真正与大道相合，仍然不能免于拘束劳累。如果能顺应自然而处事，就不会这样了。

“在顺任自然的状态下，人就不会偏执于某一方面——既没有赞誉，也没有诋毁；可以像龙一样腾空出现，也可以像蛇一样隐藏蛰伏；可以随时前进，也可以随时后退；一切随时序而变，一切都顺应自然。像这样优游自得地生活在万物的初始状态，人就可以主宰外物，而不会被外物主宰。假如以这样的态度处世，又怎么会感到拘束劳累呢？这就是神农氏和黄帝的处世原则呀！

“如果固守外物的特殊情况和个人的生活习惯，那么生活状态就不是这样的了。因为有聚就有散，有成功就有失败；棱角锐利的话，就会遭遇挫折；身份显贵，势必被枪打出头鸟；有成就有作为，也必然有损失；贤能的人会被嫉妒、被谋算，而无能的人则会被欺负。怎么可以一定要偏于某一方面呢？可悲啊！所以弟子们记住了，不要刻意追求，凡事还是顺其自然吧！”

在这个寓言里，“没有用的树”和“不会叫的鹅”都是“不材”的，但是两者的结局却完全相反。不材之树，因为不材长寿；不叫的鹅，却因为不材而被杀。这就不禁让人思考：人生在世，到底应该追究成功，成为一个对社会有价值的人，还是平平凡凡、普普通通，自己过得开心快乐就好？

其实，受儒家文化的影响，中华文明向来强调积极进取、建功立业。在中国人心目中，如果不成材、不能对社会做出贡献，那么人生就是没有意义的。比如，父母骂考试成绩不好的孩子、老婆骂挣不了大钱的丈夫时，最常说的一句话就是：“你真没用！”

这种“有用”“没用”的功利主义观念，也已经深深嵌入我们的生活。小到看什么书、学什么乐器，大到学什么专业、嫁什么人，全都被“有用没用”这个标准裹挟着。前段时间，一位外卖小哥因为在商场里弹钢琴而意外走红，这本来是一件挺让人感动的事，但一位宝妈的发言却把事件风向带偏了。宝妈看了视频，决定再也不逼孩子学钢琴了，因为就算孩子琴棋书画样样精通，以后也不过是写字楼里的打工人而已！这位妈妈的话，不正反映了普通人教育观念里的功利主义想法吗？在很多家长的眼里，孩子的课余时间应该用在提升个人能力、增加升学筹码的活动上。一旦孩子想要玩耍或者休息，就认定他们在“故意浪费时间”，在磨蹭、在偷懒，长大了一定没有前途，会被同学比下去。

但庄子从一个全新的视角告诉我们，“成材”有可能“无用”，“不成材”也可能“有用”。这怎么理解呢？

先说“成材”。成材有用吗？有用，不然那只会叫的鹅，怎么能活下来呢？可成材任何时候都有用吗？当然不是，有时候，“成材”反而会给我们带来祸患。写出了千古名句“年年岁岁花相似，岁岁年年人不同”的唐朝诗人刘希夷，功成于此诗，命也丧于此诗。相传，刘希夷的舅舅宋之问是武则天跟前的红人、当朝权贵，他看到外甥的这句诗后赞不绝口，知道诗作还没公布于世，于是向外甥索要此诗，想据为己有。刘希夷不愿意，宋之问便恼羞成怒，命下人用土袋把外甥活活压死了。刘希夷去世时还不到 30 岁，这是典型的死于“成材”。这也验证了那句老话：“木秀于林，风必摧之；堆出于岸，流必湍之；行高于人，众必非之。”

被“成材”困扰的例子，在现代社会也比比皆是。流量时代，每个人都有可能在 15 分钟内成名，但流量给了一些人成名和曝光的机会，却也打乱了他们原本的生活，让他们的人生充满了浮华与喧嚣。当流量退去，他们的生活却只剩下一片狼藉，再也回不到最初的安定与淡然。成材对他们来说，或许真的不是一件好事。

说完了“成材”，再来看“不成材”。“不成材”没用吗？有的情况下，确实是没用的，否则庄子朋友家那只不会叫的鹅也不会被杀了。

那“不成材”是否也会有“有用”之时呢？当然，上学时，那些写小说、画漫画、玩游戏的行为，都是“无所事事”“无用之功”以及“不务正业”的代表。但有时，恰恰是这些不务正业和无用之功，用另一种方式成就了我们。

就说写小说吧，工科男刘慈欣曾经是一名电力工程师，业余时间写一些“无用”的小说。那个年代，看小说和写小说都是长辈们深恶痛绝的无用之事，但正是这“无用”之事，最终成就了刘慈欣，使其成为“中国科幻第一人”。所以，当下无用，将来可能有大用。

“苹果之父”乔布斯也很认同这一说法，他应邀出席斯坦福大学的毕业典礼并发表演讲时曾说过，上大学时，他觉得找不到学业的价值，所以决定退学。这让他不必去上那些“有用”但枯燥的必修课，而是可以旁听那些看起来“无用”但很有意思的课程。他选择了书法课程，学会了如何改变不同字母组合的间距，学会了如何通过书法传递出美感与艺术感。这些经历在当时完全看不到什么实用价值，但是十年以后，当他设计苹果电脑时，这些美丽的字体喷涌而出，成了苹果电脑的一个大卖点。

说到底，“材”与“用”都是相对的，大树的“不成材”对木匠而言是“无用”的，对大树自身却是有用的；乔布斯的书法学习在当时是“无用”的，在创业时却是“有用”的……世界变化得太快，时光也会改变很多东西。总是固执地以一个标准来评判事物，既不是明智之举，也不是处世之道。

况且，万事万物原本也没有“有用”与“无用”的差别，是人的主观判断，给它们打上了“有用”“无用”的标签。但这种刻意的判断未必就符合事实，也未必能达到令我们满意的结果。与其如此，倒不如顺从内心、顺其自然。当不再执着于“有用无用”“成材与否”时，我们收获的或许不只是平静的内心，还有自由的灵魂。

市南宜僚见鲁侯：我们在意的事物，正是我们烦恼的根源

《庄子·山木》中“市南宜僚拜见鲁侯”的故事原文：

市南宜僚见鲁侯，鲁侯有忧色。市南子曰：“君有忧色，何也？”

鲁侯曰：“吾学先王之道，脩先君之业；吾敬鬼尊贤，亲而行之，无须臾居；然不免于患，吾是以忧。”

市南子曰：“君之除患之术浅矣！夫丰狐文豹，栖于山林，伏于岩穴，静也；夜行昼居，戒也；虽饥渴隐约，犹且胥疏于江湖之上而求食焉，定也；然且不免于罔罗机辟之患。是何罪之有哉？其皮为之灾也。今鲁国独非君之皮邪？吾愿君刳（kū）形去皮，洒心去欲，而游于无人之野。南越有邑焉，名为建德之国。其民愚而朴，少私而寡欲；知作而不知藏，与而不求其报；不知义之所适，不知礼之所将；猖狂妄行，乃蹈乎大方；其生可乐，其死可葬。吾愿君去国捐俗，与道相辅而行。”

君曰：“彼其道远而险，又有江山，我无舟车，奈何？”

市南子曰：“君无形倨，无留居，以为君车。”

君曰："彼其道幽远而无人，吾谁与为邻？吾无粮，我无食，安得而至焉？"

市南子曰："少君之费，寡君之欲，虽无粮而乃足。君其涉于江而浮于海，望之而不见其崖，愈往而不知其所穷。送君者皆自崖而反，君自此远矣！故有人者累，见有于人者忧。故尧非有人，非见有于人也。吾愿去君之累，除君之忧，而独与道游于大莫之国。方舟而济于河，有虚船来触舟，虽有惼心之人不怒，有一人在其上，则呼张歙（xī）之，一呼而不闻，再呼而不闻，于是三呼邪，则必以恶声随之。向也不怒而今也怒，向也虚而今也实。人能虚己以游世，其孰能害之！"

故事说的是，市南宜僚去拜见鲁侯，看到鲁侯面带忧色，一副忧心忡忡的样子。问及原因，鲁侯解释道，自己努力学习先王治国的办法，精心经营先君的事业，用心敬仰鬼神、尊重贤能，事事身体力行，一刻也不敢休息，可还是免不了祸患。对此，他深感忧虑。

市南宜僚说："你消除忧患的办法太浅薄了！你看那皮毛丰美的大狐和花纹夺目的豹子，它们栖息于深山老林里，潜伏于岩穴山洞中，这些地方够幽静了吧？不但如此，它们白天留在洞穴里，晚上才出来行动。这样做，警惕性够高了吧？它们哪怕饥渴难耐，也要隐藏身体、潜藏踪迹，还要远离各种足迹，到江湖上觅求食物，这够谨慎、够稳定吧？然而即便做到了此种地步，它们还是不能免于罗网和机关的灾祸。所以，这两种动物本身又有什么罪过呢？只不过是它们自身的皮毛给它们招来了灾祸啊！

"如今的鲁国，不就是为你鲁君带来灾祸的皮毛吗？我希望你能破开身形、舍弃皮毛，荡涤心智、摒除欲念，进而遨游于没有人迹的原野。遥远的南方有个地方，名字叫作建德之国。那里的人民淳厚而又质朴，很少有私欲；他们知道耕作却不知道储备，帮助别人但不图回报；他们不明白怎样才合于义，不懂得怎样才算是礼；他们随心所欲、任意而为，竟能各自行于大道；他们生时自得而乐，死时安然而葬。我希望国君你也能舍去国位、抛弃俗物，跟大道相辅而行。”

鲁侯说：“那里道路遥远又艰险，还有江河山岭阻隔，我没有可用的车辆和船只，怎么办呢？”

市南宜僚说：“国君不要容颜高傲，不要墨守滞留，你可以将这种态度作为你的车辆。”

鲁侯说：“那里的道路幽暗遥远又无人行经，我跟谁做伴呢？我没有米粮，没有食物，怎么能够到达那里呢？”

市南宜僚说：“如果能减少你的耗费，节制你的欲念，哪怕没有粮食，也是足够的。你渡过江河、浮游大海，一眼望去看不到涯岸，越向前行便越发不知道它的穷尽。送行的人都从河岸边回去，你也就从此离得越来越远了！

“所以说统治他人的人，必定受劳累；受制于别人的人，必定会忧心。而尧帝从不役使他人，也从不受制于人。我希望能减除你的劳累，除去你的忧患，只跟大道一块儿遨游于太虚的王国。

“假如你合并两条船来渡河，一条空船突然撞了过来，那么即使是心胸最狭窄、性子最火急的人，也不会发怒；但假如有一个人在那条船上，那人人都会大声呼喊呵斥，让来船后退；倘若呼喊一次没有回应，呼喊第二次也没有回应，那么第三次就一定会骂声不绝。刚才不生气而现在却气急败坏起来，这是因为刚才船是空的，而现在船上有人。一个人如果能以‘虚己’的态度悠游于人世，谁又能伤害他呢？”

在这篇寓言里，庄子进一步论述了如何远离祸患，虚静内心。

有人说，生活就是一件麻烦事接着一件麻烦事，总有无穷无尽的烦恼。这不，贵为国君的鲁候，也会因为国事忧心忡忡，难得内心安宁。不过，市南宜僚一语指出，国君头上的王冠、手中的权力，才是他所有祸患的源头。这就好比森林里的狐狸和豹子，哪怕行动得小心翼翼，但丰美的皮毛还是会引来猎人的追杀。

所以，想要消除人世间的烦恼，首先要消除的，就是我们对欲望的执着。在这个小故事里，国君的地位、皮毛的华美，其实都代表了外在欲望。其实，一直到今天，我们也在汲汲追求着这些欲望，追求着名利、声望、财富、地位以及美貌，甚至在很多人心里，它们就是“成功”的代名词。但庄子认为，这些所谓的标签，就像动物的皮毛，只会带给我们灾祸，让我们不得不劳心费神、谨小慎微、战战兢兢地生存，难以获得心灵的平静。

所以，庄子借市南宜僚的话语提出，我们要摒除外在欲念，让心灵在没有人迹的原野上自由遨游。这里，市南宜僚还提出一个“建德之国”的世外桃源。其实，这个建德之国不在别处，就是我们的心间。若是内心没有了对欲望的执着、对欲望的固守，那又怎么会有烦恼和忧愁呢？就像那首诗所说：“若无闲事挂心头，便是人间好时节。”

除了外在的欲望，我们的烦恼还常常来源于自我。这里市南宜僚举了两条船的例子。如果一条空船撞上了你，你大概率不会特别生气，顶多说一句今天有点倒霉。但是如果一条有人的船撞上你，你找他讲理，他还爱理不理，我猜你一定火冒三丈。两件事的结果是一样，都是你的船被撞了，但只是发生的过程不一样，你的心态就产生了截然不同的变化。这样的事在现实里也经常有。公交车上被人踩了一脚，有的人会觉得，司机刹车踩得急，别人也不是故意的，一句“对不起”就行了；但有的人偏偏会觉得，别人就是故意的，就是揪着对方不放，最后闹得自己和对方都没有好心情。

所以说，有时候伤害我们的不是事情本身，而是我们对事情的看法。婚姻里，常常有人觉得伴侣对自己不够关心、不够爱自己，可是换个角度想想，对方早出晚归、努力赚钱，不正是用行动表达了关心和爱意吗？很多时候，是我们放大的自我，歪曲了我们对事实的判断。所以庄子提出，虚空内心、放下小我，以这样的态度来拥抱生活，我们的烦恼和忧愁就会自然散去。

北宫奢赋敛为钟：既要坚定目标，也要顺其自然

《庄子·山木》中“北宫奢替卫灵公征集捐款以铸造钟器”的故事原文：

北宫奢为卫灵公赋敛以为钟，为坛乎郭门之外，三月而成上下之县。

王子庆忌见而问焉，曰：“子何术之设？”

奢曰："一之间，无敢设也。奢闻之，'既雕既琢，复归于朴'，侗乎其无识，傥乎其怠疑；萃乎芒乎，其送往而迎来；来者勿禁，往者勿止；从其强梁，随其曲傅，因其自穷，故朝夕赋敛而毫毛不挫，而况有大途者乎！"

故事说的是，北宫奢替卫灵公征集捐款以铸造钟器，在城外设了祭坛，钟器三个月就完成了，并挂在上下两排的架子上，此句中"县"通"悬"，意思是悬挂。王子庆忌见到这种情况，便问道："你用什么方法做到的呀？"北宫奢说："只是精诚专一，顺其自然而已。专心研究、打磨的同时也要遵循事物的发展规律。不强迫他人，让每个人都可以遵循自己的意志做力所能及的事。所以，尽管从早到晚地征集捐款，人民也没有受到丝毫的损伤。那些遵循大道的人也是这么做的！"

在这篇寓言里，庄子通过北宫奢募捐这件小事，再次阐述无为而治的道理。

世界上最难的事情是什么？是把自己的想法放到别人的脑袋中，把别人的钱放进自己的口袋里。但这里，庄子却为我们讲述了一个让别人心甘情愿募捐的例子。

说起募捐，大家都不陌生，从小到大，我们多多少少都有过募捐的经历。但有些募捐不仅具有强制性，还规定最低捐款额，捐款后还公示。一番操作下来，很少有人捐得心甘情愿。而北宫奢募集捐款铸钟，不但三个月就完成了任务，还让人民的生活丝毫不受损伤，这种让双方都满意的方式可以说是充满了智慧。

那他是怎么做的呢？有心募捐我不拒绝，不愿意捐的我也不强行摊派，让每个人按照自己的能力和意愿，顺其自然，既满足有心者的善意，也照顾无能力者的贫苦。最后，达到了一种所有人都满意的状态。这其实有点类似现在兴起的互联网自助捐助。这些捐助平台把受捐者的情况清晰列出，大家看完信息自主捐款。有能力者可以捐款，没能力者不捐的同时也可以选择转发，让更多人看到求助信息。这样一来，捐款者和转发者都收获了助人的快乐，受捐人也获得了救助，这就是好的设计。

这种方法，用北宫奢的话说，就是精诚专一又顺其自然。这是很有哲理的一句话，既是做事的准则，也是管理的道义。它告诫我们，做事时目标要专一，但过程要顺其自然。

现在很多人一到年初，就在朋友圈立新年目标，这些目标往往都有一长串。但真的到了落实环节，可能哪个都做不好。目标太多会分散精力，且目标之间也会出现矛盾的情况。比如过上精致生活和控制消费之间，就会存在冲突。所以，做事情的时候精诚专一，某一段时间内认定一个目标并专注于此，反而是最明智的选择。

目标立好了，行动中还要注重顺应自然。比如说，一个团队的领导者制定好团队的关键绩效指标后，就应该充分放权，给予团队人员充分的信任和自主权。现在很多企业，严抓打卡考勤和关键绩效指标，把员工管得死死的。但这种严格的管理真的能让员工发挥最大能动性吗？未必。在论述互联网的加班文化时，一位网友分享了自己的经历：老婆分娩当天，连续加班一个月的他匆忙赶到医院。在产房外焦急等待的他，突然接到老板电话。他告诉老板，老婆正在生孩子。老板却说："又不是你生孩子，立刻赶回公司。"这样没有人情味，也不顺应自然之道的管理，很难让员工从心底认同！

在庄子看来，万事万物都应该顺其自然，管理也应该践行“无为之治”。国际上很多著名的互联网公司，在管理上也都遵循着这一点。谷歌、微软这些企业上班不用打卡，也没有强制的工作时间，员工只要完成工作任务即可。如果舍不得家里的猫猫狗狗，想带着宠物来上班，也完全可以。在这里，评判的唯一标准就是结果。只要你解决问题、完成任务、达成目标，那公司就不在乎你究竟身处何地、工作多久，这就是“精诚专一又顺其自然”。

北宫奢以顺其自然的态度对待民众的募捐，其实也是再次阐释了庄子顺应自然、无为而治的观点。庄子从自然的运行和发展中体会到了自然而然、和谐有序的真谛。天地并没有苦心劳神经营，但四时运行、万物生长，皆自然而然。所以庄子在《至乐》里说道：“天地无为也而无不为也。”庄子“无为”思想的核心是合乎本真的自然之道。而庄子的“无为”，又何尝不是对当时社会的反思？

庄子的时代，社会上充斥着执着于现实功利的“有为”，充斥着扰民害民的“有为”，充斥着饱含私欲的“有为”。就像文中提到的募捐，在很多地方已经异化为“强捐”“重税”。庄子提出“无为而治”的主张，就是要遏制统治者充满私欲的胡作非为，遏制伤害民众的肆意妄为，遏制充满功利的为所欲为。“无为”的实质，是对现实政治中“变异之为”的反思和批评。

而在今天，这种反思和批判，对于我们的生活同样具有重要意义。就拿教育来说，我们当下的教育充满了太多的“有为”，父母们望子成龙、望女成凤，不管孩子的特质，一味地跟风随大流：别人报班我也报，别人学琴我也学，别人出国我也出。但是每一个孩子的特质都是不同的，有的对昆虫感兴趣，有的则对植物感兴趣；有的充满想象力，有的则天生对数字敏感。如果忽略孩子自身的特质和兴趣，只是一味地按照标准化的模式来培养，对孩子的成长未必有好处。真正的教育，应该是充分地了解孩子，挖掘孩子的特性，发扬孩子的特长，按照孩子的特性来培养。更重要的是，我们要对孩子有合理的预期。有的孩子就是资质平平，成不了人中龙凤，但顺乎自然，健康快乐地成为一个普通人，也没有什么不好。就像庄子所说的，“既雕既琢，复归于朴”。不管一个事物如何精雕细琢，复归质朴才是本真。这是自然之道，也是无为之本。

孔子为什么辞别亲友弟子，逃到深山旷野里了呢？

《庄子·山木》中“孔子围困于陈蔡之间”的故事原文：

孔子围于陈蔡之间，七日不火食。

大公任往吊之曰：“子几死乎？”曰：“然”。

“子恶死乎？”曰：“然。”

任曰：“予尝言不死之道。东海有鸟焉，其名曰意怠。其为鸟也，翂（fēn）翂翐（zhì）翐，而似无能；引援而飞，迫胁而栖；进不敢为前，退不敢为后；食不敢先尝，必取其绪。是故其行列不斥，而外人卒不得害，是以免于患。直木先伐，甘井先竭。子其意者饰知以惊愚，修身以明污，昭昭乎若揭日月而行，故不免也。昔吾闻之大成之人曰：‘自伐者无功，功成者堕，名成者亏。’孰能去功与名而还与众人！道流而不明居，德行而不名处；纯纯常常，乃比于狂；削迹捐势，不为功名。是故无责于人，人亦无责焉。至人不闻，子何喜哉？”

孔子曰：“善哉！”辞其交游，去其弟子，逃于大泽；衣裘褐，食杼栗；入兽不乱群，入鸟不乱行。鸟兽不恶，而况人乎！

故事说的是，孔子被围困在陈国、蔡国交界的地方，七天七夜没有生火煮饭。大公任前去看望他，问：“你快要饿死了吧？”孔子说：“是啊。”大公任又问：“你讨厌死吗？”孔子也回答：“是的。”

大公任说：“我来谈谈不死的方法。东海里生活着一种鸟，它的名字叫意怠。这种鸟啊，飞得很慢，好像没有力气似的。它总是随群而飞，栖息时跟别的鸟挤在一起；前进时不敢飞在最前面，后退时不敢落在最后面；吃食时不敢先动嘴，总是吃别的鸟剩下的。所以它在鸟群中从不受排斥，人们也终究不能伤害它，因此它能够免于祸患。再想想生活里，长得很直的树木总是先被砍伐，甘甜的井水总是先枯竭。所以，毫不掩饰地炫耀自己，就像是举着太阳和月亮走路，必然会招致灾祸。从前我听悟得大道的人说过：‘自吹自擂的人反而没有功绩，功成不退的人必定毁败，名声彰显而不知韬光养晦的必定会遭到损伤。’谁能够摈弃功名而归于平凡呢？大道广为流传，而个人韬光隐居；道德盛行于世，而个人不求声名；纯 朴而又平常，就跟愚狂的人一样；削除形迹，放弃权势，不求取功名。这样的人不会去谴责他人，也不会受到他人的责备。那些道德修养极高的人都不求闻名于世，你为什么偏偏喜好名声呢？”

孔子说："说得实在好啊！"于是辞别朋友故交，离开众多弟子，逃到山泽旷野；穿兽皮麻布做的衣服，吃柞树和栗树的果实；走进兽群，兽不惊乱，进入鸟群，鸟不惊飞。连鸟兽都不讨厌他了，何况是人呢？

在这篇寓言里，庄子认为身处乱世，就应该抛弃功名、与世无争，这样才可以保身免祸。他借孔子的故事，再次阐述了无欲无用、因顺自然的处世哲学。

"在陈绝粮"是《论语·卫灵公》中的故事。当时孔子周游列国，困于陈、蔡之间，十分窘迫。《论语》中，孔子的弟子子路不解地问道："难道君子也有穷困的时候吗？"孔子回答说："君子即便身处逆境，也会固守内心的操守。"在儒家的话语体系里，孔子用这个经历来阐释君子的个人修养问题，认为真正的君子能够安贫乐道、贫贱不移。可以看出，这个事件的本义是"固守"。但在《山木》里，庄子却对这一事件进行重新演绎，安排了大公任出场，与孔子进行了一段对话。

这个故事接续着生死的话题，上来就将问题抛给孔子，您怕死吗？这里的孔子，可不是《论语》里"朝闻道，夕死可矣"的儒家孔圣人了，而是庄子笔下的一个"工具人"。他很顺承地接过了话：怕死。接下来，任公举了一个"东海之鸟"的故事，来说明如果远祸安身，就能避免死亡。

这种东海之鸟名字叫作意怠，其实就是一种燕子。在大公任的描述中，这种鸟看起来笨笨的，不怎么聪明的样子。它总是飞得很慢，而且很胆小，总是和其他鸟挤在一起。既不出头，也不断后。吃饭时也是不争不抢，绝对是鸟中的"老好人"！我们都知道，鸟类大多成群而飞，这样既可以减少阻力，也可以避免被天敌袭击。这种处事方式，说得文雅点叫“和光同尘”，说得直白些就是“随大流”。意怠这种笨笨傻傻、不争不抢的样子，让它在鸟群中从不受排挤，躲在鸟群里人们也不会捉到它。看得出，东海之鸟一定不是“鸟中翘楚”，也不是“鸟中孬种”，它只是鸟群里最平平无奇的那一类。但这种普通，反而让它的生命得以保全。

今天我们都耻于做一个普通人，都想成为精英，成为人群中最夺目的一个。其实，就生存的智慧而言，太过优秀对个体的生存是不利的。在庄子看来，金钱名利、身份地位，这些都是外在之物。为了这些外在之物耗费心神、损耗身体，是非常不明智的。但当一个人取得一定的成就、拥有一定的社会地位时，也意味着承担更多的责任，他也将不得已负重前行。而如果你选择做一个普通人，不争不抢、不疾不徐，无欲无求、悠然自在，在无忧无虑中享受生命，这也未尝不是人生的一件幸事。所以大公任劝诫孔子，不要热衷于功名，这也是避免死亡的根本道义。

可以看出，庄子的这种再演绎是具有很强的针对性的。他将儒家强烈的担当精神放在一个批判的位置，认为儒家宣扬刻意进取、功成名就是一种对“自我”的过分执着。这种执着只会让世间麻烦不断、祸害不断。这既非自然之道，也非全身之道。身处乱世，与世无争、和光同尘，不汲汲于功名，才是大道之根本。

在这个故事的最后，孔子辞别朋友，遣散弟子，逃到山泽旷野，以自然为食，以鸟兽为伍，成为一个弃智绝世的隐逸者。这里虽是庄子的杜撰，但道家尊崇的这种“弃智”，却在后世发展成为一种尊崇愚者的观念。

在中国文化中，有许多著名的隐逸者和癫狂者。例如唐代著名的诗僧寒山，穿着破衣服，戴着桦树皮做的帽子，吃些寺庙的残羹冷炙，还喜欢和孩子们一起玩，说的话也不可捉摸，完全就是一副隐者和愚者的形象。但他的白话诗却深富哲理，充满机趣，受到后世人的喜爱。宋朝著名的书画家米芾也是一位癫狂者，他曾经穿着礼服去拜见一块岩石，与岩石“称兄道弟”，并称岩石为“石丈”，因此得了个“米颠”的名号。即使在皇帝面前，这种“颠”也完全不收敛。据说有一次他在御前为宋徽宗写字，一眼瞧上了皇上的砚台。看皇上正高兴，一把将皇上心爱的砚台装入怀中，弄得墨汁四处飞溅，还对皇上说：“此砚臣已用过，皇上不能再用，请您就赐予我吧？”宋徽宗看他如此喜爱此砚，又爱惜其书法，不觉大笑，将砚赐给了他。当然，中国人民最熟知的疯癫形象，要数疯和尚济公了。“鞋儿破、帽儿破，身上的袈裟破……无烦无恼无忧愁，世态炎凉皆参破。”这首著名的《济公之歌》，将中国文化中背离传统、弃绝智慧的大智之人形象勾勒了出来。

他们和本篇中的孔子一样，从人生的迷恋中清醒过来，用放浪形骸表达对世俗的不屑，在大智若愚中体悟生命的境界。理解了他们的精神世界，你或许就理解了他们的“愚”，而这也正是道家所谓的“大智若愚”。

林回舍弃价值千金的璧玉，背着婴儿就跑，为了什么呢？

《庄子·山木》中“林回弃千金之璧”的故事原文：

孔子问子桑雩（hù）曰：“吾再逐于鲁，伐树于宋，削迹于卫，穷于商周，围于陈蔡之间。吾犯此数患，亲交益疏，徒友益散，何与？”

子桑雩曰：“子独不闻假人之亡与？林回弃千金之璧，负赤子而趋。或曰：‘为其布与？赤子之布寡矣；为其累与？赤子之累多矣。弃千金之璧，负赤子而趋，何也？’林回曰：‘彼以利合，此以天属也。’夫以利合者，迫穷祸患害相弃也；以天属者，迫穷祸患害相收也。夫相收之与相弃亦远矣。且君子之交淡若水，小人之交甘若醴（lǐ）；君子淡以亲，小人甘以绝。彼无故以合者，则无故以离。”

孔子曰：“敬闻命矣！”徐行翔佯而归，绝学捐书，弟子无挹（yì）于前，其爱益加进。

异日，桑雩又曰：“舜之将死，真命禹曰：‘汝戒之哉！形莫若缘，情莫若率。缘则不离，率则不劳；不离不劳，则不求文以待形，不求文以待形，固不待物。’”

故事说的是，有一次，孔子问子桑雩：“我两次被鲁国驱逐出境，在卫国被禁止居留，在商、周两地穷困潦倒，又在陈国和蔡国之间受到围困。我遇到这么多灾难，亲朋好友反而更加疏远了，弟子也离我而去，这是为什么呢？”

子桑雩回答说：“你没有听说过林回弃璧的故事吗？他舍弃了价

值千金的璧玉，却选择背起婴儿逃跑。有人猜测他是为了钱财而选择婴儿，但婴儿的价值又太低了；有人猜测他是害怕被拖累，但相比于璧玉，婴儿又显得更加累赘。舍弃璧玉，背着婴儿逃跑，实在是不明白他是为了什么。林回回答说：‘价值千金的璧玉跟我只是利益相连，而这个孩子跟我则是骨肉相连。’在危险和困难面前，利益相合的会相互抛弃，而以天性骨肉相连的则会相互包容。抛弃与相互包容差别实在是太大了。君子的交谊淡得像清水一样，小人的交情浓得像甜酒一样；君子淡泊而心灵亲近，小人甘甜却利断义绝。大凡无缘无故而接近相合的，也会无缘无故地离散。”

孔子说：“我会诚心接受你的指教！”于是漫着步子，闲放自得地走了回来，终止了学业，丢弃了书简。弟子与老师之间无须揖拜的礼节，但他们对老师的敬爱反而更加深厚了。

有一天，桑雽又说：“舜快要死的时候，告诉夏禹：‘你要警惕啊！和顺的形态与率真的情感是最好的。顺应就不会背离，率真就不会劳苦；不背离不劳神，那么也就不需要用纹饰来装扮身形；无须纹饰来矫造身形，当然也就不必有求于外物。’”

在这篇寓言里，庄子提出，人与人的关系，不能只建立在金钱的基础上，而要靠道义、靠友情来维系。

在故事的开篇，孔子发出了一个灵魂拷问：“我这么好，为什么我的亲人和朋友，却和我越来越疏远了呢？”对于孔子的发问，相信我们也很有共鸣。在当下这个压力空前的社会，我们常常也会感慨，越长大越孤单：同父母有代沟、与朋友有距离、和同事不交心。那些曾经的好友，因时间和距离，走着走着就散了。人际关系的疏离感，造成了当代人内心的“空巢”。所以，今天的我们和当年的孔子，一样困惑。那有没有解决之道呢？

子桑雽没有正面回答，而是讲了一个林回弃璧负子的故事。国破家亡，人人四散而逃。情急之下的林回，放弃了价值千金的宝玉，只背着自己的婴孩逃跑了。有人很不理解，觉得林回的选择不是明智之举，毕竟婴儿不值钱，还会拖累自己。看得出，这是典型的功利主义思维，以利害得失做选择判断。

但林回不这么看，他认为，自己和宝玉的关系是“以利合”，是靠金钱利益结合在一起的关系。有利益时就很亲密，没有利益时就疏远，这样的关系是不可能共患难的。而与孩子的关系是“以天属”的，是靠骨肉情义结合在一起的，是可以生死与共的情意。林回的回答是典型的道义思维，以道义来看待事物。

林回的故事探讨的其实是尚利与尚义这两种交际方式。这两种思维和交际方式，也广泛存在于现今社会。说到靠金钱关系结合在一起的朋友，就不得不提《了不起的盖茨比》这本书了。新晋富豪盖茨比靠着无偿的奢华晚宴，汇聚了纽约城里的各类名流。那些不请自来的人像一只只飞蛾，聚拢在披着金钱外衣的盖茨比周围。但是当盖茨比意外身亡时，曾经的宾客们竟然没有一个人愿意参加他的葬礼。这便是金钱所维系的人情关系，脆弱得不堪一击。而靠情义和道义维系的关系则不然。《三国演义》中，刘关张三人桃园结义，自此将忠义两个字贯穿三国始终，关云长即使深陷曹营，也不为金钱美色所动，毅然过五关斩六将，以忠义回馈刘备的兄弟之情。这样的关系，坚如磐石，不可动摇。

接下来，子桑雽说出了那句千古名言："君子之交淡若水，小人之交甘若醴。"以情义结交的关系，淡如清水，虽然滋味不好，却可以天长地久；靠利益结交的关系，滋味浓烈，却不可以持久。所以，利益关系和情义关系，两者之间有着天壤之别。可惜的是，人们在生活中却总是重利益而轻情义、亲小人而远君子。这是我们所要警惕的！

所以，故事的最后，孔子听懂了子桑雽的话，终止了学业，丢弃了书简，也不再让学生恭恭敬敬地立于身前。而是凭借着心中的道义和行为的操守，让学生们对自己的敬爱更加深厚了。

故事的最后，桑雽又借舜的话，提出"缘形""率情"的主张。他认为好的关系要顺应自然，率真秉性。那些靠外在事物假意撑起的关系，既不长久，也不牢靠。这段话将人际关系的维持再次上升到了哲学的高度。有人觉得这句话难以理解，其实对应着上面林回弃璧负子的例子，就很好理解了。

林回的宝玉代表了名利等外物，这些物质看似有用，可以在短时间内帮我们稳固人际关系、站稳脚跟，但是他们终究只是外物。就像红楼梦里的贾宝玉，身为贵公子时人人都争相结交，他们喜欢的难道真的是贾宝玉这个人吗？他们喜欢的只是荣国府"宝二爷"这个名号罢了！现在也是如此，人们往往有一种误区，就是把平台的影响力当成自己的能力。我们工作的公司、所处的行业、见过的名人，这些外面的光鲜让我们周围集结了一批恭维者，我们也很容易变得飘飘然起来，觉得自己收获了一堆朋友。可事实真的如此吗？当我们离开了平台，失去了这些外在的标签，那些曾经的关系网也会逐渐坍塌。说到底，他们喜欢的只是那个位置上的人，而不是你。这正是庄子所说的“固不待物”的原因所在。

说完了林回的宝玉，再来看林回的婴儿，婴儿所代表的是林回与其之间自然流露的真情——亲情。双方的情感是建立在天然的血脉联系上的，喜欢的是双方真实的人，而不是附在身上的标签和光环。只有真实情感的交流，才能让内心获得真正的充实与快乐。

所以，回到开篇的问题，怎么解决人际的疏离呢？真心给予、顺其自然便是答案。

腾猿处势：想要有所成就，除了努力，你还需要时代和平台

《庄子·山木》中“腾猿处势”的故事原文：

庄子衣大布而补之，正絜系履而过魏王。

魏王曰：“何先生之惫邪？”

庄子曰：“贫也，非惫也。士有道德不能行，惫也；衣弊履穿，贫也，非惫也；此所谓非遭时也。王独不见夫腾猿乎？其得楠梓豫章也，揽蔓其枝而王长其间，虽羿、逢蒙不能眄睨（miǎnnì）也。及其得柘棘枳枸之间也，危行侧视，振动悼栗；此筋骨非有加急而不柔也，处势不便，未足以逞其能也。今处昏上乱相之间，而欲无惫，奚可得邪？此比干之见剖心征也夫！”

一次，庄子身穿一件打着补丁的粗布衣服，工整地用麻绳绑着破鞋，去见魏王。

魏王见了说："先生为什么这样困顿呢？"

庄子说："这是贫穷，不是困顿。读书人身怀道德而不能够推行，是困顿；衣服坏了、鞋子破了，才是贫穷。这就是所谓的生不逢时。大王难道没见过那善于腾跃的猿猴吗？当它们生活在楠、梓、豫、章等高大的乔木上时，可以随意攀缘着树枝，自由自在地生活其间，就连神箭手羿和逢蒙也无可奈何。当它们来到柘、棘、枳、枸这类刺丛中时，却一步也不敢随便行动，左顾右盼，心里充满恐惧。这并不是它的筋骨变得僵硬不敏捷了，而是所处的环境不利，无法施展它的才能。如今处于昏君乱臣的时代，要想不困顿，怎么可能呢？比干遭到剖心的酷刑，就是对这种情况最好的证明啊！"

据《史记》对庄子的介绍，我们可以知道，庄子的家境并不富裕，他只当过漆园令这样的小官，生活其实是非常贫苦的。通过这一篇的描写，我们或许可以对庄子的贫苦以及贫苦的根源有更深的了解。

庄子见魏王时，是穿着粗布大衣，衣服上还打着补丁。穿的鞋子连带子都没有，只能用麻绳系着，足以见得他生活的窘迫。《外物》中还记载了庄子因为贫穷向监河侯借粟的故事。但庄子却是个很有骨气的人，人穷而志不穷。面对魏王的讥讽，他直言不讳，表明自己不是困苦，只是单纯地贫穷。他也不以自己的贫穷为耻，反而讥讽魏王说：处在昏昧的国君和暴乱的臣子之中，怎么能不遭受困苦的命运呢？与其效忠于这些热衷征讨杀伐的国君，倒不如自得其乐，逍遥于自在世界。这是庄子的选择，也是庄子的无奈。

在文中，庄子用了"非遭时也"四个字来解释自己的境遇。这四个字翻译一下，就是生不逢时的意思。那什么叫生不逢时呢？庄子说了，你看那善于跳跃攀缘的猿猴，若是它生活在高大的乔木之间，就可以借助藤蔓自由跳跃、称王称霸；可如果它生活在灌木丛里，攀缘的优势无从发挥，哪怕再强壮，也只能是担惊受怕。所以，哪怕猿猴自身并没有变化，但所处环境的变化，也会实实在在影响它能力的发挥。

庄子不也是这样吗？这么伟大的一位思想家，若是生在文事鼎盛的朝代，必定是才堪大用。就是生活在今天，也是绝对的意见领袖。可惜生活在充满了争斗、算计和杀戮的乱世，他就像行走在灌木丛里的猿猴一样，既发挥不了自己的长处，又要警惕灌木丛里的刺，还要担心猎人们的追捕。生不逢时的他，改变不了外面的世界，唯一能做的，就是保持清澈自在的内心。

说到生不逢时，就不得不提南宋的辛弃疾。我们现在提起辛弃疾，第一想到的是他的词作。那一首首的豪放词，气魄宏大、豪迈慷慨，优秀得让人以为他是个满腹才学的白衣文士。但辛弃疾本人一定不会喜欢我们对他的这种“刻板印象”。因为他内心真正向往的是驰骋战场、收复失地、为国杀敌。21 岁那年，出生于沦陷区的他便武装起义，开始了战场生涯。他先是只身斩杀叛贼义端和尚，后又率领五十骑兵勇闯五万金兵的大营，生擒叛贼张国安，策反一万叛军，全身而退。但就是这样一个渴望为南宋建功立业的热血战士，却生在了重文轻武、尚和怕战的宋代。一身的军事才华，却只能在地方上做着剿匪、治乱的工作，一身的抱负只能诉诸笔端，以写胸中块垒。“想当年，金戈铁马，气吞万里如虎”，“醉里挑灯看剑，梦回吹角连营。

八百里分麾下炙，五十弦翻塞外声，沙场秋点兵”，辛弃疾的词中有河山、有豪气，更有生不逢时的悲慨。

接下来，我们再进一步探讨下“生不逢时”中“时”这个概念。在这个故事里，庄子其实也是在论述人与时的关系。庄子提到的“时”，其实可以从两个维度来理解：从大处着眼，“时”可以理解为时代；从小处着眼，“时”可以理解为环境或者是我们今天所说的“平台”。

先来看“时代”。今天的我们，比任何人都明白时代对于个人发展的重要性。小米公司的创始人雷军曾说过：“站在风口上，猪都会飞。”这句话的意思是说，只要是把握住时代机遇，顺应时代潮流，哪怕是不会飞翔的猪，也能在风里飞上一会儿。人生何尝不是如此呢？庄子和辛弃疾生不逢时，一腔才华无处可施。相反，若能生逢其时，可能更容易成功。

看看当下的互联网巨头们，哪一个不是赶上了时代的红利，才快速赢得了成功？那时的中国互联网正处于发展期，无需太多创新，只需要把西方已经出现的模式改头换面，投向中国市场，就可以挖得一桶金。2000年以后，凡是和房地产相关的行业，也基本都赚了个盆满钵满，这就叫“生逢其时”。而在战乱国家，即便你有再惊人的天赋，再伟大的才能，身处乱世，也没有发挥的机会。

再来看平台。这里就不得不提到李斯了。当年李斯还不是秦国丞相时，在老家当了个小官。有一天，他在办公地附近厕所里，看见几只老鼠在翻东西吃。一有人来，老鼠就慌慌张张地四下奔逃。后来，李斯看到粮仓中的老鼠吃的是囤积的粟米，住的是宽敞的大屋子，还不用担心人或狗的惊扰，于是感慨道：“人生如鼠，环境不同，命运不同啊！”之后他便外出求学，并选择为能够成就自身的秦国效力，终成一番事业，辅佐秦始皇统一六国，这就是著名的仓鼠哲学。如果李斯当初一直在楚国上蔡当一名小官，那他的能力再出众也无法施展。这也告诉我们，在实现个人抱负的道路上，选择合适的平台十分重要。就像庄子，虽然未能在那个时代实现政治抱负，但他著书立说，在思想界的平台上成就了自己。

所以说，顺其自然，顺应自己的心性，又何尝不是一种“生逢其时”呢？

孔子穷困得七天没有吃热饭了，为什么还悠然唱歌呢？

《庄子·山木》中“孔子受困于陈国、蔡国之间”的故事原文：

孔子穷于陈蔡之间，七日不火食，左据槁木，右击槁枝，而歌猋（biāo）氏之风，有其具而无其数，有其声而无宫角，木声与人声，犁然有当于人之心。

颜回端拱还目而窥之。仲尼恐其广己而造大也，爱己而造哀也，曰：“回，无受天损易，无受人益难。无始而非卒也，人与天一也。夫今之歌者其谁乎？”

回曰：“敢问无受天损易。”

仲尼曰：“饥渴寒暑，穷桎不行，天地之行也，运物之泄也，言与之偕逝之谓也。为人臣者，不敢去之。执臣之道犹若是，而况乎所以待天乎！”

“何谓无受人益难？”

仲尼曰：“始用四达，爵禄并至而不穷，物之所利，乃非己也，吾命其在外者也。君子不为盗，贤人不为窃。吾若取之，何哉！故曰，鸟莫知于鷾鸸（yì ér），目之所不宜处，不给视，虽落其实，弃之而走。其畏人也，而袭诸人间，社稷存焉尔。”

“何谓无始而非卒？”

仲尼曰：“化其万物而不知其禅之者，焉知其所终？焉知其所始？正而待之而已耳。”

“何谓人与天一邪？”

仲尼曰：“有人，天也；有天，亦天也。人之不能有天，性也，圣人晏然体逝而终矣！”

故事说的是，孔子受困于陈国、蔡国之间，整整七天不能生火就食。他左手靠着枯树，右手敲击枯枝，还唱起了神农时代的歌谣。不过他敲击的声响却并不合于音乐的节奏，敲木声和咏歌声分得清清楚楚，而且还恰如其分地表达出了唱歌人的心意。

颜回恭敬地站在一旁，转过脸偷偷地看孔子。孔子担心他把自己的道德看得过于高远而夸大其实，看到自己如今这个样子而感到哀伤，便安慰他道：“颜回，不受自然的损害容易，不接受他人的利禄则比较困难。事情的开始与结束是相互转化的，起点即是终点，终点也是起点，人与自然原本也是同一的。那么现在唱歌的人是谁呢？”

颜回说：“我冒昧地请教一下，为什么说不受自然的损害容易呢？”

孔子说：“饥饿、干渴、严寒、酷暑，穷困不通，这些束缚使人事事不能通达，但它们都是天地的运行、万物的变迁，是随着天地万物一块儿变化流逝的。做臣子的，不敢违抗国君的旨意。对待君命都能执守勿违，何况是对待自然呢？”

颜回又问：“为什么说不接受他人的利禄比较困难呢？”

孔子说：“初被任用，办什么事都觉得顺利，爵位和俸禄一齐到来，不会困顿。但是这些外物带来的好处，并不属于自己，只不过是因为机遇而一时得到了这些外物罢了！君子不会做劫盗的事，贤人也不会去偷窃，我若要获取外物的利益，又是为了什么呢？所以说，鸟儿没有比燕子更聪明的了，燕子看到不宜停留的地方，就不会再看第二眼，即便是衔在口中的食物掉在了地上，也会果决放弃，立即飞走。它们害怕人，却进入人的生活圈子，只不过是将它们的巢暂时筑在人的房舍罢了。”

颜回又问：“为什么说事情的开始又是结束呢？”

孔子说：“万物生灭，变化无穷，不知是谁替代了谁，而谁又为谁所替代，怎么知道它从哪里结束、从哪里开始呢？只不过是谨守正道，顺其自然地变化罢了。”

颜回又问：“什么叫作人与自然原本也是同一的？”

孔子说：“人类的出现，是由于自然；自然的出现，也是由于自然。人不可能具有自然的本性，是人固有的天性所决定的。圣人安然地体悟天道常行的变化，自然而然地结束生命！”

这一故事紧接上一部分“庄子是贫穷非困苦”的论述，讲述了孔子面对困境的心态和表现，并借孔子之口提出，即使身处逆境，也要顺其自然。

庄子经常假借孔子的故事来论说自己的思想，这次也不例外。孔子被围困在陈蔡之间，七天都没能吃口热的，还随时有性命之忧。普通人要是面临这种情况，大概率会黯然神伤，感慨命运不济。但孔子拿着简陋的枯木和树枝，敲击着唱起了神农时代的歌谣。虽然这歌既没有节奏，也不合音律，但孔子歌唱并不是为了合乎音律节奏，只是为了表达心中的坦然与从容。既然当下的事情无可改变，又何必为其忧虑呢？随顺自然就好了。

这一部分里，孔子深陷困境，却击枯枝而歌，这个飘然的形象本身已经表达出本篇的内涵。之后的答颜回之问，只是再三强调罢了。

我们知道，颜回是对孔子最敬仰的学生。看到敬爱的老师七天吃不上热饭，还拿着破树枝唱起了不在调上的歌，回想起老师以往的伟岸，再看看现在的“落魄”，对比之下，颜回难道不会觉得更伤心、更失落吗？

孔子也怕他这么想，于是就安慰他：“无受天损易，无受人益难。无始而非卒也，人与天一也。”意思就是说，饥渴寒暑、穷困不得志这种遭遇其实并不可怕，它们只是自然运行过程中产生的结果。就像花开花落一样，只是正常现象，没什么好伤心和失落的。人也是自然的一部分，所以我们只要顺其自然就可以了。真正可怕的是命运里的“爵位利禄”，这些本是身外之物，但它们会扰乱我们的心智，让我们产生贪婪和争夺的欲念。而大多数人又很难经受住它们的诱惑。

想想生活里，我们常说“共苦容易同甘难”，其实也是这个道理。面对自然的困苦，我们通常可以转化为磨砺，在困苦中变得愈发强大。但是苦尽甘来，欲望和诱惑也变得多了起来，无法抵御它们，就会渐渐失去自我。

为了进一步阐述自己的道义，孔子提出了“燕子的处世之道”，倡导我们向这种鸟儿学习。

孔子认为鸟类中最有智慧的莫过于燕子了。鸟都怕人，所以大多把巢筑在深山或高树上。但燕子很特别，它虽然也畏惧人，却仍在人居住的房檐筑巢。它们用自己独特的智慧，赢得了与人类的和平共处。燕子在屋檐下，让人类不会将它作为珍禽异兽而追杀圈养且屋檐的高度可以与人类拉开距离。这让燕子不仅保持了自己的独立，还赢得了人们的信任和好感。

燕子与人类这种既亲近又独立的距离感，便是它处事的大智慧。人类也应如此，对现实中的功名利禄，要保持一定的距离感，切不可失了本真，丢掉了纯真的内心。

反观另一种喜欢亲近人类的鸟——麻雀，却没那么招人待见了。它们也生活在屋檐下，却不懂得与人类保持距离。它们总是成群聚集，叽叽喳喳吵个不停，还破坏人类的庄稼，直接侵扰人类的生活。所以，当燕子被人们喜欢和歌颂时，麻雀却一度与老鼠、蚊子、苍蝇一起被列为“四害”，被人们厌弃和追捕。麻雀的这种习性和遭遇也警示我们，对功名利禄这些身外之物不可过分执着，也不可过分亲近，否则就会为自身带来祸患。

总之，生死穷通，不过都是自然的安排，与其执着于身外的爵位利禄迷失自我、混淆心智，倒不如像梁间的燕子一样顺应自然，穷、死不忧，通、生不乐。这就是这则故事的寓意。

“螳螂捕蝉，黄雀在后”，我们该如何面对弱肉强食的丛林法则？

《庄子·山木》中“螳螂捕蝉，黄雀在后”的故事原文：

庄周游于雕陵之樊，睹一异鹊自南方来者，翼广七尺，目大运寸，感周之颡而集于栗林。

庄周曰：“此何鸟哉，翼殷不逝，目大不睹？”

蹇裳躩（jué）步，执弹而留之。

睹一蝉，方得美荫而忘其身；螳螂执翳（yì）而搏之，见得而忘其形；异鹊从而利之，见利而忘其真。庄周怵然曰：“噫！物固相累，二类相召也！”捐弹而反走，虞人逐而谇（suì）之。

庄周反入，三月不庭，蔺且从而问之：“夫子何为顷间甚不庭乎？”

庄周曰：“吾守形而忘身，观于浊水而迷于清渊。且吾闻诸夫子曰：‘入其俗，从其俗。’今吾游于雕陵而忘吾身，异鹊感吾颡，游于栗林而忘真，栗林虞人以吾为戮，吾所以不庭也。”

故事说的是，庄子到雕陵的栗树林里游玩，看见一只怪异的鹊从南方飞来，翅膀宽达七尺，眼睛直径有一寸长。它碰到了庄子的额头，然后停在了一棵栗树上。

庄子说：“这是什么鸟呀，翅膀大却飞不远，眼睛大视力却不敏锐？”于是提起衣裳快步上前，拿着弹弓，想寻找机会射它。

这时突然看见一只蝉，正在浓密的树荫里美美地休息，以至于忘记了自身的安危。它的身后，一只螳螂正用树叶做隐蔽，打算见机扑上去，但它没有注意到躲在身后的怪鹊。那只怪鹊认为此时正是啄食螳螂的好时机，却没有注意在它身后的庄子。它们都只贪图眼前的利益，而忘记了自身的性命安危。

看到这儿，庄子心中一震，说："啊，这些动物之间相互吞食，就是贪图小利所致的呀！"庄子于是扔掉弹弓，转身快步离开。刚走几步，看守栗园的人就从后面追了上来，他以为庄子是偷栗子的，便过来盘问。庄子回到家中，一连三天都闷闷不乐。弟子蔺且就问他："先生为什么这几天来一直不高兴呢？"

庄子回答说："我太过在意外物的形体，而却忘记了自身的安危。我明白"螳螂捕蝉，黄雀在后"的道理，但没想到自己也是其中的一环。而且我听说'每到一个地方，就要遵从那里的习惯与禁忌'。如今我来到雕陵栗园，被一只怪鹊碰到了额头，便想要射它，却忘了自身的安危，结果被当成小偷侮辱了一顿，所以我才不高兴的。"

在这篇寓言里，庄子认为，人世总是处在不停的斗争之中。但在残酷的斗争中，不要只看利益，也要保护好自己。利益唾手可得的时候，也要时时警惕背后的算计。

在这个故事里，庄子为我们贡献了一个赫赫有名的成语——螳螂捕蝉，黄雀在后。这个成语非常形象，它既是对自然丛林法则的客观反映，也蕴含着深刻的哲理。

首先，来看自然丛林法则。庄子从观察中，看到了自然界中存在的法则：大鱼吃小鱼，小鱼吃虾米，虾米吃淤泥。每一个物种都是食物链中的一环，都处于争夺和被争夺之中。自然界本身就是一个充满争斗的地方，想要保全自身，远离祸害，必须有高度的警觉意识。人类社会也是如此，小到一个人，大到一个国家，也都在无形之中被这种“丛林法则”所支配着。庄子生活的那个时代尤其如此，大家会为了争夺权力、资源等征伐杀戮，残酷程度一点也不亚于自然界。

正是透过表象看到了社会的本质，庄子才对现实保持一种冷峻的态度。就像故事里，庄子悟到世界上的物类原本就是这样相互牵累、相互争夺，所以他的下意识反应是扔掉弹弓转身快步离去。庄子的这个动作，反映的何尝不是他想要跳脱出丛林法则的愿望呢？理解了这一点，我们就会发现，他的学说都是为了超越现实困境，获得生命的自由。他并不是消极避世，而是从自然中，为人类这一物种寻找存世之道。

其次，从人生哲理上说，庄子也在警惕人们不要“见得而忘其形”“见利而忘其真”。庄子看到，物与物之间既是互以为利，又是互以为害的。也就是说，任何事情都有两面性。但人们最常犯的错误，就是见利忘害、顾前不顾后，这是相当危险的。对此，我们至少要做到以下三点：

一是要权衡利弊。螳螂本身是非常警觉的动物，但看见蝉时，只醉心于蝉的美味，却忘记了自身的安危，所以身处黄雀的包围之中而浑然不知。其实，生活里的我们又何尝不是那只蝉呢？一些大学生为了追求名牌，满足自己的虚荣心，会不顾实际消费能力申请一些非正规的网络贷款。结果被诈骗，深陷债务危机，甚至造成了一系列悲剧。这何尝不是现代版的“螳螂捕蝉，黄雀在后”呢？所以，在做任何事情前，都一定要思虑周全，对事情进行充分的权衡，最大限度地做到趋利避害。

二是要居安思危。世界永远处于变化之中，即使当下是平安的，也不能掉以轻心，而是要时刻想到可能会出现的危险，并提前做出应对。国家如此，企业如此，个人更是如此。在这一点上，华为可谓是一个标杆。近几年，华为遭到美国政府极其不公正的制裁，就在所有人都为华为捏把冷汗的时候，华为绝地反击，迅速启用了十余年前便投入研发的备用方案，有效确保了华为大部分产品的战略安全与连续供应。长期以来居安思危、未雨绸缪的战略远见和奋斗创新精神，让华为打了一个漂亮的绝地反击战！我们也要学习这种忧患意识，在竞争型的社会中时刻保持一种警觉，不得利忘害，最大限度地保护好自己。

三是要放眼长远。如果螳螂捕蝉前先观望一番，确保自身不会有性命之忧，再悄悄布局捕蝉，那它就不会成为别人的盘中餐了。这也提醒我们，在生活中也要把目光放得长远一些。新手司机和老司机的区别，就在于新手司机永远只关注眼前的事物，所以不能在快速行驶的过程中收放自如。老司机则将视线放在远处，对将要发生的拐弯、并线等了然于胸，所以也就更加从容。人生的其他事情何尝不是如此？小到一个项目，大到人生规划，都需要这种长远的眼光。

总之，这则寓言告诫我们，要时刻保持清醒的头脑，权衡利弊、居安思危、放眼长远，切不可得意忘形，让胜利冲昏头脑。

贵恶贱美：为什么丑妾受到宠爱，美妾却被冷落呢?

《庄子·山木》中“贵恶贱美”的故事原文：

阳子之宋，宿于逆旅。逆旅人有妾二人，其一人美，其一人恶，恶者贵而美者贱。

阳子问其故，逆旅小子对曰：“其美者自美，吾不知其美也；其恶者自恶，吾不知其恶也。”

阳子曰：“弟子记之！行贤而去自贤之心，安往而不爱哉！”

话说有一天，杨朱到宋国去，住在一家旅店里。旅店主人有两个妾，其中一个长得很漂亮，另一个却丑陋不堪。可是旅店主人偏偏宠爱那个长相丑陋的，长得漂亮的却常受冷落。

杨朱很不理解，便问这其中的缘故，店主就回答说：“那个长得漂亮的自以为漂亮，但我却不觉得她漂亮；那个长得丑陋的自以为丑陋，但我却不觉得她丑陋。”

杨朱转身对弟子说：“你们记住！品行高尚却又不自以为贤明的人，到哪里不会受到敬重和爱戴呢？”

故事的开篇，庄子讲述了一个非常反常但也非常有趣的故事。面对一丑一美两个妾，旅店主人却做出了与常人不同的选择。为什么会出现这种情况呢？很明显，旅店主人更注重内在。当别人只看到丑妾形貌上的丑陋时，他看到的却是她身上的优秀品质：也许是持家有道，也许是勤俭朴素，也许是待客有方，也许是善良温柔……总之，他真正看到了这个人身上的美好特质，并发自内心地欣赏她。反观那位外表美丽的妾侍，虽然生了一副好皮囊，但丈夫却一点也不觉得她美丽。这大概率也是因为她自己的品行有些问题。她也许是恃美而骄，十指不沾阳春水，养成了好吃懒做的习惯；也许是上不敬父母，下不爱幼童。总之，她的内在一定比不上她的外在，以至于丈夫觉得她一点也不美丽，从而冷落了她。

其实，在这个故事里，美和丑都有两层内涵。客人们看到的美和丑，都是外在；而丈夫心中的美和丑，则是内在。所以，外表丑的妾侍，因为优异的内在，成了丈夫眼中的美人；而外表美的妾侍，却因为不太好的内在，成了丈夫眼中的丑女。道家常讲，要“得意忘形”，摒弃事物外在的躯壳，看到事物的内在。旅店老板所言，恰恰就是对“得意忘形”最好的注解。

从另一个方面而言，美和丑都是一种主观感受，就像客人眼中的美丑，与旅店主人眼中的美丑是不一样的。“甲之蜜糖，乙之砒霜”，对你来说很美好、很适宜的事物，对别人也许就是致命的伤害了。审美这件事也是如此，比如外国人觉得丹凤眼的亚洲女性很美，但亚洲人自己却不这么觉得。传媒大亨默多克的前妻邓文迪、脸书创始人扎克伯格的老婆普莉希拉·陈，也都不是中国主流社会认可的长相，可是她们却无一例外被丈夫赞颂为很美丽的女人。所以，在这个世界上，没有唯一的美，也没有绝对的丑，我们不应该陷入对外貌的过分执着中。

这一点，对于我们当今的生活，也具有重要意义。流量时代的来临，放大了社会对美的关注，明星、网红、练习生更是催生了大众对于高颜值的推崇。在这种情况下，整个社会陷入对高颜值的疯狂追求之中，整容整形、服饰穿搭、护理美容，“美丽经济”蒸蒸日上。在“美丽为王”“美好易得”的背景下，大家不仅对“丑”失去了包容度，对美的欣赏也变得单一化和模式化，大眼睛、高鼻梁、尖下巴等“网红脸”特质成了美丽标配。可是道家的老子就曾说过：“天下皆知美之为美，斯恶矣。”意思是说，当天下的人都认为美好的东西是美好的时候，它就变成丑恶的了。因为自然界中并没有美丑之分，美与丑是以人的观念来衡量的。当所有人都认同一种美，排斥其他类型时，这就是不正常的。一个健全的社会，应该是尊重每一个人的审美。而我们也不应以自己的标准去要求和衡量别人，这个世界本来就应该是“各美其美、美美与共”。

这个故事也告诉我们，美与丑都是外在的躯壳，懂得忘形，才能收获真谛。我们常说，“好看的皮囊千篇一律，有趣的灵魂万里挑一”。能像旅店主人一样，透过外表看到对方的内在，才是我们每一个都要修炼的秘籍。其实，在婚姻中，外表的美和丑都会在时间中变得逐渐模糊。能让婚姻有质量地走下去的，是人品、智慧、教养、性情。对于这一点，看看脸书创始人扎克伯格的妻子普莉希拉·陈就知道了。从外表颜值看，扎克伯格的妻子极为普通。但就是这样一个女孩，从贫民窟奋斗到哈佛大学，身上满是坚毅与善良。她喜欢小孩，是一名优秀的儿科医生；热爱公益，将大部分财产用于儿童慈善。在丈夫创业初期，她还义无反顾地加入他的团队，在精神和物质上为他提供最大帮助。对此，扎克伯格评价道：“我爱她的上善若水与真实质朴。我爱她的表情：强烈而又和善、勇猛而又充满爱，有领导力而又能支持他人。我爱她的全部，我和她在一起，感觉很舒适、很自在、很放松。”瞧，他们之间的联结纽带，绝不是美貌和金钱，而是美好的内在。

故事的最后，杨朱从容貌美丑过渡到了道德品质，认为如果一个品行贤良的人不居功自傲，那他去到哪里都会受到敬重和爱戴。讲得通俗一点就是，做人不要太自鸣得意，而是要谦和有度，这样的人自然会受到人们的喜欢。

比如杭州图书馆的拾荒老人，因在图书馆里认真读书而被推到了“镜头”前。一年后，他不幸车祸身亡，人们才知道他的真名叫韦思浩，本是一名体面的退休教师，每月有5000多元的退休金，但他仍然坚持捡垃圾过日子。他将所有的积蓄都以“魏丁兆”的化名捐给了寒门学子，甚至还自行写下了遗体捐赠承诺书。而所有的这些，都是女儿在整理他的遗物时才发现的。心中怀大爱，深藏功与名，这份低调内敛的大爱，虽然未曾言说，却让人从心中钦佩。这样的人不正是杨朱口中的贤者吗?

懂庄子 任逍遥

杂篇

有书 编著

by You Shu

新世界出版社
NEW WORLD PRESS

目 录

《庄子·杂篇》

《列御寇》

《徐无鬼》

《外物》

《庚桑楚》

《庄子·杂篇》

《列御寇》

列御寇之齐：无能者无所求，与众不同不是错

《庄子·列御寇》中“列御寇之齐”的故事原文：

列御寇之齐，中道而反，遇伯昏瞀（mào）人。伯昏瞀人曰：“奚方而反？”曰：“吾惊焉。”曰：“恶乎惊？”曰：“吾尝食于十浆，而五浆先馈。”伯昏瞀人曰：“若是，则汝何为惊已？”曰：“夫内诚不解，形谍成光，以外镇人心，使人轻乎贵老，而赍其所患。夫浆人特为食羹之货，无多余之赢，其为利也薄，其为权也轻，而犹若是，而况于万乘之主乎！身劳于国而知尽于事，彼将任我以事，而效我以功。吾是以惊。”伯昏瞀人曰：“善哉观乎！汝处己，人将保汝矣！”

列御寇也被称为列子，是战国时期道家学派的代表人物，在老子和庄子中间起着承上启下的作用。他一生不求名利、不进官场，只

想潜心研究学问，在庄子的寓言当中大都以正面形象出场。在前面的《逍遥游》中，“御风而行，泠然善也”说的就是他。

话说有一天，列御寇到齐国去，走到半路就回来了。我们知道，春秋战国是中国历史上的一个政治大分裂时期，同时也是一个文化的井喷期。尖锐的社会矛盾，让无数有识之士开始思考社会问题的解决之道，由此形成了儒家、道家、墨家、法家等诸多学派百家争鸣的局面。各家各派的理论主张不同，但相同的是，他们都需要推广和落实自家的主张。所以，当时的士人阶层就延续了周游讲学的风气，不断出差到各地进行学术交流。列子去齐国，应该也属于这种日常的交流学习。可是他为什么走到一半就要返回呢？别着急，有人替我们问了同样的问题。

话说，在回家的途中，列子遇到了伯昏瞀人。这个“伯昏瞀人”是春秋时期的一位贤明的隐士，很多经典中都曾出现过他的名字。不过，在这个故事中，“伯昏瞀人”只是为了阐述列子的思想而设置的一个“工具人”。

伯昏瞀人见到中途返回的列子，就问：“你为什么要回来呀？”列子说，他被一件事给吓到了。什么事呢？现在听起来似乎有点矫情。列子说，他曾到十家卖米浆的铺子里喝粥，其中有五家，一看到是他，就马上把粥端上来了，不仅上得快，而且还不要钱。

这事发生在一般人身上，高兴还来不及呢：“你看我人缘多好，这可是特殊待遇呀。”可是，列子却不这么认为，他因为别人特别优待他而感到惶恐不安，以至于，文人书生喜欢“自省”的毛病都犯了。

列子是怎么自省的呢？他认为："一个人内心至诚的思想如果得不到释放，就会从外表呈现出来。"有的人野心勃勃，有的人胸怀大志，别人一看就知道这个人不寻常，就会高看一眼。气宇轩昂、仪表堂堂——多少人想学都学不来，但是到了列子这儿却成了一块心病。他说："别人一看到我，就被我的气势震住了。他们对我的尊重，比对老年人还多，这样做会折煞我、给我招来祸患呀！"

尽管列子在当时已经是很著名的思想家了，但为人低调的他，属于安贫乐道的人。所以，每当有店主对他毕恭毕敬，他的危机感一下子就上来了："就连那些无所图谋的、卖米浆的人，都对我刮目相看，更何况早已被国事累得筋疲力尽的国君呢？他们一定会交给我一些重担，让我帮他们建功立业的！"

原来列子是怕被齐国的国君看上，然后被委以重任——这可是他最不愿意做的事，所以他才走到半路就回来了。别人削尖脑袋都想博得的功名利禄，在列子眼里却成了洪水猛兽，这才是真正的淡泊名利啊！

可是，伯昏瞀人却不这样认为，他对列子说："你的观察分析确实挺好的，但你也好自为之吧。我把话说下，人们肯定还会追捧你，你闲不住的。"

这里就存在一个当局者迷、旁观者清的问题了。列子以为，只要自己不去凑热闹，就能拥有灵魂的清净，但伯昏瞀人一眼就看出，列子很难实现他理想的境界，因为列子掩盖不了自己的锋芒。只要他还在显露自己的才华，那么，来拜访他的客人就一定会络绎不绝，他想要的清净也就不可能达到了。

在生活当中，旁观者往往更容易看清楚我们目前的处境，而身在其中的我们自己，却更难对整个环境有客观的判断和认识。那么，伯昏瞀人的预测到底准不准呢？列子真的实现愿望了吗？

原文：

无几何而往，则户外之屦满矣。伯昏瞀人北面而立，敦杖蹙之乎颐，立有间，不言而出。宾者以告列子，列子提屦，跣而走，暨乎门，曰："先生既来，曾不发药乎？"

曰："已矣，吾固告汝曰：'人将保汝。'果保汝矣！非汝能使人保汝，而汝不能使人无保汝也，而焉用之感豫出异也。必且有感，摇而本性，又无谓也。与汝游者，又莫汝告也。彼所小言，尽人毒也。莫觉莫悟，何相孰也！巧者劳而知者忧，无能者无所求，饱食而敖游，汎（fàn）若不系之舟，虚而敖游者也！"

聊完之后，两个人就各回各家了。过了一段时间，伯昏瞀人又去看望列子。一见家门口摆了很多来访者的鞋子，他就知道，列子家里一定是来了不少人。他拄着拐棍站在门口，想了想，转身就要走。

帮列子接待宾客的人，看见了即将离开的伯昏瞀人，就通报给了列子。列子一听，顾不上穿鞋，光着脚就跑出来，一边追一边喊："你来都来了，也不给我留两句教诲就走吗？"

伯昏瞀人说："算了算了，我本来是想告诉你，人们还会追捧你。可现在，事实已经摆在这儿了。当初我不是没提醒过你，可你始终没办法做到不让人们追捧。你这个人啊，就是太外露了，就算你想低调都低调不了。而且，你身边的人也不会提醒你，他们只会花言巧语地恭维你。你也认识不到这一点，这样怎么能提高觉悟呢？”

这番话说得狠，简直要把列子的老底都掀翻了。忠言逆耳，一味说漂亮话的人，不是真贤人；而一直听好听的话的人，也很难认识到自己的不足。在故事的结尾，庄子借伯昏瞀人之口，道出了一个世间的真谛：“巧者劳而知者忧，无能者无所求，饱食而敖游，汎若不系之舟，虚而敖游者也！”

有技能的人，必然要受累；有智慧的人，经常会担忧；而没能耐的人，自然也没什么追求，其实这种人才活得最自在，就像一艘没有缰绳的帆船一样，在生活的海洋里自由遨游。

这里面讲的“无能者无所求”，表面的意思是没有本事就没有追求，其实揭示的是一个人如果想过超然物外的生活，就不要在人前显山露水、吸引别人的目光。这种境界，恰好契合了道家的创始人老子所说的“和光同尘”的境界，不露锋芒，与世无争。

不知道是不是伯昏瞀人的话起了作用，后来列子隐居郑国 40 年，先后写了 20 部著作、百余篇寓言故事，总计 10 万多字，而他给后人留下的奇闻逸事却很少，真正做到了低调中的低调。

也许有人说，我们为什么要掩饰自己的才华呢？在今天这个快速发展的时代，不应该为了实现理想抱负，而全面展示自己的价值吗？这就涉及一个人生选择的问题了。如果你把功成名就视为人生目标，那么当然要努力追求。可是追求的同时，你也必须承担其中的劳累、烦恼以及失败的可能。“无能者无所求，汎若不系之舟”这个说法给出的是另外一种人生选择，那就是不要有太多的欲望，不要让自己陷入得失心的陷阱。——顺其自然、安之若命，因为过多的欲望是一切痛苦的来源。正所谓心底无私天地宽，既然人生短暂，载不动太多企图，何不看开、看淡，把自己当作一个无能的人、一条不被拴住的船呢？

郑人缓托梦其父：自恋要适度，自大要不得

本节来讲讲《庄子·列御寇》中“郑人缓托梦其父”的故事。

生活中，我们总会遇到这样一种人，他们很有才能，但就是思想偏执，总喜欢站在自己的立场看问题，结果搞得自己事事都很不如意。今天这个故事的主人公就是这样一个聪明又自恋的人。

原文：

郑人缓也，呻吟裘氏之地。祇三年而缓为儒。河润九里，泽及三族，使其弟墨。儒墨相与辩，其父助翟。十年而缓自杀。其父梦之曰：“使而子为墨者，予也，阖尝视其良？既为秋柏之实矣。”

夫造物者之报人也，不报其人而报其人之天，彼故使彼。夫人以己为有以异于人，以贱其亲。齐人之井饮者相捽也。故曰：今之世皆缓也。自是有德者以不知也，而况有道者乎！古者谓之遁天之刑。圣人安其所安，不安其所不安；众人安其所不安，不安其所安。庄子：“知道易，勿言难。知而不言，所以之天也；知而言之，所以之人也。古之至人，天而不人。”

说郑国有个名叫缓的人，在裘氏这个地方读书，只用了三年就成了儒生，相当于一个学派的高级研究员。他不仅自己学习好，还能辅

导自己的兄弟，甚至连堂表兄弟也受到他的影响发奋读书。

就像如今的高中文理分科一样，缓的弟弟虽然也是学霸，但缓却没有让弟弟和自己一样成为儒家学派的传人，反而因材施教，让弟弟追随了墨家学派。由于儒家和墨家的观点不同，兄弟二人经常吵得不可开交。缓的父亲，不知道是出于对小儿子的偏爱，还是真的笃信墨家的理论，只要是兄弟二人一吵架，父亲就站在信仰墨家的小儿子这一边，跟缓唱对台戏，搞得缓十分难受。一家人就这样在吵吵闹闹中过了十年。十年之后，缓或许是受气太多，内心郁结，也或许是因为在一次吵架中没发挥好，一时冲动，愤而自杀。

过了一段时间，缓的父亲做了一个梦。在梦中，他见到了死去的儿子——缓。可是，父慈子孝的画面还没出现，缓毫不客气地对他说："是我帮你的小儿子成功加入了墨家学派，可是你却不念我的好，这么多年了，连去坟上探望一下我都不愿意。你可知道，现在我坟上的柏树都结了果子了！"

缓的这番话，很明显是在抱怨父亲偏心："我活着的时候，你不站在我这一边；我死了，你也不来看我。你就那么爱你的小儿子吗？也不想想，当初是谁培养他，帮他选了合适的专业呀？"

缓的这种想法到底有没有道理呢？这种想法好像也可以理解，但是庄子却不这么认为，他说："夫造物者之报人也，不报其人而报其人之天，彼故使彼。"意思是说，造物主赋予人们的不是才智，而是天性。缓的弟弟，天生就是研究墨家知识的料儿，缓怎么能把选专业的功劳往自己身上揽呢？这不是在贪图老天爷的功劳吗？

庄子又举了个例子，说：缓的行为，就跟有些齐国人挖了一口井等着喝水的人感谢自己一样。据说，有的人喝了水但没有表示感谢，这帮齐国人竟然气得跟人家打了起来。这种行为，可不是跟缓托梦抱怨父亲不感恩一样吗？

其实，在我们的日常生活当中，像缓这样自恋的人并不少见。如果从现代心理学角度看，自恋是人类的本性，每个人都不自主地觉得自己很重要、价值很高，进而夸大自己的成就和才能。我们现代社会允许适度自恋，因为它也有好的一面，能让人更加自信和乐观。但人的自恋要有一个限度，一旦超出了限度，过分夸大了自己的作用，这时候自恋就会变成傲慢与自大，很容易给自己带来祸端。

庄子接着说："自是有德者以不知也，而况有道者乎！古者谓之遁天之刑。"自以为天下人都应该感念自己的功劳，这样的想法，即便在有德之人看来，也是不明智的，更何况对那些掌握了自然大道的人来说呢？在古代人看来，这种妄自尊大、自恋无度，可是违逆天理要遭受刑罚呀！

如果像缓一样，只是夸大了自己功劳，那还算好的，怕就怕还有些人为了求一个好名声而不择手段。比如，曾有一位知名演员被学生们骂上热搜。他曾经以学霸自居，炫耀自己取得了博士学位，还被北大聘为博士后。可就是这样一位"学霸"却在直播中翻了车，连发表论文最常用的知网都不知道，因而被网友质疑学术造假。最后经过查实，他的论文重复率非常高，博士学位就这样被学校取消，母校的声誉和自己的演艺事业也彻底毁了。不仅如此，此事影响恶劣，教育部顺势严打学术不端，毕业生论文查重也变得更加严格。

本来是一位口碑不错的演员，可偏偏做出了学术造假的事情，还四处炫耀自己的高学历——就像庄子说的，违背自然规律，老天爷一定会严加惩罚。这又是何苦呢？

“圣人安其所安，不安其所不安；众人安其所不安，不安其所安。”圣人能够顺应大自然的法则，不会违反事物的本性而由着自己的性子来；而普通人呢，习惯了由着自己的本性去追逐身外之物，而不是顺应自然规律。

人们常说：“人最难战胜的是自己。”那么，自己的哪一方面是最难以战胜的呢？那就是虚荣、自私、懒惰等人性的弱点。这些都是与生俱来的人性之恶，如果你不战胜它，就会被它战胜。天底下有多少人，该用心的事不去做，不该追求的东西偏偏要去强求，最后他们都会因为不能顺应自然规律而遭受惩罚。

而圣人呢？他们知道哪些是自己该拥有的，哪些是自己不该得的。就像《增广贤文》中的名句“命里有时终须有，命里无时莫强求”，其中蕴含的生存哲理，就是遵从了道家学派顺应天命的态度。

我们每个人的天赋不同，命运也不同。老天爷赋予我们的优点和长处，我们要好好发扬；对于不属于我们的东西，如果我们勉强不来，那就算了。自恋有时候真的会把人带入歧途，放自己一马，也是对自己的人生负责，不要等到不良后果出现了再后悔。

庄子在故事的最后评论道：“知道易，勿言难。知而不言，所以之天也；知而言之，所以之人也。古之至人，天而不人。”了解道还不算最难的事，不去谈论自己了解的道才是最难的。了解了道却不妄加谈论，这合于自然；了解了道却信口谈论，这属于人为。有些人顺应自然规律，而不为人情所动，唯有如此，才能称得上“至人”。也只有到达这个境界，才能真正过上逍遥无待、自由自在的生活。

朱泙漫学屠龙之技：仰望天空更需要脚踏实地

《庄子·列御寇》中“朱泙漫学屠龙之技”的故事原文：

朱泙漫学屠龙于支离益，单千金之家，三年技成而无所用其巧 。圣人以必不必，故无兵；众人以不必必之，故多兵。顺于兵，故行有求。兵，恃之则亡。

话说，从前有个叫朱泙漫的人，总想着标新立异，做一些别人做不到的事。于是，他变卖了全部家产，来到很远的地方拜师学艺。游历的途中，他遇到了一个叫作支离益的奇人。这人可不简单，他有一项别人都不会的技能——屠杀恶龙。朱泙漫觉得这手艺很酷，于是决定向支离益学习。朱泙漫花了整整三年时间，终于把屠龙之技学到了手，兴冲冲地准备回家向乡里人展示自己的才能，却发现这个世界上根本无龙可屠。

这也难怪，一种根本不存在的动物，还要想方设法地学习怎么杀死它，这不是很荒唐的事情吗？荒唐也就罢了，还把家底赔了进去。这么亏的买卖，明眼人肯定不会上当，偏偏朱泙漫没有识破这个陷阱。是他不努力吗？不是的，他可专心学习了三年。是他不够热爱吗？显然也不是，能够倾其所有，只为学一门技术，还不够热爱吗？可是，为什么他最后学成了一个废人呢？归根结底，是他把努力用错了方向。在学这门技术之前，他没考虑实际的就业形势，也没考虑这项技术的社会需求，盲目上马了一个成本高昂的大工程，这才赔了个底儿掉。

我们从这个故事中至少可以得到两点启示：

首先，追求独特性或超前性的时候，千万不要脱离实际。很长时间以来，社会上的课外辅导班层出不穷。不少机构打着补课、兴趣拓展的旗号，进行超前教学、超纲教学，给一年级学生教三年级的内容，给三年级学生教五年级内容，还大肆宣传奥数竞赛、英语竞赛等高难度考试。这些教学内容，很多都是屠龙之技，不仅没有实际的用处，还扰乱了中小学正常的上课进度，在社会上制造了广泛的教育焦虑。“你不来上辅导班，我们就辅导你的竞争对手。”在这样的宣传造势之下，学生们被迫学习了难度更高的内容，升学压力陡增。所学习的内容，要么会在未来的学校课堂上提供，要么根本无法应用于生活。一番折腾下来，可不是既费钱又费力，最后还竹篮子打水一场空吗?

第二个启示是，在仰望星空的时候，也要脚踏实地。其实，很多人追求独特超前，并非受到外力驱使、不得不做，而是自发追求更高的目标。此时千万要记住脚踏实地，不要好高骛远。就拿很多年轻人创业来说吧，他们怀着一腔热血，脑门一热，就把父母的老本都拿出来投资自己的项目。既没有做好前期的市场调研，也没有做扎实的实地考察，就召集几个好朋友风风火火地开始了。最后不仅自己梦想破灭，还连累父母也跟着揪心。

两千多年前的庄子，就已经看到了人们的种种问题，所以编了这个小寓言予以警示。故事是假的，但道理却是实实在在的。

当然，强调经世致用，并不是庄子一向的作风，所以在故事的最后，他还写了一句评论：“圣人以必不必，故无兵；众人以不必必之，故多兵。顺于兵，故行有求。”圣人看待外界事物的时候，不会特别较真，能够给注定的、必然发生的事情留有一丝讨论的余地，所以他们与人、与世都没有什么争端；而俗人恰恰相反，他们常常用自己的偏见给尚无定论的事情一个假想的结果，或者非要针对一件小事而吵得脸红脖子粗，总之搞得纷纷扰扰、争斗不休。顺着内斗的发展趋势走下去，人们的一举一动都受到争斗的支配。“兵，恃之则亡”，如果每天都生活在无休止的争论之中，不加以遏制，到头来只会自取灭亡。

用庸俗的心态去看待屠龙之技，有可能会觉得朱泙漫太蠢，也可能会觉得支离益办学资格有问题。但这都是俗人的偏见，圣人可以做到不那么必然，只是冷眼旁观，等待事情自然发展，孰是孰非自然一清二楚。如果凡事都那么较真——开班办学就一定要保就业，学习技能就一定要学有所用，倾尽全力就一定要有所回报，那么纷扰不找你找谁?

好吧……还是我们熟悉的那个庄子：所谓的寓意，各位体会体会就好，我还是想告诉你们圣人如何看待这些事……

原文：

小夫之知，不离苞苴竿牍，敝精神乎蹇浅，而欲兼济道物，太一形虚。若是者，迷惑于宇宙，形累不知太初。彼至人者，归精神乎无始，而甘冥乎无何有之乡。水流乎无形，发泄乎太清。悲哉乎！汝为知在毫毛而不知大宁。

这一段是说，普通人的心智，离不开交际应酬，把精神消耗在浅薄的事物中，还幻想普济天下、引导众物，以达到物我两忘的境界。像这样的人，早就在茫茫宇宙中丧失了主心骨，被外在条件、内心欲望所限制，哪里能了解混沌初始的自然大道呢？只有那些境界极高的至人，才能让精神回归鸿蒙初开的原始状态，甘愿在一个虚空的世界里休眠，像水流一样自然流淌，清澈而又静谧。可悲呀！世人总是把心思放在那些鸡毛蒜皮的小事上，一点也不懂宁静、自然和无为的妙处，真是太可悲了！

这句话简直太扎心了，在生活中，我们确实总会为一些工作、生活以及人际关系上的琐事扰乱心智，拿得起，放不下，影响了我们的生活质量。庄子看着人们这样做很是无奈，于是就用了一个“悲哉乎”来抒发自己恨铁不成钢的心情。

正所谓：“神圣之后，不再快乐；快乐之后，不再神圣。”虽然我们依然强调修养和自律的重要性，但对人的要求也更人性化了。只要生活得幸福、快乐，不改变善良的本性，一些无伤大雅的小瑕疵，还是允许存在的。追求逍遥无待的境界，可以算作仰望星空；如果暂时还不能，“知其不可奈何而安之若命”，也算是脚踏实地吧！

曹商舐痔：当虚荣心遇上了直男，很可能会被啪啪打脸

《庄子·列御寇》中“曹商舐痔”的故事原文：

宋人有曹商者，为宋王使秦。其往也，得车数乘。王说之，益车百乘。反于宋，见庄子，曰：“夫处穷闾厄巷，困窘织屦，槁项黄馘（guó）者，商之所短也；悟万乘之主而从车百乘者，商之所长也。”

庄子曰：“秦王有病召医。破痈（yōng）溃痤者得车乘，舐痔者得车五乘，所治愈下，得车愈多。子岂治其痔邪？何得车之多也？子行矣！”

话说，宋国有个叫曹商的人，替宋王出使秦国，宋王为了答谢他，给了他好几辆车当作代步工具。他到了秦国之后，对秦王百般献媚、千般讨好，很快就博得了秦王的欢心，于是秦王也赏给了他一百辆车。

车马是中国古代最重要的陆地交通工具，无论是在战争时期，还是在日常的劳动生产中，都是不可或缺的重要物资。通常来说，四匹马拉一辆车，被称为“一乘”。曹商在宋王那里得了“数乘”已经很多了，在秦王那里得了“百乘”，简直是天大的面子。这个数量有多夸张呢？《战国策》中有记载：“晚世益甚，万乘之国七，千乘之国五，敌侔争权，盖为战国。”就是说，战国时期车马乘数过万的国家有七个，过千的国家有五个。这样算下来，曹商一个人就有上百套车马，都快赶上小半个国家了。

赚了这么大一票，想低调都难！曹商带着车马返回宋国，半路上遇到了庄子，掩饰不住得意之情，马上在庄子面前炫耀起来，说：“我以前在贫民窟里住着，穷到自己编麻鞋，饿得面黄肌瘦，这是我不如别人的地方。其实啊，我那是没有机会。你看，如今我不仅得到了咱们国君的青睐，还被秦王所赏识，从一穷二白到有了自己的车马，再到有了一个百十辆车的车队，效力于万乘之主才是我所擅长的事情呀！”

庄子一看，这哥们儿摆明了就是来炫耀的，于是不屑地回复道：“我听说，秦王生病的时候找来了很多医生，还许诺他们说：‘凡是能给他吸好脓疮、疖子的，就奖励一辆豪车；凡是能给他舔好痔疮的，就奖励五辆豪车；治疗的地方越是不可描述，奖励的豪车也就越多。’没想到呀没想到，曹商你得了这么多车，你一定给秦王舔痔疮舔得十分尽心尽力吧？不然怎么会得到这么多奖励呢？你这脏东西还是走吧，别在这儿吹牛了。”

庄子这话可以说是十分刻薄，但是仔细想想也不无道理。天底下没有免费的午餐，你得到什么，必然也要有相应的付出，得到的越多，付出也就越大，这是大家默认的常识。有的时候，当事人可能无意于巨额的回报，但是好处到了手，还是难免让人怀疑其中有不可告人的勾当。平时我们遇到这种人，也就是腹诽一下，背地里嘀咕几句；但是庄子却敢于直接硬怼，撕破炫耀者的虚伪嘴脸，简直大快人心。后来，人们便用“秦痔”来讽刺那些以尊严为代价换取财富的人。

正所谓“君子爱财，取之有道”，难道真的有人会为了巴结讨好，而像曹商一样吗？别说，还真有，下面这件事也是发生在春秋战国时期。话说，战国时期，赵国的太子赵偃患有痔疮，大臣郭开经常为他舔痔疮止痒，因此赵偃对他十分宠爱。后来，赵偃继位，郭开便利用国君对他的信任，当上了相国，然后开始大兴土木、搜刮民财，导致赵国有很多人都十分怨恨他。

赵偃去世之后，赵迁继续任用郭开为相国。但此时，赵国的国力已经远不如前，名将庞煖（nuǎn）、乐乘、乐间都已去世，只有廉颇还流亡在魏国。秦国认为赵国已无强将，便兵分三路大举进攻赵国，连克十余处重镇。

朝中一些大臣，建议赵王召回老将军廉颇。结果，郭开却觉得自己的权力地位受到了威胁，于是不顾国家利益极力反对，还说廉颇已经年近七十，人老体弱，连战马都上不去了。众臣纷纷质疑，便提出请大王派人调查。郭开见无力辩驳，只能默许，结果转头就用重金贿赂了那个使节，最终打消了赵王召回廉颇的想法。

后来秦赵两国开战，赵军在武安君李牧的指挥下顽强抵抗，使得双方陷入鏖战。秦王嬴政得知前方战事陷入僵局，于是召集群臣商议对策。大臣们一致认为，若想攻克邯郸，首先得除掉李牧，而除掉李牧最好的办法就是用离间计：赵王宠信的郭开就是最好的突破口。

郭开最大的弱点就是贪财，只要用重金贿赂，就能设计让赵王罢免李牧。说干就干，嬴政遣大夫王敖带一万两黄金潜入赵国，收买了相国郭开。郭开得了万两黄金，大喜过望，早已把赵国的存亡抛到九霄云外。他入朝面见赵王，诬陷李牧私通秦国，预谋叛赵，并声称他的门人从咸阳盗得李牧谋反的证据，拿出了秦国人伪造的李牧写给秦王的书简，交给赵王。赵王不分青红皂白，即刻下令罢免李牧的兵权，后来还派人趁李牧没有防备的时候将其杀害。一年后，赵军全线溃败，秦军一举拿下邯郸城，俘虏了赵王。直到此时，赵迁才知道他最信任的相国郭开，原来是个卖国求荣的大奸臣。

郭开作恶时有一个细节耐人寻味。间谍王敖潜入赵国的时候，他曾就谗间廉颇的事问郭开："你不怕赵国灭亡吗？"郭开的回答是："赵国的存亡是整个国家的事，可廉颇是我个人的仇敌。"为泄一己私愤，竟可置国家安危于不顾，这就是为了利益不择手段之人的逻辑。

知道了这个历史事实，我们再回头看"曹商舐痔"的寓言故事。庄子的话，听上去有些穷酸嫉妒，但他道出了一个颠扑不破的真理：一个连尊严都可以不要的人，什么事情都能做得出来。

鲁哀公问颜阖：伪善的人不能治国，有私心的施舍不如不给

《庄子·列御寇》中"鲁哀公问颜阖"的故事原文：

鲁哀公问乎颜阖曰："吾以仲尼为贞干，国其有瘳乎？"

曰："殆哉圾乎仲尼！方且饰羽而画，从事华辞。以支为旨，忍性以视民而不知不信。受乎心，宰乎神，夫何足以上民！彼宜女与？予颐与？误而可矣！今使民离实学伪，非所以视民也。为后世虑，不若休之。难治也！"

话说有一天，鲁哀公问颜阖："我觉得孔子十分有才干，我把他当作国家栋梁来依靠。你看，这样的话，我们的国家是不是就有救了呀？"

颜阖一听，连忙说："您可打住吧，要是真的让孔子当大官，那可危险了。他这个人特别会美化自己的名声，说话不着边际，追求华丽辞藻，把那些细枝末节的东西看得比什么都重要。为了讨好民众，他还会做一些扭曲心性、矫情做作的事，却不知道这些事情早就

失去了可信性。让这种人当大官，百姓只会纷纷变得伪善，真能算是把国家管理好了吗？为了后世子孙考虑，还是尽早放弃重用孔子的打算吧！”

批评孔子和儒学是《庄子》外篇和杂篇中一个不变的主题，批评的理由也大致相似，就是认定儒学教条偏离了人的自然天性，容易让人产生虚伪、说空话的习惯。百姓如果都按照儒学提倡的价值观行事，就会为了面子好看而昧着良心假客套，还会打着礼仪旗号执行各种繁文缛节，比如见了长辈该怎么叩头，见了上级该怎么行礼，在晚辈面前该作何姿态，等等。这些看似礼貌的客套行为，经常会把原本其乐融融的人际关系弄得很生分。用现在的话说，就是活得挺累的。如此内耗的社会，无论对百姓还是对君主，都是有百害而无一利的。

在“鲁哀公问颜阖”这个故事中，庄子的代言人颜阖，看到了儒学自我包装的一面，认为孔子华美的语言修辞，只不过是为了转移注意力，把细枝末节的东西当作重要的，相应地也把真正重要的东西掩盖了起来。这样的做法，只能在精神上控制民众，无法真正打造一个和谐社会。于是，颜阖这才强力劝阻鲁哀公。

在故事的最后，庄子还做了一番点评。

原文：

施于人而不忘，非天布也，商贾不齿。虽以事齿之，神者弗齿。为外刑者，金与木也；为内刑者，动与过也。宵人之离外刑者，金木讯之；离内刑者，阴阳食之。夫免乎外内之刑者，唯真人能之。

“施于人而不忘，非天布也，商贾不齿。虽以事齿之，神者弗齿。”做了好事、施与人恩惠，然后念念不忘，迫切地等待别人的表扬或者额外的回报，这不是天道。天造福于人，从不需要念叨，也从不奢求回报。施恩图报的行为，连最重视利润的商人也瞧不起。

“为外刑者，金与木也；为内刑者，动与过也。”对外在皮肉的惩罚，来自金属做成的刀斧或者木头做成的枷锁；给内心世界施加的刑罚，则是来自精神的烦恼和行动的过失。

“宵人之离外刑者，金木讯之；离内刑者，阴阳食之。”小人受到皮肉之苦，是来自刑具的拷问；小人所受的内心煎熬，则是阴阳不调所造成的。“夫免乎外内之刑者，唯真人能之。”只有真人才能免于内心与形体的双重惩罚。

对于做了好事要不要求回报这件事，一直以来都颇有争议。有人觉得做了好事求回报是有偿服务，就算不上做好事了；也有人说，人都是自私的，如果大家都认为做好事不应该得到回报，那么就容易冷了热心人的心，久而久之就不再会有人做好事了。

庄子为什么要在这里讲这个话呢？联系前后文，也许含有这样的意思：儒家对于美德的大力提倡，使人们做点好事都会产生求回报的浅薄功利动机。这种图报的动机，与做了坏事怕报应表面上不同，但实际上是一回事，都是内心承受的刑罚。而内心的痛苦煎熬，与肉体承受的桎梏镣铐是一样的，都会损伤人的天性，让人无法逍遥无待地生活。而真人、至人呢，他们的内心不受外物的影响而动荡，他们不居功、不惧过、不求名利、不避灾祸——这才是理想的精神境界。

为什么作者要提“商贾”两个字呢？因为在人们心中，商人普遍是见利忘义的，毕竟他们从事的就是钱物交易。如果连商人都瞧不起你了，那这种做法真是低劣到一定程度了。其实这只是道家的看法，毕竟他们崇尚的是看淡身外之物，在做事求回报上，儒家是有另一番观点的。

在同时期的鲁国，曾经有一条法律：如果鲁国人在外面见到同胞遭遇不幸，沦落为奴隶，只要能把人赎回来，就能得到国家赔偿。有一次子贡从国外赎回一个人，却拒绝了国家赔偿。孔子说："子贡，你错了，向国家要赔偿，并不会损伤你的德行。如果大家都不要赔偿金，以后就再也没有人去赎回遇难的同胞了。"对于人性，孔子真是了解得很透彻了，对人们行为上的要求，也不像庄子那么清高。

所以，对于做好事求不求回报这件事，还得具体问题具体分析。如果受帮助的一方的确想报答，欣然接受也未尝不可，这也算是双赢的结果。只要不是借机敲诈，或者故意为难对方，还真没有必要上升到"商贾不齿"的地步。

如果说施恩不图报是一种胸怀，知错必改是一种德行，那么还有一种涵养，就是看破不说破。对于那些施恩图报的人，庄子说："即使有什么事情必须与他交往，内心也是瞧不起的。"虽然庄子在这里表达了对这种人的不齿，但是如果必须要共事，还是会和谐相处。

有人说，这难道不是虚伪吗？明明对这个人瞧不起，还要跟他一起共事。如果有这种想法，往往就是没有真正走进社会。人类是群居的动物，与人交往是避免不了的。古人说"水至清则无鱼"，每个人都有这样那样的小毛病，如果你不喜欢，就不共事了，那么你在这个社会将寸步难行。

如果我们直接指出对方的问题可不可以呢？这个最好是根据情况

来决定。有的人跟你亲密，又愿意接受你的意见，你可以真诚地实话实说；如果你跟对方交往并不深，又想指导别人，就很容易陷入交浅言深的误区。最后，不但没有达到你想改变对方的目的，还可能连朋友都做不了了。

而且，指出对方的问题，还需要把握好时机和场合。比如，原本对方愿意接受意见，可你却选择了不适合的场合，将事情挑明，就很容易让人下不了台，以至于伤害了双方的感情。而且，当你想说明一件事的时候，还要考虑周围人的影响。

《红楼梦》中的平儿，就是一个遇事考虑周全、做事得体的人。有一次，平儿丢了一个手镯，她查明是宝玉的丫鬟坠儿偷的，但是考虑到宝玉的面子，以及王夫人和贾母的看法，她主动承担了责任，说这个坠子是自己掉到雪堆里了，如今雪一化，又找回来了。这样一来，既顾全了宝玉的名声，也没让王熙凤继续追究。事后，她又找了个机会，把这个手脚不干净的坠儿打发走了。

平儿的做法也给了我们一个启示，在大事上头脑清醒，在小事上也不必较真。圆满地处理事情，比追究真相更重要。这也是为何庄子虽然说明了对“施恩图报”的人不满，也没有教人不要跟这种人打交道，只要把握好交往的尺度，原则上不出大问题就好。

人心险于山川：面对复杂人心，要学会察言观色

本节来讲讲《庄子·列御寇》中关于“人心险于山川”的论述。

原文：

孔子曰："凡人心险于山川，难于知天。天犹有春秋冬夏旦暮之期，人者厚貌深情。故有貌愿而益，有长若不肖，有顺懁（xuān）而达，有坚而缦，有缓而悍。故其就义若渴者，其去义若热。故君子远使之而观其忠，近使之而观其敬，烦使之而观其能，卒然问焉而观其知，急与之期而观其信，委之以财而观其仁，告之以危而观其节，醉之以酒而观其侧，杂之以处而观其色。九征至，不肖人得矣。"

这一段论述的发言人，是外篇和杂篇中庄子的主要批评对象——孔子。

孔子说：人心比山川还要险恶，了解人心比预测天象还要困难。为啥这么说呢？天时毕竟还有春夏秋冬的更迭、昼夜长短的周期变化，可是人呢，容貌被重重遮挡，情感被深深隐藏，真是难以捉摸呀！就比方说，有的人，貌似很老实敦厚，内心却很傲慢骄横；有的人，看上去像个德高望重的长辈，其实心术不正还不如年轻人；有的人，外表圆融通达，内心却刚正坚毅；有的人，外表坚强果断，内心却散漫懈怠；有的人，看着是个慢性子，内心却很强悍急躁。这些都是人性表里不一、复杂多变的表现，从古至今都是如此。

在这里，孔子列举了五种常见的伪善现象，说这个的目的是什么呢？他继续说道："故其就义若渴者，其去义若热。"所以说，在仁义道德的遵守方面也会有这样的人：他们常常争先恐后地效法仁义，就像口渴了就想喝水一样积极；他们看似可以为了仁义而献身，但真有什么考验降临的时候，他们就会抛弃仁义，像逃离烈焰炙烤一样迅速。这摆明了就是伪君子呀，跟所谓的"仁义"不是完全相反的吗？

那么，识别出了伪君子，要怎么办呢？《论语》里讲“听其言而观其行”，不仅要听他怎么说，还要看他如何做。于是，庄子安排孔子讲出了九种识人之道。孔子继续说：“故君子远使之而观其忠，近使之而观其敬。”所以说，君子常常让人到远处办事，再观察这个人对自己是否忠诚；让人在自己眼皮子底下做事，再判断他是否尊重自己。“烦使之而观其能”，君子常常把困难的事交别人去办，观察这个人的能力如何；“卒然问焉而观其知”，突然向某个人提出问题，判断他聪不聪明。“急与之期而观其信，委之以财而观其仁，告之以危而观其节，醉之以酒而观其侧，杂之以处而观其色。”给别人一件紧急的任务，看他守不守信用；把财务大权交给这个人，看他是否清廉可靠；告诉这个人危难的处境，看他能否保持高尚的节操；故意把某个人灌醉，看他在醉酒的情况下会不会失态；故意把某个人安排在男女混杂的地方，看他有没有起色心。孔子说“九征至，不肖人得矣”，这一通测试直指人性当中最底层的阴暗面，如果这九种征兆一一应验，那么一个人的能力、秉性、资质到底如何，也就考察得一清二楚了。不好的人一定会原形毕露。

生活中，我们可能没有条件用这么多的方式去考察一个人，但是察言观色的方法总是有的。比如喜欢在公共场合大声说笑的，也许性格很开朗，但多少缺少点公德心；遇事喜欢计较得失的人，心胸一定不够宽；喜欢巴结领导、拜高踩低的人，一定得失心重。晚晴名臣曾国藩，在《冰鉴》一书中，也曾教人如何识人，并且总结出人际交往中需要注意的三种人：与人交谈魂不守舍、和人交往不露心迹的，不值得付出真情；当面赞扬背后说人坏话的，绝不能跟他共事；生活散漫做事不可靠的，也不适合做朋友。

这些识人待人之道，多是人们在日常生活中总结出来的，难免会有粗浅简单、迷信教条之嫌，似乎不像是庄子这种为人清高、眼界开阔之人会关心的；但是从反面来想，庄子生逢乱世，或许已经见识过太多嘴上一套、行动又是另一套的人，早已不对人性抱有幻想，才会求诸外部，向“无何有之乡”寻求逍遥自在。

扯远了。那么，在庄子眼里，适合做朋友的谦谦君子是什么样的呢？

原文：

正考父命而伛，再命而偻，三命而俯，循墙而走，孰敢不轨！如而夫者，命而吕巨，再命而于车上儛（wǔ），三命而名诸父。孰协唐许！

宋国的一位士大夫，名叫正考父。这个正考父，在第一次被任命为士的时候，逢人便弓着背，鞠躬以示尊敬；升任为大夫之后，更加谦卑恭敬，鞠躬的角度也更大；等他到了公卿这个级别，恨不得俯下身子给人磕头。上街的时候，要是碰上对面来了个人，他就会赶紧让开大路，顺着墙根走。行为这么严谨，谁还敢做出格的事啊？

正考父的做法是有一点点夸张的，见人就趴下，也太卑微了。但是庄子表达的意思其实是：一个人身份越高，姿态就应该越低。目的就是想要告诫人们，不要身份一上来，思想就飘了。

可在日常生活中，往往还是“飘”的人更多。在讲完正考父的故事后，庄子就说了，如果这些事发生在凡夫俗子身上，他们一开始会有点小骄傲，然后是高兴得手舞足蹈。等到成为卿这样的高官时，他们就会对人吆五喝六、谁也不放在眼里了。

常言道，越没本事的人脾气越大，而本事越大的人，反而脾气越小。归根结底，就是一个人的修养越高，越儒雅低调。作为道家学派的始祖，老子也在《道德经》中提出过相似的观点，认为有道的圣人，不但有自知之明，而且不喜欢自我表现，有自爱之心，但不自显高贵。

但是“自我表现”和“自显高贵”都是人们通常爱犯的毛病，比如朋友圈里的炫晒一族，总想从别人的羡慕和肯定中得到一点心灵的慰藉。殊不知这样的行为，反倒是内心自卑的体现，仿佛一个人如果离开了身外之物的加持，就再也没有什么能让自己感觉自信的东西了。

这一段整体都是在告诉我们如何识人和做人。识人是一种本领，需要依靠丰富的阅历和敏锐的眼光；至于如何做人，就需要我们提高个人修养了。一个有修养的人，内心永远有一片美好的风景，不被外界的风雨所磨蚀，也不因人生的坎坷而失色，这样的人生才是真的精彩。

穷有八极，达有三必：自作聪明的人还是收敛一点吧

《庄子·列御寇》中有关“穷有八极，达有三必”论述的原文：

贼莫大乎德有心而心有睫，及其有睫也而内视，内视而败矣。凶

德有五，中德为首。何谓中德？中德也者，有以自好也而吡（pǐ）其所不为者也。

穷有八极，达有三必，形有六府。美、髯、长、大、壮、丽、勇、敢，八者俱过人也，因以是穷。缘循，偃佒（yǎng），困畏不若人，三者俱通达。知慧外通，勇动多怨，仁义多责。达生之情者傀，达于知者肖；达大命者随，达小命者遭。

这一节研究的是人们"主观臆断"的问题。庄子说："贼莫大乎德有心而心有睫，及其有睫也而内视，内视而败矣。"人生最大的祸害，就是有意识地培养德行、培养心眼；等到心眼多了，就容易对事物主观臆断，而这种主观臆断必定会把事情搞砸。

"睫"在这里的意思不是指生理的眼睛，而是心灵的眼睛，俗称心眼。这里的心眼更偏重那种左右逢源、八面玲珑的精明，多少带一点贬义。心眼多的人往往喜欢凭着自己的经验，去判断事情的好坏，觉得自己比别人高明，所以才会主观臆断。而这种主观臆断往往带有很强的片面性，最后把事情搞砸也就不足为奇了。

真正有德的人不是这样的。西晋玄学家郭象给这一段作注释的时候说："夫真德者，忽然自得而不知所以德也。"真正有德的人，能够很快地认识到客观规律，但他不会自以为是，不会认为自己掌握了世间唯一的真理。

接下来，庄子具体分析了一下导致失败的原因："凶德有五，中德为首。何谓中德？中德也者，有以自好也而吡其所不为者也。"招惹凶祸的器官有五种，分别是心、耳、眼、舌、鼻，而内心的谋虑是祸害之首，因为它会自以为是地诋毁自己所不赞同的事情。这里的

“自好”，就是自以为是的意思，和上面的“内视”一样，都是主观上觉得自己有道理。仅仅是觉得自己有理也就罢了，他还用自己的理论去诋毁跟自己观点不同的人，这不是摆明了要跟人吵架吗？如果再一言不合大打出手，真要给自己招来祸患了。

如果用心理学词汇来形容这种人，那就是“偏执”，抓住自己的观点不放，很难被别人改变。我们也常管这种人叫“杠精”，就是喜欢抬杠的人，遇事非要跟人争辩，别人不停止，自己也绝不住口。这样的人，通常是不受人喜欢的。

思想偏执是祸患，这一点好理解。但是，耳、眼、舌、鼻怎么也成了人们招惹凶祸的源泉了呢？这就要引申到人们如何摄取外界信息上。耳、眼、鼻是人们最常用的感觉器官，我们要用耳朵听，用眼睛看，用鼻子闻，再用嘴说出来。而我们听到的、看到的也许并不是真相，如果自以为得到了真相，想法就会出现偏差。更有甚者，有时候听到了不该听的，看到了不该看的，也会把我们置于一个尴尬的境地：无意中得知了别人的秘密，不管是不是守口如瓶，别人都会产生戒心。这也同样是一种祸患啊！

明白这些器官都是我们祸患的源泉，就要尽可能避免，比如少打听别人的私事，少窥视别人的秘密，古人说“非礼勿视，非礼勿听”就是这个意思。你以为你只是为了满足一下自己的好奇心，殊不知灾祸也在随之降临，最后落得“好奇害死猫”。

庄子看透了这点，也为人们的行为指出了一条康庄大道：“穷有八极，达有三必，形有六府。美髯长大壮丽勇敢，八者俱过人也，因以是穷。”穷困窘迫有八个方面的端倪——貌美、须长、高大、魁梧、健壮、靓丽、勇武、果敢，如果一个人在这些方面比别人强，就会被别人使唤，导致自身辛苦贫穷。

在这里，庄子主要是在告诫那些先天条件比较好的人，老天爷已经很眷顾你了，你就自己偷着乐吧，别总仗着自己外在的优势自高自大，这样很容易给自己拉仇恨。如果你明明很优秀，还表现得很谦恭，那办起事来肯定更顺利了。

那么现实中的真实情况是如何的呢？庄子说，通常情况，一个人如果自恃聪明，势必喜欢炫耀；勇猛躁动的人，肯定会招来很多人的怨恨；如果到处倡导仁义，对别人指指点点，也很容易被人责难。这就是大多数普通人所表现出来的行为方式。

三国时期的杨修就是一个自恃聪明的人，多次在曹操面前卖弄才华，中学课本里的《杨修之死》就是讲杨修如何因为耍小聪明、在曹操面前抖机灵而被曹操厌恶，后来被曹操找了个机会问斩的。像杨修这种人，看似聪明，实则肤浅，根本没有掌握为人低调的奥妙。

同为三国时期的张飞，虽然骁勇善战，但他有个毛病就是脾气暴躁，非常不体恤下属，动不动就拿鞭子抽打士兵，弄得下属意见很大，张飞也没少因为暴脾气给刘备惹事。不管是《三国演义》中还是正史当中，都记载说，张飞是被属下给杀害的。所以一个没有修养的人，无法预测什么时候杀身之祸降临。

那么，倡导仁义是不是就可以落个好名声呢？那也未必。庄子说“仁义多责”的意思，就是说你总教育别人，别人也会很讨厌你。谁都有弱点，谁都懒于改变自己，如果你硬要拿仁义礼法那一套让别人遵守，也挺招人烦。什么事情适度就好，如果你有些事做得不好，我可以提醒你，但不会去强迫你，毕竟每个人有每个人的行事风格，太死守教条的话也不好。

庄子说“达有三必”，通达顺利有三个方面的必要条件：“缘循，偃佒，困畏不若人，三者俱通达。”顺应他人的要求；对他人谦恭有礼；懦弱窘困，一副不如别人的样子；如果能做到这三点，就一定可以事事顺利。

正所谓物极必反，个体的优势条件可能会给自身带来困厄。同样，个体的不利条件也会可能把人带入光明大道。“达生之情者傀，达于知者肖；达大命者随，达小命者遭。”太聪明了容易外露，导致“聪明反被聪明误”，太讲究谋略会使人内心狭窄；不如用智慧去理解生命大道，让自己的心胸开阔起来。理解了天地宇宙之大生命的人，可以做到顺应自然、物我合一；理解了你我个体之小生命的人，也能随遇而安、逆来顺受。

探骊得珠：飞来横财的背后都有大风险

《庄子·列御寇》中“探骊得珠”的故事原文：

人有见宋王者，锡车十乘。以其十乘骄稚庄子。庄子曰：“河上有家贫恃纬萧而食者，其子没于渊，得千金之珠。其父谓其子曰：取石来锻之！夫千金之珠，必在九重之渊而骊龙颔下。子能得珠者，必遭其睡也。使骊龙而寤（wù），子尚奚微之有哉！今宋国之深，非直九重之渊也；宋王之猛，非直骊龙也。子能得车者，必遭其睡也。使

宋王而寤，子为齑粉夫。”

话说，有一天，庄子在路上遇到一个拜会过宋王的人。宋王出手阔绰，赐给了他十辆马车。这个人领了赏自豪得不得了，于是在庄子面前炫耀。庄子就给他讲了这个“探骊得珠”的故事。

这个故事讲的是：从前有一家人，住在河边，以割芦苇编草席为生，日子过得非常穷苦。有一天，这家的儿子在河边游泳，往河底深处游的时候，捞到了一枚非常稀有的宝珠。儿子把宝珠带回家，拿给父亲看。

父亲却说：“快拿石头把这颗珠子砸碎吧！”儿子大惑不解，如此稀有的宝珠，别人求都求不来，如今到了咱们家，为啥要毁掉呢？父亲接着说：“深渊的底部住着一只黑色的巨龙，这颗价值千金的珠子原本藏在黑龙的下巴下面。你能得到这颗宝珠，一定是正赶上黑龙睡着了。倘若黑龙醒过来，知道珠子在你手里，你还能活下去吗？”

这个故事后来衍生出一个成语，叫作“探骊得珠”。“骊”在古汉语中表示黑色的马，这里代指黑色的龙。在骊龙的颔下，也就是下巴下面取得宝珠，比喻冒着极高的风险获得极大的利益。故事中的父亲，显然是在告诫儿子，不要为财富拿生命开玩笑，与其铤而走险占有财宝，不如不要这些身外之物。

庄子讲这个故事是想表达什么呢？我们知道，他一向讨厌得了便宜卖乖的人。上次那个炫耀秦王赠车的曹商，就被庄子好一通怼，说他一定是给秦王舔了痔疮，才得来如此厚重的奖赏。这次，他也没有放过炫耀宋王赠车的这个人。

庄子说：“今宋国之深，非直九重之渊也；宋王之猛，非直骊龙也。子能得车者，必遭其睡也。使宋王而寤，子为齑粉夫。”眼前，宋国危机重重，危险程度堪比深渊。同样，宋王凶残暴虐，比深渊中的黑龙还要危险。你能得到这些车马，一定遇到他犯糊涂的时候了。假使宋王突然清醒过来，回想自己脑子一热，对你如此慷慨，难说不会让你粉身碎骨呀！

这里说的宋王很有可能是历史上有名的宋康王。据记载，这个人仪表堂堂，“面有神光，力能屈伸铁钩”；他还有一个特点，就是非常勇武，甚至曾用鞭子抽打土地、砍掉土谷神庙，扬言说“我的威力能降服天下鬼神”。宋康王的确称霸一时，《史记》上说：他向东出发攻打齐国，得到了五座城池；向南出发打败楚国，拓展了三百余里土地；在西边战胜魏国军队，又收复两城；还灭掉了滕国，占领了整片区域。国力鼎盛的时候，被称为“五千乘之劲宋”。

就是这样一个叱咤风云、无所不能的君主，对自己国家的百姓却施行暴政——他剖开驼背人的背，砍断早晨过河人的腿，搞得宋国百姓都非常恐慌，诸侯之间都用“桀宋”来称呼他，说“宋康王一定会干出他的祖先商纣王干过的事”。

背景知识补充完了，你可能也就明白了，庄子用“探骊得珠”的故事，告诫这个从宋国领赏回来的人：别看宋康王称霸一时，你以为得到了他的赏识就可以平步青云，其实这是个暴虐无道的家伙，比骊龙还要危险。万一他突然明白过来，后悔了，想把你的马车要回来，他一定会有办法，保不齐治你个罪，或者直接用武力把你的财产没收，到时候你哭都来不及。

在这个故事中，庄子表面是说意外之财贪不得，但更深一层的意思，还是要教人们看淡金钱。在物欲横流的社会，我们很大一部分焦虑都源于金钱，为了金钱透支身体，甚至因此而英年早逝的也屡见不鲜。尽管我们不反对大家努力赚钱，但是还要把握好度，在身体和条件允许的情况，更多地去关注亲人、享受生活。

庄子拒聘：看淡身外之物，安享自由之身

前面我们已经学过了庄子的很多文章，对他的思想也有了一定的了解。但是好像还没有好好介绍过他这个人，这一节就通过“庄子拒聘”的故事了解一下他是怎样一个人。

庄子，姓庄名周，生活在战国的中后期，出生在宋国蒙邑。他早年学习儒家思想，后来接触到老子的理论，就转身钻研起道家思想来。他虽然在文学和思想上都很有建树，但是一辈子也没有当过什么大官。

史书上记载，庄子曾经在家乡担任过漆园吏。那漆园吏是一个什么头衔呢？目前学界还没有定论。有一种说法，漆园是蒙邑内部的一个地名，庄子曾在此做过管理员；还有一种说法，说庄子在蒙邑做公务员，主要负责与漆有关的工作。总之，不是什么重要岗位。

与庄子形成鲜明对比的，是他的好朋友惠施。我们在讲《逍遥游》时讲过，惠施在魏国担任相国，不仅帮助魏惠王制定法律，还积极主张各国联合起来对抗秦国，政治上相当有作为。不仅如此，他还专门研究思维形式和名实关系，开创了独具一格的名家学派。

《论语》里有一句话，叫“仕而优则学，学而优则仕”——做官

有余力就治学，学有余力就做官。惠子可以说是这句话最好的范例。这样一比，庄子既没有在学术上开宗立派，也没有什么政治成就，怎么配跟惠子成为朋友呢？

不是这样的。对于仕途，庄子不是求不得，而是不想求。

原文：

或聘于庄子，庄子应其使曰："子见夫牺牛乎？以文绣，食以刍叔。及其牵而入于大庙，虽欲为孤犊，其可得乎！"

相传，楚威王曾派两位官员找到庄子，请他出山为官。结果，庄子却说："子见夫牺牛乎？"你见过那些准备用作祭祀的牛吗？"以文绣，食以刍叔。"身上披着绣花锦缎，吃的是上好的草料和豆子。"及其牵而入于大庙，虽欲为孤犊，其可得乎！"等到牵入太庙之后，它就要被杀掉用于祭祀了。这个时候它再想做一头自由自在、没人看管的小野牛，还有可能吗？

这段话应该说回复得无懈可击：你以为那头披红挂彩、美食管饱的祭祀牛，是在享受人生吗？其实等待它的是被杀的命运啊，而且等你清醒过来想恢复自由身的时候，就已经晚了。

也许有人说，难道给王当臣子，就一定面临这样的厄运吗？难道就没有可能飞黄腾达吗？这种情况当然不是没有，但要分人。庄子本身就是一个看淡身外之物的人，金钱、名利、地位，在他眼里什么都不是。与其汲汲以求，不如安之若素，做一个自由自在的文化人。他可以随意评论朝政，但绝不走进诸侯争霸的牢笼，不做乱世的奴隶。

相比于外在的名利、地位，庄子更看重人心灵层面的自由，以及精神状态的富足。他时常用一种轻视现实、躲避矛盾的态度来面对世界。从社会责任来说，这当然是消极的、没有担当的。按照其他学派的观点，生逢乱世，你就应该有所作为，让世界不要混乱下去，但是庄子不这样看问题。

他认为，人在乱世之中应该向内寻找解决方案，掌握内心主导权，让内心安定平和、不受外界干扰。如果名声是干扰因素，就忽视别人的辱骂与赞美；如果财富是干扰因素，就嘲笑巨额财富是用尊严换来的；如果地位是干扰因素，就索性什么官职都不要，从根上斩断被限制自由的可能性。

这样的思考方式，对后世有很大的影响。比如，魏晋时期的名士陶渊明，年轻时的他，一边想济世安民，一边又洒脱不羁，但是现实的残酷让他的仕途屡不得志。人到中年时，他为了生计不得不去做个小县令，以此来养活一家老小。但是面对上司的索贿，他却愤然辞官，并表达了自己“不为五斗米折腰”的气节。“归去来兮，田园将芜胡不归？”我就是回家种地，也不愿意与你们同流合污。

还有唐朝时期的大诗人李白，才华横溢、胸怀壮志，年轻的时候，研修过道家经典，手执一柄长剑四处优游。他有过短暂的宫廷生涯，被唐玄宗亲自迎入宫中，担任翰林待诏，明明比其他文人更有机会一展抱负，但是因为喜欢喝酒，酒后狂放不羁，结果被玄宗评价为“此人固穷相”。其实，他从未放弃过对自由的追求，即便进入了宫廷也学不会夹起尾巴做人。只能喊出“安能摧眉折腰事权贵，使我不得开心颜”的句子，抒发真实的想法。

很多人认为中国人的传统思想受儒家影响较大，而20世纪的英国学者李约瑟认为：中国人的性格中，最吸引人的因素来自道家，中国如果没有道家思想，就像一棵深根已经烂掉的大树。

李约瑟这话说得很有道理，像庄子这种又真实又坦率又自由洒脱的性格，确实是人类性格特别是中国人性格中的可爱因素：我只遵从我的内心，我不愿意做的事，就算是诸侯请我去做也不行。

尽管道家学派的思想很受人们喜爱，但是真能达到这种境界的人却不是很多。只有那些有慧根又性格相合的人，才能体味到道家的精髓并且付诸行动。更多的普通人，只能一边憧憬这种境界，一边转身融入现实社会的洪流中。

我们学习庄子思想的目的也在于此，根据自己的实际情况，选择对自己有实际意义的思想去修炼，最终我们会发现，我们将越来越有能力与自己和解，越来越接近真正自由的思想境界。如闻一多先生所说："庄子穷困了一生，也寂寞了一生，他不肯仕进，并挖苦权贵，他的言行里映射着他的潇洒与放达；然而，最终取代他毕生沉寂的，是永久的辉煌。"

庄子以天地为棺椁：回归自然才能算厚葬

庄子对生命的态度，一直是很超脱的。那么在面对死亡的时候，他的思想境界又是怎样的呢？我们先来看《庄子·列御寇》中"庄子以天地为棺椁"的故事。

原文：

庄子将死，弟子欲厚葬之。庄子曰：“吾以天地为棺椁，以日月为连璧，星辰为珠玑，万物为赍送。吾葬具岂不备邪？何以加此！”弟子曰：“吾恐乌鸢之食夫子也。”庄子曰：“在上为乌鸢食，在下为蝼蚁食，夺彼与此，何其偏也。”

故事说的是，庄子快要死了，弟子们打算用很多东西做陪葬，把葬礼办得隆重一点。可庄子说：“我把天地当作棺椁，把日月当作玉璧，把星辰当作珍珠，万物都可以成为我的陪葬，我的陪葬品难道还不完备吗？哪里还用得着这些东西呀？”

葬礼对古人来说非常重要，不仅关系到死者自身的面子，还被认为与家族命运有关。儒家就非常重视丧葬，认为人死之后还会有一种神秘的力量存在，认为对父母实行厚葬，不仅是一种孝道，也是希望自己能够得到逝者灵魂的庇佑。

庄子生活在礼崩乐坏的战国。由于战乱频繁，百姓四方流徙，为了便于寻觅亲人埋葬之处，人们自然采用了易于识别的“封土为坟”的葬制。“封土为坟”并非一抔黄土就把人埋了，而是先用棺椁装殓尸体，放入各种陪葬品，然后再下葬。

战国时期的贵族阶层流行厚葬。庄子虽然算不上公卿贵族，但好歹也有不少追随者，即便没有金玉珠玑，至少也有能力把陪葬品准备得体面一些。可是，庄子偏不，硬生生要求学生们把自己曝尸荒野，还把这种方式定义成以天地为棺椁，以日月星辰为陪葬品。

庄子的学生当然要反驳几句：“我们担心的是，如果直接以天地为棺椁，会引来乌鸦和老鹰的啄食。”这个担心不无道理，庄子主要在宋国、楚国一带活动，也就是今天的华东、中原地区。这里讲究的都是死者为大、入土为安，就怕祖先或者自己的遗体得不到完好的保存，更受不了死无全尸、曝尸荒野的事情。

但庄子依然有他自己的一套说辞："弃尸在地面，会被乌鸦和老鹰吃掉；深埋地下，也会被蚂蚁吃掉。万物都是平等的，你们干吗非要夺了乌鸦和老鹰的食物，交给蚂蚁和蝼蛄呢？真是偏心呀！"

弟子这么做真的是偏心吗？当然不是，谁会去偏心没有思想的蚂蚁呢？弟子们无非就是在想，能够看到的危险，就要尽量避免；看不到的事情，也就管不了那么多了。其实，尸体被鸟类吃掉和埋在地里烂掉，这两种结果有什么本质的区别吗？其实是没有的，选择不同的丧葬方式，完全是习俗和心理习惯不同而已。

庄子把死当作是重新化身天地、回归自然的方式。既然"天地与我并生，而万物与我为一"（《齐物论》），那么无论是被乌鸦和老鹰啄食，还是被蚂蚁和蝼蛄分解，只要能重新回到自然当中，都算是得到了最好的安葬。

在这样的理解之下，俗世间所谓"陪葬的厚薄"，又算得了什么呢？以天地、日月、星辰万物作陪，岂不是更有排面？这是真正的达观，"达"代表着通，让自己和天地万物融为一体。这种达观不免显得有些冷酷，与儒家精心营造的温情脉脉截然不同。

原文：

以不平平，其平也不平；以不征征，其征也不征。明者唯为之使，神者征之。夫明之不胜神也久矣，而愚者恃其所见入于人，其功

外也，不亦悲乎！

故事结束之后，庄子又开启了他的保留节目——推销价值观。他说："以不平平，其平也不平；以不征征，其征也不征。"用偏见去追求公平，追求到的公平绝不是真正的公平；用夹杂着私心的主观感受，去验证客观的外在事物，那么验证到的也绝不是客观的真相。这段话的原文读起来有点绕，但它探讨的却是社会上一个常见的深刻话题：打破偏见。

我们总是用自己的经验和认知，想当然地去判断世界，但这个判断到底对不对呢？还真不一定。就像你觉得只有土葬是对的，因为别人都是这么干的。可事实上，被鸟类带上天去消化，在土地中被虫子分解，最终都是将人带回到自然之中。

庄子继续说："明者唯为之使，神者征亡。夫明之不胜神也久矣，而愚者恃其所见入于人，其功外也，不亦悲乎！"自以为明智的人，常常会被外界所驱使；只有真正做到精神超脱的人，才能感受到真实。自以为聪明的人，尚且不能活得明白；那些还不够聪明的蠢人，却沉溺在自己的偏见和世俗中的眼光之中，这不是很可悲吗？

这一段里有很多感慨。从诸子百家到市井小民，谁能做到毫无偏见、毫无私心呢？有些人好像比其他人更精明，于是对自己使用的小伎俩、取得的小成绩沾沾自喜；有些人没那么聪明，但是为了不降低自尊，于是做一些强词夺理、胡搅蛮缠的事情。这两种人的区别大吗？其实不大，都是在小智层面打打闹闹，真的遇到生死存亡之类的大事，还是会想不透、看不开、纠结痛苦。

庄子给我们提供了另外一种视角——如果你从自然大道的层面去

理解生死，生死是一体的，也是循环的。活着就是一步一步走向衰老和死亡，死后反而可以回归自然，等待新生。既然如此，那么为什么不坦然接受呢？按照活人的标准，去准备死人的陪葬品，怎么知道死后的世界需不需要这些东西呢？所谓的厚葬，不过是把死者留在生前世界的条条框框之中。愚蠢的人呀，按照自己的偏见做事，让人死后都不得安宁，多么可悲呀！

《徐无鬼》

徐无鬼见魏武侯：什么诗书礼乐，不如相狗相马

本节来说说《庄子·秋水》中“徐无鬼安慰魏武侯”的故事。

徐无鬼是庄子虚构的一个隐士形象，名字中的“无鬼”可以看作没有杂念、心思淳朴的意思。而魏武侯，在历史上确有其人，是战国初年魏国的第二位国君，其父亲魏文侯曾与韩、赵两家联合，瓜分了原先的中原霸主——晋国。此事被称为“三家分晋”，是历史上春秋与战国两个时代的分水岭。除了三家分晋、创立魏国之外，魏文侯在历史上还以礼贤下士而闻名。在父亲的影响下，魏武侯也成了一代有勇有谋之主。这样一位杰出的君主，为什么需要隐士徐无鬼的安慰呢？

原文：

徐无鬼因女商见魏武侯，武侯劳之曰：“先生病矣，苦于山林之

劳，故乃肯见于寡人。”

徐无鬼曰：“我则劳于君，君有何劳于我！君将盈耆欲，长好恶，则性命之情病矣；君将黜耆欲，牵好恶，则耳目病矣。我将劳君，君有何劳于我！”武侯超然不对。

少焉，徐无鬼曰：“尝语君吾相狗也：下之质，执饱而止，是狸德也；中之质，若视日；上之质，若亡其一。吾相狗又不若吾相马也。吾相马：直者中绳，曲者中钩，方者中矩，圆者中规。是国马也，而未若天下马也。天下马有成材，若恤若失，若丧其一。若是者，超轶绝尘，不知其所。”

武侯大悦而笑。徐无鬼出，女商曰：“先生独何以说吾君乎？吾所以说吾君者，横说之则以《诗》《书》《礼》《乐》，从说则以《金板》《六韬》，奉事而大有功者不可为数，而吾君未尝启齿。今先生何以说吾君？使吾君说若此乎？”

徐无鬼曰：“吾直告之吾相狗马耳。”女商曰：“若是乎？”曰：“子不闻夫越之流人乎？去国数日，见其所知而喜；去国旬月，见所尝见于国中者喜；及期年也，见似人者而喜矣。不亦去人滋久，思人滋深乎？夫逃虚空者，藜藋（lídiào）柱乎鼪鼬（shēngyòu）之径，踉位其空，闻人足音跫（qióng）然而喜矣，又况乎昆弟亲戚之謦（qǐng）咳其侧者乎！久矣夫，莫以真人之言謦吾君之侧乎！”

话说，徐无鬼在大臣女商的引荐下，见到了魏武侯。两人一见面，魏武侯就说道：“先生隐居山林，肯定是感到疲惫劳累，方才来见我。”

谁知徐无鬼轻描淡写地说道：“才不是呢！其实我是看你疲惫劳

累，特意前来慰问你的。你看！你要满足自己的嗜好与欲望，就会让心灵疲惫不堪；你要减少嗜好和欲望吧，内心就会感到困顿、荒芜。怎么做都不对，这多累呀！所以我来慰问你。”

魏武侯一听这话，好像被什么东西击中一般，顿时语塞。

徐无鬼接着说：“我善于从狗的体态，判断它们的优劣。下等狗往往只求填饱肚子；中等品类的狗呢，总是凝视着太阳；上等狗，似乎忘掉自身的存在，与周身合为一体。我研究狗的水平不如我研究马的水平高。马的体态，直的部分要合于墨线，弯的部分要合于钩弧，方的部分要合于角尺，圆的部分要合于圆规。这样的马就是国家级的好马。

“不过，如此良驹，还是比不上天下最好的马。天下最好的马，天赋异禀：缓缓踱步的时候似有忧虑，奔跑起来却又神采奕奕，总像是忘记了自身的存在，超越马群，疾如狂风，把尘土远远留在身后，一不留神就难觅其踪了。”

听完此番言论，魏武侯果真开心地大笑起来。

徐无鬼走出宫廷，大臣女商满腹疑惑，问道：“先生究竟是用什么办法让国君高兴的呢？我各种方法都试过了——横有《诗经》《尚书》《礼仪》《乐经》等儒家学说，纵有兵法著作《金版》《六韬》，但无论我说啥，国君总是一副不开心的样子，不曾有过笑脸。”

徐无鬼笑着说：“我不过告诉他我怎么相狗、相马罢了。”女商简直不敢相信。

徐无鬼继续说：“你没有听说过越地流亡人的故事吗？相传，他离开都城几天，见到故交旧友便十分高兴；离开一整月，见到曾经见过的人就大喜过望；等过了一年，见到有可能是老乡的人，也会欣喜若狂。这说明，离开故人越久，思念的情意就越深；长期漂泊在外，发现一点跟家乡有关的消息也能高兴好久。外出逃难的人在荒野中跌跌撞撞地生活，听到人的脚步声就高兴起来，更何况听到兄弟、亲戚在身边说笑呢？国君如此高兴，是因为太长时间没有听到这种朴素单纯、毫无功利之心的话了！”

这就是徐无鬼和魏武侯的第一次见面。在这个故事中，徐无鬼一见到魏武王，就点出了他生活的“常态”——想要快乐，就要满足欲望，因为低欲望往往意味着不快乐；可是为了满足欲望，就得费尽心思追求，就没法享受内心的安宁，到头来，还是不快乐。换言之，只要内心有欲望存在，无论是否得到满足，都无法感受到真正的愉悦。这个不可解的“死循环”，让世人永远陷入幸福感的缺失之中。

魏武侯听眼前这位隐士的分析，终于找到了不快乐的症结所在。但是找到病因只是第一步，重要的是如何治疗。魏武侯一时无解，所以才会感到怅然若失。徐无鬼接着拿鸡和马的身体构造举例，出了解决方案，最终解开了魏武侯的心结。

也许你会感到奇怪：这人说得好好的，怎的又说起狗和马来了？这其实有两个原因：第一，相狗、相马是春秋战国兴起的娱乐活动，说这个会引起倾听者的兴趣；第二，这是庄子文章惯用的“寓言”手法，用其他事物的道理，揭露人世的真理。

徐无鬼说了什么呢？他说，下等狗追求吃饱，实际上是被欲望驱使；中等狗凝视太阳，说明他控制欲望，希望看到更高的目标。这两类行为对应到人身上，正是前面分析过的陷入纵欲和禁欲死循环的两种人。要怎么跳出循环呢？不如看看上等的狗。徐无鬼说，上等狗已经超脱欲望，与周遭合一。

这样说还不是很明显，他又拿马来论证：标准化的好马需要做到身材周正，各种曲线、角度符合人们心目中完美的模子。但这样的马还不算真正的好马，真正的好马能做到"浑然忘我"，超脱自身存在。换言之，好马根本不在规定的条条框框之中束缚自己，而是充分发展自己的本性，在生命独特性上高出普通的马。原文中的这个"超轶绝尘"，后来也变为一个成语，用来描述那些远远超过同类的人或事物。

表面是在说相狗相马，实际上延续了徐无鬼刚才的观点——人被欲望驱使，终究会感到"心累"，只有"浑然忘我"才能达到"无欲无求"的超脱境界，摆脱不幸福的死循环。

可是，女商不能理解到这一层意思。在他的认知中，诗书礼乐和兵法等就已经足够高级，魏武侯听这些都没有笑容，听其他的事自然也提不起兴趣。如今，相狗、相马的题材居然能让国君一展笑颜，女商当然无法理解。于是，徐无鬼给他打了个比方，漂泊在外，便会产生思念。漂泊时间越久，思念也就越深。同样的道理，超脱欲望是人的本真状态，一旦偏离就会感到不快乐。偏离本真状态之后，还要用诗书礼乐和兵法继续加以误导，岂不是让人越来越不幸福？

到这里，徐无鬼已经给魏武侯进行了一次思想上的洗礼。但这还不够，毕竟武侯是国君，光改变思想不够，还得有所行动，于是有了两人的第二次会面。

原文：

徐无鬼见武侯，武侯曰："先生居山林，食芧栗，厌葱韭，以宾寡人，久矣夫！今老邪？其欲干酒肉之味邪？其寡人亦有社稷之福邪？"

徐无鬼曰："无鬼生于贫贱，未尝敢饮食君之酒肉，将来劳君也。"

君曰："何哉！奚劳寡人？"

曰："劳君之神与形。"武侯曰："何谓邪？"

徐无鬼曰："天地之养一，登高不可以为长，居下不可以为短。君独为万乘之主，以苦一国之民，以养耳目鼻口，夫神者不自许也。夫神者，好和而恶奸。夫奸，病也，故劳之。唯君所病之何也？"

武侯曰："欲见先生久矣！吾欲爱民而为义偃兵，其可乎？"

徐无鬼曰："不可。爱民，害民之始也；为义偃兵，造兵之本也。君自此为之，则殆不成。凡成美，恶器也。君虽为仁义，几且伪哉！形固造形，成固有伐，变固外战。君亦必无盛鹤列于丽谯之间，无徒骥于锱坛之宫，无藏逆于得，无以巧胜人，无以谋胜人，无以战胜人。夫杀人之士民，兼人之土地，以养吾私与吾神者，其战不知孰善？胜之恶乎在？君若勿已矣！修胸中之诚以应天地之情而勿撄。夫民死已脱矣，君将恶乎用夫偃兵哉！"

徐无鬼再次拜见魏武侯，武侯问他说："先生居住在山林自然中，很久不与我交往。如今来找我，是不是上了年岁，寻求酒肉美味呢？或者有什么治国的良策，能造福国家呢？"

徐无鬼回答："我出身贫贱，不敢奢望享用美食，只是打算来慰问你。”

武侯问道：“如何慰问我呢？”

徐无鬼回答：“当然是慰问你的精神和形体呀！天地对人们的养育是同样的，登上高位不该高人一等，身处低位也不必矮人三分。你作为大国的国君，却让全国的百姓劳累困苦，以满足自己感官上的享受。圣明的人，往往自然和顺，厌恶为自己求取私利。现在你引导百姓为你自己求取私利，这是严重的病态，所以我特地前来慰问。”

武侯一听，赶紧辩解：“我想见先生很久了。其实我想爱护人民，为了道义而停止战争，这应该是正确的吧？”

徐无鬼说：“不行。你所谓的‘爱护’，实乃祸害的开始。为道义停止争战，往往会制造新的争端。如果从这些方面来治理，恐怕不会成功。人们为了成就美好的名声，为了推行仁义，需要通过很多刻意的手段，这其实更接近于虚伪和作假啊！就像你为了道义停止战争，成功以后必定会自夸。如果局势有了变故，你必定会再次挑起争战。你应该做的，是放弃浩浩荡荡的军队，不再依赖智巧和计谋去打败别人，不用战争去征服别人。所谓的战争，大多是用来满足自己的私欲和精神的。诸侯之间的争战没有谁是正确的，也没有真正的胜利。你不如放弃战争，修养心中的诚意，顺应自然而不去扰乱其规律。百姓死亡的威胁将得以摆脱，也不用呼吁停战了。”

这一次，徐无鬼仍然语出惊人。魏武侯想造福臣民，为道义而停止战争，徐无鬼却认为：停止战争仍然是陷在战争的泥潭之中，应该放弃战争、放弃军队乃至放弃一切争端，这样民众才不会被战争困扰。

这其实是对两人第一次会面的延续。徐无鬼之前已经论证过：被欲望驱使，乃是最低的境界。把这一套交给民众，简直是在坑人。所以魏武侯赶紧辩解说，为了道义，停止战争，这总算对老百姓有好处了吧？在这里，魏武侯的解释，恰恰对应了徐无鬼说的第二重境界，减少征服、攻伐的欲望，追求更高的目标：和平、美好、仁义的境界。

徐无鬼见武侯没有彻底理解，这才进一步说明：为了停止战争，你会做很多“多余”的事情，比如大肆宣传和平，加紧军队的训练，开展更多的外交谋略活动，等等。更要命的是，你停止了战争，如果有其他国家发动战争，破坏了和平，你还得用军队去讨伐它。如此一来，又如何能做到真正停战呢？

黄帝问路：生活的意义，要从内心寻找而不依赖外物

《庄子·徐无鬼》中“黄帝问路”的故事原文：

黄帝将见大隗（wěi）乎具茨之山，方明为御，昌寓骖（cān）乘，张若、謵朋前马，昆阍（hūn）、滑稽后车。至于襄城之野，七圣皆迷，无所问途。适遇牧马童子，问途焉，曰：“若知具茨之山乎？”曰：“然。”“若知大隗之所存乎？”曰：“然。”黄帝曰：“异哉小童！非徒知具茨之山，又知大隗之所存。请问为天下。”

小童曰：“夫为天下者，亦若此而已矣，又奚事焉！予少而自游于六合之内，予适有瞀病，有长者教予曰：‘若乘日之车而游于襄城之野。’今予病少痊，予又且复游于六合之外。夫为天下亦若此而已。予又奚事焉！”黄帝曰：“夫为天下者，则诚非吾子之事，虽然，请问为天下。”小童辞。黄帝又问。小童曰：“夫为天下者，亦奚以异乎牧马者哉！亦去其害马者而已矣！”黄帝再拜稽首，称天师而退。

故事说的是，上古时期的贤明君主黄帝，仰慕一位叫大隗的隐士，决定去具茨山中寻找，并向他请教治国之道。黄帝不是一个人赶路，与他同行的还有另外六人——驾车的人叫方明，陪着黄帝坐车的人叫昌寓，张若、谐朋在马车前面引路，昆阍、滑稽在马车后面跟随，他们都是当时名噪一时的贤人。这七个人赶着车，一路走到了襄城外的旷野，没多大会就迷路了。没有地图更没有手机，他们甚至想找个路人打听打听方向都找不到。

正巧这时，迎面走来一个牧马少年，于是黄帝赶紧向他求助。黄帝问：“你知道具茨山吗？”少年点点头，说：“是的。”黄帝又问：“你知道大隗在什么地方吗？”少年又点点头，说：“是的。”黄帝没想到，少年不仅可以指路，甚至还能帮自己引荐大隗本人，于是惊讶地跟随行的几人说道：“这少年与常人不同，居然认识大隗，想必见识非凡。不如我先向他请教请教吧！”第一个问题问什么呢？“请问，怎样才能治理好天下呢？”

少年说：“治理天下，就那么回事儿，何须多事呢！我小的时候，曾独自在天地四方之内游玩。有一回碰巧得了头眼眩晕的病，有位长者教导我说：‘你乘坐太阳车，去襄城的旷野里去吧。’长者都这样说了，我也没有什么更好的办法，于是就来了。如今，我的病已经有了好转，我想我又该准备到天地四方之外去游玩了。你所说的治理天下，恐怕也是如此吧，跟我有啥关系呢？”

黄帝听后，感觉不是很满意，于是继续说到：“治理天下的确不是你平时操心的事，尽管如此，我还是想问问你对治理天下的看法。”少年见黄帝还不死心，于是干脆拒绝回答。黄帝也本着打破砂锅问到底的精神，继续追问。少年实在没办法了，只好说道：“治理天下，跟牧马差不多。只要养马的人不对马匹做过分的事，别妨碍马的正常生活，完全任其自然成长，就可以算是做得很好了！”黄帝听到这里不禁叩头至地，拜他为天赐良师，然后转身离去了。

庄子讲故事，喜欢虚构，要么就是给孔子、惠子、黄帝、尧舜他们安排上一些似有似无的经历；要么干脆没有来源地编造一个人物，然后给他们起些奇奇怪怪的名字。在这个故事中，方明、昌寓、张若、谐朋、昆阍、滑稽这六名追随者，加上山中的隐士大隗，都不是真实存在的人物。庄子用了七个各具特色的形容词为他们起名，其实另有深意。

“大隗”是伟大、高耸、空寂的意思，黄帝前往寻访，则表示他对至人精神世界的虚空的崇拜与向往；“方明”表示晨曦黎明或者豁然开朗的意思，由他驾车，表示黄帝此行的目的，是追求光明正道、解开内心困惑；同行者昌寓，名字的意思是天地明媚广阔、四方通达顺畅，表示黄帝心怀愿景，希望顺应天地大道，将天下妥善治理；张若、谐朋在马车前面引路，昆阍、滑稽在马车后面跟随，则名字寓意虚虚实实、明明暗暗、嬉笑怒骂，表示追梦之人始终不能摆脱凡人的小情绪、小心思。可此行毕竟是逐梦之旅，是为了崇高远大的精神而来，若被私心杂念干扰，怎么能不迷路呢？

“无所问涂”有两种解释，一种是找不到问路的人，另一种是问了路人，可路人也不知道。黄帝渴望接近大道，但是当地人也不知道大道为何物，又怎么给他指路呢？好在途中还是遇到了一个略懂大道的人，也就是这个牧马少年。他从小就在山中逍遥游荡，曾感受过六合内外的无穷和万物以息相吹的天籁，于是在内心顿悟了自然之真理。他对治理天下不感兴趣，但是治理天下的道理却早就蕴含在他内心领悟到的智慧之中。于是他说：治理天下跟牧马一个道理，不过分干预，不追求所谓的“有为”，顺应规律，自然可以治理得当。

换言之，真正优秀的君主，都是“无为”的。所有对治理之道的探索，都是本着“找到方法，以求行动有效”的初衷，这完全违背了自然大道呀，这样又怎么能够达成目标呢？也正是因为这个原因，牧马少年才会一遍又一遍地拒绝回答黄帝。黄帝毕竟是被七情六欲缠身的俗人，不明白对方拒绝的意图。少年见状也不再计较，只能给黄帝明示了。

故事的最后，庄子加了一段议论。

原文：

知士无思虑之变则不乐；辩士无谈说之序则不乐；察士无凌谇之事则不乐：皆囿于物者也。招世之士兴朝；中民之士荣官；筋力之士矜难；勇敢之士奋患；兵革之士乐战；枯槁之士宿名；法律之士广治；礼乐之士敬容；仁义之士贵际。农夫无草莱之事则不比；商贾无市井之事则不比；庶人有旦暮之业则劝；百工有器械之巧则壮。钱财

不积则贪者忧，权势不尤则夸者悲，势物之徒乐变。遭时有所用，不能无为也，此皆顺比于岁，不物于易者也。驰其形性，潜之万物，终身不反，悲夫！

庄子说："知士无思虑之变则不乐；辩士无谈说之序则不乐；察士无凌谇之事则不乐：皆囿于物者也。"才智聪颖、智力发达的人，不做复杂的思考换算便觉得不痛快；伶牙俐齿、善于辩论的人，没有发言雄辩的机会便觉得不爽；明察秋毫、眼睛里揉不得沙子的人，不冒犯和责难别人便感受不到快乐。这些都是受外物局限与束缚的表现。

"招世之士兴朝；中民之士荣官"，招引贤才的人从朝堂上建功立业，善治理百姓的人以做官为荣。"筋力之士矜难；勇敢之士奋患"，身强体壮的人不把危难放在眼里，英勇无畏的人遇上灾祸总是奋不顾身。"兵革之士乐战；枯槁之士宿名"，手持武器身披甲胄的人乐于征战，隐居山林的人喜欢追求的是清白的名声。"法律之士广治；礼乐之士敬容；仁义之士贵际。"研修法制律令的人一心推行法治，崇尚礼教的人注重仪容，讲求仁义的人看重人际交往。

"农夫无草莱之事则不比；商贾无市井之事则不比"，农夫没有除草耕耘的事便觉内心不定、无所事事，商人没有贸易买卖也会心神不安，无所事事。"庶人有旦暮之业则劝；百工有器械之巧则壮。"百姓只要有短暂的工作就会勤勉，工匠只要有器械就会很努力。"钱财不积则贪者忧，权势不尤则夸者悲，势物之徒乐变。"贪婪的人，缺少钱财会忧愁不乐；私欲很盛的人，权力不大则会悲伤哀；随时准备浑水摸鱼争权夺利的人，永远在等待变乱带来的机遇。

“遭时有所用，不能无为也，此皆顺比于岁，不物于易者也。”这些人热衷于变故，一有机会就会有所动作，做不到“清静无为”。“驰其形性，潜之万物，终身不反，悲夫！”这样的人，行为就像在顺应时令一样，不能摆脱外物影响，身心都沉溺其中，一辈子也不会醒悟，实在可悲！

在这段讨论中，庄子讲了很多种人，各有特长，各自的品质都不相同，但他们有一个共同点，那就是要借助“外物”来找存在感。当然，这里的“外物”不一定有实体，也可以是精神、文化层面的事物，比如善于辩论的人，总想找些话题来讨论，这在庄子眼中，也属于外物。

到这里，我们便能知道，庄子之前说到的“多事”到底是多了什么东西了。其实，就是指人的精神没有完全独立，需要借助外物来找寻生活意义。这个树立存在感是不分好坏的，不管是小人夺权，还是贤德的人想建功立业，都属于此类。

前面讲过，庄子认同并发展了老子的“无为”思想，认为做不到无为便失去了到达最高境界的机会。《道德经》第六十章说：“治大国，若烹小鲜。”治理大国，就像烹调一条小鱼似的，不得随意翻动、折腾，否则就会产生问题，引发国家动荡。

在儒家理论中，黄帝已经足够贤明了。但是在庄子眼中，他和他的团队还有不足的地方，那就是过于看重自己的治理策略，太想把国家治理好，反而形成一种过分的执念、一种可能破坏国家正常发展的力量。

牧马少年，在故事中算是得道之人。他看出了这一点，所以才会对症下药地说，治理国家就像牧马，不要瞎搞，不要过分干预，多一事不会让天下治理得更好，只会让国家越来越远离理想社会。如果从统治者开始，每个人都不借助外物，而是从自己的内心去寻找生活意义，那么统治者和臣民就像空气与人、水与鱼，须臾不离，相生相长，幸福感也会随之而来。

庄子与惠子论诸子：如果人人自行其是，世界会怎样？

本节我们讲讲《庄子·徐无鬼》中“鲁遽（jù）鼓瑟”的故事。

瑟，是先秦时代的一种弦乐器，外形跟今天的古筝、古琴很类似。瑟一般有二十五根弦，每根弦配有一根弦柱，按照宫、商、角（jué）、徵（zhǐ）、羽五声音阶定调。

最早的瑟有五十根弦，所以李商隐才会在诗中说“锦瑟无端五十弦，一弦一柱思华年”。那么，在庄子和惠子的辩论中，鲁遽鼓瑟又说明了一个什么道理呢？

原文：

庄子曰：“射者非前期而中谓之善射，天下皆羿也，可乎？”惠子曰：“可。”庄子曰：“天下非有公是也，而各是其所是，天下皆尧也，可乎？”惠子曰：“可。”庄子曰：“然则儒墨杨秉四，与夫子为五，果孰是邪？或者若鲁遽者邪？其弟子曰：‘我得夫子之道矣！吾能冬爨鼎而夏造冰矣！’鲁遽曰：‘是直以阳召阳，以阴召阴，非吾所谓道也。吾示子乎吾道。’于是为之调瑟，废一于堂，废一于室，鼓宫宫动，鼓角角动，音律同矣！夫或改调一弦，于五音无当也，鼓之，二十五弦皆动，未始异于声而音之君已！且若是者邪！”惠子曰：“今乎儒墨杨秉，且方与我以辩，相拂以辞，相镇以声，而未始吾非也，则奚若矣？”庄子曰：“齐人蹢（zhí）子于宋者，其命阍也不以完；其求钘钟也以束缚；其求唐子也而未始出域：有遗类矣！夫楚人寄而蹢阍者；夜半于无人之时而与舟人斗，未始离于岑而足以造于怨也。”

话说有一天，庄子与惠子又针对一个话题辩论了起来。

庄子说：“有些射箭的人，没有命中预设的目标，而是先射箭再把射中的东西当作目标。这样做都能被认为是擅长射箭，那是不是就意味着，天下所有人都像后羿那样精通射箭呢？”

惠子说：“可以。”

庄子接着把观点引申了一下：“天下没有能让所有人都认可的标准，人们就认为自己的标准是正确的。那是不是就意味着，天下所有人都像尧舜那般圣明呢？”

惠子回答说：“也可以。”

庄子继续问道：“那么郑缓、墨子、杨朱、公孙龙，再加上先生您，一共五位，各自的观点都不相同，但都说自己是有道理的。那么，到底谁才是正确的呢？或者说，你们都像是周初的鲁遽那样吗？”

相传，鲁遽的弟子有一回问他，说：“我学得了先生的学问，能够在冬天取炭木生火烧饭，也能在夏天用井水制出冰块了。”

鲁遽却说：“以阴阳二气的升降而言，冬至之后阳气渐升，夏至之后阴气渐升。所以，冬热鼎，夏造冰，以阳气招引阳气，以阴气招引阴气而已，没什么稀奇，这并不是我道术的精髓部分。下面就让你见识见识什么是真功夫吧！”

说罢，鲁遽当着大家的面，找了两张瑟，并把它们的音弦调好，把一张放在客厅，一个张在书房。他鼓动书房里这张瑟的宫音，客厅里那张瑟也发出了宫音；他鼓动书房里这张瑟的角音，客厅里那张瑟也发出了角音。显然，这是由于音律相同，依然不出同类相招的范围。

接着，他加大了难度，将书房里这张瑟的一根弦改了调，使它不确定于宫、商、角、徵、羽这五个音中的任何一个。当他鼓动这根弦时，客厅里那张瑟的二十五根弦同时发出了声响……

庄子评论说：“鲁遽以此为奇术，其实仍然是以声音招引声音而已，和弟子的以阳气招引阳气、以阴气招引阴气又有什么不同？你们五家，不就像鲁遽的瑟上面的弦一样吗？自以为胜于各家，本质上却毫无差别！”

惠子一时语塞，于是追问到：“如今郑缓、墨子、杨朱、公孙龙，他们正跟我一道辩论，相互间用言辞进行指责，相互间用声望压制对方，却都不认为自己是错的，那么将会怎么样呢？”

庄子说：“我听说齐国有个人，将自己年幼的孩子抛弃在宋国，让守门人照看，也不管他吃穿用度，也不操心他能否健康成长。就是这个对孩子不负责的人，有一天得到了一件比较珍贵的乐器，反而爱护有加，一层层包裹起来，唯恐损坏。

“这个齐国人，爱外物胜过了爱自己的孩子，如此违背常情却自以为是，和你们偏爱词辩之论而不知养护生命根本，不是犯了相同的错误吗？想在争论的过程中寻找到普世的真理，不就像有人在异乡丢失了孩子，却只在自己住的小村庄里寻找一样，完全不着边际吗？”

“再给你讲个故事吧！”庄子说，“楚国有个人，寄人篱下，不仅没有收敛自己，反而斥责主人，也不怕被主人赶出去；还是这个人，深更半夜一个人出门坐船，船还没靠岸，就跟船家打了起来，也不怕被赶下船去。如此愚蠢的做法，跟你们置自我生命的完善于不顾，非要自以为是地跟别人争对错，又有什么不同呢？”

故事到这里，又以惠子哑口无言而告终。

在两段对话中，庄子的论点只有一个：天下没有统一的是非标准，人们各行其是却不自知，因此造成了争论。为此，他安排了两个“引子”，一个是“打哪儿指哪儿”的射箭高手，一个是以声音招引声音的鲁遽。在这俩人的故事中，他们都以为自己很高明：射箭的人脱靶了，就说自己本来就要射到箭所在位置；鲁遽想给徒弟证明自己技高一筹，最后反而用同样的技巧做了一件非常不实用的事。

旁人都能看出两人的问题，但是当局者却认为自己的标准放之四海而皆准。他们不仅没有意识到其中的错误，还煞有介事地标榜自己。如此一来，就只能被庄子当成了笑柄咯！其实诸子百家也是这样的：他们东奔西走，游说各个诸侯，都是自以为正确，自以为出众。实际上，比较一下，其实水平大同小异，只是因为评判标准不同，有一些观点胜在收益大，有一些观点胜在稳妥而已。

当然，惠子也很聪明，听懂了庄子的弦外之音，就反过来问庄子：我们虽然争论，但是大家并没有说自己一定对，别人一定错啊；

如果大家只是参与辩论，不强行分个对错，这样不就好了吗？

所以，庄子接着又说了齐人和楚人的故事，对惠子描述的情况进行两个层次的评价。

第一个层次讲的是，齐人对做人质的孩子都不太爱护，反倒对荒野中捡到的小古董很上心。这是指那些参加辩论的人热衷于争论却忘记了最初的目的，被外物所束缚却对生命的延续毫不在意，如此舍本逐末、抓小放大，岂不是愚蠢到家了？

第二个层次是说，楚人寻求别人的帮助，却对伸出援手的人恶语相向，这都不是忘恩负义的问题了，摆明了告诉别人，谁帮我谁就是给自己找麻烦。这是指责那些辩论的人，本该在一起相互促进，讨论出更有意义的知识，谁知都陷入争论，互相吹胡子瞪眼，不仅浪费了时间，还恶化了彼此的关系。

仔细一想，这两个故事都指向一个结果：没有意义的争论。而争论为何会失去意义，这便是庄子在这个故事一开始的立论：各人自行其是，没有一个统一的标准。

这个故事虽然讲得复杂，却揭露了一个很常见的现象。生活中，许多人用自己的一套标准衡量别人，殊不知人与人之间的标准其实天差地别。一群人心中的常识，在另一群人心中可能很新鲜；在一群人眼中离经叛道的事情，在另一群人那里或许很正常，正因为这样，才会产生出许多摩擦、争论，乃至爆发矛盾。而且，这样的争论和矛盾有用吗？很大概率是没用的。

在面对争吵和矛盾的时候，不要自行其是，不要陷入一时的情绪和意气之争，要善于跳出矛盾，审视矛盾背后的问题。

匠石运斤，郢人自若：坚定的信任是默契配合的前提

匠石，指的是一个名字叫石的匠人。他平时干活的主要工具是斧子，而“运斤”就是抡斧子、使用斧子的意思。那“匠石运斤”又是怎么回事儿呢？这个故事啊，是庄子在经过惠子墓地的时候，讲给随行伙伴的。

原文：

庄子送葬，过惠子之墓，顾谓从者曰：“郢人垩慢其鼻端若蝇翼，使匠人斫之。匠石运斤成风，听而斫之，尽垩而鼻不伤，郢人立不失容。宋元君闻之，召匠石曰：‘尝试为寡人为之。’匠石曰：‘臣则尝能斫之。虽然，臣之质死久矣！’自夫子之死也，吾无以为质矣，吾无与言之矣！”

庄子说：“从前，郢地有个人，把白垩泥蹭到了鼻尖上，泥点子的大小跟苍蝇翅膀差不多。泥点子不好清理，郢人就让匠石用斧子砍削掉这一个小白点。结果，匠石二话不说，马上挥动斧子，如刮风一般呼呼作响，‘嗖’地一下就砍向了泥点。只见白泥点被完全去掉，鼻子是一点皮外伤都没有，郢人也没有害怕而是站在原地一副若无其事的样子，好像这事从来没发生过似的。

“宋国的国君知道这件事后，觉得匠石手艺精湛，就派人召见匠石，对他说：‘你这么厉害，不妨在我身上也试一下，让我见识见识呀！’”

按理说，在国君面前展示才能是件好事，但匠石却回答说：“我曾经的确可以砍削掉鼻尖上的泥点子，但是现在，我的搭档已经死去很久了。”言下之意，当年运斤如风不是我一个人的本事，而是两个人配合的结果。如今搭档不在了，当年的奇观当然也就不能重新上演了。

说完这个故事，庄子对着随行人员叹了口气，满怀遗憾地说道：“自从惠子离开了人世，我的伙伴也没有了！如今，再也没有可与我论辩的人了！”

这个故事非常简单。这个故事里的匠石，跟解牛的庖丁、粘蝉的老汉、削木为鐻的梓庆一样，都是在专业领域达到炉火纯青地步的匠人。他擅长使用斧头，连鼻头的泥点子都能挥起斧头去掉，而且丝毫不损伤皮肤。这个事迹被庄子记录为“匠石运斤成风，听而斫之，尽垩而鼻不伤”，后人从这段文字中提炼出“匠石运斤”和“成风尽垩”两个成语，来比喻工匠的技艺高超。

“匠石运斤”这个寓言，跟《养生主》中的“庖丁解牛”还是非常类似的。但是，这个故事中另一个角色不容忽视，那就是匠石的搭档——郢人。匠石之所以能展现出惊人的手艺，跟郢人的存在脱不了关系。郢人面对虎虎生风的大斧，表现得镇定自若。正是这份信任，让两人之间产生了绝对的默契。如此一来，匠石不用担心对方躲闪而被误伤，自然能够发挥出正常的高水平。一旦郢人去世，没人敢用鼻子去接石匠人那一斧头，再厉害的技艺也得失传。

不过，庄子讲这个故事，可不单单是为了夸赞匠石的技艺、二人之间的默契，而是在借这个故事表达自己对昔日好友惠子的感情。惠子经常跟庄子“抬杠”，但其实两人的感情非常好。他们经常通过辩论探究真理，提出了许多发人深省的观点。所以庄子和惠子，其实就像匠石和郢人，看起来有主有次，实际上互相增益，是彼此缺一不可的伙伴。于是，庄子才感叹道：失去伙伴，便再没有与我辩论的人了。

可是，面对这样的遗憾，我们不禁要生出新的疑惑：这样的表达符合庄子的生死观吗？《至乐》中，庄子的妻子死去，他却“鼓盆而歌”。因为在他眼中，人的生死，不过是自然循环罢了，人们不该为此过于伤怀；《列御寇》中，庄子更是连自己的身后事都不计较。为何在这里却要对惠子的死表现出深深的惋惜呢？这样一来不就自相矛盾了吗？

要回答这个问题，我们不妨看看庄子的友谊观。在传统观念中，朋友是社会关系中很重要的一环，有着极高的情感和利益价值，比如儒家经典《论语》所言：“有朋自远方来，不亦说乎？”“道不同，不相为谋。”儒家看重人伦，友谊观念也是从自身出发，从个人感情理解友谊。作为朋友，相互了解、相互帮助、让彼此快乐，这是非常重要的角色定位，即使在当今社会，很多人也是这么想的。

然而，道家的观念截然不同。庄子在《齐物论》中说道：道通为一，宇宙万物俱为一体。又在《知北游》提到：道无所不在，虚静恬淡寂寞无为者，道德之至。那些清心寡欲的人，才能领悟道的存在。庄子如此强调道，强调“恬淡寂寞”的思想，与儒家看重伦理形成强烈对比。

思想基础的差异也决定了儒道两家不同的友谊观。庄子在《大宗师》篇中说过这样一个故事。子祀、子舆、子犁、子来四个人在一起讨论：谁能够领悟生死存亡是浑然一体的，就可以交朋友。于是这四个人都相视而笑，心心相印却不说话，逐渐相互交往成为朋友。所以主流的儒家思想看重人与人之间的感情，可庄子并不看重感情。他看重的依然是道，只要领悟道的存在，领悟“万物为一体”的思想，即使相互之间不说话、没有交流，也可以成为知交好友，更不用说感情了。这就是所谓的“相濡以沫，不如相忘于江湖”。

那么，按照庄子这样的标准，惠子也是得道之人吗？还是修道者呢？显然都不是。我们前面提到过，惠子善于争辩，是名家的开山祖师。一派之长，不会跟随庄子修道。真正的原因，是庄子欣赏惠子的才华。

在《庄子》中，庄子和惠子有过多次争辩，这是两位大师相互切磋、相互促进的表现。很多时候，正由于惠子发难、步步紧逼，这才激发了庄子的才思，庄子才感悟到许多重要的思想观点。

当然，对于惠子有才而不修道，庄子也在《天下》中发出感叹：“惠施之才，骀荡而不得，逐万物而不反，是穷响以声，形与影竞走也，悲夫！”这是庄子为惠子追求外物、不追求真理、不随自己悟道而感到惋惜和悲伤啊！

纵观整本《庄子》，惠施似乎是庄子唯一官宣过的朋友。当朋友离世，庄子复又茕茕孑立、踽踽独行，经过故友坟头便独自凭吊，或许不是不伤心，只是他的信念不许他过分伤心罢了。后来，在一次送葬中，庄子终于触景生情，用自己最擅长的方式讲了上文这个故事。其实圣人也是人，修道者清心寡欲，但不是没有欲望。太上忘情，也不是绝情。惠子正是庄子人生中，寄托感情的那一个。

管仲荐相：庄子为何对法家断章取义?

管仲是春秋时期法家的代表人物，曾在好友鲍叔牙的推荐下，来到齐国担任国相。当时的管仲身在鲁国。齐桓公和鲍叔牙害怕鲁庄公先一步任用管仲，还策划了一起追讨出境罪犯、请鲁国引渡管仲的事件。

事实证明，鲍叔牙确实很有眼光，来到齐国的管仲大力推动政治经济改革，还打出“尊王攘夷”的旗号，先后降服了周边的鲁、宋、陈、蔡等国，一举辅佐齐桓公成为春秋五霸之首。

有这样一位能带兵、懂经济、综合实力满分的相国，齐桓公想不成功都难！可是成功不能只是昙花一现，管仲的年纪摆在这里，想要让齐国霸业永存，还必须提前找好接班人。今天这个故事，讲的就是管仲给齐桓公推荐相国的故事。

原文：

管仲有病，桓公问之曰：“仲父之病病矣，可不讳云，至于大病，则寡人恶乎属国而可？”管仲曰：“公谁欲与？”公曰：“鲍叔牙。”曰：“不可。其为人洁廉，善士也；其于不己若者不比之；又一闻人之过，终身不忘。使之治国，上且钩乎君，下且逆乎民。其得罪于君也将弗久矣！”

公曰：“然则孰可？”对曰：“勿已则隰（xí）朋可。其为人也，上忘而下畔，愧不若黄帝，而哀不己若者。以德分人谓之圣；以财分人谓之贤。以贤临人，未有得人者也；以贤下人，未有不得人者也。

其于国有不闻也，其于家有不见也。勿已则隰朋可。

话说，管仲生了重病，齐桓公去看望他，说出了困扰已久的问题："您老人家的病已经很重了，不避讳地说，一旦病危不起，我要把国事托付给谁才好呢？"

管仲没有直接回答，而是反问道："您想要交给谁呢？"

齐桓公脱口而出："鲍叔牙。"

管仲马上反对："不可以。鲍叔牙是清正廉洁的好人，但他也有缺点：他从来不亲近那些不如他的人；而且他的眼中揉不得沙子，听闻别人的过错，就一辈子也忘不掉。让他治理国家，对上，势必约束国君；对下，必定会忤逆百姓。一旦得罪于国君，也就不会长久辅政了！"

于是，齐桓公又问："那您觉得，谁可以担此重任呢？"

管仲回答说："真到了万不得已的情况，隰朋还是可以顶上的。隰朋的为人，可以说是'上忘而下畔'——身处高位的时候，可以忘记自己的地位，很随和、没有架子；在市井百姓中间能够得到爱戴，吸引别人来追随他。换句话说，就是隰朋这个人不卑不亢，与国君、与百姓都能相处得很好。"

"隰朋以黄帝为榜样，经常自愧不如，表现十分谦虚；还时常关照不如自己的人，简直就是'严于律己，宽以待人'的典型。如果能用道德感化他人的人可以被叫作圣人，能用财物去周济他人的人可以被称作贤人，那么隰朋既是圣人又是贤人。

"如果贤人以贤人自居、凌驾于他人之上，就不会获得人们的拥戴；而隰朋不仅是贤人，而且能谦恭待人，所以会得到人们的拥戴。

这样的人，对国事，不会事事听闻；对家庭，不会事事看顾。所以，我认为，在不得已的时候，隰朋可以接任辅佐君王的重任。”

看完这个故事，你或许会有两个疑问。第一，管仲与鲍叔牙是极好的朋友，如果没有鲍叔牙的引荐，管仲也不会成为齐国相国。现在管仲病危，到了托付后事的阶段，不推荐好友便罢了，还要阻挠国君任命自己好友，推荐别人，这是为什么呢？第二，鲍叔牙清正廉洁，而隰朋谦恭有礼，为啥说这谦恭有礼之人比正直廉洁的人，更适合当国相呢？

我们先说说第一个问题。管仲不推荐鲍叔牙，其实源于他的法家思想。管仲是法家的先驱，强调“不别亲疏，不殊贵贱，一断于法”。对任何人和事不分亲疏贵贱，都以法为行为准则。法的目标是什么呢？和我们现在可不一样。我们现在的法讲求公平正义，而春秋时代的法，是为了富国强兵，也就是为了实实在在的经济利益，为了壮大军事力量。

思想理念的差异，在管仲和鲍叔牙早年的交往中，已经体现出来。《史记·管晏列传》中记载，管仲和鲍叔牙在少年时就是好友。管仲年幼丧父，家中经济条件很差，而鲍叔牙出身贵族家庭，生活殷实丰厚。这两人合伙经商，鲍叔牙出了大部分本钱。结果赚了钱，管仲却拿走大部分利润。好心人提醒鲍叔牙，鲍叔牙却说：“管仲家贫，多拿一些可以理解。”

后来齐国与鲁国发生战争，两人参军建功立业。结果打了几场战斗，管仲每次都往后逃跑，不敢向前。人们笑他是胆小鬼，鲍叔牙却为他辩解：“管仲家中尚有老母，需要他活着回去奉养。”鲍叔牙的行为让管仲大为感动，感叹说：“生我者父母，知我者鲍叔也。”后人专门用“管鲍之交”，来形容这种亲密无间的友谊。

从这个故事中就可以看出来，管仲是个利己主义者，极度自私，欺负鲍叔牙性格好，总占鲍叔牙的便宜。可事实上，所谓“利己”“自私”都是现代的标准，在古代，尤其是战乱频发的春秋战国，并没有一个统一的行为准则。

在《徐无鬼》这一篇的前半部分就提到：正因为天下没有统一的是非标准，人们才会陷入争论、各行其是。对法家学派来说，“利益最大化”是一个人毕生的追求。鲍叔牙正是看到了这一点，才把管仲推荐给齐桓公，以成就齐国的霸业。反过来说，如果管仲没有那样的思想和性格，也就做不出那么高的成就。

当然，管仲其实也主动向齐桓公推荐过鲍叔牙，让他担任大谏的职位。这个职位负责监察官员、提出建议，刚好适合鲍叔牙这样清正廉洁、明察秋毫的官员。显然，管仲的推荐也不是因为他和鲍叔牙关系好，而是他觉得鲍叔牙能做好那个职位，于国家有利；能让鲍叔牙发挥出真才实学，管仲个人也有成就感。

反观相国之职，劳心劳力不说，还需要一个人做事圆滑，否则分分钟能招来杀身之祸。以鲍叔牙正义凛然的性格，万一得罪了国君，对管仲来说，岂不是害了朋友也害了国家？

说完第一个问题，我们再来看看第二个问题：为什么管仲认为谦恭有礼的人比清正廉洁人更适合做国相呢？管仲的回答里有一句话很关键，他说：“其于国有不闻也，其于家有不见也。”也就是说，要想当好国相，对国事，不能事事听闻；对家事，也不能时时看顾。

因为一个人的能力有限，不可能关注到每一件事。且道家强调“自然”，事物有其自己的运行规律，不要横加干涉。这一点，谦恭有礼的隰朋当然能做好，可为人严厉的鲍叔牙却很难做到。如果真让他当国相，可能就会陷入“细节”，比如限制国君的小毛病，关注民间百姓的小矛盾。如果这些鸡毛蒜皮的事情也需要国相亲自来抓，那这个国相多半会做不好。

其实，庄子这个故事并没有写完。除了鲍叔牙，齐桓公还向管仲推荐了三个宠臣，分别是开方、易牙和竖刁。

前文已经提及，这三人为了服侍齐桓公，可谓费尽心机。开方本是卫国的长公子，却放弃储君不做，特意跑到齐国侍奉齐桓公。在这期间亲爹病故，他都不回家看一眼。易牙是齐桓公的厨师，一个烹饪大师，对各大菜肴研究精深。有一次，桓公戏言说自己遍尝美味，就差不知道人肉是什么味道，易牙竟然为此对自己的孩子下了狠手。竖刁是齐桓公的近臣，为了每天服侍齐桓公，他居然自行阉割，此后在齐桓公身边寸步不离。

当齐桓公说出这三人，管仲马上表示反对。他认为，这三人为了利益，连自己和身边的亲人都能出卖，不可信任。最终，齐桓公同意了管仲的建议，将这些人驱逐出宫。但人算不如天算，在管仲去世不久，隰朋居然也患病去世了。三年后，齐桓公觉得无聊，想起他的三个宠臣，又把他们召了回来加以重用。

后来，这几人果然开始专权，笼络齐桓公的儿子们，缔结党羽，祸乱宫廷。最终，年迈的齐桓公无人看顾，居然被活活饿死，下场非常悲凉。不过，庄子作为作者，却没把这个故事说全，而是选择“断章取义”，通过鲍叔牙和隰朋的对比，突出自己“无为”的政治理念。其中的原因不难猜到，所谓管仲也好，齐桓公、隰朋也罢，庄子只是想借他们的名义，把自己的施政理念以及理想中的官员形象描述出来。

猴子搏矢：卖弄不会带来尊重，只会带来祸端

本节讲《庄子·徐无鬼》中“吴王射狙”和“许由避尧”两个故事。

“狙”就是猴子的意思。庄子在讲故事的时候，经常拿猴子来讽刺人类的愚蠢行为。比如在《齐物论》中有个“狙公赋芧”的寓言：同样是从养猴老汉那里得到七升栗子，朝三暮四分配的话，猴子们就觉得亏了；而朝四暮三分配，猴子们却很开心。这是目光短浅，只局限在自己的偏见中看问题才会犯下的低级错误。

在《徐无鬼》这一篇中，猴子又出现了，这回庄子想说些什么呢？

原文：

吴王浮于江，登乎狙之山。众狙见之，恂然弃而逃，逃于深蓁（zhēn）。有一狙焉；委蛇攫搔，见巧乎王。王射之，敏给搏捷矢。王命相者趋射，狙执死。王顾谓其友颜不疑曰：“之狙也。伐其巧，恃其便，以敖予，以至此殛（jí）也。戒之哉！嗟呼！无以汝色骄人哉！”颜不疑归，而师董梧，以助其色，去乐辞显；三年，而国人称之。

故事是这样讲的。话说，吴王出门打猎，带着卫队渡过长江，登上一座猕猴聚居的山岭。吴王打猎的队伍浩浩荡荡、杀气腾腾，猴群看到之后，立刻提高警惕，惊惶地躲进了荆棘丛林的深处。可是，猴群中有一只猴子非常特别，不仅没有逃跑，还从容不迫地腾起身子，在树枝间跳来跳去，企图向吴王展示自己的灵巧。

吴王经过的时候，立刻掏出箭来准备射它，没想到这猴子极为敏捷，居然一把攥住了飞速射来的利箭。吴王见状，随即下令叫随从们一起发箭。这猴子毕竟肉体凡胎，最后来不及躲避，抱着树就死掉了。

吴王看到这场景，回身对他的朋友颜不疑说："这只猴子，要不是想炫耀自己的灵巧和敏捷，何至于受到这样的惩罚？你要以此为戒啊，不要用傲气对待他人，引起他人的杀心！"

颜不疑果真把吴王的话记在了心里，回去后便拜贤士董梧为师，除去自己的傲气，消去自己的轻浮和炫耀。三年以后，全国百姓都对他交口称赞。

在这个故事中，庄子塑造了一只骄傲自大的猴子。它因为在"大人物"面前百般炫耀而招致灾祸，最后落得个百箭穿心的下场。吴王用这只"聪明反被聪明误"的猴子来警示好友颜不疑，让他明白锋芒外露的危害和谦虚谨慎的处世道理。后世也总结出"猴子搏矢"这个成语，专门形容喜欢班门弄斧、卖弄小聪明的人。

《道德经》的第九章说道："持而盈之，不如其已。揣而锐之，不可长保。"一个人很富有，手里拿着财宝，满满当当的，如果还想去拿其他东西，手上的财物就会掉下来。一个人揣着兵器，把它磨得又细又利，锋芒尽显，时间长了，兵器就会变钝，还容易折断，很难长时间保存。

生活也是如此，每个人或多或少都有一些长处。但要知道，本领和智慧是把双刃剑，用对了地方可以让人生更加顺遂，但是过分张扬、盲目自大甚至到了傲慢的程度，就会给自己的生命带来威胁。所以，道家才会强调“持盈保泰”。什么意思呢？就是说：在自己富有充实的时候，应该想着保证平安。

这其中比较典型的例子，就是《红楼梦》中的王熙凤。她面容姣好，非常讨人喜欢；作为贾府真正的“大管家”，又长袖善舞，总能把上下打点得服服帖帖，让家人非常满意。贾府外的人情往来，府内的许多难事、怪事都靠王熙凤来处理，这需要很高的能力。可另一方面呢，王熙凤为人跋扈，得势不饶人，尤其是对那些忤逆她的人。比如丈夫贾琏在花枝巷金屋藏娇，王熙凤知道后便设计害了尤二姐性命；有的仆人犯错，她便用蒲团垫着碎瓷片，让人跪在太阳底下，不给饭吃。当然，王熙凤的结局也比较凄惨：贾府败落，众人疏远她。曾经巴结讨好她的人，也在雪山崩塌的时候躲得远远的，甚至丈夫也嫌弃她。

这正说明，一个人有长处、有优势本是件好事，但如果过于骄傲、表现欲过强，早晚会引起别人的反感而招致祸患。

猴子的问题在于没有节制地炫耀，但是有些人名声在外，却还要躲避名声。庄子在《逍遥游》讲过一个“尧让天下于许由”的故事。不过故事未完，许由逃跑之后又发生了什么呢？

原文：

啮缺遇许由曰："子将奚之？"曰："将逃尧。"曰："奚谓邪？"曰："夫尧畜畜然仁，吾恐其为天下笑。后世其人与人相食与！夫民不难聚也，爱之则亲，利之则至，誉之则劝，致其所恶则散。爱利出乎仁义，捐仁义者寡，利仁义者众。夫仁义之行，唯且无诚，且假乎禽贪者器。是以一人之断制天下，譬之犹一覕（piē）也。夫尧知贤人之利天下也，而不知其贼天下也。夫唯外乎贤者知之矣。"

话说，啮缺在路上遇见许由，问道："你准备去哪儿呀？"许由回答："我正在逃避尧的禅让。"啮缺又问："这是为啥呀？"许由说："尧，这个人吧，孜孜不倦地推行仁的主张，我担心他受天下人的耻笑，也担心后代会出现'人吃人'的情况。我这么说吧，百姓其实不难拉拢，给他们爱护，他们就会与你亲近；给他们好处，他们就会主动找上门；给他们奖励，他们就会勤勉工作；给他们所厌恶的东西，他们就会离散。"

许由继续说："爱和利益，是推行仁义的结果。但是，真正践行仁义的人很少，利用仁义的人很多。所以，仁义的推行会带来虚伪，甚至会被禽兽一般贪婪的人用作谋利的幌子。用一个人的判断来取利天下，只能是一瞥之见。尧知道贤人能给天下人带来好处，却不知道他们也会给天下人招来祸患。只有超越仁义之道的人，才能明白这个道理。"

在这段话中，许由直接点明了自己不愿接受王位的原因：尧坚持推行的"仁政"行不通；不仅行不通，还会让后世盛行虚伪、欺骗与道貌岸然；最终仁义会被利用为残害他人的工具。如果仁政施行下去，这个国家会怎么样呢？庄子在故事的最后，补充了一段这样的评论。

原文：

有暖姝者，有濡需者，有卷娄者。所谓暖姝者，学一先生之言，则暖暖姝姝而私自说也，自以为足矣，而未知未始有物也。是以谓暖姝者也。濡需者，豕虱是也，择疏鬣（liè），自以为广宫大囿。奎蹄曲隈（wēi），乳间股脚，自以为安室利处。不知屠者之一旦鼓臂布草操烟火，而己与豕俱焦也。此以域进，此以域退，此其所谓濡需者也。卷娄者，舜也。羊肉不慕蚁，蚁慕羊肉，羊肉膻也。舜有膻行，百姓悦之，故三徙成都，至邓之虚而十有万家。尧闻舜之贤，举之童土之地，曰："冀得其来之泽。"舜举乎童土之地，年齿长矣，聪明衰矣，而不得休归，所谓卷娄者也。

这世界上有三种人：沾沾自喜的人，苟且偷安的人，还有弯腰驼背、劳累不堪的人。所谓沾沾自喜的人，懂得一家之言就暗自得意，却不知道其实自己从未曾有过丝毫所得。所谓苟且偷安的人，就像猪身上的虱子，附着在稀疏的鬃毛当中，自以为拥有广阔的宫廷与园林，其实不过是在猪的后腿和蹄子间的夹缝之中，只要屠夫挥臂杀猪、生起烟火，它们便会随猪身一块烧焦。

所谓弯腰驼背、劳累不堪的人，舜就是其中的典型。这种人能得到百姓的爱戴，就像有膻味的羊肉吸引蚂蚁一样。据说，舜多次搬迁，但跟着他一同迁徙的百姓数不胜数，光是跟着他去邓这个地方的百姓就有十万人，可见其号召力之大。尧听说舜的贤能，便推举他治理荒漠的土地，说是希望他来施恩泽；舜治理这块荒地的时候，年龄大了，耳目也衰退了，都这样了还无法回家休息，这就是之前说的勤苦不堪。

庄子在这里突然提出三种人，进一步解释了统治者的问题。沾沾自喜的人，就是那些借用仁义压迫别人的人。看起来好像掌握优势，但他们本质上成为统治者的工具，并没有获得什么。苟且偷安的人，其实就是那些百姓，以为自己跟着贤德的统治者，就能获得安全美好的住所；实际上，如果贤人遭殃，他们也要跟着倒霉。在仁政的统治体系下最劳心劳力的，就是统治者自己。因为许由拒绝尧的禅让后，舜接替了施行"仁政"的位置，并为了施行仁政而不能安享晚年。

这一切的根源，就是统治者要强行施行所谓的"仁义"。人的生命因此被异化，以为得到自己想要的，实际上被卷入无谓的拉扯之中，不得解脱。那么庄子有什么解决方案吗?

原文：

是以神人恶众至，众至则不比，不比则不利也。故无所甚亲，无所甚疏，抱德炀和，以顺天下，此谓真人。于蚁弃知，于鱼得计，于羊弃意。以目视目，以耳听耳，以心复心。若然者，其平也绳，其变也循。古之真人！以天待之，不以人入天，古之真人！得之也生，失之也死；得之也死，失之也生：药也。其实堇（jǐn）也，桔梗也，鸡雍也，豕零也，是时为帝者也，何可胜言！

他说，超凡脱俗的神人讨厌众人跟随，因为众人跟随势必出现结党营私，而结党营私就无法实现共赢。因此，圣明的人，既不需要与谁过分亲密，也不需要格外疏远谁，他们总是能守住德行，温和地顺应天下，这就叫作真人。

如何才能成为真人呢？减少一点蚂蚁追逐羊膻味的做法，多学学鱼儿忘掉江湖的悠然闲适；减少一点羊肉的膻味臭味，多用自己的眼睛去观察，多用自己的耳朵去倾听，多用自己的心智去领悟。这样才行呀！

像这样的人，他们内心的平静就像墨线一样正直，他们的变化总是处处顺应自然。古时候的真人，用自然的态度来对待人事，而不会用人事来干扰自然。这些人在该生存的时候就开心生存，等生命到头了就接受死亡，对生死都以平常心对待。就像我们治病用药一般，乌头也好，桔梗也好，芡草也好，猪苓也好，该用哪种就用哪种，不用过多地争论！其中的奥妙，真不是三言两语可以说尽的呀！

可以看到，庄子的解决方案仍是道家的药方——自然。言下之意，统治者没必要推行什么“仁政”。他们要做的就是和人民保持一般的关系，不远不近。这里庄子用了一个成语——“抱德炀和”，来形容统治者应该保持道德，在百姓中孕育平和的氛围，既不过分强调仁义，也不让人变得功利。

在这种情况下，人民不会发生“群蚁附膻”的情况，像蚂蚁见了羊肉那般依附过来；而是每个人都会用自己的眼、耳、内心关注那些应该关注的内容，不会再被其他信息蒙蔽。统治者也不会像之前的舜那样辛苦劳累，而是可以按照人的生命规律度日，活着的时候开开心心，该走的时候也能平平静静。

如果我们在生活中能够像庄子那样更“自然”一点，去包容更多的思想和看法，去辩证地看待不同事物，也许就能找到更多可能性，领略到不一样的人生境界。

仲尼见楚王：孔子的“不言之言”与庄子的“不道之道”

《庄子·徐无鬼》中“仲尼之楚”的故事原文：

仲尼之楚，楚王觞之。孙叔敖执爵而立。市南宜僚受酒而祭，曰：“古之人乎！于此言已。”曰：“丘也闻不言之言矣，未之尝言，于此乎言之：市南宜僚弄丸而两家之难解；孙叔敖甘寝秉羽而郢人投兵；丘愿有喙三尺。”

话说，孔子到楚国去，得到了楚王的盛情款待。在一次宴会上，楚国令尹孙叔敖拿着酒器站在一旁。市南宜僚把酒洒在地上祭祷，说：“古时候的贤人啊！在这种情况下，总要说一两句话。”

孔子一听，这没指名道姓但摆明了是在说我呀，于是回复道：“我听说有不用张嘴就能发表的言论，但我从不曾说过，如今见到了传闻中的主角，所以才效仿一下。我听说，曾经有两家人在吵架，市南宜僚跑到两家人门前，从容不迫地玩弄弹丸，成功吸引了两家人的注意力，顺利化解了争端。我还听说，孙叔敖运筹帷幄，在床上摇着扇子，别的啥都不干，也能让敌国不敢对楚国用兵。相比之下，我孔丘已经够多嘴了！不是吗？”

故事到这儿就结束了。庄子说得有模有样，但其实从头到尾都是在杜撰。别的不说，孙叔敖死的时候，孔子还没有出生，两个人不可能在同一个饭局上出现。

在真实的历史上，孔子因为才华得不到施展而离开鲁国、周游列国。他和弟子们先后经过卫、陈、蔡等国，可是都没有得到应有的礼遇，在蔡国被围困期间还断了七天的粮。

后来，孔子一行辗转来到楚国边境。当时的楚昭王很是欣赏他，不仅准备了隆重的欢迎仪式，还准备封赏七百里土地给他。可是，楚国的令尹子西害怕孔子得到封地之后发展壮大，进而威胁到楚国的利益，于是强力劝阻了楚昭王。孔子没得到封地，也没有在楚地久留，又或许像很多史书上说的，只是走到了楚国边境，根本没有踏上这片土地，以至于晚年编订《诗经》的时候，都没有收录楚地的民歌。

话说回来庄子讲故事，从不拘泥于真实历史，只是借用一些人物来表达观点。在这个故事中，庄子想表达什么呢？要回答这个问题，就要看看主人公孔子都说了哪些话。

孔子首先说的是市南宜僚。他是楚国有名的勇士，原名熊宜僚，因为住在城市南面，所以被称为“市南宜僚”。他有一个绝技就是打弹丸，武力值可以匹敌 500 名士兵，所以楚王经常请他拿着酒进行祭祀仪式。市南宜僚站在有矛盾的两个邻居中间，没有费一言一词就平息了纷争，这是因为大家都忌惮他打弹丸的威力。

随后孔子又说到了孙叔敖。他是楚国历史上有名的宰相，曾为了治理水灾而倾尽家财，后来辅佐楚庄王“问鼎中原”、成为春秋一代霸主。他跟前面提到的管仲一样，都是不可多得的栋梁之材。只要孙叔敖献上计策，不用费一兵一卒、一个外交使臣，就可以停止战争，让楚国免受祸害。这是因为别国都明白他的实力，不敢贸然进犯。

孔子把饭局上的两个人拿来打比方，既满足了在宴会上说两句好话的要求，又说明了只要自身实力过硬，不言之言胜过千言万语的道理。

最后，孔子自嘲“多嘴了”，其实是一句反话。“不言”如此珍贵，自己反而为了论证这一点说了很多话，不是“多嘴”又是什么呢？再善于表达，也比不过适当地沉默吧。

在这一段故事之后，庄子又发表了很长的一段议论。

原文：

彼之谓不道之道，此之谓不言之辩。故德总乎道之所一，而言休乎知之所不知，至矣。道之所一者，德不能同也。知之所不能知者，辩不能举也。名若儒墨而凶矣。

故海不辞东流，大之至也。圣人并包天地，泽及天下，而不知其谁氏。是故生无爵，死无谥，实不聚，名不立，此之谓大人。狗不以善吠为良，人不以善言为贤，而况为大乎！夫为大不足以为大，而况为德乎！夫大备矣，莫若天地。然奚求焉，而大备矣！知大备者，无求，无失，无弃，不以物易己也。反己而不穷，循古而不摩，大人之诚！

“彼之谓不道之道，此之谓不言之辩。”市南宜僚和孙叔敖所说的，是不言之道；而孔子所说的，是不言之辩。“故德总乎道之所一，而言休乎知之所不知，至矣。”归根到底是德与道的齐一，而言语停止在知识所不知的境遇，就是极点了。这一段什么意思呢？

老子在《道德经》的开篇就说过“道可道，非常道”，能说出来的道理都不是恒久不变的道理，真正的大道理是不用说的。这种思想经过庄子发展，就变成了“不言之道”，不需要言说自然可以运行的规律或者共识。市南宜僚和孙叔敖因为自身实力过硬，不怒而自威，这是不需要言说就能被别人感受到的。但孔子不是这样的，他只看到了不说话、不用张嘴的表象，企图用他俩的事迹来解释自己的“不言”。结果，狡辩的过程中反而费了更多口舌，这不是打自己的脸吗？

言语停止在知识所不知的境遇，因为大道是不可言说的。语言再丰富、再多样，都是在人们日常生活中提炼出来的，就像亚马孙雨林的人对雪花没有概念，而因纽特人却能用几十个不同的单词描述雪一样。思维认知的局限，为语言的描述能力划定了范围。大道是超出日常认知的东西，所以不能指望用言语准确描述。

庄子继续说：“道之所一者，德不能同也。知之所不能知者，辩不能举也。”道是同一的，而德是不能同一的。人类认知范围之外的东西，善辩的人也不能列举完。“名若儒墨而凶矣。”如果像儒家、墨家一样，自以为高明而喋喋不休、说得太多，就危险啦！

那么真正得道的人是怎样的呢？

“故海不辞东流，大之至也。圣人并包天地，泽及天下，而不知其谁氏。”大海不辞向东的流水，成就了博大之最。圣人包容天地，恩泽施及天下百姓，而百姓不知道他们的姓名。“是故生无爵，死无谥，实不聚，名不立，此之谓大人。”因此那些生前没有爵禄、死后没有谥号、财物不曾汇聚、名声不曾树立却能够治理百姓的人，才可以称作是伟大的人。

“狗不以善吠为良，人不以善言为贤，而况为大乎！”狗不因为善于狂吠，便被认为是好狗；同样，人也不因为善于说话便被认为很贤能，更别提被认为很伟大了！“夫为大不足以为大，而况为德乎！”既然那些伟大的人，不足以算作伟大，那么要修身养性，达到原始统一的状态，那就更难了！

“夫大备矣，莫若天地。然奚求焉，而大备矣！”伟大而又完备，莫过于天地。然而天地不会求取什么，却已经足够完备了。“知大备者，无求，无失，无弃，不以物易己也。”那些伟大而又完备的人，没有追求也就没有丧失，没有舍弃也就不会因外物而改变自己的本性。“反己而不穷，循古而不摩，大人之诚！”他们返归自己的本性而不穷尽，遵循亘古不变的规律而不矫饰，这就是伟大的人的真性情。

这一段又说到了道家的核心主张。道家对人生境界的追求是“自然”、顺应人本真的生活状态。所以在道家理念当中，优秀的统治者总是清心寡欲，不过多干预百姓，而是让众人自由发展。这样的统治者，与老百姓的关系就好像空气和人、水和鱼。一般情况下，人们察觉不到，但已经在这个过程中获得很大益处，甚至会离不开这种关系。

“得道”是一个结果，“修道”是一种状态。当我们理解了庄子的思想，便能够在生活中感受“道”的存在。虽然言语难以准确描述，但因为视野更加开阔而愿意顺应自然，找到心灵的安放处，也可以算是某种程度上的“得道”。当你意识到生活的道、身边的道，我们学习的目的就已经达成，就可以算是拥有了庄子乃至道家跨越千年留下的这笔精神财富。

子綦算命：儿子未来大富大贵，子綦为何却要痛哭？

子綦这个角色，曾经在《齐物论》中出现过，“南郭子綦隐几而坐”，随后引出了天籁、地籁、人籁的讨论；后来他在《人间世》再次出现，对着商丘的一棵大树，表达了“无用之用”的观点。在庄子的寓言世界中，子綦一直都是以大道阐述者的身份出现，在《徐无鬼》中也不例外。

这个故事的另外一位主角叫九方歅（yīn）。此人来头可不小，在《列子》这本书中，九方歅被称作九方皋。有一个著名的“九方皋相马”的故事，说的就是他。话说，秦穆公非常喜欢马，为了寻找千里马，花费了上万两黄金，可还是没找到满意的马。后来，帮他找马的伯乐推荐了师兄九方皋。

秦穆公赶紧把九方皋找来。九方皋也不辱使命，很快就向秦穆公报告说，自己相中了一匹黄色的母马。结果，秦穆公一看却发现，九方皋相中的是一匹黑色的公马。旁边人都说，这个人连马的公母和颜色都分不出来，怎么能选出好马呢？但伯乐却告诉秦穆公：一般人相马，都注重马的外形；而九方皋相马，注重的是马的天赋和内在素质——这正是他超越常人的地方。后来，秦穆公叫人把马拉出来，跑了一圈，发现这匹马果真是千里马中的千里马。这个故事说明了“要透过现象看本质”的道理，也侧面反映了九方皋或者说九方歅是一个能参透问题本质的人。

子綦和九方歅都不是凡俗之人，那么他们两个在一起发生了什么故事呢？

原文：

子綦有八子，陈诸前，召九方歅曰："为我相吾子，孰为祥。"

九方歅曰："梱（kǔn）也为祥。"子綦瞿然喜曰："奚若？"曰："梱也，将与国君同食以终其身。"子綦索然出涕曰："吾子何为以至于是极也？"九方歅曰："夫与国君同食，泽及三族，而况父母乎！今夫子闻之而泣，是御福也。子则祥矣，父则不祥。"

子綦曰："歅，汝何足以识之。而梱祥邪？尽于酒肉，入于鼻口矣，而何足以知其所自来！吾未尝为牧而牂（zāng）生于奥，未尝好田而鹑生于宎，若勿怪，何邪？吾所与吾子游者，游于天地，吾与之邀乐于天，吾与之邀食于地。吾不与之为事，不与之为谋，不与之为怪。吾与之乘天地之诚而不以物与之相撄，吾与之一委蛇而不与之为事所宜。今也然有世俗之偿焉？凡有怪征者必有怪行。殆乎！非我与吾子之罪，几天与之也！吾是以泣也。"

无几何而使梱之于燕，盗得之于道，全而鬻之则难，不若刖之则易。于是乎刖而鬻之于齐，适当渠公之街，然身食肉而终。

话说，子綦有八个儿子。有一天，他把这八个孩子都叫到面前，然后对身边的九方歅说："请给我这八个儿子看看面相吧，看看他们谁最有福气。"

九方歅瞟了一眼就斩钉截铁地说："梱最有福气。"子綦满心疑惑，九方歅接着说："梱将会跟国君一起饮食，终此一生。"

一般的父母听了这话一定非常高兴，但没想到子綦听了却泪流满面：“我的儿子为什么有如此遭遇呀？”

九方歅说：“跟国君一道饮食，恩泽将遍及三族，你们做父母的，也有好处呀！如今先生听了这件事，却泣不成声，这是要拒绝天降的福禄吗？如此看来，你的儿子是有福气，可你这做父亲的，却不能跟着沾光了。”

子綦叹了口气说道：“您怎么能够确定，梱是最有福的呢？跟国君一起，酒肉美食可以送到嘴边，但他为什么能够享受这‘饭来张口，衣来伸手’的生活呢？就像我不曾牧羊，却有羊羔出现在我屋子的一个角落；我不喜欢打猎，却有鹌鹑出现在我屋子的另一个角落。这没来由的东西，难道不会让人觉得奇怪吗？我和我的儿子，只在天地之间游历过，同乐于天、同食于地；我没有要求他建功立业，也没有为他所做的事出谋划策，更没有跟他一起做出突破性贡献；我们只知道顺应自然，保持天真本性，不为外物变化所所动。如您所说，在这种情况下，梱有了世俗意义上的天降好运，这不是很奇怪吗？凡是有奇怪征兆的事，背后一定有不合逻辑的原因。我觉得，这相当危险啊！更何况，这不是我和儿子所追求的东西，也不是我们犯下的罪过，而是上天硬塞给他的，我当然忍不住难过了！”

九方歅听到子綦这样说，也没有多说什么。

不久之后，梱被派到燕国工作，还没到目的地，在半道上就被强盗劫持了。强盗想要把梱卖掉当奴隶，怕他跑掉，于是砍断他的双脚，将他卖到了齐国。恰好，齐国富翁渠公看到梱，觉得他可怜，就把他买了下来，让他替自己看守街门。果真如九方歅所说，梱一辈子都有肉吃，就此终了一生。

故事到这里就讲完了。庄子想表达什么呢？这里其实有三个层次。

第一层，是庄子或者说道家对“福气”的认知。

一开始，大师九方歅很兴奋：这个梱简直是天降洪福。和国君一起吃饭，意味着什么呢？高官厚禄、荣华富贵享受不尽，这是物质和感官的极大提升，是很大的福气。

可修道的子綦不这样看。在他看来，这里的福气，属于俗世的福气。普通人孜孜以求，但修道之人却不屑于此。他想要的福气是“顺应自然”，在天地间以生命本来的面貌生活、觅食。换句话说，在精神层面与自然同频，才是最幸运的人生。如果一个人被强行安排上原本不属于自己的物质财富，以至于让精神世界的修炼提升受到阻碍，无法回归自然本真，这不是天降福气，反而是天降灾难。

这就涉及第二层，没有来由的“福气”反而会带来负担。就像子綦说的，不求世俗的物质，却能享受酒肉，这些酒肉是哪里来的呢？这必然要付出代价。古人有言：“德不配位，必有灾殃。”一个人的德行智慧，配不上他拥有的地位或财富，就一定会招致灾祸。同样，一个人不曾努力付出，也不曾认真追求，上天却给他一笔“横财”，这也是一件奇怪的事，早晚会出现问题。

子綦知道像九方歅这样的大师很少算错，所以儿子梱必定将承受意外之财。天意如此，子綦只能无奈大哭。这个故事的结局，也如子綦的预想，儿子过上了衣食无忧的生活，却也远离家乡、被截断了双腿。

说到这里，我们不禁要问，如果接受这种没来由的福气会引来灾难，那么我们应该对生活中意外而又巨大的“好运”持怎样的态度呢？

其实，庄子已经在故事中告诉我们了，只是他说得非常隐晦。他将自己最深的想法，变成了故事中的隐喻，这也是故事的“第三层”。

什么隐喻呢？所谓“与国君一道吃饭”，其实是指奢华的物质生活，也是很多人心中“福气”的标准。但不妨想一想，梱之所以能享受这样的生活，是因为他提前付出了巨大的代价：他被带到遥远的齐国，被剥夺了顺应自然天性的生活状态；他失去双脚，这是人祸而非天生，是对个体生命的绝对损害。

这暗示了人们过分追求物质生活的结果。一方面，他们将面对亲人朋友的疏离和生活状态的异化；另一方面，他们将失去自由，精神生活与肉体感受一样被牢牢束缚。

现代生活中有太多这样的人了。他们离开家乡，告别亲人，去别处寻求财富。在寻求财富的过程中，物质生活的确变好了，但人也变得不再快乐，过去开心、自然的精神状态永远找不回来了。

正如前面说过的：真正的福气，其实在人的精神层面。只是我们浸染尘世太久，深陷于物质世界，却荒芜了心灵，变得越来越不“自由”。千年前的庄子已经看到这种趋势，于是以寓言的形式，一层层地通过子綦的话，把这个道理说出来。作为读者的我们，如果可以领会到这一层深意，可以适当地给心灵“松绑”，放下自己对物质的执着，或许可以重新踏上精神世界的巡回之旅，去感悟自然本真的快乐。

文种灭身：文种帮助勾践逆袭为啥会弄巧成拙？

“文种灭身”是历史上真实发生过的一件事。越王勾践手下有两个谋臣，一个是大名鼎鼎的范蠡，另一个就是本故事的主人公——文种。这二人同朝为官，且都是辅佐勾践灭吴的得力干将，结局却完全不同。这是怎么回事儿呢？故事还是要从勾践卧薪尝胆讲起。

话说公元前 494 年，继位第三年的越王勾践，听说吴王夫差正秣马厉兵，准备攻打自己，于是决定先发制人向吴国挑衅。相国范蠡听说后，立即予以劝阻，但勾践不听，执意出兵作战。结果，夫差派遣全部精锐力量，大败越国，还把越军重重围住，搞得勾践追悔不已。

万分危急之下，范蠡建议勾践向吴王称臣以暂缓危机。勾践这回没有任性，于是派文种出使吴国，传达求和的想法。文种来到吴国，国君夫差本来都要同意了，不料，谋士伍子胥强烈反对，和解的事儿算是黄了。

文种把消息带回越国，说与勾践。勾践见势不妙，心一横，打算杀妻灭子，与吴国决一死战。文种却说，吴国太宰伯嚭（pǐ）生性贪财，可以以他为突破口动摇吴王的决策，就算不能和解，至少还能离间吴国君臣。勾践认为可行，就派人给伯嚭送去财货和美女。伯嚭果真接受了越国的贿赂，随后力压伍子胥，成功说服吴王同意了越国的和解方案。后来，吴王撤兵，范蠡陪同勾践夫妇在吴国受尽屈辱，两年后才回到越国。

回国后的勾践卧薪尝胆，时刻提醒自己当年的屈辱。他重用范蠡和文种，大力促进国内经济发展和人口增长，不断使出贿赂、谣言、美人计、离间计等，撺掇吴王杀了伍子胥。后来，勾践趁吴王率兵北上，仅留老弱守城之际，杀回吴国。最终在公元前 473 年，勾践灭吴称霸。

按说故事发展到这里，吴国那边君臣俱损，而越国这边皆大欢喜。如果勾践能善待范蠡和文种两位功臣，让他们继续辅佐自己，那么他或许会有更大的成就。但可惜，勾践并非心胸宽广之人。

这一点，范蠡看得清清楚楚，所以在越国打败吴国后，范蠡就对文种说："'鸟尽弓藏，兔死狗烹'。我们帮勾践立下大功，但他这个人比较小心眼，会忌惮手下本事太大，所以我们应该功成身退，尽早离开这是非之地。"说完这些，范蠡就主动辞官，隐姓埋名去齐国经商了。据说范蠡后来很成功，成为巨富之后也懂得散财养民，被民间尊为"商人始祖"。

而文种呢，没有听范蠡的建议，认为自己对国家有功，国家强大之后更应该重用自己，就算什么都不干，自己至少也可以留下来享福。但是他的想法太单纯了，一个受了两年屈辱又卧薪尝胆十年的人，再也不是冲动出兵的毛头小子了。

有一天，勾践对文种说："吴王因战败灭国而自杀，我怕他在冥间对先王不利。你看你那么厉害，帮我拿下了吴国，不如也下去帮帮先王吧！"文种听勾践这样说，便明白了他的意思，最终跟吴王夫差一样，自杀了结。

庄子在《徐无鬼》的最后讲了这个故事，但其实只有一句话："勾践也以甲楯三千栖于会稽，唯种也能知亡之所以存，唯种也不知其身之所以愁。"勾践率领三千越国士兵，被困在会稽这个地方。当时，只有文种知道如何帮助越国存活下来。但纵观全局，或许只有文种不知道，帮越国存活下来的代价是要自己去死。

虽然故事只有一句，但是讲完之后，庄子举了很多例子来说明其中的道理。

原文：

故曰：鸱目有所适，鹤胫有所节，解之也悲。故曰：风之过，河也有损焉；日之过，河也有损焉；请只风与日相与守河，而河以为未始其撄也，恃源而往者也。故水之守土也审，影之守人也审，物之守物也审。故目之于明也殆，耳之于聪也殆，心之于殉也殆，凡能其于府也殆，殆之成也不给改。祸之长也兹萃，其反也缘功，其果也待久。而人以为己宝，不亦悲乎！故有亡国戮民无已，不知问是也。

所以说，猫头鹰的眼睛白天无法看东西，夜晚却非常适宜观察；仙鹤的双腿虽然修长，但也很容易受伤截断。风儿吹过河面，河水会有所减损；太阳照过河去，河水也会有所减损。风与太阳总是停留在河的上空，但河水却不认为自身受到减损，这是因为河水源头的小溪在不断汇聚。

水能保持，是因为泥土安定；影子能留下，是因为人能保持安定；事物保持本质，是因为事物之间相互安定。所以一味地追求超人的视力，是很危险的；一味地追求超人的听力，也是很危险的；一门心思地追求外物，就更加危险了。

当才能从内心深处显露出来，就会有危险。而且危险一旦形成，便来不及悔改。灾祸一旦滋生，就会逐渐增加与聚集；人们想返归本性，却被功名所萦绕；要想获得世俗的成功，就会长久地置身于危险之中。可是愚蠢的人们，偏偏没有感觉到，把这些情况看作是宝贵的。这不可悲吗？历史上无数的家破人亡、亡国灭种，不知道有多少，是在错把危险当幸运的心态下造成的。

这一段，其实意思很直白、很简单。在庄子的观念中，文种是自己“作死”的：在安全的时候，没有感知到危险的存在；过分看重自己立下的功劳，而不知道功劳是把双刃剑；范蠡已经给了他很直白的暗示，但他还是等到大难临头才醒悟。这实在是太愚蠢了。

这是道家常用的一种思维，思考事物间对立的辩证关系。所以庄子举了两个例子，猫头鹰白天看不见，晚上视力却很好；仙鹤腿长，但容易受伤。也就是说，事物的优势和劣势存在相互转化的辩证关系。

为了避免这种极端的情况出现，我们应该怎么做呢？庄子提出了自己的想法，就是两个字——“安定”。就像不会动的泥土，可以涵养流动的水；保持不动的人，可以得到不动的影子。换句话说，只要人的心态安定，不追求过分的感官享受，不追求超额的物质财富，不追求毫无意义的名利地位，人的生命也就安全。在事物自然发展的情况下，人要顺其自然，不要妄想去改变每件事而让它顺着自己的意思发展。有时候，事物自然发展会得到最好的结果，而人力的改变，反而招致更多灾难。

紧接着，庄子把“顺应自然”的思想又提高了一个层次，告诉人们应该如何理解自然、顺应自然。

原文：

故足之于地也践，虽践，恃其所不蹍而后善博也；人之知也少，虽少，恃其所不知而后知天之所谓也。知大一，知大阴，知大目，知大均，知大方，知大信，知大定，至矣！大一通之，大阴解之，大目视之，大均缘之，大方体之，大信稽之，大定持之。尽有天，循有照，冥有枢，始有彼。则其解之也似不解之者，其知之也似不知之也，不知而后知之。其问之也，不可以有崖，而不可以无崖。颉滑有实，古今不代，而不可以亏，则可不谓有大扬摧（què）乎！阖不亦问是已，奚惑然为！以不惑解惑，复于不惑，是尚大不惑。

脚能踩踏的面积，不过那么一点点大；但是脚不曾践踏的地方，却给人提供了无限博大广阔的可能性。人对于各种事物的了解也很少，虽然很少，但是仰赖人们对于未知的好奇和大概了解，却可以一步一步接近天道。

知道“天”“地”“大目”“大均”“大方”这些内容，也就达到了认识的极限。所以应该通过“天”加以贯通，通过“地”加以化解，看到万物的样子，顺应他们的本性，让他们顺着自己的生命轨迹发展，保持安定。

万物都有其自然规律，顺应自然就会逐渐明朗清晰，深奥的道理也都在其中。同时，任何事物产生的同时又必然出现相应的对立面。那么，当我们理解自然越多，就会发现自己也有很多无知的地方，这样才会获得真正的知识。

如果我们深入追问，就会发现，万物的道理好像有界限，其实是无限的。但虽然万物是无限的，万物却有其根本，古今不曾增益也不曾减少，不能一以贯之地把它概括出来。如果要继续追问，这种疑惑必然是永恒的。以不迷惑的目标去解除迷惑再回到不迷惑，这就能渐渐达到“大不惑”的状态。

这段讨论，可以说是对《徐无鬼》这篇思想的总结，就是顺着前面的故事，讨论人们认知自然、顺应自然的过程。

庄子对自然的状态做了很多描述，就是“天”“地”“大目”“大均”等。用简单的话来解释，就是接受事物间的辩证关系。《道德经》第四十五章写道：“大直若屈，大巧若拙，大辩若讷。”最笔直的东西，看起来好像是弯曲的；特别巧妙的东西，会显得笨拙；最高明的辩解，其实是沉默和木讷。这都是在强调事物间的辩证和转化关系。

所以，庄子最后发出感叹：人们费尽心思追求想变得“无惑”，想要没有迷惑，这其实不太可能，因为世间的知识是无穷无尽的，人的认知无法穷尽所有。但是这一切事物呢，又有一个“根本”，它从古到今都没有变过。是什么呢？那就是“不知”，也就是说“迷惑”这个状态是永恒的，而我们所知道的“真理”很多时候是有局限的、不完全的。

就像我们的科学技术，不管在哪个时代，都会随着新问题的暴露和新知识的出现而获得新突破。如果一个人去苛求真理，想把世界上所有的道理都弄清楚，最终他会发现知识无穷无尽，然后因用力过猛而变得迷茫。这相当于从一个极端，走向另一个极端。

要认识到，知道也好，不知也好，这都是人们认知世界的自然状态。当我们接受这些状态，静下心来，不去强求，才能拿出真正平和的心去探究世界的真理。这也就是庄子说到的“大不惑”。这个“不惑”不是认知上的“不惑”，而是对世间规律和人生境界的“不惑”。

《外物》

庄周借粮：仁义道德这东西，远水解不了近渴

《庄子·外物》中“庄周借粮”的故事原文：

庄周家贫，故往贷粟于监河侯。监河侯曰：“诺，我将得邑金，将贷子三百金，可乎？”

庄周忿然作色曰：“周昨来，有中道而呼者。周顾视，车辙中有鲋鱼焉。周问之曰：‘鲋鱼来！子何为者耶？’对曰：‘我，东海之波臣也。君岂有斗升之水而活我哉？’周曰‘诺！我且南游吴越之王，激西江之水而迎子，可乎？’鲋鱼忿然作色曰：‘吾失我常与，我无所处。吾得斗升之水然活耳，君乃言此，曾不如早索我于枯鱼之肆！’”

故事说的是，庄子家里，穷到没米下锅，夫妻俩饥肠辘辘的，实

在过不下去了，于是决定向别人借些粮食充饥。庄子找跟自己有过一面之缘的监河侯，对方知道庄子是个很有名气的人，也不好推托，听到请求之后便爽快地应道："好，没问题，您先等等我，让我先到封地收回租金，回来之后，我马上就能借给你三百金，您看这样可以吗？"

监河侯表面上客客气气、相当慷慨，可是，前来求助的人都火烧眉毛了，他还要开一张空头支票，明眼人一看就知道，他只是轻言许诺，并非真心想要出手援助。

庄子不傻，听到这话后气得脸色大变，十分生气地说道：

"我昨天来的时候，听到有人在道路中间大喊救命。我向四周张望，发现有条鲋鱼躺在路中间快要干涸的车辙里，可怜兮兮地呻吟。我就问它：'鲋鱼啊！你为什么出现在这儿呢？'鲋鱼回答说：'我是海神的臣子，我快不行了，您只要找一点点水来，浇在我身上，我就能活下去。求您了，您看可以吗？'

"我听到这话，想都没想就答应了，我跟它说：'好，没问题，不过你得先等等，我正好要往南走，去拜访吴王和越王，那边水源充足，等我到了，我马上阻断水流，修一条专门的水道把西江的水引过来救你，你看怎么样？'

"鲋鱼听了我说的话，立马变脸，生气地说：'我失去了赖以生存的水源，现在连安身的地方都没有，只要一点点水就能活。而你竟然说出这样的混账话，还不如直接到卖干鱼的店铺里找我！'"

庄子真是犀利，拿出自己善用譬喻讲故事的本事，揭穿了监河侯吝啬、小气、虚伪的本来面目，也告诉我们远水解不了近渴、空头支票害死人的道理。《道德经》第六十三章有云："夫轻诺必寡信，多易必多难。"轻易许诺者，很少会守信用；常把事情看得太简单，做起来必定有很大难度。人贵有乐善好施、助人为乐之美德，但是做任何承诺之前都要衡量一下，自己提供的帮助是不是对方真正需要的，自己有没有能力给对方提供有效的帮助。

庄子讲这个故事，或许还是在讽刺儒家的仁义道德。孔孟之徒宣称，奉行仁义的行为标准，就可以在战火频仍的时代重现周公之治，这不是胡扯吗？"仓廪实而知礼节，衣食足而知荣辱"。如今百姓连糊口都困难，哪里顾得上仁义道德呢？想要用一套理想化的方针治理天下，直接将乱世变成盛世，这跟现修河道救"涸辙之鲋"、现收银钱救断炊之人的做法有什么区别吗？

其实，不只是儒家，所有一切理论教条，都在庄子的讽刺范围之内。孩子养成了坏习惯，守着老传统、对孩子拳打脚踢的父母做得不对；翻着现代育儿教材、一味强调不批评的父母，也没好到哪儿去。不结合孩子的实际情况，教育方法再高明也白搭。这跟帮助别人是一个道理。针对对方的需求提供相匹配的帮助，有时候可能只是几粒稻米、几滴水，就帮了别人大忙；无视对方的实际情况，就算再慷慨可能也帮不了别人。

庄子在这个故事之前，还有一段很精彩的论述。

原文：

外物不可必，故龙逢诛，比干戮，箕子狂，恶来死，桀纣亡。人主莫不欲其臣之忠，而忠未必信，故伍员流于江，苌弘死于蜀，藏其

血三年而化为碧。人亲莫不欲其子之孝，而孝未必爱，故孝已忧而曾参悲。木与木相摩而然，金与火相守则流。阴阳错行，则天地大絯，于是乎有雷有霆，水中有火，乃焚大槐。有甚忧两陷而无所逃，螴蜳（chényǔn）不得成，心若悬于天地之间，慰昏沉屯，利害相摩，生火甚多；众人焚火，月固不胜火，于是乎有僓（tuí）然而道尽。

外在事物没有恒定不变的统一标准。夏朝宰相关龙逢忠言敢谏，但最后还是被夏桀杀掉了；商朝重臣比干坚守都城，最后还是被帝辛挖了心；帝辛的叔父箕子，不得不通过装疯来躲避灾祸；恶（wū）来因为勇武而受纣王宠爱，但在武王伐纣的战争中也难逃一死；夏桀和商纣作为一代国君，最终躲不过国破人亡的命运。

君主没有不希望臣子尽忠竭智的，但尽忠的人却未必能受到君主的信任。所以伍子胥的尸体被随意扔进长江，顾自漂流；苌弘屈死在东周的蜀地，血液保存了三年之后，竟因为精诚所至、感动天地而化成碧玉。但那又能怎么样呢？

父母没有不希望子女尽孝的，但是礼仪教化要求下的孝顺，未必就是真正的爱。所以，武丁的长子孝已真诚劝谏父王，但最后在忧愁苦闷中被放逐；儒家宗圣曾参也算贤德，但有三个人告诉他母亲“他杀了人”，他的母亲最终还是信了。

木与木相摩擦，就会燃烧；金属淬火，就会熔化。阴阳二气交错运行，就连天地也会惊恐起来，于是雷霆发作，雨中带电，烧毁大树。有的人因为忧虑过度而陷入利害两端的矛盾之中，这是在政治生活中讨饭吃的人无可逃避的必然现象。

担惊受怕、恐惧不安却又一事无成，心就像悬在天地之间一样，一天到晚忧郁沉闷，在得失之间斤斤计较，被利害冲突搞得内心焦灼，引得众人跟着忧心如焚，伤害了心中的平和之气，清明的自然之心也不能克制焦躁的心火。于是乎，不仅精神崩溃，连身躯也不能够享尽天年。

庄子在这一段里，引用了很多夏商时期的传说，把忠孝仁义描述得触目惊心。忠臣被虐杀，不是因为他的谏言错误，而是因为人们对忠诚的标榜引起了帝王的恐惧；孝子被抛弃，不是因为他还不够孝顺，而是父母与子女的关系受制于伦理而缺少了真爱。忠与孝，人们分开遵循尚且没有好下场，忠孝两全又怎么可能善终。“木与木相摩而然，金与火相守则流”说的是人际关系复杂，难以保持平衡与协调，一旦天平倾向一方，就会雷雨交加、电光石火。这都是外在世界纷乱无序的表现。

“心若悬于天地之间，慰睯沉屯，利害相摩”，人心不安定，一直悬在空中，都是被外物干扰、在利害得失中迷失了自我导致的。“月固不胜火，于是乎有僓然而道尽”，内心被外物占据而失去了本真，于是心火压不下来，最后精神崩溃了，连自救的办法都没有。这种下场，其实都是人自作自受罢了。

这一段文字很华丽，其实还是在说保守本真、避免随外物而动的老道理。道理说了千百遍，大家都明白，但是“知易行难”，这不是某个人的问题而是人类共有的生存困境。对战国时期的人来说，外在世界的纷扰，是因为礼崩乐坏、战乱四起；对现代人来说，外在世界的纷扰，可能来自灯红酒绿，也可能来自香车美女，可能是虚拟未来的种种许诺，也可能是对当下生活的不满足。一个时代有一个时代的纷扰，保证内心的安定才能享受纯粹的人生。

任公钓鱼：舍不得投入时间精力，难成就惊天大事

《庄子·外物》中“任公钓鱼”的故事原文：

任公子为大钩巨缁（zī），五十犗（jiè）以为饵，蹲乎会稽，投竿东海，旦旦而钓，期年不得鱼。已而大鱼食之，牵巨钩，錎（xiàn）没而下，骛扬而奋鬐（qí），白波若山，海水震荡，声侔鬼神，惮赫千里。任公得若鱼，离而腊之，自制河以东，苍梧以北，莫不厌若鱼者。

已而后世辁（quán）才讽说之徒，皆惊而相告也。夫揭竿累，趣灌渎，守鲵鲋，其于得大鱼难矣！饰小说以干县令，其于大达亦远矣。是以未尝闻任氏之风俗，其不可与经于世亦远矣！

庄子特别喜欢借“鱼”的寓言故事来说理，比如在濠梁之辩中，与惠施讨论“子非鱼安知鱼之乐”，再比如跟监河侯借粮的时候，举例涸辙之鲋，等等。“任公钓鱼”这个故事也跟鱼有关。

话说，任国的公子是位钓鱼高手，钓鱼的行头与一般的垂钓者有很大不同。他用巨大的钓钩、深黑色的钓线来钓鱼；鱼饵也不一般，是五十头肥壮的犍牛。能钓起五十头犍牛的鱼竿得大到什么程度啊！一般人想都不敢想，但任国公子呢，天天都用这样的钓具钓鱼。

据说，他钓鱼的地点是东海旁边的会稽山。他每天都蹲在山上钓鱼，但是钓了一年，一条鱼也没钓到。直到有一天，突然有条大鱼吞食了鱼饵五十头犍牛，牵着巨大的钓钩急速沉没海底，又迅急地扬起鱼鳍，腾身而起，掀起的白浪像万仞高山一样，腾空的海水随之剧烈震荡，海啸声就像鬼神在狂吼，千里之外都能感受到震动——可见这鱼有多大。任国公子钓起这条鱼，把它剖开，然后做成了腊肉，邀请浙江以东、苍梧以北的人们一起享用，结果没有人空着肚子回去，一个个都吃得饱饱的。

人吃饱了，容易做一些离谱的事儿。来吃鱼的人里，有些才疏学浅且喜欢道听途说的人，惊叹任公钓鱼之事，于是奔走相告，在坊间传出各种七七八八的流言。同时，他们还效仿任国公子，也举着钓竿和丝绳，奔跑在山沟小渠之间，等候着大鲵、鲫鱼上钩，幻想自己有朝一日也能钓到能掀起海浪的大鱼。

讲完这个故事之后，庄子紧接着做了一段点评。“饰小说以干（gān）县令，其于大达亦远矣。”小说，指的是浅薄荒诞的话；县令，指的是美好的名声。这句话的意思是，靠修饰浅薄的言辞以求得高名美誉，对于达到通晓大道之境界来说，距离也就太远了。“是以未尝闻任氏之风俗，其不可与经于世亦远矣！”“风俗”的意思是传闻；“经世”的意思是治理社会。那些不曾听说任公子非凡志趣和独特气派的人，想要治理政事、成就一番事业，同样也差得很远啊！

庄子讲这个故事，把任国公子放粗线、钓大鱼的事迹，与跟风之人舍不得投入物力、精力只能钓到小鱼小虾做了鲜明的对比，告诉我们“志于大成”的道理，也就是说，人要树雄心、立壮志，不仅要敢想敢干，还得懂得耐心积累。只有如此，才能干成前人未曾干过的伟大事业。

同是钓鱼，任国公子在钓鱼之前就明确了自己的目标——只钓大鱼不钓小鱼。而且他所要钓的大鱼，还不只是个头比一般的鱼大一些，而是那种前人未曾想过、未曾见过的、不受局限的大鱼。然后为了实现这个目标，他准备的钓鱼行头也与寻常垂钓者不同：巨大的鱼钩，很粗的钓绳，以五十头肥壮的犍牛为鱼饵。

不仅客观条件准备充足，他自身也很有耐力，天天蹲在山上，坚持了一年多，一条鱼都没有钓到，他也不气馁。这很容易让人联想到海明威的《老人与海》，年迈的古巴渔夫一连八十四天没有钓到鱼，但是面对未知的大海，他还是义无反顾地发动了小船。庄子笔下的任国公子也是一样，“期年不得鱼”，这样的代价是凡夫俗子无法想象的，也是他最终可以钓到绝世大鱼所必须经历的。

而那些跟风钓鱼的人又是怎样做的呢？当他们看到任国公子成功的时候，因眼红而焦虑不安，于是纷纷效仿，却在准备工作上大打折扣。虽然看起来很忙、很充实，实际上，因为没有发自内心的目标感，所以最多只能钓到十鲵、鲫鱼这样的小鱼。

由此可见，成功的人大都精准定位了自己的目标和未来走向，把自己从茫然的人生状态中解脱出来；而庸俗平凡的人往往只能追随前人的脚步，虽然方向无错但是也走不出什么独特性。

同样是人，为什么人与人的志向会有区别呢？这与一个人的认知思维有关，一个人的认知决定成就的大小。

有一个概念，叫作“思维的遮蔽性”。所谓“思维的遮蔽性”，就是每个人因为不同的环境、文化、地域、背景等，会对事物形成不同的主观意识。比如，在发现新大陆之前，大家因为受到地域遮蔽性的影响，所以会认为自己所在的地方就是全世界的样子；井底之蛙因为受到身处井底遮蔽性的影响，所以会认为自己所看到的天空就是整个天空的样子。其实，我们所有的认知都会受到各种条件形成的遮蔽性的影响，就如手里拿着锤子的人，看什么都像钉子。

而我们的思维之所以会受到遮蔽性的影响，主要是因为一个人的知识面难免有局限，以及通常不具备批判性思维。一个人的认知是通过他的世界观表现出来的，那么普通人的世界观和成功人士的世界观有什么区别呢？

普通人的世界观大多是由自己的经历、拥有的知识、身边的环境等综合决定的。大多数普通人，不相信没有看见过结果的事物或事情，所以对世界的好奇心不够强烈，对未来也不够乐观。等他们看见结果时，最好的时机已经没了。所以普通人的思维永远要比成功人士的思维慢一步，属于跟随者思维。

成功人士的世界观与他们的经历、生活环境以及所拥有的知识有关，还更愿意接纳、尝试，并且不断更新自己的知识和认知的思维方式。因为他们知道，世界的改变从未停止过，不知道的事情不代表不存在，再厉害的人都有未知的领域。所以，对于未知，我们应保有一份敬畏，只有有所敬畏才能做到无所畏惧。

有位名人在电视采访中说过一段话："也许你一辈子没有登上过珠峰，但是你心中一定要有一座山。这座山不一定那么高，但你永远会有一个奋斗的目标。而达到目标的关键，就是不断刷新你的世界观，扩展你的未知领域。"

所以，如果你跟任公子一样，想干出一番前人未曾干过的伟大事业，那就必须确保你有一个明确的雄心壮志，并且不断刷新你的世界观、扩展你的未知领域。

二儒发冢、老莱子训仲尼：有了仁义之名，说一套做一套也无妨？

《庄子·外物》中“二儒发冢”的故事原文：

儒以《诗》《礼》发冢，大儒胪传曰：“东方作矣，事之何若？”小儒曰：“未解裙襦（rú），口中有珠。”“《诗》固有之曰：‘青青之麦，生于陵陂（bēi）。生不布施，死何含珠为？’接其鬓，擪（yè）其顪（huì），儒以金椎控其颐，徐别其颊，无伤口中珠。”

战国时期，不同的人对安葬的要求有很大不同：墨家讲薄葬，从节约成本的角度出发，把钱财留给活着的人；道家讲不葬，前面咱们讲过庄子以天地为棺椁的故事；只有儒家，一边说着“子不语怪力乱神”，另一边对先人的去世制定重重礼节。

于是，有一种盗贼出现了。他们专门偷盗墓穴，这些人还大多都是儒生。

有一天，两名儒生在后半夜夜深人静的时候，挖开了一个女尸的墓穴。盗墓资历比较老的大儒，在墓穴外放哨望风；刚入行没多久的小儒，在墓穴内忙活着挑选葬品。

“大儒胪传曰：‘东方作矣，事之何若？’”胪传，就是按礼的规定，有秩序地自上向下传话。大儒说：“天都快亮了，你事儿办得怎么样了呀？”小儒生一本正经地说：“未解裙襦，口中有珠。”长裙和短袄还没有脱下来，不过看两个脸颊鼓得胀胀的，想必口中一定含着大宝珠。

大儒生听言后喜上眉梢，赶忙回答说："《诗》固有之曰：'青青之麦，生于陵陂。生不布施，死何含珠为？'"意思是："记得《诗经》中有首诗写道：'坡上麦苗青又青，麦苗田畔葬死人。生前吝啬不肯施舍，死后含着珍珠又能怎么样呢？'"眼前这墓主人，想必生前是个吝啬鬼，不知道施惠于人。死了之后，嘴里含着个大珠子，原本以为可以独自占有，不过还是遇到了盗墓的。死人留着珠宝也没用，不如让活着的人拿去卖钱，还能讨口饭吃。想到这里，大小二儒便把自己说服了，认为拿走宝珠也算物尽其用，不是什么丢脸的事嘛！

他们原本还有些廉耻心，如今担心害怕之意全无，干坏事的勇气反而倍增。大儒生便在墓穴上面胆气十足地指导小儒生说："你先抓住她的鬓发，后按住她的嘴巴，固定安稳后，再用钢锥戳入腮部，轻轻撬下脸颊的腐肉。最后，用食指从裂缝探入口腔，这样就可以完满无憾地掏出宝珠。"

这个故事真绝呀！一绝，儒生干盗墓之事技艺娴熟，可谓是"惯犯"；二绝，儒生竟然能将龌龊下流之事干得问心无愧。显然，庄子用这个形象的故事，揭示了那些言行不一、表里不一的伪君子作风。伪君子满口仁义道德，行为却卑鄙龌龊，故事嘲讽味十足呀！

生活中像儒生这样说一套做一套、言行不一的人多得是。那他们为什么这样做，而且还做得那么理直气壮呢？心理学上有个"ABC 法则"，A 是事情，B 是人的认知，C 是人的情绪或行为。

事情A往往是客观存在的，不以人的意志为转移；而人对事情A的认知B，就是人们对客观事物的观点看法，是可以变化的；B决定着人的情绪或行为C，也就是人们对客观事物的应对方法。

拿“二儒发冢”的故事来说，墓穴里有丰厚的陪葬品，是客观存在的事实，也就是A。儒生们对于死人佩戴珠宝这件事的看法，就是B。B是在A的基础上建立起来的，但是掺杂了人的主观判断。儒生们看到尸体嘴里可能有珠宝，于是就想：死人也用不到什么金银财宝，况且这人这么有钱，一定是生前吝啬、不肯施舍，最后钱花不完才带进棺材里的。这样一想，二儒就把偷盗、侮辱尸体等行为给合理化了。人的情绪或行为C，在这个故事里指的是大小儒不仅没有罪恶感，反而理直气壮、技巧熟练地去拿含在死人嘴里的珠子。

就好比一些人言行不一，说一套做一套，嘴上尽是仁义道德，手上做的事却卑鄙无耻。这些只能说明，在他们的认知里：一个人到底怎样，取决于自己怎样说；至于做什么无所谓，怎样说大于重于怎样做。于是，他们信口雌黄、巧言令色，并乐此不疲。他们以为自己口中的自己就是真实的自己，不优秀没关系，你只要把自己说得突出卓越就行。久而久之，他们的生命就靠谎言来支撑了。

孔子说“巧言令色，鲜矣仁”，庄子则直接安排了个故事，讽刺儒家“你们都是巧言令色，都是嘴上仁义实际虚伪吧”！！！

其实言行要一致这事，算是各个学派的共识。在《论语》中，子贡问老师孔子，怎样做一个君子，孔子告诉他“先行其言，而后从之”。也就是说，先做好你想说的，而后再把它说出来。孔子说的正是不要虚伪，不要偷换概念、合理化恶性。

再来看看第二个故事“老莱子训示仲尼”。

原文：

老莱子之弟子出薪，遇仲尼，反以告，曰：“有人于彼，修上而趋下，末偻而后耳，视若营四海，不知其谁氏之子。”老莱子曰：“是丘也。召而来。”仲尼至。曰：“丘！去汝躬矜与汝容知，斯为君子矣。”仲尼揖而退，蹙然改容而问曰：“业可得进乎？”老莱子曰：“夫不忍一世之伤而骜万世之患，抑固窭（jù）邪，亡其略弗及邪？惠以欢为骜，终身之丑，中民之行进焉耳，相引以名，相结以隐。与其誉尧而非桀，不如两忘而闭其所誉。反无非伤也，动无非邪也。圣人踌躇以兴事，以每成功，奈何哉其载焉终矜尔！”

楚国有个叫老莱子的贤人，他的弟子出去打柴的时候碰到了孔子，于是回来告诉老师说：“那里有个人，上身长下肢短，背稍微有点驼，耳朵向后贴在头两边，一副目光远大、胸怀天下的样子。不知道他是哪个贵族之家的人？”

老莱子说：“他是孔丘，你去召他过来。”孔子于是来到了老莱子跟前。老莱子对孔子说：“丘啊！放下你矜持的架子和你智者的派头，就可以成为君子了。”

孔子揖让而退，一脸局促不安地问道：“我的德业可有长进吗？”老莱子说：“你不忍心一代人受损害，却忽视了万世以后的祸害，是因为思维僵固简陋呢，还是才智谋略不足呢？施惠于人以讨得别人的欢心，却忽视了终身的耻辱，这是中等人才所做的事情罢了！以声誉为号呼朋唤友，最终用在了谋取私利的勾当上。与其赞誉尧而非议桀，不如把两者都忘掉。违背本性无不受损伤，搅扰心神无非是邪道。圣人总是在不得已的情况下才去从事某种事业，所以总是成功。为什么你总骄矜自己的行为呢？”

这个故事也是讽刺儒家虚伪，但是更加直接。儒家提倡仁义礼节，是不想让一代人的行为没有约束，但最后造成的结果是什么呢？仁义礼节在后续的发展中逐渐走上教条化的路子，反而成了压迫人甚至吃人的封建礼俗，这是孔子所没想到的。所以老莱子说他不是没脑子，就是脑子转不过弯来。孔子为了宣传自己的学说周游列国，企图说服诸侯践行自己的理论，没想到处处受阻，最终活成了丧家犬，活成了笑话，这也是孔子所没想到的。所以老莱子才说他不过是中规中矩的中等人，不配被尊为先师。

孔子怎么做都不对，那么在老莱子眼中，如何做才能算作成功呢？他说：“圣人踌躇以兴事，以每成功，奈何哉其载焉终矜尔！”圣人总是顺其自然，在迫不得已的时候才出山，被动接受命运的安排。这样做，无论客观上是否成功了，精神世界上总是不受屈辱、独立自由，也就是达到了庄子反复主张的“无为”“无待”逍遥游。

神龟知命：可以知命却不能改命，神人也是如此

托梦的故事，庄子不只讲了一回。前有栎社树托梦给匠石（《人间世》），论说“无用之用”的道理；后有髑髅托梦给庄子（《至乐》），畅谈“生之痛苦、死之逍遥”。讲到《外物》，托梦的故事又来了，这次是神龟托梦给宋元君。

原文：

宋元君夜半而梦人被发窥阿门，曰："予自宰路之渊，予为清江使河伯之所，渔者余且得予。"元君觉，使人占之，曰："此神龟也。"

君曰："渔者有余且乎？"左右曰："有。"君曰："令余且会朝。"明日，余且朝。君曰："渔何得？"对曰："且之网得白龟焉，其圆五尺，"君曰："献若之龟。"龟至，君再欲杀之，再欲活之，心疑，卜之，曰："杀龟以卜吉。"乃刳龟，七十二钻而无遗策。

话说，有一天夜里，宋元君梦到一个披头散发的陌生人。那人在他寝室侧门伸着头往屋里窥视，见到宋元君发现了自己，便说："大王，快救救我吧！我来自宰路的清河深潭，作为清江的使者，打算拜访河伯的居所。这两天一直在赶路，想不到在贵国管辖的黄河段内，一个名叫余且的渔父捉住了我。"

宋元君惊醒，想起刚刚的梦，觉得很是奇怪，于是叫了专门从事占卜的人问问自己这个梦。占卜师听了宋元君的描述，神秘又十分断定地说："这是神龟呀！这是一只神龟给大王您托梦呀！"

宋元君更疑惑了，喊来了身边的侍从，问道："我国境内，有没有个叫'余且'的渔民啊？"身边的侍从说："有。"宋元君心中一惊，然后立即说："传令下去，让余且上朝来见我。"

第二天，余且前来拜见宋元君。宋元君问他："你近日打鱼，可有捕捉到什么东西没有？"余且回答说："我的渔网，捕到了一只大白龟，龟的背围足足有五尺长哩！"宋元君一听，果然让占卜师说准了，又是惊又是喜，迫不及待地说："那快点把你捕的大白龟呈献上来吧！"

余且赶忙回家，将捉到的白龟带来献给了宋元君。宋元君得到神龟后，坐立不安、十分煎熬，一会儿想杀了它熬汤喝，一会儿又想把神龟养起来供人观赏，迟迟不知道如何处置是好，最后只好又请占卜师来做决断。

占卜师一顿操作，给出了结果："杀龟取壳，用作卜具，必定大吉大利！"宋元君听占卜师这样说，马上命人将白龟杀死、剖开，挖空它的肠肚，用龟壳做了卜具。此后，每次出征打仗或者遇到大事，宋元君都要用它算上一卦。前后共占卜了七十二次，竟然次次都灵验。宋国也因此东征西讨，日益强大。

原文：

仲尼曰："神龟能见梦于元君，而不能避余且之网；知能七十二钻而无遗策，不能避刳肠之患。如是，则知有所困，神有所不及也。虽有至知，万人谋之。鱼不畏网而畏鹈鹕。去小知而大知明，去善而自善矣。婴儿生无石师而能言，与能言者处也。"

后来，孔子听说了这件事，便深有感慨地说："神龟呀神龟，你可以给宋元君托梦，说明你真是神；但即便如此，你却不能逃避余且的渔网，你的神又体现在哪里呢？占卜师用你的甲壳占卜，一连七十二次，无不灵验，可见你是真的有才智；但即便如此，你却不能逃避被杀的祸患，你的才智又体现在哪里呢？"

"如是，则知有所困，神有所不及也。"如此看来，聪明的人也有困惑的时候，神灵也有考虑不到的地方。世上一切灵智都是有局限性的，都是靠不住的。灵到顶了，也有失灵之时；智到顶了，也会做出不智之举呀。“虽有至知，万人谋之。”虽然有极高的智慧，也是敌不过万人的谋算呀！“去小知而大知明，去善而自善矣。”人只有抛却小智慧、小聪明，才能拥有大智慧；人只有去掉自以为善的心理，才能体现真正的、善的本性。“婴儿生无石师而能言，与能言者处也。”婴儿一生下来，没有高明的老师指教，但日子久了，自然就学会了说话，那是因为经常跟会说话的人在一起。

庄子借这个故事告诉我们，生活中最大的智慧就是“绝圣弃智”。与其机关算尽，希望以自己的小聪明来获得利益，倒不如遵守自然、遵守规律，一切顺应自然呀！

神龟知命但仍然被杀，这说明：再神通广大的人，也难免有所限制，就算能克服自身的限制，也很难说不会栽在外物、栽在天敌的手里；再有才智谋略的人，也会有失算的一天，就算能够知道未来发生的事，也无法预测到所遇之人的想法。当然，仁义有时会被一些别有用心的人滥用，故而真正纯粹的仁义是不多见的；信任感是人际交往的核心，但若信任感放错了对象，则是一种灾难。

知有所困，神力有所不及，只有顺应自然才是生活的大智慧。所以，请收起你想通过自己的主观意识去参与左右的想法。那种想通过自己主观意识去谋得福利、占取便宜的心理，总会让你的言行违背本质规律。在这样的一个状态之中，你必然是不能成功的。

得鱼忘筌，得意忘言：庄子竟然支持过河拆桥?

本节我们来说说《庄子·外物》中“子言无用”和“得意忘言”

两个故事。

原文：

惠子谓庄子曰："子言无用。"庄子曰："知无用而始可与言用矣。夫地非不广且大也，人之所用容足耳，然则厕足而垫之，致黄泉，人尚有用乎？"惠子曰："无用。"庄子曰："然则无用之为用也亦明矣。"

话说有一天，惠子满含嘲讽地对庄子说："你的言论，没有丝毫用处呀！"

庄子说："知道了什么是无用了，才好跟你来讨论什么是有用的。我们都知道，大地广袤无垠，可是人脚踩踏到的地方，也就那么一小块。按你的说法，除了踏足的这一小块地方，其他地方都是无用的。既然无用，我们把其他地方都挖走，而且挖得很深。如果真的这样做，你踩踏的地方还能像原来一样'有用'吗？"

惠子说："不能。"

庄子说："既然这样，无用之物的用处就很明显了呀！"

论述"无用之用"的故事，前面有很多。《逍遥游》里，有一棵臃肿卷曲不成形的大树，惠子觉得无用，庄子却要把这大树挪到"无何有之乡"，并且"逍遥乎寝卧其下"。"无用"的大树因为自己的无用而安享天年，岂不比那些栋梁之材的幸福感更高？《马蹄》则从反面来讲述：世人都知道千里马好用，于是就出现了擅长驯马的伯乐，伯乐用尽各种方式将千里马的"有用"发挥到极致，最后千里马反而死于"太有用"。

在这两个故事中，“无用之用”的观点，是建立在“有用之害”的理论基础上的。“有用”就是自身的某些属性具有了功利价值。因为具有了外部价值所以不得不为他人所利用，这是“有用”给个人生命带来的损害。但是在“子言无用”这个故事中，庄子的论证角度稍有不同。不是因为“有用之害”所以凸显出“无用之用”，而是因为有用和无用本身就是相辅相成的。只看到“无用”的一面而看不到“有用”的一面，全是因为观看者本人能力不足、看待事物不全面。

与惠施辩论完之后，庄子又发话了。

原文：

庄子曰：“人有能游，且得不游乎！人而不能游，且得游乎！夫流遁之志，决绝之行，噫，其非至知厚德之任与！覆坠而不反，火驰而不顾。虽相与为君臣，时也。易世而无以相贱。故曰：至人不留行焉 。

“夫尊古而卑今，学者之流也。且以狶韦氏之流观今之世，夫孰能不波！唯至人乃能游于世而不僻，顺人而不失己。彼教不学，承意不彼。”

庄子说：“人如果能随心而游，那还会有不逍遥、不自在的时候吗？人假如不能随心而游，那么他还能做到逍遥自在吗？逃避世俗的心志，弃绝尘世的行为，恐怕不是有真知大德之人能干出来的事吧！大难临头了也不知道转弯，只知道鲁莽行事而不知道自我反思，即使相互间有君臣之情，也只看成一时的机遇。时移世易之后，人人平等，哪还有什么高低贵贱。所以说，道德修为极高的人，从不固执于自己的所作所为。

“崇尚古代而鄙薄当今，这是学者中常有的风气。如果用远古氏族酋长的价值标准衡量当今世事，谁又能不在心中引起波动呢？只有道德修养极为高尚的人，才能够混迹于世而不干出不正当的事，顺随于众人之中却不会失掉自己的真性。还是不要跟风说一些厚古薄今的陈词滥调了。他们讲他们的，我们听着便是，千万不要从中学习什么。”

原文：

“目彻为明，耳彻为聪，鼻彻为颤，口彻为甘，心彻为知，知彻为德。凡道不欲壅，壅则哽，哽而不止则跈（jiàn），跈则众害生。物之有知者恃息。其不殷，非天之罪。天之穿之，日夜无降，人则顾塞其窦。胞有重阆（làng），心有天游。室无空虚，则妇姑勃谿（xī）；心无天游，则六凿相攘。大林丘山之善于人也，亦神者不胜。”

“眼睛通达能看透外物，叫作明；耳朵通达，能听辨是非，叫作聪；鼻子通达，能够感受到周围气氛，叫作颤；口舌通达，能够准确陈述心意，叫作甘；内心通达想得开，叫作智；头脑通达想得明白，叫作德。

“凡是通道，都不希望堵塞；堵塞就会出现梗阻，梗阻而不能排除，就会出现践踏冲突；冲突多了，各种祸害就会随之而起。

“凡是有知觉的生物，都依靠呼吸而生存。假如呼吸不畅，那不是自然禀赋的过错，而是因为你自己堵塞了这些孔窍。上天已经给你周身凿通了孔道，但人还是会不自觉地把这些通气之道堵塞。

“腹腔中有很多空间，因而能容受五脏六腑，怀藏和孕育胎儿；内心也要做到虚空，才能没有拘束地顺应自然而逍遥于天地之间。房屋的空间不够大，婆媳之间就会争吵不休；内心不能做到虚空虚静，那么六种官能也会出现纷扰。森林与山丘之所以适宜于人，也是因为人们的内心促狭、心神不爽呀。”

在这里，庄子从生理的通畅自然，讲到了精神的通畅。生理通畅才会生机勃勃，精神通畅才会神游八荒。《人间世》中有一个观点叫“虚室生白，吉祥止止”，同样也是把人的内心比喻为房间：将房间中的杂物清空，让窗户前面没有遮挡物，阳光才能照射进来，空气才能流通起来；人的内心也是如此，将私心杂念去除，承载自然大道的智慧才有地儿落脚，吉祥福祉才有可能登临拜访。

庄子刚才讲的这一段话也是类似的意思，人的身和心都有自然气息穿行的孔窍。保持孔窍畅通，才算高质量的人生。耳聪目明，才能从外界获取有效的信息；心思活络、头脑清晰，才能想得开、看得明白。千万不要在孔窍处堆积杂物——眼底不要存沙子，耳朵不要被污名流言堵塞，思维心态不要僵固迂腐，否则便是自行损害上天赋予的本性，无异于自戕。

讲完了这个道理，庄子又转向了“得意忘言”的论述：“筌(quán)者所以在鱼，得鱼而忘筌；蹄者所以在兔，得兔而忘蹄；言者所以在意，得意而忘言。”捕到鱼后，就可以忘记了捕鱼的竹笼；捕到兔子后，就可以忘记了捕兔的兔网；语言是用来表达意义的，得到了意义也就可以忘了语言。“吾安得夫忘言之人而与之言哉！”可我到哪里去找一个忘言的人，来和他交谈呢？

“得鱼忘筌”“得兔忘蹄”后来演变为两个成语，表示达到了目的，手段就已经不重要了，算是中性词。再后来，这两个词常常被引申为事成之后就忘记了本来依靠的东西，含有“忘恩负义”“过河拆桥”之类的贬义。

“得意忘言”同样出自于这两句话，原意是领会到了语言要传达的意义，那么语言这个工具，或者说话这种手段，就不再重要了。我们前面曾反复引用老子《道德经》的第一句：“道可道，非常道。”自然大道是无法用言语描述出来的，在道学的体系中，言语是人在体悟大道之后，创生出来的体系。通过这个体系，人们能够描绘这个世界中的绝大部分现象。不过，言语没有能力描述不归属于此世的事物，更没有能力描述那超越了此世的事物，而大道就是超越于此世的。

大道“不可言”，正说明了道自身所具备的超越性。这种超越性也是求道者之所以求道的目的之一。但是，大道既非实体也不可言说，要如何求索呢？庄子的答案是“得鱼忘筌”“得兔忘蹄”进而“得意忘言”，直接面对意义本身，而不要拘泥于言辞和逻辑辩论。

庄子这种关于言与意关系的表述，对中国古代文艺思想的影响非常大。魏晋时期王弼的“得意忘象”，陶渊明的名句“此中有真意，欲辨已忘言”，唐代司空图的“不著一字，尽得风流”，宋代严羽的“羚羊挂角，无迹可求”，以及近代王国维倡导的“境界说”等，都与庄子“得意忘言”的思想有渊源。可以这样说，没有庄子这一思想，中国的文艺发展将会大打折扣。

《庚桑楚》

庚桑楚得老聃之道：不要自作聪明，也不要蝇营狗苟

本节讲讲《庄子·庚桑楚》中“庚桑楚得老聃之道”和“南荣趎（chú）求学于老聃”这两个故事。

原文：

老聃之役有庚桑楚者，偏得老聃之道，以北居畏垒之山，其臣之画然知者去之，其妾之挈然仁者远之；拥肿之与居，鞅掌之为使。居三年，畏垒大壤。畏垒之民相与言曰：“庚桑之子始来，吾洒然异之。今吾日计之而不足，岁计之而有馀。庶几其圣人乎！子胡不相与尸而祝之，社而稷之乎？”

庚桑子闻之，南面而不释然。弟子异之。庚桑子曰：“弟子何异于予？夫春气发而百草生，正得秋而万宝成。夫春与秋，岂无得而然

哉？天道已行矣。吾闻至人，尸居环堵之室，而百姓猖狂不知所如往。今以畏垒之细民而窃窃焉欲俎豆予于贤人之间，我其杓之人邪！吾是以不释于老聃之言。”

弟子曰：“不然。夫寻常之沟，巨鱼无所还其体，而鲵鳅为之制；步仞之丘陵，巨兽无所隐其躯，而孽狐为之祥。且夫尊贤授能，先善与利，自古尧、舜以然，而况畏垒之民乎！夫子亦听矣！”

庚桑子曰：“小子来！夫函车之兽，介而离山，则不免于网罟之患；吞舟之鱼，砀而失水，则蚁能苦之。故鸟兽不厌高，鱼鳖不厌深。夫全其形生之人，藏其身也，不厌深眇而已矣。且夫二子者，又何足以称扬哉！是其于辩也，将妄凿垣墙而殖蓬蒿也。简发而栉，数米而炊，窃窃乎又何足以济世哉！举贤则民相轧，任知则民相盗。之数物者，不足以厚民。民之于利甚勤，子有杀父，臣有杀君，正昼为盗，日中穴阫。吾语女，大乱之本，必生于尧、舜之间，其末存乎千世之后。千世之后，其必有人与人相食者也！”

话说，老子有个徒弟叫庚桑楚，学道颇有灵性，独得老聃真传。

这个庚桑楚，住在北方的畏垒山区，身边服侍的弟子大都愚笨敦厚、踏实勤劳。原来曾有聪明慕智的人跟他同住，但后来都被他辞退了。也曾有标榜仁义的侍女想要接近他，但都被他疏远冷落。

庚桑楚在畏垒山区住了三年，给当地带来了连年的大丰收。畏垒山区的居民相互传言，说：“庚桑楚刚来畏垒山，我们都感到很诧异，从没见过这样的人。如今，我们还不算大富大贵，但一年下来总收益还是非常可观的，平日里富足有余，也算过上了小康生活。庚桑楚恐怕就是圣人了吧！大家何不像供奉神灵一样供奉他，像对待国君一样地敬重他呢？”

庚桑楚听到了大家的议论，面朝南方而坐，心里很不愉快。弟子们感到疑惑便礼貌性地来关心老师，庚桑楚说：“你们奇怪个啥呢？春天阳气蒸腾勃发百草生长，正当秋天时节庄稼成熟果实累累。春天与秋天，难道无所遵循就能够这样吗？这是自然规律的运行与变化。”

“我听说，至人，像没有生命一样，虚静地生活在斗室小屋内。百姓们优游自适，完全不知道至人的存在。如今，畏垒山一带的百姓，私下里谈论，想把我列入贤人的行列并加以供奉，我难道乐意成为众人所注目的人吗？我正因为遵从老聃的教诲而对此大不愉快。”

弟子说：“不是这样的。大鱼没有办法在小水沟里回转身体，可是小小的泥鳅却能转身自如；巨型野兽没有办法在矮小的山丘上隐匿躯体，可是妖狐却正好得以栖身。况且礼贤下士、乐善好施的人，以善为先，都是把利禄让给他人的呀！从尧舜时代起，就是这样了，何况畏垒山一带的百姓呢？先生您还是顺从大家的心意吧！”

庚桑楚说：“小子你过来！口能含车的巨兽，孤零零地离开山野，那就不能免于罗网的灾祸；口能吞舟的大鱼，一旦被水波荡出水流，小小的蚂蚁也会使它困苦不堪。所以鸟兽不厌山高，鱼鳖不厌水深。保全身形本性的人，隐匿自己的身形，不厌深幽高远罢了。

“至于尧与舜这两个人，又哪里值得加以称赞和褒扬呢？尧与舜那样分辨世上的善恶贤愚，就像是在胡乱地毁坏好端端的垣墙，而去种上没有什么用处的蓬蒿。又好像在挑选头发来梳理、点数米粒来烹煮——计较于区区小事，又怎么能够有益于世呢？举荐贤才，人民就会相互伤害；任用智能之士，百姓就会相互出现伪诈——类似的做法，都不足以给人民带来好处。

“世人向来急切地求取财富。为了私利，有的儿子杀了父亲，有的臣子杀了国君，甚至有歹人光天化日行抢劫、偷盗之事。我告诉你，天下大乱的根源，必定是产生于尧舜的时代，而它的流毒和遗害又一定会留存于千年之后。千年之后，还将会出现人与人相食的情况呀！”

在这个故事中，庄子还是要强调“仁义智巧多生祸端，虚静无为方能太平”的道理。圣贤之人虽功勋卓著、福泽济世，但不会刻意追求名利，甚至还要把名利让渡出去。这么做，一来是为了保护自己精神生命的完整性，不让功名利禄、俗世外物扰乱本真与天性；二来不给世俗世界带来额外的礼俗负担。前面这一点好理解，意思是“我配得上这些名利，但是我并不追求”。后面这一点需要绕个圈子：至人拥有智慧，但是不依靠这些智慧过多干预自然规律的运行；至人可以做出功绩，但是不会仰仗这些功绩享受特权；至人可以得到财富，但是不希望看到世俗世界以财富为标准去评估人的价值。总之，财富、名利、智巧这些东西，都是至人所鄙视的。

故事未完。

庚桑楚虽然独得老子真传，但是也有回答不了的问题。

原文：

南荣趎蹴然正坐曰：“若趎之年者已长矣，将恶乎托业以及此言邪？”庚桑子曰：“全汝形，抱汝生，无使汝思虑营营。若此三年，则可以及此言矣。”南荣趎曰：“目之与形，吾不知其异也，而盲者不能自见；耳之与形，吾不知其异也，而聋者不能自闻；心之与形，吾不知其异也，而狂者不能自得。形之与形亦辟矣，而物或间之邪，欲相求而不能相得？今谓趎曰：‘全汝形，抱汝生，勿使汝思虑营营。’趎勉闻道达耳矣！”庚桑子曰：“辞尽矣。曰奔蜂不能化藿蠋（zhú），越鸡不能伏鹄卵，鲁鸡固能矣。鸡之与鸡，其德非不同也，有能与不能者，其才固有巨小也。今吾才小，不足以化子。子胡不南见老子！”

有一天，庚桑楚的弟子南荣趎向他请教，说：“像我这么大年纪的人，要怎样学习才能达到先生所说的那种境界呢？”

庚桑楚说：“保全你的形体，守住你的生命，不要让你的思虑为牟取私利而奔波劳苦。按照这样做，三年下来，那你就可以达到我所说的那种境界了。”

南荣趎接着说：“瞎子的眼睛和正常人的眼睛，从外形看不出有什么差异，而瞎子的眼睛看不见东西；聋子的耳朵和正常人的耳朵，从外形看不出有什么差异，而聋子的耳朵听不见声音；疯子的样子与正常人的样子，从外形看不出有什么差异，而疯子却不能把持自己。形体与形体之间彼此相近，但出现不同的感知，是外物使它们有区别吗，还是为了私利而始终未能获得物的本性呢？现在先生对我说：‘保全你的身形，守住你的生命，不要让你的思虑为牟利而劳苦。’我只不过勉强听到耳里罢了！”

庚桑楚说：“我的话说完了，讲几句题外话吧。小土蜂能把小桑虫孵化成幼蜂，却不能把肥大的蠋虫变成蝴蝶；越国的小土鸡不能孵化天鹅蛋，而鲁国的大种鸡却能够做到。鸡与鸡，它们的禀赋并没有什么不同。鲁国的大种鸡能，越国的小土鸡却不能，是因为它们的体形原来就有大有小。我的才干太小了，不足以使你受到感化，你为什么不到南方去拜见老子？”

原文：

南荣趎赢粮，七日七夜至老子之所。老子曰：“子自楚之所来乎？”

南荣趎曰：“唯。”

老子曰：“子何与人偕来之众也？”南荣趎惧然顾其后。老子曰：“子不知吾所谓乎？”

南荣趎俯而惭，仰而叹曰：“今者吾忘吾答，因失吾问。”

老子曰：“何谓也？”南荣趎曰：“不知乎？人谓我朱愚。知乎？反愁我躯。不仁则害人，仁则反愁我身；不义则伤彼，义则反愁我己。我安逃此而可？此三言者，趎之所患也，愿因楚而问之。”

老子曰：“向吾见若眉睫之间，吾因以得汝矣，今汝又言而信之。若规规然若丧父母，揭竿而求诸海也。女亡人哉，惘惘乎！汝欲反汝性情而无由入，可怜哉！”

南荣趎听老师这样说，于是带足了干粮，走了七天七夜，来到老子居住的地方。

老子见到他，说：“你是从庚桑楚那里来的吗？”

南荣趎说：“是的。”

老子说：“你怎么带来这么多人呢？”南荣趎吃惊地回过头来看看自己身后。

老子问："你没有听懂我所说的意思吗？"

南荣趎低下头，羞惭满面，片刻，仰面叹息："我现在已不知道我应该怎样回答，心里一急，把原来要问的问题也忘掉了。"

老子说："再想想，你要问什么呢？"

南荣趎说："想起来了。智慧内藏，人们说我愚昧无知；智慧外露，又怕给自己带来愁苦和危难。不具仁爱之心，难免会伤害他人；广施仁爱，又要给自己带来愁苦和困难。不讲信义，便会影响人与人之间的关系；讲信义，又要给自己带来愁苦和危难。左右都有危险，这三个问题正是我忧虑的事，希望您看在庚桑楚的面子上不吝赐教。"

老子说："刚来时，我观察到你眉宇紧锁，我猜你是带着很多问题来的。现在你的谈话更证明了我的推测。你失神的样子就像是失去了父母的孩子，又好像在举着竹竿探测大海的求知者。迷惘啊！你想返归你真情与本性，却找不到路，实在是可怜。"

原文：

南荣趎请入就舍，召其所好，去其所恶，十日自愁，复见老子。

老子曰："汝自洒濯，熟哉郁郁乎！然而其中津津乎犹有恶也。夫外韄（huò）者不可繁而捉，将内揵；内韄者不可缪而捉，将外揵。外内韄者，道德不能持，而况放道而行者乎！"

南荣趎曰："里人有病，里人问之，病者能言其病，然其病，病者犹未病也。若趎之闻大道，譬犹饮药以加病也。趎愿闻卫生之经而已矣。"

老子曰："卫生之经，能抱一乎？能勿失乎？能无卜筮而知吉凶乎？能止乎？能已乎？能舍诸人而求诸己乎？能翛然乎？能侗然乎？能儿子乎？儿子终日嗥（háo）而嗌（ài）不嗄（shà），和之至也；终日握而手不掜，共其德也；终日视而目不瞚（shùn），偏不在外也。行不知所之，居不知所为，与物委蛇，而同其波。是卫生之经已。”

南荣趎曰：“然则是至人之德已乎？”

曰：“非也。是乃所谓冰解冻释者，能乎？夫至人者，相与交食乎地而交乐乎天，不以人物利害相撄，不相与为怪，不相与为谋，不相与为事，翛然而往，侗然而来。是谓卫生之经已。”

曰：“然则是至乎？”

曰：“未也。吾固告汝曰：‘能儿子乎？’儿子不知所为，行不知所之，身若槁木之枝而心若死灰矣。若是者，祸亦不至，福亦不来。祸福无有，恶有人灾也！”

南荣趎请求在馆内暂住，以便求取自己喜爱的东西，舍弃自己讨厌的东西，找回天性。随后住了整整十天，南荣趎觉得问题还是没有解决，三对矛盾仍然把他弄得困苦不堪，于是，他再去拜见老子。

老子说：“你去洗澡吧。你周身热气腾腾的，是你心中那充盈外溢的问题，这说明你还是存有邪念！受到双重束缚，内外夹击，即使是道德高尚的人也不能持守，何况是初学道行的人呢？”

南荣趎说：“邻里的人生了病，四邻慰问他，病人自诉病情，承认有病，那就算不上是生了重病。像我这样心无俗念，你若向我讲道，好比服用了汤药病情反而加重了，所以，我只希望能听到养护生命的常识而已。”

老子说：“养护生命的常规，我先要问问，你能够保持身形与精神浑一谐和吗？能够不丧失天性吗？能够不占卜而知道吉凶吗？能够谨守自己的本分吗？能够对消逝了的东西放任不管吗？能够不仿效别人而寻求自身的完善吗？能够抛弃仁义而无拘无束、自由自在吗？能够忘记智慧而变得憨厚吗？能够洗净污染，像初生的婴儿那样纯真、朴质吗？婴儿整天哭叫，咽喉却不嘶哑，这是因为发音谐和自然达到了顶点；婴儿整天握拳而不痉挛，这是因为小手自然地握着是婴儿的天性与常态；婴儿整天瞪着小眼睛，眨都不眨，这是因为婴儿只看不想。走出去不知道去往哪里，坐下来不知道做什么，虚应社会，随波逐流，任其自然，这就是养护生命的常规了。”

南荣趎说：“这样说来，这就是至人的最高思想境界，是吗？”

老子回答：“不是这样的。这些只不过是像冰冻消解那样自然消除心中积滞的本能。你以为修养道德，做最高尚的人如此容易吗？最高尚的人，融小我而入大我，混同黎民百姓，祈求后土赐给食物，祈求皇天赐给安乐，而自己别无他求。不因外在的人际关系而扰乱自己的内心，不参与怪异、图谋、尘俗的事务，无拘无束、潇洒地去，憨厚无所执着地到来。这就是我所说的养护生命常规。”

南荣趎说：“这样说来，这就达到了最高的境界，是吗？”

老子说：“没有。我对你说过：‘能够洗净污染，像初生的婴儿那样纯真、朴质吗？’婴儿伸手伸脚不知道干什么，爬来爬去不知道去哪里，身形像秋树无叶不招风，心境像熄尽了的死灰。像这样的人，祸福都不会降临，祸福都不存在，人间灾害怎么能加于他呢？”

俗话说：“天下本无事，庸人自扰之。”人活于世，衣食住行是最基本的要求。但世人常常不满足于最低生活标准，于是“饱暖思淫欲”，或多或少陷入欲望的深渊，让精神世界不得安宁。但高官厚禄、金玉满堂就必然能带来幸福吗？不是的，欲望得不到满足，内心就会躁动不安；内心躁动、欲壑难填，就无法感受日常生活中的福报。所以老子在《道德经》第三十九章提出：“故贵以贱为本，高以下为基。是以侯王自谓孤、寡、不穀。此非以贱为本耶？非乎？故至誉无誉。不欲琭（lù）琭如玉，珞（luò）珞如石。”这是在说，清淡寡欲的生活，才能让人真正地享受生命。

《则阳》

少知问于大公调：以始为终，终始转换，乃万物变化之规律

这一节来看看《庄子·则阳》中“少（shǎo）知问于大公调（tiáo）”的故事。这两个角色是庄子虚构出来的，但是他们的名字却别有寓意：少知，表示智慧浅薄；大公调，则表示广大公正、调和众物。那么这样两个反差巨大的角色之间，会发生怎样的对话呢？

原文：

少知问于大公调曰：“何谓丘里之言？”

大公调曰：“丘里者，合十姓百名而为风俗也，合异以为同，散同以为异。今指马之百体而不得马，而马系于前者，立其百体而谓之马也。是故丘山积卑而为高，江河合水而为大，大人合并而为公。是以自外入者，有主而不执；由中出者，有正而不距。四时殊气，天不赐，故岁成；五官殊职，君不私，故国治；文武殊材，大人不赐，故德备；万物殊理，道不私，故无名。无名故无为，无为而无不为。时有终始，世有变化，祸福淳淳，至有所拂者而有所宜，自殉殊面；有所正者有所差，比于大泽，百材皆度；观于大山，木石同坛。此之谓丘里之言。”

话说，有一天，少知向大公调请教，说：“请问什么叫作‘丘里之言’呀？”

大公调说：“所谓丘里，就是把十个姓氏上百口人聚合在一起，形成共同的风俗。把不同的个体混合在一起，就成了彼此相同的一个整体；把混同在一起的整体离散开来，又成了互不相同的个体。

“就比方说，现在面前有一匹马，这马身上的各个部位都不能称为马，‘马’却是各个部位合异为同所组成的；只有马的各个部位都齐全了，才能形成一个有意义的整体，而只有这样的整体才能被称为‘马’。同样的道理，山丘只有积聚稀碎的土石才能称为高山；江河只有汇聚细小的水流才能称为大川；伟大的人物只有采纳了众生万物的意见才称得上伟人。

“知道了这个道理，那么就应该懂得，耳朵听来的声音、眼睛看来的事物，都是从外界进入心中的，就算你的内心早有主见，也用不着摆出一副固执己见的架势；反之亦然，说出去的话、做出来的动作，都是对你内心想法的表达，即使你能确认自己是正确的，也不必急于与他人抬杠较真儿。

“四季的气候不同，大自然也没有特别偏爱某一个季节，因此一年的季节时令才能正常运行；同样的道理，大大小小的官吏们各自具有不同的职能，国君也不应该偏私于其中任何一个，只有如此，国家才能得以治理；文臣与武将的才干不同，上级领导不能厚此薄彼，这样官场才能清廉、政务才能高效。万物都具有自己的规律，大道不会偏爱任何一方，因此无所谓名称。没有名称就没有干预，无所干预便没有什么做不成的。时序有终有始，世事不断变化。祸福在不停地运转，有违逆的一面，同时也有统一的一面。各自追逐其不同的方面，有正中不差的，也有有所偏失的，这才是常态。就像在山泽之中，各种木材都有自己的用处，同时它们也跟大山和石块构成了和谐统一的整体，这就是讨论‘丘里之言’的意义所在。”

在上面这一段对话中，大公调跟少知讲解了“丘里之言”。这个丘里之言，可以理解为民间共识或者坊间舆论，也可以解释为对于丘里形成的认识，也就是对于群体与个体、社会与个人之间关系的认识。怎么讲呢？世间万物，可以化整为零，也可以积零为整；人与人之间可以自说自话，也可以达成共识。人与人，既是一盘散沙，各自为己，又是一个整体，你中有我，我中有你。离开了整体，个体难以存活，更难以有什么成就或者进步。

在这个理论基础之上，再去理解大公调后面的话。首先，大小、高低、零整都是共生关系。大不可以无视小，高不可以无视低，同不可以无视异。这里异了，那里也许正是同；今天不同，明天也许又是相同。——用这种辩证的思维去看待世界万物，很多偏见、歧视、固执、傲慢都会随之消失。其次，所谓自然规律，是一组组对立统一的特性相互交织而成的。一年有四季，四季各不同，只有把它们组合在一起，才能实现春种秋收、夏耘冬藏。同样的道理，一国有众臣，众臣各有所长。只有君主知人善任，把有才能的人放在合适的位置，国家才能治理好。最后，福祸相依、安危并存。规律一旦运行起来，就不会被人的主观意志所改变。所以，遇到好事的时候就要提防危险，遭遇挫折要存有一丝希望——好与坏，在整体层面看是平衡的。但是从局部来看，肯定是有波动的，此时好彼时坏，彼时得意此时隐忍，这些都是正常的。

我们继续看故事如何发展。

原文：

少知曰："然则谓之道足乎？"

大公调曰："不然，今计物之数，不止于万，而期曰万物者，以数之多者号而读之也。是故天地者，形之大者也；阴阳者，气之大者也；道者为之公。因其大以号而读之则可也，已有之矣，乃将得比哉！则若以斯辩，譬犹狗马，其不及远矣。"

少知说："既然这样，把它称为道，可以吗？"

大公调说："不能。随便估算一下物的种类，也绝对不止一万种。但是我们只限称作万物，也就是说，用数字中表达最多的那个'万'字来称呼它。同样的道理，天与地，是形体中最大的；阴与阳，是气体中最大的。而道呢，它包括天地，也包括阴阳。因为它足够大，所以用'道'来称呼它。已经有了'道'这个'丘里之言'，还有什么能与它相提并论呢？如果要寻求这两者之间的区别，就好像狗与马，差别实在太大了！"这一段话的意思是说，大小之类的特性，可以是无限的；但是人对它们的称呼，必然是有限的。"道"只是一个有限的符号，天地、阴阳、万物都包含其中。它的客观存在，比这个符号所能描述的意思还要无穷。如此说来，人们费尽心思在有限的名词符号上做文章，倒不如把视野放大一些，去追求那永无止境的道。

原文：

少知曰："四方之内，六合之里，万物之所生恶起？"

大公调曰："阴阳相照相盖相治，四时相代相生相杀。欲恶去就，于是桥起。雌雄片合，于是庸有。安危相易，祸福相生，缓急相摩，聚散以成。此名实之可纪，精之可志也。随序之相理，桥运之相使，穷则反，终则始，此物之所有。言之所尽，知之所至，极物而已。睹道之人，不随其所废，不原其所起，此议之所止。"

少知继续问："四方之内，六合之里，万物的产生从哪里开始的呀？"

大公调说："阴阳相互照应，相互损伤，还相互调治；四季相互更替，相互产生，还相互衰减。欲念、憎恶、离弃，于是相续起伏；雌雄两性不断分开又交合，于是培育出了万物。安全与危难互相变换，灾祸与幸福互相产生，寿诞与夭折互相冲突，因此形成聚散。这是有名实可以辨认，有精微可以记载的。有次序地相互更替总是遵循着一定的轨迹，双方的运动互相制约，到了尽头就会返回，有终结就有开始，这些是万物所共同拥有的现象。言语能够穷尽的、智巧能够达到的，只是局限于少数事物罢了。感悟大道的人，不追逐事物的去向，不探究万物的起源，一切议论至此为止。"

前面讲道是无限的，也就意味着它无起点也无终点。因为如果有始有终，那么起点之前无道，终点之后也无道，这显然违背了道在蝼蚁、道在屎溺、道无处不在的客观情况。既然无始无终，那么它就在死亡中诞生、在终点处开始：两性交合产生新生命，新生命又分两性；出生后就一步步走向衰老，死亡后进入彼岸又开始新的循环。理解到这个层面的人，可以做到超越生死、超越物我、超越四时六合。

原文：

少知曰："季真之莫为，接子之或使。二家之议，孰正于其情，孰偏于其理？"

大公调曰："鸡鸣狗吠，是人之所知。虽有大知，不能以言读其所自化，又不能以意其所将为。斯而析之，精至于无伦，大至于不可围。或之使，莫之为，未免于物而终以为过。或使则实，莫为则虚。有名有实，是物之居；无名无实，在物之虚。可言可意，言而愈疏。未生不可忌，已死不可阻。死生非远也，理不可睹。或之使，莫之为，疑之所假。吾观之本，其往无穷；吾求之末，其来无止。无穷无止，言之无也，与物同理。或使莫为，言之本也。与物终始。道不可有，有不可无。道之为名，所假而行。或使莫为，在物一曲，夫胡为于大方！言而足，则终日言而尽道；言而不足，则终日言而尽物。道，物之极，言默不足以载。非言非默，议有所极。"

少知又说："季真的观点是'莫为'，接子主张'或使'。这两家的议论，谁最符合事物的实情，谁又偏离了客观规律呢？"

大公调说："鸡鸣狗叫，这是人人都能见到的现象。可是，即便具有非同一般的才智，也不能用言语来表达出这些现象的原因，同样也不能推测动物接下来的行为。用这样的道理来推论和分析万物，有精妙到无与伦比的，也有宽广到不可限量的。而主张事物的产生是有所为还是无所为，均不能免于为物所拘滞，所以最终，都只能是过而不当。

“接子‘或使’的主张过于执滞，季真‘莫为’的观点过于虚空。有名有实，是物的范围。无名无实，不属于物的范围。可以言谈也可意会，但是越是言谈，距离事物的实情也就越疏远。没有产生的事物，不能禁止其产生；已经死亡的事物，不能阻挡其死亡。死与生的距离并不是很远，它们之间的规律却很难察见。事物的产生是有所凭借还是全都出于虚无，两者都是在疑惑中产生的偏见。

“我观察事物的开始，但它的过去没有穷尽；我寻找事物的终局，但它的将来不可限量。既没有穷尽又没有限量，用言语就表达不出来了。而接子、季真的主张，用言谈各持一端，又跟事物一样有了开始及终结。‘道’不可以用‘有’来表达，也不可用‘无’来描述，‘道’的名称不过是借用来的。接子和季真的主张，各自偏执于事物的一端，怎么能用来理解大道呢？

“言语如果圆满周全，那么人们日常聊天就都是在论道；言语如果不能圆满周全，那么日常闲谈就只是闲谈。道是阐释万物的最高原理，言语和缄默都不能够描述它，既不是言语也不是缄默，评议就有极限了，而大道却是无穷无尽、没有边界的。”

这一段，最终给了大道一个玄之又玄的结论——道是无穷的、没有边界的。落脚在这里也在意料之中，只不过相比于结果来说，庄子的推论过程，反而更精彩。

《寓言》

阳子居见老聃：越完美的人越要审视自己的不足

《庄子·寓言》中“庄子与惠施论孔子”的故事原文：

庄子谓惠子曰：“孔子行年六十而六十化。始时所是，卒而非之。未知今之所谓是之非五十九非也。”惠子曰：“孔子勤志服知也。”庄子曰：“孔子谢之矣，而其未之尝言也。孔子云：夫受才乎大本，复灵以生（xìng）。鸣而当律，言而当法。利义陈乎前，而好恶是非直服人之口而已矣。使人乃以心服而不敢蘁（wù），立定天下之定。已乎，已乎！吾且不得及彼乎！”

话说有一天，庄子对惠施说：“孔子活了六十岁，世界观每年都不一样。起初认为是对的东西，到后来又被自己推翻；现在认为是对的东西，没准去年还不这样认为。”

惠子说："是因为孔子勤于励志且善于运用才智吗？"惠施的意思是，孔子既聪明又勤奋，所以学得多、思考得多，思想变化就比较频繁。

但庄子似乎不这么认为，他说："孔子勤勉刻苦的精神已经大大减退了，你就不要在这里妄自评说了。"换言之，孔子如今已经明白"大言不言"的道理，不会再过分使用智巧了。

庄子接着说："孔子说过'夫受才乎大本，复灵以生'。人的才能禀赋来于自天地之本源，只有回到自然灵性才算保全了生命。发声合乎音律，言谈合乎法度，利害仁义摆在眼前而去分辨是非，即便做到这些，也只能让人表面信服。而真正重要的是让人心服口服，不敢有丝毫违背，唯有如此才能天下安定。算了，算了，我大概赶不上那个时候了吧！"

在这则故事中，庄子通过分析孔子晚年绝圣弃智的状态，告诫惠子不要擅自判定是非，而要回归自然、体会生命本身的意义。在庄子眼中，世间一切的是非对错，都没有恒定的标准，终生为此争辩，只会让自己筋疲力尽、束缚于凡尘俗世之中。不如放下是非，与大道合二为一，用更高的视角抹平一切高低贵贱之分，如《大宗师》说的"与其誉尧而非桀也，不如两忘而化其道"。不必过多地追捧尧和贬低桀，因为从宇宙天地的视角来看，他们都是一样的，都是社会发展到某个阶段所产生的必然结果。所谓的好坏、善恶，不过是按照人伦礼俗做出来的区分罢了。

庄子的这个说法，不是教大家不分是非、混淆善恶，而是说，人类社会有太多的是非判断标准，以至于人们的心态和视野都被这些标准束缚住了，一旦碰到非常态的人、事、物便不能理解，一旦遭遇不曾预料的挫折便想不通、看不开。殊不知，这些都是自然规律的外在表现罢了。

人对于万事万物价值的判定，是会随着年龄的推移和阅历的增长而发生变化的。世间没有绝对正确的事物，也没有绝对错误的事物，全看人的心智在怎样的层次，以及用怎样的视角看待这些问题。比如年轻人喜欢玩乐，通宵打游戏、喝酒、蹦迪能让他们快乐；但是随着年龄的增长，这些娱乐活动便不再具有如此巨大的吸引力，按时作息、喝茶散步反而更让人愉悦。游戏还是休息、喝酒还是喝茶，没有绝对客观的高下之分，时移世易，全在参与者的实际感受罢了。

托尔斯泰说："人类被赋予了一种工作，那就是精神的成长。"杜甫年轻时认为人生最辉煌的瞬间，莫过于缔造"致君尧舜上，再使风俗淳"的千秋伟业，但官场不得志的他到了晚年才逐渐参悟了"千秋万岁名，寂寞身后事"的人生常道；曹植早年的梦想是"建永世之业，流金石之功"，但波澜起伏的人生际遇使他明白，拥有"先民谁不死，知命复何忧"的旷达才是人生最宝贵的精神财富；辛弃疾"醉里挑灯看剑"和"道'男儿到死心如铁'。看试手，补天裂"，但经历宦海沉浮之后的他最终明白，"最喜小儿亡赖，溪头卧剥莲蓬"的生活才能给他最本真的快乐。

岁月让我们变得更加厚重、更加沉稳，让我们懂得了命运对我们的馈赠是不能拿是非对错来进行衡量的。礼物的包装只是外观的展现，打开生命的纸盒，我们才能窥探到内里的美好究竟有多闪耀。如果仅仅是汲汲于一时的成败、一刻的是非，即便让别人短暂地屈服于你，也不足以长久地获取人心，就像故事中庄子所说的那样，“好恶是非直服人之口而已矣”。

真要让别人敬佩你、信服你，不是靠争一时之长短、一刻之对错，而是靠广阔的胸襟和沉稳的性格，这样的人往往最具魅力，也最像庄子笔下的神人和至人一般，受到无数求道者的膜拜。

讲完这个故事，我们再来看“阳子居见老聃”。

原文：

阳子居南之沛，老聃西游于秦。邀于郊，至于梁而遇老子。老子中道仰天而叹曰：“始以汝为可教，今不可也。”阳子居不答。至舍，进盥漱巾栉，脱屦户外，膝行而前，曰：“向者弟子欲请夫子，夫子行不闲，是以不敢；今闲矣，请问其故。”老子曰：“而睢睢盱盱（xū），而谁与居！大白若辱，盛德若不足。”阳子居蹴然变容曰：“敬闻命矣！”其往也，舍者迎将其家，公执席，妻执巾栉，舍者避席，炀者避灶。其反也，舍者与之争席矣！

话说，魏国人阳子居在外游历，来到了南方的沛城，正巧遇到老子西游秦地也路过这里。阳子居索性发出邀约，到郊外迎接老子。最后两个人在大梁相遇。老子走到半路，昂起头来仰天叹气说：“哎，当初我还以为你是可以调教的，现在看来是不行了。”

阳子居没有回答。

等到了旅店，阳子居进上各种盥洗用具，又把鞋子脱在门外，然后双腿跪地，上前说道：“刚才弟子正想请教先生，正赶上先生在旅途中没有空闲，所以不敢贸然发问。如今先生闲暇下来，恳请先生指出我的过错，说说我为什么不可调教？”

老聃说：“你仰头张目、傲慢跋扈，摆出这种姿态，谁愿意跟你在一起呀？至洁至白的东西，反而表现出一副含有污垢的样子；至高至上的德行，反而会以谦恭卑下而自居。”

阳子居听了脸色大变，羞惭不安地说：“弟子由衷地接受先生的教导。”

老子说得果然不错。阳子居刚到旅店的时候，店主人连忙迎他进入舍内休息，男主人亲自为他安排座席，女主人则准备毛巾、梳子等着侍候他洗漱，旅客们见了他都得让出座位，烤火的人见了也远离火边。经过老子一番点拨，等到阳子居离开旅店的时候，旅店的客人已经跟他无拘无束争席而坐了。

在这段故事中，庄子借老聃之口道出了这样一个道理：修道者如果想要有所收获，就必须去除骄横自满之心，始终示以谦弱卑下的形象，这样才能修成大道。

前面我们讲过，道家最重视谦虚低调这个概念，庄子认为大道所存在的地点，就是低下的地方，并且是地方越低下大道越纯粹。所以在《知北游》里庄子说“道在蝼蚁”“道在稊稗”“道在瓦甓”“道在屎溺”。

同样，老子也崇尚“道”在低洼处这个理念。在《道德经》中，老子多次谈及水的概念，并且认为水就是大道的化身，因为水一般都在地势比较低的地方，这最接近于大道的状态。所以老子说：“上善若水，水善利万物而不争。处众人之所恶，故几于道。”（《道德经》第八章）意思是最高的品性就像水一样，泽被万物而不争名利。众人最厌恶的地方，也就是最低洼、最卑下的地方，但恰恰水处在这种地方，所以它最接近于道。因为大道就是要隐藏自己、不彰显自己，为世间万物做贡献却又不贪图任何名利，捧着一颗心来，不带半根草去。

庄子将这样的理念应用到人际交往中，认为对待他人时也要谦卑低调。阳子居之所以被老子看不起，就是因为他太过于骄横，仗着自己的名声和在众人中的影响力，使旅店的老板为他安排座席，老板娘手拿着毛巾侍候他洗漱……这些虽然不是他主观上逼迫的，但客观上却是因为他过分显露了自己的才华、卖弄了自己的学识，才让众人仰慕他、臣服于他，这都是不谦和低调的表现。当阳子居受到老子点拨，收敛了自己的行为和智慧后，众人也就把他当普通人了，他也就真正地回归大众了。

我们都说“人无完人”，每个人都有自己的缺点，像老子所说“大白若辱，盛德若不足”，最洁白的东西反而看起来像是有污渍一般，德行最盛的人反而表现出一副一无是处的样子。这句话的潜台词就是，自视甚高的人往往没有到达极致，达到极致之后反而会表现出相反的特质。

人要有反思意识，不懂自我反思的人，常常会成为别人口中的笑柄。雨果说：“被人揭下面具是一种失败，自己揭下面具却是一种胜利。”如果阳子居能自己摘下自己骄傲的面具，或许就不会被老聃所鄙视了。孟子说“君子莫大乎与人为善”（《孟子·公孙丑上》），管子也说“善人者，人亦善之”（《管子·霸形》）。在任何时候，我们都要谦虚低调、与人为善，始终让自己与大多数人站在一起，互为欣赏、共同进步，这样才能缔造和谐安稳的人生。

《让王》

禅让王位而不受：生命的价值并非名利地位所能衡量

所谓“让王”，顾名思义，就是禅让王位、拒聘官职的意思。相同主旨的故事在前面已经讲过很多，主要观点无非是功名利禄皆乃身外之物，王权富贵均于生命无益，隐逸避世方能保全本性，等等。

《让王》算是此类故事的一个合集，开篇就提到了《逍遥游》中讲过的“尧让天下于许由”的事。

原文：

尧以天下让许由，许由不受。又让于子州支父，子州支父曰：“以我为天子，犹之可也。虽然，我适有幽忧之病，方且治之，未暇治天下也。”夫天下至重也，而不以害其生，又况他物乎！唯无以天下为者，可以托天下也。

舜让天下于子州支伯。子州支伯曰：“予适有幽忧之病，方且治之，未暇治天下也。”故天下大器也，而不以易生，此有道者之所以异乎俗者也。

舜以天下让善卷，善卷曰：“余立于宇宙之中，冬日衣皮毛，夏日衣葛絺（chī）；春耕种，形足以劳动；秋收敛，身足以休食；日出而作，日入而息，逍遥于天地之间而心意自得。吾何以天下为哉！悲夫，子之不知余也！”遂不受。于是去而入深山，莫知其处。

舜以天下让其友石户之农，石户之农曰：“捲（quán）捲乎后之为人，葆力之士也！”以舜之德为未至也，于是夫负妻戴，携子以入于海，终身不反也。

话说，尧把天下让给许由，许由不接受，又让给隐士子州支父，子州支父说：“让我来做天子，还是可以的。不过，我患有很深很顽固的疾病，正打算认真治一治，没有空闲时间来治天下。”统治天下是地位最高、权力最大的工作，但在生命面前也一文不值，一般事物又怎么能与生命相比呢？只有忘却天下而无所作为的人，方才可以把统治天下的重任托付给他。

舜让天下给子州支伯，子州支伯说：“我患有很深很顽固的病症，正打算认真治一治，没有多余时间来治理天下。”天下应当是最为贵重的东西，但在生命面前也不值一提，这正是有道之人与凡俗之人不同的地方。

舜又把天下让给善卷，善卷说：“我处在宇宙之中，冬天披柔软的皮毛，夏天穿细软的葛布；春天耕地下种，形躯能够承受这样的劳作；秋天收割贮藏，自身完全能够满足给养；太阳升起时就下地干活，太阳下山了就返家安息，无拘无束地生活在天地之间，而心中的快意只有我自身能够领受。我又哪里用得着去统治天下呢！可悲啊，你不了解我！”善卷也就没有接受，而是离开了家遁入深山，再没有人能够知道他的住处。

舜再把天下让给他的朋友——一个叫石户的地方的一位农夫。农夫说：“做一国之君实在是辛苦劳累啊！”他认为舜的德行还未能达到最高的境界，于是夫妻二人背的背、扛的扛，带着子女逃到海上的荒岛，终身不再返回。

尧禅让两次、舜禅让三次，但是许由、子州支父、子州支伯、善卷和石户之农都找借口推托了，不是嫌管理天下的职权不够大，而是觉得身外之物无法与生命相比。最后五个人都选择了归隐，可见只有回归自然才能保全本性，让精神生命得以延续生机。

原文：

大王亶（dǎn）父居邠（bīn）父，狄人攻之；事之以皮帛而不受，事之以犬马而不受，事之以珠玉而不受，狄人之所求者土地也。大王亶父曰：“与人之兄居而杀其弟，与人之父居而杀其子，吾不忍也。子皆勉居矣！为吾臣与为狄人臣奚以异！且吾闻之，不以所用养害所养。”因杖策而去之。民相连而从之，遂成国于岐山之下。夫大王亶父，可谓能尊生矣。能尊生者，虽贵富不以养伤身，虽贫贱不以利累形。今世之人居高官尊爵者，皆重失之，见利轻亡其身，岂不惑哉！

周文王的爷爷周太王公亶父，居住在邠地，狄人常来侵扰。公亶父敬献兽皮和布帛，狄人不愿意接受；敬献猎犬和宝马，狄人也不愿意接受；敬献珠宝和玉器，狄人仍不愿意接受。他们真正想要的是邠地的土地。

公亶父说：“跟别人的兄长住在一起却杀死他的弟弟，跟别人的父亲住在一起却杀死他的子女，我不忍心这样做。你们都去和狄人勉力居住在一块儿吧！做我的臣民跟做狄人的臣民有什么不同！而且我还听说，不要为争夺用以养生的土地而伤害养育的人民。”说完便拄着拐杖离开了邠地。结果，邠地的百姓人连着人、车连着车跟随他，并在岐山之下建立起了一个新的都城。

公亶父能够尊重生命，这样的人不会因为富贵而荒淫无度、伤害身体，也不会因为贫困而贪图利禄、劳累身体。当今世上的人们，居于高官显位的时候就担忧失去，见到有利可图就轻率地搭上性命，这种行为难道不够让人迷惑吗?

原文：

越人三世弑其君，王子搜患之，逃乎丹穴。而越国无君，求王之搜不得，从之丹穴。王子搜不肯出，越人薰之以艾。乘以王舆。王子搜援绥登车，仰天而呼曰：“君乎君乎！独不可以舍我乎！”王子搜非恶为君也，恶为君之患也。若王子搜者，可谓不以国伤生矣，此固越人之所欲得为君也。

越国人先后杀了三代国君，王子搜对此十分忧患，逃到了荒山野洞。越国人没有了君主，便四处找寻。他们追来到洞穴之后，便点燃艾草用烟熏洞让王子搜出来，还为他准备了国王的乘舆，准备接他回去。

王子搜拉过登车的绳索，仰天大呼说：“国君之位啊，国君之位啊，就是不能够放过我啊！”王子搜并不是讨厌做国君，只是害怕做了国君而招来杀身之祸。像王子搜这样的人，不想因为国君之位而伤害自己的生命，如此知轻重、懂利害，这样的特质反而是越国人一心想要让他做国君的缘故。

原文：

韩魏相与争侵地。子华子见昭僖（xī）侯，昭僖侯有忧色。子华子曰：“今使天下书铭于君之前，书之言曰：‘左手攫之则右手废，右手攫之则左手废，然而攫之者必有天下。’君能攫之乎？”昭僖侯曰：“寡人不攫也。”子华子曰：“甚善！自是观之，两臂重于天下也，身亦重于两臂。韩之轻于天下亦远矣，今之所争者，其轻于韩又远。君固愁身伤生以忧戚之不得也！”僖侯曰：“善哉！教寡人者众矣，未尝得闻此言也。”子华子可谓知轻重矣。

韩国和魏国互相争夺土地而爆发战争。子华子见到昭僖侯面有忧色，便说：“现在让天下的人在你的面前写下誓约，誓约这样写：‘左手取东西就砍去右手，右手取东西就砍去左手，不过抓取东西的人可以得到天下。’你愿意去夺取吗？”

昭僖侯说：“我不愿意夺取。”

子华子说：“很好，这样看来，两只手比天下重要，身体又比两只手重要。韩国远比天下微不足道，现韩魏所争夺的土地，又远比韩国微不足道。因此何必担心得不到那边界上的弹丸之地呢？”

昭僖侯说：“好啊！劝我的人很多很多，却不曾听到过如此高明的言论。”子华子真可以说是深知轻重的人了。

原文：

鲁君闻颜阖得道之人也，使人以币先焉。颜阖守陋闾，苴布之衣而自饭牛。鲁君之使者至，颜阖自对之。使者曰：“此颜阖之家与？”颜阖对曰：“此阖之家也。”使者致币，颜阖对曰：“恐听者谬而遗使者罪，不若审之。”使者还，反审之，复来求之，则不得已。故若颜阖者，真恶富贵也。故曰，道之真以治身，其绪余以为国家，其土苴以治天下。由此观之，帝王之功，圣人之余事也，非所以完身养生也。今世俗之君子，多危身弃生以殉物，岂不悲哉！凡圣人之动作也，必察其所以之与其所以为。今且有人于此，以随侯之珠弹千仞之雀，世必笑之，是何也？则其所用者重而所要者轻也。夫生者，岂特随侯之重哉！

鲁君听说颜阖是个有道的人，派人带着币帛等礼品来慰问他。颜阖住在一个很破的小巷子里，穿着粗布衣服在喂牛。鲁君的使者来了，颜阖亲自出来迎接。使者问：“这是颜阖的家吗？”颜阖说：“这是我的家。”

使者送上礼品，颜阖说：“恐怕你听错了，这不是送我的吧。不如你回去问个明白，以免受到国君的责备。”使者回去，查问清楚了，再来找颜阖，却找不到他了。像颜阖这样的人，真的厌恶富贵。所以说，道本来是为了修身，大道的剩余可以用来治理国家，而大道的糟粕才用来统治天下。

这样看来，帝王的功业，只不过是圣人余剩的事，不是可以用来保全身形、修养心性的。如今世俗所说的君子，大多危害身体、弃置禀性而一味地追逐身外之物，这难道不可悲吗？！大凡圣人有所动作，必定要仔细地审察他所追求的方式以及他所行动的原因。

如今却有这样的人，用珍贵的随侯之珠去弹打飞得很高的麻雀，世上的人们一定会笑话他，这是为什么呢？乃是因为他所使用的东西实在贵重而所希望得到的东西实在微不足道。至于说到生命，难道只有随侯之珠那么珍贵吗？

《盗跖》

尾生抱柱而死：动人故事竟然出自江洋大盗

本节来看看《庄子·盗跖》中“尾生抱柱”的故事。

话说春秋时期，鲁国有个名叫尾生的年轻人，为人正直、信守承诺。尾生在梁地认识了一个姑娘，二人两情相悦、私订终身。但是姑娘的父母嫌弃尾生一穷二白，坚决反对两人的婚事。姑娘为了追求爱情，决定与尾生私奔，回到他在鲁国的老家。二人相约第二天在桥边会合，从此远走高飞。

第二天，尾生来到桥边等候，姑娘却迟迟未到。突然乌云密布，大雨倾盆而下，尾生便到桥下避雨。不巧山洪暴发，河水裹着泥沙顺流而下，很快就没过了膝盖。尾生等了很久，心爱的姑娘还是没有到来，山洪却越发猛烈。尾生不肯离去，紧紧抱住了桥柱，最终溺死于此。

这个故事在《盗跖》中，其实只有一句："尾生与女子期于梁下，女子不来，水至不去，抱梁柱而死。"可能是信守约定、为爱赴死的故事太过感人，所以不断被文学家、历史学家借用。《淮南子》《战国策》《史记》《汉书》《艺文类聚》等史料中均有记载，不少诗词歌赋中也将其作为经典意象。比如嵇康《琴赋》："比干以之忠，尾生以之信。"再如李白《长干行》："常存抱柱信，岂上望夫台。"陆游的《沈园二首》："伤心桥下春波绿，曾是惊鸿照影来。"汤显祖《牡丹亭》："尾生般抱柱正题桥，做倒地文星佳兆。"

但其实，《庄子》作为"尾生抱柱"这个故事最早的出处，并非只是想讲一个爱情故事那么简单，而是包含着对"舍生取义是否可取"的哲理大讨论。讲这个故事的人，也不是一般意义上的好人，而是历史上有名的江洋大盗。怎么回事呢?

还是得从"老演员"孔子说起。

原文：

孔子与柳下季为友，柳下季之弟名曰盗跖。盗跖从卒九千人，横行天下，侵暴诸侯。穴室枢户，驱人牛马，取人妇女。贪得忘亲，不顾父母兄弟，不祭先祖。所过之邑，大国守城，小国入保，万民苦之。

孔子谓柳下季曰："夫为人父者，必能诏其子；为人兄者，必能教其弟。若父不能诏其子，兄不能教其弟，则无贵父子兄弟之亲矣。今先生，世之才士也，弟为盗跖，为天下害，而弗能教也，丘窃为先生羞之。丘请为先生往说之。"

柳下季曰："先生言为人父者必能诏其子，为人兄者必能教其弟，若子不听父之诏，弟不受兄之教，虽今先生之辩，将奈之何哉？且跖之为人也，心如涌泉，意如飘风，强足以距敌，辩足以饰非。顺其心则喜，逆其心则怒，易辱人以言。先生必无往。"

话说，孔子和柳下惠是很好的朋友（柳下惠即柳下季，两人实际上不可能为好友，因为生卒年无重叠，可见本故事为虚构），柳下惠有个弟弟叫盗跖。盗跖这个人可不简单，率领的民兵队有九千人之多，上不怕诸侯权威，下不惧百姓势众，劫掠牛马，掳夺妇女。不仅如此，他连亲友情谊也不顾，不祭拜祖先，不在意父母兄弟。他所到过的地方，大国严守城池，小国坚守城堡，万千民众都感到痛苦。

孔子对柳下惠说："做父亲的要教导儿子，做兄长的要教育弟弟。如果父亲没有父亲的样子，兄长担不起兄长的责任，当然就没有人看重人伦礼俗了。先生是当世有名的才子，而弟弟却横行霸道、祸害天下。你不能好好教育他，我实在为你感到羞愧呀！不如我替你去说说吧。"

柳下惠说："先生说：'做父亲的要教导儿子，做兄长的要教育弟弟。'可您不知道，儿子不听从父亲的教导，弟弟不接受兄长的教育呀！即便先生辩才出众，又能把他怎样呢？况且，盗跖的为人，心境像涌泉一样不可抑制，脾气像暴风一样不可测度。来硬的他就跟你对着干，讲道理他就强词夺理，顺着他他就高兴，违逆他他就发怒。我劝先生您还是不要去了。"

原文：

孔子不听，颜回为驭，子贡为右，往见盗跖。盗跖乃方休卒徒大山之阳，脍人肝而餔（bǔ）之。孔子下车而前，见谒者曰："鲁人孔丘，闻将军高义，敬再拜谒者。"谒者入通。

盗跖闻之大怒，目如明星，发上指冠，曰："此夫鲁国之巧伪人孔丘非邪？为我告之：尔作言造语，妄称文、武，冠枝木之冠，带死牛之胁，多辞缪说，不耕而食，不织而衣，摇唇鼓舌，擅生是非，以迷天下之主，使天下学士不反其本，妄作孝弟，而侥幸于封侯富贵者也。子之罪大极重，疾走归！不然，我将以子肝益昼餔之膳。"

孔子复通曰："丘得幸于季，愿望履幕下。"谒者复通。

盗跖曰："使来前！"孔子趋而进，避席反走，再拜盗跖。

盗跖大怒，两展其足，案剑瞋目，声如乳虎，曰："丘来前！若所言顺吾意则生，逆吾心则死。"

孔子不听柳下惠的劝说，让颜回驾车、子贡陪乘，立马就朝盗跖的住处去了。此时，盗跖正在大山的阳面休整士卒，切人肝当午饭。孔子下车走上前，看见传命官，说："鲁国人孔丘，听说将军高尚正义，敬请传令官传达。"传令官入内通报。

盗跖听到此事，大怒，说："这个人是不是鲁国的巧伪人孔丘呀？替我告诉他：他花言巧语，妄自议论文武二王，戴华丽的帽子，系牛皮做的腰带，空话连篇、漏洞百出，自己不种田还要吃香的喝辣的，自己不织布还要穿戴打扮，摇唇鼓舌，专门摆弄是非，迷惑天下的君主，让书生们不务正业，假装孝顺骗取一官半职，沽名钓誉享受荣华富贵。这人罪恶深重，还是让他赶快滚回去吧！小心我挖了他的肝来吃！”

孔子听到回复，再一次通报，说：“我有幸得到您哥哥柳下惠的介绍，希望能进帐拜见。”传令官又通报。盗跖这才说：“让他到前面来！”孔子快步进入帐中，避开席位连退数步，连连拜叩。盗跖叉开两脚，手握宝剑，怒目圆瞪，用饿虎一般的声音说：“孔丘，你往前来！今天你所说的话，合我心意你就活，不合我心意你就死！”

原文：

孔子曰：“丘闻之，凡天下有三德：生而长大，美好无双，少长贵贱见而皆说之，此上德也；知维天地，能辨诸物，此中德也；勇悍果敢，聚众率兵，此下德也。凡人有此一德者，足以南面称孤矣。今将军兼此三者，身长八尺二寸，面目有光，唇如激丹，齿如齐贝，音中黄钟，而名曰盗跖，丘窃为将军耻不取焉。将军有意听臣，臣请南使吴越，北使齐鲁，东使宋卫，西使晋楚，使为将军造大城数百里，立数十万户之邑，尊将军为诸侯，与天下更始，罢兵休卒，收养昆弟，共祭先祖。此圣人才士之行，而天下之愿也。”

盗跖大怒曰：“丘来前！夫可规以利而可谏以言者，皆愚陋恒民之谓耳。今长大美好，人见而悦之者，此吾父母之遗德也，丘虽不吾誉，吾独不自知邪？且吾闻之，好面誉人者，亦好背而毁之。今丘告我以大城众民，是欲规我以利而恒民畜我也，安可久长也！城之大者，莫大乎天下矣。尧、舜有天下，子孙无置锥之地；汤、武立为天子，而后世绝灭。非以其利大故邪？”

孔子说：“我听说，凡天下有三种美德：身材魁梧高大，容貌美好无双，不分老幼贵贱见到都喜欢，这是上德；智慧能包容天地，才能足以辨别各种事物，这是中德；勇猛强悍果敢，能聚众率兵，这是下德。一般的人，三种功德占上一种就能够南面称王了，如今将军您三样全占：身高八尺二寸，面目有光泽，嘴唇犹如鲜红的丹砂，牙齿像排列整齐的贝珠，声音洪亮好似铜钟。这样完美的一个人，却取名为盗跖，被人当作强盗暴徒，我实在替您感到羞耻呀！既然将军有意听听我的意见，我原意当您的使臣，出使南方的吴、越二国，北方的齐、鲁二国，东边的宋、卫二国和西边的晋、楚二国。给将军建造数百里大的城池，设立数十万户人家，拥戴将军为诸侯，与天下诸侯一起除旧布新，建立新格局，停战休兵，收养众弟兄，共祭祖先。这是圣人才士的行为，也是天下人的愿望。”

盗跖大怒说：“孔丘，你往前来！凡是可以用利禄收买、用语言规劝的人，都可以叫作愚陋平民。我身体高大，面目美好，人人都喜欢，这是父母遗传给我的德行。就算你孔丘不赞美我，难道我自己还不知道吗？况且，我听说，喜欢当面歌颂你的人，也最喜欢背后诋毁你的名声。你孔丘当着我的面，说要帮我建城安民、纵横捭阖，多半是想收买我、规劝我当顺民，你当我傻呀？城再大，也没有比天下更大的了。尧舜虽然有天下，但他们的子孙连个立足之地都没有；商汤和武王都贵为帝王，他们的后代不也都灭绝了吗，这不正是他们贪大利的缘故吗？”

原文：

“且吾闻之，古者禽兽多而人少，于是民皆巢居以避之。昼拾橡栗，暮栖木上，故命之曰‘有巢氏之民’。古者民不知衣服，夏多积薪，冬则炀之，故命之曰‘知生之民’。神农之世，卧则居居，起则于于。民知其母，不知其父，与麋鹿共处，耕而食，织而衣，无有相害之心。此至德之隆也。然而黄帝不能致德，与蚩尤战于涿鹿之野，流血百里。尧、舜作，立群臣，汤放其主，武王杀纣。自是之后，以强凌弱，以众暴寡。汤、武以来，皆乱人之徒也。今子修文、武之道，掌天下之辩，以教后世。缝衣浅带，矫言伪行，以迷惑天下之主，而欲求富贵焉。盗莫大于子，天下何故不谓子为盗丘，而乃谓我为盗跖？子以甘辞说子路而使从之。使子路去其危冠，解其长剑，而受教于子。天下皆曰孔丘能止暴禁非。其卒之也，子路欲杀卫君而事不成，身菹（zū）于卫东门之上，是子教之不至也。子自谓才士圣人邪？则再逐于鲁，削迹于卫，穷于齐，围于陈蔡，不容身于天下。子教子路菹。此患，上无以为身，下无以为人。子之道岂足贵邪？”

“况且，我还听说，古代禽兽多而人少，于是人们都在树上修建巢穴。白天捡橡果和栗子充饥，夜晚栖于树上的巢穴中，所以说他们是有巢氏的百姓。古代有人不知道穿衣服，于是夏天积蓄柴火，冬天烧火取暖，所以他们是只知生存的百姓。到了神农时代，居住是多么安静、闲暇，行动是多么悠然自得。人们只知道自己有母亲，不知道自己有父亲，没有什么私有的观念，与麋鹿一起生活，耕地吃饭，织布穿衣，没有相害的心，这是道德的极盛时代。然而黄帝不能达到这种德，与蚩尤交战于涿鹿的郊野，流血百里。尧舜做天子的时候设立群臣，商汤称帝之前流放了当朝的君主，周武王更是杀了商纣之后才得到天下。自此以后，以强大的欺凌弱小的，以势众的侵暴寡少的。

商汤、周武王以来的帝王，都是害人之徒。

“现在你孔丘修习周文王、武王的治国之道，掌握天下的舆论而后教化百姓，穿着宽大的衣裳，系着细条的腰带，发表着矫揉造作的言论，言行虚伪做作，试图迷惑天下的君主得到荣华富贵。依我说，强盗之中，再也没有比你更贪婪的了。天下人为什么不把你叫作盗丘，而把我叫作盗跖呢？

“你以甜言蜜语说服子路跟随你。让子路摘掉他的高冠，解掉他的长剑，而受你教育，天下人都说：‘孔丘能制止强暴、禁止非礼行为。’最终是什么结果呢？子路谋杀卫王未遂，在卫国的东城门之上被剁成肉酱，这是你教育的失败。你不是自称才士圣人吗？然而你一再被赶出鲁国，在卫国被铲平足迹，在齐国走到穷途末路，在陈国和蔡国之间被围困，全天下都没有容身之处，这是你做人的失败。你教育的子路，下场是身躯被剁成肉酱。做师长的没有办法在社会上立足，做学生的没有办法在社会上为人处世，你那一套理论还有什么好推崇的吗？”

原文：

“世之所高，莫若黄帝。黄帝尚不能全德，而战于涿鹿之野，流血百里。尧不慈，舜不孝，禹偏枯，汤放其主，武王伐纣，文王拘羑里。此六子者，世之所高也。孰论之，皆以利惑其真而强反其情性，其行乃甚可羞也。

“世之所谓贤士：伯夷、叔齐。伯夷、叔齐辞孤竹之君，而饿死于首阳之山，骨肉不葬。鲍焦饰行非世，抱木而死。申徒狄谏而不听，负石自投于河，为鱼鳖所食。介子推至忠也，自割其股以食文公。文公后背之，子推怒而去，抱木而燔死。尾生与女子期于梁下，女子不来，水至不去，抱梁柱而死。此六子者，无异于磔（zhé）犬流豕、操瓢而乞者，皆离名轻死，不念本养寿命者也。世之所谓忠臣者，莫若王子比干、伍子胥。子胥沉江，比干剖心。此二子者，世谓忠臣也，然卒为天下笑。自上观之，至于子胥、比干，皆不足贵也。”

“世人中最推崇的天子莫过于黄帝了，可是黄帝战于涿鹿造成流血百里，也算是有污点的人；更不用说后世所谓的那些圣人了：尧不慈爱，舜不孝顺，禹偏瘫，汤流放他的君主，武王讨伐纣王，文王被囚禁在羑里……这六个人都是世人推崇备至的大人物，可仔细讨论起来，他们都是因为世俗功利而迷失了本真、违反了天性呀，他们的行为才是真的令人羞耻。

“世人中最推崇的贤士，也都没什么好下场。伯夷、叔齐辞去孤竹国的君主地位，饿死在首阳山上，尸骨得不到埋葬：周朝贤臣鲍焦，对自己过分讲究，对时政世道也是眼睛里揉不得沙子，最终抱着树木而死；申徒狄谏正国君而国君不听，背着石头投河自尽，为鱼鳖所食；介子推最忠贞，割下自己大腿上的肉给晋文公吃，文公回国后却背弃他，子推愤怒出走结果被文公放火烧死；还有鲁国的尾生，与女子相约在桥下，女子没来，山洪先到，他也不离开，最终抱着桥柱而死。这六个人，与分尸的狗、溺死的猪和持瓢的乞丐，又有什么区别呢？他们都是重于名而轻于死，都是不惦念本真不保养寿命的人。世上所说的忠臣，莫如伍子胥、王子比干。伍子胥被杀死尸沉入江中，比干被挖心而死。这两个人是世上所谓的忠臣，然而最终遭到天下人的耻笑。如上所述，伍子胥、比干都不足推崇。”

原文：

“丘之所以说我者，若告我以鬼事，则我不能知也；若告我以人事者，不过此矣，皆吾所闻知也。今吾告子以人之情：目欲视色，耳欲听声，口欲察味，志气欲盈。人上寿百岁，中寿八十，下寿六十，除病瘦死丧忧患，其中开口而笑者，一月之中不过四五日而已矣。天与地无穷，人死者有时。操有时之具，而托于无穷之间，忽然无异骐骥之驰过隙也。不能说其志意、养其寿命者，皆非通道者也。丘之所言，皆吾之所弃也。亟去走归，无复言之！子之道狂狂汲汲，诈巧虚伪事也，非可以全真也，奚足论哉！”

孔子再拜趋走，出门上车，执辔三失，目芒然无见，色若死灰，据轼低头，不能出气。归到鲁东门外，适遇柳下季。柳下季曰：“今者阙然，数日不见，车马有行色，得微往见跖邪？”孔子仰天而叹曰：“然！”柳下季曰：“跖得无逆汝意若前乎？”孔子曰：“然。丘所谓无病而自灸也。疾走料虎头，编虎须，几不免虎口哉！”

“孔丘你今天来劝我，如果跟我说些神神鬼鬼的事，那我可能真的没听过；可如果你要跟我讲世道人情，就大可不必，这些我早就明白了！要不就让我跟你说道说道吧：眼睛要看颜色，耳朵要听声音，嘴巴要品味道，志气要得到满足。人活一辈子，往多了说能活一百岁，中等的能活八十岁，往少了说也能活六十岁。除了疾病、死丧，一个人每个月能开怀大笑的时候不过四五天。天地无穷尽，人死有时限。持有时限的生命，而寄托于无穷尽的天地之间，就像骑着骏马穿梭在缝隙中一样倏忽而逝。凡是不能愉快开心的、不能保养寿命的，都是不通达于大道的表现。孔丘你所说的话，都是我玩剩下、抛在一边的破烂货了，你还是赶快回去、不要再说了！你的道理狂妄无度，你讲道理的方式急切粗暴。这些都是诈巧虚伪的、不可以保全真性的，还有什么值得讨论的呢！”

孔子再次叩拜，急忙跑出门外，上车后，缰绳三次脱手，眼睛茫然看不见东西，面色如同死灰，按着车轼低头，呼吸都不顺畅了。孔子一路赶车回到鲁国东门之外，正好遇见柳下季。柳下季说："怎么好几天没见到你，车马有出发的样子，莫非去见盗跖了？”

孔子仰天而叹说："是的。"

柳下季说："盗跖是不是像我从前所说的，完全听不进去你的话呢？”

孔子说："是的。我真是没病针灸、自讨苦吃，真是急急忙忙挑弄虎头、编织虎须，差点就被老虎吃掉呀！”

原来，孔子本想教训一下盗跖，没想到反而被盗跖教训了一通。尾生抱柱这个故事，盗跖本就不是当作一个爱情故事去讲的，而是与伯夷叔齐、介子推、伍子胥的事迹一起，作为“讲求信义但不得善终”的反面典型出现，说明的也还是那个道理——舍生取义这事不靠谱，没必要像儒家一样虚伪地做傻事，到头来赔上自己的性命不说，还把后世之人都逼进了道德死角。

《说剑》

庄子与赵王说剑：以大道之剑取代兵器之剑

《庄子·说剑》中“天子之剑、诸侯之剑和庶民之剑”的故事原文：

昔赵文王喜剑，剑士夹门而客三千余人，日夜相击于前，死伤者岁百余人。好之不厌。如是三年，国衰。诸侯谋之。太子悝患之，募左右曰：“孰能说王之意止剑士者，赐之千金。”左右曰：“庄子当能。”

太子乃使人以千金奉庄子。庄子弗受，与使者俱往见太子，曰：“太子何以教周，赐周千金？”太子曰：“闻夫子明圣，谨奉千金以币从者。夫子弗受，悝尚何敢言。”庄子曰：“闻太子所欲用周者，欲绝王之喜好也。使臣上说大王而逆王意，下不当太子，则身刑而死，周尚安所事金乎？使臣上说大王，下当太子，赵国何求而不得也！”

太子曰：“然。吾王所见，唯剑士也。”庄子曰：“诺。周善为剑。”太子曰：“然吾王所见剑士，皆蓬头突鬓，垂冠，曼胡之缨，短后之衣，瞋目而语难，王乃说之。今夫子必儒服而见王，事必大逆。”庄子曰：“请治剑服。”

话说，赵文王喜好剑术，门下有剑客三千多人。他们在赵文王面前日夜不停地斗剑，一年要死伤一百多人。即便如此，赵文王对剑术的热爱也丝毫没有降温。三年下来，武力高强之人死的死、伤的伤，国势衰弱，各国诸侯都想来侵略赵国。

太子对这件事情很是担忧，于是找左右近侍商量：“谁让父王回心转意、停止收养剑士，我就赏赐他一千两金子。”近侍纷纷提议，说：“大概只有庄子可以了。”

太子于是派使者携千金厚礼寻找庄子。庄子没有接受钱财，但同意跟随使者一同回去。见到太子后，庄子说：“你找我有什么事情呀，竟赏我一千两金子？”太子说：“我听说先生通达圣智，这才恭恭敬敬地奉上千金，作为随从的费用。可是先生不肯接受，我还敢说什么呢？”

庄子说：“我听说太子之所以要起用我，是为了让我断绝赵王的嗜好。如果我上朝说服大王，那势必会违背赵王的心意；而如果我退下来，那就违背了太子的心意。我这进退两难，恐怕性命都会遭殃，哪里还用得到这么多金子呢？反过来说，如果我既能遂了大王心愿，又能让太子满意，那么我对赵国提什么要求不行？哪里还需要你这区区一千两黄金呢？”

太子一想："倒也是。可现在大王心中只有剑客，这可怎么办呀？"庄子说："好吧，我正好擅长使剑。"太子说："我们大王召见的剑士，都蓬散着头发、倒梳着鬓毛，帽子低垂、帽缨盘在下巴处，身穿后身短小的衣服，急瞪着眼睛，不爱和人讲话……大王只有见到这样打扮的人才会高兴，如果先生穿着儒服去见大王，恐怕会惹大王嫌弃呀！"庄子说："那就请给我准备剑服吧！"

原文：

治剑服三日，乃见太子。太子乃与见王。王脱白刃待之。庄子入殿门不趋，见王不拜。王曰："子欲何以教寡人，使太子先。"曰："臣闻大王喜剑，故以剑见王。"王曰："子之剑何能禁制？"曰："臣之剑十步一人，千里不留行。"王大悦之，曰："天下无敌矣。"庄子曰："夫为剑者，示之以虚，开之以利，后之以发，先之以至。愿得试之。"王曰："夫子休，就舍待命，令设戏请夫子。"王乃校剑士七日，死伤者六十余人，得五六人，使奉剑于殿下，乃召庄子。王曰："今日试使士敦剑。"庄子曰："望之久矣！"王曰："夫子所御杖，长短何如？"曰："臣之所奉皆可。然臣有三剑，唯王所用。请先言而后试。"

剑服制作了三天，终于准备妥当。庄子穿好就去见了太子，并在太子的陪同下见到了赵王。赵王把宝剑拔出剑鞘，露出白刃，等待庄子。庄子不急不忙地进入殿内，见到赵王也不跪拜。

赵文王说："您想用什么教导寡人呢？还找了太子来当您的向导？"庄子说："我听说大王喜好剑术，所以特地带着我的剑来参见大王。”赵文王说：“您的剑术是什么水平呀？”庄子说：“我的剑术，十步之内可杀一人，千里之内无人能挡。”赵王听了，非常高兴，说：“那可以说是天下无敌了呀。”

庄子说：“善于用剑的人，都知道故意把弱点展示给对方，再给可乘之机引诱对方出手，后发制人。我愿意找机会和大王比试比试。”赵文王说：“先生好好休息，暂且到馆舍里等候命令，我让他们做好比剑的准备再请先生吧。”随后，赵王用了七天时间选拔剑士，死了六十多人之后才选拔出五六个人。

赵王让他们捧着剑到殿下等候着，这才去召唤庄子。赵文王对庄子说：“今天可以让剑士们先跟先生对剑。”庄子说：“我盼望很久了。”赵文王又问庄子，说：“先生所拿的武器，长短如何？”庄子说：“我用剑不分长短，但是我有三种剑，全看大王喜欢我用哪一种。不如让我先作个简短的说明，您再来决定？”

原文：

王曰：“愿闻三剑。”

曰：“有天子剑，有诸侯剑，有庶人剑。”王曰：“天子之剑何如？”曰：“天子之剑，以燕谿石城为锋，齐岱为锷（è），晋卫为脊，周宋为镡（xín），韩魏为夹，包以四夷，裹以四时，绕以渤海，带以常山，制以五行，论以刑德，开以阴阳，持以春夏，行以秋冬。此剑直之无前，举之无上，案之无下，运之无旁。上决浮云，下绝地纪。此剑一用，匡诸侯，天下服矣。此天子之剑也。”

赵文王点头，表示悉听尊便。庄子说：“我有天子之剑、诸侯之剑和平民之剑。”

赵文王问：“天子剑是什么样的呢？”庄子说：“天子之剑，以燕谿的石城山作为剑锋，以齐国的泰山作为剑刃，以晋国和卫国作为剑背，以周国和宋国作为剑环，以韩国和魏国作为剑柄，用东南西北四方包着，用春夏秋冬四季裹着。渤海环绕着它，恒山缠束着它，金木水火土制衡着它，刑罚和道德约束着它。它遵循阴阳法则而开合，依据春夏时令而持守，在秋冬到来之际运行。这种剑，竖起来向前直刺，势不可当；高高举起，万物退让，没有什么在它之上；按下剑柄，势如破竹，没有什么比它更低；挥动起来，没有什么比它更广阔的；向上，它可以拔开浮云；向下，它可以穿过地基。这种剑一旦使用，就可以匡正诸侯，让全天下都为之臣服。这便是天子之剑。”

原文：

文王芒然自失，曰：“诸侯之剑何如？”

曰：“诸侯之剑，以知勇士为锋，以清廉士为锷，以贤良士为脊，以忠圣士为镡，以豪桀士为夹。此剑直之亦无前，举之亦无上，案之亦无下，运之亦无旁。上法圆天，以顺三光；下法方地，以顺四时；中和民意，以安四乡。此剑一用，如雷霆之震也，四封之内，无不宾服而听从君命者矣。此诸侯之剑也。”

赵文王茫然若失、手足无措，便问道：“那诸侯之剑是什么样的呢？”

庄子说：“诸侯之剑，以智勇之士作为剑锋，以清廉之士作为剑刃，以贤良之士作为剑背，以忠义之士作为剑环，以豪杰之士作为剑柄。这种剑，向前刺也是势不可当，高高举起来也是万物退让；按下剑柄也是势如破竹；挥动起来也没有比它更广阔的。自上往下说，它效法圆运的天道，顺从日月星之光；自下往上说，它效法方静的人道，顺应四时、安抚四方。这种剑一旦使用，就如同雷霆震动，四境之内没有不归顺的，全都听从君王的命令。这便是诸侯之剑。”

原文：

王曰：“庶人之剑何如？”

曰：“庶人之剑，蓬头突鬓，垂冠，曼胡之缨，短后之衣，瞋目而语难，相击于前，上斩颈领，下决肝肺。此庶人之剑，无异于斗鸡，一旦命已绝矣，无所用于国事。今大王有天子之位而好庶人之剑，臣窃为大王薄之。”王乃牵而上殿，宰人上食，王三环之。庄子曰：“大王安坐定气，剑事已毕奏矣！”于是文王不出宫三月，剑士皆服毙其处也。

赵文王又问：“那庶民之剑是什么样的呢？”

庄子说：“庶民之剑的使用者，全都蓬散着头发、倒梳着鬓毛，帽子低垂、帽缨盘结在下巴处，穿着后身短小的衣服，急瞪着眼睛，不爱和别人说话；在人前互相砍杀，结果被斩断脖颈、被割裂肝肺。这种平民之剑，和斗鸡没有什么差别，一旦使用，就会断送生命，对于国家来说更是毫无用处。现在，大王享有天子之位，可是却喜好庶民之剑，说句不该说的，我都替您感到惭愧！”

赵文王听后大为震惊，于是拉着庄子的手一起登上殿去，让厨师摆上筵席，命令近身侍从围着筵席转了三圈。庄子对赵文王说：“大王请安然就座，静定气息。关于剑术的事情，我已经陈奏完毕了。”从此赵文王不出宫殿。三个月之后，剑士们都横躺竖卧地死在对剑之所。

故事讲完了，庄子用天子之剑、诸侯之剑和庶民之剑，跟赵文王讲了再寻常不过的道理——什么层次的人就该干什么层次的事。大王贵为君王，非要纡尊降贵，看草莽剑客互相残杀，这不是舍天子诸侯之剑而取庶民之剑吗？君王之伟大，在于拥有四方天地、顺应四时天道；将相之伟大在于雷霆万钧，能使万民臣服于君王。这些都不如庶民百姓打打杀杀那么简单。所以赵王对斗剑的喜爱，实在是有失体统。

后世不少学者认为，此篇并非庄子手笔，亦非庄子后学之作，而更像是纵横家或其他学派之伪作。其实，其中的道理也不太经得起推敲。君王与诸侯的强大实力，离不开庶民百姓。君王再伟大，拥有地盘再广阔，还是离不开勇敢好斗的士兵，这样的士兵哪儿来呢？还是从百姓中来。百姓之剑最终为君王诸侯所用，但轻视百姓之剑的诸侯君王，也不可能积攒起雄厚的实力。怎么可以把大与小、高与低对立起来呢？泰山不择土壤，才能成其高；江河不择细流，才能成其大。把百姓、诸侯、君王之剑对立分割开来，实在不像是庄学的作风呀！

《渔父》

渔父训孔子：谨慎修炼，莫要劳心苦形伤了本性

《庄子·渔父》中“渔父与孔子”的故事原文：

孔子游乎缁帷之林，休坐乎杏坛之上。弟子读书，孔子弦歌鼓琴。奏曲未半，有渔父者，下船而来，须眉交白，被发揄（yú）袂，行原以上，距陆而止，左手据膝，右手持颐以听。曲终而招子贡、子路二人俱对。

客指孔子曰：“彼何为者也？”子路对曰：“鲁之君子也。”客问其族。子路对曰：“族孔氏。”客曰：“孔氏者何治也？”子路未应，子贡对曰：“孔氏者，性服忠信，身行仁义，饰礼乐，选人伦。上以忠于世主，下以化于齐民，将以利天下。此孔氏之所治也。”又问曰：“有土之君与？”子贡曰：“非也。”“侯王之佐与？”子贡曰：“非

也。”客乃笑而还行，言曰：“仁则仁矣，恐不免其身。苦心劳形以危其真。呜呼！远哉，其分于道也。”

话说孔子跟弟子们在一个树林里休息，孔子坐在杏坛上抚琴唱歌，弟子们在一旁读书。曲子刚演奏一半，来了一位捕鱼的老人。他披头散发，眉毛和胡子都白花花的，衣袖在身体两侧晃荡，整个人放浪形骸、洒脱自在。他把船靠在一边，沿着河岸往一个小土坡上走，走到孔子他们身边就坐下来，左手扶着膝盖，右手托起下巴，细细聆听孔子的演奏。

一曲终了，渔父招呼子贡、子路过来，指着孔子问道：“这是谁呀？”子路说：“这是鲁国的君子，来自孔氏家族。”渔父又问：“孔家有什么专业专长吗？”子路一时语塞，子贡回答说：“孔家推崇忠信之道，做人做事讲究仁义。不仅如此，孔先生修缮礼乐制度，理顺人际关系，上效忠君主，下教化百姓，人人都因为他而尝到甜头，感到幸福。”

渔父又问：“他有封地吗，有爵位吗，是君主身边的左右手吗？”子贡摇摇头。渔父讽刺地笑了出来，边掉头走边说：“仁是够仁了，义也够义，只是这么费心费力，到头来也不过是找罪受，毁了自己的天性啊。哎哟，真是离大道太远了！”

原文：

子贡还，报孔子。孔子推琴而起，曰：“其圣人与？”乃下求之，至于泽畔，方将杖拏（ráo）而引其船，顾见孔子，还乡而立。孔子反走，再拜而进。客曰：“子将何求？”孔子曰：“曩者先生有绪言而去，丘不肖，未知所谓，窃待于下风，幸闻咳唾之音，以卒相丘也。”客曰：“嘻！甚矣，子之好学也！”孔子再拜而起，曰：“丘少而修学，以至于今，六十九岁矣，无所得闻至教，敢不虚心！”

随后，子贡把渔父的话转告了孔子。孔子听后，连忙夸赞渔父是圣人，激动地推开眼前的古琴，走下杏坛，追着渔父一直走到湖边。渔父刚拿起船桨，准备撑船离开，只见孔子站在岸边。孔子连退三步表示恭敬，之后又连连行礼上前。

渔父问：“你来找我，有什么事吗？”孔子虚心地说：“刚才您的话还没讲完就走了，我这个人比较笨，还没听明白您话里的意思，所以才追到这里请求先生教诲。请先生不吝赐教，哪怕是零星半句也能让我如沐春风呀！”渔父见孔子如此好学，于是夸了一句。孔子连忙作揖，说道：“我从小就求学好问，今年六十九岁了还没听过圣贤的教导。如今见到您，我哪敢不虚心求教呢？”

原文：

客曰：“同类相从，同声相应，固天之理也。吾请释吾之所有而经子之所以。子之所以者，人事也。天子诸侯大夫庶人，此四者自正，治之美也；四者离位而乱莫大焉。官治其职，人忧其事，乃无所陵。故田荒室露，衣食不足，征赋不属，妻妾不和，长少无序，庶人之忧也；能不胜任，官事不治，行不清白，群下荒怠，功美不有，爵禄不持，大夫之忧也；廷无忠臣，国家昏乱，工技不巧，贡职不美，春秋后伦，不顺天子，诸侯之忧也；阴阳不和，寒暑不时，以伤庶物，诸侯暴乱，擅相攘伐，以残民人，礼乐不节，财用穷匮，人伦不饬，百姓淫乱，天子有司之忧也。今子既上无君侯有司之势，而下无大臣职事之官，而擅饰礼乐，选人伦，以化齐民，不泰多事乎？”

渔父说：“物以类聚，人以群分。声音同频才能共振，这是自然而然的天理。既然你如此好学，那我就解释一下我的看法，给你个参考，你好去反思你自己正在做的事情。你看，这天子、诸侯、大夫、庶民四类人只要能各自做好自己分内的事，天下就能够得到妥善的治理；如果他们都偏离了各自的位置，就会天下大乱。

“像田地荒芜、房屋破漏，吃的穿的不够，没有能力按时缴纳赋税，妻子侍妾不能和睦相处，老少尊卑不遵守序列……这是普通百姓的忧虑；能力不足以胜任职守，行为不端正清白，下属玩忽职守或者自己的功名利禄保持不住，这是士大夫们的忧虑；朝廷上没有忠心的大臣，封地的税收管理混乱，工艺技术不够精巧，贡品不够多、不够好，入朝觐见时不按照伦次，自己的行为不合天子的心意，这些是诸侯应该操心的事情；阴阳不调和、寒暑变化不合乎时令以至于伤害万物的生长，诸侯发动暴乱、随意征战致百姓受到残害，礼乐不合规矩，财物穷尽匮乏，人伦关系陷入无序，百姓淫乱，这是天子和主管大臣该忧虑的事情。现在你既没有君侯主管的地位，也没有协理朝政的官职，可你擅自修理整治礼乐制度，排定人伦关系，还美其名曰教化百姓，不是太多事了吗？”

原文：

“且人有八疵（ā），事有四患，不可不察也。非其事而事之，谓之总；莫之顾而进之，谓之佞；希意道言，谓之谄；不择是非而言，谓之谀；好言人之恶，谓之谗；析交离亲，谓之贼；称誉诈伪以败恶人，谓之慝（tè）；不择善否，两容颊适，偷拔其所欲，谓之险。此八疵者，外以乱人，内以伤身，君子不友，明君不臣。

“所谓四患者：好经大事，变更易常，以挂功名，谓之叨；专知擅事，侵人自用，谓之贪；见过不更，闻谏愈甚，谓之很；人同于己则可，不同于己，虽善不善，谓之矜。此四患也。能去八疵，无行四患，而始可教已。”

渔父继续说：“人有八种毛病，事有四种祸患，不可不清醒明察。所谓‘八疵’，不是自己职分以内的事情也要去做，叫作包揽；无人理睬还要进言相劝，作花言巧语；迎合对方，就坡下驴，叫作谄媚；不辨是非、巴结奉承，叫作阿谀；喜欢在别人背后说坏话，叫作进谗；在亲朋好友之间挑拨离间，叫作贼害；称誉伪诈、败坏他人的行为，叫作邪恶；不分善恶美丑，两面讨好，脸色随机而变，同时暗暗地攫取自己需要的东西，叫作阴险。有这八种毛病的人，既会伤害他人，也会祸害自己。因而有道德有修养的人不会和他们交往，圣明的君主也不会让他们做大臣。

“那什么是‘四患’呢？喜欢管理国家大事，一门心思想着改天换日改写历史，就是贪得无厌；自以为是，独断专行，侵害他人，刚愎自用，就是利欲熏心；知错不改，被劝说后反而变本加厉，就是执拗不化；跟自己相同的就认可，跟自己不同的再好也不接受，这就是自负矜夸——这就是四种祸患。能够清除八种毛病，不再推行四种祸患，才算是有了可教育好的前提。”

原文：

孔子愀然而叹，再拜而起，曰："丘再逐于鲁，削迹于卫，伐树于宋，围于陈蔡。丘不知所失，而离此四谤者何也？"客凄然变容曰："甚矣，子之难悟也！人有畏影恶迹而去之走者，举足愈数而迹愈多，走愈疾而影不离身，自以为尚迟，疾走不休，绝力而死。不知处阴以休影，处静以息迹，愚亦甚矣！子审仁义之间，察同异之际，观动静之变，适受与之度，理好恶之情，和喜怒之节，而几于不免矣。谨修而身，慎守其真，还以物与人，则无所累矣。今不修之身而求之人，不亦外乎！"

孔子凄凉悲伤地长声叹息，再次行礼后站起身来，说："我在鲁国两次受到冷遇，在卫国被铲削掉所有的足迹，在宋国遭受砍掉坐荫之树的羞辱，又久久被围困在陈国、蔡国之间。我不知道我有什么过失，遭到这样四次诋毁的原因究竟是什么呢？"

渔父悲悯地改变面容说："你实在是蠢钝愚笨呀！有人害怕自己的身影，厌恶自己的足迹，想要逃避身影和脚印，举步越频繁足迹就越多，跑得越快影子跟得越紧，以为跑得还不够快于是加速奔跑而不休止，终于用尽力气而死去。其实，停留在阴暗处就会使影子自然消失，保持静止就会让足迹不复存在！你仔细推究仁义的启发，考察事物同异的区别，观察动静的变化，掌握取舍的分寸，疏通好恶的情感，调谐喜怒的节度，却几乎不能免于灾祸。倒不如认认真真修身养性，把身外之物还与他人，那么也就没有什么拘束累赘了。如今你不修养自身反而要求他人，这不是本末颠倒了吗？"

《道德经》第三十三章中有这样一句话："知人者智，自知者明。"

有很多人其实是摆不清自己位置的，圣人孔子也犯了这样的错误。渔父认为，天子、诸侯、大夫、庶民等四类人各司其职，天下自然就会相安无事。但孔子既不是君王，又不是辅佐诸侯的大臣，却要去操心天下大事，是没有顺应自然之道。所以说他既劳累身体，又损害心性、伤害本性。

所以，渔父又列举了八种毛病、四种忧患，这些可以说是人所共有的通病了。儒家以天下为己任，对分外之事也积极投身，在诸侯列国之间奔波游说，这不就是八种毛病中的包揽和阿谀吗？如果不能清除这八种毛病和四种忧患，是无法被教育的。渔父和孔子及其弟子们的对话，其实是道家对儒家插手俗世尘事过多的指责，是对孔子不在其位却谋其政的批评。

原文：

孔子愀然曰："请问何谓真？"客曰："真者，精诚之至也。不精不诚，不能动人。故强哭者，虽悲不哀，强怒者，虽严不威，强亲者，虽笑不和。真悲无声而哀，真怒未发而威，真亲未笑而和。真在内者，神动于外，是所以贵真也。其用于人理也，事亲则慈孝，事君则忠贞，饮酒则欢乐，处丧则悲哀。忠贞以功为主，饮酒以乐为主，处丧以哀为主，事亲以适为主。功成之美，无一其迹矣；事亲以适，不论所以矣；饮酒以乐，不选其具矣；处丧以哀，无问其礼矣。礼者，世俗之所为也；真者，所以受于天也，自然不可易也。故圣人法天贵真，不拘于俗。愚者反此。不能法天而恤于人，不知贵真，禄禄而受变于俗，故不足。惜哉，子之蚤湛于伪而晚闻大道也！"

孔子再拜而起曰："今者丘得遇也，若天幸然。先生不羞而比之服役而身教之。敢问舍所在，请因受业而卒学大道。"客曰："吾闻之，可与往者，与之至于妙道；不可与往者，不知其道。慎勿与之，身乃无咎。子勉之，吾去子矣，吾去子矣！"乃刺船而去，延缘苇间。

孔子向渔父请教："请问什么叫作真？"

渔父回答说："所谓的真，就是精诚之至。不精不诚，不能打动人。那些假哭的人，看起来外表悲痛，其实并不哀伤；假装生气的人，虽然外表严厉，其实没有威严；假笑的人表现得很亲热，并不是真的和善。真正的悲痛，是没有哭声却哀伤；真正的怒气，是不发作也有威严；真正的亲热，没有笑容也是和善的。自然真性存在于心，神情流露在外，这是看重真情本性的原因。

"同理，真性情的人，侍奉双亲会慈善孝顺，辅助国君会忠贞不渝，喝酒喝得舒心快乐，亲人去世了会悲痛哀伤。因为忠贞就是以建功为主旨，饮酒以欢乐为主旨，居丧以致哀为主旨，侍奉双亲以适意为主旨。功业与成就目的在于达到圆满美好，因而不必拘于一个形式；侍奉双亲目的在于表达自己的心意，因而不必考虑使用什么方法；饮酒目的在于达到欢乐，没有必要刻意挑选就餐的器具；居丧目的在于致以哀伤，不必过问规范礼仪。

"所谓的礼仪，不过是世俗人的行为；纯真，却是禀受于自然，出自自然因而不可改变。所以，圣哲的人总是效法自然看重本真，不受世俗的拘系。愚昧的人则刚好与此相反，不能效法自然而忧虑世人，不知道珍惜真情本性，庸庸碌碌地在流俗中承受着变化，因此总是不知满足。可惜啊，你过早地沉溺于世俗的伪诈而很晚才听闻大道。”

孔子听完他的教诲，又一次深深行礼后站起身来，情不自禁地想要渔父收自己为徒，学习大道。渔父没有答应，只是叮嘱孔子说：“如果人懂得迷途知返，就可以和他交往，直至他领悟大道；不能迷途知返的人，不会真正懂得大道，和这样的人结交就要谨慎小心了。不与这样的人结交，也就不会招来祸殃。”说完，渔父就撑船离开了孔子，缓缓地顺着芦苇丛中的水道划船，飘然而去……

原文：

颜渊还车，子路授绥，孔子不顾，待水波定，不闻拏音而后敢乘。子路旁车而问曰：“由得为役久矣，未尝见夫子遇人如此其威也。万乘之主，千乘之君，见夫子未尝不分庭伉礼，夫子犹有倨傲之容。今渔父杖拏逆立，而夫子曲要磬折，言拜而应，得无太甚乎！门人皆怪夫子矣，渔父何以得此乎！”

孔子伏轼而叹，曰：“甚矣，由之难化也！湛于礼义有间矣，而朴鄙之心至今未去。进，吾语汝：夫遇长不敬，失礼也；见贤不尊，不仁也。彼非至人，不能下人。下人不精，不得其真，故长伤身。惜哉！不仁之于人也，祸莫大焉，而由独擅之。且道者，万物之所由也。庶物失之者死，得之者生。为事逆之则败，顺之则成。故道之所在，圣人尊之。今之渔父之于道，可谓有矣，吾敢不敬乎！”

孔子的弟子颜渊掉转车头，子路递过拉车的绳索。孔子一直看着渔父离去的方向，头也不回，直到水面平静下来，也听不见桨声了，才登上车子。子路十分不解，问老师："我跟着先生您很久了，从没见过先生对人如此谦恭。哪怕是诸侯国君，他们见到先生也都是平等相待，先生还免不了流露出傲慢的神情。如今渔父手拿着船桨站在那里，先生却一再恭敬地弯腰鞠躬，听了渔父的话一再行礼后才作答，恐怕是太过分了吧？弟子们都认为先生的态度不同于往常，一个捕鱼的人怎么能够获得如此厚爱呢？"

孔子叹息着说："你沉湎于礼义已经有些时日了，但粗野的心态还是未能除去。如果人遇到长辈而不恭敬，是失礼；见到贤人而不尊重，是不仁。他倘若不是一个道德修养臻于完善的人，也就不能使人自感谦卑低下。对人谦恭卑下却不至精至诚，定然不能保持本真，所以会长久地伤害身体。真是可惜啊！人应该见贤思齐，否则祸害没有比这更大的了，而子路你偏偏有这一毛病。大道，是万物产生的根源，各种物类失去了道就会死亡，获得了道便会成功。所以大道之所在，圣人就尊崇。如今渔父对于大道，可以说是已有体悟，我怎么能不尊敬他呢？"渔父告诉孔子什么是真，这也是作者想要通过这篇文章告诉我们的，人应该抱持守真，还归自然。

那么，人要遵循自然，不被仁义道德的外在所束缚，应该如何做呢？就同渔父所说"不精不诚，不能动人"。每个人出生的时候，都是纯真无私的，但在长大的过程中，难免遇到各怀心思的人，见惯了尔虞我诈，渐渐也就失去了初心，放弃了原有的纯粹。渔父教导孔子回归真我，其实也是告诫我们读者，用真心对待万事万物，不困于心，不惑于情，坦坦荡荡地行走于人世间。

《天下》

学问有道术方术之分，各门派不过一家之言

整部《庄子》的最后一篇是《天下》。这一篇没有寓言故事，而是一篇系统评论先秦诸子百家学说的学术论文，对当时各家各派哲学观点、理念观点进行总结和批评。民国时期的学者顾实曾说：“不读《天下》篇，无以明庄子著书之本旨，亦无以明周末人学术之概要也。”（《庄子天下篇讲疏》）

在《庄子》全书中，庄子以体悟玄虚之“道”为最高目的，以“三言”为主要的言说方法，这就必然造就庄子独树一帜的文学风格。因此，《天下》说庄子文风是：“其书虽瑰玮，而连犿（fān）无伤也。其辞虽参差，而諔诡可观。”从庄学发展角度看，这句话无疑具有开创意义。西汉司马迁的《史记》就说庄子“善属书离辞，指事类情”，鲁迅先生在《汉文学史纲要》里也说庄子文风是“汪洋

辟阖，仪态万方，晚周诸子之作，莫能先也”。从这些文人对于庄子文章艺术风格的评论，无不可以看到有对《天下》进行阐释的影子，《天下》的地位之重要可见一斑。

下面我们进入正文解读。

文章第一段开宗明义，点出了最高的学问乃是探讨宇宙、人生本源的学问。

原文：

天下之治方术者多矣，皆以其有为不可加矣！古之所谓道术者，果恶乎在？曰："无乎不在。"曰："神何由降？明何由出？""圣有所生，王有所成，皆原于一。"不离于宗，谓之天人；不离于精，谓之神人；不离于真，谓之至人。以天为宗，以德为本，以道为门，兆于变化，谓之圣人；以仁为恩，以义为理，以礼为行，以乐为和，熏然慈仁，谓之君子；以法为分，以名为表，以参为验，以稽为决，其数一二三四是也，百官以此相齿；以事为常，以衣食为主，蕃息畜藏，老弱孤寡为意，皆有以养，民之理也。古之人其备乎！配神明，醇天地，育万物，和天下，泽及百姓，明于本数，系于末度，六通四辟，小大精粗，其运无乎不在。

天底下做学问的人有很多，个个都认为自己的学问达到了顶峰。但是古代所谓的道术，究竟存在于哪里呢？有人回答说："无所不在。"那么，神明是从何处降临的呢？人类的智慧又是从何处来的呢？又有人回答说："神圣自有其由来，王业自有其成因，都渊源于唯一的道。"

不离天地之根本，可谓天人；不离大道之精纯，可谓神人；不离本性与质朴，可谓至人。以天为主宰，以德为根本，以道为门径，能够预示变化的人，是圣人。用仁爱布施恩惠，以正义调理事物，用礼文节制行动，以音乐调和性情，表现得温和慈爱，这是君子。

治民亲民有一个根本道理，那就是以法律为尺度、以名号为标志、以比较为验证、以考核来判断，如同数字一二三四那样清楚明白。百官以此为序列，以职事为常务，以衣食为主旨，繁殖牲畜，充实粮仓，关心老弱孤寡，使他们都能得到抚养。古代的圣人是很完备的！他们合于神明，效法自然，养育万物，泽及百姓，以天道为根本，以法度为末节。六合通达而四时顺畅，无论小大精粗，他们的作用无所不在。

原文：

其明而在数度者，旧法、世传之史尚多有之；其在于《诗》《书》《礼》《乐》者，邹鲁之士、搢绅先生多能明之。《诗》以道志，《书》以道事，《礼》以道行，《乐》以道和，《易》以道阴阳，《春秋》以道名分。其数散于天下而设于中国者，百家之学时或称而道之。天下大乱，贤圣不明，道德不一。天下多得一察焉以自好。譬如耳目鼻口，皆有所明，不能相通。犹百家众技也，皆有所长，时有所用。虽然，不该不遍，一曲之士也。判天地之美，析万物之理，察古人之全。寡能备于天地之美，称神明之容。是故内圣外王之道，暗而不明，郁而不发，天下之人各为其所欲焉以自为方。悲夫！百家往而不反，必不合矣！后世之学者，不幸不见天地之纯，古人之大体。

道术将为天下裂。

古时候的道术和法规制度，很多还保存在传世的史书中。保存于《诗》《书》《礼》《乐》中的道术，邹鲁一带的学者和缙绅先生们大都能知晓。《诗》是用来表达志的，《书》是用来记载事情的，《礼》是用来规范行为的，《乐》是用来调和性情的，《易》是用来说明阴阳变化的，《春秋》是用来纠正名分的。

古代道术散布于天下并在国内实行，百家的学者还常常在引用它。天下大乱的时候，贤圣不能明察，道德规范不能统一，天下的学者多是得到一孔之见而自以为是。就像耳口鼻都有它的功能，但是不能相互通用；又像百家的各种技艺一样，各有所长，时有所用。但即使如此，却又不完备、不周遍，他们只是很片面地看问题罢了。

他们分割了天地的完美，离析了万物的常理，离散了古人完美的道德，很少能具备天地的纯美，不能相称于神明的包容。所以"内圣外王"的道理幽暗不明、抑郁不发，天下的人各尽其欲而自以为是方术。可悲啊！百家皆各进迷途而不知返，也就不能合于大道了！后世学者的不幸，在于不能看到天地的纯美，不能看到古人道术的全貌。哎，道术将要被天下人所割裂啊！

这两段是全文的总起，指出天下最完美的学说，就是对宇宙、人生认知最全面的学说，也就是古代的"道术"。而天人、神人、至人、圣人，正是施行这种道术的人。他们尊天保真、游于道德，是具备"内圣外王"之道的理想人格。但像后世的君子、邹鲁之士、缙绅先生之类的人则不同，他们虽然"皆有所明""皆有所长"，但都是"一曲之士"，执一孔之见。简单来说，就是天人、神人、至人、圣人的学说是对大道最完整的继承，而后面的各派人物仅仅是学到了大道的一个部分，也就是只对大道某一方面有所研究，并且认为自己的这一部分就是大道的全部了。于是他们大加阐发，这样就使“道术”分裂成了一个个小的“方术”。也正是因为这些百家之士混淆视听，以个人浅见批驳天地，才让天地原本的纯真之美与古人的道体精神隐而不见、化为乌有，而大道的精神也就被分裂成各种小块的学派理念了。

我们回到原文。第一个被作者拿来点评的学派，是墨家。

原文：

不侈于后世，不靡于万物，不晖于数度，以绳墨自矫，而备世之急。古之道术有在于是者，墨翟、禽滑釐（Gǔlí）闻其风而说之。为之大过，已之大顺。作为《非乐》，命之曰《节用》。生不歌，死无服。墨子泛爱兼利而非斗，其道不怒。又好学而博，不异，不与先王同，毁古之礼乐。黄帝有《咸池》，尧有《大章》，舜有《大韶》，禹有《大夏》，汤有《大濩（hù）》，文王有辟雍之乐，武王、周公作《武》。古之丧礼，贵贱有仪，上下有等。天子棺椁七重，诸侯五重，大夫三重，士再重。今墨子独生不歌，死不服，桐棺三寸而无椁，以为法式。以此教人，恐不爱人；以此自行，固不爱己。未败墨子道。虽然，歌而非歌，哭而非哭，乐而非乐，是果类乎？其生也勤，其死也薄，其道大觳。使人忧，使人悲，其行难为也。恐其不可以为圣人之道，反天下之心。天下不堪。墨子虽独能任，奈天下何！离于天下，其去王也远矣！

不在后世留下奢侈的名号，不浪费万物，不炫耀等级制度，用规矩勉励自己，并且时刻准备着承担拯救世人的重担。古代的道术对此是有所提倡的，比如墨子、禽滑釐听到这种治学之风就非常赞成。

虽然理念上是对的，但是墨子等在实践上做得太过了，过分实行泛爱兼利了，制定各种条条框框来约束人的行为。他们作《非乐》篇，讲《节用》篇，活着的时候不能奏乐唱歌，死了之后又不能厚葬。墨子泛爱一切，希望所有人都能得到利益；他主张和平，反对一切形式的侵略战争；他提倡对人不怨怒，事事以和睦为先；他既好学又博学，主张毁弃古代的礼乐，不求与先王礼法相同。

黄帝有《咸池》之乐，尧有《大章》之乐，舜有《大韶》之乐，禹有《大夏》之乐，汤有《大濩》之乐，文王有《辟雍》之乐，武王、周公作《武》乐。古代的丧礼，贵贱有仪法，上下有等级：天子的棺椁七层，诸侯五层，大夫三层，士两层。现在，墨子独自主张生不歌乐，死不服丧；主张在正式的葬礼上，只用三寸厚的桐木棺材而没有外层的椁。墨子以此为标准教导他人，这恐怕不是爱人之道；自己去实行，也实在是不爱惜自己。

墨子的学说尽管是成立的，然而该歌唱时不歌唱，该哭泣时不哭泣，该作乐时不作乐，这合乎人情常理吗？生前辛勤劳苦，死了简单薄葬，这种主张太苛刻了。使人忧劳，使人悲苦，实行起来是很困难的，恐怕不能够成为圣人之道，反而违反了天下人的心愿，天下人是不堪忍受的。墨子虽然独自能够做到，但对天下的人却无可奈何！背离了天下人，也就远离了王道。

原文：

墨子称道曰："昔禹之湮洪水，决江河而通四夷九州也。名山三百，支川三千，小者无数。禹亲自操稿耜（sì）而九杂天下之川。腓无胈，胫无毛，沐甚雨，栉疾风，置万国。禹大圣也，而形劳天下也如此。"使后世之墨者，多以裘褐为衣，以屐蹻（qiāo）为服，日夜不休，以自苦为极，曰："不能如此，非禹之道也，不足谓墨。"

相里勤之弟子，五侯之徒，南方之墨者若获、已齿、邓陵子之属，俱诵《墨经》，而倍谲不同，相谓别墨。以坚白同异之辩相訾，以奇偶不仵（wǔ）之辞相应，以巨子为圣人。皆愿为之尸，冀得为其后世，至今不决。墨翟、禽滑釐之意则是，其行则非也。将使后世之墨者，必以自苦腓无胈、胫无毛相进而已矣。乱之上也，治之下也。虽然，墨子真天下之好也，将求之不得也，虽枯槁不舍也，才士也夫！

墨子称道说："从前禹治理洪水，疏通江河而沟通四夷九州，大川三百，支流三千，小河无数。禹亲自持筐操铲劳作，汇合了天下的河川，辛苦得连腿上的汗毛都磨光了。禹风里来雨里去，终于安定了天下。禹是大圣人，为了天下才如此劳苦。"墨子这样说的目的，是为了让后世的墨家子弟，以兽皮粗布为衣，穿木屐草鞋，白天黑夜都不休息，以自苦为准则。墨子还说："凡是达不到上述要求的，就不是大禹之道，不足以称为墨者。"

后世墨家子弟相里勤和他的弟子五侯之流，南方的墨家苦获与已齿，还有邓陵子一类的人，虽然口诵《墨经》却违背了墨家的宗旨，相互指责对方不是正统的墨家。他们用"坚白""同异"等话题互相争辩、相互诋毁，用奇数偶数不会一致的言辞相互应答，把一时推举出来的首领看作是圣人，全都乐意敬重他为领袖，希望他能成为墨家学派的继承人，而且至今各派之间仍争论不休。

墨子、禽滑釐的用意是很好的，但具体做法却太过分。这将使后世的墨者以极端劳苦的方式互相竞争。这种做法乱国有余，治国不足。尽管如此，墨子还是真心爱天下的。这样的人实在是难得，即使辛苦得形容枯槁也不舍弃自己的主张，真是有才之士啊！

这一部分是作者对墨子、禽滑釐的批评。作者首先肯定了他们不奢侈、不挥霍、不浪费的崇俭思想和“以绳墨自矫，而备世之急”的积极救世精神，但同时又指出，墨家祖述大禹，反对音乐，提倡节俭、节葬，弊端也是很明显的。这无异于让人回归到原始氏族时期去过野兽一般的生活，完全否定了人作为高等生物所应当享受的精神生活，这未免太过于反人性了。

尤其是墨家在组织上派别林立，各自以诡辩相尚。墨家组织的领袖一般被叫作巨子，巨子对下属有生杀予夺之大权。学派内部以巨子相尊，甚至还有一套私人订制的刑罚与规矩。这样的武装团体是社会动乱的原因所在。随着墨子的去世，内部分派愈演愈烈。最终，墨家分裂为三派。他们彼此攻伐，互相诘难，完全背离了墨子的初衷。因此，墨家仅存的那点圣人之道也就慢慢消散了。如果让这种学说流行开来，就必然会导致天下大乱，因此不可不察！

点评完了墨家，作者转入了对宋尹学派的评价。这个学派的代表人物是宋钘和尹文。前者的著作已经失传，后者所著的《尹文子》虽然保留了下来，但也真假难辨。《天下》也因此成了重要的考古资料，它是这样论述的：

原文：

不累于俗，不饰于物，不苟于人，不忮于众，愿天下之安宁以活民命，人我之养，毕足而止，以此白心。古之道术有在于是者，宋钘、尹文闻其风而悦之。作为华山之冠以自表，接万物以别宥为始。语心之容，命之曰“心之行”。以聏合欢，以调海内。请欲置之以为主。见侮不辱，救民之斗，禁攻寝兵，救世之战。以此周行天下，上说下教。虽天下不取，强聒而不舍者也。故曰：上下见厌而强见也。

虽然，其为人太多，其自为太少，曰：“请欲固置五升之饭足矣。”先生恐不得饱，弟子虽饥，不忘天下，日夜不休。曰：“我必得活哉！”图傲乎救世之士哉！曰：“君子不为苛察，不以身假物。”以为无益于天下者，明之不如已也。以禁攻寝兵为外，以情欲寡浅为内。其小大精粗，其行适至是而止。

不让世俗拖累住自身的明智与决断，不被俗人牵着鼻子跑，不用外物掩饰，不苛求于人，顺从别人而不违逆众人，希望天下安宁以保全人民的性命，别人和自己的奉养只要足够就可以了。以这种观点来表达自己的内心，也是古代道术的一种主张。

宋钘、尹文听到这种治学风气，一定十分赞同。他们制作像华山一样上下均平的帽子来显示平等、除去成见；他们称道内心的包容，并将其称为内心的行为，以柔和态度迎合别人的欢心，以此调和海内的种种争端，努力将上述原则作为建立学说的指导思想。他们受到欺侮也不以为是耻辱，而是当作解脱人们的争斗；他们禁止互相攻伐，主张休战休兵以平息社会战乱。他们周游天下，向上劝说君主，向下教育臣民。他们即使天下的人并不赞同却依然说个不停，不肯背弃自已的主张；即使遭到周围所有人的厌烦，还是要弘扬自己的学说。

虽然如此，但他们为别人做得太多，为自己想得太少。他们说："我们能有五升米煮的饭就够了。"恐怕不仅宋尹两位先生吃不饱，连弟子们也常处于饥饿中，可是他们仍然不忘天下人。他们日日夜夜不知道停息，还说："君子对人事不苛求挑剔，不使自身被外物役使。"他们认为对天下没有益处的，与其硬要阐释它还不如停止不做。他们把禁止攻伐、停止战争作为对外的活动，把减少情欲当作内心的修养。他们的学说不管小大精粗，都不过如此罢了。

这段是对宋钘、尹文学派的批判。作者认为他们的学说虽然出于古之道术，崇尚节俭，提倡均平，为民请命，但仍不免于一孔之见。只知爱人而不知爱已，为人太多而为已太少，颇有些愚蠢，所以只能称为一方之术，而不能反映真正的大道。

彭蒙、田骈、慎到、关尹、老子、惠子……庄子的先秦哲学评述

在墨家和宋尹学派之后，作者开始了对彭蒙、田骈和慎到诸子的点评。

原文：

公而不党，易而无私，决然无主，趣物而不两，不顾于虑，不谋于知，于物无择，与之俱往。古之道术有在于是者，彭蒙、田骈、慎到闻其风而悦之。齐万物以为首，曰："天能覆之而不能载之，地能载之而不能覆之，大道能包之而不能辩之。"知万物皆有所可，有所不可。故曰：

“选则不遍，教则不至，道则无遗者矣。”

是故慎到弃知去己，而缘不得已。泠汰于物，以为道理。曰：“知不知，将薄知而后邻伤之者也。”謑髁（xǐkē）无任，而笑天下之尚贤也；纵脱无行，而非天下之大圣；椎拍輐（wàn）断，与物宛转；舍是与非，苟可以免。不师知虑，不知前后，魏然而已矣。推而后行，曳而后往。若飘风之还，若羽之旋，若磨石之隧，全而无非，动静无过，未尝有罪。是何故？夫无知之物，无建己之患，无用知之累，动静不离于理，是以终身无誉。故曰：“至于若无知之物而已，无用贤圣。夫块不失道。”豪桀相与笑之曰：“慎到之道，非生人之行，而至死人之理，适得怪焉。”

公正不阿且不拉帮结派，平易近人且无偏无私，能够排除先入为主之见，正视现实、追随物的变化而不分心，既没有顾虑又不求智谋，这是古代道术的内涵之一。彭蒙、田骈、慎到对这种道术非常赞成。他们以齐同万物为首要，说：“天能覆盖万物却不能承载，地能承载万物却不能覆盖，大道能包容万物而不会分辨它们的长短是非。”他们知道万物都有所能也有所不能，因此说道：“有所选择，就做不到普遍周全；施以教诲，就做不到全面到位；顺从大道，就不会有所遗漏。”

所以慎到抛弃智慧、去除己见，迫于不得已而后动，听任事物的自然发展。他说：“强行让人知道他们之前所不知道的事，就必然会被‘求知’这件事所奴役，进而惨遭伤害。”他随意任用别人，还嘲笑天下一切的尚贤之举；他放任不羁，还要非议天下一切有名望的大圣人。他不依赖智巧谋虑，不瞻前顾后，于是才能做到巍然独立。推他一把他就往前走一步，拉他一下他就向后退三分，像飘风一样去了再回来，像羽毛一样轻飘飘地飞旋，像磨盘一样不停地转动，保全自身而又不受责难，动静适度而没有过失。这是什么原因呢？没有知觉的事物，不会有标榜自己的忧患，也不会被智谋牵累，动静合于自然之理，所以终生不会受到毁誉。因此“做到像没有知觉的东西那般就行了，不需要圣贤，连土块石头也不会背离大道”。豪杰们嘲笑他说：“慎到的学说，对活人没有用，只适用于死人，实在怪异。”

田骈亦然，学于彭蒙，得不教焉。彭蒙之师：“古之道人，至于莫之是、莫之非而已矣。其风窢（huò）然，恶可而言。”常反人，不见观，而不免于魭断。其所谓道非道，而所言之韪不免于非。彭蒙、田骈、慎到不知道。虽然，概乎皆尝有闻者也。

田骈也是这样，他受学于彭蒙，得到不言之教。彭蒙的老师说：“古时候得道的人，能够达到无所谓是非的境界。他们的道术像风吹过一样迅速，怎么能够用语言表达出来呢？”这种学说常常违反人意，不受人们所尊敬，仍不免于要求大家随物变化。他们所说的道，并不是真正的道，只不过道听途说，大概有所了解罢了。

在这一段中，作者认为，彭蒙、田骈、慎到等人，虽然有些事情做得过于钻牛角尖，但大体继承了古代的道术精神。齐物，就不要分什么长短是非，不要卷入外界的矛盾冲突。周遭一切事情都有其发展的必然性，人可能把握不了其中的规律，但至少不要固执己见。前面这三个人，完全依据外物的变化而改变行动策略，创立了“弃知去己”“无用圣贤”的学说，这跟道家思想颇有共同之处，但都带有很强的犬儒主义色彩。

从墨子到宋尹，再到彭、田、慎三人，大道似乎越来越近。接下来出场的是关尹和老子，他们是否得道了呢？

原文：

以本为精，以物为粗，以有积为不足，澹然独与神明居。古之道术有在于是者，关尹、老聃闻其风而悦之。建之以常无有，主之以太一。以濡弱谦下为表，以空虚不毁万物为实。

关尹曰："在己无居，形物自著。其动若水，其静若镜，其应若响。芴乎若亡，寂乎若清。同焉者和，得焉者失。未尝先人而常随人。"

老聃曰："知其雄，守其雌，为天下谿（xī）；知其白，守其辱，为天下谷。"人皆取先，己独取后。曰："受天下之垢。"人皆取实，己独取虚。曰："无藏也故有余。"岿然而有余。其行身也，徐而不费，无为也而笑巧。人皆求福，己独曲全。曰："苟免于咎。"以深为根，以约为纪。曰："坚则毁矣，锐则挫矣。"常宽容于物，不削于人。虽未至于极，关尹、老聃乎，古之博大真人哉！

古代的道术中还有一种主张，认为以无形无为的大道是精巧细微的，而有形有为的具体事物是粗俗鄙陋的。这种主张还认为，有所积蓄就容易不知足，淡定地与神明独处才是真正的富足。关尹、老聃对这种道术很是赞成的，他们的思想主张建立在常无与常有的基础上，以太一为核心，以柔弱谦下为外表，以空虚、不毁伤万物为实质。

关尹说："不抱有私心，而是让有形之物各自彰显自身。动如流水，静如平镜，反应如回响。恍惚如无一物，寂静如同清虚。相同则和谐，有得则有失。人们不应该处处求胜，而应该时常随顺别人。”

老聃说：“知道怎样去争强取胜，但是宁愿把自己定位于低下的沟壑；知道怎样变得光芒万丈，但是宁愿保持平平庸庸把自己定位于天下的山谷。”人人都争先，自己却甘愿居后，说愿意承受天下的垢辱；人人都务实，自己却独守着虚无，说没有积蓄却好像很富裕。他立身行事，从容不迫、清静无为，嘲笑天下的机巧之人。人人都求福，他却甘愿委曲求全，说暂且可以免于祸患。他以深藏为根本，以俭约为纲纪，说坚硬的东西易于毁坏，锐利的东西容易遭受挫折。常常宽容待物，从不挤对别人，可以说达到了极致。关尹、老聃，真是古代的博大真人！

这一段说的是，关尹、老聃的虚静无为之说，博大精深、词旨深远，足以参透天地之道、造化万物之极。作者对这两位只褒不贬，可以说是把这两个道家的创始人物捧到了天上。那么庄子自己又是如何呢？作者继续写道：

原文：

芴漠无形，变化无常，死与？生与？天地并与？神明往与？芒乎何之？忽乎何适？万物毕罗，莫足以归。古之道术有在于是者，庄周闻其风而悦之。以谬悠之说，荒唐之言，无端崖之辞，时恣纵而不傥，不奇见之也。以天下为沉浊，不可与庄语。以卮言为曼衍，以重言为真，以寓言为广。独与天地精神往来，而不敖倪于万物。不谴是非，以与世俗处。其书虽瑰玮，而连犿无伤也。其辞虽参差，而諔诡可观。彼其充实，不可以已。上与造物者游，而下与外死生、无终始者为友。其于本也，宏大而辟，深闳而肆；其于宗也，可谓稠适而上遂矣。虽然，其应于化而解于物也，其理不竭，其来不蜕，芒乎昧乎，未之尽者。

古代还有一种道术主张，认为世界的本质是恍惚茫昧、没有固定形体的。世界变化无常，让人不知道什么是死什么是生，不知道我们是否与天地并存、与神明同往！人生于天地之间，茫茫然不知来自何处，飘飘然不知去往何方。大千世界包罗万象，却没人知道万物的起源与归宿。庄子对这种道术尤为赞成，以虚远不可捉摸的理论，广大不可测度的言论，不着边际的言辞，来表达自己放纵不羁的个性，并且从不固守一己之见。

庄子认为，天下人沉湎于物欲而不知觉醒，不能用庄重的语言与之谈话，所以用自然随意的话来推衍。庄子借重先哲时贤之言来使人相信，以寄寓之言拓展胸臆与思想。他独自与天地精神往来，不傲视万物，不拘泥于是非，并且与世俗和谐相处。他的书，虽然奇伟瑰丽，却又婉转随和，听来无伤大雅；他的言辞虽然变化多端，却新奇可观、引人入胜；他的内心充实、思想奔放，上与造物者同游，下与忘却死生、不分终始的人为友。他论述道的根本，博大而通达，深广而畅通；他论述道的宗旨，和谐妥帖而上达天意。然而，他对于事物变化的反应和解释却没有止境，他的各种论点不会偏离道的根本宗旨，同时他又能保持恍惚茫昧的混沌状态，不愿把道术一一道来。

这一段是专门评价庄子的。不少学者据此推断，《天下》非庄子亲自撰写，而是庄子后学所作。但其实，庄子也时常出现在自己所写的寓言故事当中，而且颇有一副自信自恋的样子，说《天下》出自其本人也能说得过去。作者认为，庄子思想的历史高度已经超越了关尹、老聃，达到了至高的境界，前无古人，后无来者，完全是先天之道的体现，更是过往圣人的轮回转世。特别是“独与天地精神往来”的说法，大有《逍遥游》中“于无何有之乡”“逍遥乎寝卧其下”的风范。

与《逍遥游》一样，《天下》的最后不只有庄子登场，还有他最好的朋友——惠施。

原文：

惠施多方，其书五车，其道舛驳，其言也不中。

历物之意，曰：“至大无外，谓之大一；至小无内，谓之小一。无厚，不可积也，其大千里。天与地卑，山与泽平。日方中方睨，物方生方死。大同而与小同异，此之谓‘小同异’；万物毕同毕异，此之谓‘大同异’。南方无穷而有穷。今日适越而昔来。连环可解也。我知天下之中央，燕之北、越之南是也。泛爱万物，天地一体也。”惠施以此为大，观于天下而晓辩者，天下之辩者相与乐之。

惠施博学多才、学富五车，但他讲的道理错综驳杂，他的言辞也不怎么恰当。他观察事物、分析事理，容易钻牛角尖。具体来说，主要体现在“历物十事”。

所谓“历物十事”，也就是惠施分析事物本质规律的十个命题。一曰：“极大而无外围，叫作大一；极小而无内核，叫作小一。”二曰：“没有厚度的东西不能积累，却可大到千里。”三曰：“天和地一样低，山和水一样平。”四曰：“太阳刚到正上方就开始偏斜，万物刚一出生就走向死亡。”五曰：“大同与小同的差异，叫作‘小同异’；万物全部相同又全部相异，叫作‘大同异’。”六曰：“南方没有穷尽而又有穷尽。”七曰：“今天动身去越国，但是昨天就已经到达了。”八曰：“封闭的连环是可解开的。”九曰：“我所知道的天下中心，在燕的北方，同时在越的南方。”十曰：“能广泛地热爱万物，万物就能变成一个整体。”惠施把这些言论当作最大的真理，彰显于天下，可以启迪天下所有的辩士，天下的辩士都愿意和他争论。

原文：

卵有毛。鸡三足。郢有天下。犬可以为羊。马有卵。丁子有尾。火不热。山出口。轮不蹍地。目不见。指不至，至不绝。龟长于蛇。矩不方，规不可以为圆。凿不围枘。飞鸟之景未尝动也。镞（zú）矢之疾，而有不行、不止之时。狗非犬。黄马骊牛三。白狗黑。孤驹未尝有母。一尺之棰，日取其半，万世不竭。辩者以此与惠施相应，终身无穷。桓团、公孙龙辩者之徒，饰人之心，易人之意，能胜人之口，不能服人之心，辩者之囿也。惠施日以其知与之辩，特与天下之辩者为怪，此其柢也。

与“历物十事”相呼应的辩题有二十一个。比如争论蛋有毛，鸡有三只脚，楚国的郢城包容天下，大狗可以是羊，马有蛋，蛤蟆有尾巴，火是不热的，山是有嘴的，车轮碾不着地，眼睛看不见东西，伸出手指但是指头的长度不是人能达到的，所能达到的也绝不是尽头，乌龟比蛇长，曲尺不能画方，圆规不能画圆，卯眼不能围住榫头，飞鸟的影子未曾移动过，箭头在飞行过程中既是运动的也是停止的，狗不是犬，黄马、骊牛加起来是三个，白狗是黑的，孤马不曾有母亲，一尺长的鞭，一天截去一半，一万年也截取不尽。

辩者们用这些论题和惠施相辩论，终身也辩论不完。桓团、公孙龙都是辩者一类的人。他们蒙蔽人的思想，改变人的意见，能辩胜别人的口舌，但不能折服人心，这是辩者的局限。惠施每天以自己的智慧与人辩论，专门与天下的辩者创造怪论，这就是他们的概况。

原文：

然惠施之口谈，自以为最贤，曰："天地其壮乎，施存雄而无术。"南方有倚人焉，曰黄缭，问天地所以不坠不陷，风雨雷霆之故。惠施不辞而应，不虑而对，遍为万物说。说而不休，多而无已，犹以为寡，益之以怪，以反人为实，而欲以胜人为名，是以与众不适也。弱于德，强于物，其途隩（yù）矣。由天地之道观惠施之能，其犹一蚊一虻之劳者也。其于物也何庸！夫充一尚可，曰愈贵，道几矣！惠施不能以此自宁，散于万物而不厌，卒以善辩为名。惜乎！惠施之才，骀荡而不得，逐万物而不反，是穷响以声，形与影竞走也，悲夫！

惠施自以为是最高明的，还质疑过天地是否真的伟大。然而真实情况是，他虽有雄辩之才却不了解道术。

南方有一个奇人叫黄缭，曾经问惠施天地为什么不陷，风雨雷霆如何形成。惠施毫不犹豫地加以回应，不假思索地给予对答，遍及万物加以解说。他话说个不停，却还以为自己说得少，还加入了一些奇谈怪论。惠施把违反人情常理的作为实在的东西，想要通过辩胜别人来取得名声，因而和众人的看法不协调，并且削弱了德的修养，强调对外物的分析，这使他走了弯路。

由自然规律来看惠施的才能，他就像一只蚊子或者牛虻一样徒劳无功罢了。这对于万物有什么用处呢？惠施不能够以此一家之言安于大道，分散心思在追逐于万物上并且乐此不疲，最终以善辩成名。可惜呀！惠施的才能，使人舒畅而无所得，追逐万物而知迷不返。实在是以声音止回响，以形体与影子竞走，可悲呀！

这一段是专门评论名家的。作者在列举了惠施所说的“历物十事”和辩者的“二十一事”后指出，名家人物的学说都是“以反人为实”为特征的最片面、最狭隘的奇谈怪论，也就是和日常生活中的各种常识反着来的学问。反正就是怎么和别人想的不一样，我就怎么来，颇有一种标新立异的感觉。

但从今天看来，这些主要靠思想家们的抽象思维和天才猜测得来的似乎与常识相违反的道理，却是含有真正思辨成分与科学理念的伟大猜想。尽管有时含有一些诡辩成分，但不可否认的是，在分析名实的问题上，名家学者大多已经涉及了诸如个体与集体、同一与差别、中央与周围、有穷与无尽、静止与运动等一系列的矛盾问题。后来的叔本华、康德、费尔巴哈、洛克、罗素、马克思等众多哲学家，都有探讨过上述问题，甚至很多还参考了惠施的言论。

不仅仅在哲学上，在物理学上惠施的思想依然起到了至关重要的引领作用。比如惠施提出的“箭头在飞行过程中既是运动的也是停止的”，就涉及了物理学上参照物的概念。以旁边的树为参照物，那箭头自然是运动的；但如果以箭身为参照物，那箭头就是静止的。再比如惠施所说的“一尺长的鞭，一天截去一半，一万年也截取不尽”，如果从分子、原子乃至于夸克的微观角度去看，一根鞭子确实永远也截取不尽，可以永远细分下去。

这些在庄子及庄子后学看来是滑天下之大稽的言论，却真真实实存在着科学道理。因此可以看出，名家学派的思想家们，从多个方面揭示出了自然界对立与统一的运动规律，甚至还为近代科学的进展提供了思想养料，因而在中国古代科学史和逻辑史上都产生了深远的影响，我们应当好好感谢这些伟大的思想家。

到这里，对《庄子》这部著作的逐章解读就全部结束了，最后我们不妨做一个小小的总结。

《庄子》一书自问世以来，在中国文学史、哲学史、思想史上产生了巨大影响。郭沫若认为，秦汉以来的中国文学史，差不多大半是在《庄子》的影响下发展起来的。(《庄子与鲁迅》) 闻一多也说：“中国人的文化上永远留着庄子的烙印。”(《古典新义・庄子》) 这些话绝非夸张，从寓言到小说，从诗歌到散文，从形式到内容，中国历代典籍里无一不留有庄子的影子，甚至连中国的艺术史也多少带有庄子的印记。

首先，在中国文学史的发展过程中，庄子直接影响了后代文人的寓言创作，比如韩愈的《马说》《龙说》、柳宗元的《三戒》、刘伯温的《郁离子》，等等。另外，《庄子》中关于混沌、黄帝、广成子等人的刻画，都采用了神话体裁。这种变幻莫测的夸张与想象手法又启发了后世小说的诞生，成了魏晋时期志怪小说的鼻祖之一。

还有,《庄子·至乐》中庄子妻死的故事,在冯梦龙《警世通言》中被发挥成《庄子休鼓盆成大道》的传奇故事,庄周梦蝶和髑髅见梦被后人演绎成《蝴蝶梦》《大劈棺》等戏曲作品,鲁迅《故事新编》里的《起死》也源出于此。至于后代诗、词、赋、曲等熔铸庄子内容的作品更是俯拾皆是、数不胜数了。

其次,庄子“独与天地精神往来”的浪漫主义风格和漫无涯际、缤纷瑰丽的艺术特色,给中国文学及美学思想带来了深刻的影响,直接启迪了后世咏怀诗、玄言诗、游仙文学、山水文学、田园文学的创作。例如,唐代李白就深受庄子“开浩荡之奇言”的浪漫主义风格影响,其诗歌无不透露着一股逍遥恣意、昂然洒脱的仙人气象;苏轼也深得庄子真传,在给弟弟苏辙的信里面,曾直接指出庄子对自己文学思想的启示作用:“吾昔有见于中,口未能言,今见《庄子》,得吾心矣。”

最后,庄子蔑视权贵、追求独立人格的逍遥品性,也影响着中国士人的精神世界。阮籍、嵇康的不拘礼教、傲岸不羁,陶渊明“不为五斗米折腰”的人生态度,以及欧阳修“醉翁之意不在酒,在乎山水之间也”的人生理想,无一不带有庄子的影子。庄子对中国文人精神的影响难以一语道尽,大到人格取向,小到性情怡养,后世文人精神都与庄子有着或深或浅的关系。因此,要真正体会中国文人的精神,不读懂庄子是不行的;要想潇洒且自如地过完这一生,不读懂庄子也是不行的。

“一任喧阗绕四邻,闲忙皆是自由身”,希望我们都能走近庄子、懂得庄子,从而走近自己,也更懂得自己。